近代日本の宗教論と国家

宗教学の思想と国民教育の交錯

前川理子

東京大学出版会

本書は神奈川大学人文学研究叢書として刊行される.

Religion and the Nation State
The Intersection of Religious Studies and National Education
Michiko MAEKAWA
University of Tokyo Press, 2015
ISBN 978-4-13-016034-6

目次

II　国体論の時代と宗教学思想

第Ⅰ章　序論　宗教学の戦前思想をたどって

ここに比屋根安定著『日本宗教全史　第5巻・明治維新より大東亜開戦まで』(教文館、一九四二年)と櫻井匡著『明治宗教史研究』(春秋社、一九七一年)という二冊の書物がある。どちらも戦前、東京帝国大学で宗教学を学んだ宗教史家の手になる近代日本宗教史である。比屋根(一八九二―一九七〇)は青山学院神学部を出たあと、選科生として東大宗教学の初代教官・姉崎正治の下で学び(大正九年卒)、櫻井(一八九一―一九八二)は比屋根の一歳年上で選科生としてやはり姉崎に宗教学の手ほどきを受けた(大正一二年卒)。

この二書には――一方は明治期のみを扱い、他方は昭和期までを扱っているという違いはあるものの――、本書の主題に関わる興味深い共通点がある。そろって窺うことができるのは、当時彼らの間に分け持たれていた、諸宗教の親和協調は宗教の健全な発達に関わり、それが日本の社会や国家にとって有益であるとする考え方である。

櫻井の書では、明治政府の宗教政策、仏教の復興と発展、基督教の渡来と発達、宗教新興と革新的傾向、各種の会活動、諸宗教の親和活動、とそれぞれ題する全六章をもって明治宗教史を叙述し、結論として明治年間における特筆すべき出来事を、(1)神道国教化、(2)神仏分離、(3)基督教禁制撤廃、(4)諸宗教の親和協調、の四点にまとめた。とくに(4)に力が入れられ、この時期の日本宗教界の誇るべきこととして諸宗教の親和協調の進展が記述された。

比屋根の宗教史は一九四〇年代前半に至るまでを同時代史的に述べたものであるが、そこでも三教協同による思想善導・国民教化運動の前進が大きく評価された。最終章はその華々しい成果として、「大東亜戦争」に臨んで結成された大日本宗教報国会とその「三教一致の宗教報国運動」報告によって結ばれている。その刊行の時期もあってか、諸教協調・合同が国家的要請と緊密に関わっていた事実と価値評価に関して比屋根の方がより直截的である。比屋根は日本基督教団でキリスト教報国教学の形成に直接携わり、宗教学者即実践家として宗教の国家貢献を推進する側にあった。諸教協調に肩入れするその規範的宗教史観は、自身の宗教的社会的実践とも密接に結びついていた。

比屋根が、宗教学徒として本来の道より外れた例外的人物であったと言いたいわけではない。その著述中に現れた価値的偏向性は、櫻井にもあったように、この時代の宗教学的思考を身に付けた人々に通例的に見出されるものであった。実践家としての活動も比屋根のみに特殊であったのではなく、東大宗教学を率いた姉崎やその師の井上哲次郎からしてそうであって、門下生や共鳴者らもそれに同様であったのである。諸教一致に対する高評価を推し進めてきたのは「通宗教」的なものを軸に諸宗教をみる宗教学の方法や枠組とその宗教論に関わりがある。これによって育まれた宗教—社会関係に関する規範的理想に媒介されて、そこに国家への批判的だが協力的な姿勢が生み出されていった。そうした事情のもと、国民教育・教化思想の領域において当時、宗教学関係者が関わりつつ、この規範的知見が応用されようとしたことを示す事実は少なくない。彼らは個人としてあるいは団体を通じて種々の実践活動に力を注いだ。国家神道論や日本精神論といった理論面での構築にもっとも貢献した者もあった。

ここに存在するのは宗教学と国家・社会との関係をめぐる問題である。本書が関心を寄せるのは、この、宗教学者(必ずしも大学アカデミズムに籍をおく人々に限定しない)やその思想と国家や国民思想とがこの間どのような関係を描いて推移していったのか、という問題である。(1) これまでは学説史的な研究や個々の人物研究ないし時期をかぎった断片的なものはあっても、近代日本の国家—宗教関係あるいは国民教育史や時代思想の流れに沿って、このテーマに通史的に迫ろうとする研究は試みられてこなかった。その間、同時代人には自明であったそうした宗教学の振舞いに関する記憶はしだいに薄れていき、今日では、たとえば戦後も教育上の論争的トピックであり続けている宗教的情操論の戦前期の展開の背景に宗教学(者)があったことをさえ、明確に言及するものもないようになっているのである。

I　本書の課題——先行研究をふまえて

この主題に関して、ではどのような先行研究をもって出発点にしたらよいだろうか。

本主題はこれを以下の諸課題として分割することができる。宗教学と国家・社会との関係をめぐって必要なのは、まず当時の日本の宗教学に見出される思考・発想様式がどのようなものであり、それがどのような人々の間にどう行われたかを明らかにすることである。ここではこれを宗教学の思想ないしは宗教学的思考と呼んでいく（課題①）。つぎにはそれが近代日本の国体や国民教育・教化をめぐる課題とどのように出会い、交錯しながら展開したかをみていくことである（課題②）。そしてそれが時代社会にどう受けとめられ、また近代日本の国家と宗教や教育と宗教に関する為政者側の構想にどのような影響ないしは関係をもったか、その内容を探っていくことが必要となろう（課題③）。

以上の課題に対してそれぞれどのような研究を参考にできるか、それが本書の行論にどう関わってくるのかをその不足や問題点を含めて述べてみる。

（1）戦前期宗教学とその規範的知見（課題①②）——宗教学の思想史

宗教学の成立史

ここに用いていく宗教学の思想ないし宗教学的思考といった表現は、本研究の関心が宗教学の諸理論や学説内容そのものにあるのではなく、宗教学の成立展開とそこに行われる宗教観や知見の生成およびその流布を社会的文脈に位置づけ、国家や時代思想との相互作用の中に把握していきたいという冒頭に述べた課題意識に基づいている。

そうした意味での宗教学の思想史、近代日本の宗教思潮や時代思想のなかに大きく宗教学の営みを跡づけた研究は少ない。そのなかで、扱われた時期は限定的だが、宗教学の成立を明治の宗教思潮中の一展開としてとらえた鈴木範久の『明治宗教思潮の研究——宗教学事始』（東京大学出版会、一九七九年）が先駆的研究として挙げられる。同書に述べられたのは、自由キリスト教の動向を中心に明治三〇年代までの宗教思潮が宗教学を形成するに与ったこと、明治二六年の教育と宗教の衝突論争が宗教学の成立に影響したこと、国内外に生じた諸宗教協調の気運が新興の宗教学によって助成されるとともに宗教学もこれにより展開せられたことなどである。宗教学の成立を近代日本宗教史の一幕として捉える観点は、櫻井や比屋根などの同時代的な宗教史家もとってきたところではあったが、鈴木は明確な視点においてこれをテーマ化し、思想史としての宗教学史を論じた嚆矢となった。

鈴木の先駆的貢献はこの意味で大きく評価されるが、前掲の①②の課題との関係からいえばいくつか物足りない点がある。ひとつは鈴木自身も断っているように、同書はキリスト教に主に焦点を絞ったものであってそれ以外には記述が十分行き届いていないこと、そして宗教学思想の時代社会的考察とくに国家的側面に関わって踏み込んだ考究が少ないことである。

第一の点については、宗教学の成立を促した前宗教学的な発想や思考法は自由キリスト教ないし宗教界以外にも地盤をもっていたこと、その後の影響も鈴木が明らかにした以上に及ぶものであった事実がある。じつは鈴木自身もその影響の範囲について、仏教界のほか文学、哲学、歴史学など学術界や社会主義思想・運動にも及んだことを述べているが、これは示唆されるにとどまった(2)。仏教界内の自由討究の風潮の高まりに注目した脇本平也の研究(3)などが鈴木の論を補っているが、これを合わせてもまだ部分的にとどまっている。これらについてはその研究が明治のある時期に限定されているということに加え、彼らのつかまえようとする対象が、宗教界を超える諸方面を巻き込んでの比較宗教的態度を軸とする倫理的社会的な思想運動として展開されたものであったにもかかわらず、それをキリスト教や仏教による特定の団体や同志的結合を単位としてみていこうとするときに必然的に生じた限界であった。

第二の点に関しては、たとえ鈴木のように明治三〇年代までの動きに限定したとしても、宗教協調の理想や自由討究や寛容といった宗教学的精神や志向性が、大きく国民統合の国家的要請ないし社会的期待のもとに進められた面があることはすでに十分目立った特徴であったはずである。だが同書では、教育と宗教の衝突論争を扱い、また宗教者間の国家的意識の浮上に言及しているにもかかわらず、この点は明確に焦点化されなかった。宗教学の形成はちょうど日本が日清・日露戦争を経験した時代に重なっている。また教育と宗教の衝突論争以外にも、教育勅語の渙発（明治二三年）や教育と宗教の分離の制度的確立（同三二年）など、国民教育に関わるものだけでも宗教学の成立期に重なって考慮すべき出来事は多く、これらを除いてこの期の宗教学を考えていくことはできない。だが鈴木の主眼は明治の宗教思潮と宗教学の関係に置かれたため、前者の背後にあったところの社会的国家的な文脈については間接的に触れるにとどめられたのである。(4)

この宗教学という学問をとくに旧帝国大学のそれを中心にしてみようとする場合にはいっそう、その制度的属性からくる自覚的、無自覚的拘束性に注意を払う必要が出てくる。いかなる時代のいかなる学問も時代的社会文化的制約を受けないということはないが、その学的言説や理論構築が政策論や具体的政治過程に関わっていくことがより自然に受けとめられていた戦前の帝国大学の学問研究活動においてはこの傾向はいっそう強まる。明治一九年の帝国大学令によって「国家ノ須要ニ応スル学術技芸」の教授・研究を目的とする場と定められた帝国大学は、単なる国内最高の研究教育機関ではなく、国家官僚や技術者を養成し、社会の諸領域で国家に益する指導者を育てる機関へと改められた。本書にとりあげていくのもこの帝国大学で確立し、練り上げられていった宗教学とその思想である。もちろん学問としての相対的自立性のあることはみなければならないが、この「国家の大学」に形成された宗教学は、これ以前のキリスト教の人々および在野の知識人らによる比較宗教研究とは、学問としての連続性はありながらも、その拠り立つ基盤を大きく異にしていることは心得ておかねばならない。鈴木の研究を受けつつも見なければいけないのは、国家の思想的課題や教化の問題に無関心であることを許されなかった当時の帝大の学者による社会国家の網の目の中におかれた宗教学の営みなのである。

人物史研究

宗教学の思想史研究と呼ばるべき先行研究（宗教学者や宗教学の営みを思想史的にとらえる研究）としてはそのほかにも、個人を取り上げた人物史研究がいくつか存在する。(5) その宗教学説なり理論を社会的国家的背景に照らして理解し、当人物の対社会的な実践活動に及ぶ研究も出ており、注目される。ただしそうした研究も数が少なく、個別研究の蓄積を待ってそれらの総合により全体像を明らかにするには依然遠い段階にある。なお最近の研究動向のひとつである近代の「宗教」概念再考論も押さえておくべきものではあるが[6]、一部を除き、ここで求める②の観点を容れたものでは直接はない。

この②の課題に関わって、近代日本の国家構想や国民教育・教化に関わる宗教学的知見は、すくなくとも次のような方向性を含んで模索・展開・提供されたと本研究では考えている。（ⅰ）宗教的な日本論・日本人論（国家的ないし国体的宗教論）の提供されたこと、また、（ⅱ）既存諸宗教と国家とをつなぐ媒介理論（宗教的国家体制論）が提供されたこと、という二点である。宗教と国家をつなぐ理論とはここでは、通宗教性なる概念のもとに諸宗教の国家協力を円滑にする理論ないし学的考察のことを指している。宗教学に携わる人々はその共鳴者らとともに、これらの規範的な学的知見や理論の宣布に積極的に関わっていった。課題②に対しては、関連する先行研究を要所において押さえながらも、そうした事実の解明をいっそう進めていく必要がある。

（2）宗教学（者）の思想運動とその実践的展開（課題③）――国家宗教あるいは国家―宗教関係をめぐって

国家神道および国家神道体制論

課題③は、学術的権威をもって発せられた宗教学的知見、右の（ⅰ）（ⅱ）の方向性をすくなくとも含んで展開せられた宗教学思想の広がりが、どのような社会的反応を得、なかでも国家の体制思想や教育政策とどのような交渉をもったかという点に関わるものである。これには、それが介入、干渉しようとした対象すなわち明治二〇年代以降の国家と宗教の基本的関係の推移を明瞭にした上で、そこに宗教学思想や宗教学者の働きをみていくことになる。近代日本の国家宗教像を論じ、国家―宗教関係を大局的に枠付けたそのような研究としてはまず国家神道研究がある。村上重良の国家神道論を中心に[7]、この研究が本課題の遂行にどう関わってくるのかを述べてみよう。

村上によれば国家神道とは、神社神道と皇室神道とを直結して形成された特異な民族宗教であり、敬神崇祖を主軸に大日本帝国の掲げる国体観念をその教義として（国体の教義）、帝国憲法と教育勅語によって思想的に確立したものである。具体的には「神である天皇が統治する大日本帝国の神聖性」を記紀の政治神話を根拠として主張するものであって、教育勅語がそのイデオロギー的基礎として天皇制的国民教化の基準とされた。[8] 帝国憲法と教育勅語のほかに村上は、御真影、宮中祭祀、神宮・神社祭祀、祝祭日の設定などを論じ、国家神道（敬神崇祖）理念の浸透が図られ、学校の修身教育で、そして一般家庭にも強制されていったとする。

それを「国家神道」と呼ぶかどうかは異見があるが、その教義が「国体の教義」であって、これを教化の基準として教育勅語が「国家神道の教典」の機能を担ったという点に問題はないだろう。ただし村上の研究において奇妙なことには、国家神道がまぎれもない国教として強力であったことをいいながら、同時にそれが「国民の内面的な精神生活とのかかわりをもちようもない体質の宗教」であったとし、[9] 国家神道儀礼や記紀神話や神官との精神的距離、神社中心主義の限界についても触れて、国民意識からの隔絶を認めている点である。もしそのように国家神道が国民精神と乖離していたものならば、それほどに魅力のないものに国民はどうしてしたがったのかという疑問がそこに浮かぶが、国家神道が大きな強制力をもったという以外、村上はこれに明確に答えていない。国家権力が対抗的諸勢力を制御弾圧し、力を振るったことはそのとおりであろうが、そうした「強制力」にすべてを帰すのには限界がある。

基準としての国体の教義は、神聖天皇の統治する帝国の神聖性をいうものであること、それは具体的には教育勅語に述べられたとするのはよいが、そうした観念がどのように魅力的に、あるいはすくなくとも説得的に国民の前に示され、すくなくない国民がこれに動かされたのかが問われるべきである（国体的宗教に心酔する人々のあったこと自体は認め得られるから）。諸儀式の励行や強制圧力の側面を解明することと並んで、それとは別に考察されねばならない点のひとつとして、国体の教義の内面化に関わるところの具体的な国体論や教化の思想が民間に多様なかたちで行われたこと、またこれを任じて行った人々があったことをみなければならない。「形式」のみ、「実体のない」国家宗教としての国家神道の欠乏を埋めるように、国体観念を肉付けする国体「論」および国民教化「論」が多様な立場から行われ、時代状況の変転するなかにもそれらの主張が重層的な効果をもって国体観念が浸透されていったことが明らかにされねばならないだろう。

国家神道論にはそうした点に不足が認められるのだが、他方に村上が、神仏基三教を組み込む「国家神道体制」の枠組を提示しているのはこの不足を補う面があった。そこで村上は、国家神道だけでは教化力として非力であったのに対して、諸宗教を政治目的に利用するという政府の宗教政策と、これに組み込まれた諸宗教の国策奉仕の活動がそこに力添えをしたことを、「宗教としての中身を欠いた、形式的な国家宗教」たる「国家神道は、一般宗教を従属させて国家神道体制を形成することで、国家宗教としての実体をもつことができた」と述べている[10]。国家神道体制における国家神道と諸宗教との関係は、君臨し抑圧するだけでなく、これに補強されるという関係でもあったというわけだが、その中には宗教の各々の立場からなる国体論や教化論の提供も含まれよう。

ただし国体の教義が真に力を発揮するには、これら宗教以外にも、民間に行われた多様な国体論が国民教育に果たした役割が大きかったことを加えてみていかねばならない。そうしたなかにはたしかに神道的、仏教的、キリスト教的あるいはそれらの習合的な国体論があったが、このほか近代哲学や倫理学を骨格とするものからもっと断片的通俗的なものまで様々な国体論、教化論があった。これらは教育機関、宗教団体のほか各種教化団体や多様なメディアを介して流布された。本書が対象とする宗教学を営む人々の言論活動もそうした中のひとつに数え上げられる。国体思想の諸領域において宗教学的思考がその舞台としたのは、このような国体論や教化論の生成される場、主張のぶつかり合う場においてであった。

本書の課題関心からみて国家神道研究の不足の第二の点としては、村上のいう「国家神道体制」の確立とは、宗教側からみれば教化役割を自任することによる国家への接近という一面があり、それが自宗自派の勢力維持ないし社会的認知の獲得あるいは増大の機会をしばしば意味したという視点が弱いことである。祭祀中心の宗教たる国家神道は、公認三教による補完なくしては有力たりえなかったとするが、また三教の方でもそれを望む部分がすこしでもなかったならば、国家神道の翼賛体制は難しかったであろう。国家からいえば宗教利用だが、宗教側からいえば自己伸長のための積極協力の側面があって、とくに明治末年から昭和初めころまでの期間についてみるときにこの観点をいれることは重要である。

本書では宗教学思想と国体論あるいは国民教化論との関係を問う際、国民教育・教化上に宗教的なものの価値を認めさせようとする傾向をもって、宗教と国家の理想的接近ないし融合を図ろうとした宗教学思想の営みをその一幕として描こうとするものだが、こうしてみるとその考察の前提となるべき近代日本の国家―宗教関係について村上の論は、基本的枠組みを与えてはくれるが十分な知見を提供するものではないということになる。右にみたように、村上の研究は該体制下における三教の国家協力の歴史過程を含む具体相には踏み込むことがなく、国家神道の形式的祭祀的側面を主にして、国体観念の基本要素および国家神道体制といった外皮および骨格を提示するにとどまったのであった(11)。

キリスト教や仏教など各宗各派による教団史・宗派史研究はどうか。キリスト教や仏教に足場を定めながら、自宗派の国策協力の歴史を内在的に明らかにするすぐれた研究がすでに存在するが(12)、「国家神道体制」下の宗教弾圧に関する大きな関心に比べると限定的であり、この方面における全体像や歴史的な流れを提示してくれるような総合的研究も十分に進んでいるとはいいがたい(13)。国家神道体制の枠組のもとに、諸宗教がどのように国家神道（天皇を中心とする国体の体制宗教）に寄与したのかについて大きな見通しを得ることはきわめて重要である。本研究は各宗教の動きを網羅することを主眼とはしないが、宗教学者らがなした議論や主張が諸宗教と国家を引き合わせる結節点のひとつになっていたと考えれば、これを明らかにすることが宗教と国家との接近の様相の一面を明るみに出していくことにつながってこよう。

天皇制教育史

近代日本の国民教育・教化と宗教の関係に関わる、より踏み込んだ知見を与えてくれるのは、教育史や政治思想史の立場からの諸研究である。教育史には天皇制教育の教義的側面（右にいう「国家神道」教義に相当しよう）に関する研究の蓄積があり、久保義三をはじめ堀尾輝久や森川輝紀らの研究がまず顧みられるべきである。[14] さらに山口和孝、鈴木美南子、高橋陽一らによる宗教的情操論をめぐる一連の論考も有用である。[15] そこでは「宗教的情操」概念とその公教育への応用に関わる主張に、宗教学者やこれに協調する一部の宗教者らの介在があったことに限定的ながらも触れるものがある。

ただしいくつかの留意点もある。これらの諸研究によって参考にしたいことの一つは、国家神道の教化的イデオロギーの内実とその歴史的変遷についてであったが、その宗教的信仰的といいうる様相の解明についてはまだ深められる余地があるというのが第一点である。教育史においてこの面で詳細な考察をなしたものに前記の久保や小山常実があり、[16] 政治思想史の立場からの諸研究にもこの面でのみるべき知見を含むものがあるが、[17] 宗教学的研究としてはこれらをふまえつつも、国家的宗教のその「宗教」的と性格づけられるものの内実にいっそう踏み込んだ検討が求められる。

また、教育・教化と宗教的なものとの関係をみようとするとき、教育史の場合は当然のことながら、基本的に「教育」という軸をまず縦に通しておいて、この縦軸に対していわば例外的なこととして宗教（的なもの）がなぜいつどのようにこれに交わってくるのか（宗教が教育・教化に必要とされたのか）という観点から論じていく。このため文部省や教育学者やそれに準じる人々が集中的に取り上げられる一方、宗教学思想やこの学問に携わる人々の働きや関わりに対しては同程度に注意が払われるということはあまりない。ゆえに先の宗教的情操論研究にしても、その宗教学との関係であるとか、それが宗教者の人脈や宗教界と教育界にまたがる人々の間で生成・展開して教育に入ってきた経緯などは本格的に明らかにされない結果となる。これに対して宗教学のなす「教育と宗教」史には、宗教（学）の思想や人脈を中心にする観点よりそれを論じなおすことが期待されよう。

さらに加えるに、国民教化的な役割を実質的にはかなりの部分で担っていた民間在野の宗教的国体論は教育史の直接の対象からは外れていること、また文部省管轄の学校教育・社会教育事業のほか、内務省を中心にした思想対策・教化事業（社会政策）分野における宗教団体や修養団体を含む各種教化団体および神社の国家利用の相貌などについても要所に教育史以外から補う必要が出てくるであろう。

2　視点と方法

以上のように先行研究を踏まえたうえで、本書では、①―③の課題に対して次のように考察の視点をさだめたいと思う。

〔視点1〕　宗教学的「宗教」観とその宣布運動――宗教的人格修養と国家へのアプローチ

宗教の自由討究と中立性を精神として、近代日本の宗教学的言説は、既存の諸宗教に猛省を促しつつ、まだ見ぬ将来の理想宗教を他方に説くものであった。宗教学が在来の諸宗教に対して置いていた距離というものは、客観性をめざす学問に共通の方法的要請としてのそれというばかりでなく、宗教界の矯正に学的知見を用いようとする規範的関心がそこに加わったものであった。宗教学的教養をもって社会貢献をなそうとした宗教学の人々は、教団の従来的な宗教活動をそのままに支援するような親密な保護者の立場にはけっしてなく、同じ理想を抱く人々――改革的態度をもつ教団人および在家信徒、既存の教団には無関係の宗教的教養層――とは協働するが、旧来の枠から出ようとしない宗教人や組織には厳しい態度をもって接した。宗教学の思想が現実の宗教に自らを同一化することなく、諸宗教と社会や国家との間を取り持ち、調整し、独自の見解を述べうる立場にあった存立基盤は西欧宗教学にも通ずるところであるが、日本の宗教学はこの立ち位置においてその精神を実践的に応用するという点できわめて旺盛であった。

宗教学の規範的言説の理論的基礎になっていたのは、成立宗教とは区別されたところの宗教学的「宗教」概念である(18)。宗教学の思想はこの、宗派的ないし教団的〝宗教〟でなく、諸宗教に横断的に見出せるという宗教的なもの、〝宗教性〟を思考の核として、世人に向かってはこれを、「通宗教」「宗教心」「新宗教」「理想的宗教」「実在宗教」「普遍的宗教」「宗教的信仰」「信念」「人道的宗教」「宗教的情操」といったさまざまな表現を用いて明治から昭和までの間に説いていった。[19] 本書における考察の最初の焦点はしたがって、この宗教性をめぐる宗教学的言説に向けられることになる（課題①へのアプローチ）。そしてつぎには近代日本の国家宗教、国家的宗教体制や国民教育に関わる論議にこれがどう切り結んでいったかに及ぶわけだが、さしずめそれは、〝宗教性〟論の国家・社会との関係をめぐる思想史というべきものになろう（課題②③）。

宗教的なるもの、宗教性の概念は、「人格」の陶冶とか「修養」という自己向上理念に関わって、近代日本の宗教界また教育界・道徳界にもちあげられるようになった。その逆も真であって、宗教的なものを軸にする霊性的修養論が、人格陶冶や修養向上の理念の近代日本への浸透を推し進めた面がある。「宗教」ではなく「道」の実践であるとか「修養」の実践と称して、宗教的だが宗教でないことを標榜して活動した一群の人々がこれに貢献した。彼らによって結ばれた各種の修養団体はやがて、国家主導の教化運動において宗教団体と同じかそれ以上に有力な動員の対象となっていった。国民教化の中心体は修養主義と国家主義との結合といえるものであったところ、霊性的修養思想がそこに重要な役割をはたしたことについて本書では明らかにしてみたい。

「宗教的」なる論理を採ったこれらの思想や運動は、これまで国家神道研究の枠組でも教団宗教を中心にしがちな宗教研究でも射程外に置かれることが多かった。宗教団体になることをこばみ国家に同一化することもないその自己規定のゆえに、どちらの研究の枠組からも外れるニッチな存在となってきたのである。それ以外では、修養思想の教養主義的展開について文学史からアプローチするものがあり、思想史研究からは天皇制教育や国家との関係を切り口として扱うものがあったり、社会史的な観点をいれた考察も行われてきた。[20] このなかには武田清子や宮川透らのように修養─教養を宗教に寄せて扱った研究[21]や、大正自由教育運動との関係で修養論を扱った教育史の前述の堀尾のように本書に近い関心を持つ研究も含まれる。[22] 本書ではこれらにつらなりつつ考察を進めるが、文学や教育に及ぶ広がりをもった〝宗教性〟論の思想運動としての様相を把捉するためには、彼らがおこなったように諸雑誌や修養書、文学書に分類されるようなものも資料とし、個別人物に関しても宗教学のアカデミックな論考にかぎらない思想表明的なものに積極的に目を配ることになろう。

（視点2）体制思想と国家―宗教関係の変遷――看過された中間期を視野にいれて

国家神道体制がなって以降、国家は「親」宗教的性格と「反」宗教的性格との間を揺れ動いたと村上重良は述べている。[23]国家神道体制とひとくちに言っても、この間における国家―宗教関係の実質は流動的であった。たとえばこの関係が「親」に傾くのは大正時代を中心とする時期である。村上はそれ以上展開していないが、これを本書では、「親」と「反」の間を揺れ動く国家―宗教関係の具体的相貌が、各期における国家の自己像（国家観、国体観）に左右されることに着目して明らかにしてみたい。

もちろんこれのみを変数とするわけではないが、時代時代において国民に対して一般に期待されたところの国家主義の程度や内容がいかなるものであったかということが、国家―宗教関係に対して宗教学思想がどう接触しえたかに関する③の課題における、欠かせない考察の前提になるのは疑いない。村上の国家神道研究では国体観念をダイナミックに捉える視点が不足しており、体制思想（体制内に支配的な国家観・国体観）の変転と国家神道体制の内実の変化とを相関的に跡づけるという観点をもたなかった。静態的な村上の国家神道観[24]に対しては安丸良夫も、国家神道の形成期ともファシズム期とも異なる特徴をもった、いわば中間期の考察の重要性を指摘している。[25]そして小山常実によれば、教育史研究でも似た問題があったようである。明治から大正の「国家主義教育」期（前・後期に分かれる）、そして大正から昭和の「ファシズム教育」期にいたる教育の内容的相違についてはこれまで不分明であって、忠君愛国主義や国体主義の「強度」の違いとしてしか提示されてこなかったという。[26]

小山はこの問題にとりくみ、「憲法・教育勅語体制」における思想的二元構造と彼が呼ぶものを指標として、明治二〇年代以降を三期に分ける時代区分を試みた。二元構造とは、大日本帝国憲法と教育勅語に共通する思想構造的な特徴、すなわち日本的特殊に関わる国体論の部分と、立憲政体や一般道徳に関わる近代的普遍を掲げる部分とからなる二元的な構造がそれらにあったことを指す。小山は明治二〇年代以降、この二元構造に即した体制が時代を追ってそれぞれ確立、修正、崩壊したとの見方を示した(27)。

第一期　憲法・教育勅語の二元構造に対する認識の体制思想における未確立期（明治二〇年代―明治末年）

第二期「憲法・教育勅語体制」の確立と修正期（明治末年から大正初年―）

第三期「憲法・教育勅語体制」の崩壊期（昭和六年から一二年―）

たとえば国家と宗教との接近が肯定的に捉えられ、また進められた大正期を中心とする「親」なる時代はここでいう第二期に相当する。国体主義と普遍主義との棲み分けが確立し、二元構造的なバランスが比較的よく保たれていたのがこの期の特徴であった。

時代区分じたいは従来の研究と変わらないが、小山が用いた指標は有用である。そこで本書でもこれを参考にしながら、第二期＝中間期とその前後にわたる体制思想・教育思想の変遷に注意しつつ、ここでの課題を遂行することにしたい。

（視点3）宗教的なるものの可能性と限界――国家への反作用的側面にも注目して

宗教学に関わる人々は、国家・社会への貢献を視野に入れ、実際貢献したこともあったと先に述べたが、宗教学の思考、枠組み、理念がさいしょから国家主義、国体的な信仰の強化を意図して組み立てられたわけでは当然なかったし、実際にもそれが体制上の枠組や教化策に完全に一致していたかといえば、そうではなかった。宗教学思想は一方的に国家や国体思想を支えるだけではなく、他方ではそれに反する・重ならない方向性をもっていた。

それはどういった内容であったか、またその方向性はどのように展開されたか／されなかったかという問題は、その理由とあわせて興味深い問いとなる。宗教学思想と国家国体との関係を探るにあたって（課題②と③）、本書では体制思想そのものが変転あるいは修正されていくさまに注目するとともに、これとの関係における宗教学思想の時局的変遷をも考察しながら、宗教性をめぐる思考・宗教的なるものの理想が示した可能性と限界とを跡づけてみたいと思う。

3　用語と本書の構成

宗教学とその思想

詳しくは本論中に述べていくことになるが、ここにいう近代日本の宗教学とは、比較宗教への関心が高まる明治二〇年代終わりころから三〇年代を揺籃期として、その後大学アカデミズムとその周辺知識層を中心におこなわれた宗教学、宗教研究およびその知見をさす。アカデミズムにおいては帝国大学で初めての宗教学教授となる姉崎正治が体系的な宗教学概論を著した明治三〇年代前半にその草創期をみることができ、これに影響を受けた門下生やその先後における同志同僚らをはじめ、宗教学の思考法・発想・見解は、明治より昭和を通じておこなわれていった。

それらのすべてが同一の内容をもっていたわけではないが、すくなくともその核心部分で共有されていたのは、公平中立性と自由討究とをもってする「通宗教的」なるものの追究である。個々の宗教現象への実証的研究が重んじられるようになっても彼らは宗教学のこの哲学的土台を放棄することはなかった。さらにそのうち少なくない者が、この宗教学的「宗教」観を単なる学問思想にとどめることなく、宗教協調や宗教の帰一ないし総合化（「新宗教」「普遍宗教」の創出）といった理念に結びつけたり、宗教と国家の理想的融合、国民やひろく社会に有用な宗教活用といった実践的提言を導きだしたりしていった。明治四〇年以降、京都、東北、九州、京城の各帝国大学にも宗教学や関連の講座が開設されるが、姉崎率いる東大系の宗教学者はそうした規範や理念の実現を国家・社会に向けて発信する先頭に立つ[28]。その宣布運動の結果、大正から昭和にかけてはそれが徐々に宗教学外の人々にも広がりをみせるようになるのである。

講壇では大正期以降、欧米の宗教人類学、宗教民族学、宗教心理学などの移入により宗教学は専門分化し（姉崎ら「第一世代」に対する「第二世代」以降の宗教学）、初期宗教学の一般的総論的な段階を脱していった[29]。だが先にも述べたように、また冒頭で姉崎の門下生らが、師の宗教学思想にあった通宗教的なるものの価値観や諸教間協調による国家・社会貢献といった理念を受け継いでいることをみたように、第二世代以降の宗教学者にあってもその宗教観、宗教論の基調は基本的性格において通底するところがあった[30]。以下の本論では、宗教学が対社会的に及ぼした発想や思想的内容を中心として、アカデミズム外にも俗流的な広がりをみせることになる姉崎や同僚を中心とする人々の宗教学および宗教観、宗教論をまず拾いあげ、第二世代や学外に及ぶ周囲の人々にも射程を広げてみていくことになろう。

なお本書では宗教学の特徴的な枠組や学的発想をさして宗教学思想とか宗教学的思考といった表現を用いていく。それは既述しておいた課題関心に関わって、斯学の理論や学説を生み出すところとなった社会的制度的文脈、時代思想的な背景との相互作用を含めてそれをみたいということ（思想としての宗教学）、またそうした思想を顧みたり実践したりする担い手が狭義の宗教学者に限られない、宗教学的教養層と呼べるような広がりをもっていたこと（思想・実践運動の担い手層）を含意しようとするものである。

国体・「国家神道」

本書における「国体」の語の使用についても述べておく。

近代日本において「国体」の語は、(1)永久不滅の天皇主権を指す場合、(2)君臣の特別の情誼関係を指す場合、(3)国風文化全般を指す場合等、きわめて多義的な内容の概念として使用されたというが[31]、大きく狭義のそれと広義のそれとをこのなかに区別することができる。主権の所在によって国家を君主国体と共和国体に区別するための政治学・法律学上に用いられた用法を中心とするのが狭義の用法であって、日本ではこれが万世一系の天皇によって統治される優秀な国柄を表す価値的概念として特殊に用いられた（右の(1)）。またこの天皇主権の意味に加えて、それを支える君臣関係に関わる道徳・信仰や、関連する国民生活の他の文化的社会的特徴までをも含めて用いられることも少なくなかったが（右の(2)・(3)）、これを広義の用法とすることができる。

本書では国体の語をどちらかに限定することはせず、天皇統治になる日本国の優秀性に関わる観念（狭義の用法）を中心に、日本国民の文化・生活・信仰の特異性や優秀性（広義の用法）にしばしば及ぶもの、とおおよそ捉えた上で文脈によって使い分けることにしたい。

またこの国体観念をめぐって展開された諸論議、諸思想については、国体論とか国体思想と呼んでいくことにする。国体をなす諸要素の何に強調点を置いてその優秀性を説くのか、なぜそれが優秀だと認め得るのかといった点の主張は一様ではなかったが、そうした国体思想のもろもろのうち、あるまとまりをもって体系的に論述されたものについては国体「論」ととくに呼んでいきたい。

国体観念は法体制・政治体制のイデオロギー的基盤となり、教育と儀式を通じて国民の精神に植え込まれたのだが、この精神的内面化のための教育・教化の方法をめぐる論議も活発に行われた。道徳や宗教的信仰への考察を含むような広義の国体論では、そうした方法論に関わる提言がしばしば合わせ論じられている。国体のいわゆる事実規定を述べるだけでなく、それを規範化理想化し、方法論までを語るわけである。宗教学的知見はここにその応用的本領を発揮することがあった。

なお国体に関わる神道的な言説・論議（いわゆる「国家神道」論）は、これら国体思想中にある一角を占めていた。ただし、それは他の国体論（キリスト教的、仏教的、習合的、道徳的その他の国体論）に比べて有力ではあったものの、当時形成された諸多の国体論中の一つであったことは変わらない。そのため本書では「国家神道（国家的神道）」を限定的に、歴史概念としてのみ用いていくが、ここにはたとえば宗教学者が国体論をなすときに「国家神道」概念を学問的操作の対象にしていった、その様相の方を捉えたいという考えが関わっている。冒頭で示した社会的実践としての宗教学というテーマに直接関わることとして、日本の文化や価値思想を「神道」の要素としてまとめあげていく営為そのものを考察していこうとするわけである。

本書の構成

本書の構成は、序章にあたる本章、終章となる第7章のほか、おおきく第Ⅰ部（第2章—第4章）と第Ⅱ部（第5章—

第6章）に分かれている。

第Ⅰ部「宗教の新理想と国民教育への展開」では、宗教学思想の形成と展開について、複数の宗教学者の学説や宗教論を、その対社会的国家的側面にふれつつ明らかにしていく。（視点1）に述べた観点をもって、課題①および②について考究していくものである。

本書では、宗教学の成立した明治期を始点として宗教学思想を捉えていくが、まずはこの学問の形成を前史的過程に遡って探ることから始める。すなわち第2章では、姉崎正治の師であり比較宗教学の先学でもあった井上哲次郎の、明治年間における道徳─宗教にまたがる思想の軌跡を明らかにする。同様に第3章では明治半ば以降における姉崎の宗教学思想を主に扱うが、それを育んだ思想的土壌として明治一〇年代、二〇年代の文学界思想界また宗教界に現れた趣向や新傾向の台頭を論じることから始める。そうして姉崎により確立された宗教学の枠組や宗教論上の知見をもとに、これが一種の思想運動として明治期後半以降に展開され、実践的な広がりをみたことも垣間見たい。第4章ではさらに他の二人の宗教学者（宗教学出身者）による宗教学説、宗教学思想が構築され、あるいは実践されたことをみていく。取り上げるのは国家的神道論を説いた加藤玄智および日本精神論を唱道した大川周明である。第Ⅰ部では宗教学関係者としては以上四人を中心に取り上げるが、比較のために適宜その他の論者にも及ぶだろう。

第Ⅱ部「国体論の時代と宗教学思想」では、第Ⅰ部において述べてきた道徳や信仰に力点をおく宗教学的国体論や教育・教化思想が、国家や社会とどのような交渉をもち、時局の流れとそのときどきの思想状況のなかでどのような帰趨をたどったのかを明らかにする。課題③について、各期における体制思想・教育思想とその変転に注意しながら取り組むものである（視点2）。

明治終期以降の宗教学思想は、宗教教化力をもっての国民教育の実践や、宗教的な国体論や日本精神論を論じてその実行を勧める、応用学的な主張をこれまで以上に行っていった。まず第5章では、教育政策をめぐる公的な論議中にそうした提案提議がどう扱われたかを通して課題に迫る。文部省等に設置された大正期以降の各種諮問機関における審議内容を取り上げ検討し、これに関わった宗教学者やその同志的宗教者・関係者らの動向に触れたい。第6章では、前章でも垣間見る、昭和一〇年前後以降の体制思想・教育理念の内容変化について踏み込んだ分析を加えるとともに、これを新基準としていく時代の流れのなかに、宗教学的国体論・日本精神論が変更を迫られ、あるいは批判が向けられるようになったことを取り上げていきたい（視点3）。

第Ⅰ部では明治期から一部は大正期以降にかけて扱うが、第Ⅱ部では、宗教的なものの教化力に対する政治的関心が顕著となる大正期から昭和期に及ぶ時代について、国家・社会と宗教を媒介する宗教学思想、宗教学的国体思想の扱われ方の変遷に焦点を当てるということになろう。

（1） 近年、問題意識は共有され始めたといえるものの（日本宗教学会「公開シンポジウム・日本の宗教の百年」『宗教研究』三四三、二〇〇五年、日本思想史懇話会「特集・近代日本と宗教学」『季刊日本思想史』七二、二〇〇八年）、戦前戦中期における国内諸学問と国民国家の関係をめぐる歴史学、人類学、民俗学、国文学、教育学など隣接諸分野における研究状況に比べると、宗教学におけるこの種の考究には立ち遅れがある。明治半ば以降、宗教諸宗派と国家との密接な関わりを促進し、諸宗教に対する方策提言を含んで国家論・国民教育論上に影響した宗教学の働きは低く見積もることはできないはずだが、太平洋戦争期を中心とする京都学派の人々の働きが知られているのに比べても、宗教学のそれは注目される度合いが少なかったといえる。

（2） 鈴木範久『明治宗教思潮の研究』（東京大学出版会、一九七九年）八二頁。

（3） 脇本平也「明治の新仏教と宗教学」（竹中信常博士頌寿記念論文集刊行会編『宗教文化の諸相』山喜房仏書林、一九八四年）。

（4） その後、宗教学者と国家との関係に関わる論考（鈴木範久「宗教学研究者の社会的発言」『宗教研究』三四三、二〇〇五年）が発表されている。ただし太平洋戦争期に対象が限られた。

（5） 宗教学者によるものとして田丸徳善編『日本の宗教学説Ⅱ』（東京大学宗教学研究室、一九八五年）、田丸徳善「加藤玄智論試稿」（『明治聖徳記念学会紀要』一四、一九九五年）、脇本平也「今岡信一良における比較宗教の実験」（『大倉山文化会議研究年報』一、一九八九年）、同「今岡信一良における自由宗教と帰一の思想」（『大倉山文化会議研究年報』二、一九九〇年）、同「今岡信一良の宗教教育論と国際自由宗教運動」（『大倉山文化会議研究年報』三、一九九一年）、同「今岡信一良における比較宗教の研究と宗教帰一の思想」（『大倉山文化会議研究年報』四、一九九四年）、同「今岡信一良における比較宗教の研究と宗教帰一の思想（続）」（『大倉山文化会議研究年報』七、一九九五年）、島薗進「加藤玄智の宗教学的神道学の形成」（『明治聖徳記念学会紀要』一六、一九九五年）、同「日本における『宗教概念の形成」(山折哲雄・長田俊樹編『日本人はキリスト教をどのように受容したか』国際日本文化研究センター、一九九八年)、同「国民的アイデンティティと宗教理論」(アンヌ・ブッシイ/脇田晴子編『アイデンティティ・周縁・境界』吉川弘文館、二〇〇〇年)、磯前順一・深澤英隆編『近代日本における知識人と宗教』(東京堂出版、二〇〇二年)など、また戦前日本の宗教学者の著作集(『シリーズ日本の宗教学』①—③、クレス出版、二〇〇二—二〇〇四年)の各「解説」も参照。

(6) 日本の研究者による代表的なものに島薗進・鶴岡賀雄編『〈宗教〉再考』(ぺりかん社、二〇〇四年)などがある。

(7) 村上重良『国家神道』(岩波書店、一九七〇年)。

(8) 村上『国家神道』、七九、一四一—一四二頁。

(9) 同右、七八頁。

(10) 同右、一一九、一三二—一三三頁。

(11) 国家神道研究以外に、この時期の国家—宗教関係史について宗教学者がまとめたものとして、日本宗教学会「宗教と教育」に関する委員会編『宗教教育の理論と実際』(鈴木出版、一九八五年)や國學院大學日本文化研究所編『宗教と教育』(弘文堂、一九九七年)などもあるが、一般的概説にとどまり、次にみる教育史研究の方がみるべきものが多い。

(12) 一例として同志社大学人文科学研究所編『近代天皇制とキリスト教』(人文書院、一九九六年)、富坂キリスト教センター編『近代天皇制の形成とキリスト教』(新教出版社、一九九六年)、同編『大正デモクラシー・天皇制・キリスト教』(新教出版社、二〇〇一年)、同編『十五年戦争期の天皇制とキリスト教』(新教出版社、二〇〇七年)や、中濃教篤編『講座日本近代と仏教6 戦時下の仏教』(国書刊行会、一九七七年)、「戦時教学」研究会編『戦時教学と真宗』(全三巻、永田文昌堂、一九八八—一九九五年)をあげておく。

(13) たとえば小川原正道『近代日本の戦争と宗教』(講談社、二〇一〇年)は日露戦争までしか扱いがないが、この方面における最近の一研究成果といえる。だがここでも前述した約七〇年前の比屋根の宗教史が用いられているように、宗教宗派の枠を超えての総合的概観を提供するものとしては、現在でも戦前の宗教史からあまり出ていないというべきである。

(14) 久保義三『日本ファシズム教育政策史』(明治図書、一九六九年)、同『昭和教育史』上(三一書房、一九九四年)、堀尾輝久『天皇制国家と教育』(青木書店、一九八七年)、森川輝紀『近代天皇制と教育』(梓出版社、一九八七年)、同『国民道徳論の道』(三元社、二〇〇三年)。

(15) 山口和孝「文部省訓令第十二号(一八九九年)と『宗教的情操教育ノ涵養ニ関スル』文部次官通牒(一九三五年)の歴史的意義について」(『国際基督教大学学報I—A、教育研究』二二、一九七九年)、同「『宗教的情操』教育の概念と史的展開」(『季刊科学と思想』三五、一九八〇年)、鈴木美南子「近代日本における宗教と教育の関係(上)」(『フェリス女学院大学紀要』一四、一九七九年)、同「近代日本の教育における宗教の意義に関する覚え書き」(『フェリス女学院大学紀要』一五、一九八〇年)、同「天皇制下の国民教育と宗教」(伊藤彌彦編『日本近代教育史再考』昭和堂、一九八六年)、高橋陽一「宗教的情操の涵養に関する文部次官通牒をめぐって」(『武蔵野美術大学研究紀要』二九、一九九八年)。

(16) 久保『昭和教育史』上、小山常美『天皇機関説と国民教育』(アカデミア出版会、一九八九年)。

(17) とくに大正期以降の天皇観との関係からは、鈴木正幸『皇室制度』(岩波書店、一九九三年)、同『国民国家と天皇制』(校倉書房、二〇〇〇年)や飛鳥井雅道「近代天皇像の展開」(朝尾直弘ほか編『岩波講座日本通史17』岩波書店、一九九四年)をまず参照したい。

(18) 前掲の島薗・鶴岡編『〈宗教〉再考』などを参照。

(19) 脇本平也「比較宗教学と応用宗教学」(『大倉山文化会議研究年報』九、一九九五年)三六頁、のいうところの宗教学の応用による「実践的宗教思想運動」という観点が重要になってくる。彼らはいわば宗教学的信仰をもっていた。宗教学的理念の宣伝をもって伝道活動とし、社会的倫理的領域でのその実現を求めるこの人々を、脇本は「応用宗教学者」と呼んだ(同、四三―四四頁)。

(20) 唐木順三『現代史への試み』(筑摩書房、一九四九年)、武田清子「キリスト教受容の方法とその課題」(武田編『思想史の方法と対象』創文社、一九六一年)、同『日本リベラリズムの稜線』(岩波書店、一九八七年)、宮川透「日本思想史における《修養》思想」(『日本思想史の課題』紀伊國屋書店、一九七四年)、筒井清忠『日本型「教養」の運命』(岩波書店、一九九五年)、竹内洋『学歴貴族の栄光と挫折』(中央公論新社、一九九九年)、同『教養主義の没落』(中央公論新社、二〇〇三年)など。

(21) 武田「キリスト教受容の方法とその課題」、同『日本リベラリズムの稜線』、宮川「日本思想史における《修養》思想」。

(22) 堀尾『天皇制国家と教育』。

(23) 村上『国家神道』一二九頁。

(24) 明治二〇年代に帝国憲法・教育勅語によって確立されたという国家神道教義の内容として、昭和一九年刊行の『神社本義』(神祇院編)を引くなど(村上『国家神道』一四一頁)、明治から昭和にいたる間の国体観念が不変であったかのような見方を示している。

(25) 安丸良夫『近代天皇像の形成』(岩波書店、一九九二年)一九四―一九五頁。

(26) 小山『天皇機関説と国民教育』九頁。

(27) 同右、一一頁。

(28) 政権担当者から期待を寄せられ、これに応えていったのは、宗教学を擁する帝国大学の中では国家政治の中枢機関が集中する東京の帝大宗教学であった。彼らは文部省と各宗教界の間を仲介し、宗教界相互の交流を促進するなど中心的役割をはたした(林淳「宗教系大学と宗教学」『季刊日本思想史』七二、二〇〇八年、八一―八二頁)。なお東京大学は、その後、帝国大学、東京帝国大学と名称が変遷するが、以下、特記する必要のないときは「東大」と略記する場合がある。

(29) 近代日本の宗教学説史については、小口偉一「宗教学五十年の歩み」(『宗教学研究』一四七、一九五六年)、篠田一人「明治以降の日本における宗教の学問的研究の推移」(『キリスト教社会問題研究』八、一九六四年)、竹中信常「特集・日本宗教学の人々」(『大正大学宗教学年報』二一、一九七九年)、同「日本宗教学の軌跡」(『宗教研究』二五九、一九八四年)、田丸徳善「日本における宗教学説の展開」(坪井俊映博士頌寿記念会編『仏教文化論攷』佛教大学、一九八四年)、同編『日本の宗教学説』(東京大学宗教学研究室、一九八二年)、同編『日本の宗教学説II』などを参照。

(30) 小口「宗教学五十年の歩み」は宗教の本質を採ろうとする宗教哲学的態度を、田丸「日本における宗教学説の展開」や深澤英隆「宗教学史の中の波多野精一」(田丸徳善編『日本の宗教学説』)、同「宗教学における心理主義・心理学主義の問題」(田丸編『日本の宗教学説Ⅱ』)は人間主義的・心理主義的宗教理解や神人合一的な宗教体験の重視を、脇本平也「日本における比較宗教の伝統」(『宗教研究』二五九、一九八四年)は万教帰一の理念の追求を、世代を超えた宗教学(者)の共通点として指摘した。またこの脇本の論考や鈴木「宗教学研究者の社会的発言」によっても、明治の第一世代を特徴づける総合的かつ規範論的傾向がその後途絶えたということはできない。なお第二世代の新たな展開としては、主に日中戦争以降における異民族理解を目的とする植民地主義の文脈での国家貢献があり、本書の課題との関係では二義的にとどまるが、将来的な検討の余地がある。

(31) 鈴木正幸「国体思想」(『世界大百科事典』平凡社、一九八八年)二〇三—二〇四頁。

I　宗教の新理想と国民教育への展開

第2章　井上哲次郎における宗教と国民道徳

第1節　帝国憲法と教育勅語——宗教を論ずる前提

国家およびその教化思想と宗教との関係に関する理論化を積極的に進めた大学人のうち、戦前期をとおして大きな影響力をもった一人は疑いなく井上哲次郎（一八五六—一九四四）[1]であった。東京大学（帝国大学、東京帝国大学）の哲学教授として哲学倫理学を専門にしたが、同大学で初めて比較宗教を講じた宗教学の先学としても知られる。教育研究活動をとおして多数の門下生を育てたほか、文部省の各種専門委員や講師を務め、国民教化の先頭に立った。明治年間には文部省の委嘱により『勅語衍義』を執筆し、二度にわたって世間を騒がせた教育と宗教論争の惹起者、国民道徳論の代表的論者として目立った活動をなした。同時に国民道徳中に「神道」を説く国体神道論、また「倫理的宗教」論を唱え、その宗教的倫理の提言は昭和にいたるまで一定の影響力を発揮しつづけた。前章に述べた課題①②に関わって、まずはこの井上から取り上げていくことは適当であろう。

ただしここではその前に、国家とその教育事業に関する井上や門下の宗教学者らによる提言の背景をなし、その学問思想形成にも影響した大日本帝国憲法および教育勅語に関わる前提的事項について述べておきたい。

当時、明治政権を中心とした指導層は、日本国家の目標を、欧米をモデルとする文明国に上昇させることにおいたが、ただし日本の「国体」をふまえての日本的欧化がめざされた。大日本帝国憲法および教育勅語を特徴づける欧化（普遍）と国体（特殊）の二元的構造は、この構想に基づいて明治二〇年代のエタティストたちが持ち込んだものである。それぞれの各論部分では、達成すべき欧化の内容を示した政体論（帝国憲法）および実質的道徳論（教育勅語）が表明され、総論部分では、その欧化学習をおこなう日本および日本人の主体性の基礎たるべき国体論が表明される。すなわち各領域における欧化を認めつつ、その全体に上位の規範として「国体」をおく二元構造である。(2)

この構造を教育勅語によってみれば、こうである。

［「教育ニ関スル勅語」全文（全三段に分けたもの）］

第一段――「朕惟フニ我カ皇祖皇宗国ヲ肇ムルコト宏遠ニ徳ヲ樹ツルコト深厚ナリ我カ臣民克ク忠ニ克ク孝ニ億兆心ヲ一ニシテ世々厥ノ美ヲ済セルハ此レ我カ国体ノ精華ニシテ教育ノ淵源亦実ニ此ニ存ス」……総論的国体論と忠孝道徳（総論）

第二段――「爾臣民父母ニ孝ニ兄弟ニ友ニ夫婦相和シ朋友相信シ恭倹己レヲ持シ博愛衆ニ及ホシ学ヲ修メ業ヲ習ヒ以テ智能ヲ啓発シ徳器ヲ成就シ進テ公益ヲ広メ世務ヲ開キ常ニ国憲ヲ重シ国法ニ遵ヒ一旦緩急アレハ義勇公ニ奉シ以テ天壌無窮ノ皇運ヲ扶翼スヘシ是ノ如キハ独リ朕カ忠良ノ臣民タルノミナラス又以テ爾祖先ノ遺風ヲ顕彰スルニ足ラン」……普遍的徳目と皇運扶翼の国体論（各論と総論）

第三段――「斯ノ道ハ実ニ我カ皇祖皇宗ノ遺訓ニシテ子孫臣民ノ倶ニ遵守スヘキ所之ヲ古今ニ通シテ謬ラス之ヲ中外ニ施シテ悖ラス朕爾臣民ト倶ニ拳々服膺シテ咸其徳ヲ一ニセンコトヲ庶幾フ」……徳目の普遍性と国体論（総論）

第一段では、皇祖皇宗の肇国と樹徳、臣民が忠孝道徳をよく行ってきたことが国体の精華として称えられるとともに、この歴史に教育の淵源が定められる。第二段は臣民が守るべき具体的徳目が列挙されるが、「父母ニ孝ニ」から「一旦緩急アレハ義勇公ニ奉シ」までの一二の普遍的徳目を述べる前半部分と、それ以降の後半部分に分かれる。後半部分ではそれら徳目が「天壌無窮ノ皇運ヲ扶翼」することになるとされ、それが忠であり「祖先ノ遺風」を継ぐこと（孝）にもなると加える。第三段は、「斯ノ道」は天皇にとっても「皇祖皇宗ノ遺訓」であること、また古今中外を問わず普遍的な教えであることをいい、これを天皇と臣民はともに守るべきであり、また守っていくことを願って結んでいる。

以上のように教育勅語は、普遍的と性格づけられた実質的道徳内容を第二段前半で説き（各論）、それ以外の残る部分で忠孝や皇運扶翼をふくむ特殊的国体を説く（総論）構成をとった。一般的普遍道徳を内容として、その根基に日本的国体論をすえた二元的構造になっている。

こうした内容面のほかに、教育勅語の発布形式においてもこの二重性のせめぎ合いがみられた。西欧の立憲政体的原則（君主は「良心ノ自由」に干渉しない）に沿わせるために、井上毅は教育勅語を大臣の副署を伴わない純粋な「社会上ノ君主ノ著作」の形をとって発表することを望んだ。その主張は通ったものの、勅語は総理大臣と文部大臣に下付され、文部大臣の訓示がともなうことになって、教育勅語は国家の元首の命令という面も多少いれることになった(3)。国家の元首は国体的天皇でもある。教育勅語の発表は、完全ではないが西欧的立憲政体の体裁を守った部分と、守れなかった部分すなわち国家元首としての命令と特殊的国体的な天皇の権威とが随伴する部分との両者が混在するものになった。

帝国憲法にも立憲（欧化ないし普遍性）と国体（日本的特殊性）の二元構造という基本的枠組が共通して存在する。「告文」「憲法発布勅語」「憲法上諭」は国体に基礎づけられ、とくに「告文」は天孫降臨の勅すなわち天壌無窮の神勅に直接関わらせられて、「皇祖皇宗」の「神霊」に加護を「禱」るものになっている。そして憲法本体では、「大日本帝国ハ万世一系ノ天皇之ヲ統治ス」と規定した第一条から、「天皇ハ国ノ元首ニシテ統治権ヲ総覧シ……」と規定した第四条前半までが国体に関する規定で（総論）、それ以降に立憲政体に関する実質的諸規定が置かれた（各論）。明治二〇年代の国政に携わったエリートたちは、道徳、宗教、政治のすべての領域における欧化＝文明化を進めることを基本路線としつつ、この欧化を進める原動力としてあるいはこれを行う国民主体の立脚点として、「国体」をすべての領域に持ち込んだのである。

ところで、戦前日本の宗教と教育の関係は、初等・中等教育からの諸宗教の排除と、教育勅語を中心とした天皇制（国体観念）の宗教的側面を宗教と認定しないことによって国家が強制するという形態によって特徴づけることができる。憲法上は各論部の第二八条信教自由の規定と国体的総論部分での主張がこれらに対応している。教育勅語でも宗教的中立性に配慮されたことは知られるとおりである。勅語制定にあたって井上毅が留意したのは、その内容に対して政治的、学派的、宗派的中立性の原則を貫くことであった。宗教に対するときのこうした中立性原則は、学校においては教育と宗教の分離原則として貫かれるとともに、教育勅語を基準とする修身科を中心に一般的な宗教忌避の傾向として定着していった。

以上のような帝国憲法—教育勅語に共通する二重規範の存在、また宗教に対する中立的ないしネガティブな傾向の存在したことは、井上哲次郎らが国家や国民教育と宗教との関係論を構想する際の大前提をなしていくことになる。だがまず以下ではこれ以前、最初期の井上の思索をみることから始めたい。

（1） 明治一三年に東京大学を卒業。文部省を経て同一五年に東京大学助教授（哲学担当）。ドイツ留学の後、同二三年に教授。ドイツ哲学を日本に根付かせる一方、東洋の思想・宗教を研究。文部省の教員検定委員、文政審議会委員、貴族院議員を兼任し、社会的影響力の大きい学者として活躍した。
（2） 小山常実『天皇機関説と国民教育』（アカデミア出版会、一九八九年）三八九—三九〇頁。
（3） 同右、三四—三六頁。

第2節 「倫理ノ大本」から「倫理的宗教」まで

I 哲学的宗教と国家主義——普遍を軸に

「倫理ノ大本」と「一統宗」

井上が若き哲学徒だったころ、初期の著作に『倫理新説』(明治一六年)がある。執筆の目的は東西古今の思想の乱立・価値混迷の状態にあるいま、道徳の根底＝「倫理ノ大本」となるものを明らかにすることであった。その「緒言」で井上は、昨今の倫理説は宗教を除外して考える傾向があるが、自分は宗教と倫理は分離できないと考えるもので、これも視野に入れて新時代の倫理について考察すると述べている。人間界のすべてを科学で説明することは不可能だから宗教を否定しさることはできない、それは哲学者が「絶対」なるものを信じるのと同じだという。同書をとおして教育勅語渙発前からみられた井上の道徳論の原型を知ることができるが、この、宗教を斥けずに倫理を説くというやり方はその一つであった。

さて井上によれば、ただその方法が各々異なっているだけで、古今東西の倫理や諸宗教は幸福を得ることを目的とし、理想を設けて鋭進するという点で共通している。(1) これら諸教の大本は皆同一、すなわち「万有成立」(universal existence 普遍的実在)である。孔子の「大極」、荘子の「無無」、釈迦の「如来蔵」、ヘラクレイトスの「転化」、カントの「実体」、スピノザの「万有本体」、シェリングの「絶対」、スペンサーの「不可知的」なるものはすべて万有成立をいったものである。そうしてここに「万国普通ノモノ」たる「一統宗」(universal religion)創立の希望が表明される。思想混沌たる状況のいま必要なのは、現存の諸宗教のいずれかをとることではなく、「万有成立」に基づいて「未ダ現存セザル一種高等ノ宗教ヲ立ツル」ことである。「万有成立」を奉じて「倫理ノ大本」を講ずるものこそ「万国ノ公教」

となることを得る。それは科学と調和した、また宗教的党派性を免れた普遍的な「唯一大宗教」であるというのだった。(2)ただしそのような「一統宗」から引き出されるところの新しい倫理なるものが如何なるものかといえば、これに対する考えは抽象的で心許ない。「万有成立」の現れたる進化の紀律にしたがい、「勢力ノ趨向」によりよく順応することで、宇宙とともに自身が完全の域に達することができるというにとどまった。

日本人意識の確立

この後井上は東京大学助教授に就任し、七年近くに及ぶことになる欧州留学に出発する。その帰国前年の明治二二年、内地雑居に関して日本人に再考を促す『内地雑居論』を公にした。日本人に弊害をもたらす内地雑居を拒絶し、そのためには条約改正の延期も可とすることを述べたものである。同書には海外滞在中の井上の日本人意識の高ぶりをみることができる。

井上はそこで欧米人との競争における敗北、日本人の土地や人口の減少、人種混同による日本人種の「合同力」の喪失と日本人種の滅亡の危機について警鐘を鳴らしている。これは「日本人は欧州人に対して、尚ほ劣等の人種」であるという「事実」から科学的に導かれる結論だという。(3)留学中、欧州勢力とその力に屈した「劣等」の国々の惨状について親しく知るところがあり、適者生存・弱肉強食の国際競争中にある日本人の行く末を案じるものである。

そして井上は、人種間競争における愛国心の重要性に言及する。日本はすでに退廃しており、滅亡は免れないし内地雑居も防げないとする意見が欧州に来遊する日本人中にあることをとらえて、井上は、愛国心に反する者があれば国内に病毒を胚胎することになる、たとえ望み薄くとも自国保存に努めるのはその人民の義務であり、「愛国心は徳義の大なるもの」、「愛国心は国の元気」なのだと訴えたのだった。

日本人種の保存という関心、愛国心が『内地雑居論』の基調をなす一方、しかしのちに示されるような皇室主義的国体論はまだここにはない。雑居を許せばいずれ「異状の国体を生ずる」であろうと述べた一カ所に「国体」の語が用いられているが、(4)日本人・日本国の様態という程度の意味でつかわれ、のちのように厳密ではない。天皇皇室についての言及は一カ所もなく、もちろん内地雑居が国体＝万世一系の皇統にどのような悪影響を及ぼすかという視点からの考察もない(5)。だが当時はまだ国体＝天皇主権を国法上に明確にした帝国憲法の発布前であり、皇室絶対という意味での国体主義がこの時点で井上に薄いことは不思議ではなく、開明的知識人がこの時期に述べる内容としてはむしろ自然であったといってよいだろう。

『勅語衍義』

明治二三年に帰国した井上は帝国大学文科大学教授に就任する。そして翌年、『勅語衍義』（以下『衍義』）を刊行する。井上の個人的著作として刊行されているが、文部大臣から委嘱され、井上毅らの意見を徴しつつ執筆したもので、教育勅語の実質的な公定解説書としての位置づけが与えられた。

井上の自負によれば「古人ニ一歩ヲ進メタル所」が本書にある、従来の道徳書が徳義の内容を説くものであったのに対して、自分は徳義の理由を説いたという。「各自ノ修徳ヨリ以テ義勇公ニ奉ズルニ至ルマデ」の臣民の義務の字義的説明にとどめることなく、それらがなぜ徳義とされねばならないのかを明らかにしたという(6)。

井上の『衍義』が、しばしば誤解されるような国粋主義の著作ではなかったことは、こうした倫理学的性格に関わっている(7)。たとえば井上は教育勅語の主旨は「孝悌忠信」と「共同愛国」だと論じているが、これは「時ノ古今……洋ノ東西ヲ問ハズ」「如何ナル国ニアリテモ、同ジク称揚スベキ」徳義で「独リ我邦ニ限ルモノ」ではないと言われ、日本に固有だとはされていない(8)。日本的なものだから、または東洋の教えだから守るべきとするのでなく、人倫交際上、社会成立上に必然と考えられる教えは、一定程度に開けた国であれば「東西ノ別ナク、中外ノ差ナク」すべてに行われるべきだという(9)。道徳を人類社会の本質一般に帰する倫理学的姿勢が同書の基調にあって、教育勅語もその例外とはされない。これにも世界共通の根拠が付されねばならないのである。

教育勅語の渙発は一般には儒教主義への揺り戻しと解されて、欧米思想を吸収し、開明的思考を身につけた人々のなかに思想的分裂を生じるものもあった。国際競争下に「国力養成」の課題を自らのものにする一方、哲学者として「倫理ノ大本」を闡明するという役割との間で葛藤を感じていたはずの井上もまたその一人であった。古臭い徳目をなぜ今、また将来にわたって行うべきなのかを倫理学的に解説しようとした本書は、伝統的道徳を説く勅語と啓蒙的合理的思考とのあいだを調停する試みであって、それは井上自身の内面的課題を解決するための作業でもあった。

ただしこの試みは客観的には必ずしもうまくいっていないところがある。たとえば「博愛」についての説明中、普遍的徳目であるべきはずが、外国人に対する博愛より同国人を優先すべきことを説くところは辻褄が合わず、「朋友愛信シ」について、その友人が反国家的人物なら別れるべきだとしているが[10]、すっきりしない。どちらも十分な説明のないまま普遍的一般徳目に国家主義をすべり込ませた結果であるが、ほかにもところどころに日本に寄せようとした跡がある。勅語のいう徳義はすべて普遍的なのだが、その実行については日本で最もよく行われる条件があり、また最もよく行われてきたのだという論断がたびたび加えられている。

けっきょく『衍義』の勅語論は、普遍的な倫理学的説明（ほとんどが功利主義的、自然主義的な）を採りつつも、これら普遍的徳義の実行は国家的要請だと述べるものであったが、普遍への志向と国家主義とが矛盾する局面に関しての釈明には不完全さを残していた。ただしこの不整合があることは別として、どの国の人間や社会にも普遍的に求められる徳義であるとまず言ってから、それは天皇も望んでいることであり国民としての義務でもあると加えて言う[11]、この先後の順序がこの時期の井上においては重要である。国により方法と程度を異にすることはあれ、徳義の「主義精神」は普遍同一なのだというのがあくまでこの時期の井上の中心にあったことだった。

2　『教育ト宗教ノ衝突』論

井上の国家主義と普遍主義はその後どのようなバランスをとっていくのか。明治二六年に刊行された『教育ト宗教ノ衝突』（以下『衝突』）に移ろう。同書は、明治二四年の内村鑑三不敬事件に関わって、教育勅語とキリスト教との衝突

（教育勅語に述べられた「東洋の教」とキリスト教との衝突）を論じたものである。そこに論じられた衝突論とこれをきっかけに生じた論争についてはすでに多数の研究が存在するので、ここでは以下に絞って述べたい。それは、この衝突論で井上は教育勅語の国家主義の観点からキリスト教批判を展開したと一般には評されているが、井上の述べるところは、第一に国家主義なるものの扱いに関して、第二にキリスト教の吟味に関してそれほど単純ではないということである。

普遍的国家主義——勅語解釈における

『衝突』では、キリスト教の本質が非国家主義であることを、「東洋主義殊に勅語の精神」と比較しつつ、それが国家を主とせず、忠孝を重んじず、出世間的で世間を軽んじ、無差別的な愛（博愛）を教えること、の諸点から論じている。これらは必ずしもキリスト教に限った特徴とはできないが、日本によく同化し得ている仏教と比較して、日本ではキリスト教のみに認められるとされた。だがここでみたいのはこのキリスト教論そのものではなく、キリスト教批判を通じて教育勅語を国家主義にひきつける見方が強められることになった点である。

前著『衍義』における勅語解釈は国家主義に染め上げられたものとはいえなかったが、『衝突』ではキリスト教による非国家主義が日本人に行われている（とされた）事実をつきつけられて、「勅語の主意は……国家主義なり」と断じられるようになった。その結果、勅語への支持も、『衍義』では勅語すなわち「東洋古来の教」の普遍性を強調することによって行っていたものが、『衝突』では「東洋古来の教」に国家主義的な性格が濃厚であるがゆえに弁じられることになっている。また以前の勅語論の基調はその擁護的な姿勢にあったが、ここではそれが払拭された。キリスト教を敵として得て、東洋の教えが国家に欠かせない優れた教えであると言下に断じることが可能になったためである。

ただしこの国家的道徳＝勅語の教えは、東洋的だとはいわれるが日本に固有だとされているわけではない。またそれが国家的であるというときの「国家」とは、日本だけを指すわけではない。勅語＝東洋の教えはいずれの国家にとっても有用であり（国家主義は普遍的である）、キリスト教はその非国家主義ゆえに、日本・東洋諸国のみならず西洋の国々にとっても一様に不都合だとするのであって、この意味において勅語が「普通倫理を記せるもの」という考え方に変化はなかった。[12]

同様に、『衝突』では勅語中の「一旦緩急アレハ義勇公ニ奉シ以テ天壌無窮ノ皇運ヲ扶翼スベシ」の文言が重要なものとして初めて取り上げられているが、これをどう評価するかについても注意が必要である。『衝突』ではこれらの字句をなぞりつつ、日本の臣民たる者はすべて国家の緩急に際しては身を犠牲にして国家に尽くすべきという意味であることは「疑ふべからず」と説きくだされるが[13]、しかしここでもこの文言より引き出される国家主義は一般的にとどまっている。もしここで、のちの井上がそうするように、天壌無窮の神勅を根拠に国体の特殊性に言及しつつ、勅語道徳の日本的固有性が説き出されているというのであったら、キリスト教との衝突をきっかけに井上が国体主義に転じたのだということができるのだが、ここではまだそれはなかった。

こうしてみれば、いく人かの論者が指摘するような、井上思想における特殊と普遍の対立という問題はまだこの時点では立ちあがっていないとすべきである。[14] それが課題として立ち上がるのは、この一般的国家主義が日本的特殊主義に変じてからでなければならない。

二元的道徳論——キリスト教の評価に関わって

これも先行研究ではあまり触れられてこなかったが、井上は『衝突』で、人は、国家主義の実践と合わせて個人的倫理（普遍的道徳）についても並行して修めねばならないという考えを明らかにしている。国家的道徳と個人的倫理との二種類の倫理道徳を並行して行うべきとのそうした考え方をここでは「二元的道徳論」（二種道徳並行論）と呼んでおくが、『衝突』が国体主義に立つものではまだなかったということと井上がこうした二重道徳論をとっていたこととは無関係ではない。

井上は、自分を国粋保存論者とするのは大なる誤解だと述べているが[15]、たしかにこのときの井上は国粋保存論者でも国体主義者でもなかった。二元的道徳論をとる井上は、国家的および普遍的個人道徳の並行実践を説き、この二つは一人の人間のなかで両立可能だとの立場をとる。国粋主義や国体主義が特殊化された国家主義だとすれば、普遍主義の排斥にそれは向かうから、そうした立場からは二種道徳の並行などという発想が出てくることはないのである。

じつは『衝突』で井上は、キリスト教に対する肯定的とみえる評価も行っている。キリスト教は非国家主義ではあるが、個人的倫理を維持するにおいて効があると述べているのがそれだが、[16]二元的道徳論がその前提にある。国家道徳は必要ではあるが、普遍道徳＝個人的倫理も必要だとする井上は、この部分でキリスト教の役割を認めていたわけである。国家的道徳は勅語にしたがい実行すべし、個人的倫理はキリスト教その他によって行うべし、というわけだ。前者の実行のために後者の排除が伴われるべきだとは言われない。こうして『衝突』での井上のキリスト教評価は、その非国家主義を断行すれば日本を滅ぼす恐れがあるが、国家主義に反せず、東洋日本の風俗に同化し、もっぱら「個人的倫理」の維持に徹するならば、日本でも認められるようになろう[17]という両義的なものとなった。

キリスト教のすべてを切り捨てようとしたわけではなかったことは、同書は「固より時事の問題を解釈するもの」にすぎず、自分の宗教全体に関する断案は他日発表すると井上が断っている[18]こととあわせて押さえておきたい。これが果たされるときにキリスト教の有用性が再度言及されることになろう。

以上によって『衝突』が、特殊主義の立場より反キリスト教論を展開したものではなかったということが示された。教育勅語の解説に携わったときにも、今回の国家—キリスト教衝突論でも、井上は、『倫理新説』での普遍志向を曲げて「特殊」に転向したということはなかった。さらに次にみる倫理的宗教論の内容を検討すれば、この後もしばらく彼の普遍志向が継続されていくことが知れるだろう。

3 「将来の宗教」構想

『衝突』で井上は、同書の内容は時事問題を扱ったにすぎないから、他日発表する宗教論を待つよう読者に請うた。

そしてこの宗教論は東洋古代の哲学宗教のみを回復せよとするのではない、「東西各種の思想を参酌し、鎔鋳して新に組織を成さんとする」ものになると宣言されていた。その約束をはたしたのが、ここにみていく明治三二年に発表された「将来の宗教に関する意見」（以下「将来の宗教」）論文である。[19]

倫理的宗教論

この論文には東西諸思想の研究の上に井上の構想した「新宗教」像が明らかにされている。いまの日本は諸教乱立し思想混迷、徳育不振にあるが、将来の理想的宗教として期待されるこの新しい宗教が窮状を救うのだと井上はいう。知育の進んだ今日、伝来の聖権 authority に拠りつつ「命令的に教訓を施」すだけの従来の徳育は顧みられなくなったが、他方、倫理の理屈を教えるだけで「行となら」ない倫理学の試みも失敗している。学問だけでは学んだところを「行はしむべき動機」を与えることができないからだ。ここで暗にいわれるのは教育勅語による教訓命令的な徳育の不毛であり、倫理の理屈を教えてもだめだったというのは、自著『衍義』に実際的効果がほとんどなかったことを認めたものであろうか。この反省から井上が引き出したのが、倫理実行の動機は「先天内容のもの」でなければ効力がないということであった。[20]

そこで「先天内容の」動機づけとして井上が期待を寄せたのが宗教の力である。ただし現今あるところの宗教ではない。どの宗教も不完全で徳育の基礎になりえず、また国内に諸宗教並存して聖権を乱立させているのも問題だ。くわえて今日では教育と宗教の分離が国民教育の前提とされるようになったから、なおさら既存宗教に拠ることはできなくなった。現今の教育界の窮状を救うのは既存宗教とは別に立つ新しい宗教でなければならない。

そのいうところの新宗教とは、諸宗教の「形体」を離れて「一切の宗教を融合調和し」た「唯一の普遍的宗教 die Religion」であるという。こうしたものが成立しうる根拠を井上は「実在宗教」なる考え方に求める。儒教、仏教、キリスト教、バラモン教、神道をふくめ全ての既存宗教は歴史を異にしたため独自性をもつに至ったが、認識を超えた「実在の観念」をどの宗教も奉じているという点では全宗教が一致している。[21]『倫理新説』でも同じことは説かれていたが、ここでは、「実在」観念はその表現の仕方によって人格的実在、万有的実在、倫理的実在の三種に区別される、と以前より掘り下げられている。

「人格的実在」は仏教の如来、キリスト教のゴッド、儒教の天帝ないし上帝、バラモン教のブラフマなど、「万有的実在」は仏教の真如、儒教の易にいう太極、バラモン教のブラフマンなどがこれに当たるが、井上によればもっとも優れているのは「倫理的実在」である。仏教の仏性、バラモン教の梵我一如、キリスト教の「天国は胸にあり」という考え方、儒教の人天合一、神道のいう心の清浄とか「正直の頭に神宿る」という考え方がそれであって、実在が内在的 immanent に捉えられたものだという。(22) そのような内在的実在を奉じて「心の内に感ず」ること——小我の意志に先立ちて超経験的な平等無差別の実在界より来たり、独りあるとき耳にささやく「大我の声」「先天内容の声」にしたがう行為なら、精神的満足をともなう道徳行為となる。(23) これによって徳育不振は解決されるというのであった。

普遍的実在宗教のテーマは、『倫理新説』での「倫理ノ大本」論のうちにすでにあった。ただその実行方法については他日の論だとしていたのを、この「将来の宗教」論文では従来の「他律的」徳育への反省をふまえて、道徳行為の主観的動機づけをめぐる考察を中心にしたのである。

現存のあらゆる宗教は、倫理的実在を奉じる「普遍的の宗教」に「進化」していくべきだと、井上は既成宗教への注文もつけている。そもそも釈迦やキリストや孔子らの開教も、自己の深奥から呼びかける「大我の声」に呼び起こされることに始まったのだ。聖人らの教えは究極のところ、「大我の指導する所」に従うこと、この「心の内に感ずる所を本として立つる」ことを教える「心法」であった。のちの仏教では如来、キリスト教ではゴッド、儒教では天の存在が外界に存在するかに信じられるようになったが、いずれも本来的でない。日本将来の宗教は、宗教のこの本質、この信仰に帰っていくべきだろう。いま歴史的宗教は勢力を失いつつあり、兆候はすでにみえると井上はいう。これらの「諸宗教は変形して合一し、唯ゞ一の普遍的宗教とならん」とする過程にある。(24)

井上は徳育振興の切り札として、『倫理新説』での「万有成立」(普遍的実在)を「倫理的実在」論へと進め、これによる諸宗教の統合すなわち「唯一の普遍的宗教」の実現を説いた。そうして既存の宗教はただこの「実在宗教」としてだけ生き残るべきとされた。後に生じたにすぎない各宗独自の教説や儀式や教会教権といったものは取り払われ、人に善を行わせる効力を有するのみ、倫理的趣旨をもつだけの普遍的宗教に切り下げられるのである。(25)

日本主義・忠君愛国・国体との関係

ところでここに井上が、実在宗教を倫理道徳の大本にすえるとか教育界が改善されるというときの、道徳とか教育というのは、国家的道徳を指すのではなく一般的普遍的なそれを指している。

この二年前、明治三〇年に井上は同志らとともに日本主義を唱え始めたが、井上によれば日本主義が列国間競争における「日本民族的自衛の主義」であるのに対して、実在宗教は「世界の一分子としての各自を律する」ものであって、個々に存立するという。「将来の宗教」論文のいちばん最後には「将来の宗教と日本主義」なる章が設けられ、日本主義と実在宗教について二つともに実践することが説かれた。人はみないずれかの国の一員であると同時に世界に属する一員であるから、両方とも修める必要があると。

別の論文においてであるが、「忠君愛国」道徳と実在宗教の関係についても同様に説かれている。忠君愛国は限定的性格をもつ道徳であるから、これとは別に「私徳」(個人的世界的道徳―倫理的宗教)を修めるべき必要がある。道徳といえば忠君愛国、忠君愛国といえば道徳の全体を包含していると考えるのは非常な間違いであると。(26)実在宗教は倫理に資する、というときの「倫理」とは普遍的一般的道徳を指しているのであって、日本主義や忠君愛国の実践とは別にされていた。以前に述べた二元的道徳論がここにも踏襲されている。

なおこの論文では、日本主義や忠君愛国道徳に対する井上の否定的とも受け取れるような見方さえ示されており、注目を要する。「忠君愛国の道徳」は、「国家的道徳である所からして、どうしても他律的となるのであります」、個人が「内部より自ら進んで之を実行しやう」とするような「一般に効力のある」道徳ではない、「国家の権勢あるものが、外部より之を強ふる外はない」ものだとして、(27)本質的に自律的たりえない「国家的道徳」への批判的認識が示されている。

さらには忠君愛国道徳は、世界や人類全体に比したときには一国的な利己的道徳であるというべきであり、これが反世界的非公平的なものに傾くときには、ショーペンハウエルのいうごとく「情の最も愚なるものにして即ち愚人の情」となるとまで踏み込む場面もあった。「余り此一事〔忠君愛国〕に熱中して、此一点張で持って行かうとすると間違が出来」る。古の尊王攘夷は忠君愛国の精神に背くものであったが、世界各国と親密な関係をむすぶことが結局は愛国の精神にかなっていたように、君の馬前に討死にするという忠君は今日適切ではない。「一切其れ〔忠君愛国〕以外の事を拒絶する」ということは「我国の徳育を誤まるの本」であって、これを広義に解して行うよう説いたのだった。(28)

「国体」と徳育の関係についての井上の同時期における認識についてもみておく。「国体」すなわち日本の来歴を顧みないで徳育を施すのは誤りだが、国体を顧ることは「太古を顧る」ことと同じで、しぜん旧風に流れてしまうから、国体のほかに「理想」というものを徳育に加えていく必要がある。理想とは「人間終局の目的」であり、「進歩的精神を伴ふもの」であって、これなしには徳育は活気を失う。「国体だけで徳育を施さうとすれば……頑固に陥って仕舞ふ、旧弊に流れて仕舞ふ、そこで理想と云ふもので之を補はぬければならぬ」。日本人は日本民族であり、同時にひろく人類の一部をなしてもいるから、国体も理想もふたつとも重要である。(29)

もちろん理想追求はまったくの無条件に行ってよいのではなく、「国民教育の目的に害の無き」限り、「国体を傷つけ」ない限りにおいて個人に与えられる「精神の自由の範囲」で行われるものと述べている。だがこれは逆にいえば「併ながら国民教育の目的に害の無き限りは、各個人に精神の自由を与へなければならぬ」ということでもある。(30)「此〔自由の〕範囲が存して居らぬければ、活きたる徳育を施すことは甚だむづかし」くなってしまう。国民教育を「妨害する者は悉く排斥せねばならぬけれども両立し得可き者まで排斥する必要はない」。(31)すっきりしないところはあるが、二元的道徳論に立ちつつも、この時期の井上は、「過去に遡って〔知れる〕日本と云ふ特別なる事情」(32)＝「国体」は理想に欠くと考え、価値的にはふたつのうち「理想」を優位にみていたことがうかがえよう。

以上を要するに、「日本主義」と「忠君愛国」、また「国体」について井上はそれぞれに言及するところがあった。それら相互の関係、各内容についても十分明らかにされているわけではないが、そのいずれもが一般的道徳＝倫理的理想的宗教に相対するものとして捉えられていた（限定的―普遍的、他律的―自律的、旧弊的―理想的）。日本主義も忠君愛国も、普遍的倫理的な価値に対比して、限定的な性格をもつにすぎないとされ、国体については過去を無視できないという程度の扱いにとどまり、人類規模での建設的な未来に参与しようとする「理想」に向けられた情熱との間には落差があったことが確認できた。そうしてもし国体の中に理想に適わないことがあるなら「改造」することも可である（理想によって改められてもよい）との考えさえ、ときには示していたのである。(33)

4 「新宗教」論争――村上専精・井上円了を中心に

国家主義や国体との関係については明快でないところもあったが、その主旨は時宜を得たものであったために井上の倫理的宗教論はひろく社会の耳目を引いた。論文の普遍主義的な基調は西園寺文相（第三次伊藤内閣）の影響下に国際主義への揺り戻しをみせていた当時の教育界に同調するものであったし、成立宗教とは区別された通宗教的な宗教概念（実在宗教）の提唱も、内地雑居を背景に同年に発令された私立学校令および文部省訓令第一二号（一般学校における宗教教育、宗教儀式の禁止）の趣旨に沿うものであった。井上論文には既成宗教への批判も含意されていたが、これも「同志社問題」（明治三一年）や宗教法案をめぐる騒動（同三二―三三年）を機に持ち上がった、キリスト教主義学校や仏教教団に対する世の反感を視野に収めてのものであったろう。

新時代の教育方針に合致しつつ、宗派的既成宗教の弊害を脱した宗教利用をうったえる井上の提案は、諸所より活発な反応を引き出していった。賛否両論が寄せられ、学者・宗教者・教育者・ジャーナリストらの間にその後一年以上にわたっていわゆる「新宗教」論争（「将来の宗教」論争ないし「倫理的宗教」論争とも）が繰り広げられるきっかけとなった。(34)

このうち批判的意見の多くは宗教者から寄せられたものであった。内村鑑三不敬事件による前回の「教育と宗教の衝突」論での井上の批判の矛先はキリスト教に向けられていたが、今回の井上の主張は仏教をふくむ既存の宗教・教団の関係者すべてを刺激する内容をもっていた。宗教を倫理領域に吸収することを井上は望み、既成宗教個々の存在価値を喪失せしめるものであった。井上の論は、「合一的新宗教」（村上専精）とか「総合的新宗教」（井上円了）などと反対派から呼ばれることになるが、それは公教育から退くことと引き換えに私的領域として囲われた領分での「宗教の自治」を認められていた既成宗教の関係者にとって、その地位を脅かすものと受け取られたのである。

井上論文への反対意見はキリスト教関係者からももちろん寄せられたが、今度の論争では仏教からの反撃が目立った。その主要なものとして村上専精と井上円了によるものをみておきたい。

既成宗教の擁護

真宗大谷派の僧侶で、帝国大学文科大学で印度哲学を教えてきた村上専精（一八五一―一九二九）は、大乗非仏説を論ずるような進歩的仏教学者であった。その「未来二十世紀間に於ける宗教観」論文[35]により彼の主張をみよう。

村上はその哲学的宗教観において井上に似て、「真正の宗教」は「哲学の実用的活動」の形をとっていくと考えていたから、新宗教発生の機運じたいは認めている。だが井上とちがって旧宗教もすぐに廃れることはないとする。諸宗教の合一といっても仏教とキリスト教の合同などはあり得ない。だが仏教諸宗派の合一なら可能だと「合同」の範囲を縮小しようとした。キリスト教と違って日本民族に受容され、真理的合理的宗教たる仏教にこそ期待をかけるべきであって、つまり将来の新宗教は「新仏教」であるべきだというのである。

新仏教について村上はこう考えを進める。仏教諸宗派の合同というち、合同が望めないのは各宗派の「歴史的因襲の感情」（宗祖崇拝など）とこれに伴う儀式制度のみであって、教理面での合同は進めていける。それは旧仏教各派の精髄をとって一丸としたものとし、出世間的ではなく世間的、形式的ではなく精神的、来世主義ではなく現世主義人道為本のものであるべきだとされた。村上の仏教合同観はその『佛教統一論』（明治三四―三八年）にも述べられた。

新宗教論争において焦点となったひとつは、宗教の奉じる「人格的実在」を排すべしとする井上の主張をめぐってであったが、それについては村上はこう述べている。仏法僧の三宝のうち、法＝涅槃の理想こそが仏教の根本原理である。新仏教の立脚地を理想的なものとすべきか人格的なものとすべきかは大きな問題だが、仏教の歴史はこの涅槃の理想が展開した歴史——これを真如、一心、仏性、如来蔵などと称し、また転じて毘盧遮那仏の光明界とか寿命無量光明無量の阿弥陀仏であるなどと称するにいたった歴史である。このことが教えてくれるのは、理想が人格化されるほどに仏教は活力を得ていったということだから、将来の新仏教も「人心を感化する」ため、「矢張り人格的立脚のもの」でなければならないだろう。ただしながら新仏教では宇宙の外に個体として存在する人格なるものは認められない、許されるのは、仏教の根本原理たる涅槃の理想と不離一体のものとして観念される人格的実在でなければならないとした[36]。

つぎに、宗教を最大限倫理化してその効用をはかろうという井上の提唱に対しては、宗教と倫理は異なるとはしつつも村上は基本的には同調している。仏教は非倫理的非世間的だとの批判を繰り返し浴びせられてきた。村上はそうした批判を受け止めた上で、新仏教は「世間的倫理的のものたることを確信」すると論を結んでいる。

やはり真宗大谷派の僧侶で仏教学者、哲学館創立者としても知られる井上円了（一八五八—一九一九）による反論を、つづけて彼の「余が所謂宗教」論文[37]にみよう。井上哲次郎のいう新宗教は、学術と宗教とを、また倫理と宗教とを混同する誤りを冒している上に、「宗教を暗殺」しようとするものだとして対立した円了の論は、論争中きわだっており注目される。円了は主に以下の三点にわたって異を唱えた。哲次郎の宗教論が、(1)宗教の第一原理を倫理に求めている点、(2)諸宗教を一括した「総合的新宗教」を構成しようとする点、(3)人格的実在を宗教より除去しようとする点、である。

(1)宗教を倫理的にしかみようとしない哲次郎に抗して、倫理は宗教の目的ではないこと、ふたつは別物であることをまず説く。宗教は、有限界の不満足不完全を補充して、失意不平の人を慰安するものである。宗教の本領は「不可知的、其目的は安心立命、其作用は相対と絶対との一致契合」である。その本領が不可知界にある以上、文運が進展しても宗教は将来にわたって消滅することはなく、賢愚利鈍の別なく人間に必要でありつづけるという[38]。

ただしそれは宗教の本領を守るのに何がなんでも学術を斥けねばならないということではない。円了も、村上専精や井上哲次郎に似て、宗教は純正哲学の応用だとの考えを持っている。宗教の不可知界と学術の可知界とを懸け橋するのが純正哲学（形而上学）である(39)。だが哲学だけでは信念信仰が欠けるため、宗教として展開される必要がそこに出てくるというのであった。そうして将来の宗教は、迷信を払い学術とともに進み、外観儀式の拘泥を解き、時勢に応じて世間主義（社会主義や国家主義）をとるべきだとされた(40)。

(2)諸宗教を一括して総合的新宗教を構成すべしという主張に対しては、趣旨には賛同する部分もあるが、その成功は疑わしいとする。宗教の歴史的関係や特殊性を除き去って得られるという新宗教は、「無味無色の水」のようであって宗教としては効用がない。そのような、学術的観点をして人工的に創造される宗教は、人心を結合することはおろか人目を引くことさえできないだろう。現時の諸宗教を全廃して新宗教を開立するのではなく、いまは従来の宗教を改良発達させていく方法をとるべきだというのが円了の考えである(41)。

(3)人格的実在を宗教から除去せよという主張にも円了は反対する。宗教の特殊的方面を一切除くとか、人格的実在を放逐しようとしてできあがるのは「乾燥無味、其冷かなること氷の如く、其淡きこと水の如き」宗教であるが、貴賤貧富賢愚利鈍の人に一味同感の法楽を与えること、安楽に住するを宗教は目的とするので、情感の要素が重要である。宗教は滋味にして潤色がなければならないのに、これではとうてい世人を感化し得ない(42)。

そもそも人格的実在を立てることは、道徳とは本領を異にする宗教の本質に関わっている。人を絶対平等無限の境地に導くというとき、仏教であれキリスト教であれ、無限を有限化して人をこの境地に接近させるため人格的実在を立てるほかない。また人間の不完全をみとめ、人間以上の完全を求めるのが宗教であるところ、人格的実在を得てはじめてその目標をもてるのであって、これなしに人は改善進化できない。要するに人格的実在は実際上における宗教必須の条件であって、将来もこれは変わらないのだ(43)。

人格的実在は哲学上はみとめ得られないとしても、理論の応用をもととする宗教上はこれを否定できないというのが円了の要点であった。円了はこうした意味において、普遍的涅槃を上位に擬人的弥陀を下位におく村上専精の見解をも哲学に傾きすぎだと批判している。仏教の長所は法報応の三身を立てるところにあり、法身の涅槃のみでよいとする村上の仏教論は学術的だが宗教としての効力はないとしたのだった。(44)

新宗教への同調

村上専精も井上円了もともに「将来の宗教」論に反論したが、その趣旨のすべてを斥けていたわけではなかった。宗教から迷信を除去して哲学との調和を望む点、急進的な既成宗教不要論には異を唱えても漸次的な変化はみとめる点などである。宗教の道徳的効果、国家社会に開かれていくべきことについても大きな異論はなかった。

なお人格的実在の是非については、円了は、倫理をいう哲次郎(「倫理的宗教」は「宗教的倫理」と言い換えてもよいとした)に対し、人心の慰安たる救済宗教の観点から人格的実在の必要を強調した。だがこれを人心感化の「効力」という視点から擁護する円了も方便的であって、利用厚生の点から宗教をみる哲次郎と大差ないとできるかもしれない。はからずも明らかになったのは、円了――「愚民」たちには人格的実在の宗教が今後も必要とする――も含めて彼ら三人自身の信仰は、哲学的宗教ないし哲学的仏教にあったということであった。村上は人格的弥陀でなく普遍的涅槃こそ「仏教の中心点」「根本原理」だと宣言し、円了も、人格的表象は擁護されるべきだがそれは仏教の第二原理であって、第一原理は「もとより絶対平等不可思議の実在に相違な」いとしていた。ただ「空々漠々たる第一原理にては到底宗教の感化改善の実を挙ぐること難ければ」「宗教が実際上其目的を達するに当ては、第一原理よりも第二原理に重きを置」く以外にないとしただけであった。(45)

「将来の宗教」構想は、そのままでは既成宗教、教団関係者らの賛同を得られず、その高度な哲学的見解も一般には容易に理解しがたかった。「実在宗教」概念が従来的な「宗教」概念――成立宗教の教団、教会を念頭におく行政的カテゴリーとしての――をしのいでいくこともすぐにはなかった。しかし以上にみたように、村上専精や井上円了のような反対者であっても、井上の主張には知識人としての目からは共鳴せざるを得ない内容が含まれていた。目に見える変化がすぐに起きたわけではなかったものの、当論争をつうじてその内容はまずは教養層を中心に徐々に認知され始め、そののち大正・昭和の宗教的教育導入論にも関係することになるのである。

(1) 井上哲次郎『倫理新説』(文盛堂、一八八三年)二四頁。
(2) 同右、四〇—四四頁。
(3) 井上哲次郎『内地雑居論』(哲学書院、一八八九年)五〇頁。
(4) 同右、六七頁。
(5) 愛国心は万国共通だから、しばらく雑居拒否をしても他国人もわかってくれようというのが同書の結論であった(同右、六一—六二頁)。
(6) 井上哲次郎『勅語衍義』(井上蘇吉ほか、一八九一年、国民精神文化研究所、一九三九年、に収録)二三二、二九一頁。引用は同書による。
(7) 物理世界において、事物の現象は変化してもその理法は変化しないように、倫理世界でも「古今不変」のものがある、というスタンスに立つ(同右、二三五頁)。
(8) 同右、二三二、二九〇頁。
(9) 同右、二九〇頁。
(10) 井上『衍義』二五四、二六二頁。
(11) 同右、二九一—二九二頁。
(12) 井上哲次郎『教育ト宗教ノ衝突』(敬業社、一八九三年)一五七頁。
(13) 同右、三四頁。
(14) 井上における普遍と特殊の問題、世界道徳(人道)と国民道徳の統一の問題については、早くは船山信一「新宗教論争」(『明治哲学史研究』ミネルヴァ書房、一九五九年)が、より詳しくは山田洸「井上哲次郎と国民道徳論」(『近代日本道徳思想史研究』未來社、一九七二年)や沖田行司「国際化の論理と伝統主義」(『日本近代教育の思想史研究』日本図書センター、一九九二年)がある。このうち沖田の論考は最も重要なひとつだが、その「衝突」論への評価——井上が衝突論において「勅語の正当性の根拠を、キリスト教をも含めた欧化主義の対極に位置する『国体』という日本の特殊性に求めた」(二三四頁)とすることには従えない。
(15) 井上『衝突』「緒言」一二頁。
(16) 同右、五頁。

(17) 同右、一三六頁。

(18) 同右、一二、一五七頁。

(19) 井上哲次郎「将来の宗教に関する意見」は、『哲学雑誌』一五四号(一八九九年一二月)をはじめ複数の媒体に発表された。同論文は、井上哲次郎『倫理と宗教との関係』(冨山房、一九〇二年)に収録。引用は同書による。

(20) 井上「将来の宗教」一一九―一二一頁。

(21) 同右、一三一頁。

(22) 同右、一三三―一四三頁。

(23) 同右、一四五―一四六頁。

(24) 同右、一五九頁。

(25) 三種の「実在」のうち、倫理的実在をとるのは、人格的実在は迷信的であること、万有的実在は哲学的で一部の宗教にはないことなども理由である。かく井上の提唱する新宗教とは、普遍の「宗教の真髄」を抽出した、科学と矛盾しない、超経験的実在との合一を介するところの実践倫理であった。この新宗教は、個人対宇宙の関係からみると「実在宗教」と呼べるが、理想を実現するという点からは「理想的宗教」とも、純粋な道徳である点からは「倫理的宗教」とも呼べるとされた(井上哲次郎『国民道徳概論』三省堂、一九一二年、附録七八、八三頁)。なお「実在宗教」のアイディアを支えたのは、東大で教えた原坦山の仏教哲学(「心性哲学」)の影響下に哲学者間に行われていた「現象即実在」論――宇宙の実相(実在)は現象を通じて表れ出る、これを通して人間は実在に到達することができる――であった(渡部清「日本主義的形而上学としての『現象即実在論』」『哲学論集』二八、一九九九年)。

(26) 井上哲次郎「近時の倫理問題に対する意見」(『巽軒講話集』第二篇、博文館、一九〇三年、に収録)六〇三―六〇四頁。引用は同書による。

(27) 同右、六〇五頁。

(28) 同右、六〇二―六〇六頁。

(29) 井上哲次郎「教育の過去及び将来」(『巽軒講話集』初篇、博文館、一九〇二年、に収録)一七六―一七七頁。引用は同書による。

(30) 同右、一七七頁。

(31) 井上哲次郎「教育宗教上の雑感」(『巽軒講話集』第二篇、に収録)四七四頁。引用は同書による。

(32) 井上「教育の過去及び将来」一七七頁。

(33) 同右。

(34) 井上への批評や論文などを収めた論集が二冊、渦中に刊行された(秋山悟庵編『巽軒博士倫理的宗教論批評集』、同編『巽軒博士倫理的宗教論批評集(続)』金港堂、一九〇二年)。井上からは、新たに「余が宗教論に関する批評を読む」(『哲学雑誌』一七一―一八二、一九〇二年四月)や「倫理と宗教」(『丁酉倫理会倫理講演集』五二、一九〇七年一月)などが再論、補論として発表された。本論争は、第二次「教育と宗教」論争と呼ばれることもある。

(35) 村上専精「未来二十世紀間に於ける宗教観」(『哲学雑誌』一五—一五七、一九〇〇年三月)。

(36) 同右、二二六頁。

(37) 井上円了「余が所謂宗教」(『哲学雑誌』六—一七三、一七五、一九〇一年七、九月)。

(38) 井上「余が所謂宗教」五三一—五三九頁。

(39) 同右、五二四頁。

(40) 同右、五三九—五四〇頁。

(41) 井上「余が所謂宗教」八九三頁。

(42) 同右、九六—九七頁。

(43) 同右、九〇三—九〇五頁。

(44) 同右、八九七—八九八頁。

(45) 同右、九〇六頁。

第3節　『国民道徳概論』——国家主義から国体主義へ

明治四五年、井上は『国民道徳概論』(以下『概論』)を発表する。『概論』は明治四〇年代末の代表的な国民道徳論として知られている。一般に明治四〇年代末の国民道徳運動と称されているのは、明治四三年に修身科教育の内容が改定されたことに対応して、文部省が進めた学校教育・通俗教育事業をさす。日露戦後の国民思想の多様化を背景に発布された戊辰詔書、内務省による地方改良運動等につらなる思想対策の一環として推進され、文部省等主催による教員講習会での国民道徳論の講義とその内容の刊行とによって一般国民にも全国展開されたものである。井上の国民道徳論はもともとこれとは独立に構想されたのであったが、法学者の穂積八束、教育学者の吉田熊次の所説とともに文部省に採用されて同省の「公認理論」となった(1)。文部省の教員講習会でそれぞれ講師をつとめた彼らの説いた内容は修身・国語・日本歴史の教科書に盛り込まれ、一般にも流布された。

本節では、一方では普遍主義的な倫理説を奉じつつ、他方では国民教化イデオロギーの体系化をも任じなければならなかった井上が、この国民道徳論でどのような思想展開をはかっていったのかをみていく。具体的には国家道徳の特殊化および理想化として捉えられるある転換がここでもたらされたと筆者はみるが、これを井上の『概論』を対象にして、日本民族特有の精神の強調、国体の「理想」化と「神道」の登場、という二テーマに焦点を当てて論じてみたい。

I　日本民族特有の精神

『概論』の基調――国家主義の特殊化

『概論』冒頭には、「一般普遍の道徳以外に、国民教育の上から国民道徳といふものを明かにせんければならぬ」との執筆の目的が述べられている。(2)「個人として守るべき」「一般普遍の道徳」に並んで、「国民自衛」のため国民として守るべき道徳があることと、それらをともに必要とする二元的道徳論において井上に変更はない。ただしこれまでは曖昧なところがあった後者の性格づけが（国家主義そのものは特殊でなく普遍的現象とされていた）、以下のようにはっきりと特殊的に捉えられるようになったのが以前とは異なる。

国民自衛のための道徳、すなわちここでいう「国民道徳」を井上はこう規定した。道徳の生起する理由は古今東西に同一だが、それが実践される手段方法は国民により違いがでてくる。そこに発展してくるのが「特殊の国民道徳」である。違いをもたらすのは地形風土・民族の性向・歴史であるが、日本はそのいずれにも特色があったために特別の国民道徳が胚胎したという。こうして「国民道徳」とは、「民族的精神の顕現」であるところの「国民に特有なる道徳」をいうものとされた。(3)

これと教育勅語との関係については、勅語は国民道徳の枠であるとされた。勅語の徳義は古今東西に通ずるとする以前の『衍義』でとられた普遍的解釈はここで撤回されたかにみえるが、そうではない。国民道徳というのは教育勅語の背後に横たわっているバックグラウンドの部分に相当するという。[4] つまり井上は教育勅語の実質を第二段前半部分（普遍的徳目を述べた各論部分）を中心にみて、これを『衍義』で細かく取り上げたのだったが、今回はこの実質徳目部分でなくその背景ないし土台の部分（勅語ではその総論部分に相当）に着目するのだということであった。

この国民道徳を構成する要素としては、まず日本固有の民族的精神が中心になるわけだが、ここに儒教仏教が同化されて加わり、新たに西洋文明も入ってきたとされており、[5] 民族的精神を基にしながらも外来の要素を加え包容していったというイメージを井上は描いている。これらを要素としつつ、具体的には国民道徳は、国体にそれぞれ関係を有しているところの神道、武士道、総合家族制度、およびそれらに内在する祖先崇拝や忠孝道徳（忠孝一本、忠君愛国）などとして日本社会に現れていったと述べられた。

『衍義』の執筆当時は、西洋に対するところの東洋の哲学倫理については説いても、日本民族「特有」の哲学ないし道徳については、何がそれに相当するのかは考えられていなかった。『衝突』論の際も、キリスト教と東洋倫理との違いおよびその長所についての考えは深められたが、たとえば日本と中国との違いについて鮮明に意識されていたわけではなかった。日本哲学史・日本思想史の性格をもつ儒学三部作が書かれ、[6] 日本的宗教としての武士道や国体との関わりから神道が着目されていくのはその後のことである。日清戦後の武士道論や日露戦後に流行した「国民性」論からの影響もある。[7] これらを吸収しながら日本的倫理や固有道徳の探索を進め、『衍義』や『衝突』のときにはまだ用意のなかった、日本民族特有の精神なるものの内容について説くだけの蓄積がこのときにはできあがっていた。[8]

ただしここでいいたいのは国民道徳の内容それ自体、忠孝道徳や家族国家や武士道や神道が発見されたことそれ自体が重要だということではない。日本人の精神性をめぐっての特殊主義の進行および国体中心化の傾きが『概論』に鮮明に認められることである。家族制度であれ、神道、武士道であれ、すべてを国体ないし日本民族性に還元してゆく、そこに同書の眼目があったことである。たとえば武士道が取り上げられるとき、西洋の騎士道との類似は語られることはなく、尊皇に直結しない近代前の武士道に言及されることもない。武士道は「純粋の日本民族の精神」であって、「忠君愛国」を本義とするのでなければならず、軍人勅諭の趣意ならびに教育勅語の「一旦緩急アレハ義勇公ニ奉シ以テ天壌無窮ノ皇運ヲ扶翼スヘシ」に関連する道徳だとされるのでなければならなかった。[9] 武士道であれ神道であれ、国体への寄与という条件にマッチする限りにおいて拾いあげられる。外来の儒教仏教が日本民族精神に包摂される限りでのみ受け入れられ、日本の国民性に合う部分のみが残ったと強調されるのもこの意味においてであった。

『衍義』では国家的道徳は普遍的国家主義として性格づけられていたが、『概論』では特殊的国家主義ないし国体主義を基調にするものとなった。『衍義』では普遍性を強調するなかに、日本人の体面は、個々の徳義について、それらは他国にも通ずるものだが最もよく実行されているのは日本においてなのだと言うことでかろうじて保たれていた――たとえば忠孝の教えは日本人に合っている、その行われ方も日本人が卓越しているとされるなど。[10] 日本人が守るべき道徳は民族特有のものであるはずだという『概論』の姿勢が、それと大きく異なることは明瞭である。

勝因理論の模索

道徳は民族特有のものでなければならないという『概論』の断定を導いているのは、日本民族優位論である。日本人の道徳を述べるにあたり、自衛的発想が消極的劣等意識に先導されていた『衍義』のころ、おおよそ日清・日露戦争前においては、国民の道徳が日本特有のものであるべきとする一般的要請はなかったし、むしろ時代に反していた。井上もこのころ、「劣等人種の優等人種に接するに当て［人口が］減少する」[11] ことを案じて、ハワイ諸島の例をもって日本人に警鐘を鳴らしていた。日本人をハワイの住民と同一視することに反対の者もあったが、井上は、日本人も含めて皆「欧州人に対しては劣等人種」たることは「蔽ふべから」ざる「明白なる事実」だと断じ、「自然の理法」により彼の劣等人種に起きることは日本人種にも起きるはずだとしていた。[12] そこにあったのは西欧列強に対する弱小日本という認識において、「国民自衛」をどうするのかという切羽詰った危機感である。これが『衍義』執筆当時にあった基本認識であって、劣等民族の現行道徳を日本的なるがゆえにとして称揚するなどは論外であった。

これに対しておよそ二〇年後に発表された『概論』が吐露するのは、日本人の優秀性への賛美と自信である。かつての劣等的日本人種観を覆す決定打となったのは日露戦争である。日清戦争の結果は、教育勅語を論じるにも国民的道徳を論じるにおいても儒教的解釈を振るわなくしたが、日露戦争で起きてきたのは欧米文明からの独立の自覚である。東洋国家間での戦争であった日清戦争の勝因は、日本が中国に先がけて西洋文明を摂取していたことに帰せられたが、西洋の一大強国に対して勝利した日露戦争は、日本人が欧米人種と同等あるいはそれ以上かもしれないとの認識をもたらした。

「未だ欧米の如く高等の地位に達せざるを以て」、「我邦は戦々恐々として此至難なる時勢を軽過」すべく万策尽くすべしとしていた時代（『内地雑居論』）は過ぎた。日露戦争の勝因は日本人固有の長所によるものだったに違いないとされ、日本の国民道徳の論というものが欲されるようになった。井上が国民道徳論に力を傾けた理由もここにあって、日露二国間の相違点を探して日本史研究に没頭し、日本の国体の考察に進み、そこから勝因の要素となったと考えられるものを引き出そうとしたのだった(13)。このとき広く行われたのは、勝利したのは兵器・人員のためではない、精神教育の力のためであるという説明であった。道徳とか教育といえばまだ欧米の倫理書の翻訳が多く、国民を真に導くための道徳不在を感じる者が多かったところに、この見解は歓迎された。文部省は日露戦後の思想問題への対処のために国民道徳運動を推進したのであったが、その論の生じてきた背景は日本の戦勝により肯定的日本人論がひろく求められたことと関わりがあったのである。

同化の説――普遍の特殊化

ところで井上の論では、国民道徳は民族特有の精神を核とするものの、のち儒教と仏教と西洋文明がここに加わったとされていた。外来思想の存在は民族特有性の主張にとって本来不都合であるはずだが、これに対して用意されたのが「同化」の論理であった。「同化」力という日本人の才能＝精神性自体が独自なのだとする論で、日本の多元的習合的な特徴と民族特有性の主張とを両立させるのである。

井上は、日清戦争後に高山樗牛らと日本主義を提唱し、日露戦争後には東亜協会を立ち上げ会長に就くなど「日本」

を鼓舞する思想運動を一方に率いつつ、他方では普遍的人格主義を旗標とする丁酉倫理会に加わり、実在宗教論を明らかにし、帰一協会の発起人として国際主義の運動を起こしていった[14]。日本と世界（普遍）の両極に片足ずつをおき、二種道徳並行論をとりながら、諸価値の統一ないし普遍的価値創出への志向と、国家道徳との関係をどのように捉え、提示するのかという問題を久しく抱えてきた。国家主義を普遍の軸に引き寄せることでその整合性を図ろうとしたり、「差別即平等」や「現象即実在」の観念操作でその折り合いの悪さをこれまでやり過ごしてきた。特殊に照準する国民道徳を説くことにした今回、問題はより難しくなったはずであったが、そこにこの同化論が用いられることになったのである。

日本人論に同化説を説くのは井上のみが行ったことではないが、井上はこれを国民道徳論の中に組み入れて規範化していった。同化論は単なるつじつま合わせの便法ではなく、外来思想がその生命を維持するには日本精神に同化摂取されていかねばならないと主張する自民族中心主義に接合される。「どうやら此亜細亜の国も欧州諸国と平等の地位に立つことになった」と感じられた日英同盟の締結や日露戦での勝利を得て、井上は、これからは西洋文明は「日本民族の栄養分」として摂取される側となり、「世界のあらゆる長所を集めて」なす「世界文明の統一」はほかならぬ日本が舞台となるのだと言いきってみせる[15]。同化論は説明理論をこえて日本民族主義の発展の理想になったのである。

2　国体の「理想」化と神道

歴史主義的な読み込み

普遍から特殊への方向転換は、国家主義から国体主義へと舵を切ることであった。ただし平田篤胤の古道論を斥け、復古的国体論と同一視されることを嫌う井上の国体主義は、国体の進歩性未来性——万世一系の皇統をもとに他を包摂しつつ日本民族が天壌無窮に拡大発展していく生動性と未来志向——を強調するものとなる。

井上が国民道徳論でおこなったのは、第一に国家道徳の特殊化、第二にその理想化であった。理想化とは、これまでは看過できない「過去の事情」としか扱われてこなかった「国体」中に、積極的な「理想」を見出して、国民道徳を国民が未来に向けて自主的に実現していくところの自律的道徳と化することである。国体はこれまでは自衛的国家主義に関わる旧習的なものとされ、「理想」を追う倫理的宗教＝一般道徳の進歩的性格と対比的に捉えられていたのだったが、この国体に対しても進歩的理想に関わる解釈を付していこうとするものであった。

井上は具体的にはこの「理想」を日本書紀神代巻の天壌無窮の神勅に、その「実現」を発展しつつある日本歴史の中に求めた。神勅中に述べられた「日本民族の大理想」が「開展して、実際となって来たのが、万世一系の皇統である。実際に現実社会にリヤライズされて、百二二代二千五百七十一年といふ非常に光栄ある歴史となって来て居ります」[16]。「光栄ある歴史」の最近のものとして言及されるのは、明治維新と二つの対外戦争における勝利である。「明治維新の大変化があり、日清戦争、日露戦争のやうな大戦争を経た成績を考へて見ますると、尚更神勅中の大理想が実現されて来て居る次第であります」。これを実現してきているということは、中国・インド・欧米諸国いずれの歴史にも例のない「日本の特色をなして居る処」だとされた[17]。

『衍義』でも天壌無窮の勅に言及がなかったわけではない。教育勅語の第一段冒頭および第二段の天壌無窮の皇運扶翼の部分に関わってであるが、だが古典の内容や意義に深入りすることはなく、たとえば後者では「開闢以来一統無窮ノ皇孫アリテ、君臨」しているとだけ述べるにとどまっていた。皇統尊重の理由については、一統の皇孫君臨には他国にない「無限ノ長所」があって、「子孫ノ安全幸福」のためになるとの功利的観点から説かれるか、またそのように国民福祉を増進してくれる「君主」と「国君ノ先祖」に対しては報恩崇敬の念が生じるのが人情だとの自然主義的説明に終始していた[18]。このときの古典非重視は、西洋に対する劣等意識をもとに日本の特殊事情に関わることは一段低く見られていたことや、教育勅語に説くのは「中外」に通ずる普遍道徳だと宣言されていたことと関係があった。だが『概論』では劣等意識の払拭にともない、神勅神話をふくめて自国の特殊事情は、転じて理想的道徳の中心要素として取り上げられるようになり、「中外」に通ずる普遍道徳の裏にある勅語の真意義として特殊的国体が主張されることになったのだった(19)。

国民道徳論を理想化し、国家主義から国体主義に転じるにあたって井上が用いたのは、ヨーロッパ歴史哲学の枠組ことにドイツに影響を受けたそれであった。井上は日本民族の理想はその歴史に内在する自然発生的なものであると説き、この理想にかなった道徳もまた国民の歴史の内に自然に行われてきたとした。ここには自然という外装をまとった歴史的個体性なる考え方があり、それが一国に閉じた一国史的理想主義として展開されるところにはドイツ流の影響が見出せる。そうして「国体」は、固有の有機的な生命法則にしたがって自己を発展させる、模倣しがたい独自の個体性といった理念を搭載して、それ自体があたかも意志的個性をそなえたかのごとくに自己実現に向かって奔流する生動的な過程たる日本の歴史として記述されるのである(20)。このような生動的国体に生成したとされる国民道徳は守旧的な性格づけを脱して、井上が道徳一般に求めたところの自律的内在的な要件を満たすものとなった。国体の歴史主義的読み込みによって井上は、古道を斥け、近代倫理学に見合った国民道徳論を可能にしていったのである。

神典原理主義とのちがい

井上は国民道徳の理想基準を古典中に求めたものの、その性格は記紀神話を無謬視するような原理主義の立場とは一線を画していた。井上が勅を非史実視していること、また右に述べたこととも関わって、彼が勅自身よりも、その理想が実現されつつある歴史の方を主にしていることに注目したい。

天壌無窮の神勅に民族の理想があるとすることと、神勅を史的事実とすることとは必ずしもイコールではない。井上は皇統一系や三種の神器について事実だと主張したことはなく、古典中に歴史的事実と相違する伝承が多く含まれることを認めている。久米邦武の「神道は祭天の古俗」論文にまつわる騒動はまだ記憶に新しかったが、「何うも是れ「天壌無窮の神勅」は大分時を経て出来たのだらう、少く《ママ》も日本の皇統が約千年も続いた後に、此考が起って来たのであらう」というその説について井上は、「さう云ふ歴史家の批評は何れにしても一向差支えない。兎に角、日本国家の一貫せる大理想を言ひ表はしたるものと見れ」ばよいからだと言い放っている。[21]古典の記述は「理想」を示す一表現にすぎず、絶対的事実である必要はない。過去に関する記述の一々より、その記事を根底で支えている精神すなわち「理想」こそ大事なのだ――「理想」を前面に出すということは、史実派の批判をかわすことでもあった。

また理想の予言的性格も、過去・現在の事実と理想との不一致に対する予防線になっている。理想＝神勅は「将来に対して賜はった」「予言」であるから、過去、現在においてまだ不十分であったとしても、未来に向けてもっと実現されていけばよいのである。理想の実現は過去より現在、現在より未来へと繰り延べられていくのだ。

つぎには、井上の国民道徳論では、理想は歴史に超越するもの（外在的な神命たる神勅）ではなく、歴史に内在するものとして述べられていた。この理想を生んだ国体について井上は、皇統一系が「万世」に及ぶこと、この「長い間の継続」が他国と比べて飛びぬけており、その勢いは衰えないばかりか増しつつあること、こうした現象（国体―皇統一系）が「拵へた」ものでなく「自然的に……独り手に歴史と共に出来て来た」のである点に注意を促している。歴史が国体を「自然的に……独り手に」生じさせ、道徳も歴史のなかで自然発生し自然履行されてきた。これが二五〇〇年以上もつづいてきたために、その長い間の継続が日本の国体の特色を目立ったものにし、特有の歴史・社会制度をも生み、国民道徳もこれらにともない特殊なものになったという。[22]そして、こうした日本の歴史発展は神勅の内容によく合致しており、日本人の性格にもその積極性は合しているから、「是は何うしても日本民族の大理想を言現はしたものであると思ふ。……日本民族の国家に対する積極的の大理想を最も能く言現はしたものであると考へる」というのだ。[23]

説明は上出来とは言えないものの、特殊固有の道徳理想はいわゆる原初に確立されたとされる神勅それ自体に由来するのではなく、長く発展的に続いてきた歴史の流れにこれを帰そうと井上が努めていることは了解されよう。「日本の歴史上に伏在して居る処の大理想」がまずあって、つぎにこれが「神勅に表はれて居る」ことが認め得らるる、[24]とする先後関係が重要である。井上の神勅観は、神の実在を前提にした啓示ないし神命としてのそれではなく、（彼が信じるところの）「歴史」を先行させるところの合理的な装いをつけたものであった。

「神道」への言及

天壌無窮の神勅を国民精神の理想と定めたことに関わって、しぜん「神道」が言及されることになる。大理想の遠大さは「国民の精神を中心に引締める……効果」があり、「国家安危の時に目覚しき活動」として発揮されるわけだが、このような神勅の「効果」は「宗教的」なもの、すなわち「神道」に関わってくるという(25)。「さうして之［大理想］を神勅として伝へて居りますからには、神道にも関係がある。それで神道は国家的の宗教である。さうして神勅を民族の信仰として、何処までも押立てて行く処に、神道の命脈がある訳であります(26)」。

かつての倫理的宗教論においては神道は、他と同じく実在宗教の本質を共有するものの、長所短所を数え上げられる諸宗教のうちのひとつとしてしか位置づけられていなかった。対してここでの神道重視は、普遍的国家主義から特殊的日本論への転換に伴って際立つことになった『概論』における特徴のひとつとなっている。このあと大正九年には井上の尽力によって神道講座が東京帝国大学に設けられたというが、この背景としても同書での神道称揚について押さえておきたい。

まず注意すべきは、ここで高調されるようになった「神道」とは、「神勅に見えたる大理想が次第次第に実現されて、年と共に其効果が偉大となって来る……それを自覚する処に、神道の真髄骨子が有る」というような、神勅および国体に直接かかわる限りでの「神道」であったことである。井上は、「神道」以外に適当な名称があればそれを採りたいのだが、見当たらないので、仮に神道と呼んでおくのだと断りを入れている(27)。

彼が嫌ったのは「俗神道」との混同であった。「俗神道は詰らぬ。又淫祠邪教もありますから其等は言ふに足らぬ。……今神道と申しまするとと本当の淫祠邪教が混って居る。敬神といふやうな事は大変宜い事でありますが、その敬神はチャンと素生《ママ》の分った尊敬すべき神々に限っては結構である。皇室の御祖先であるとか、菅公であるとか、楠公であるとか……けれ共、中には本当に素生の分らない……淫祠邪教といふやうなものもある」。仏教やキリスト教と比べれば「神道は宗教としては迥に低」く、「幼稚」である(28)。

だから井上は「神道［の］良い側」だけを拾いあげようとする。神話には荒唐無稽な伝説も含まれるが、一貫しているのは「祖孫相続の精神」、「祖先崇敬の精神」、総合家族制にもとづく神勅の大理想と不可分の国家的精神である。神道のもっとも重要な側面とはこの祖先崇敬、「単に宗教としてでは無くして、此日本の国家の運命と関係して居る処」である。だがこの「国体と関係の有る方面」については「今の神道家には……分らぬ様になって居ります」。そうして井上は「今の神道家は何うでも宜しい」と退けた上で、「さう云ふものと此神道の国体に関係の有る側とを混同し」ないよう読者に請うのであった(29)。

井上の国民道徳論を、「はじめて国民道徳上における神道の価値を明確ならしめ」たものだと評する見方がある。敬神・尊王・愛国の国家に関わる神道的なものの称揚という意味では、井上以前にも同時期にも幾多の唱道者はあった（たとえば「古道」「皇道」「国道」「臣道」等として）。しかし非神道家の側から、諸方面ことに「検定試験のオーソリチー」として教育界に影響の大きい井上がこれをはっきりと、仮にではあっても他の言い方ではなく「神道」と明言したことは確かに重大であった(30)。

やがてこの限定的な「神道」は、「国体神道」と呼ばれるようになる(31)。これにより、単に「神道」と呼んでいたときには明示できなかった国体に無関係の要素、「淫祀邪教」の要素、荒唐無稽な伝説や「俗神道」の要素をはっきりそこから切り分けて、純粋に国体に関わる側面のみを言い表すことができるようになった。その初期の唱道者であり、その定着に最も力を発揮した一人は井上であったといえるだろう。

（1）　穂積の国民道徳論の原型は明治三〇年の『国民教育　愛国心』にすでにあったが、吉田は明治四二年七月の東亜協会の講習会で、井上も明治四三年七月の東亜協会の講習会で、それぞれ国民道徳論を講じたものがもとになっている（それぞれ『教育的倫理学』、『国民道徳概論』として公刊）。

（2）　同書に井上は「国民教育」の範囲を、小学校から中学校程度の教育をさすと規定している。大学や専門教育を含めない、だが義務教育より範囲が広いものと考えられている（井上『概論』二頁）。

(3) 同右、一四―一八頁。
(4) 同右、一一、一三頁。
(5) 同右、六―九頁。
(6) 明治三三年から六年の間に、『日本陽明学派の哲学』、『日本古学派の哲学』、『日本朱子学派の哲学』の三書を著した。いずれも富山房より出版。
(7) 新渡戸稲造の"Bushido: the Soul of Japan"（Shokwabo, 1899）による武士道論の流行、日本人優秀説として反響を呼んだ芳賀矢一の『国民性十論』（富山房、一九〇七年）とこれにつづく日本人論の流行があった。
(8) 「我邦の精神界を指導し兼て教育を刷新」することを目的とした明治三九年の東亜協会の立ち上げもこの流れを受けている。井上が会長に就き、芳賀矢一も特別会員、評議員として加わった。
(9) 井上『概論』一六九―一八三頁。
(10) 井上『衍義』二四二頁。
(11) 井上『内地雑居論』三七頁。
(12) 同右、五一―五二頁。
(13) 井上哲次郎「国民道徳に就いて」（『丁酉倫理会倫理講演集』一九〇、一九一八年六月）八七頁。
(14) 日本主義、丁酉倫理会、帰一協会については第3章第2節を参照。
(15) 井上哲次郎「日本現今の地位と境遇」（『倫理と教育』弘道館、一九〇八年）三三七頁、同「我祖国本来の主義を忘るる勿れ」（『六合雑誌』二九五、一九〇五年七月）。
(16) 井上『概論』九八頁。
(17) 同右、九三―九四頁。
(18) 井上『衍義』二八三―二八九頁。
(19) 教育勅語を具体的徳目をつらねたものと解していた『衍義』に対して、ここでは、「さうして此神勅は教育上ナカナカ重大な関係があります。教育勅語にも『天壌無窮の皇運を扶翼すべし』とあります様に、此神勅の御趣意は……教育勅語にも現はれて来て居る……天壌無窮の皇運というお言葉は……此神勅から出て居る」と教育勅語と神勅とが明確に結びつけられるようになった（井上『概論』八八頁）。
(20) マイネッケ『歴史主義の成立』上下（筑摩書房、一九六七・一九六八年）によれば、歴史主義の特徴は個別性と発展の二つの基本概念から説明される。個別性は発展のうちに現れ、発展は個別的個体の主体的自発性にもとづいた独自のものである。なんらかの普遍的秩序に埋没した、ないしは自己同一的な規範と認識された過去の諸事実ではなく、発展的歴史的個別性への感覚を中心にする。そのなかでドイツ歴史主義の特徴は、民族や自国の歴史の個別性個体性の主張にあった。日本の国体論における歴史主義については野口武彦『江戸の歴史家』（筑摩書房、一九七九年）を参照。

(21) 井上『概論』八七頁。
(22) 同右、七六―八一頁。
(23) 同右、八六頁。
(24) 同右、九一頁。
(25) 同右、九〇頁
(26) 同右、九八―九九頁。
(27) 同右、九〇頁。
(28) 同右、九九頁。
(29) 同右、九一、九九頁。
(30) 岸本芳雄「神道と国民道徳」(神道文化会編『明治維新神道百年史』三、神道文化会、一九六七年) 三二四頁、など。たとえばこれ以後、文部省の教員検定試験・修身科に、「神道の国民道徳に及ぼせる影響如何」(大正二年の第二七回予備試験の四、中等教員) といった問題が現れるようになる。
(31) 井上哲次郎「神道と世界宗教」(『東亜の光』一〇―八、一九一五年八月)。

第4節　穂積八束・吉田熊次の国民道徳論

つづいて以下では、井上とともに文部省の御用学説とされた穂積八束と吉田熊次の国民道徳論を一瞥し、その異同および明治四〇年代の国民道徳論の全体的特徴に言及してみたい。

I　穂積八束の国民道徳論

祖先教の「家国」体制

穂積八束(一八六〇―一九一二)[1]の国民道徳論は三人の中ではもっともはやく、明治三〇年の『国民教育　愛国心』でその骨子が明らかにされていた。大きな特徴は日本の国民道徳の源由を「祖先教」なる「信向」(信仰)に求めている点である。天皇主権の国体が堅固なのは、国民が主権者たる天皇を「進て敬愛奉公」するためである、「民心は主権に服従するのみならす之を崇拝する」のだが、それは「我か固有の信仰」たる「祖先教」の「信向に由」っているというものだ。(2)祖先教は「家族制に随伴する祖先崇拝の信仰」であって、血族と民族の共愛心に関わりをもつ。これは日本固有の「国教」で、忠孝道徳の基礎になっている。「信仰の唯一」が「人の精神合同の最強力たること」は歴史の証明するところであって、道徳が人々のあいだで確実に行われるにはこれに拠ってでなければならないところ、日本ではこの「国民の精神的不抜の信向」つまり祖先教によって、万世一系の皇位に属する主権がよく「防護せられ」ているという。(3)

祖先教の道徳論は、人は「限定せられたる人智」ではなく「信向に因りて動作す」るものだという人間観に基づいているが、(4)そこにいう「信向」とは、特定の教理信条の奉戴というよりは慣行、習いとしての宗教、家族の情愛という日常的自然に還元されるそれであることに注意される。祖先教の信仰は「人類自然の情緒に源由」し、「社会変遷の経歴」のすえに神聖な信仰となったもの、すなわち「歴史」的に自然に形成されたものである。祖先教を基礎にする忠孝道徳も人情に発する自然なものだとされる。(5)なお祖先教は、個人は社会の一分子として社会の生命に同化するという社会有機体説にも合致している。(6)

祖先教による日本国家論は西洋国家との比較考察により導き出された。祖先教を基礎にする忠孝道徳によってつくられる「我か家国の構成」は、社会契約国家に優る、宗教国家にも優ると穂積はいう。「一時の利害に由る薄弱な」「人為の約束」を介しての「腕力を以て強制せらるる」社会契約国家の統合力は弱い。これに対して日本の忠孝・服従の精神は、「血統団体」内の「自然の人情」に発生した「天賦の団結」によるものであって、その堅固さは彼国の比ではない。また宗教国家では「人類平等」の「博愛」ばかりがあって「服従」すなわち秩序に欠けるという欠点がある。(7)「人道と愛国とは其の淵源を異にす」るため、このふたつが対峙して「人道の名に於て父母の国に背き家国を脱逃」する輩が現れる。愛国精神はしたがって家国自身に求められねばならないが、その点、日本人は人道と家国の二者が帰一する祖先崇拝をもち、これによって国体を奉じているからこの理にかなっている。[8] こうして、「強制服従の基礎にのみ由らす、人類博愛の公道にのみ倚頼」しない日本の道徳は、国家第一の今の時代に共同団結を実現するもっとも優れた道徳だとされた。

国家か人類か

穂積は、人類より国家を第一にするのは合理的選択によるものだと言っている。今日いわゆる「人類統一の理想」は、時として家国を破壊し超越して人類を精神的に抱合しようとする「大宗教」となるが、また時として「武力以て世界主権を建設せんとするの大戦争」を引き起こし、これまで成功したためしがない。「現今の人類進化の程度」では人類統一を達成するのは時期尚早で、いまは「家国の体制」をとることが「生存競争の要件に適合」している。今の世界は国家時代であって、「架空の仮想に迷ひ家国の制を蔑視し家国の分子たる境涯を超脱し人類の一員世界の公民を以て自ら処し愛国の心を狭隘なりと嘲る者」があれば、その人その国は「生存競争の理法の制裁を受け終に亡ひ」るのみである。[9] 国家を第一とするのは功利的観点でも正しい。「個人は家国の光栄と富強とを分つか故」に、世界万国の生存競争における国家防衛のための「啓発進化したる公同心は自愛の極」である。[10]

穂積には国家間競争という前提や家族制度論など井上の『内地雑居論』や『衍義』以来の所説と重なる考え方もあるが、普遍の追求を必ずもう一方に持していた井上に対して、穂積は「選択」として普遍や人類的価値を棄て、限定的な国家の価値の方を採るのだとはっきりいうところに特徴がある。人類的価値と国家的価値は両立不可能であるという抜きがたい認識もある。また穂積のいう「信向」（信仰）は、家国制度を支える国民の人情、習いとしての祖先崇拝の伝統をいうものであったが、井上はそうした国体は内的動機づけに欠け、自律的道徳にはならないとした点も対照的である。井上が国民道徳論で課題としたのはその旧習をいかに理想主義化するかということであった。

神勅でも神権でもない合理的態度

穂積は、民族的歴史的に自然形成された「情緒」と「信向」による国民統合を説き、人類の進化段階に照らしてそれが最適だと判断した。ここでは宗教的形而上的であるというよりは合理主義的態度が勝っている。穂積は国民による「同祖の自覚」、国民によって「〜と確信されてきた」歴史や伝統に言及するだけで、皇室と国民が同祖たることを論証するでも主張するでもない（信仰内容の是非根拠は問わない）。皇統神話に言及することもなかったし、信仰の強要もなかった。すべては自然の人情のなせるところというのだからその必要はないのだろう。穂積の国家論は天皇主権の絶対的皇室論に立つものであったが、これを説明するところの道徳論は神勅主義ではなく、世俗的形而下的であった[11]。

西洋の神権的国家説を醒めた目でみる穂積は、あくまで国民統合を祖先への情愛の延長でみようとするのであり、このかぎりでは「神孫」天皇観も、また「現人神」天皇観もひとつの「観念タルニ過」ぎなかった。「君主ノ権威ヲ荘厳ニスル」ために「神意ニ仮装スル」、国民道徳の高揚のために君主を神格化する意図は穂積にはない[12]。穂積にとって祖先教なる宗教は、天皇その人の神格崇拝とは別種のものであった。

2　吉田熊次の国民道徳論

「伝説的の道徳」——自然と習慣と淘汰

吉田熊次（一八七四—一九六四）[13]は国民道徳は教育勅語に基づくべきとし、その大本は忠孝観念であるとする。皇統神話をめぐる国民道徳の本源には「伝説」が混じるものとするが、この「伝説的の道徳」を「教権的道徳」に対比させて優れる点を述べるのは穂積と同じである。

ローマ法王の命令書のように、教権者が善だと命令するから善だとするのが教権的道徳であるが、教育勅語は天皇陛下が「我国古来の歴史的事実をお考へ遊ばし、又国民の古来取って来た所の道徳事実を御観察になって」この国の美風である忠孝が国民道徳の淵源でなければならないと示されたもので、明治天皇の独断的命令ではない[14]。国民の側でもこの伝説的道徳にしたがい習慣的に国民道徳を維持してきたもので、「理屈で以って築き上げたものでなく……自然に湧き出て来た感情」をもとにしている。[15]

「人情の自然」および「習慣」の優位は社会進化論的に証明される。「習慣其のものは悪なる要素よりも善なる要素を多く含んで居ると考へ」られるから、習慣的道徳に従うことは正当である。歴史的淘汰の結果、伝わってきたところの「習慣道徳は、社会に活き残つたゞけ、それだけ社会生活と調和」しているのだと現状が肯定される。[16]

忠孝観念を大本とする日本の道徳は社会有機体論の観点からも優れている。部分が全体に関係を及ぼすという点だけでなく、日本では主人と女中の関係、夫婦関係などに見られるように、個々の人格が単に集合して合同生活をなしているのでなく、相互に特殊の関係をもっているところが、部分対部分の関係においてその関係性がそれぞれに違っている有機体の特色によくマッチしているとした。[17]

「理屈」の排斥および特殊への非固執

伝統・習慣・感情から立論する自然主義的、合理的姿勢において、吉田は穂積や井上に通ずるところがあるが、彼独自の特徴とできるのは、道徳に対して倫理学的な詮索をつよく拒否するところである。吉田は「伝説」と「習慣」を国民道徳の本源とし、伝説を伝説として認めることもするが、それ以上の釈明の類やよけいな解説は不要だとする。道徳の「理屈」、「なぜ」を問うことは、自身の教育学の領分ではない。否それだけでなく日本の国民道徳が「人情の自然」を基礎とする習慣的道徳である以上、これに対する理屈づけは慎まれるべきである。「理屈」が必要になるときとは、「伝説的の教訓に疑惑を抱く時期に達したる場合……又は疑惑を起さしむるやうな誘惑のある場合に於て、それの防御策として」求められるときだからである。[18]

吉田の特徴としては他に、穂積や井上が国民道徳の「特有な」る面を強調するのに対して、それにさほどこだわっていないことである。吉田は、教育勅語第二段の諸徳目を国民道徳の内容とし、それら勤勉とか忠実とか正直とか孝行といった道徳は文明社会に共通の美徳だとする、『衍義』におけるかつての井上に近い考えを述べている。ただし「忠孝一致」の観念だけは家族国家たる日本の特色だとされた。[19]

3　明治期国民道徳論の特徴――三者比較から

井上の明治年間の思索を導いたもの

井上哲次郎の道徳をめぐる思索中にはつねにある学究的要請が纏わりついていた。それはおおきく、第一には普遍と特殊の関係問題（並立調和の課題）であり、第二には道徳における自律性の確保すなわち動機づけの問題（「理想」化の課題）であった。

普遍の追求を諦めることができなかった井上は、道徳論における普遍の理想と特殊限定的な実際上の要請とをどう同時に満たしていくかという第一の課題に直面し続けた。普遍や人類的価値でなく限定的な国家の価値を「選択」してとった穂積や、教育学の領域を超える思考を禁欲した吉田らはそうした問題にとりくむことがなかった。倫理宗教の理想と国家的要請の調整という課題を抱え続けるのは井上にのみ認められた点であった。

井上がめざすのは、自身の倫理学的普遍的な志向性をも納得させることのできる道徳論であった。道徳なるものを初等教育で終了する一般大衆向けのものと考えたり、大多数の無知の衆のために宗教的要素を容れるのも一案だとするような経世的視点のみからなる道徳的宗教論とは別の方向を井上はもっていた。初等教育の指導に長くあたった吉田の説く国民道徳論とも、一般門徒を念頭に井上円了が説く既成宗教擁護論とも異なってくるのは、井上の道徳論があくまで哲学者・倫理学者としての探究であったことに理由があった。

道徳の内的動機づけに関わる第二の課題については、一般道徳を倫理的実在の宗教に進化させることを論じた「将来の宗教」論で、また天壌無窮の神勅に国民の大理想を読み込み国家道徳の理想化・自律道徳化を図った国民道徳論で、おおよそこれをはたしていった。国民道徳論の権威とされた穂積、井上、吉田の三者のうち、理想とその実現という倫理学的設定と「神道」とをそこに持ち込んだのは井上だけであった。

宗教的にいまだ達しえない

ところで国民道徳論の三者の主張をあわせみるとき、意外に感じられるかもしれない点のひとつは、次の意味で、それらに宗教的な性格が比較的に弱かったことである。皇室宗教、つまるところの神格的天皇への信仰によって国民教育を推進しようとするものではいずれもなかった。天孫降臨の勅については、それが国体の基礎であることは認めつつもその史実性は否定される。国体とこれを支える忠君道徳は記紀神話から引き出されるのでなく、日本人の社会生活に発する自然の情緒およびその習慣歴史から引き出される。日本の家族制度に帰されたり、ただ過去より長く奉じられて今や当然のものになっているからなどと説明された。国家間競争に対する危機感は共有されていたけれども、これに迫られて国民統合を強化するため皇統神話への信仰をじかに押し出すことはタテマエ論としてさえも行われていない。そこには記紀無謬論、現人神天皇観、神国論による道徳振起のいずれの意図をも見出すことができなかった。

井上の国民道徳論は、神勅の理想や神道の働きに触れるなど、他の二者とちがって国体道徳の宗教化を一歩進める内容をもっていたようにみえるが、神勅を説く論理はやはり形而下的合理的であった。環境的要因、民族的性向、歴史の三要因に、民族の固有性は還元され、神勅神話も国体も道徳もその結果だとした。神勅が神の命であるがゆえにかく行ってきた・神勅がそう命じるから今後もかくあるべきだというのではない。神勅神話の内容は歴史的結果とも日本人の情調とも合しているから、神勅を民族の「理想」と呼ぶのに十分値いするのだという、この言い方がそれであった。神道重視についても神々の信仰をいうそれとは違い、「祖孫相続」をエッセンスとする、形而下的な家国制度の精神を中心にする当時の一般的ないしは政府の見解以上に出るものではなかった。神話を根拠とし天皇への神信仰から規範を引き出すそれでなかったのは穂積らも同様で、けっきょく明治末の国民道徳論台頭の時代においてこれを代表する穂積、井上、吉田の三人すべてにおいてこの点を確認することができるのである。

（1）明治一六年、東京大学文学部政治学科卒業。ドイツ留学を経て、帝国大学法科大学教授（憲法担当）。穂積家は宇和島藩家臣であったが、遠祖は饒速日命で、家系に物部氏や弟橘媛がいたと伝承されていた。穂積は平田鉄胤門下で藩校明倫館の国典教師に学んだ（長尾龍一『日本憲法思想史』講談社、一九九六年）。法学者としては、政治と道徳の一致、国体政体二元論、天皇主権説を唱え、明治二四年の民法典論争でも知られる。

（2）穂積八束『国民教育　愛国心』（八尾発行、一八九七年）七六頁。

（3）同右、七九頁。

（4）同右、五頁。

（5）同右、一六、七六頁。

（6）同右、五三頁。

（7）同右、二〇—二二頁。

（8）同右、四八—四九頁。

（9）同右、六六—六七頁。

（10）同右、四二、五一頁。

（11）「神武天皇ガ国ヲ開キ給ヒタル事ノ外更ニ解ラサルナリ」（上杉慎吉編『穂積八束博士論文集』上杉慎吾、一九一三年、二三七頁）というのが穂積の日本古代観であり、また「大和民族ハ能ク異種ノ人ヲ混シ」ていることも認めていた（穂積八束『修正増補憲法提要』有斐閣、一九三五年、七頁）。日本人が「歴史の成果」として「同祖の自覚」を持してきたこと、それが続きさえすればそれでよく、史実の当否とは切り分けられている。ただし国民道徳を語る場以外、憲法学で主権論を論じるときには神勅が根拠とされた。この点はさらなる検討が必要である。なお穂積の法理論を世俗的と特徴づけた長尾龍一『日本法思想史研究』（創文社、一九八一年）八九頁、も参照のこと。

（12）穂積『修正増補憲法提要』四二頁。

（13）明治四〇年より東京帝国大学文科大学助教授（教育学）。経歴詳細は第3章第3節参照。

（14）吉田熊次『教育的倫理学』（弘道館、一九一〇年）五〇頁。

（15）同右、一四四—一四六頁。

（16）同右、六〇—六五頁。

（17）同右、七〇—七三頁。

（18）同右、一四四—一四六頁。

（19）同右、一四六—一六八頁。

第3章　姉崎宗教学と「新宗教」の模索

人格修養・宗教的情操・英雄崇拝

井上哲次郎の論文を発端とした「新宗教」論争を通して、明治三〇年代に新宗教論はひろく知られるようになった。だが新宗教論の試み自体はこれより以前、二〇年代の思想界・宗教界の一部に宗教の新しいあり方についての着想や学的考察としてすでに行われていたことが分かっている。西洋の人文科学や新しい宗教思潮の影響下に台頭した、宗教に関するリベラルな「新主義」の主張である。本章ではまず第1節において、井上もそこに根差していたところのこの先駆的動向について時代を遡って明らかにし、またこれと相互に影響しあいながら宗教学という学問が誕生したことをみていきたい。

二〇年代の「新主義」にも井上の新宗教論と同様に倫理的志向が際立っていた。宗教の新主義―新宗教の主唱者らはその後、宗教界を超え出て、教育や倫理に関わる専門家らにも参加を呼びかけた倫理的思想運動のなかにその実践の足掛かりをつかもうとしていく。つづく第2節ではこの過程を明らかにしたい。

倫理運動への展開とともに、この時期には倫理への熱意と信仰の深奥の究明とをあわせもつ宗教学的理論の探究が進められた。それは新宗教論の理想に通じていくことになるが、第3節ではこれを、神人交感と宗祖偉人をめぐる考察を中心として、姉崎正治の宗教学を通して検討する。

新宗教論は知識人の机上理論におわったわけでも、一部の宗教学者やその周辺のみにとどまったわけでもなかった。その理念やめざすところは、近代的自我に目覚めた新時代の意識に響きあい、日露戦争後には社会に一定の共鳴者を得ていった。倫理運動と宗教学的思想運動との呼応のなかで、これに同調しながら新宗教をめざす人々が、じっさい「新宗教」を称する団体を創始することもあった。そうした具体例も第4節には示してみたい。

第I節　宗教の「批評的建設」時代

I　「新宗教」という主張

「新宗教」論とは、明治二〇年代に現れた宗教界の新傾向・「新主義」の台頭を契機にしておもに知識層に持ち上がったところの、諸教に普遍的な通宗教性なるものを軸に、将来の宗教の新しい形を追求しようとする一種の思想運動において唱えられた理想宗教論をさす(1)。日本に新宗教論がおこなわれる端緒は、西洋の宗教的変化に通じていた自由キリスト教に関わる人々によってまず与えられた。西洋で自由主義神学が持ち上がり、「教会の宗教」に替わる代替宗教が求められるようになった際、その感化影響はこの人々を通じて日本にもたらされ、それが新宗教の主張のひとつの核になった。彼らの一部は宗教の批評的研究を志す学者でもあった。これらの人々の間から、二〇年代末までに、既存の信仰形態や教団組織への批判と「真の宗教」「新宗教」を希求する声があがり、やがて一部の「進歩的」仏教者にも広がっていった。

こうした動向をとらえて、この時代は「新宗教試作の時代」と呼ばれた。総合雑誌『太陽』の「明治三十年史」企画で、「宗教」編（以下「明治三十年史」）を執筆した姉崎正治が、そのなかで称したものである。明治の三〇年間に顕著となった成立宗教の腐敗、社会道徳の堕落を背景として「世に所謂新宗教の憧憬渇望」が生じたこと、学者宗教家のなかで「在来の成立宗教に不満」をもち、「一斉に自家頭脳中より、現代の需要に応ずべき新宗教を建設せんと試みぬ」

人々が現れたことを指していったものであった。[2] もうすこし具体的に述べていこう。

（1）宗教界の「二極潮流」

仏キ対立から「古宗教」対「新宗教」へ

「新宗教」希求の動向はこれ以前より、各宗系の宗教雑誌上で盛んに報じられていた。真宗系の『反省雑誌』はこれを「新教勃興の期」とか「宗教界の新形勢」と呼び、維新以後、ここに至るまでの宗教界の変遷についてこう述べている。維新後はまずキリスト教が仏教を駆逐せんとする勢いをもった時代があり、仏教は哲学に一致するがキリスト教はそうではないとしてキリスト教を抑えた時代があり、また仏教は国体に相応するがキリスト教はそうではないとして仏教がとられキリスト教が捨てられた時代があった。やがて自由討究と寛容の風によって仏キ両教が接近し、「宗教の新主義」を唱える者が出現し、学者間にも「一種の新宗教観」を生じ勢いをもつようになったと。[3]

維新後しばらくの宗教界では、仏教かキリスト教か、が重要な対立軸であった。だがいま新しい対立軸が現れている。『日本宗教』はこれを、昨今の宗教界に存する「二極潮流」として報じる。[4] その一方は、仏教キリスト教の分派を好み、社会の変化や哲学科学の進歩があっても旧来のあり方を継続せんとする保守派、他方は進歩派である。進歩派は自由討究、比較研究を重んじ、「唯一新宗教」を産出すべしと信ずる気早や連もある。仏教界においては「革新派」と呼ばれる新進の青年信徒らがこれにあたる。彼らが「日本的宗教」と言うのは仏教合同のことだ。キリスト教界にも進歩派があり、キリスト教に東洋思想を加味し、両者を打って一丸とし、「新宗教」を組織しようとする者がこれにあたる。またほかに、新教育新宗教の必要を感ずるがゆえに東西二思想の調停をいう者もある。

進歩派は、ある者は調停的、ある者は折衷的、ある者は新組織的、ある者は批評討究的である。キリスト教では聖書霊感説やイエス神の子論への不信、仏教では釈尊にも誤謬ありとする考えにこの態度は表れ、古代教理の不適応をいい、社会進歩に応じた新宗教組織の希望をいう者はこの間にあるという。進歩派は保守派とちがい、哲学科学の進歩が教理と衝突することを認めるが、「宗教的信熱」という独立した感情に宗教の本分を認めるため、科学を恐れることはない。

ただ進歩派は必ずしも全部一致した見解をもっているわけではない。その中には社会的世間的な志向ゆえに聖を俗に近からしめようとする者もあるが、宗教心を満足せしめるため荘厳な礼拝堂や神聖の集会を保持せよとする者もある。(5)

進歩派と目される人々の複声的な実情を確認できて貴重なレポートだが、それより以上に重要なのは、日本宗教界の様相を、少なくとも明治二〇年代に入るまでは優勢だった仏教対キリスト教という軸で捉える見方が後退し、代わりに保守派対進歩派の対立軸で捉える見方が説得力をもって出てきていることである。保守派は十中の九分九厘を占め、進歩派はごく少数に過ぎずといわれ、その主張内容も統一されたものでなかったにしても、その勢いやそこに指摘される問題の深刻性ゆえに大きく取り上げられるようになっていた。保守派対進歩派の対立は「古宗教」対「新宗教」の対立とも表現された。

「新宗教」の狭い捉え方――仏キ進歩派と両教接近

ただしこの進歩派ないし新宗教派の中心がどこにあるのか、あるいはどの範囲までの人々や主張をそれとして同定するのかには、評者間に違いがみられる。二例を拾ってみよう。

明治三四年の『太陽』誌「宗教時評」に、「仏耶両派新思想派の由来及び将来」と題して「新宗教の前途」を論じた記事がある（「文学士　龍山学人」の署名。以下、龍山）。(6) そこでは、キリスト教界におけるユニテリアンおよび(7)「日本的基督教」の樹立をめざす「新思想派」の動き、仏教界における仏教清徒同志会および雑誌『無尽燈』(8) 一派らの動きをもって、「所謂新宗教」を志す「新思潮」「新思想派」の中心とみなしている。

この時評はまず、十数年前にキリスト教思想家の間に新神学の影響が及び、正統派とは異なる立場を示すようになったところに「是等新傾向の由来する所」があったと見定める。この新傾向の代表者は、ユニテリアンや独逸普及福音派ら、そして正統派内の新思想派である。ユニテリアンと独逸普及福音派は一個の組織をなしているが、正統派内の新思想派は新団体を組織することをせず、その所説を個人の意見として『六合雑誌』などに発表するかたちをとる。彼らは正統派の信仰（三位一体論、原罪・贖罪信仰、キリスト両性論、聖書無謬説）と異なる意見をもち、また「国民の自覚に出たる、国民の特殊独立なる発達を計らんとするの精神」が伴っていることが特徴であり、この精神を神学思想と結合して日本的キリスト教を樹立しようとしているという。

仏教界にも「新思想家」がある。このうち法主を仰ぎ、身を僧籍に置き、本山派に属しながらも、「穴勝に其形式主義を奉ぜず、虔信専念の信仰に住して、実行に勉むる」者があり、これを本山派の新思想家と称することができる。彼らは哲学科学の新知識を有し、旧派からは「哲学宗」「動物宗」として批判されつつ、本山教流の腐敗に慨して革新の挙に出でようとしている。その他各宗にもこうした傾向をもつ者は少なくない。また別に、旧仏教徒との絶縁を宣言して、新信仰を唱道する仏教清徒同志会がある。その態様にしたがって、本山派の新思想家をキリスト教の「正統派内に於ける新思想派」に、仏教清徒同志会をキリスト教のユニテリアンに、それぞれ比すことができる。なおキリスト教『六合雑誌』記者が、仏教清徒同志会を仏教徒中のユニテリアンと呼び、その有志者との将来における協力を表明するなど両者の接近が実現されつつある。

龍山は、仏キ両教内の新思想派に共通する特徴を、その「合理的といふ、倫理的と称し、社会的と唱ふる」点にあるとした。宗教の比較研究ないし宗教への批評的かつ寛容な姿勢（合理的傾向）、徳行への強い動機づけ（倫理的）、国家奉仕の意識や社会のなかの宗教という自覚（社会的）がそれであった(9)。

「新宗教」の広い捉え方——包括融合の世界的潮流

右のように、キリスト教そして仏教内の進歩派をもって新宗教提唱の中心者とする見方に対し、つぎにみるような広義の「新宗教」理解にもとづき、もっと大きく「新宗教運動」の広がりを見て取ろうとする場合もあった。

これを代表するのは、先にふれた「明治三十年史」を執筆した姉崎正治による見方である。そこでは明治二五年以後にあらわれた「新宗教試作」の実例として、仏教統一団、釈迦宗など仏教系新教団の成立のほか、大日本教（大勅語教）、神教哲学（ゾロアスター教の宇宙論と仏教の因果道徳によって、古事記を基本とする宗教）、真理教（仏教の現世的解釈と勅語との結合）、日本道徳会（神道中の一派）、日本主義（新神道、日本国民の包括的性質を有する）などが挙げられている。[10] また他の記事では、海外にも「新宗教を求むる者」が多数あるとして、欧米の精神教、良心教、科学教、ユニテリアン、倫理修養運動なども「一種の新宗教」に含めている。[11] 仏キ内の新動向や両教の接近だけでなく、教育勅語の道徳や日本主義、[12] 科学的あるいは脱宗教の倫理運動のような非宗教的動向をもカバーするものであり、かつ海外の動きと連動するものとして「新宗教」の胎動は考えられている。

このような広義の新宗教理解は、第一に、旧来のものとは異なる独自の「宗教」観にもとづいて唱えられ、第二に、新宗教なるものは諸教の「包括融合」の過程に到達されるものとの見立てにもとづき主張されている。

勅語教や良心教や科学教までを新宗教に含める、その前提となっているのは姉崎の、宗教とも道徳ともいえるような抽象的、拡張的な宗教観である。姉崎はこれについて、「宗教其物は……安立の力なり感化の源泉道徳の根源」であると自身の宗教観を示した上で、「新宗教の本旨」とは結局この「宗教其物」をさすのだと述べている。[13] であれば「新宗教［の］建設」は狭義の「宗教」（成立宗教）を超える模索となるわけだが、「［新宗教の］内容は前世の宗教に異なるも、其が人間の統一的衷情の感化指導たるに於ては一なり」と考えられた。[14]

こうした主張には一定の賛同者があった一方で、手厳しく批判する者もあった。自分の唱える日本主義も新宗教だと言われた高山樗牛はこう難じている。新宗教の唱道者はキリスト教にも仏教にもイスラムにも通有する、宗教の宗教たる所以の根本元素のことを「宗教の真精神」と呼び、この「所謂抽象的『真精神』に基きて」「仏、耶、回、諸教の特性を離れ……新たに造らるべき宗教」のことを「新宗教」と称している。だがこれでは茫漠にすぎる、「坐上の空論」だと一蹴した。[15] 姉崎はこうした批判に対して、「宗教」の称には必ずしもこだわらない、「之を新人文の新道徳」と呼んでもよいと譲歩もする。[16]「要は安心と感化にあり、今は安立と感化即宗教態なりと見る」をもってこれを「宗教」と呼んでいるだけで、その内実があれば名称にはこだわらないというのであった。[17]

姉崎は、新宗教を求める動きは海外にもあるとしていた。姉崎の新宗教理解は、第二に、一切を陶冶融合して雄大なものを生み出す必然たる「包括融合」ないし「折衷混和」の進行が、宗教界にて全世界的に実現しつつあるとの見方に関わりがあった。国内の「新宗教建設」の動向は、諸宗教の「包括融合」の実現に向けての「世界の包括的大潮流に乗じ」たもの、この「世界文化的」な運動の一端であると考えられている。[18]

ここで重要なのは、この「包括融合」「折衷混和」による発達史観において、日本人の役割が重大視されることである。古来より日本人は、制度文物や信仰にいたるまで「包括的の発達」をなしてきた。その包括融合の歴史はまず中国とインドの思想宗教を同化し、明治以降は西洋哲学とキリスト教を同化しつつある。その結果、この三〇年の間に生じてきたのが「新宗教の希望」であり、「新運動」の勃興なのである。明治二三年の教育勅語の渙発も、その宏博偉大な勅旨に基づく「新の《ママ》宗教新運動」を起こそうとの動きを活発化させている。そうして姉崎によれば、「新宗教なる者の……希望と試作［は］世界を通じて基督教国にも、仏教国にも将又婆羅門教国にありても行はる丶」なか、[19]「二千年の包括的宗教史」を有する日本は、明治の現在、この世界的企図における「国民的天職を負」っているのだと自負されるのである。[20]

もっとも広く「新宗教」を捉える見方は、以上のように、その拡張的な宗教観に対する批判もあったものの、今後の日本の新教育の行方にも関連してくる道徳的な含みをもっていたこと、また当時の社会人心に浮揚する国民意識をくすぐるような壮大で世界的文明論的な視点を内容としてもっていたことが確認できる。

(2) 脱宗派的な運動形態——雑誌メディアと非定期会合

ところで龍山は、合理的倫理的社会的という三傾向をもって新思想派らの主張内容の特徴とした以外に、「個人化せる宗教」とでも呼べるような形態上の特性が彼らの運動にみられることを指摘していた。新思想派は仏教キリスト教の別を問わず、運動として組織化をおこなわない、個人的傾向がつよいという指摘である。

正統派組織内にとどまりながらその所説を個人の意見として雑誌等で発表するだけで、別個に団体を組織することがないキリスト教新思想派の人々はその典型である。また個別の神学校をもち機関誌を刊行するなど「一定の形体組織を有し」てきたユニテリアンや独逸普及福音派らの人々にあっても、次第に「信仰の統一なく、個々の信念を抱きて、相会合するのみ」になっていった。その「個人化」傾向は、ユニテリアン派が改正条約実施の折、宣教届および教会設立届に関する省令を内務省が発布したときに、「宗教として一定の教義を、宣布するものにあらず」との理由をもって規定の手続きを行わなかったことに端的に表れている。ユニテリアンは宗教宣布の団体ではなく、宗教に関する一種の学術的会合に過ぎなくなっていった。仏教内の新思想派にも、「宗教として、別個の教会を組織するに至ら」ないこの傾向がみられる。仏教清徒同志会の人々の新信仰の内容には「統一なく」、それぞれ「個々の信念を発表するに過ぎ」ない状態にある。こうして仏キ問わず新思想派は、「共に自由討究を主張し、独立の思弁考察を重んずるが故に、個々信念を異にし、信仰の個人化するに従て、信仰の統一を欠く」ことになっていると指摘されるのである。

「新信仰の組織」が成立しないかぎりは「新宗教」が成ったと見なせないと考える龍山は、この個人化の傾向に批判的であったが[21]、これとは反対に、新宗教の本分を発揮するために組織化は極力避けるべきとする考え方もあった。姉崎の主張がやはりその典型である。組織や信条の整備は宗教にとっては末事であって、これに拘泥すれば活気を失うから、新宗教運動が「直に一派一系をなさんとし早計にも一教派の名を作為し、其信条を組織」しようとすることには用心すべきであるという[22]。こうした組織忌避論は、姉崎による新宗教すなわち「宗教其物」の理解、個人化内面化された宗教理解に関わっている。神の存在や霊魂不滅の信念をもって宗教の条件となすのは一八世紀の幼稚な愚論であり、「宗教の本質」は「信仰」、すなわち宗教の語源たる「帰敬」であり「摯実の信仰徳行」である。僧侶と教会とをもって宗教となすのも誤っている。現今の問題はただひとつ、「僧侶教会を離れ、信条慣行に支配せられざる真の宗教態即信仰は如何にして教会の中に入れらるべきか」にある。このためには組織や信条の整備は後回しにされねばならないというのであった[23]。

『日本宗教』――「新宗教」準備誌

こうして新宗教の主張、新主義の宣布はおもに、定期不定期の講演会や会合、雑誌新聞を媒体にした個々の言論活動をとおして進められていった。このような運動形態は、右に述べたような「今後の宗教は、宗派に非ずして」という

「新旨義」[24]の本質に関わっていた。
『宗教』(ユニテリアン)[25]、『仏教』(浄土真宗系)[26]、『六合雑誌』(組合派系・基督教青年会、のち『宗教』と合併)[27]、『日本宗教』(後述)は、自由討究による合理的な教理研究、他教への寛容な姿勢を唱えて、「宗教界の新形勢」をなすのに勉めて功あった諸誌である。非正統派自身の手になる、あるいは新思想派がその所説を盛んに掲載した宗教雑誌であって、「新旨義」宣布の主力となった。このほか、「宗教界の新形勢」を積極的に拾い上げ、しばしば好意的な評を付すことでこの運動を後押しすることになった雑誌もいくつか挙げられる。宗教系では、『反省雑誌』(浄土真宗系)[28]、『明教新誌』(浄土真宗系)、『女学雑誌』(キリスト教系)、『基督教新聞』(組合派系)などがあり、一般総合誌では『太陽』が、姉崎がその「宗教」欄を担当して新宗教論を高調した。またこれらには劣るが『禅宗』、『如是』なども新動向を好意的に拾い上げることがあった。これらが全体として宗教界の新主義隆盛に力を貸し、諸教接近の実現を導いたのだった。

組織体をなさない新動向を、ある一定のまとまりをもった思潮の台頭として宗教内外の人々に認識させることとなったのは、これら諸誌をつうじてもった言論の力が大きい。とくに大きな役割をはたした雑誌としてそのうちここでは『日本宗教』誌を紹介したい。同誌は刊行期間が短く特定宗派に依拠しなかったという理由もあって、その存在についてさえあまり知られてこなかったが、この時期の新宗教思想運動を語る上では真っ先に取り上げるべき雑誌である。明治女学校校長また『女学雑誌』社長であった巌本善治[29]を社長とし、戸川安宅(残花)[30]を主幹、布川静淵を編集主任として、明治二八年七月、月刊の宗教総合誌として日本宗教社より創刊された。巌本・戸川はともに日本基督教会所属で、同誌の主軸はキリスト教関係者であった。しかしその論説や記事内容のカバーする範囲は仏教その他に広く及ぶもので、創刊号を手にしたある他誌はこれを仏教雑誌と勘違いしたほどであった。

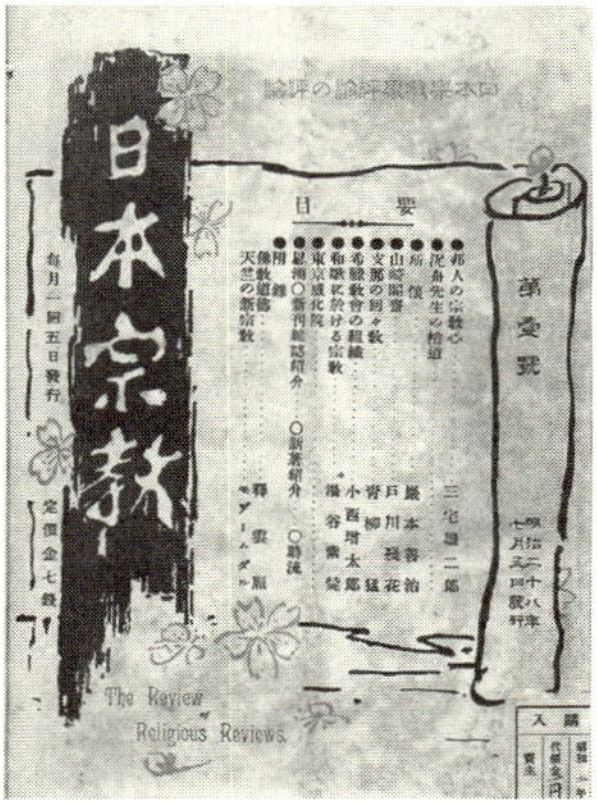

『日本宗教』創刊号表紙(東京大学明治新聞雑誌文庫蔵)

「日本宗教発刊の辞」（一巻一号）には、新宗教の出現近しの期待がこう述べられている。

> 惟へらく、日本宗教界将に新生気を起さんとすと。……吾党惟ふ、日本元来東洋の霊気を鍾めて、自から神秀の特色を存す、其の宗教界に煥発して、世界の大道に附益するもの必らずや多からむ、今は則ち其旧宗教を守り新宗教を迎えて、正に混和折衷の霊用を施しつつあるの時と。……盖《ママ》し大人の起る、将に遠きにあらざらんとす。[31]

「新宗教」とこれを興す「大人」がいま日本に現れようとしている。「新宗教」は日本に出現するがゆえに「日本宗教」とも呼ばれる。これをとって誌名とした本誌が望むのは、新宗教が出現するとき、それを人々に速やかに認識させる一介になることである。すなわちその使命は、比較宗教の学的姿勢、自由討究の見地をもって宗教の理想を追究し、もって日本の地に新宗教の勃興を期すことである。各宗各派とも私に偏じて小岐に入るいま、「宗派の陋域を混同し、教界普通の意識を長養し、各宗派共同の美を認定し、真誠宗教心の需要を明らかにし、以て先づ日本宗教の心を広大正明にする」ことに努めたい。ただし本誌は、「人に教ふ可き者に非ず、教を請はん」とするものだ。同志の需に代わって宗教内外の先輩潜龍に教えを請い、すべての宗教にその精美を尋ねあてたいと欲するのである。新宗教誕生に備えるべく、党派心を捨て、公平に諸宗教よりその神髄を学び、宗教共通「共同の美」あることを明らかにしたいというのだった。

号により多少の異同があるが、『日本宗教』誌のおおよその構成は「口絵」「社説」「論説」「史伝」「雑纂」「思潮」「新著批評」「問答」「雑誌評論」「時流」からなっていた（このほか「批評」欄が設けられたこともある）。同誌の性格をよく表したものとしてまず「口絵」がある。創刊号巻頭には真言宗の「釈雲照大律師」の写真彫刻銅版肖像が掲げられたが、二号は「主教ニコライ」「森田悟由禅師」「監督キリアム」、三号は「臨済宗円覚寺派管長　釈宗演禅師」「神道実行派管長　柴田礼一教正」、といったように仏キ神関係者の肖像が同一頁上に並べられて目を奪い、諸宗教協調の同誌趣旨を端的に表現している。また「論説」欄以下では「毎号内外各派の諸先輩に寄稿を乞」うた記事が掲載されたが、たとえば創刊号には「邦人の宗教心」「槍道」「山崎闇斎」「支那回々教」「希臘教会の組織」「和歌に於ける宗教」「東京感化院（神道の社会的事業）」「仏教道徳」「天竺の新宗教」などが扱われ、仏キ神回その他の宗教を網羅することが期されている。

圧巻は「思潮」欄であった。宗教界時評の類だが、国内一五〇種余の宗教雑誌新聞・哲学文学雑誌の内容を摘要抜粋、あるいはトピックにあわせて評じ総合され、宗教界内外の宗教世論動向が一見して摑めるようになっている。関係者の自負するごとく、毎号「一百数十種の宗教雑誌に精華を摘み」、「各派各種の意見と大勢の暗流とを指示」するものであった。(32) 創刊号では宗教哲学文学諸誌中より宗教関係の論説数十編を抄出または紹介して五〇余章、二〇余頁が費やされた。その徹底ぶりは前月中発行の他雑誌すべてを閲了し、当月号にその抜粋を完結させるため、二号以降発行日を変更し（毎月五日より一〇日発行に、またこののち二〇日、そして三〇日発行となる）、また本欄の充実ゆえ紙数予算外に超過したが、これを減ずること不可とし、購読者にその分郵送料を求めて定価を改更するほどであった。創刊号にはキリスト教分派一覧表、神道各派・仏教各宗派管長姓名表のほか、この一〇〇種以上の全国宗教雑誌の一覧表が作成・掲載された。仏キ神の別なく国内宗教の全体動向を総覧できるよう同志の便宜を図ったこの試みは、宗教界初のことではなかったか。

「日本宗教界の評論の評論」をもって任じた『日本宗教』創刊の反響を他紙誌の評によってみれば(33)、その思潮欄の用意周到に対して「宗教界の『太陽』」「宗教界の『早稲田文学』」また「宗教界の展覧会的雑誌」（『教林』二二号）、「教論界の『エンサイクロピーデア』」（『教友雑誌』二三五号）と称され、「『思潮』欄は是ぞ本誌の特色ならん仏神耶の諸雑誌を一々紹介評論して公平を失はず論旨種々雑多にして中々面白し」（『伝燈』九七号）、「正大公明その宣言に背かず」（『明教新誌』三六一八号）、「教内の人をして自己の僻見に陥るを救ふのみならず教外にありて日本宗教の大勢現象を知らんと欲する人の為に至極便利」（『秋田魁新聞』明治二八年七月一〇日）との上々の評を得た。

ただしいっぽうで、「我国に今ありとあらゆる宗教……を合併せんと期する」が神道各派、蓮門教、御嶽講、富士講など民俗的宗教を欠くとの指摘や（『八紘』四号）、「すべての宗教を総合して、一物を作らんと欲する処」が「鵺」的（『青山評論』五八号）、ただ「集合的なる両部的なる『鵺』然たる幽霊然たる奇々妙々の雑誌」（『八紘』四号）、との冷評もあった。

これは「思潮」欄以外の粗雑さを指摘する声とも重なっている。思潮欄の周到緻密に対して、「其本欄のやゝ粗にして雑なる……只広きにのみ傾きて是が此の誌の旗標ともいふ可き特色を認め難き」（『早稲田文学』九二号）、「遺憾に思ふは論説の物足らぬ心地することなり」（『基督教新聞』六二四号）との声である。この点は「（その論説欄など）何によらずさらりさらりとして余り趣味なきもの」（『舟江評論』四号）とか、「我等の如き記者には至極便利なりといふの外批評すべきものはなし」（『福音新報』一巻二号）という見立てにも関わるが、要するに「頗る便利の冊子」ではあるが、「論説」等は貧弱で旗標不鮮明、宗教雑誌としては物足りないとされた。だがそれは『日本宗教』誌が、「其他の宗教雑誌に於ける如く伝道布教を目的とするにあらざる」ためであり、「むしろ宗教社会を範囲とせる一の文学雑誌と見る」（『中央時論』一四号）のが正しい見方であったといえよう。「大宗教の興立に対する準備の一策」（『国学院雑誌』九号）たることが同誌刊行の目的であり、宣教のための雑誌ではないというのは編集の前提であったからである。

『日本宗教』のような雑誌は、外に向けての新宗教の主義宣布の機能を果たすと同時に、ふだん会えない同志者間の情報交換、意見交換、討議の場として組織内活動を肩代わりする機能をもった。たとえば同誌の「問答」欄は「諸人の為に公開し、各宗互に相問ふの便に供す」ため設けられた。社に寄せられた問いをまず掲載し、該当する宗教宗派所属の有志からの回答を呼びかけ、得られた回答を追って掲載するという要領で、諸宗諸派間の交流進展を図ろうとしたものである。「日本宗教の前途」について誌上で自由討究する企画がなされたのはこの趣旨に出たものである。それは創刊一周年を迎えた一一号で「日本宗教の前途奈何」を問うて江湖識者道士百数十名に意見を求め[34]、これを後続号で順次公にし、さらに各回答に対する諸方の反応・批判をも掲載するというものであった（得られた回答数は期待したほどではなかったが）。国内宗教家を一同に集めて懇談した宗教家懇談会（後述）に目論見が似るが、ただしより多数の内外の目にふれることを期して、宗教者と教外者を交えた交流および相互理解の進展を誌面をもちいて行った企画であった。

創刊時は毀誉褒貶を受けたが、『日本宗教』は半年後には、「我党の素懐稍や用ひられ、世上の教界彌よ融化革新の時機に近づきつつあるが如」く、その所懐が果たされつつあると自信を深めるようになった[35]。また二周年を迎えては、日本宗教家懇談会の実現に同誌が大きな役割を果たすことになる。前後二回にわたる懇談会の開催は、同誌関係者が実質中心となって実現された新宗教運動の具体的成果のひとつとできるものである。『日本宗教』は当初、一年間に期間をかぎっての発行の予定であったものが、その期限は数回伸ばされた。この間、毎号、比較宗教・自由討究の態度をもって各宗内外の進歩派の見解をひろく拾い上げて同志の便宜をはかり、総合して方向を示し、諸派間交流の試みを誌上に続けて、新宗教待望の気運を育み勢いづけていった。その廃刊年月は未詳だが、現在残されたものによって確認できる最後のものは三巻二号（明治三〇年七月）である。その後は布川らによる『社会雑誌』に吸収された。

宗教家懇談会

特定の組織に依拠しないというのが新宗教運動の主義のひとつであったが、運動のこうした特性を反映したものとして、右記の宗教家懇談会についても触れておかねばならない。基本的には個人の資格で参加する、諸教諸派をこえた同調者同志者どうしの会合開催の試みであって、この運動の特徴をよく示している。

シカゴに世界の諸宗教の宗教者を集めて開催された万国宗教大会（一八九三年）に刺激をうけて、『反省雑誌』が万国宗教大会を日本にも開催すべしと主張したのが明治二九年三月、まずその準備として日本宗教大会を開くことを提案した。これにすぐ賛意を表したのは『日本宗教』や『太陽』（宗教欄）である[36]。その後『日本宗教』に、日本全国耶仏両宗徒の大会を設けて懇談する希望を述べた鎌倉円覚寺の釈宗演の言葉が掲載される。釈の提案に、同誌の戸川と巌本および仏教系の『明教新誌』の大内青巒[37]ら三名が加わって発起人となり、国内の宗教者会合たる宗教家懇談会の開催をみたのが同年九月であった。発起人となった三人はいずれも、宗教の新主義に対する以前からの積極肯定派であって、それぞれ関係していた雑誌等を通じて新宗教論宣布の先頭に立っていた。彼らのような非正統的進歩派の宗教者が主導であったことは、懇談会成立の経緯や会合の性格にそのまま通じていく。

会の開催に対しては、シカゴの万国宗教大会への代表者派遣にも否定的であった守旧派の間から反対の声が再びあげられていた。懇談会は、宗教的雑種児を生むことになるとか、日本的新宗教を起こすことになるというこれら反対派の声を押し退けて開催されようとするものであった。(38) このこともあって、開催に向けて発表された趣意書は、「この会合［は］新宗教を創立せんとするものではない」という弁明も含む次のようなものとなった。

元来宗教は単に信条でもなく、又儀式と信条との合計でもない。これらは宗教の外皮である。宗教そのもの……は精神の状態、心霊の生命である。この心霊の生命は人為的に作り得ない。凡ゆる宗教からそれらの儀式と信条とをとり来つて一系統に構成したとて、かく器械的に作つた宗教には生命なく活力がない、この生命と活気を与へ得るは……宗教的大天才の感化によるものである。……この会合《ママ》が新宗教を創立せんとするものではない。各宗の理解を得、事情の誤解をさけんがため我国将来の宗教を談ぜんには甚だ喜ばしき事である。これが宗教家天才の出現のための『野に叫べる声』となるの幸福あらんか。(39)

こうして「紛々是非の評高かりし」なか、しかし明治二九年九月二六日、東京市芝区田村町の松平子爵邸で懇談会は開催された。戸川による開会の辞のあと、大内の演説、横井時雄、釈宗演（加藤咄堂代読）、柴田礼一、海老名弾正、村上専精、松村介石、織田得能、大西祝、島田蕃根、クレイ・マッコーレイ、山内晋、飯田一二、安田登、岸本能武太、綱島佳吉、小西増太郎、高島嘉右衛門などの談話があり、その後食事を交えて懇談した。当日さしつかえありとして欠席した一三名その他三名が参会できなかったが、総計四二名の参加者があり、傍聴者をあわせると四八名であった。参加者四二名の内訳は仏教関係一九名、キリスト教関係一六名、神道関係二名、無所属五名であった。無所属五名のなかには、『太陽』宗教欄記者の資格で参加した姉崎正治もあった。(40)

開会に向けてもっとも尽力したのは戸川であり、開会当日は加藤咄堂と横井時雄、『日本宗教』の布川が労を執った。懇談会当日の具体的内容、その前後評については『日本宗教』の報告に詳しく、他にもまとめられているのでそれに譲るが(41)、ここでは次の点を指摘しておきたい。

この懇談会では今後も春秋二回会合していくことが議決されたのだったが、しかしこの約束はそのままには果たされなかった。翌年春にシカゴの万国宗教大会会長J・H・バロースの来朝をきっかけに第二回が開かれたその後は、数年間の沈黙をみることになった。明治三七年に第三回が開催されたものの、それは時局の要請によったもので、このときの参会者が約したような実現のされ方ではなかった。第二回についても、国内宗教者間の交流という一回目の趣旨からはやや逸れて、むしろバロース歓迎会の意味が大きく、仏教徒の欠席が目立って、懇談会立ち上げのきっかけをつくった釈宗演や大内青巒の参加もなかった(42)。

宗教家懇談会の集合写真（姉崎正治『宗教と教育』博文館，1912年，576–577頁間写真，東京大学駒場図書館蔵）

ことさらに組織結成を図ることはせず、個人参加の自由な集いや交流を重ねて大勢を動かしていく、というのが新宗教の主義にそった運動の進め方であったには相違ない。だが第一回開催後の以上の経緯には、新宗教運動の「個人化せる」特性と、それゆえの運動としての脆弱さとが示される結果となった。新宗教運動はこの後にはむしろ、次節以降に述べていくように、「宗教」（宗教界内での新宗教運動の進展ないし成功）としてだけでなく、より以上に「宗教学」や「倫理運動」あるいは国民教育との接点のなかに、実現の機を見出していくことになるのである。

(3) 宗教界の新動向とその背景

合理的倫理的傾向の進展

反対の声が各宗内部にあるにもかかわらず、宗教宗派を超えたこうした運動が生起してきた理由は何であったか。先述の「明治三十年史」は、批評的な宗教研究の開始（海外の宗教研究の流入と日本の大学での比較宗教研究の開始）、万国宗教大会の開催と日本人の参加、自由キリスト教の輸入と高等批評の紹介、がこの運動を促したと分析する。「一宗教を無上の教権として尊崇するの妄」が明らかになり、宗教比較研究が漸次、「批評的建設」すなわち「新宗教」の建設にも関心を向けるようになっていった。これら学者と宗教家の動きは相乗し、筆者姉崎の観察によれば、学者の見解に刺激されて、「一切宗教は同じく絶対真理の表現」であり宗教家たる者は一派宗義に拘泥するべきでないとする進取的な人々を、仏教キリスト教の宗教家中にも生みだしていった。これが「仏耶二教の接近」となり、「宗教家として人道の為に雄大宏博の精神を鼓舞し、宗派の感情障壁を去りて其天職を尽すべし」との旨義を抱く人々の集会となって（二九年の宗教家懇談会）、「実に明治宗教界の一奇観なりき」との高評も得るようになった。日本宗教界の新動向は、宗教学の見解に先導されたとする理解である。(43)

新宗教運動のひとつのピークを作った宗教家懇談会の開催にいたるまでの数年について、明治二六年から二八年までの仏教界を例にとり、『反省雑誌』の報によりその様子をうかがってみれば次のようであった。(44) 明治二六年の教育宗教衝突問題と万国宗教大会開催は、キリスト教徒の「非国家的行動を廃せしめ」たと同時に、仏教徒キリスト教徒ともに「真理の……一教に私有すべからざる」を知った。二七年には「自由討究の盛」んとなって、廃仏家が出たり仏教の歴史的考究が始まった。二八年には自由討究の進行の結果として大乗非仏説が提起され、物議を醸した。こうした形勢のもとに仏教徒もキリスト教徒も、教祖や経典に重きを置きすぎる従来型の信仰は今後は維持できないことを知り、これとは別の「霊活々たる真理の確信を攫まん」とするようになった。そしてこのような批評的合理的傾向の進展が、宗教家懇談会の開催につながったという。姉崎がいうように、宗教研究にみるような批評的姿勢とともに宗教界に新動向が生じていった流れが読める。

批評的合理的姿勢を日本人宗教家に促したという万国宗教大会も、比較宗教学の知見をひとつの柱にしていた。すなわち「世人をして諸宗教が通有せる真理の重要なる者は何なりや又幾何ありやを知らしむる事」を開催目的の第二に掲げて、世界の宗教者に対して通宗教性の模索（進んでは「統一宗教」「真宗教」の出現）を訴えかけることを企図していた。大会準備委員長バローズがいうように、この目的は、諸宗教は根本において相一致することを示した「比較宗教学」の成果を受けて導き出されたものであった[45]。

この大会に参加した日本人宗教家は、仏教五名、キリスト教一名、神道一名で、これに現地で仏教一名、キリスト教一名が加わった。仏教界から参加した中西午郎は、開催目的にあったとおりに「将来統一宗教の基本を開」いたこの大会で、参加者中に他宗教への寛容の態度（比較宗教学的態度への第一歩）が醸成されたことを観察している。「統一宗教」は一定した名称ではなく、「一統宗教」とか「(同じ) 真理を分有する」といった言い方もされたが、大会参加者はこれに意識を向けないわけにはいかなかった。釈宗演も大会参加をつうじて、四海万民の平等を説くのはひとり仏だけでなくキリストも孔子も皆そうであって、他の宗教も「真理」を分有していること、それらが手を結びあうこと、つまり宗教の「相対主義」によって世界平和がもたらされることを説くようになった[46]。仏教者の間では大会参加前には、キリスト教に対抗して仏教を西洋に広める機会として大会をみていた事情があったというから[47]、通宗教的態度を新しく植え付けたという点では、もとより多少はこれがあった進歩的キリスト教徒より、旧来的仏教徒の側に大きな意識転換が起きたとみられる。

新宗教思潮にはこうした経緯で育まれていった合理的姿勢のほか、倫理的傾斜のあることも指摘されていたが、このことも同等に重要である。それについては国内的な問題として、天理教や蓮門教などの「迷信宗教」や社会問題への対処として当時、宗教界の対応が世間から求められていたことに注意しておきたい。主に迷信問題への対処が、宗教の倫理化という諸教を超えた課題意識の醸成を促していた。

「国家主義の霊力」

一九世紀の宗教研究が、宗教の自由討究や相対主義、また同じ「真理を分有する」宗教的通有性に宗教者の目を開かせていった。ただしそれが自宗派内の反省や改革的な主張にとどまらず、諸宗教間の相互接近と協調行動の模索へと向かわせ、すすんでは超宗派超宗教的な「批評的建設」の動き(「新宗教」運動)をさえ生み出したことについては、もうひとつ次元の違う力がそこに働いていたことをみなければならない。すなわちこの時期、宗教者を含む全体にあった国家的精神の高まりである。

万国宗教大会に参加した宗教者間にもすでにこれが認められた。大会は明治二六年、内村鑑三不敬事件により国内にキリスト教への反感が高まっていた時期に開かれた。だが参加した日本人の間には、海外にあって国家的な意識が持ち上がり、互いの対立意識を薄め、キリスト教を含めて他への寛容の態度が目立ったという。「特に吾等が今回の大会に於て……内外人の注意を惹き起せしもの」の一番目は、「日本帝国民が尊皇愛国の精気に富めること」であったと釈宗演は言い、宗教を超える同国民としての連帯感があったことを述べた[48]。仏教もキリスト教も横並びとする宗教相対主義に加え、他国人との接触は、宗教間の差異以上に国家民族間の違いの方を意識に上らせたのである。

国内諸教の協調には国家主義が重要な柱になる。翌二七、八年の日清戦争も「国民の自覚」をたかめて諸教諸派合同の動きに宗教者を駆った。仏教界では、「仏教合同」を意味する「日本的宗教」建設の声、「革新仏教」「新仏教」組織の声が挙がるようになった。「仏教合同」の要望は、軍人らの注文をいれつつ、従軍師のあり方や占領地開教案が論じられるなか、従軍僧その他の間から持ち上がってきたものであった。

キリスト教界でも戦争の影響は大きかった。前年の不敬事件が彼らの「非国家的行動を廃せしめ」たあと、二七年の開戦は「基督教社会を刺激して互に小異の為に紛争するが如きを避け一同合同以て日本帝国の前途の為めに計画せんとの精神を発生」せしめた。この間の事情としてはまず、軍隊慰問と関西を中心とする軍隊への働きかけが効を奏して、キリスト教社会と軍隊との間を隔絶していた一種の感情が取り除かれた。また国内教界中に外国伝道会社からの独立運動が顕著になった。率先してこれにあたったのは組合教会である。キリスト教徒がこの間に深く自識した「国家社会に対する同情」および「教会の独立自給の運動」は、明治二八年におけるキリスト教界の二大傾向と呼ばれた[49]。

これまで神儒仏三教を精神としてキリスト教を排斥してきた政教社の『日本人』誌が、組合派の松村介石や巌本善治などキリスト教の一部人士らと協同し始めたのは、キリスト教社会のこの変化を受けてのことであった。同誌をつうじて松村らは、「日本」を共通項として井上円了ら仏教徒とも接近していった[50]。キリスト者の一角における「日本」化が国粋主義者との協同となり、また仏教徒との結合となった。このあとの宗教家懇談会でも松村や巌本はキリスト教側の中心人物となった。

釈宗演の提唱に応えて宗教家懇談会発起人として名を連ね、尽力した戸川、厳本、大内の三名は、もとよりそれぞれに「日本」的関心を抱いてきた人々であった。日本基督教会の戸川と巌本はキリスト教の日本化に関心をもち、大内は在野にあって「尊皇」を鮮明にした仏教改革を訴え、かつて「尊皇奉仏大同団」を組織した。大内は二〇年前にも、津田仙、中村正直、岸田吟香らキリスト教徒の発起になる慈善事業を目的とした楽善会に、仏教徒として島地黙雷、渥美契縁らと集ったことがあり、社会国家のため諸教協同するこの種の試みにおける先駆者の一人であった[51]。国家国民への関心は発起人全員の共通前提をなしており、他のほとんどの参加者においても同様であった。

仏教徒側には以前から国家主義的傾向があったことを考えるなら、変化はむしろキリスト教側に大きかったといえるかもしれない。懇談会には仏教的基督教徒をもって目せられた戸川のほか、儒教的基督教徒といわれた松村、神道的基督教徒と呼ばれた海老名弾正らが顔をそろえた。当日は、自由主義キリスト教を唱道する横井時雄が、キリスト教は「我邦土の習俗に同化せられて大に新きものを加え」ることになるとか「世界万国に国光を輝かしめん」などと述べ、海老名が「国家主義なる霊力の下に［諸教が］融和して……宇内を誘導」せねばならぬと語り、松村が「国家の上に就て言はゞ……各宗なく、皆な同一たらざるべからず。……愛国の至情に動かされて活動せよ」と気炎を吐いた[52]。

仏耶二教の「接近」については、当初からしばしば、「国粋を紹介者として手を握りたる」ものだとか「国粋と云ふ同一の域に立て籠」っているという評のつきまとうものであったが、正しい観察であった。[53] 万国宗教大会への参加とその体験の共有が、ナショナルな意識を結節点としての両者接近の第一歩となり、日清戦争とつづく三国干渉問題の勃発をもって否応なく高まった「愛国の至情」が彼らを結びつけ、朝鮮台湾の布教や軍隊布教におのおの宗派心を薄めてこれに当たった。また『日本宗教』誌の創刊や「国家主義の霊力」による宗教家懇談会の実現となった。こうした国家的精神が「所謂仏耶二教の接近親和なる新勢力」を作り出す元となり、日本宗教融合論を一部に出しさえしたのである。[54]

このとき彼らの示した愛国主義は、かつての防衛的発想にのみ占められるそれではなく、世界にあって比類なき多元的宗教伝統をもつ自国の特別の位置とそれに見合った使命をもつとする高揚感を伴った日本主義であった。中国を負かして東アジアの筆頭国となった自負が、世界に対する「偉大な天職」を日本人が負っているという意識、「東西人文の集合場」たる日本にある自分たちが「大なる包括生産の力を以て世界の宗教に貢献せざるべからず」との意識を生じさせて[55]、宗教的宗派心を撤去して新宗教をなすべしとの思想傾向をいっそう後押ししたのである。

(4) 新宗教思潮における国家的傾向のその後

国家主義はこのあとも新宗教思潮を下支えする主要条件でありつづけていく。

明治三二年からは、井上哲次郎の論文発表をきっかけに「新宗教」論が宗教界に再燃するが、井上がこれをこのとき持ち出した背景にあった一つは、同年の実施をひかえて前年に噴出した内地雑居問題であった。内地雑居問題はキリスト教排斥論を再び一部に呼び起こしたが、ナショナルな意識の高揚がこの場合は危機感とともに、宗派を超えた「日本宗教」「新宗教」希求の声をやはり拡大させもした事実があった。

この後つづく時期にも類似の事情が確認されることをざっと示してみたい。

明治三七年大日本宗教家大会

明治三七年、日露開戦に際して第三回宗教家懇談会が「大日本宗教家大会」別名「戦時宗教家懇談会」として開催された。発起人は、仏教の黒田真洞、島地黙雷、南条文雄、村上専精、前田慧雲、大内青巒、島田蕃根、キリスト教の本多庸一、小崎弘道、海老名弾正、井深梶之助、佐治実然、元田作之進、神道の柴田礼一、平田盛胤、千家尊弘、そして東京帝国大学の井上哲次郎、姉崎正治ら二八名である。発起のきっかけは、ロシアが日露戦争をキリスト教徒と仏教徒間の、また白色人種と黄色人種との間の戦争であるとして、宗教と人種の違いを強調して欧州各国の歓心を買おうとしていることであった。ユニテリアンの惟一館および浄土宗の通元院で協議を重ね、開催準備がなされた。

大会開催「趣意書」は、姉崎および櫻井義肇が起草を担当した。そこでは、欧州におけるだけでなく国内にも「敵愾の心を偏局に走らしめ国民の愛国心を宗派私利の具に濫用」しようとする者があると指摘した上で[56]、宗教家は各信仰により人心を安立と奉公の道に導くとともに「各派伝来の別を離れ、博く人道の為に尽す宗教の本義に基き、博愛平和の大道を拡充すべき」と述べられた。国外に対しては日本が正義と平和のために戦争を起こしたことを諒せしめ、国内においては「偏狭なる敵愾心と教派反目の情とを排除し、真正なる挙国一致の上に光栄ある平和を克復《ママ》するの道を講」ずることが宗教家の役目であって、時局に対する意見交換と公正なる態度を内外に示すため、大会開催が急務だとした[57]。そして各宗各派の教師信徒、外国人宣教師、内外朝野知名の士に参列を請うた。

大日本宗教家大会の主要人物肖像（大日本宗教家大会事務所編『宗教家大会彙報』金港堂，1904年，巻頭頁）

五月一六日、芝公園忠魂祠堂会館で開かれた大会の参加者は総計一五〇六名、神道関係三六八名、仏教関係七四七名（このうち婦人一七名）、キリスト教関係三六五名

（このうち外国人四三名、うち婦人一五名）、インド人五名、内外新聞記者二一名であった。[58]各宗教の代表者が演台にたち、本大会の意義、その宗教観や戦争観を発表した。三教から二名ずつ、平田盛胤（神道）、佐治実然（ユニテリアン）、村上専精（仏教）、小崎弘道（キリスト教）、大内青巒（仏教）、柴田礼一（神道）の六名である。村上は、宗教は本来戦争には超然とすべきだが、国家あっての宗教、ましてや公戦義戦に際しては国家のために尽力すべきことをいった。小崎は、これは一九世紀の文明（ロシア）と二〇世紀の文明（日本）との間の戦争だとし、日本の宗教は信仰がちがっても寛容の精神で互いに相容れ、一致団結して国のため尽くすことを内外に明らかにすべきと述べた。当時、内村鑑三などキリスト教反戦論者が出ていたが、キリスト教代表としてのこの小崎の演説は、反国体的とのレッテルをはられていたキリスト教観をやわらげ、他宗教から好感を引き出すことに成功した。[59]柴田は、二九年の宗教家懇談会に比べて本大会はいっそう意味のあるものである、将来は「三教連合して国家の為に布教伝道を致した」いとの希望を述べた。米国人宣教師、東京市長、東京府知事の祝辞に混じって、大日本ハリストス正教会有志総代からの祝辞の代読等があった。[60]大会の趣旨はこれら国内のギリシャ正教徒を間接的に弁護するものでもあったからである。

大会で議決された「宣言」文にも、日露の交戦は日本の安全と東洋平和と世界人道のために起きたのであり、「豪モ宗教ノ別人種ノ同異ニ関スル所ナ」いのである。我らは宗派人種の異同を問わず相会し、交戦の真相を世界に知らしめたい、との文言が盛り込まれた。

本大会は二九年の宗教家懇談会に比べて、規模の上でも参会者の属性の上でも相違があった。二九年の懇談会は、進歩派の人々を中心とした私的な小会合というに近く、守旧派はこれに反対の立場をとった。だが今回は、諸方面に「挙国一致の実」を示しつつある日露戦争を契機に守旧派も積極的となって、来会者一五〇〇余名の大半に宗教界知名の人士を集めることとなった。大会開催の発議が仏教界の大御所によってなされたこと（浄土宗の黒田真洞、[61]また会場は浄土宗宗務局の楼上であった）、平田や千家など神道教師を主唱者のなかに含んだことは重要で、これは「従来見ざる所の新現象」と称された。府知事や市長も祝辞を寄せて会の権威を高めた。

異なる宗教の者同士がこれほど大規模に一堂に会し得たのは、「国家的観念［を］原動力」としてのことであるのは明瞭であった。平素は敵視している者同士が「一朝開戦となるや、昨日の仇敵は今日の親友となりて、挙国一致の策に出づる」のは、「国家的観念に長じて居る」日本人民の特性を共有するがゆえと称えられた(62)。大会後の晩餐会では、同様の会合を平時にも続行する希望が出される。また井上哲次郎は、この大会が「大なる真の宗教」を生み出す契機になるのではないかとの「新宗教」招来の期待を露わにしたのだった(63)。

明治三九年日本宗教家協和会

日露戦争を機に「挙国一致」の「三教連合」精神が拡大され、会合続行の希望も出されて同様の試みは戦後に及び、明治三九年四月、ユニテリアン惟一館での日本宗教家協和会の結成となった。

発起人は、仏教から黒田真洞、大内青巒、南条文雄、村上専精、前田慧雲、島地黙雷、櫻井義肇、望月日謙ら、キリスト教から本多庸一、小崎弘道、海老名弾正、黒岩周六、三並良、元田作之進、井深梶之助、江原素六、島田三郎、佐治実然ら、そして神道から柴田礼一、平田盛胤、千家尊弘、また姉崎正治など学者らであった(64)。大日本宗教家大会で主要な役回りをはたした人々が顔をそろえている。

日露戦後の国民の道徳の乱れ、秩序の混乱が、ここでの超派的な共通課題とされた。結成「趣意書」には、「国民の道徳的根底に樹立して世道人心の維持を計り時代の思潮を指導して健全なる国民の発達を期し」、「我国の進運に貢献する責任を宗教家はもっていること、各宗教家相互の親睦をはかり責任を尽くすべきことが述べられ、賛同者がつのられた。

日露戦時に高まった諸教協調の風は、戦後も維持されようとされた。日本宗教家協和会春季大会の開催された四〇年四月、基督教学生青年大会も同月に開催されたが、ここに仏教徒が訪問して敬意を表し、また大日本仏教徒大会にキリスト教側からも訪問委員を派遣するなどのことがあったのも、このなかでのことであった(65)。

明治四五年三教会同

明治四一年の戊辰詔書の渙発、四三年の大逆事件等を受けて、四五年に三教会同が開催された。第二次西園寺内閣・原敬内相のとき、国民の思想善導には宗教心を鼓吹するのがよいとした内務次官床次竹二郎[66]の呼びかけにより、山縣有朋、松方正義、大隈重信らの元勲、宗教学者の姉崎正治、顕本法華宗（日蓮宗妙満寺派）管長の本多日生らの賛同を得て実現したものである。

会同に先立ち、床次はつぎのような見解を発表した。一、宗教と其国家との結合を図り宗教をして更らに権威あらしめ国民一般に宗教を重んずるの気風を興さしめんことを要す。二、各宗教家の接近を益々密ならしめ以て時代の進運を扶翼す可き一勢力たらしむるを要す。これに対し、宗教的信念の絶対性が軽んじられるとの危惧また反キリスト教感情からくる仏教各派からの反対、神道中心の諸教合同計画だとみた仏教徒その他による反対、宗教への政治的干渉を斥ける新仏教同志会による反対の声があげられ、また国民思想の指導は教育勅語のみで十分だとする教育学者もこれに反対した。[67]文部省は、内務省—床次によるこの計画には不干渉・非協力の立場をとった。

こうしたなかで計画は多少の変更を加えたが、四五年二月二五日、華族会館にて内務省招待（宗務局長名）による三教会同が開会された。政府側二一名と宗教関係者七一名が会し、うち仏教が五一名でもっとも多く、つぎに神道の一三名、もっとも少なかったのがキリスト教で七名であった。[68]参会者は管長に限定せず代表でもよいこととなったが、仏教全一三宗、神道全一三派が顔をそろえた。仏教からはシカゴ万国宗教大会に参加経験をもつ芦津実全、土宜法龍らのほか、高津柏樹、大谷光明、本多日生らが参じ、神道からはやはりシカゴ大会からの古株の柴田礼一、大日本宗教家大会から加わるようになった千家尊弘らがあった。キリスト教では、やはりこの種の集いでの常連になっていた本多庸一、宮川経輝、元田作之進、井深梶之助ら新教関係のほか、日本ハリストス教会、天主公教会の代表者らが合した。[69]

政府主催者側からは、原内相と床次次官のほか、地方局長水野錬太郎、神社局長井上友一、宗教局長斯波淳六郎、警保局長古賀廉造、衛生局長小橋一太が、また逓信大臣林董と同次官小松謙次郎、司法大臣松田正久と同次官平沼騏一郎、海軍大臣斎藤實と同次官財部彪、陸軍省副官竹島音次郎、文部次官福原鐐二郎、普通学務局長田所美治らの諸大臣と各省次官局長、その他参事官、秘書官をあわせて二一名が参加するという大掛かりなものとなった（首相の西園寺は病気欠席）[70]。しかしこの日の内容は、原の挨拶と食事からなる全体として一時間半ほどのきわめて簡単なものであった[71]。

翌二六日は三教代表者および代理の六九名、床次、斯波、姉崎が集まり、その後宗教者だけで協議会を開いた。三教各自の提議について一教一名の代表者が協議して三教一致の決議案としてまとめ、これを議したものである。座長の柴田礼一によって議決された決議文はつぎのようになった。主催者政府の意思は自分たち従来の主張と合致すること、すなわち「宗教本来ノ権威ヲ尊重シ国民道徳ノ振興社会風教ノ改善ノ為メニ政治宗教教育ノ三者各々其ノ分界ヲ守リ同時ニ互ニ相協力」し、もって「皇道ヲ扶翼シ時勢ノ進運ヲ資ケントスル」ところにあるとした上で、宗教者は各自信仰の本義に立って今後「奮励努力国民教化ノ大任ヲ完ウセム」ことを期すとするもので、この趣意による二項目が盛り込まれた[72]。

明治四五年教育家宗教家懇談会

このあと二八日には、教育家宗教家懇談会が上野精養軒で開催された。三教会同の後、今度は教育関係者と宗教者との間に懇談会を開こうとしたもので、姉崎が斡旋し、他に発起人として、学者の井上哲次郎、中島力造、元良勇次郎、教育者の杉浦重剛、仏教の高楠順次郎、南条文雄、村上専精、前田慧雲、権田雷斧、望月信亨、弘津説三、大内青巒、キリスト教の松村介石、海老名弾正、井深梶之助、神道の柴田礼一、神崎一作、千家尊弘、平田盛胤、佐野前助らが名を連ねた。床次はもともと宗教家と教育家の会同を望んでいたのだがこれをあきらめて、政府主催でなく有志発起の民間主導の会とすべく、姉崎に委ねた経緯があった。

床次は、かつて姉崎が「宗教三十年史」中に言及したこともある日本国教大道社の社員であった。川合清丸が明治二一年に設立した団体で、国教大道とは、日本の精神は神儒仏の三道であって、三道合したものを大道と称したところからきている。姉崎はこの団体を、諸教の「包括融合」した一例とみていた。床次は、川合の三道融合論について、「神儒仏三道の根源に徹底し……円融統一して……之を国体の原理国民精神の淵源として体系づけたる」独創性を卓見と称しており、[73] その見地は三教会同計画（神儒仏でなく神仏キであったが）にも及んだものとみてよい。床次は政府官僚側の一員であり、かつ姉崎が「新宗教」試作と呼んだ運動中にあった人物であって、姉崎と床次はこの志において通じ合っていたのであった。

教育家宗教家懇談会（姉崎正治『宗教と教育』博文館，1912年，534–535頁間写真，東京大学駒場図書館蔵）

さて、教育者も加えたこの懇談会には当日、宗教者、教育者、学者あわせて二一〇余名が参会した。政治と宗教との結合には警戒を示して三教会同には批判的であったが、民間の自発的会同には協力するとしてここには加わった宗教者もあった。[74] 姉崎が開会の辞を述べたあと、主催者・発起人代表の井上が挨拶した。井上は神仏キ宗教家、学者、教育家が一堂に会して懇親するのは日本開闢以来初めてだと述べ、それが可能になったのも宗教の根源に共通するものがあるためだと述べた。[75] 三教代表の演説、意見発表があり、教育関係では井沢修二と杉浦重剛が意見を述べた。[76]

諸教協調ないし合同模索の流れにおいて国家主義的傾向の大きく関わってくることをここまでに指摘してきたのだったが、三教会同はこれを国家が主導しようとしたものであってこれまでとは異なる意味をもつ。先の大日本宗教家大会のときには参加したが、三教会同には同意しなかった宗教者の一部は、この政教癒着を危惧しての反対であったのだが、三教協調・相互理解に国民意識が作用していることと、政府国家と結託してこれを進めることとの間には無視できない懸隔があることを厳しく捉えたそのような宗教者は、全体からみれば少数であった。[77] 姉崎も、宗教と国家との接近に疑問をもつことはほとんどなかったようにみえる。東大教授たちのなかに計画に反対する者があるのを知って姉崎は、床次との間を橋渡しすべく、大学に床次を招き、教育談話会を開いて彼らの反対を和らげる工作をおこなっている。[78] 三教会同に姉崎は賛同しただけでなく、反対者を説得する側に回っていたのであり、政府外では最大の功労者の一人であった。

明治四五年帰一協会

三教会同がなったあと、同年六月に、日本女子大学校の成瀬仁蔵[79]が思想団体「帰一協会」を結成した。思想信念の帰一をはかることを掲げて、渋沢栄一、森村市左衛門らの実業家、姉崎正治、井上哲次郎、中島力造、浮田和民（『太陽』主幹、早稲田大学教授）、桑木厳翼（京都帝国大学教授）、シドニー・ギュリック（宣教師、同志社大学教授）など学者らを誘って結成したものである。

成瀬自身は三教会同以前から考えをもっていたようであるが、ここには姉崎、井上、中島など三教会同の流れを汲む人々を含み、また床次が発足前の組織相談会に出席、発足と同時に会員になっているなど三教会合との連続性は濃厚である。会の名称の「帰一」は王陽明の「万徳帰一」からとったもので、「階級、国民、人種、宗教の帰一」が帰一協会の標語であった。宗教の帰一のほか、国民の帰一や労働問題に発する階級の帰一が掲げられ、人的側面だけでなく、趣旨においても三教会同に重なる面をもっていた。

なお「宗教の帰一」については、「帰一」の捉え方は会員でまちまちであった。成瀬自身は三教に通ずる新宗教を作りたいとしていたのに対し、渋沢や森村は諸宗教の混合のようなものでなく儒教精神をもって「統一した宗教」を作りたい意向であり、井上や中島はその中間とでもいえる考えをもっていた。姉崎は各宗教の特色は特色として残してよく、相互理解を進めたいとの考えであった[80]。

会員には、明治二九年の宗教家懇談会以降の諸教協調運動の流れにすでにあった人々で、姉崎や井上のほかに釈宗演、大内青巒、海老名弾正、村上専精、江原素六らが発足時から、新渡戸稲造、徳富猪一郎、加藤玄智、村井知至、内ヶ崎作三郎、黒岩周六、クレイ・マッコーレイ、遠藤隆吉、本多日生、岸本能武太らもその後一年経ないうちに加わった。この帰一協会には多くの宗教者が参加したが、特定宗教への偏りはなく、宗教家懇談会以降の傾向を引き継いでいる。

ほか実業家、八代六郎や佐藤鐵太郎など軍人、神道家・学者の筧克彦、元官僚で仏教系教育者の沢柳政太郎、政治家・教育者の高田早苗なども発足時メンバーに名を連ねており、宗教者や学者だけに限られない幅広さを協会はもっていた。

発足当初は三六名であったが、大正四年には会員は一三〇名を超し、ほぼこの数を保っていく。(81) 大正五年までに入会した主だった人々として、柴田礼一（神道家）、加藤熊一郎（仏教家、教育家）、綱島佳吉（牧師）、高木壬太郎（牧師、青山学院）、鵜沢聡明（明治大学）、菊池大麓（京都帝国大学総長）、高木兼寛（東京慈恵会医院医学専門学校）、吉田静致（東京高等師範学校）、田所美治（文部省）、水野錬太郎（内務省）、鈴木貫太郎（軍人）、田村新吉（実業家）、安田善三郎（実業家）、団琢磨（実業家）らがあった。(82)

大正一三年日本宗教懇話会

大正期に入っての国際協調やデモクラシー思想隆盛の時代をはさんで、ふたたび国家的意識の高揚とともに、宗教協調や合同事業が起こってくるのは大正時代の終わりころからである。米国による日本移民規制問題をきっかけに、神道本局の神道宣揚会の人々からの呼びかけで、大正一三年七月、日本宗教懇話会のち日本宗教協会が結成された。「直きを愛する」惟神道的大精神に基づいて日本移民排斥問題の解決にあたるため、神仏キ三教徒および宗教に理解のある人士を糾合して団結し、内外を教化する必要をみとめて、一種の日本宗教連盟をつくろうという計画である。宗派根性・排他主義を捨て団結によって宗教の威力を発揮し、超国家的立場にたって国民を教化し、国家に貢献すべきという考えに、井上哲次郎、補永茂助、遠藤隆吉、神崎一作がまず賛成し、その他発起人二四名を得て発足した。日本の宗教各派および教育関係の内外人士の理解を増進し、共通の研究事項および時事問題に関する意見を交換することを目的に掲げ、このための懇談会、講演および講習会の開催、海外通信、図書刊行などの事業を行うこととした。(83)

懇話会では理事・評議員をそれぞれ定めた。評議員四八名の内訳は、各宗各派の管長・連盟幹部・教団関係者など二〇名（神仏キの内訳は七・二・一一名）、神仏キ儒四教の宗教学校関係者一一名（神仏キ儒の内訳は二・六・二・一名）、非宗教系学校関係者二名、学者一〇名、新聞記者一名、代議士一名（安藤正純）、文部省宗教局長一名（下村寿一）であった。宗教別で評議員構成をみるとキリスト教と神道が多く（個別教会・教派に所属）、仏教からは仏教連合会主事および仏教青年伝道会理事の二連合体から評議員二名を出しており、特定宗派所属者が評議員とはなっていない。宗教学校関係者としては仏教系がもっとも多数であった。理事は評議員のなかから今岡信一良（東京帝国大学宗教学副手・正則中学校長）[84]、神崎一作（神道）、渡邊海旭（仏教）、和田幽玄（仏教）、野口末彦（キリスト教）の五名がこれを兼ねることになった。[85]

こうした団体決起や会合開催の折に学者の参加が多いことはほぼ常例となっている。特定宗教への偏りを避けるため各教代表のバランスをとったり、学者を筆頭者とするなども目立った特徴であった。本会には若手の今岡のほか、井上哲次郎、姉崎正治、高楠順次郎、加藤咄堂らの常連たち、高島平三郎（東洋大学）、帆足理一郎（早稲田大学）、亘理章三郎（東京高等師範学校）、慶応義塾や農業大学の教授がメンバーに連なった。

昭和三年御大典記念日本宗教大会

日本宗教懇話会が行った最大の事業のひとつは、昭和三年に開催された御大典記念日本宗教大会であった。これより前の大正一四年に、世界宗教大会を日本に開く計画を立てていたが、これを延期して、日本だけの宗教大会を昭和天皇即位の御大典記念としてこの年に行うことを決定したものである。国内宗教各派および帰一協会が賛同を表明した。

大会の趣旨はつぎのように発表された。神儒仏三道の融合によって聖徳太子が日本に新文化を開拓して以来、日本の宗教史は世界に類稀なる諸宗教提携の寛容な歴史を歩んできた。日本宗教界は真に世界の渇望する新文化の創造と、世界の更生とに貢献すべき世界的使命に目覚めなければならない。本大会は、この大使命の実現の第一歩たらんことを期するもので、かつ御大典を記念する有意義なものである。[86]

大会は六月五日から八日まで、明治神宮外苑の日本青年館で開催された。出席者は一一四五名、うち神道二八三名、仏教五六八名、キリスト教一九五名、学校関係その他九九名であった。開会式、各部会に分かれての講演、討議のあと、総会では「日本宗教大会宣言」が承認された。大会の経過および内容の考察は後章でさらに述べることにしたい。

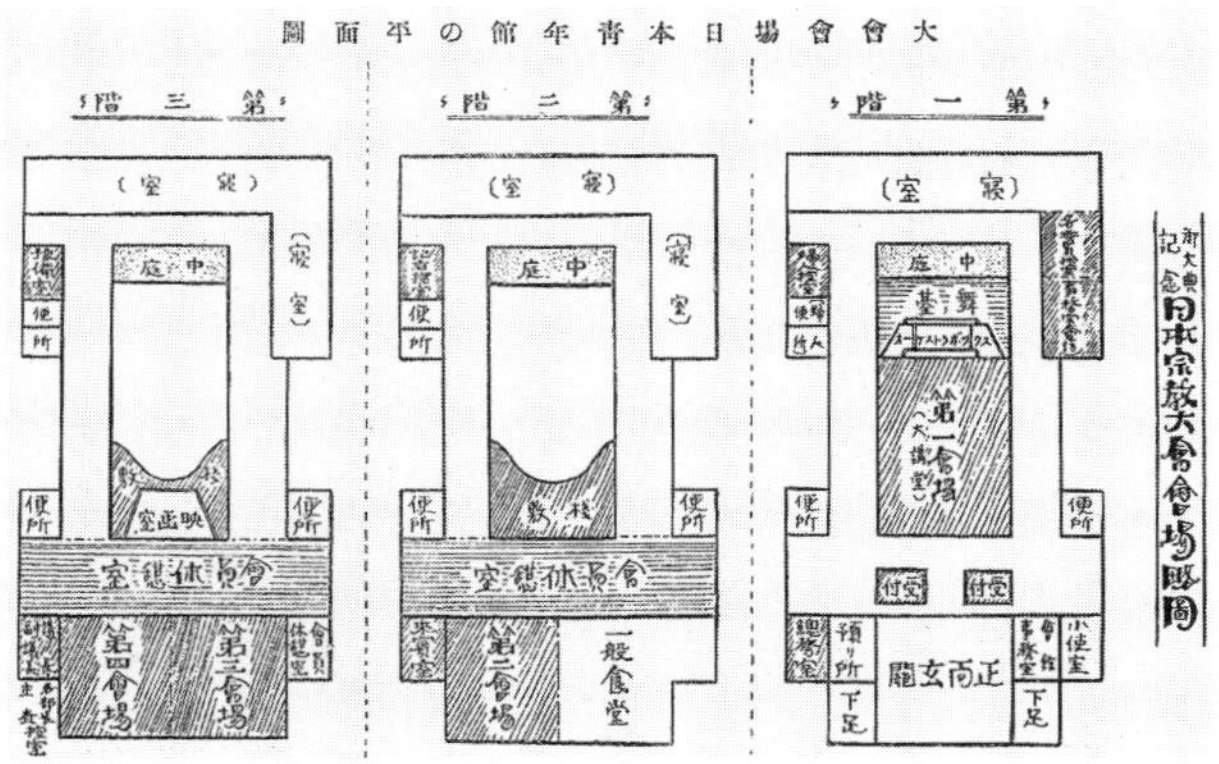

御大典記念日本宗教大会会場略図（土屋詮教編『御大典記念日本宗教大会紀要』日本宗教懇話会，1928年，巻末頁）

以上は、諸教協調ないし融合帰一を期して明治二〇年代後半期に発した新宗教運動のその後を、明治三〇年代から昭和初期にかけての目立った動向を中心に大まかに拾いあげてみたものであった。そこに顕著であったのは第一に、国家的危機や事変に際して諸教協調を呼びかける動きが活発化し、たびたびの会合開催や組織結成に結びつくことがあったことである。日清日露の対外戦争、海外での日本人排斥問題、国内思想善導の問題、また天皇即位などの国家的大催事は、宗派間対立を収めて相互理解や協調行動を引き出し、合同や統一の理想（新宗教論）をいう声を都度に高める機会となった(87)。

また第二には、この種の事業に、宗教学とその隣接諸学を専門とする宗教に深い関心を寄せる学者らの協力が目立っていた。明治二〇年代に新宗教思潮の立ちあがった当初より姉崎正治は深く関わっていたし、井上哲次郎はこれらの会合で新宗教建設の理想を宗教家や教育家に向かって倦むことなく説き続けた。ふたりはここに述べてきた諸教協調運動のほとんどの場合において旗振り役を買って出、また実質的に先導した場合もあった。

次項で検討するのは、各種組織の結成や運動の背景をなしていた新宗教思潮の台頭にかかわる、宗教学とその学的思想についてである。宗教学は、この学問の草創期より携わった姉崎が言うように、宗教への比較学的合理的態度の醸成すなわち自由討究の精神を促進し、新宗教の理想を社会に培った。そうした学的思想運動としての側面をみていきたい。

2　姉崎正治と宗教学の形成――「新宗教」を支える学知

(1) 宗教学の黎明期

新宗教運動の前提のひとつは、宗教の自由討究、他宗教への寛容的態度であったが、それは近代的な宗教研究が促進したものであった。日本における宗教学の成立は、通常、姉崎正治を初代教授とする帝大宗教学の制度的創設（明治三八年の東京帝国大学文科大学における宗教学講座の開設）をもってみなされる。しかしこれに遡って明治一〇年代にはすでに、西洋の高等批評や宗教思想の最新動向に通じていた自由キリスト教にかかわる人々が、海外の宗教研究の移入に介在し、一定の役割をはたしていたことが述べられねばならない。新宗教運動の潮流を最初に形づくったのは、たとえば金森通倫や横井時雄や大西祝といったこの人々であった。制度的宗教学の成立すなわち姉崎の宗教学は、西洋宗教学から直接学んで得ながら、同時にこれらの人々との交流下に形成されたものであった。

自由キリスト教の人々――姉崎との接点

海外の胎動をいち早く受け、日本における宗教学の誕生に先駆的な役割をはたしたキリスト教の人々は、当時の正統的キリスト教を代表した日本基督教会ではなく、自由主義神学の影響を強くうけた「反主流」の同志社系や組合系のキリスト教、「異端」といってよいユニテリアンから出た人々であった。[88]姉崎の実家は仏教で、クリスチャンではなかったが、彼らと親交をもち、西洋最新の人文史的影響をうけたキリスト教内の先端的思想から多くを受け取っていくのである。ここでは姉崎と関係の深かった大西祝、岸本能武太、横井時雄について述べておこう。

第一に取りあげるべき人物は大西祝（一八六四―一九〇〇）である。岡山出身で、同志社英学校在学時に新島襄より受洗した。東京大学予備門を経て明治一八年に東京大学文学部に入学。哲学を専攻し、大学院に進んだ。二四年より東京専門学校講師、二七年頃よりユニテリアンの東京自由神学校（のち先進学院）教頭、三〇年より東京高等師範学校講師。同年に新設された京都帝国大学文科大学の学長に内定後、欧州に留学するが（三一年二月）、病を経て留学半ばで帰国。

惜しまれつつその翌年三六歳で死去した。

じつは帝国大学文科大学内で、宗教の研究と専門家養成の必要が言われるようになったとき、その候補者として第一に名が挙げられていたのは大西であった[89]。大西は、大学ではないが、「神学及び宗教の科学的研究を奨励し……人生の実際に応用せん事」を目的とした東京自由神学校の教授陣に明治二五年より加わっている[90]。自由討究にもとづく宗教研究がユニテリアンでは行われ、その活動は日本における宗教研究に少なからぬ寄与をなした。この意味での宗教学の先駆者であった大西の斡旋で、岸本や姉崎も、彼のいた先進学院や東京専門学校で宗教学の講義を受け持つことになる。病死なければ大西はこのあと京都を基盤に哲学を主にしつつ、日本の宗教学の中心になっていた可能性のある人物であった。

大西は、岸本や姉崎との関係において人的交流があっただけでなく、思想上学問上にも大きな影響を与えた。ことに姉崎に対してそれは当てはまる。大学での姉崎の指導教授は井上哲次郎であったが、専門とした宗教学の分野に関しては個人的に大西に頼る部分が大きかったようである。二人が知り合ったのは明治二八年、大西が編集員を務めていた『六合雑誌』への姉崎の投稿がきっかけであった。手紙のやり取りのあと、両人が初めて顔を合わせたのは翌二九年の宗教家懇談会の席上でである[91]。大学院に進んだ姉崎は、研究上の事柄について大西に相談もし指導も仰ぐという間柄になっていった。姉崎は研究課題とした「宗教の発達」を大西の助言を得ながら進め、その留学先にも節目には報告を送っている[92]。姉崎大学院時代の研究成果は東京専門学校から刊行されたが、これも大西の勧めによるものであった（『比較宗教学』東京専門学校講義録）[93]。大西は姉崎に目を掛け、のち、すでに東京帝国大学文科大学宗教学助教授となっていた姉崎を引き抜き、京都帝国大学の宗教学教授に就けたいとの考えさえもったほどであった[94]。

次には岸本能武太（一八六六―一九二八）である。岸本は日本における近代宗教研究の祖と目される人物であるが、やはりユニテリアンのクリスチャンで、大西の二歳下、姉崎の七歳上であった。岡山出身、同志社英学校在学中に自由主義神学に接したあと渡米し、ハーバード大学で宗教学を学んだ。シカゴの万国宗教大会には数少ない日本人の一人として出席をはたす。帰国後はユニテリアン弘道会で活動、その機関誌『宗教』の編集を担当したほか、先進学院で明治二八年より教鞭をとり、東京専門学校でも比較宗教学を講じる。二九年の宗教家懇談会の二カ月後、姉崎とともに、近代日本最初の宗教学会となった比較宗教学会を立ち上げる。岸本には明治二〇年代から三〇年代を中心に宗教学関係の諸著作があるほか、(95)『宗教』、『六合雑誌』などへの論文寄稿が多数ある。

岸本と姉崎の二人はそれぞれに、宗教学が開講され始めた大学や専門学校等でその講義を受け持つなど、日本の宗教学の初期の担い手となった。そのうち自由討究の精神により諸宗教を扱うスタイルでの宗教学が講じられた最初のものは、二三年に岸本が担当した東京専門学校での「宗教の比較的研究」の講義であったとされる。帝国大学文科大学では その翌二四年に井上哲次郎による「比較宗教及東洋哲学」の講義が始まった。大学院生となった姉崎が、やや遅れて二九年より浄土宗高等学院や哲学館での宗教学、比較宗教学の講義を担当する。このあと三一年に文科大学および東京専門学校で姉崎による宗教学講義が始まる。三八年に文科大学で宗教学講座が開設されたときには姉崎がそのまま初代の担任教授となった。(96)

岸本は日本の宗教学を一時期先導したといえるが、姉崎が東京帝国大学文科大学宗教学教授となって日本の宗教学界を率いることになった一方、岸本は英語学を中心にするようになってその後宗教学を離れていった。明治四一年からは早稲田大学英文学科の第二英語主任となり、宗教学者としてより英語学者として知られるようになっていった。(97)学外での社会的活動としては、岸本は、横井・大西・姉崎らと丁酉懇話会を立ち上げたり(明治三〇年)、片山潜、佐治実然、村井知至、幸徳秋水らと社会主義研究会を結成したりしている(同三一年)。変わったところでは岡田式静坐法への入れ込みが知られており、「念腹宗」を唱えたこともあった。宗教学からは遠のくが、宗教的倫理的応用としての社会活動に関心を示し、静坐法を含めて実際的な宗教活動を進めて、ユニテリアンの信仰とともに生涯中断することはなかった。

さいごに横井時雄(一八五七—一九二七)にも触れたい。横井小楠を父にもつ彼は、熊本バンド出身で、やはり同志社英学校に学んだ。その後、組合系の本郷教会牧師、イェール大学留学を経て、第三代同志社社長をつとめ、政治界に転じた。横井は大学アカデミズムの人間ではなかったが、早くから「新宗教、新思想の下に活躍することと待ち設けられた」人物であって[98]、明治二四年頃から新神学関係の著作をなし、日本キリスト教界に波乱を起こした『我邦之基督教問題』(明治二七年)などで広く知られた。三〇年八月より同志社社長となったときにはその非正統的信仰が問題視されたこともある。新宗教の推進者として、アカデミズムの外で大西・岸本・姉崎らと協力しながら、きわめて初期よりこれを率いていった一人であった。大西らとは同志社時代からの知己であり、姉崎とは宗教家懇談会で知り合った。横井の発案によって彼らのあいだに丁酉懇話会が立ち上げられることは後でみる。

彼らはいずれも、新神学・宗教研究—シカゴ万国宗教大会—宗教家懇談会—丁酉懇話会の創設にいたる流れの中で、精力的に言論活動をこなして新宗教思想を鼓吹する上で大きな役割をはたしていった人々であった。

姉崎の略歴

草創期の宗教学者としての役割を、大西や岸本から引き継いだのが姉崎正治(一八七三—一九四九)である。彼の略歴も述べておこう[99]。

姉崎は京都で真宗仏光寺派の絵所の家に生まれた。桂宮家に仕えた父・正盛を早くに亡くす。幼少より漢学塾、小学生のころ英語塾に通う[100]。第三高等中学校を経て明治二六年に帝国大学文科大学哲学科に入学し、井上哲次郎を指導教官とする。大学では印度哲学の講義を多く聞き、井上のほか元良勇次郎、外山正一、ケーベルらの薫陶を受ける。このころ明治二〇年代後半は、教育と宗教の衝突論争が勃発したり、万国宗教大会の開催が聞こえるなど宗教への関心が高揚した時期である。姉崎は、宗教がもつ非理性的な力の役割を見定めたいと専門を宗教研究に定める。二九年、大学院に進学。同年の宗教家懇談会での岸本との縁から比較宗教学会、丁酉懇話会の設立に加わることになる。

明治二九年、哲学館で「比較宗教学」、浄土宗高等学院で「宗教学」、三〇年から先進学院で「宗教病理総論」の講義を担当[101]。三一年に井上哲次郎の姪と結婚。同年八月、東京帝国大学文科大学講師に委嘱され、随意科のひとつとして設置された宗教学の講義を担当(「宗教学緒論」、哲学科二年生が対象)。井上が「比較宗教及東洋哲学」を二四年より講じていたが、大学で「宗教学」の名を名実ともに明らかにした講義はこれが嚆矢とされる。[102]東京専門学校でも同年より「比較宗教学、印度宗教史」の科目を担当した。

明治三三年、東京帝国大学文科大学助教授に就任し、ドイツ留学を命ぜられる。留学中は主に古代インド哲学を学び、「現身仏と法身仏」を書き、文学博士となる。ロンドン、パリ、イタリア、インドを経由して三六年帰国。翌年、教授に就任。三八年三月、宗教学講座が開設され、その初代担任教授となる。

この間、姉崎は大学では学問的な宗教研究に従事しつつ、学外では「将来の宗教」の出現を促すべく、実践宗教学的な方面での活動に参じていった。宗教系諸誌のほか『太陽』や『時代思潮』などでの評論活動を通じて世間に理想の宗教論を説き、宗教的倫理運動に乗り出していった。宗教真理はひとつとする宗教学的知見が、宗教合同論（唯一の新宗教）や宗教間協調運動の源のひとつになるという事情は、海外でも国内でも同じであった。宗教学の学問およびこれを担う研究者が育ってくると、彼らが「新宗教」の主張内容に輪郭を与えるようになっていく。明治三〇年代に形成された宗教学とその思想について、以下に姉崎のそれを通じて検討しよう。

(2) 姉崎宗教学の方法と思想

「人文史的」宗教学

姉崎宗教学の根幹が示された理論的著作に、『比較宗教学』（明治三一年、以下『比較』）と『宗教学概論』（同三三年、以下『概論』）とがある。『概論』は『比較』を改訂したもので、前著と同じ「宗教心理学」・「宗教倫理学」・「宗教社会学」・「宗教病理学」の四部構成をとっている。だが前著に比べて、「比較宗教学」から「宗教学概論」への書名変更に表されるような、姉崎の研究スタンスが鮮明にされる内容となった。

マクス・ミュラーらの比較言語学派による宗教研究は「比較宗教学」ないし「比較宗教史」と呼ばれたが、「比較宗教学」はやがて、宗教の特質と発達を明らかにする「宗教学」と個別の宗教の歴史を精密に研究する「宗教史」の二つに分かれた。[103]この学問史の流れに「比較宗教学」から「宗教学」への書名変更は対応しているといえるわけだが、両者はその方法論や目的を大きく異にするところがあって、姉崎はこれを次のように強調している。

言語や神話に親縁性をみることで諸宗教を一系的に研究する「比較宗教学」は、宗教の統一的研究をおこなおうとする「宗教学」と一見似ている。だが比較宗教学が歴史的起源の同一性にその根拠をおいているのに対し、宗教学が根拠をおくのは「人性の同一」「宗教精神の普遍」である。宗教の普遍なることを確信するのは同じでも、「同原の痕跡」を探究する比較宗教学の場合、諸宗教に分化する前の遠い過去に同一宗教だったことをいうに限られる。対して宗教学は、「普遍なる宗教心理」「人性的一致の類似」に根拠をおくゆえに、分化した後代の諸宗教の間にも同一性を尋ね当てることができる。(104)

「比較宗教学」に対する姉崎の不満のひとつは、起源の探究を主として、宗教の一般人文史的な特性や発達については疎かにしてきたことであった。大学院での研究題目を彼は「宗教の発達」と定めたが、この「発達」の語にも、宗教を「歴史的にも心理的にも発達のあるもの、他の人事或は文化現象と同様に進化の跡を研究すべきもの」とする考えが込められていたという。

こうして姉崎がスタンスを定めた「宗教学」は、原始以後の分化した諸宗教を扱うことになる。ただしそれは宗教を「直に天授神啓とする……又一定の宗教教理として見る」「宗派的宗教研究」と混同されてはならない。「宗教学」の立脚点は、宗教を「人性及其産物」とする宗教観にある。個別宗教に材料をとりながらも、それが単なる特殊宗教史と同じでないのは、「人間天性の一致を認」めるゆえに、成立宗教であっても特殊視せず「元宗教的意識の社会的歴史的発表成果の一に過ぎ」ないとするこの点にある。さすれば正否真偽の判断を宗教につけることもなくなり、成立宗教を正統とするような演繹的研究は非科学的だということになる。(105)

姉崎は特殊宗教史に代わる宗教学のこの見地を「人文史的」研究と呼んだ。宗教に対して「心理的社会的」な見方をとることであって、宗教発生の始点を人の「宗教的意識」に求め、それが時代社会との相互作用のなかに社会的に顕現する現象をもって宗教を捉えようとするものだという。すなわち「宗教」とは、単に一宗一派の謂にあらずして、総ての宗教は同じく人文史上の事実として、人間精神の産物として、総て之が産物過程を包括したる概念把拄なり。此人文史的把拄より見れば、宗教とは人類の精神が自己の有限なる生命能力以上に何か偉大なる勢力の顕動せるを渇望憧憬して、之と人格的交渉を結ぶ心的機能の社会人文的発表なり(106)

と定められる。

「宗教学」がこれまでにない新科学として認定されるのは、「人間精神」が宗教現象の源になっているとの「最近又最明の根拠」にそれが基づいていること(107)、したがって「宗教的現象の主体担任者は人間」であるとの新局面を切り開くものだからである。宗教は人の「心的過程に依りて生存発達」すること、宗教現象とはこの心的機能の「社会人文的発表」であることを認めることから宗教学は出発する(108)。宗教にこの二面あるゆえに、宗教学は、その「人心に活動する実相」と「人文の中に発達する行相」とを合わせて研究する(109)。そうして宗教に関して「特殊なる発達変化の中に統一一致を発見し、又其変化異種の生ずる所以をも説明し、此等特殊の事実が一般に宗教発達の中に占むる位置を明に」することを目的にするのである(110)。

神人合一と「神秘」

先の引用中には、人類には「自己の有限なる生命能力以上に何か偉大なる勢力の顕動せる」を渇望憧憬し、これと「人格的交渉を結ぶ」心的機能があるとの重要な言明が含まれている。「人格的交渉」とは人が「人心自然の要求より……人格的に依属信頼する対象……と融合せんとする」ことだというが(111)、ここにはアプリオリな推論的知見がある。すべての人に自己拡張欲求と永遠性獲得意欲が備わっており、それが「神人融合」「神人合一」衝動として現れるというのがそれである(112)。

宗教の根底には人類の普遍的欲求としての「神人合一」衝動があるとの立論は、ある神秘主義的発想の介在を予想させるが、そのことが明らかにされたのが『復活の曙光』（明治三七年）においてであった。留学から帰って初めて刊行した著作で、学術書というより信仰表白の書といえる内容であったが、ここに姉崎が抱く「神秘」の実在信仰が披瀝されている。

同書で姉崎は、科学、哲学、美術、道徳などすべての人間活動は、「精神と精神（あるいは外界）との交通」によって生じるが、この交通を可能とするのはあるひとつの「根底」が存在するからだと述べている。これが「神秘」と呼ばれる。

科学や哲学も……美術も……皆一つの神秘の中に帰着する。……神秘は即ち吾等の精神と精神との交通、及び精神と外界との交通を可能ならしむる根底である。……一切万物が同一性質を有つて居るのみならず、実に唯一の共通なる源泉から生じたものと見なければ、凡ての精神の交通、物質の相互の影響が生じ得る筈はない。[113]

「宇宙精神」あるいは「大我」とも称され、哲学では「実体」、宗教では「真如」などとも呼ばれるが、それらがここにいう「神秘」にあたるという。「吾等の小精神を……大神秘の中に遊ばせようとする」人間精神が、科学や美術や宗教をうみだす。「神秘」たる根源が実在しなければ、それが実現することはないのである。

神人合一の宗教的本性に起点をみた姉崎宗教学の土台には形而上学的な「神秘」の信念があった。[114]この信仰告白をおこなった帰国後の姉崎は、文科大学の講義題目も「神秘主義」に定めている。宗教とはいえ「吾等の小精神を……大神秘の中に遊ばせようとする」精神活動のひとつにすぎないとする、広義の宗教観すなわち「神秘」探究の志を反映したものであった。

姉崎は宗教学の一研究領域として「宗教社会学」を設定しているが、このような拡張的な宗教観の結果として、その対象範囲はきわめて広範にわたることとなった。宗教社会学とは、宗教的意識が社会的現象として現れるさまを明らかにするものであるが、あらゆる社会現象の根底に「神秘」（広義の宗教）をみようとする姉崎にとって、人間社会は本質的に宗教的社会であるからである。宗教は道徳、法律、科学、美術など「一切人文の中心響導をな」すとされ、宗教社会学の対象、宗教的意識がおよぶとされる「人文」領域には、「神話、言語、道徳、風習、法律、教育、哲学及科学、文学美術、経済」などが網羅されることになった。[115]

「純粋に自律の宗教」

人間の「神人融合の努力」は、宗教的行為つまり「儀礼、即宗教的道徳」となって現れる。それを扱うのが「宗教倫理学」である。これらの儀礼道徳は、主我主義、他律主義、自律主義の三種に区分され、主我的道徳は「儀式」に、他律的道徳は「神法」に、自律的道徳は「徳行」に重きを置くとされる。宗教的道徳の発達に相応した区分だというが、このうち自律的道徳が最も優れているというから、ここにもある種の先験論がある。[116]

純粋に自律主義道徳の宗教にありては、道徳を修する外に宗教的に神に事ふる所以あるべきにあらず。神に帰命し神の慈悲に感憤する所あれば、特に神を拝し儀式を修するに及ばず、真正の道徳を修むれば足れり。神に事へ神の意志に随順せんと欲せば、特に神に供物を供へ祭祀をなすを要せず。[117]

パウロが「己を神に捧げ……肢体を義の器として神に事へ」ると言ったのは、ただ道徳によって神的秩序を増進し、神の理想に協力すれば足りることをいったのである。「心だに誠の道にかなひなば、祈らずとても神や守らん」との境地も、神に守られることが目的ではなく、「自ら神として神を守る」境地を表している。[118] どちらも優れた自律的道徳である。

キリスト教も仏教ももともとは、「有形表象的の祭儀」を必要としない自律的宗教であったが、現行のものには主我的他律主義的要素が混交してしまっているという。読経や仏像仏塔崇拝は功徳回向のために行われるようになり、比丘らは司祭の役を任じるようになってしまった。キリスト教でも、祈禱は請願の方法となり、サクラメントは神の恩寵に接する方便となってしまった。これらを姉崎は「自律的道徳に用なく害ある」ものだと断じる。[119]

その上で姉崎は「純粋に自律の宗教」すなわち「理想的宗教」に述べ及ぶ。それは「一切善は即神事」にして、「一切の信者否一切の精神ある者は皆僧侶にてある」のを理想とする宗教である。「宗教上の終局目的」即「道徳の規範」と考えられて「神に仕えん為の行為儀礼を要せ」ず、したがって神人媒介を職とする僧侶司祭も要しない。「一切の儀礼僧侶を滅却して……一切を儀礼僧侶となす」宗教がそれであった。[120]

なおこれらの人々のあいだには自然に「宗教的団結」が促されるというが、宗教的行為の三区分に対応してこれも次の三種があるとされた。[121]

祭儀組織　即司祭中心（家族組織、種族組織）
成立組織　即教権中心（法律組織、教会組織即僧階及法主制度）
教団組織　即理想中心（組合組織、自由組織）

主我主義、他律主義、自律主義のいずれの宗教にも宗教的団結は生じるというが、やはりここでも最上とされたのは自律的宗教の団結様式であった。「儀式を主とせず、又単に教権に依らず、信仰を主として同一理想に向て修行する人々の精神的団結」がそれであり、いかなる制限束縛もなく、信仰を磨き修行に励むかぎりにおいて共同和合して教団をなす。この結合は何らの法律的関係・組織もなく、精神的である。したがって自律的宗教は、「家族国民の制限を超えて普遍に人類衆生を包括すべき宇内的宗教（universal-religion）」のかたちをとることになる。[122]

儀式宗義の外形をもたず、敬虔な道心を備えた修行者らにこの理想的団結が生じたのは、仏陀やキリストのような偉人の教化が活発におこなわれていた初めの頃であった。このとき「共同的教団は……一宗派の観念を抱かず……一定の宗義儀式を具ふる事なく……特に宗教的と称せず、或は哲学派の如くにして、或は道徳修養の団体として存」した。だが時を重ねるうちに僧階制度や法主制度を生じ、宗義教権儀式の教団となってしまった。現行の諸教中には理想にあてはまるものはもうないのである。[123]

「人格」と「宗教的情操」

修行者の自律を求める姉崎は、教権を斥けるが、仏陀やキリストや孔子など宗教的偉人の扱いは別であった。彼らの存在は、世人の宗教的意識を呼び起こし、展開させるきっかけを与えてくれるものとして宗教に欠かせない。[124] この発想に理論的に関わってくるのが、『比較』で展開された「宗教的情操」論である。宗教的偉人をめぐる詳しい議論は後節で述べるが、宗教的情操論についてここで触れておく。

「人格」と「宗教的意識」をめぐる考察中に、姉崎は宗教的情操の重要性を説いている。「人間精神の知情意三機能を統一する自己意識（自覚）を「人格」と称する。これあって初めて神との間に全人格的交渉がなるわけだが、知情意三機能のうちでも最重要の位置を占めるのは、「知を養ひ意を動かす」ところの「情操」である。「情操」（sentiment）とは、「感情浮雲の如く」ではなく、「一定の見解に美成せられて……一定の方向に動機をなして意志を衝動する傾向」をいい、この意味では「良心」（conscience）とほぼ同意である。同じく宗教上も、「宗教的情操」が宗教的意識の中心契機をなし、行為の原動力となる。そうしてみれば「宗教」とはすなわち、「人格が神に対して知と情と意との協合機能に発表する情操」である、とできよう。[125]

以上、姉崎がその宗教学中に述べたのは、儀礼・僧侶・教権組織を宗教の要件中から斥け、代わりに個々人格の「宗教的意識」を起点とし、「宗教的情操」をその中心契機とみる宗教論であった。理想とされた自律的宗教は合理的倫理的かつ神秘主義的先験性を含み、そのロマン主義的傾向は情操を重んじる点に通じていた。

個々の敬虔なる宗教心をもってする普遍的宗教観、自律的宗教への好み、合理的倫理的志向性などにおいて、その骨子はほとんどそのまま『太陽』誌等に彼が展開した新宗教論に重なっている。いちおう姉崎は、宗教研究の学問的中立性について、「一々の宗教以上に理想的宗教を建設する職務を有する」ものではないこと、「研究者たる態度と実行者たる態度とを混同」しないことを戒めとして述べた。(126) だが、「建設」を宗教学の直接の目的には掲げないにしても、理想的宗教の鼓吹において最大の労をとり、「唯一新宗教の産出」を信じる新宗教論の主張にもっとも貢献したのは彼であったと言わざるを得ない。

研究者としての職分は守るべきだが、学外での「実行者」たることを否定するわけではなかったことも、前項に記した姉崎自身の活動ぶりからすでに明らかである。アカデミズム外での言行も含めて姉崎は、新宗教思潮を初期より促してきた一人、しかも中心人物の一人であったことは動かせない。

「実行者たる」ことは学問中には禁じられるが、宗教学の直接間接の影響が思想的知的側面より宗教界の改変に関わっていくことについて、姉崎は肯定的であった。明治末年のことだが、明治二九年の宗教家懇談会から四五年の三教会同までの宗教協調の歴史を振り返って、これらを先導してきたのは自分とその率いる文科大学宗教学科であったと姉崎は誇らしげに述べている。宗教学科は、宗教の学術的歴史的研究を目的としているのはもちろんだが、しかし「宗派心を去って互に理会し同情するといふ気風」がここに育ち、卒業生が「一種の宗教疎通の力を呈したことは争はれない」。宗派根性で争うことが信仰を害し、国家人道にも不利益なのは明白だが、ここに「文科大学のこの学科はそれ［宗教疎通の風］を日本に代表して居るのである」。三教会同のおり、反対者はこれを「要するに文科大学宗教科一派の空論が行はれた」のだと憤慨したというから、姉崎と宗教学科の役回りについては周囲も承知であった。(127)

以上のように姉崎の宗教学理論は、ひろくこれを新宗教運動の知的方面を支える思想として捉えることが可能であった。次節では、姉崎が「実行者たる態度」を示した別の一例として、宗教学思想を背景に、同志らと宗教的倫理運動を立ち上げていったことをみようと思う。そこでは姉崎の宗教理想と社会や国家との関係についてもあわせて考えていくことにしたい。

(1) 今日の宗教学にいう幕末明治以降の民衆を担い手とする「新宗教」とは異なって、ここでは「新宗教」を歴史概念として用いている。船山信一「日本的観念論の確立」(『明治哲学史研究』ミネルヴァ書房、一九五九年)が、井上哲次郎の「将来の宗教」構想を「新宗教」論と呼んだように、宗教に関心を寄せる知識人や宗教学者を中心に進められた、特定の論者や組織に限定されない思想運動であり、宗教思潮として表出した現象をさす。そこに顕著なのは成立宗教からの乖離、既存の教団宗教を拒否するないしは改革を求める姿勢が強いことであるが、成立宗教の何を批判するか、またどこまでを望み実現させようとするかで主張の内実やその力点を異にするため、その具体的なありようは一様ではなかった。

(2) 姉崎正治「第七編宗教」(『太陽』四—九(臨時増刊号)、一八九八年四月)二一一頁。

(3) 「内外彙報」(『反省雑誌』九四、一八九六年八月)七二—七三頁。

(4) 希声子「昨今宗教界の二極潮流」(『日本宗教』一—九、一八九六年三月)。

(5) 同右、五五三—五五五頁。

(6) 龍山学人「仏耶両派新思想派の由来及び将来」(『太陽』七—二、一九〇一年二月)。

(7) 明治二〇年に日本に伝えられたプロテスタントの一派。口碑の教権によらず、合理的大道、科学的真理を基礎として自由討究をなし、個人的・社会的たる人類の徳性を発達させる目的をその主義として掲げた。

(8) 明治二七年結成の経緯会を前身とし、同三二年に結成。組織としては東西両本願寺、個人としては目白僧園の雲照律師に代表される旧仏教と対蹠的地位に立った(比屋根安定『宗教史』東洋経済新報社、一九四一年、二五二頁)。のち「新仏教同志会」に改称。

(9) 龍山「仏耶両派新思想派の由来及び将来」五四—五六頁。

(10) その起源は明治の始めに萌したといい、教部省の大教の宣布、西周の百教一途論、博愛社、日本弘道会、新仏教、新真宗、国教大道、理学宗、ユニテリアン、教育勅語などが例示された。

(11) 姉崎正治「倫理修養運動の勃興」(『太陽』四—八、一八九八年四月二〇日)六二頁。

(12) 一般には日本主義は、調和接近しつつある仏キ両教にとっての「公敵」とみなされていた(「余論」『太陽』三—二〇、一八九七年一〇月五日)。

(13) 姉崎正治「所謂新宗教」(『太陽』三—一八、一八九七年九月五日)。

(14) 姉崎正治「新宗教の天職」(『太陽』四—八、一八九八年四月二〇日)六三頁。

(15) 高山樗牛「宗教の真精神と新宗教」(『太陽』四—一一、一八九八年五月二〇日)三一頁。

(16) 姉崎「新宗教の天職」。

(17) 姉崎「所謂新宗教」。

(18) 姉崎「第七編宗教」二一四頁。
(19) 姉崎「所謂新宗教」五四―五八頁。
(20) 姉崎「第七編宗教」二一四頁。
(21) 龍山「仏耶両派新思想派の由来及び将来」五六頁。
(22) 姉崎「第七編宗教」二一四頁。
(23) 姉崎正治「宗教信仰の大義」(『太陽』四―四、一八九八年二月二〇日)四八―四九頁。
(24) 『反省雑誌』九四、一八九六年八月三〇日、七二―七三頁。
(25) 明治二四年一一月、「天下の宗教は皆な交友なり」との主義をもって創刊。「一宗一派の機関に非すして、健全なる宗教的智識の博覧会にして、将来此の多端なる宗教界に在て……迷信を脱し、合理的、実際的宗教を研究し……公論」せんとするもので(『宗教』一五、明治二六年一月)、「純正宗教の智識を明にし、実践を励まし、之れが改良進歩を計る」目的を掲げた。
(26) 明治二二年三月創刊。「自由討究の義を経とし、進修不息の念を緯とする」経緯会を背後にもつ(吉田久一「新仏教運動と二十世紀初頭社会の諸問題」『日本近代仏教史研究』吉川弘文館、一九五九年、三六五頁)。同誌の後身とできるのが仏教清徒同志会の『新仏教』で、やはり「新旨義」宣布の代表誌となり、健全な仏教信仰、社会の根本改革、宗教の自由討究、迷信廃絶、宗教制度や儀式の否定、政治的干渉の排斥を掲げた。
(27) 明治一三年一〇月創刊。同誌に「新宗教」の主張が出現する最初は、管見によれば同二〇年である(大西祝が編集担当)。二八年には大西のほか、原田助、松本亦太郎、岸本能武太、浮田和民ら組合派同志社系の人々が編集員に就任した。
(28) 明治二〇年八月、『反省会雑誌』として創刊。仏キの接近による「円満の一大宗教」創生に期待し(九巻一二号)、懇談会前月の社説では、「新教の勃興は実に目下の急務……此の宗教的大乱を勘定する心霊的豪傑……何人に在れるか」と「新教勃興の機」を論じた(一一巻七号)(櫻井匡『明治宗教史研究』春秋社、一九七一年、四二七―四三〇頁)。
(29) 一八六三―一九四二。明治一七年『女学新誌』、一八年『女学雑誌』編輯人、同年『基督教新聞』主筆および明治女学校教員(二五年より校長)。
(30) 一八五五―一九二四。慶應義塾に学ぶ。日本基督教会牧師。詩人。明治三四年に創立した日本女子大学校の教授。
(31) 『日本宗教』一―一、一八九五年七月五日、二頁。
(32) 『日本宗教』一―一一、一八九六年五月二〇日、六四一頁。
(33) これも『日本宗教』らしさが現れたところといえるが、自誌に対する他紙誌からの批評を好悪無関係、総覧的に収集して記事にしている(一巻二号・三号)。
(34) 『日本宗教』一―一一、一八九六年五月二〇日、六四一―六四二頁。
(35) 『日本宗教』一―七、一八九六年一月一五日、四〇七頁。

(36) 一八五九―一九一九。臨済宗。慶應義塾に学び、セイロン留学後、円覚寺派、建長寺派管長。大正三年より臨済宗大学の学長。

(37) 一八四五―一九一八。水戸学、禅宗を経て浄土真宗本願寺派。明治七年『報四叢談』、八年『明教新誌』を発刊。二二年、島地黙雷・井上円了らと天皇崇拝を中心とする仏教政治運動団体「尊皇奉仏大同団」を結成。大正三年、東洋大学学長。

(38) 櫻井『明治宗教史研究』四二八頁。

(39) 『反省雑誌』一一―七、櫻井『明治宗教史研究』四二八頁。批判が多いことを受けたものか、開催当日、釈は欠席し、開会の辞や談話は代理をたてた。談話中にも、この会同はキ仏両教徒の間の隔壁を取り去り、人道博愛に協力するためのもので、無理に両教を渾一するとか無茶苦茶に無差別を唱えるものではないとの一節があった。

(40) 『日本宗教』二―四、一八九六年一〇月二〇日、二〇三―二〇五頁、櫻井『明治宗教史研究』四二九頁、鈴木範久『明治宗教思潮の研究』（東京大学出版会、一九七九年）二三九―二四二頁。姉崎は記者として、「進歩主義なる宗教家の会合なりしだけ、革新を要するの一事に於て、精神上の一致結合あり」、「何か一層善美なる状態の前途に横はれる……之に向て猛進せざるべからず」との雰囲気に満ちていたと報告した（姉崎正治「宗教家懇談会所見」『太陽』二―二一、一八九六年一〇月二〇日）。

(41) 『日本宗教』二―四、一八九六年一〇月二〇日、鈴木『明治宗教思潮の研究』二三七―二四八頁。

(42) 明治三〇年四月二一日、小石川植物園で開催。参加者三六名。内訳は仏教関係七名、キリスト教関係二四名、神道一名、無所属三名、儒道一名。釈、大内を含めて欠席者は三一名であった（『日本宗教』二―一〇、一八九七年四月三〇日）。

(43) 姉崎「第七編宗教」二一二頁。『反省雑誌』も同様の観察をおこなっている。かつて学者中には宗教を「破壊的に」論ずるものが少なくなかったが、このたびは宗教を「建設的に」考えるにいたり、世間に発表するようになった（元良博士、外山博士、藤原惟郭氏ら）。学者間ではいまや「一種の新宗教観」を生じ、今後の宗教は宗派に非ずして、人類の信仰を継ぎ社会の進運を助けるべくにあるという「新旨義」が勢いを得つつあると（『反省雑誌』九四、一八九六年八月三〇日、七二―七三頁）。

(44) 「明治二十九年の仏教界」（『反省雑誌』八七、一八九六年一月一〇日）八〇頁。

(45) 鈴木『明治宗教思潮の研究』二〇八―二一一頁。

(46) 同右、二二二―二二四頁。

(47) 『宗教』一八、一八九三年四月五日。

(48) 釈宗演「序言」（『万国宗教大会一覧』一八九三年）五頁。

(49) 『日本宗教』一―八、一八九六年二月一〇日、五一一―五一二頁。

(50) 「仏耶両教の接近」（『曹洞教報』二三、一八九六年三月五日）。

(51) 『日本宗教』二―四。

(52) 同右、一九六―一九八頁。

(53) 「仏耶両教の接近」二頁。

(54) 第一回宗教家懇談会の開催は日清戦争の終わった翌年、第二回の後はしばらく途切れるが、これが再興され第三回が開催されるきっかけになったのは日露戦争であった。こうしてみればこの種の集まりは、ほとんど対外戦争をきっかけにする国家主義の高揚中に実現されるものであったとできよう。
(55) 姉崎「第七編宗教」二一〇―二一一頁。
(56) 日露戦争を、仏教の対キリスト教戦争だとして、日本正教会への反感を煽る仏教徒があった（大日本宗教家大会事務所編『宗教家大会彙報』金港堂、一九〇四年、一五三―一五四頁）。
(57) 同右、六頁。
(58) 同右、一二七頁。
(59) 櫻井『明治宗教史研究』四六〇頁。
(60) 大日本宗教家大会事務所編『宗教家大会彙報』一一七―一一九頁。
(61) 一八五五―一九一六。明治二〇年、浄土宗学本校初代校長。三〇年、浄土宗宗務執綱。宗務刷新、宗憲を制定する。四〇年、宗教大学長。
(62) 大日本宗教家大会事務所編『宗教家大会彙報』六一頁。
(63) 同右、一四〇頁。
(64) 櫻井『明治宗教史研究』四四二頁。
(65) 比屋根『宗教史』二六一頁、南茂『宗教大観』三（読売新聞社、一九三二年）七五四頁。
(66) 一八六七―一九三五。明治二三年、帝国大学法科大学を卒業後、大蔵省を経て内務省。地方局長、内務次官、鉄道院総裁を歴任。大正三年、衆議院議員。原内閣、高橋内閣の内相。一三年、政友本党総裁。昭和六年、犬養内閣の鉄相。九年、岡田内閣の逓相。
(67) 櫻井『明治宗教史研究』四四六―四四八頁。
(68) 比屋根『宗教史』二六四―二六五頁。
(69) 櫻井『明治宗教史研究』四四九頁。
(70) 比屋根『宗教史』二六五頁。
(71) 土肥昭夭「三教会同」（二）（『キリスト教社会問題研究』一四＝一五合併号、一九六九年）八六頁。
(72) 比屋根『宗教史』二六七頁。
(73) 川合清丸『川合清丸全集』（川合清丸全集刊行會、一九三一―一九三二年）に付した床次竹二郎による序。昭和に入って大道社は、林銑十郎大将を社長として復活した。
(74) 土肥「三教会同」（二）八九頁。
(75) 比屋根『宗教史』二六七―二六八頁。

(76) 櫻井『明治宗教史研究』四五〇頁。
(77) 新仏教同志会の境野黄洋はその一人であった（土肥「三教会同」（一）一一一頁）。彼は三七年の戦時宗教家懇談会に対してもそれが政府の使嗾に出たものと耳にして、発起人から除名するよう申し入れた経緯をもっている。
(78) 土肥「三教会同」（二）一〇三頁。
(79) 一八五八―一九一九。牧師。米国留学を経て、明治三四年、日本女子大学校設立、校長就任。四五年、帰一協会結成。教育調査会、臨時教育会議委員。
(80) 櫻井『明治宗教史研究』四五一頁。
(81) 中嶌邦「帰一協会小考」（一）（『日本女子大学紀要』三六、一九八六年）五八頁、同「帰一協会小考」（二）四八頁。
(82) 『帰一協会叢書』一、一九一六年一二月。
(83) 比屋根『宗教史』三九三―三九四頁。
(84) 一八八一―一九八八。今岡は姉崎の代理的役割をつとめる位置にあったが、牧師の経歴をもつため、キリスト教代表を兼ねたとみられる面もある。
(85) 比屋根『宗教史』三九四―三九五頁。
(86) 土屋詮教編『御大典記念日本宗教大会紀要』（日本宗教懇話会、一九二八年）九―一〇頁。
(87) 昭和に入っての動向はここには詳しくみないが、「非常時」意識や「新体制」の認識が三教一致の報国運動を促進する基本的なあり方は継続する。日中戦争とその後の戦争拡大に応じての共同事業や体制翼賛運動への協力のあと、仏教各宗内やキリスト教界内での諸派諸教会の合同が実現されていくことになる。
(88) 鈴木『明治宗教思潮の研究』二七四頁。
(89) 姉崎正治「宗教学講座二十五年の想出」（東京帝国大学宗教学講座創設二十五年記念会編『宗教学紀要』同文舘、一九三一年九月）四頁。
(90) 鈴木『明治宗教思潮の研究』五八―五九頁。
(91) 平山洋『大西祝とその時代』（日本図書センター、一九八九年）二二七―二二九頁。
(92) 姉崎「宗教学講座二十五年の想出」五頁、磯前順一・深澤英隆編『近代日本における知識人と宗教』（東京堂出版、二〇〇二年）二七頁。
(93) 鈴木『明治宗教思潮の研究』二九一頁。
(94) 平山『大西祝とその時代』二四八頁。
(95) 『宗教の比較的研究』（東京専門学校、一八九五年）、『宗教研究』（警醒社、一八九九年）、『倫理宗教時論』（警醒社、一九〇〇年）、『比較宗教一斑』（警醒社、一九〇二年）など。

(96) 櫻井『明治宗教史研究』四三三―四三四頁。
(97) 鈴木『明治宗教思潮の研究』二七四頁。
(98) 三宅雄二郎「丁酉倫理会に関して」(『丁酉倫理会倫理講演集』(以下『倫理講演集』)四〇〇、一九三六年二月)一六頁。
(99) 姉崎の後半生を含め、詳しい経歴は、姉崎正治『新版 わが生涯』(姉崎正治先生生誕百年記念会、一九七四年)、磯前・深澤編『近代日本における知識人と宗教』を参照。
(100) 英語塾は平井金三のオリエンタルホールであった。のちに平井は万国宗教大会に出席する。仏教より転じてユニテリアン協会で活躍した。
(101) 磯前・深澤編『近代日本における知識人と宗教』二三三頁。
(102) 鈴木『明治宗教思潮の研究』二九〇頁。
(103) 姉崎正治『宗教学概論』(東京専門学校出版部、一九〇〇年)「緒論」。
(104) 同右、七、一九―二〇頁。
(105) 姉崎『概論』「附録」五〇四―五〇六頁。「成立宗教にては、宗教なる概念は、宗門と同一にして、其宗教研究は即自家教系の解釈説明弁証の外に出でず」。従来の「宗教」概念は「成立的解釈」に偏り、それ以外に「一貫的統一的に宗教と称すべき事実」があることを認めなかった(同、四七一―四七二頁)。
(106) 姉崎『概論』「緒論」一頁。
(107) ウィリアム・ジェイムズの『宗教的経験の諸相』やE・D・スターバックの『宗教心理学』の影響があった(姉崎「宗教学講座二十五年の想出」五頁)。
(108) 姉崎『概論』「緒論」一〇頁。
(109) 同右、一六頁。
(110) 同右、二一頁。
(111) 同右、七頁。
(112) 姉崎『概論』五三、六一頁。『概論』では、「神人合一」衝動が宗教的意識の「発源」と「中心原動」力になっているとの内容が新しく説き起こされた結果、「宗教心理学」の章が前著の一一頁分から七〇頁分にまで拡充された。
(113) 姉崎正治『復活の曙光』(有朋館、一九〇四年)八三頁。
(114) 姉崎は留学中、「同一の宇宙の本体が一方には基督に現はれ一方には仏陀に現はれたるものにして其根本に於ては相異らざることを悟るに至」った体験をもった。「予は仏教徒なれども其思想信念よりいへば六分は基督教徒ならん」(鈴木『明治宗教思潮の研究』三〇〇頁)との通宗教的信仰を知的に基礎づけるのが、ここでの神秘主義であった。
(115) 姉崎『概論』二四一―二四二、二九六―二九七頁。

(116) 同右、一〇二頁。
(117) 同右、一八九頁。
(118) 同右、一九〇頁。
(119) 同右、一九一頁。
(120) 同右、一九二頁。道徳を宗教目的とするこの修養的宗教観の結果として、教育には宗教的敬虔が必要であるとする宗教的教育論が唱えられることになる（同右、三七一―三七三頁）。
(121) 同右、二〇三頁。
(122) 同右、二〇一頁。
(123) 同右、二二五―二二九頁。
(124) 姉崎正治『比較宗教学』（東京専門学校出版部、一八九八年）二一頁。
(125) 同右、一八―一九、三七―三八頁。
(126) 姉崎『概論』一七、二八頁。
(127) 姉崎正治『宗教と教育』（博文館、一九一二年）五四四―五四六頁。

第2節　宗教的倫理運動の展開

自由討究、寛容と協調、非宗派的宗教心を合言葉とし、合理的、倫理的、社会的な関心を打ち出して語られた新宗教理想は、明治後期には同じ人々によって、宗教界の外に向けても積極的に語られ始めた。明治三〇年代には人格主義による宗教＝倫理運動としての展開をみ、明治末以降にはその流れをくみながら国民教育上の信仰重視論が、宗教者以外の人々の支持も得つつより広範に唱えられていくことになる。

本節ではこうした動向のうち、二〇年代の新宗教思潮に身をおいた人々の一部がこれを倫理的運動として展開させるべく発足した丁酉懇話会―丁酉倫理会をまず取り上げる。「人格」の倫理を唱えて道徳界を主導した当会は、その趣意を継ぎつつ明治末年に起こされた帰一協会と同様、超宗派的な倫理思想の形成と普及をめざすものであった。

I　宗教と倫理——丁酉懇話会の結成

(1) 新宗教のイニシアティブ

結成の経緯

丁酉懇話会(以下、懇話会)は、明治三〇年一月に結成された。明治二九年の日本宗教家懇談会と「関係[が]深」く、また「欧米に起こった倫理運動の刺激を受けて」創設されたという。[1] 結成の経緯、会の趣旨および活動内容について述べよう。

姉崎によれば懇話会の一趣旨は、宗教家懇談会と同じく「宗派の別を超越してもっと共同の立場がないか」というものであったが、「出席者の一人横井時雄君は特にその点に着目して、大西君などとも話し合ひ」、同じく宗教家懇談会に出席した「自分[姉崎]の処へ来て、大体倫理運動ともいふべきものを起してはどうかといふ話を持込まれた。……その時の話として……宗派に拘泥しない倫理運動を起さうといふ事で、自分も前から考えていた事であり、且つ横井、大西両君に随って起つ事は甚だ好ましいと感じ、応諾し」て結成の運びとなったものである。[2] 姉崎が大学院に進んだばかりの頃である。

最初の会合には横井、大西、岸本、姉崎、雀部(顕宜)の五人が集まった。[3] このうち主要な四人は宗教家懇談会をとおして結びついた人々である。横井、大西、岸本はユニテリアンや組合派系の自由キリスト教に与し、姉崎のみ仏教を背景としていたが、彼らはすでにみたように宗教界の先進的な一角に「新宗教」待望論を高めていった当人らであり、既成宗教への不満および将来の宗教への期待という点で気脈を通じ合わせていた。

なかでも横井は早くから「新宗教、新思想の下に活躍することと待ち設けられた」人物であって、ことに倫理的な方向に新宗教を展開する希望をもっていた。これ以前より彼は新神学関係の著作をなして日本キリスト教界に問題を投げかけていたが、米国滞在中におそらく知ったであろう倫理運動のEthical Cultureに将来むかうべき新機軸を見出したものである。宗教家懇談会の直前に哲学会でおこなった「欧米に於ける自由思想の発達と倫理問題」講演では、Ethical Cultureを紹介して日本における同種の運動の必要を説き、宗教家懇談会にもこの関心をもって臨んでいた。

会を発案したのは横井であるが、「発起者中の主要なる人物」は大西であった[4]。二回目の会合で会名を定め、趣意書の起草も決められたが、この趣意書は、姉崎の草案に大西が手を入れて完成させた（「丁酉懇話会設立の趣意」として明治三〇年二月に公表）[5]。発足後も、その鋭利な批判や観察力に皆負うところ大きく、例会の舵取りをしたのもいつも大西であったという。ただし大西は、翌三一年に洋行したあと病を得て三三年に死去したため、これは長期には及ばなかった。

大西祝（前列中央）を囲む丁酉会メンバー（姉崎正治『新版　わが生涯』姉崎正治先生生誕百年記念会，1974年，巻頭頁）

倫理の「自由討究」

彼らはまだ皆少壮で、懇話会は若手の会であった。大西や姉崎の大学での恩師ら、井上哲次郎、元良勇次郎、中島力造ら文科大学教授陣はのちに加わるが、このときにはまだ入っていない。「丁酉懇話会設立の趣意」（以下、「趣意」）の内容にもそれが反映されているようである。そこでは、開国して三〇余年、ついに「東亜の先進」となった日本国民の天職はそれにとどまることなく、世界文化の大潮流に棹して新世紀の進運に貢献すべきにあるとした上で、しかし内に自省すれば「徳教の大本」はいまだ固からず、「国民の信念」も定まっていない。そこで同志が集って「信念徳風の大本を討究涵養し」、進んでは社会問題を審査論破して貢献したい。すなわち内には国民風教の旗幟をなし、外には世界文化の大問題を解釈したいと述べられている[6]。日清戦争による国家意識の隆起を背景に、新世紀に臨み、広い世界に日本の「天職」を見出そうとする若いエリートたちの大志が漲っている。

注目すべきは、ここに「徳教の大本」「国民の信念」の確立が急務だという際に、国民教育の大本と決まっているはずの教育勅語にはまったく触れられていないことである。そればかりか教育勅語をさしおいて、「徳教の大本」や「国民の信念」はまだ定まっていないなどと断じられているのだから、教育勅語教育への不満という点でメンバーらは充分に意識的であったと言い得よう。彼らの前の世代にあたる井上哲次郎や元良勇次郎といった学者らは、啓蒙主義開明道徳の反動として旧道徳復活の提唱や特殊的道徳の容認論をそれぞれのやり方で行っていたが、それらとは距離をおく内容であった。

創設の中心となった四人のうち、まず姉崎は、官学アカデミズムに身を置くとはいえ、大学出たての新世代に属して特殊道徳に無前提に同一化するものではなかったこと、また横井（同志社卒）、大西（帝大文科卒だが同志社の出身）、岸本（同志社卒、ハーヴァード大留学）らは姉崎より年長だが（横井は姉崎の一六歳上、大西は九歳上、岸本は七歳上）、その経歴からわかるようにエリートではあってもいずれも傍系出身、かつクリスチャンであって、教育勅語の権威や御用学的アカデミズムに対してしぜん距離をおくことができ、したがって姉崎ら若手の考え方に合しやすい位置にあった。大西は二六年に惹起された教育と宗教衝突事件では、師弟関係にあったにもかかわらず井上を暗に批判し、教育勅語への自由主義的な批評をなし、これをタブー視することはなかった。こうした人々は倫理学的な考究においても、宗教信仰を背景とし、あるいは在野の知識人としての位置とも関係しつつ、特殊道徳の拘束を免れ得て、比較的純粋にその見解を表明することができたのである(7)。

その他の特徴としては、懇話会は欧米の倫理運動をモデルとして、宗派組織単位で宗教が行うような社会事業とは異なる、宗派の「拘束を受けない」倫理運動であることを強調していた(8)。ただし実践的社会運動として手広く展開された海外のそれとはちがい、研究討議を主体とする少人数の研究会として出発することをまずは望んでいる(9)。自由討究は新宗教運動の根本主義のひとつであったが、当会でも倫理をめぐる自由討究が徹底された。一定の主張や信条の統一があって会員協力してこれを宣伝するというのでは当然ない。批評的精神をモットーとするこの会では一説出れば議論百出し、意見の一致などは求められず、脱線弁駁ずくめで終わるのが常で、「遠慮会釈のない自由討究」は「丁酉式」と称された。(10)

毎月一度の研究会は、一人が研究結果を発表し、これを主題に自由討議を行うというものであった。第一回は横井の組合派本郷教会、第二回は神田のキリスト教青年会館で行った。やがて会合は会員の自宅で持ち回りで行い、夕食も共にするという形式になった。会員が増してからは牛込クラブで、のちには一ツ橋の学士会館を借りるようになった。(11)懇話会は研究会として発足したが、のち事業が拡大してからは、社会の中堅的立場にある教員や学生その他の意識改革を主にねらった一種の思想運動として発展されていった。

このように懇話会の立ち上げは、宗教者は宗派を超えて倫理的事業に協同すべきとの理念にもとづき、自由主義クリスチャンや姉崎らによってなされたものであった。「倫理＝宗教性」の立場からの新宗教運動の一展開として懇話会は発会されたわけだが、この発想は、「道徳修養」の宗教を最上とする「宗教倫理学」中に姉崎が述べた見解に同一であった。

宗教家懇談会を機縁としてつくられた団体としては、丁酉懇話会のほかに、岸本と姉崎によって発足された比較宗教学会がある。両者とも研究会の性格や機能をもっていたのは同じだが、一方は倫理研究を主体とし、他方は宗教研究を主体とした。また比較宗教学会は姉崎の洋行と大西の死や岸本の宗教学離れなどがあって自然消滅し、その機能は東京帝国大学に新設された姉崎の宗教学講座に引き継がれたが、丁酉懇話会のほうはこの後も会員数を増やし、社会に向けてより積極的実践的に発展していくことになる。

(2) 先駆としての Ethical Culture

懇話会設立において、「横井君始め我々は……第一に宗教に於ける宗派別の問題、而してその拘束を受けない倫理運動」ということが主眼であった。(12)宗派の「拘束を受けない」ことをねらった懇話会はしかし、宗教的関心それ自体もしだいに薄めていくことになった。会の拡大とともに、特段宗教に関心をもたない会員も交えていったことが大きい。発会後、中島徳蔵、吉田賢龍、田中喜一、浮田和民、桑木厳翼、吉田静致、千葉鉱蔵、高島平三郎、藤井健次郎、高山林次郎、蟹江義丸らが入会し、大西の洋行後は、会の常連メンバーは岸本、姉崎、千葉、中島、田中らになっていたが、しだいに新宗教への関心はメンバー間の共通前提ではなくなっていく。

発足当時の懇話会は、日本宗教家懇談会やそれ以前に遡る新宗教思潮の流れのなかに位置づけることができるものであったが、そうした性格は弱くなっていった。後から加わったグループにおいては、道徳には関心をもつが宗教には興味をもたない入会者が多数を占めていった。宗教そのものに厳しい見方をとる者も出てきた。入会はもう少し後になるが、吉田熊次をはじめとする教育学者の少なくない者にそうした傾向があって、宗教に対する会員の態度は多様化している。これは彼らが倣おうとした欧米の Ethical Culture についても見受けられた特徴であった。

Ethical Culture 運動と日本への波及

Ethical Culture（Ethical Culture Movement, Ethical Movement 倫理運動）とは、「宗教的信条や物質的安寧を……絶対的……となすことを排斥して、道徳的完全の理想を立て……それに向ってなさるゝ努力」とかあるいは「宗派・神学を超越せる一種の道徳的宗教的見地に立つ民衆教化運動」のことをいう。[13] より限定的には、フェリックス・アドラー（Felix Adler, 1851-1933）による一八七六年のニューヨーク倫理協会（The New York Society for Ethical Culture）創設とその運動が各地に広まったものをさす。[14]

当時米国コーネル大学教授（のちコロンビア大学倫理学教授）であったアドラーは、一八七六年、「信条なき宗教精神をもって充たされた宗教的社会」についての講演をなし、これを発端として倫理協会は設立された。丁酉懇話会発足に先立つ二一年前のことである。アドラーはユダヤ教のラビを父にもち、ニューヨークで教育を受けるが、ドイツ留学中にカント哲学に影響を受け、従来的な宗教によらない道徳教育の必要性を認識し、将来の道をラビでなく学者および社会教育家・社会公益事業家の方向にとった。カントおよびその流派の人格的理想主義はアドラーおよび倫理協会の基礎にすえられ、その道徳教育の理想は協会付設の初等中等学校で実践に移されていった。母の影響でもともと社会的事業に関心の深かったアドラーは無月謝幼稚園や労働者学校の設立、地方出張看護婦制度の創設を協会の事業として行ったほか、州立借家委員会の委員、児童労働委員会の議長としても活動した。機関誌等の刊行、講演会、日曜学校などが始められ、運動は拡大した。

アドラーの思想と実践はアメリカ各地およびヨーロッパに波及していった。ヨーロッパではまずイギリスに伝わり、ニューヨークでアドラーを助けたスタントン・コイト（Stanton Coit, 1857–1944）が西部ロンドン倫理教会（West London Ethical Church 一九一四年）を立ち上げたほか、バーナード・ボサンケット（Bernard Bosanquet）やJ・H・ミュアヘッド（J. H. Muirhead）が倫理教化協会を創設し、ヘンリー・シジウィック（Henry Sidgwick）、レズリー・スティーブン（Leslie Stephen）などがこれに加わった。シジウィックやミュアヘッドをはじめ、いずれも日本の倫理研究者に名を知られた倫理学者であった。コイトの倫理教会とそれ以外の倫理協会による倫理運動は方法を異にするところがあったが、学校教育における道徳教育に関して協力しあうところがあり、道徳教育連盟（Moral Instruction League 一八九七年）を設立して非宗教的非神学的で品性陶冶を第一とする学校教育の振興を図った。また、各地の倫理協会をたばねる倫理協会連合団（The Union of Ethical Society, The Ethical Union）ができ、倫理学者J・S・マッケンジー（J. S. Mackenzie）が会長をつとめた。

宗教と道徳教育の結びつきが強固なドイツでも、ベルリン大学教授ゲオルク・フォン・ギツィキー（Georg v. Gizycki）と天文学者ヴィルヘルム・フェルスター（Wilhelm Foerster）らによって倫理運動が広まり、一八九二年にドイツ倫理教化協会（Deutsche Gesellschaft fur ethische Kultur）がベルリンに設立された。教育学者のアウグスト・デーリング（August Döring）やテオバルト・ツィーグラー（Theobald Ziegler）、社会学者のフェルディナント・テンニース（Ferdinand Tönnies）らが運動に参加した。機関誌『倫理教化』（Ethische Kultur: Wochenschrift fur ethisch-soziale Reformen）が創刊され、約一五の支部が設立された。オーストリアでは倫理学者のフリードリッヒ・ヨードル（Friedrich Jodl）が運動を率いた。

アドラーらの運動はわずか四半世紀のうちに国際的倫理運動に発展し、一八九三年にドイツ・アイゼナッハで一回目の国際会議が開かれたあと、一八九六年にはアドラーを会長として万国倫理協会連合（International Union of Ethical Societies）が結成をみるに至り、同年、連合の本部が置かれたスイスのチューリッヒにおいて第一回の倫理協会会議が開催される（アメリカ、イギリス、フランス、ドイツ、オーストリア、イタリア、スイス諸国より参集）。

日本に倫理運動が及んだのはこのころであった。それが、アメリカに遅れること二一年、アドラーの運動に刺激されつつ、諸宗諸教が宗派根性を捨てて宗教的道徳運動に当たるべきとした横井らの丁酉懇話会であった。会はまずは研究会として出発するが、「結果としては Ethical Culture の様なものになろう」と考えられていた[15]。Ethical Culture は日本では「倫理修養」と訳され（のち「倫理教化」とも）[16]、その運動をさす Ethical Culture Movement は「倫理運動」と呼ばれた。結成から三年後に会も「丁酉倫理会」を名乗るようになり、第一回公開講演会開会の宣言中でも、「石田梅岩の心学」とともに「アドレルの倫理運動」が自分たちの先駆として言及された[17]。

会員の中には海外の倫理運動関係者と交流する者もあった。知られる範囲においては、その交流は吉田熊次や野田義夫や友枝高彦などドイツやイギリスに留学中の会員によるものが中心であったが、ときに会を代表して彼らが委員会の席につくこともあったようである。ちなみに後述する帰一協会と海外の倫理協会関係者とのあいだにものち交流が生まれている。

「倫理」と「宗教信仰」の関係

吉田熊次は万国倫理協会連合の国際会議（一九〇六年、ドイツ・アイゼナッハ）に出席した際、連合の共通の目的は宗教や哲学から独立した倫理道徳を広めることを第一とするものであるが、実際には会員間で宗教や世界観と道徳に関しての見解の相違があることを観察している。前記各国における倫理運動において、それがいう倫理なるものが宗教とどのような関係にあると考えられていたのかについては、多くの注釈を要する。

西洋の文脈では、倫理（ethics）はまずキリスト教道徳からの相対的独立を意味した。カントの道徳論（道徳規範を範疇的至上命令に求めて、道徳はそれのみで十分であり、宗教を要しない）を土台として、神と宗教から「独立した道徳」「世俗的な道徳」の提唱は当時多くの支持者を得た。数十年にわたって、宗教から道徳を解放しようとする実践的試みが行われ、フランスでは一八八二年に学校から宗教教授が消え、道徳教授がこれにとってかわった。アドラーに始まる「倫理運動」も西洋におけるそうした倫理勃興の潮流にあらわれた活動のひとつであった。

アドラーの目的は宗教宗派に無関係な道徳教育を学校に行おうというものであったから、その倫理運動は一面には反宗教運動であったとできる。アドラーはじめ彼の元に集まった協会の人々は、従来の成立宗教には大きな不信を抱いて、それら宗教の信条を批判的態度をもってみていた。ただし宗教が人間を神聖化する影響があることについては熱心に考究した。日曜行事をなしたのはそのひとつの現れである。アメリカ倫理協会のそれは簡単なもので祈禱や儀式は用いず、ただ音楽だけは人に情操的感化を及ぼすがゆえに必要が認められた。組織や制度よりも、倫理的信仰を有する人との人格的接触を重くみ、用いるという意識をもっていた[18]。

ドイツの倫理運動は自由思想家を主たる担い手としており、自分たちの倫理運動が一種の宗教運動とみなされることを嫌う傾向があった[19]。イギリスでもドイツの倫理運動に似たグループがあったが、宗教のある部分を倫理のために積極的に容れていこうとするグループもあった。〝宗教から独立した倫理〟というときの「宗教」とは宗派宗教およびその根幹たる宗教信条や教会組織などのことをさすのであり、「宗教信仰」はそれとは別個に確保することができるとの信念によるものである。そうした考えをもっていた一人は、西部ロンドン倫理教会の指導者コイトであった。コイトはニューヨークでアドラーを助けた後、イギリスにこれを広め、〝International Journal of Ethics〟（国際倫理（学）雑誌、米国の協会で創刊されたEthical Recordの後継誌）の発行も担当し、倫理運動の発展に大きく貢献した人物である。

コイトは、倫理協会の根本は倫理主義（ethicism）であるが、それはすなわち倫理的神秘主義（ethical mysticism）であるとその考えを明らかにしている。成立宗教と倫理的神秘主義の違いについて、彼らは実在を善であるというが自分たちは善が実在であるとすること、彼らは神を道徳化するが自分たちは道徳を神聖化すること（彼らにおいて善は神の属性であるが自分たちにとって善は絶対的価値である）、彼らは全能の神を崇拝対象とするが自分たちは霊性原理（spiritual principle）を尊信対象とすることを述べている。また倫理的神秘主義は純粋科学的倫理運動とも異なるのであって、その違いは、それが道徳的理想の終局的実在を認めてこれを熱情的に愛し、奉仕するためこれに接近すること（神秘的経験）を求める点にあるとしている。こうして倫理的神秘主義は、天啓的宗教に対しては理性的宗教すなわち普遍的倫理を信奉し、神の意志を万物の尺度とすることを否定して科学を受け入れ、人間の倫理的修養を指導することをいい、合理主義的倫理主義に対しては自由探求と寛容とをもってイデアの世界に迫ることもできると主張するところに違いを明らかにした。コイトの倫理教会では礼拝に関して宗教的儀礼を重んじ、講演の行事中に賛美歌を誦したり黙想をなしたりするが、それは天啓宗教を否定しつつも神秘主義を奉ずる態度よりくるものであって、用いる儀式はパリサイ主義に堕することがないようでなければならず、その内容つまり敬虔・向上の態度が大切とする戒めをもつものであった(20)。

このコイトの主張は、倫理的霊性の宗教理想を掲げた姉崎らの考え方を彷彿とさせる。伝統的宗教への不信をもつゆえそこから離れた規範を立てようとするが、霊性の啓培、精神の修養は必須とする。その上で、倫理的神秘主義において伝統的宗教の要素をどの程度許容するかについて——たとえば人格的非人格的な宗教的対象物への崇拝を媒介にして倫理を神聖化するあり方をも寛容をもって認めるかどうか——は、さまざまでありえただろう。そうした幅の広さを倫理運動自体がもっていた。

欧米の倫理運動に、倫理的神秘主義と純粋科学的倫理主義のふたつの態度があったのと似た事情が日本にも生じている。丁酉懇話会の創設者たちのなかでは、コイトの言うような倫理的神秘主義の側に立つ考え方がつよかった。横井、大西、岸本、姉崎らは「宗教信仰」（「宗派宗教」に対するものとして使われた）は倫理から切り離すべき宗派宗教とは別物であり、倫理修養にとってむしろそれが必要不可欠と考えていた。彼らが懇話会を立ち上げるとき、非宗派的・自由宗教的な個人の霊性への信念を軸とするアメリカの運動が手本にとられた。対して倫理学者や教育学者のなかでは、宗教的教育が道徳にとって重要と認識する者は皆無ではなかったものの、こと学校教育に関しては純粋科学的倫理主義を中心にしたがる傾向があった。

2 丁酉倫理会の人格主義と国家主義

(1) 人格主義の浮上

旧来道徳への反発――日本における「倫理」の含意

「宗教信仰」との距離のとり方には会員間に温度差があったわけだが、これに比べて多くの会員に共有されていたとできるのは旧来的道徳との距離のとり方であった。日本のアカデミズムにおける「倫理学」(ethics)の扱いは基本的にはこの学問を産み出した西洋倫理学の問題構成にしたがうものであったが、それが西洋においては西洋固有の事情に対する衝撃をもったのと同様、日本でも独自の事情をもった。西洋ではそれは成立宗教すなわちキリスト教に対してもっとも鋭く切り込むものであった。だが日本では旧来的道徳やこれを源泉とする国家主義的教説に対する討究的態度として、あるいはこれを徳目主義的に内面化させようとする注入主義の教化法への反発として、よりはっきり現れることになる(その移入時、すでに日本では宗教と教育の分離は原則化しており、非宗教的態度は一般ふつうに行われていたからその局面での衝撃は西洋ほどではなかった)。

「倫理学」(ethics)とはある諸徳目の単なる主張やその実践励行をすることとはちがって、道徳の「大本ないし根底」を追究する、何ではなく何故を問う学問である。(21) この追究は、神学的宗教的にではなく、人間に関する諸科学に基づいてなされる。日本語としての「倫理学」は、ethicsという学問が移入されたとき、その翻訳語として、儒教用語であった「倫理」の語を転用してこれに「学」を付して造語されたが、これによって「倫理」の語は儒教の伝統から切断され、近代的で新しい意味を担う言葉になった。そこに主張された科学的態度は、宗教はもちろん儒教的先験主義からも自由になることを日本では意味することになる。「倫理」は、旧弊的閉塞的なものに対する世界的普遍的かつ合理的なものとして「道徳」とか「修身」に対する知的優位性を帯びる語となった。井上哲次郎は、かつて『倫理新説』でこの語を用いたことについて、儒教道徳、忠孝道徳などをいう人々とは異なる先取的態度を自分がもっていることを示すためだったと述べている。「なぜ私は倫理といったかといふに……道徳といふと……世の中に行はれて居る所の道徳、即ちコンヴェンショナル、モラリチーといふ意味に取られては困る、それよりは進んだ所の道徳の意味で、倫理といふ言葉を使った」のである。(22)

ここにいう「進んだ所」とは、旧習的道徳に代わり、人間や社会に関する科学的研究に依拠することを意味したが、そうした探究の結果は、まず進化論や勢力保存説などの科学理論を流用した倫理説を明治二〇年代に生み出すことになった(「科学的倫理」と称された)。そしてつぎには、進化論のような〝動物的な〟ものでないまったく人間的な原理が求められた結果、人間性に道徳を基礎づけたカント流の倫理思想がそれにとって代わった。人は理性が命ずるところの道徳法則にしたがって人格を完成するのだというその説にもとづき、「倫理の大本」を、「人格」とか「内面」なるものに尋ねあてた人格主義の倫理説である。アドラーの倫理修養(Ethical Culture)の源流はここにあり、日本で丁酉懇話会に集った人々が念頭に置いていたのもこの人格主義なる考え方であった。

「日本主義」という対抗軸

人格主義の倫理説は、旧時代の宗教主義道徳への対抗として働くほかに、国家主義に対しても一定の緊張感を孕みつつ提唱されていく。懇話会が内外に人格主義を唱えるようになったきっかけは、国内における日本主義の台頭であった。懇話会発足の当時(明治三〇年一月)はそれをことさら強調することはなかったが、そのすぐあとに結成された大日本協会(同年五月)が日本主義を掲げて懇話会と対立するようになったことを受け、これを主唱するようになるのである。

大日本協会を組織したのは木村鷹太郎、竹内楠三、湯本武比古、高山林次郎、井上哲次郎らである。協会の目的および綱目は以下のようであった。(23)

目的　一、日本建国ノ精神ヲ発揮ス

綱目　一、国祖ヲ崇拝ス　一、光明ヲ主トス　一、生々ヲ尚ブ　一、精神ノ円満ナル発達ヲ期ス　一、清浄潔白ヲ期ス　一、社会的生活ヲ重ンズ　一、国民的団結ヲ重ンズ　一、武ヲ尚ブ　一、世界ノ平和ヲ期ス　一、人類的情誼ノ発達ヲ期ス

「綱目」には世界平和や人類的情誼といった文句もみえるが、主眼は「目的」に述べられた「日本建国ノ精神」にもとづく国家主義、すなわち日本主義にあった。「世界人道より国家および国家的道徳が優先されるべき」であり、「現実界の一切の活動は国家的であることがもっとも有効であって、国家は人生寄託の必然形式にしてその主上権力である」といい、したがって「国民的道徳」を「天孫降臨の事跡に関わる建国当時の抱負」に確立させよというものである。[24]

その際、強調されたのは「堅実なる無宗教的道徳を涵養する」ことであった。これは宗教は即反国家主義であるとの見方による。[25]他国の感化を受けて国民結合が動じかけているなか、国民を誘化して一人また二人と「国民の団体」中より引き離す「宗教の如き」はもっとも危険である。これに対抗するには積極的に「日本」独自の理想、建国の抱負に拠らしめて「宗教」以外に人心の帰趨を求め、国民を結合する基礎を建設しなければならない。「吾人……は宗教と同じく精神的団体を成す」が、宗教のように迷信を交えていないからこれを「宗教」とはいわず、「唯々国民を結合して其進取の気象を助長するの主義」をもって「日本主義」と称するとされた。[26]彼らのなかでは宗教排斥と国家主義とは一体的であって、「宗教」をベースにしない倫理運動とは即「建国の精神」にもとづく道徳をさした。

その宣言以来、彼らの主張は『日本主義』誌その他での激しい論調で注目を集めていった。丁酉懇話会に対しては彼らは、その宗教傾斜と「国家軽視主義」に対する激しい攻撃を加え、「世界主義」であるとか生ぬるいなどと罵倒した。懇話会側では大西が『六合雑誌』で、姉崎が『太陽』でそれぞれ日本主義を論じ、懇話会と日本主義とは「反対の立場に立」って批評しあった。姉崎は、「所謂国家至上主義を唱え……その意味で解釈した教育勅語と帝国憲法を無上の権

威とし」て、「すべて宗教を神秘又は神怪を主義とするとして排斥する」日本主義を非難した[27]。

大西や横井は辛辣な教育勅語の批判者であったし、すでにみておいたとおり、懇話会の「趣意」文にもこれに一言もなかった。「国家主義一辺倒」への反対はメンバーのもともとの考え方ではあったものの、日本主義という好敵手を得て、「兎に角、日本主義の国家主義に対して人格主義、又日本特有の伝統といふに対しては宇宙道」をいうという懇話会の姿勢がより鮮明にされていった[28]。倫理運動における人格主義の命題が確立され、メンバーらは「社会の風潮がコンベンショナルなる国家主義に向ひ、戦後国家意識の勃興は却て人の性格精神の修養に反するを慨して」会していくことになったのである[29]。

しかしながら留学で大西が日本を離れ、横井も京都を拠点とするようになり、他方で高山樗牛が懇話会に加わって、主要メンバーが入れ替わった頃から様子が変わってくる。丁酉倫理会としての再出発時、明治三三年発表の「倫理運動に関する丁酉倫理会の希望」および「開会の詞」によってこれをみていこう[30]。

(2) 丁酉倫理会の発足――人格主義の変調

毎月の研究会は三年で三〇回を重ね、内には会員の増加、外にも信用が増して「我国の倫理界に於ける一大潜勢力たらんとす」るようになった丁酉懇話会は、学術演説会（公開講演会）開催および『丁酉倫理会倫理講演集』（以下『倫理講演集』）刊行を事業に加え、明治三三年一月、新たに「丁酉倫理会」（以下、倫理会）を名乗ることになった。このとき姉崎、浮田、蟹江、岸本、桑木、高島、田中、高山、千葉、中島（徳）、藤井、横井ら一四人の連名で発表されたのが「倫理運動に関する丁酉倫理会の希望」（以下、「希望」）である。

「倫理運動に関する丁酉倫理会の希望」

三年前の懇話会趣意書では、「徳教の大本」を固めるとか、「信念徳風の大本を討究涵養」して「社会の問題を審査論破」することなどが述べられていた。今回の「希望」でも、「人心の帰着点」、「国民道徳の大本」がまだ定まっていないとの前回と同じ現状認識が述べられている。ただ今回は、以前にはなかった「倫理修養」（Ethical Culture の訳）とか「人格」なるキーワードが掲げられ、「道徳の大本は人格の修養にあり」との宣言が盛り込まれることになった。

第一回公開講演会での冒頭、「開会の詞」をもって姉崎が説明を試みている。会の抱負・活動方針の根幹に関わるので、「倫理的」なる語の含みを述べておきたいと前置きした上で、本会は「倫理的に精神の自由を貴び、人間の価値を発揮したい」との考えにもとづき、「倫理的修養」を目的としていくと述べる。これは人間の倫理的品格を蔑視する考えへの反対、つまりは「宗教上の教権主義」への、また「極端なる国家至上主義の倫理、愛国一点張の教育」への反対であるという。「倫理的……即人間の性質を発揮する」ことを眼目にする倫理修養は、「或る一定の教」を「外部の教権」をもって「人に注入する」やり方とは対極にある、「人間の至情」を重んじる人間形成のあり方、理想方針であるというのだった。

道徳を真に実行力あらしめるためには、「倫理」にもとづく（＝人間性を尊重する）修養、強制でなく自律的な修養が必要だとの主張――「倫理的」（ethical）のこうした用法は、この前年に発表された（このとき姉崎の岳父となっていた）井上哲次郎の「将来の宗教」論にも展開されていたものである。井上が倫理的なることを immanent と言い換えているように、倫理会の求めたのも「倫理の大本」を自己内部に求める人格主義であった。

なお「修養」のほうであるが、これは当時一般に「自己教育」というほどの意味に解されていた。「開会の詞」につづく講演会で浮田和民は、人格の修養について、「従来は……我々を外部から支配して居ったので……それが今日は……我々の内部に一つ良心と云ふものを建設しなければならぬ、畢竟外部から支配せられて居った人間が今度は自ら支配するやうにならなければならぬ」と述べている。(31)「倫理」も「修養」もけっきょく、自己内に良心を確立すること、道徳的自己の自律的形成、倫理主体の自発性を重視したものに他ならない。

さらに「希望」文にかかわってみておくべきは、人生道徳の帰着点とはけっきょく、「国性と国体とに参し……人道の……理想に鑑み、以て人性の本然を発揮する」ことであると述べられたことである。前回と同様に、倫理の具体的内容や方法について述べるのは時期尚早といいながら、国体に参じることと人道を尊ぶことがここに修養の目的として触れられることになった。ここで「国体に参」ずることがいわれているのは、「開会の詞」で姉崎が述べた「愛国一点張の教育」への反対とは矛盾するようにみえるが、そうではない。姉崎は巧妙に、「極端なる国家至上主義」への反対、と述べていた。国家の価値そのものを否定するのでなくして、ただ「自覚心」に欠けた強圧的なやり方はいけないというのである。

懇話会当初よりの考えであった「人道の理想」に、「国体に参」ずることが言明されたのは、すくなくない変化だといわねばならない。懇話会結成の二年後に日本主義の一闘将だった高山が懇話会に加わり、やはり日本主義陣営に与していた井上哲次郎もその年に内在的倫理を説く倫理的宗教論を発表するなど、彼らに人格主義を容れる流れが生まれ、そして懇話会への合流となるのだが、彼らの参入がそこに反映されたものとみられる。じじつ「希望」文を執筆したのは高山であった。

姉崎のほうでも無理にこれに従ったわけではないようだ。「世人の誤解」をかわすべく、こう弁じている。「倫理的性格」即ち「人間の性格」というときの中身には国家や社会も含まれている。倫理的修養は、一個人としてのみならず国家の一員として家族の一員としての性格を修養するもの、国家観念を養うのも倫理的修養の必要な部分であると[32]。ちなみに、国家社会を排斥しない穏健な人格主義を唱えた思想家として、カント以上に日本で歓迎されることになったのはT・H・グリーンであったが、グリーン倫理学を率先して日本に紹介した中島力造も本会に加わっている[33]。これによって丁酉倫理会の倫理修養論は、敬神なり忠君愛国を排除しないというだけでなく、むしろそれに必要な貢献をするのだという主張となった。

国家的人格主義

日本主義という好対照を失って、会は、「世界主義」や「宇宙道」に、「自覚的」国家主義を加えた穏健な団体に変じていった。人間を国家や社会の手足（「国体の機関」）に過ぎないとする考え方を人間本性に背くものとして排しつつ、しかし「良心」なり「自覚心」のなかには国家なり社会なりが各人個性なるものとともに最初から組み込まれていると考える。かつての批評主義から、社会的即国家的な性格を人格の所与とするところの、いわば国家的人格主義が会の理念となった[34]。

かつて敵対した二軸のあいだをとった中道こそが、倫理会を特徴づけるものとなったわけだが、その結果、会の主張は、「自覚的」であることを加えた以外は、個人から国家天下までを調和的にとらえる儒教的、「コンベンショナル」なそれとほとんど変わりばえしないものとなった[35]。姉崎も認めるとおり、それは従来から教育界でいわれている「品性を養ふ」ということに何ら変わりないものとなる。当初あった「倫理」なるもののインパクトは弱められて、会の主義たる人間性の尊重、「人格」の主張も意義のあいまいで、国家と個人にまたがって緊張感を欠いたものになり、旧道徳に対してはその穏健な改良主義にとどまることになった。

丁酉倫理会としての再出発後、発起人らの師匠にあたり、日本主義に名を連ねていた井上哲次郎（哲学）、元良勇次郎（心理学）ら、また中島力造（倫理学）も入会し、この方面に関わる学士らの参入も勧められて、会は「大学的で哲学会の実際的方面のやうな顔ぶれになった[36]」。講演会の開催やその内容を雑誌上に公開することにおいて、社会に対する倫理運動の性質を遺憾なく発揮し、会の事業は全国に普及する。『倫理講演集』は教育者はもちろん青年学生、弁護士、医師、実業家など全国のとくにインテリ層に愛読された。「活きた時事問題に就いて適切な批判を下している」「一冊で倫理道徳に関する内外の時事問題を概観することが出来る」、人格修養を力説して、「修身科の教師や倫理学者のやうな態度を採らな」い点に特色があって人気を博し、数年で都下の定期刊行物中にあって不動の地位を築いたという[37]。高尚な人格の理想と実際主義（国家や国民生活と調和的であること）とのあいだに上手いバランスを保っていたこと、帝国大学教授・学士らを多く擁する権威的な裏づけを持ってこれが行われていたところに、地域も職業も超えた広い支持が集まった理由があったといえよう。会の発展とともに国家的人格主義はひろく普及していった。

さて、すでに述べたとおり、入会者中に宗教的関心を有しない人々も増えていく中で、「宗教信仰」は懇話会―倫理会の暗黙の眼目からは外れていくようになった。穏健な国家的人格主義が新主義とされていく一方で、これと宗教信仰との関係は必ずしも主テーマとはならず、会として意見統一されるということもなかった。宗派を超える「宗教信仰」的な倫理運動の展開という懇話会最初期の念願は、むしろつぎにみる帰一協会に託されていったとできる。明治末年から大正時代にかけて、倫理会とは別に、新宗教運動の倫理運動としての展開の一翼を担うことになったこの帰一協会につぎに注目してみたい。

3 帰一協会へ

明治四五年六月に創立された帰一協会は、先述したとおり、成瀬仁蔵が渋沢栄一や森村市左衛門の同意を得、姉崎正治や井上哲次郎ら学者の賛同を得て結成されたものである。趣旨および規約発表時に発起人として名を連ねたのは井上、原田助、中島力造、成瀬、上田敏、浮田和民、桑木厳翼、松本亦太郎、姉崎、シドニー・ギュリック、渋沢、森村である。[38] 男爵阪谷芳郎もまもなくその運営に当たったほか、財界学界から有力者の入会があった。大正四年には一三〇名を超したメンバーのなかには、明治二九年の宗教家懇談会以来の宗教協調運動の流れに与してきたなじみの人々が少なくなかったことも先に述べておいた。

帰一協会と丁酉倫理会との関係をうかがってみると、帰一協会の発起人中、姉崎、浮田、桑木、井上、中島、松本らは丁酉倫理会会員であって、両会に重複する重要人物となっている。とくに姉崎、浮田、桑木の三名は丁酉倫理会改称時でそのコアメンバー（「希望」文に名を連ねた一四名の発起人に含む）であった。こうした場合に彼らと行動を共にしてきた岸本能武太もすこし後に協会に加わっている。帰一協会の趣旨に丁酉倫理会と重なる部分がでてくるのは、このような会員の重複からみても自然であった。

趣旨・宣言・研究課題

協会は創立と同時に「趣旨」文および「規約」を明らかにしている。「趣旨」では、明治維新後、「国民の道徳信念」

が安定せず、「新旧の思想文物が未だ円熟の調和を得ざる」状態がつづいている。そのため急務となっているのは、殖産致富とともに、一国文明の基本の確立のために道徳、教育、文学、宗教などの精神的問題に関する努力と研究であると述べられた。そして「規約」では、「精神界帰一ノ大勢ニ鑑ミ」てこれを研究助成するという目的が掲げられ、このために研究会開催、公開講演、出版事業などを行うと定められた。

ここに特徴的な点は、「趣旨」に述べた目的のためには「我が国民性の特色を維持し国体の精華を発揮」するとともに、「博く世界の思潮に接して之を包容し同化」していくことである、とされた点である。まず国内の精神的統一を図り、漸次外国の同志との合同を企図し、ついには「国際的運動に資せむ」とするという順序はあるものの、「国民性」や「国体」にとどまらず「博く世界」に接していくことが最終目的として謳われており、国内事情にかぎられない「人種、宗教の帰一」を掲げた協会の標語に通じることになっている。この点は世界諸文明の理解交流の必要を述べて海外の同志を得ようと綴られた「意見書」中に、より明確に述べられた(39)。

大正五年二月に発表された「帰一協会宣言」中にはさらに、「吾人は大正革新の精神を振起し、東洋文明の代表者たる実を挙げ、外は国際正義の擁護者となり、大に世界文化の進展に寄与せんことを要す」と述べられ、次の六項目が掲げられた。

一、自他の人格を尊重し、国民道徳の基礎を鞏固にすべし。
二、公共の精神を涵養し、以て立憲の本旨を貫徹すべし。
三、自発的活動を振作すると同時に、組織的協同の発達を期すべし。
四、学風を刷新し教育の効果を挙げ、各般の才能を発揮せしむべし。
五、科学の根本的研究を奨励し、其応用を盛にすると共に堅実なる信念を基礎とし、精神的文化の向上を図るべし。
六、国際の道徳を尊重し、世界の平和を擁護し、以て立国の大義を宣揚すべし。

一項目めでは人格尊重と国民道徳の強固が言われ、人格主義のみ唱えて国家を無視する個人主義ではないとしているところは、丁酉倫理会と同様である。ただし二項目以降については、第一次大戦期における思想界の新傾向をバックにして、公共精神や立憲精神、自発性の尊重や科学研究の奨励など狭義の国民教育（国民道徳）にかぎられない公民的ないし一般的教育との間のバランスが配慮され、国際道徳や世界平和をまで含み、帰一協会の際立つところとなっている。デモクラシー思想の影響、自由主義的教育観への共鳴、普遍主義ないし世界協調主義への同調がここにはある。丁酉倫理会と帰一協会では会員の重なりはあったが、丁酉倫理会の一勢力となっていた吉田熊次など専門的教育学者の参加は帰一協会にはなく、代わりに協会では釈宗演、海老名弾正、松村介石など宗教者ら、外国人、政治家・官僚・財界人の参加があった。そうした会員構成上の違いもこの宣言の内容に反映されているとできる。また次に述べるような宗教や信念問題の重点化としても立ち上がってくることになった。

帰一協会ではその考究すべき研究課題として、⑴信仰問題、⑵風教問題、⑶社会・経済・政治問題（精神的方面より観たる）、⑷国際並に人道問題、の四つを掲げている（第一回の会合）。このうち⑴の「信仰問題」の研究細目には、①宗教信仰の性質、宗教と宗派との関係、②神道各派の特質、その伝播区域、③仏教各派の特質、その伝播区域、④キリスト教各派の特質、その伝播区域、⑤儒教倫理の特質並にその実状、⑥現在諸宗教の相互関係、⑦現代の社会的生活と宗教信仰との関係、⑧内外精神界の趨勢と宗教信念、が含まれた[40]。

協会で毎月開かれる例会では会員を対象とした講演とひきつづいての討論が行われたが、その講演者中には阪谷芳郎、姉崎正治、浮田和民、新渡戸稲造、床次竹二郎、服部宇之吉、成瀬仁蔵、筧克彦、本多日生、井上哲次郎、広池千九郎、加藤玄智、海老名弾正、釈宗演、渋沢栄一、吉田静致、菊池大麓、沢柳政太郎、高田早苗、綱島佳吉、中島力造、上田万年、松本亦太郎、松村介石、水野錬太郎、鵜沢総明といった人々があった。ここで扱われる内容は、右の四項目の研究課題中、⑴の信仰問題が多かったという。また⑵の風教問題に関しても、宗教と教育の関係に関する議論が中心となるなど[41]、会員のあいだには宗教や信仰に関わる高い関心があった。

教育と宗教的信念の涵養に関する決議

会員らの宗教信念や宗教教育への関心の集中は、つぎにみる協会発表の決議文に結実する。(2)の風教問題中、教育と宗教的信念の関係について同じテーマで講演と討議が重ねられたのは大正三年の例会においてであった。同年三月以降、日本の青年に欠乏している宗教心や信念をどう涵養するかという問題がたびたび取り上げられるようになり、六月以降は半年間に及んで、本多日生、吉田静致、高木壬太郎、菊池大麓、沢柳政太郎、嘉納治五郎、成瀬仁蔵らが連続的にこのテーマを扱い、意見開陳と討論が行われた。このあとこれらの内容を世間に向けても発表すべく（翌年一月に検討した際、「信念」の字義をめぐって意見が一致せず、いったん見送ったあと）、協会中に「信念問題委員会」を特別に設けて集中的に議論を行い、協会の意見としてまとめたものを発表することとなったものである。

当初それは文部省への建議として表明するつもりであったが、最終的には建議ではなく決議文として世に公表することになった。文案作成にあたったのは井上哲次郎、中島力造、山田三良、秋月左都夫、阪谷芳郎、宮岡恒次郎の諸委員と、幹事の服部宇之吉、成瀬仁蔵、浮田和民、姉崎正治、渋沢栄一、森村市左衛門らである。成案を例会で検討し、大正四年四月に可決された信念問題に関する決議文は、「決議　被教育者の心裡に自然に発現する宗教心の萌芽は教育者に於て之を無視し若くは蔑視し因て信念の発達を阻碍すること無からんことを要す」というものになった[42]。

これには理由書が付され、そこでは「決議」中にいう「宗教心」の意味説明（通宗教的なもの、人性に本来備わったもので単に「信念」といってもよい）と、このような「宗教心」であれば宗教教育分立の方針にそむかず学校に導入できるということ、そして青年に広がる利己主義、国家意識の欠如、危険思想の蔓延は教育が物質主義に傾いているためであって、道徳の根底を宗教心におくべきは当務の急だという主張がなされた。「宗教心」をめぐる解釈は、明治二〇年代後半より行われていた非「宗教」的宗教論をベースに、三〇年代前半に井上や姉崎が述べていたのと同じであるが、唯物論隆盛の時代背景が今まで以上にこれを後押ししたのであった。

決議文と理由書は、枢密顧問官・各大臣・貴衆両院議員・教育調査会会員・各府県教育界および教育者・学校・新聞社・有志の士など社会的影響力のある人々や機関に送付された。「健全なる教義と純粋なる信仰とは根本に於て相一致するものにして文明の進歩」に資し、「国家の将来に重大なる関係を有する」ものと信じ、「普く教育界の真摯なる研究考慮を促さんと欲」するという挨拶状が添えられた。この決議は新聞や雑誌が取り上げることになったが、そのほとんどは時宜を得た提言としてこれに賛成するものであったという。しかし明治三二年来の教育と宗教の分離原則になる政府方針とは乖離するものであり、この観点からの反対意見もあった。当時の文部大臣一木喜徳郎から出された反対意見もこの点からのもので、宗教を退けあくまで教育勅語に則った教育を行うべきとの内容であった(43)。

協会ではこれに臆することなく、この翌年の大正五年二月発表の宣言文に、精神的文化の向上には科学とともに「堅実ナル信念」を基礎としなければならないとの文言を盛り込むなど（前掲「帰一協会宣言」項目第五）、その方針には幾分の変更もなかった。またこの決議文の起草に関わった成瀬および阪谷は大正六年より文部省の臨時教育会議委員をつとめたが、その席上でも宗教心ないし信念の教育上の重要性を再三訴えていくのである。

以上、本節に述べたことをまとめておこう。宗教と倫理の交錯するところに成立した丁酉懇話会は当初、成立宗教に対しては「宗教信仰」つまり倫理と合致しこれを促進するところの倫理的神秘主義を念頭において、また旧来的ないし国家的道徳との関係においては自由討究による倫理学的考究をゆるして人格主義を打ち出していった。だが丁酉倫理会と改称する頃までにはそれは、当初対抗していた日本主義との妥協をはたし、国家「至上主義」やその「注入主義」を排するだけの国家的人格主義をいうものに変じていった。懇話会創設時にはあった、道徳における「宗教信仰」の価値についても、倫理会以降は自然に薄れていったといえる。

これに比べて帰一協会は、まず国家的人格主義については基本的に容認しつつ、しかし大正期の国内外の思潮をうけて国際協調や世界主義を再度顧みようとする傾向の生じたこと、また「危険思想」の蔓延を背景に国民教育の要に宗教信仰を据えるべきとの積極主義に転じていることなどが指摘できた。ここには初期丁酉懇話会の趣旨を帰一協会が引き継いでいった面があって、明治二〇年代来の新宗教運動の倫理教育方面における展開すなわち宗教的倫理運動は、動機背景を異にしながらも継続されていったとできる。会員中に財界人や官僚、政治家をもった帰一協会は、こののち日本社会に宗教的倫理運動、宗教的教育導入論がいっそうの広がりを得ていく際の有力な一起点になっていったのである。(44)

(1) 姉崎正治「丁酉会の始」(『倫理講演集』四〇〇、一九三六年二月)一頁、野田義夫「丁酉倫理会の思ひ出」(同)三〇頁ほか。
(2) 姉崎「丁酉会の始」一―二頁。
(3) 「丁酉倫理会の略史」(『倫理講演集』一、一九〇〇年五月一三日)。
(4) 桑木厳翼「丁酉倫理会の想出話」(『倫理講演集』四〇〇)六頁。
(5) 姉崎「丁酉会の始」三頁。
(6) 「丁酉倫理会の略史」。
(7) 発足後の入会だが中心メンバーとなる中島徳蔵(帝大だが選科出身、姉崎より九歳上)なども傍系エリートであった。
(8) 姉崎「丁酉会の始」四頁。
(9) 海外の中でこれにもっとも近い形態をもったのは英国であった(友枝高彦「欧米における倫理運動」『岩波講座教育科学20』岩波書店、一九三三年)。
(10) 桑木「丁酉倫理会の想出話」七、九頁、野田「丁酉倫理会の思ひ出」二二―二三頁。
(11) 「丁酉倫理会の略史」、姉崎「丁酉会の始」三頁、野田「丁酉倫理会の思ひ出」二二頁。
(12) 姉崎「丁酉会の始」四頁。
(13) 友枝「欧米における倫理運動」三頁、高橋穣「倫理運動」(『教育学辞典』四、岩波書店、一九三九年)二三九八頁。
(14) 以下の記述は、友枝「欧米における倫理運動」、高橋「倫理運動」、平田諭治「吉田熊次の道徳教育論形成における留学体験の意味」(『広島大学教育学部紀要　第一部』四〇、一九九一年)を参照した。
(15) 姉崎『新版　わが生涯』六八頁。
(16) アドラーの運動が日本に紹介された当初は「教化」という言葉は国内に使われておらず(姉崎「丁酉会の始」二頁)、culture には「修養」「人文(文化)」といった訳語があてられた。
(17) 姉崎正治「開会の詞」(『倫理講演集』一)一二頁。
(18) 友枝「欧米における倫理運動」二一―二三頁。

(19) 平田「吉田熊次の道徳教育論形成における留学体験の意味」八六頁。
(20) 友枝「欧米における倫理運動」二九―三二頁。
(21) 井上哲次郎『倫理新説』(文盛堂、一八八三年)。
(22) 井上哲次郎「倫理と宗教」(『倫理講演集』五二、一九〇七年一月)。もっとも「倫理」の語は、さらにのちには旧来のモラリティの側に奪回されていくことになる。子安宣邦「近代『倫理』概念の成立とその行方」(『思想』九一二、二〇〇〇年)参照。
(23) 『日本主義』一、一八九七年五月。
(24) 高山林次郎「日本主義を賛す」(『太陽』三―一三、一八九七年六月二〇日、『明治文学全集』四〇、筑摩書房、一九七〇年、に収録)二三―二六頁。引用は同書による。
(25) 『日本主義』一、一二頁。竹内楠三「『日本主義』発刊の主意」(『日本主義』一)、および高山「日本主義を賛す」。
(26) 竹内「『日本主義』発刊の主意」。
(27) 姉崎『新版　わが生涯』六九頁。
(28) 「日本主義が反対の側から丁酉会の主張又意識を明かにした」(姉崎『新版　わが生涯』七〇頁)。
(29) 姉崎正治「大西祝君を追懐す」(『哲学雑誌』一六―一七一、一九〇一年五月一〇日)四一三頁。
(30) 「丁酉倫理会の略史」、姉崎「開会の詞」。
(31) 浮田和民「方今倫理界の二大急務」(『倫理講演集』一)五六頁。
(32) 姉崎「開会の詞」七―八頁。
(33) グリーンの self-realization theory の訳語は初め「自我実現」論であったが、やがて「自我」が「人格」に訳し移されていった。その理由は、「自我実現といっても真に自我を実現するには之を社会に実現するより外ない」こと、それなのに「あまり自我を力説すると個人主義のやうに聞え、個人主義者に利用される嫌がないではないから、寧ろ改めて人格実現とすればその心配はない」と考えられたからであった(井上哲次郎「中島力造博士を追憶す」『倫理講演集』四三六、一九三九年二月)。この考え方は「希望」の主張に合致する。
(34) 「国家的人格主義」は、「人格完成と国家完成とは同じ事実を異った視点から見たに過ぎ」ないとして、「個人に取《ママ》って最も本質的な……人格を中心として国家生活を重んずべきことを高唱する」主義として戦前用いられた(深作安文『国民道徳要義』弘道館、一九一六年、六三七、六三九頁)。
(35) 「孔子の所謂る心の欲する所に従て而も則を超へないといふ……心を養ひ、国家家族の利害休戚を其侭に自分の至情至誠で負担し得るやうな……性格」を育てるべきとされた(姉崎「開会の詞」九頁)。
(36) 桑木「丁酉倫理会の想出話」七頁。
(37) 野田「丁酉倫理会に関して」二五―二九頁。
(38) 趣旨および規約は、「幹事　姉崎正治、阪谷芳郎、服部宇之吉、穂積重遠、森村市左衛門、矢吹慶輝」の連名で発表された。

(39)『帰一協会会報』一、一九一三年二月。
(40)中嶌邦「帰一協会小考」(二)四七頁。
(41)同右、四九―五〇頁。
(42)同右、五一頁。
(43)同右、五一―五二頁。
(44)姉崎『新版　わが生涯』一一七頁。

第3節　人格修養から人格「感化」の宗教論へ

丁酉倫理会が進めた倫理運動は、脱宗派的な運動をめざした結果、宗教的情趣の薄らいだ、ほとんど世俗的道徳や一般の人格修養と代わり映えのないものになっていったが、これについて姉崎はどのように考えていただろうか。「宗教心」を再強調するようになった帰一協会設立までには間があるが、姉崎はこの間、倫理会の活動に並行して宗教学者としての歩みを進めている。

姉崎宗教学のとった宗教論はヨーロッパ・ロマン主義の影響下にあった。人格主義の宗教観をもって儀礼・僧侶・教権組織をもつ成立宗教に対置し、自律的かつ道徳的な宗教を最上とし、神秘的先験主義と情操に重きをおいた。倫理的神秘主義と一般的な人格修養との違いは紙一重であったが、それはこの宗教論を突き詰めるところの必然であったとみることもできる。だがここに姉崎は宗教の意義を奪回する新たな宗教理論を展開していく。

ロマン主義的宗教論には、すでに述べたところに加えて、仏陀やキリストや孔子といった宗祖聖人には信仰上重要な役割を与えるという特徴があった。ここでは先に述べ残しておいたこの課題、本章第1節に少しふれた宗教的偉人をめぐる姉崎の所論を取り上げるつもりだが、その際、ヨーロッパ・ロマン主義における同種の議論、姉崎の世代に大きな影響を与えた英雄崇拝論の検討をとおしてこれを進めていくことにしたい。姉崎の宗教論は、明治一〇年代以降の日本にひろく受容された西洋の英雄崇拝論に触発されつつ整えられていった。そこで姉崎は仏陀やキリストを「(心霊的)英雄」と呼び、英雄崇拝を宗教心の発現とする理解を示していく。彼には「英雄(崇拝)」を主題とする論考が複数あるが、以下ではまず、ヨーロッパ英雄崇拝論の代表格、トマス・カーライルのそれを取り上げることから始めよう。

I カーライル英雄崇拝論に導かれて

「英雄」とsincerityの信仰

トマス・カーライル(Thomas Carlyle, 1795-1881)の英雄崇拝論は、イギリスで一八四〇年に行われた連続講演をもとに翌年出版された"On Heroes, Hero-Worship, and the Heroic in History"によって、その内容が知られるようになった。彼には他に"Sartor Resartus"などもあったが(一八三三―三四年雑誌連載)[1]、"On Heroes, ～"は読者の情動を動かさずにはおかない講演調の文体で圧倒的な人気を博し、日本にも入って、理想主義的思潮の兆した思想界、文学界、キリスト教方面の若者によって熱烈に支持されることになる。

「英雄」はロマン主義の主要テーマのひとつであり、立身出世への願望を煽り立てる大帝王の類とは趣を大に異にする。カーライルのいう「英雄」は、たんなる勇者、武力に秀でた者ではなくして、もっと「宗教的な道徳臭」のあるもの[2]、一切の存在に宿っている神聖な神秘――フィヒテの用語を用いて「現象の根柢に伏在する世界の神的理念」とカーライルは呼ぶ――を洞察、直観する者のことである。この神的理念は万人に開示されてはいるが、神的理念の「衣装」にすぎない森羅万象ごとに人間の営みである諸現象に隠れているからほとんどの人には見ることができない(ゲーテのいう「公開の秘密」)。ここに英雄は、sincerityつまり「深く、大きく、純なる至誠」の資質によって神的理念を直観する力をもつ存在なのだという[3]。このsincerityを明治の人は「至誠」と訳した。

英雄は、その生まれ落ちる世界の種類に応じて、詩人、王者、僧侶その他いかなる者にもなり得る。カーライルが具体的に取り上げたのは、北欧神話に登場するオーディン、イスラム教祖のムハンマド、宗教改革のルターやクロムウェル、ダンテやシェイクスピアといった文人、帝王ナポレオンなどである。これらの英雄は、「神」「預言者」「詩人」「牧師」「文人」「帝王」の六種に分類されて、「人間の世界にありつつも、他の人間よりもより多くの神の道—真実(Truth)を意識して生きる」英雄として描かれ、その歴史上にはたした役割が説かれた。(4)

カーライルは「全世界歴史の心髄とはこれら偉人の歴史」だと教える。至誠の美質ゆえに「無限の不可知界より、吾等に消息を齎す為に遣わされた使者」となった英雄は、「時代の求める所を正しく認識する智、之を導き正道を踏んでそこに至らしめる勇」とによって時代の救済者となる。そこには英雄があり、この英雄を崇拝する民衆がある。「人類の指導者であり……垂範者」たる英雄、偉人に対して一般民衆は忠誠を捧げ、あるいは崇敬、讃仰する。民衆にとってこの感情は古今東西にわたって「人生に生気を吹き込む力」であり、人類が存在するかぎり不滅のものである。英雄へのこの感情が合して歴史社会を動かす力となる。これまで存在した一切の宗教、一切の社会の根底となっているのはこの英雄崇拝なのだ。(5)

カーライルの受容

カーライルの英雄崇拝論は、日本では明治二六年の石田羊一郎・大屋八十八郎共訳、同三一年の土井晩翠訳をふくめて複数の邦訳が出版されてひろく読者を獲得した。(6) しかし邦訳の出る以前にも、カーライルの没した明治一四年前後にはすでに知識人の間に多数の読者が存在した。(7) ひとつにはキリスト教関係者の間での広がりがあり、またひとつには大学など学校関係者を通じての浸透があった。

明治日本における英雄思想のもっとも早くからの鼓吹者の一人は政教社の三宅雪嶺であるが、そのきっかけはカーライル心酔者であった東京大学文学部教授の外山正一が学生にカーライルを推賞し、原書を読ませたことによる。外山の教え子であった三宅はその影響で明治一〇年代の半ばころから盛んにカーライルを読み、のち言論界文学界における強力な英雄崇拝論の宣布者となるのである。カーライルの書物は大学、専門学校などでテキストとして採用されたが、英学生らは教材としてだけでなく、その求道的精神を満たす書としてこれを熱烈に支持した。それはかつての儒学・漢学学習の態度と通じており、当時の四書五経に相当する役割を彼らはそこに求めたのだという。その英雄精神を伝記風に述べたところも、孔子や孟子の教訓に慣れ親しんできた明治の人々にとって最適の「泰西訓話」となりえた理由であった。(8) カーライルの名はエマーソンと並んで、これ以前のルソーやミル、スペンサーの名にとって代わり、一代の人心に大きな影響を与えた。文学界に活躍した人々でいえば、国木田独歩、北村透谷、山路愛山、宮崎湖處子、中里介山、夏目漱石、高山樗牛など、その他官公私立大学、専門学校の出身者でカーライルの洗礼を受けない著者はなかった。(9)

これとは別に、カーライル思想が日本に本格的に根を下ろすようになったのは、キリスト教関係者の力によるところも大きい。カーライルが取り上げた英雄が、ムハンマド、ダンテ、ジョンソン、クロムウェルといった、いずれも神の特殊な「召命」をうけた人々であったことと関係するだろう。すでに明治一四年二月の『六合雑誌』五号に「カーラエル氏略伝」が掲載され、同年一二号にも「詩論一班」という文章のなかにカーライルの思想を絡めて論じたものがあるが、両者とも植村正久の手になるものであった。(10)

以後、カーライルの思想は『女学雑誌』や『日本評論』などのキリスト教系雑誌につぎつぎに紹介されていった。なかでも『女学雑誌』の巌本善治は熱心なカーライル信奉者であった。巌本は先述したとおり、「新宗教」出現に備えるべく『日本宗教』誌を立ち上げたクリスチャンである。新神学関係者でいえば、『六合雑誌』編集に携わった大西祝も、早くからカーライルの影響を受けていた。グリーンの人格主義的倫理学とカーライルの英雄論とを同時に理想と考えていた大西は、両者の影響の色濃い宗教論をなし、たとえばその「教祖と教徒」論文にはこれらの思想をあてはめたイエス崇拝論を説いている。ほかにも内村鑑三、新渡戸稲造など教界の著名人士でカーライルを熱読しない者はなかった。(11) 学界、思想界、キリスト教方面の人々の熱心な支持と研究により、明治二〇年代に入ってからはカーライル思想の理解がいっそう進んでいった。

キリスト教と英雄崇拝

カーライルは二元論的世界観をもって、物質的世界を、空なるものではあるが神の威力と存在の顕現であると考えた。その宗教観について、住谷天来（英雄崇拝論の翻訳者の一人）は、「彼の神は、一宗一派の神でなく、宇宙万有、男女老少聖俗の中に存するもの」であって、宇宙は無限の霊で、万有はその発現であるとする汎神論があったと述べている。カーライルは宗教家ではなく、教会には属しないが、信仰はあった。それは「陸象山のように宇宙を包む大なる自我で、神と共に歩み、共に働き、千古万古に亘り存在するヒューマニチイに自我を見出す」という信仰である。人間は「神の表徴」、そのなすすべては「彼れの衷に在る神より与えられた神秘な力の表徴であり、啓示」だとする内在神論がその特徴である。[12] カーライルはそうして、クリスチャンではないが、「神の贈った偉人を崇め、英雄を拝して敬服」する篤い信仰をもっていたのである。[13]

万有における「神の実在と内在」の確信によってみれば、キリストもまたそのうちの一人、一人の英雄（人間）として解し直される。これによってカーライルはキリスト教徒に次のようなメッセージを発することになる。伝統的キリスト教を「着古された衣服」として切り捨てる一方、「歴史の基督」に対しては「最高の崇敬」をもって対し、「ナザレのイエスとその生涯とその伝記とそれに伴うすべてをみよ」と叫ぶものである。[14] それは救世主キリストから人間イエスへ、伝統宗教から英雄崇拝への導きであった。

クリスチャンで植村正久に傾倒していた国木田独歩のキリスト教理解は、英雄崇拝につよく彩られた次のようなものであった。「英雄なくんば吾人生を失望す……此の世界若し彼のクリストなく、ミルトンなくルーテルなく其他『シンセリテイ』以て茲に立ち人間を教へ、人類を導き、人類を支配せざりしならば吾、人生を失望す。吾は英雄の雄魂霊心を通じて人生の希望を認む。英雄なくんば世は空なり。愚人の集合たるに過ぎず」。[15]

英雄崇拝論の完訳（『英雄論』）を出した土井晩翠は、キリスト教の周辺にとどまりながら、ついにクリスチャンとはならなかったが、カーライル英雄論の意義についてはこう述べている。開国後の三〇年間、「物質的文明の利害」を経験してきたが、いまだ「民心其憑依するところを知ら」ない現在の日本で、英雄論こそが、「霊界嚮導の光」として「新信仰」を渴望する人々に求められるべきものであると。[16] 人々の「新信仰」への渇望を吸収し、日本に「新宗教」出現の機運を促すべく巌本善治らによって発刊された『日本宗教』誌には、毎号必ず「史伝」が設けられて、宗教そのものより宗教的人物の紹介に力を入れたこと（史論的人物伝、英雄的人物中心の宗教把握）、新宗教の出現が新教理の出現などとしてではなく、宗教的英雄の出現つまり「大人の起る」こととして予言されていたことなどがこれに関して思い起こされるであろう。

「人皆天才也」――デモクラシーへの含意

ところで明治人による英雄思想の受容を特徴づけていたのは、三宅雪嶺の言葉を借りれば「人皆天才也」（ここで天才とは、英雄偉人の別名）というある種の平等主義、民主的性格であった。雪嶺が強調したことは、英雄のもつとされる至誠の資質（神的理念、宇宙理想に応ずる心）はある人々だけに特別に与えられるものではない、人は究極的にはみな神（宇宙）の意志と理想をうけて生まれた神の子であり、小我の塵欲を去って本来の姿となれば、それが英雄偉人になる道なのだということであった。[17] 彼が「人皆天才也」というのは、努力工夫すればそのような心的境地にだれでも至ることができるということであり、その天才を実現する努力工夫を尽くすか尽くさないかが、英雄凡人の岐路になるのだということである。

いわゆるデモクラシーとは、本来は、その機会を万人に与えることをいうのでなければならない。英雄信仰を新時代のキリスト教、新信仰とした国木田独歩は、先の言につづけてこう記していた。「而して吾自ら英雄たる能はずんば人生程怪しくて恐ろしき者はあらず。……『英雄たるは義務なり。』之れ吾が信仰の粋也」。英雄信仰は英雄崇拝に終始するのでなく、自らを英雄と化するべきことへの熱烈な誓いを伴うのである。

人類は結局神意（宇宙意志）の現れによって生きるが、英雄偉人はだれよりも多くその意志を体し、その理想を追求する者である。デモクラシーの時代にあっては、英雄論は封建時代の残滓のようにいわれたけれども真実は逆であった。

デモクラシーの本意は、英雄を引きおろして凡人並みにするところにあるのではなく、凡人が英雄になりうる機会を平等に与えるところにあるのだと雪嶺は解する。雪嶺の政教社としばしば対比される民友社の徳富蘇峰にも英雄論の影響は及んでおり、多数の平民主義的英雄論が出版された。英雄思想は両社の立場の違いを超えて、明治日本に流通していくのである。

近代的なデモクラシーと前近代的なものと考えられがちであった英雄崇拝とはこうして調和され、明治青年を指導する新しい理念となった。平等的理想の近代的な響きをもって新時代の福音と聞こえたカーライル英雄論は、四書五経に代わる新しい精神鍛錬ないし人格修養の書となった。至誠および宗教的神秘の価値を内在化し、自ら英雄たるべく奮起する気概を導いた。カーライルは激しい自己変革への衝動と燃えるような信仰心とを掻き立てずにはおかず、文学方面では、反世俗的理想主義文学の提唱のよりどころとなり、またときに、世の弊風を正すためのよりどころとなって各種の社会運動を導いた(18)。カーライルはエマーソンとともに青年学の第一条件でありつづけ、三〇年代に入ってのニーチェ、三七、八年の日露戦争時のトルストイなどに比較しても、ずっと強い力で青年の心を支配しつづけたという(19)。

このようにキリスト者を含む明治青年の求道心を背景に、英雄崇拝思想はもっとも早い時期において進歩的キリスト教徒や学生らに大きな思想的影響力をもっていた。そしてそれは自然、姉崎の宗教学にも影響を及ぼしたようである。つづけてみていこう。

2　姉崎宗教学の宗祖論

(1)　宗祖偉人の「感化」力

「倫理教化の用具」

姉崎宗教学への英雄崇拝論の影響は、『比較宗教学』と『宗教学概論』の二著および同時期の「英雄出現の信仰と其勢力」や「我邦の英雄崇拝と倫理修養」などの論文[20]、『復活の曙光』などでの宗祖論にみることができる。姉崎は宗祖ら宗教的偉人を「(心霊的)英雄」と呼び、英雄崇拝を宗教心の発現とする理解をそこに示した。

姉崎によれば、「宗教」を「人心が自己以上の勢力を憧憬渇迎」することと定義すれば、英雄崇拝は「人間の中に其崇拝渇仰の対象を求むる」一種の宗教とできる。「英雄」(hero)の語源が「人間的霊神」(東洋でいう鬼神、現人神、権現にあたる)であるところからそれが明らかだという。これら英雄中には、仏陀やキリストといった一宗の開祖だけでなく、道宣律師、伝教大師、アウグスティヌス、禅宗諸祖、シュライエルマッヘル、バンヤン、ルター、日蓮といった「高僧及改革者」も含まれた[21]。

それだけでなくこの宗教は、単に英雄を渇仰崇拝するにとどまらず、これを「活用利導」して「倫理教化の一勢力たらしむ」ことができる点、注目を要するという。

凡そ人は各自断片的に英雄にして……何人も自家の長処俊出の資を抱かざるなし。……英雄俊傑と雖も、其が人類たる限に於ては、吾人……其性格に同情し……之が模倣を企つべし。……其が道徳上人々の性格を完成し品性を涵養するの要具たる所以なり[22]。

単なる英雄の渇仰崇拝に終わらず、人々をして「自ら之が資性を開発せしめ」ること、つまり英雄崇拝は「人心感化の大勢力となり、倫理教化の一要具となる」点が重要であって、これは道徳、宗教、教育に関わる大テーマになるという[23]。英雄崇拝じたいは世界のどこにでもある現象だが、日本人は東アジア一の英雄崇拝の人民なのだから[24]、とりわけこれを活かして日本人の「倫理修養の一助たらしむ」べきである。ただしそのためには、いま世間一般の英雄崇拝は改められなければならない。いま行われているのは、英雄の俊傑なる人格に敬服するものでなく、その偉功に目を奪われて英雄の神力を呪物的に崇拝するものである。この御利益的な「呪力的英雄崇拝」を改め、祈願の性質を除去して清浄な「道徳的模範としての崇拝」に化する必要があろう[25]。

「神人」との「交感」

ヨーロッパ留学を経て、姉崎の宗祖論は、「倫理教化の用具」論とは異なる信仰的側面からの展開をみた。帰朝後の姉崎は神秘主義の信仰をふかめ、「神人の合一」こそ宗教であり、その「心髄は……大我即ち一切精神の根底を吾等の精神に体得すること」だと述べるようになっていた。(26) これにかかわって、宗教とは小我が大我（神）に直接接触するというよりも、キリストや釈迦などの「神人」との「交感」をまず求めるもの、じっさいは「神人の信を本とする」ものだと説くようになったのがそれである。

吾等が、まだ人間である以上は、彼我を絶した愛に依て神に合一することは至難である。［だがそれ］を現実にした神人があれば、其の人格に対して至誠至信の帰敬を捧げて、其の人に同情交感し、己れを其人の人格の中に没することに依て、神に似んことを勉め［ることができる］。(27)

じっさいの信仰生活では、ただちに神と合一する代わりに、神人に同化せんとする、すなわち「神人を信ずる事に依て父なる神に帰入」するのだ。(28)

この「同情交感」の宗教信仰をなす者にとって、宗祖の「半神半人」たる性格が重要である。彼が神の側面をもつ以外に、人の側面ももっているからこそ、「吾等も亦同じ境涯に至り得るとの保障を与へ」ることになる。キリストは神たりながら、人の本性は罪人だとする伝統中において「自ら任じて『人』と称し、人の模表として世に現はれた」。仏陀に接する仏徒は、彼のその人間的方面により「成道得道の保障を与へられ、模範を示され」ると同時に、仏陀の「如来」としての神的方面を信仰することにおいて「吾等……の内には、直ちに仏其ものが現はれて来る」のである。彼らを媒介にして初めて「人即神」に達することが可能になる。(29)

このときには宗祖の人間的方面、「吾等人間と同じ肉体を有し、同じ煩悶と健闘とを遂げた」「彼等の一生」に思いを致すことが大きな助けとなる。

所行讃に描かれた如き仏陀の出家は、世間の五欲と闘ひ、小我の執着を断ずべき吾等の精神的修養の好模範である。福音伝に現はれて居るキリストの、受洗より死に至る間の勇奮意気、特に其の死に先だつ数日間の決心と煩悶とは、吾等人間が肉体の罪から逃れ出で、、天父の慈愛に投ずべき天命と其の間に起る生活執着に対する勇奮苦悶の激烈なる標本である。(30)

彼らの人間としての側面は「純粋に……吾等の心情の奥を叩き」、これに同情し、尊敬すると同時に、大きな力を与えてくれる。神人同性のキリスト、煩悩即菩提を実現した仏陀は、「単に宗義でなくして、活きた力である」。「彼等の説いた教理がどうであるの、かうであるのといふ批評もあるが、吾等は口舌の真理よりも、彼等の神人たる人格に帰敬するのである」(31)。

かく姉崎は、人間と神人との間の「同情交通」をもって宗教信仰の中心となし、それを神人合一の易行として説いた。ただし易行とはいうものの、ここで釈迦やキリストに対する「信」は、彼らの人格への帰敬そして愛であって、神に対する祈願的ないし他力的な信仰感情とは別物である。彼らが我らの救主だというときのその意味は、「其の人と同じく、吾等も亦人であって同時に即ち神である（若くは神となり得る、若くはならなければならぬ）ことを眼前に示し」てくれるという意味において、救主だというに他ならない(32)。

姉崎の神人論は、「理想に近づける方法を教へ……精神を修練せしむる」ことこそ宗教の職務だとする見地より(33)、キリストや釈迦の存在はその引き金として、各人の宗教的情操に訴える「感化」者として、菩提の理想や父なる神それ自身よりも重要な位置を占めるとするものであった。姉崎がかつて宗教を定義していった、神との人格的交渉とは、実際には「神人」との人格的交渉、神人との情操的「感応」によって実践されるのだということになった。

(2) 姉崎の仏教研究——宗祖論の応用

以上のような宗祖理解そして宗教把握は、姉崎を人物中心的な宗教史研究へと向かわせていく。姉崎は、多大な感化力をもつ宗教的人格として、仏陀や日蓮を選び、キリシタンや聖徳太子を論じていった[34]。仏教に関する姉崎の著作中に『現身仏と法身仏』(明治三七年)や『根本仏教』(明治四三年)があるが、方法論を明確にした前者を通してその特徴を明らかにしておこう。

哲学的仏身論への挑戦——「史上現実の仏陀」

『現身仏と法身仏』は仏陀の出世よりその後数百年の仏教史を扱ったもので、「解脱道の師主としてその感化を残」した「史上現実の仏陀」がやがて「宗教信仰の中心として……常住永遠の実在神格とな」っていった経路、「現身の仏陀[が]法身の仏陀と化し」ていった経緯を明らかにしたものである[35]。

「史上現実の仏陀」から始めようとする仏教史研究は、当時の仏教学では必ずしも自明ではなく、姉崎の研究が、従来的研究の批判の上になされたものであったことをみておく必要がある。一般にそれまでの宗教史研究は、宗教史の展開を「団体的非人格的」にのみとらえて、この間における「個人的勢力を蔑視」してきたとの問題意識が姉崎にはあった[36]。仏教史研究に即していえば、現身仏と法身仏をめぐる教理など仏教哲学を中心にする叙述がおこなわれているが、それらは史上現実の仏陀の「人格に関する信仰、考察の発達史」のなかに位置づけなおされねばならない[37]、と姉崎はいう。

この方法上の転換は、宗教は神人的英雄の人格崇拝に始まるとする、先に述べた姉崎の宗教観から導かれている。没主体的な従来の宗教史に対抗して、非凡な宗教的人格の宗教形成上に及ぼす力に宗教発達の主因を求めた彼の観点は、英雄論的発想を宗教史研究に持ち込んだものであった[38]。仏教哲学では、法身あるいは真如の観念をもって、「仏陀の一生を形而上的根本より説明せんとする」が、宗教信仰は「人間仏陀」に関する「事実」の側にこそある。仏教哲学はこの事実そのものは扱わず、たんなる事実の説明ないし考究にとどまっている。姉崎はそうして、哲学(説明)は宗教信仰（事実）を「変更し或は浸蝕するの権能」はないと自らの優位を宣言するのである。[39]

こうした仏教研究が、方法次元の相違にとどまらず、仏教の本質に関わって物議を醸しかねない問題を呈することになるのは予想されることであった。仏教の形而上的教理やこれを擬人化した如来等の観念はすべて、人間仏陀の偉大な人格ゆえに後代生じた派生物であり、史上現実の仏陀の代替物にすぎないとする仏教論に姉崎の研究はつながってくる。仏身論にひきつけていえば、法身仏の観念によって仏身不滅の理を説明するのは、史上の仏陀の「代償」を求めた行為に他ならず、[40] 法身への帰依も派生的にすぎないことになってしまう。[41]

姉崎の考えでは、当時の仏弟子たちをみれば、どちらが仏教本来のあり方であったかは明白である。彼らは「その形而上的根柢の如何に関せず」、現身の仏陀、人間仏陀を師主として慕っていた。それが当時は当たり前であったが、仏陀滅後の仏徒のなかに「仏陀を神人とするの余り、終にその人間的性質をも否定し、若くはその肉身の一生を以て一幻影とするに至りし」者があったために、法身仏の教理が発生した。これはキリスト教の初期にキリストの人間性を幻影にすぎないとした幻影論が出現したのと同じである。仏法僧の三宝における中心重点は「云ふまでもなく、仏陀の人格にあ」ることを明らかにすべく、姉崎は、「事実」に代えて「教法」が生じ、「人格」に代えて「信仰」が生じたという歴史過程を示して、「大覚世尊の偉大なる人格を中心」とした仏教論を打ち立てようとするのであった。[42]

修養悟道の模範として

仏陀の神格化を後世の人為として、原初の仏陀の「人間的性質」を考察の中心におく方法は、歴史的事実を重んじたためであったというだけでなく、姉崎宗教学のもつ心理的倫理的な要求にも合致するものであった。

仏陀の出現を神話に転じたり、仏陀の現実の人格を無視して「自らその宗教或は哲学の深遠を誇」[43] ろうとするのは、仏陀の発心成道が「人間の心理的過程」であることを認めたがらない人々だと姉崎は反発していた。代わって彼は、仏陀が経た心理的過程というものは、天才のみに許される特異な現象ではないことを強調しようとする。

仏陀も元は人間にして、その肉体的生活に於ては嘗て他の人々と同じく、情欲を有し、世事に繫縛せられしに、之を脱する事によりて仏陀となれり……仏陀の成道は決して人間以外の奇跡にあらず……実に人間として修行健闘の過程を経しなり。(44)

仏陀にまつわる神話的装飾をとり除き、人間ゴータマの発心成道にいたる心理的過程を明らかにすることは、凡人にも可能な「修養悟道の模範」を多数の元に届けることである。仏陀は人間的に活写され、そうして「人間の中に人間の努力を以て、人間の甚深なる根柢理想を発揮したる師表」、「吾人を菩提に導く師主」とされるべきである。かくして仏陀の「その法、その慧、その力を自身に体得して……己れ……を如来とする」当時の仏弟子たちの態度を今日に復活させることができるのだ。(45)

仏陀を衆生の救い主として帰依依信しようとする者もあるが、これはどうするか。これにもやはり姉崎は、救い主に対する「信」は「単に他力廻向に入るの信にもあらず、神の摂護に対する信にもあらず、仏陀の人格に対する愛」でなければならないと、あくまで人格主義を貫こうとする。(46) 仏陀の発心成道の一般化＝心理化に心を砕くその仏教学は、「人即神」の宗教観と、倫理修養への高い関心に導かれている。そうした理想をめざすかぎり、他力回向の仏教は用をなさない。

キリスト教に対しても同じであって、「神人」キリスト崇拝の目的は、単なる「安心立命」で終わってはならない。キリストにすがる救済論でなく、人間イエスを差し出して修道の模範とし、向上心をかきたて「人即神」の理想に資するイエス崇拝を論じなければならない。自らが英雄となる英雄崇拝をこそ説くべきなのだとしたのだった。

井上哲次郎・村上専精・井上円了との比較

姉崎宗教学において宗祖は人間論的に切り下げられはするが、宗教信仰の中心としての地位はかえって堅固にされていることをみた。これを前章に述べた井上哲次郎の倫理的宗教論（実在宗教論）に比べてみると、その特徴がより際立ってくる。

ふたりとも宗教信仰における内在的契機を重視するのは似ている。だが井上のそれは、人間が普遍的にもっているとされる「実在」希求の本性に、信仰や倫理の直接的動機づけを求めて、そこに宗祖偉人を介することを想定していない。キリストや釈迦は一宗の開祖として各宗教中には重んじられようが、宗教の本質には関わりがないとの哲学的見地がこれに絡んでいる。対して姉崎の場合は、宗教的情操に訴える人間性なまなましい宗祖人格への崇拝（その感化力）を信仰心発動の不可欠の条件とみる。無限の大我＝実在との内在的な直接合一をいうのとは異なって、実在と人とのあいだに「神人」的存在を介在させてのみ、実際的宗教信仰は行われ得ると考えるのであった。

形而上的「実在」や「大我」によって説く抽象的宗教は、哲学的思考に耐えうる上級者を引き付け得るかもしれないが、広く一般向きではない。対して、「大我」に合一した先達たるキリストや釈迦に自らの心と行為を重ねることは誰でもできる。人間はすべて宗教的である（宗教的人間＝ホモ・リリジャス）と姉崎がいうときそれは、直接神に接し得ないにしても、少なくともすべての人間は宗教的偉人からの感化を受け、「感応」する能力をもつということを意味した。だから「実在」という抽象を、具体的なる宗祖の「人格」に置き代えることが決定的に重要だとしたのだった。

井上はのちに一部妥協をし、宗祖の感化上の役割を認める発言をも行っている。だがそのような妥協のなかでもやはり、非人格的な実在なるものに直接合一するという宗教理想、宗教への哲学的アプローチを優位におく姿勢は崩さなかった。すなわち井上は、特定宗派に偏らず、しかし積極的に「釈迦、耶蘇、孔子、乃至伝教、弘法等」の宗祖的人物の事跡を取り上げ、感化の実をあげるべきことを説き、(47)その後、宗教的情操教育論が話題に上ったときにも宗祖伝を用いてこれを行うことを支持している。だがその大前提として、こうした宗教的情操教育の対象は「小学校及び中学校、高等女学校、其他中等程度の学校」の「修身、倫理の学科」にかぎられる、との考えがあった。「知的教育」を主とする高等学校以上、大学の学生など「十分発達している」者に対しては、宗祖の事跡を語って聞かせるなどの要はない。こうした学校では「最も冷静なる頭脳を必要とするので、宗教的情操は却って害をなす」ことになるというのであった。(48)姉崎の論じたのとは異なって、「哲学こそ知識人の宗教」だという考え方の基本線は固く守られており、宗祖の感化力に頼る情操教育は知識層（自分たち）には無用だとする点で井上は明瞭であった。

姉崎が批判した、精神を「形而上的主義として……其の人格性を容れない」「世間の哲学者」の中にはこうして井上を含めてみることができるが、直接には仏教理解をめぐって対立していた文科大学印度哲学の村上専精への反発があったことをもみなければならない。

姉崎は文科大学在学中、村上が印度哲学講師であったときに、仏身論の一篇を草して提出したことがあったというが[49]、ふたりはその頃から異見をぶつけあうようになっている。村上によればその対立点は、仏法僧三宝のうち、仏教の中心点を姉崎は「仏」に置いたのに対し、自分は「法」（＝涅槃、宇宙の真理、精神の原理）に置いたところにあったという[50]。姉崎が提出したという論文は、「法」中心の哲学的仏教学とはちがって、「この人格を信ずる者にとりては、仏陀は、一切菩提の帰趨又源泉なり」とする[51]、「仏」優位の仏教論を述べた最初期のものであったろう。

井上哲次郎の実在宗教論に対して、宗教には人格的対象が不可欠だとする考えを姉崎も村上も持ったが、このときも二人の論点にはその違いが現れた。村上は、宗教に感化は必要で、感化力にすぐれる人格的存在が必要だとしたが、そのいう人格的存在とは、「法」「涅槃」の「根本的原理を人格」化した毘盧遮那仏などの「如来」のことであった[52]。キリスト教の神や仏教の阿弥陀仏など人格的救主の実在を村上が斥けるのは姉崎も同じだったが、村上の右の論はやはり姉崎の嫌う「形而上的主義の……哲学者」のそれであった。

なお井上円了も宗教上の感化力という観点から、伝統的仏教を弁護して井上哲次郎に反対したが、彼の場合は阿弥陀仏の実在（人格的救済者の観念）をたてるものであった。円了は村上の論に対しては、法身の涅槃に陥ることなく、報身を含む三身を立てることこそ仏教の長所だと苦言を呈したのだったが、ここで円了がきっぱりと報身の人格的実在を重んじるのは、宗教の「目的は安心立命」にあるとしたことと関係があった[53]。姉崎との関係を仏身論でいえば、現身仏（応身仏）たる釈尊に注目するのが倫理や成道に重きをおく姉崎であったなら、救済こそ宗教の本領とする円了は報身仏たる阿弥陀仏（救済理念の人格化）こそを重視するわけである[54]。歴史的人物としてのゴータマ・ブッダそれ自身について考究を深めるだけでは、宗教の本領をなさない。要するに円了のいう宗教の感化力とは、他力回向の信仰における、弥陀の発する救済力をさしていた。

この二人に対して、姉崎が宗教の人格化というときは、宗祖仏陀の形而上的外皮を剝ぎ取って、一人の人間ゴータマとしてこれを衆目にさらすことを意味した。教理の擬人化（「人格的実在」）を退ける合理主義においては姉崎はむしろ井上哲次郎に一致している。ただし井上も求める宗教の道徳的応用のためにも、英雄崇拝的な人間の心情を用いるべきとの考えをそこに加えたのだった。こうしてみれば姉崎の人格的宗教論は、井上の論の修正ヴァージョン、英雄論的見解をもちいた宗教学的修正ヴァージョンとしてみることのできるものであった(55)。

3　吉田熊次との対立──宗教学と教育学

このような宗教学的見地よりなされた倫理道徳と宗教をめぐる議論は、道徳を扱う教育界やその権威からはどのようにみられていただろうか。

倫理修養─人格感化の宗教論をもって、姉崎は国民教育論議に参じ、明治末年の三教会同開催にも尽力することになるが、こうした動きを芳しく思わない人々もあった。三教会同は姉崎の支持のもと政府内務省によって実現され、つづく宗教者と教育者による会合も姉崎らの働きかけにより実行された。宗教と教育のこうした接近の試みには、「宗教絶対論」の立場をとる宗教家、「教育本位論」の立場をとる教育家からの反対の声があげられたという(56)。

ここに「教育と宗教」をめぐる三度目の論争が沸騰するが、ここではそのうち教育学の見地より姉崎に対立した吉田熊次の見解に注目してみたい。姉崎の宗教学的人格修養論は、哲学や成立宗教からの立場によるもののほかに、教育学とも対立点をなす面のあったことを確認しておきたいのである。

三教会同に対しては、この動きを、政府が現在の修身教育のあり方に否定的な者らの肩を持ったとして反対するなど、教育者からの反論が目立った。これを代表したのが吉田熊次[57]である。吉田は、明治四〇年に東京帝国大学助教授、大正五年に同教授となって教育学を担当した。国定修身教科書の編纂や高等師範学校での教員養成に携わり、日本の教育学・教育界を背負って立った人物である。大学での指導教授は井上哲次郎で、その娘を妻に迎えた。姉崎も大学で井上の指導を受け、宗教学教授として同様の経緯をたどっている。二人は東大での両分野におけるそれぞれ最初の専任教官として、両学問を日本で代表する立場に立っていた。

吉田は三教会同への反対だけではなしに、それが理論的背景としていた姉崎の宗教的人格修養論について踏み込んだ批判をおこなった。ふたりはそれ以前より互いの見解の相違を知り得ていたであろうが、三教会同はこれを正面よりぶつけ合う機会となった。二人の対立は、各々が代表する宗教学と教育学の学問思想上の対立として理解できると同時に、新しい学問をそれぞれに率いて世間一般における発言力を確立させていくという隣接学問間での政治的勢力争いの側面もあった。とくに三教会同では劣勢側に立たされた吉田にとっては、教育は、教育と宗教の分離を前提に文部省—教育学(吉田)によって扱われるべき専管事項と決まっているはずのところに、内務省—宗教学(姉崎)による宗教的道徳推進の動きは、教育(学)領域への侵犯に似たものとして感じられたはずである。修身教育の不振が課題として教育関係者に突きつけられていた当時、吉田としてもこの宗教的教育論に対しては真剣に対応、反駁せざるを得なかった。

両者の対立点は主に、姉崎正治『宗教と教育』(明治四五年)および吉田熊次『我が国民道徳と宗教との関係』(同年)によって知ることができる。これに吉田の他の著作も加えて、その主張の要点および立脚点を明らかにしよう。

(1) 宗教と教育の関係をめぐって

「宗教が本で教育が副」

くりかえせば姉崎の考え方の基本は、宗祖偉人の人格的な感化力が、信徒らの信仰および倫理道徳の発達にとって不可欠だとするところにあった。この知見を教育の場に応用しようというのが、姉崎の提案である。ただし学校に宗教を持ち込まぬという原則のもとではそれは、授業で宗教を教えるという提案ではなくして、まず教師が個人として宗教的信念を持つことを勧めるものであった。宗教における宗祖偉人の役割は、教育の現場では信念篤き教師がそれを任じるのであり、強く深い信仰心によって自ら人格的権威を帯びた教師の感化は、自然に生徒たちを動かす結果になろうというのである。この当時、修身教育の不振の原因は教師らの感化力不足にあるとされ、これを養うために教師の人格修養の必要がさけばれていた。姉崎がいうのはその人格修養は宗教信仰を基礎にしたものでなければならない、信念の人となった教師こそが真に感化力を増して生徒らの道徳向上につながるのだという主張であった。

しかしながらこれを阻む最大の障害になっているもの、広い意味で修身教育の停滞を招いているのは、「教育社会」に「宗教排斥の空気」が横流していることであると姉崎はいう。(58)この「宗教排斥の空気」を根底より支えているのは、「教育本位」の考え方——教育は「科学と道徳とを基本とし又万事とする」ものであり、「国民の感化に宗教を用ひるのは教育に有害」だとする考え方——であるといい、これを代表するのは吉田だと名指しした。

姉崎は、吉田が、床次—姉崎の主張にしたがえば「宗教が本で教育が副となり、宗教が目的で、国家はその余沢を受けるに止まるじゃないか」といったとする言葉をとらえて、このような誤った考え方は、教育が「人生のための教育たることを忘れ」ていることから出てくるのだと批判する。宗教と教育の違いは方法の差に過ぎず、両方とも「人格の完成」という共通の課題をもち、その根本と目的は同一である。ところが「吉田君の議論は、宗教と教育とどちらを本位とするかといふ表面の形式を述べただけで、人生の内容意味には少しも入らずに、忽に宗教無用の結論をしたものである。どこまでも人生本位の主義を見ない形式論である」。

吉田のように「現実国家主義の道徳があれば宗教に用はないとか、科学の文明が発達すれば、理想だとか信仰だとかいふものは消滅すると云ふ如き、簡単な考へをする人」は、「近世文明の性質を領解せず、日本の位置を知らず、又実に人生の活動が如何なる力で出来て居るかを知らない者」である。つまり人生を豊富にするための宗教であり教育であることを見ないために「主客本末論」に陥っているのだというのであった。(59)

しかし吉田の指摘もまちがっていない。姉崎の宗教的教育論は、「人格の完成」という目的で一致している宗教＝教育論を前提として、昨今の最大の課題が教育者自身の人格問題とされるところに、彼らが人格力を身につけるには宗教が根幹になければならないとするものである。教育者の人格問題は信仰問題である、教育の成否を決するのは「教育者自身の信仰が、如何に深く人生の根柢に入り得たるや否や」による。[60]人格の完成という目的は同一であっても、道徳より宗教の方が人生に「深く」入り込むものであるから、信仰をもてば道徳単独で行うときよりも目的によりよく到達できると考えているわけで、その意味では吉田が不平を漏らすように姉崎の見解はただしく宗教上位論であった。

人間を超える絶対的なものに向けられる情操、このような信仰的基礎のことを「宗教的情操」と姉崎は呼んでいた。宗教的情操は宗派宗教の閉じられた関係だけに成立するわけでなく、もっと普遍的に、教育にも応用されると彼はここに説き出した。しかし吉田はこれに納得しなかった。道徳と宗教とを切り離そうとする吉田は、やがてそうした絶対的な帰依の感情を「道徳的情操」と呼んで対抗することになる。[61]つぎに吉田の宗教観および教育観をみていこう。

吉田の宗教観と姉崎批判

姉崎の説では道徳は表面的で宗教は根底的であった。対して吉田の考えでは、教育は一般的社会的なもの、宗教は個人的なものであり、両者はその範囲と本質を異にする。[62]学校教育は社会生活に必要な徳を授けるもので、宗教は個人的安心立命に必要な世界観と人生観を与えるものである。精神的弱者の救済を宗教の役割とする見方も吉田は述べている。「憐むべき不幸の者」や「社会の信用を全く失ひて頼る辺のなき罪人」などを「一視同仁の慈愛を以て、之に同情し之を救済する」のが宗教的活動だとする[63]弱者救済的な宗教把握は、自律的倫理への入り口を宗教にみる姉崎の考えとは大きな隔たりがあった。

明治二〇年代の教育と宗教の衝突事件以来つづいてきた、宗教は反国家的であるという見方にも吉田は同意を与えている。宗教はどの宗派でも神の意志に絶対の価値をおくから、国家の理想と矛盾してでも神の意志に従うことを躊躇しない。この考えから吉田は教育と宗教の分離原則を絶対的に支持するのであり、同じ観点から三教会同についても「宗教家は宗教の範囲内にて活動」するにとどめよと希望するのである。[64]

吉田はおおよそこのような宗教観にのっとって、「教育と宗教とは、何かの点で相関係し、又契合せざるを得ない」とする姉崎の見解は独特の宗教定義によって初めて出てくる主張であること、その宗教定義があまりに「広義」なために混乱を来たしていると指摘する。姉崎のように「若し或る人格を尊崇することが宗教といはるるならば、すべての英雄崇拝は皆宗教となり、修身教授に於いて模範的人物を取って道徳を授くることも一種の宗教となる道理」だが、そもそもこの見方を採れば「宗教と道徳とは常に一つで同一体となるから、両者の関係の如きは問題となり得ない」。宗教なしに道徳が成立するかどうかという問題は「宗教の定義如何」でどうにでもなり、あまりに道徳に近接する姉崎の定義では議論は成り立たない[65]。

翻って、しかし床次次官の計画した三教会同については、この提案は狭義の宗教（宗派宗教）に従事する人々に呼びかけるものであるから、その是非について姉崎の広義の宗教論によって議論することはおかしい[66]。吉田は宗派宗教によらない抽象的な「宗教的情操」なるものは存在しないと考えている。百歩譲ってそのようなものが存在するとしても、それが宗派に無関係の情操だというならば、それはすでに「宗教的」ではなく、「道徳的」情操（道徳律に対する絶対的帰依の感情）というべきなのだ。

教育と宗教の提携論―三教会同をめぐる二人の対立点は、宗教者の教育協力に賛成か反対かという単純なものではなく、それぞれの宗教観、教育の内容範囲をめぐる見解の相違に遡るものであった。またさらには国民教育がよるべき方法論に関しても二人の間には大きな意見の相違があった。姉崎はともかく教師の人格改善と感化力の重視（それゆえの宗教信仰の推奨）をいうものであったが、吉田のそれは教師の問題を含めて道徳教育は「宗教」ではなく「科学」の力によってなされるべきとするものであった。つぎにそれをみよう。

(2) 吉田の「科学的」道徳論

『訓練論』

今日の科学的倫理学者はみな、宗教と道徳とを区別し、「宗教に依らなくとも道徳の成立し得る」ことを認めている。

知育と同様、「各種の科学……を基礎として居」る学校教育の徳育は、この「科学的」たることにおいて、宗教の説く道徳とは主義上も方法論上もはっきり区別されると吉田はいう。[67] 教育学の役割はその方法を極めるところにある。吉田はその『訓練論』（明治四三年）で「科学的」徳育の方法を具体的に述べた。現今いわれるところの人格の修養、品性の陶冶をどのように行うべきかという問題について、これを「訓練」なる方法によって行うべきと説いたものである。

スペンサー教育学の「徳育、知育、体育」の三分法的教育論が広く行われたのは明治一〇年代、つづく二〇年代には「人格の陶冶」つまり「道徳的人物をつくること」を教育目的としたヘルバルト派の「教授、訓練、管理」の三分法がこれに取って代わった。吉田の説くのはこのうちの「訓練」を首位にみる方法である（すなわち「訓練論」）。吉田によれば、「教授」は「知的方面の陶冶」をいうのに対し、「訓練」は「情操の陶冶」すなわち「意志の方面の陶冶」をいう。[68] 賢い人をつくるのは主に教授の任務であり、品位のある人、働きのある人に仕立てるのが訓練の任務である。訓練の目的は「児童の意志活動を大ならしむる様に仕向くる」こと、そして「其の活動が正当なる様に仕向け」ること、の二点である。[69] 教授と訓練の二つはときとして衝突するが、工夫を凝らしてそれを調和させていくことが教育者の手腕となる。さいごの「管理」は、訓練を施す準備のことであって、訓練に関わる「徳目を児童に授ける」ことだとした。[70]

吉田の訓練論、人格修養の「科学的」方法たるそれに目立つのは、人間（ことに初等教育下にある）の全体的な操作可能性への確信である。個人の先天的気質でさえも、訓練論中にいう「習慣」の力を用いた方法によって変えていくことができるという。

すなわち訓練論は三つの手段の利用からなる。第一に「暗示作用」、第二に「実行の習慣」、第三に「教訓」である。「暗示作用」とは、「外部から児童の精神作用に影響を及ぼす」最初のものであり、児童に対して何らかの「命令」をするとか、こうであると「断言」することなどがこれに当たる。そうするとその命令なり断言なりが児童の脳裏にそのまま受け取られて、それが真実であるという信仰を持たせることができるのである。[71] 児童はまだ自己の精神が十分固まっておらず、他動的なので、容易に刺激を受け取りやすい。児童の感情の陶冶には暗示による以外にない。注意点としては、教師自身が及ぼす感化力は「信仰の感化力」なのであって（ここでいう信仰とは道徳律に対する信仰のこと）、そのためには「教育者自身が強い意志を有たねばならぬ」、「自分にオーソリティーを有たねばならぬ」点である。暗示の効果は、彼自身がどれほどその内容に対して確信をもっているかに正比例するからだ[72]。

暗示作用は道徳に関する「観念」を与えるものであるが、「実行の習慣」をそこに加えていかねばならない。心だけが道徳的になっても実行されないのでは真の訓練にならないからだ。その大要は、①「監督或は監視」すること、②実験心理学の法則に沿った有効な方法で「罰」を与えること、③「賞」すなわち誉めること（「愉快なることは永く記憶される」）、④「情欲（パッション）の争ひを利用」して悪い情欲を善い情欲で抑えつけるようにすること、⑤「範例」を教師が示すこと、である。このようにすれば「実行の習慣」は、暗示の力を補うだけでなく、精神の力を効率的に増加させることができる。

さいごに「教訓」である。「道徳的意志活動」というものは「一定の目的を具へて、意識的に其の目的を追究するものでなければならぬ」。あることを実行するだけでなく、それが何を目的にしているのかを自覚し、そのためにどうしたらよいかを考え、かつそれを実行するものでなければならないということだ。教訓は言い換えれば「道徳的観念を明かにし」てやることである。日本の学校教育の場合にはそれはもちろん、教育勅語の趣旨・内容ということになる。また教訓は理由を示していくこととともいえるが、抽象的思考が発達する青年を対象にするときには重要となる。そうして「道徳に関する原理を授け、選択の自由を誤らぬ様」にしなければならない[73]。

こうした訓練論の要諦にしたがい、吉田は当時一般におこなわれていた修身科教育のやり方について具体的な改善点を述べている。学校では、道徳的人格をつくる情操陶冶の教材だとして歴史や物語などからとった「古来の人物の伝記」を用い、「修身科の教師は一種の講談師が物語りでもして居るやうな有様」になっているが、「漫然と人物の伝記を伝へ」て終わりというのは訓練上、正しいやり方ではない。その伝記の内容が教育勅語の趣旨と関係づけられていないからである。現在のやり方は、訓練上にいう「教訓」および「暗示作用」、「実行の習慣」のいずれにおいても不十分であって、徳育の成果が充分挙がらないのはそのためだとされた[74]。

今日の教育学説史では、吉田はヘルバルト教育学を歪曲して取り入れたと評価されている。その歪曲がどこから来たのかは考えてみる価値がある。彼はヘルバルト派の個人主義的傾向を嫌い、これに代えて教育の社会的意義、国家的見地を強調した。明治三〇年代に吉田は欧米の社会的教育学を日本に導入した。そのなかには教育の根本を理念に向かう意志の陶冶とみ、陶冶の社会的条件と社会生活の陶冶条件とを研究するのが社会的教育学であるとしたパウル・ナトルプ、人はすべて社会的個人なのだから教育の目的は民族の文化問題の解決に協力しうる人を養成することにあるとしたパウル・ベルゲマンの学説があった。しかし吉田はこの社会的教育学を具体化する新しい方法論に欠け、けっきょく教授法に関しては（ヘルバルトを誤用しての）従来の注入主義にとどまったという[75]。留学中に興味をもったヘルマン・エビングハウスなどの実験教育学も吉田は日本に紹介しているが、その影響も考えられよう。

吉田の説く教育法には管理的で注入主義的な特徴[76]と国家的傾向とが顕著であった。前者はヘルバルト三原則受容の際の「訓練」への偏向による他律的操作主義に関わり（方法）、後者は吉田の個人主義ぎらい＝社会的民族的教育学説の支持（内容）に連動していた。姉崎の自律的で宗教的な道徳論に対する、科学的かつ国家的道徳論が吉田の立場であった。

至上命令としての道徳

かく鋭い対立意識を露わにして科学的注入主義と国家主義にこだわる背景には、ある種の哲学・倫理学へのつよい反発があった。吉田の教育学の出発点に、倫理学上の先験的理性（善性）説、その代表学説として流布されていた自我実現説に対する否定ないし対抗の意識があったことをみたい。

明治半ば以降、日本の思想界を席巻したのはドイツ理想主義、観念論の哲学・倫理学であった。吉田の在学時には文科大学哲学科の講義はケーベルや井上哲次郎、中島力造が受け持っていたが、その哲学や倫理学はもっぱらこのドイツ哲学系統の、しきりに理想や人格を力説するものだった。それに吉田は不満を感じていたという。明治三五年の哲学館事件への反省もここに加わり、やがて吉田はカントにしたがい、「実在」や「本体」を究明する哲学と「現象」をあつかう科学とを区別し、形而上の哲学論議を斥ける立場をとっていった。

吉田は教育学を専門に定めたあと、教育勅語による修身教育をカントによって基礎づけようとした。道徳律の尊厳は道徳律そのものに由来し、それ以外から派生するのでない。道徳は義務あるいは至上命令であり、主体はこの実践的(道徳的)次元でのみ存在し、人間の道徳的感情は至上命令の表れでしかない。人間はその先験的本質として善には絶対に帰依し、その実現を欲求する。この意味での道徳律は、日本では、教育勅語に「斯ノ道」として言い表されている。吉田は、教育勅語を宗教や哲学によって権威づけようとする世の風潮に抗して、その力を借りずとも「斯ノ道」はそれ自体で絶対の価値と尊厳を有していることを言おうとしたのだった。

ところが、ドイツ理想主義哲学の「誤謬」が頑固にこの主張を阻もうとする。カントが道徳律そのものに価値をおいたことをカント後のドイツ哲学は忘れ、道徳律の内容を軽視する弊風を生じたが、その流派は日本でも「斯ノ道」を絶対とする修身教育に仇なすものとなっている。すべての道徳律にその哲学的基礎を尋ねることは許されるとはいっても、教育勅語にこれを向けることは許されない。哲学は科学とちがって万人を納得させうる実証を提供できるものではないから、「斯ノ道」の尊厳が毀損される結果となる。(77)

だから教育学としてはその立脚点を、哲学でなく「科学」におくということが大原則となる。このことを弁えず、またそもそもが「修身科」と「倫理学」の区別が教育界においてさえ周知されていないのは大きな問題である。学校教育における修身科の目的は「チャンと小学校の施行規則に明かに記載してあることであって教育に関する勅語の御趣意を児童に充分に伝え、児童をして其御趣意を身に体得するに至れば充分」、つまり教育勅語を「児童に注ぎ込めば足りる」。それ以外に人類共通の世界道徳とか社会全般の道義とかがあって、より高尚な道徳だという考えを教育者自身がもっては修身科の効果は減じてしまう。(78) 倫理学――道徳の哲学的基礎づけや普遍の追求にこだわり、「事実」たる「斯ノ道」の実践から遠のくこと――との決別は、教育に携わる者の肝に銘じるべき第一事なのである。

「自我実現」の無内容・無方策

こうした哲学・倫理学有害論をもとにして、吉田は新カント派の教育学説や大正期の新教育運動に対する批判をすすめていった。そのひとつ、「自我実現」説への批判をみておこう。吉田の反自我実現論は、彼の科学的教育学がそれへの対抗として形成されているという意味で、また姉崎の宗教論（基本は自我実現論の宗教的な語り直しである）への批判にも通じているという意味で重要である。

吉田が指摘するのは、自律・自由を好む自我実現説が先験的理性（善性）を前提とすることの危うさについてであり、またこの説そのものはきわめて穏健で何にでも当てはまるので、国民道徳の確たる基準となることはないという点である。

自我実現が道徳の理想だということを、自分の考えをそのまま実行するのが善であると取り違え、教育上の過ちをおかしやすいのが第一点である。自我実現を、自分の意を満足させるかさせないかという意味にとるなら、盗むことも人を撲ることも自我の実現となる（心理的善と倫理的善の別）。良心の直覚によって善悪を自ら知り得るのだと反論者はいうかもしれないが、それも直覚説と同じ誤りをおかしている。また他の者は、真の自我とは公共善と合している自我のことで、これを善の標準とするのだと主張するかもしれないが、もしそうなら自我を実現するしないと言うことはやめて、端的に、公共善に合する行いを善とすればよい。

しかしこの公共善は世界主義とも国家主義ともなりうる。自我実現説は、極端な直覚説や功利説とくらべて国民道徳とも調和させやすい面をもついっぽう、そもそも固有の「内容」がないから、それをそのまま国民道徳に合うとも反するとも言うことはできない。善悪の標準は自我実現のなかからは導き出せず、「遂に拠る所を知らぬことになる」。自我実現説はそのままでは国民道徳を指導するものとはなりえない。内容と方法とをともに欠いているのだ。[79]

自我実現説は元来が哲学的議論である。それは道徳の「形式」を云々するにすぎず、これに内実を備えさせ、実行に移させること、すなわち具体的な「内容」と「方法」はけっきょく別に補われねばならないということだ。[80] このうち

「内容」を提示するのは「国民道徳」である。「方法」については教育学が科学的なそれを提供しよう。先述したごとくそれは、教育勅語に示された「斯ノ道」の内容（＝国民道徳）を「訓練」という方法によって実現するということに帰着する。

吉田は、国民教育に関して、所与の道徳律の実行にあくまで専念すべきとの主張を堅持し、新カント派の哲学倫理学が自律的道徳説（「良心の説」）を横行させたことを一貫して批判していった。ここよりみれば姉崎の宗教論も同じ一派の説である。内容・方法の欠けた自律的倫理の空論を理念とするかぎり、その宗教的教育の勧めは修身教育に何らの益もないばかりか、「斯ノ道」軽視の害をなすだけなのだ。

（1） 英米各国のほか、日本では新渡戸稲造訳で『衣服哲学』として刊行された。
（2） 川戸道昭「トマス・カーライルと明治の知識人」（『英語英米文学』三五、一九九五年）四〇〇―四〇一頁。
（3） 老田三郎「あとがき」（カーライル『英雄崇拝論』岩波書店、一九四九年）一一六―一一七頁。
（4） 柳田泉「はしがき」（カーライル『英雄及び英雄崇拝』春秋社、一九四九年）二―三頁。
（5） 老田「あとがき」四二五―四二七頁。
（6） 単行本として明治年間に出版されたのは以下である。明治二六年『英雄崇拝論』（石田羊一郎・大屋八十八郎共訳、丸善）。同三一年『英雄論』（土井晩翠訳、春陽堂）。同三三年『英雄崇拝論』（住谷天来訳、警醒社）。同四二年『改訂　英雄論』（土井晩翠訳、岡崎屋書店）（川戸「トマス・カーライルと明治の知識人」三九六頁）。その他の関連書、注釈書、雑誌掲載論文などはさらに多数に上る。
（7） 柳田「はしがき」四頁。
（8） 川戸「トマス・カーライルと明治の知識人」三九一、三九七頁。
（9） 柳田「はしがき」四―六頁。
（10） 川戸「トマス・カーライルと明治の知識人」三九八頁。
（11） 柳田「はしがき」四頁。
（12） 河合栄治郎『河合栄治郎全集』二（社会思想社、一九六八年）二一三頁。河合は「カーライル伝道者」といってよい一人で、カーライル思想を一高生、帝大生に浸潤させた新渡戸稲造の弟子であった。
（13） 池田哲郎「住谷天来とカーライル『英雄崇拝論』」（『学苑』四七二、一九七九年）八二頁。

(14) 河合『河合栄治郎全集』二、二一三頁。
(15) 国木田独歩「欺かざるの記　前篇」(『定本　国木田独歩全集』(増補改訂) 六、学習研究社、一九七八年) 三〇五頁。引用は同書による。
(16) 土井晩翠の『英雄論』序文。本節註 (6) 参照。
(17) 三宅雪嶺「超人」(『宇宙』政教社、一九〇九年)。
(18) 川戸「トマス・カーライルと明治の知識人」三九一頁。明治期のキリスト教徒は、保守固陋の官僚と迷妄の世間に対して啓蒙の光を掲げ、自由主義、非戦論、婦人解放といった運動には必ず一枚嚙んできた。『英雄崇拝論』の翻訳者住谷天来は、内村鑑三の非戦運動の協力者であったが、ともにカーライル流の批判的反骨精神に動かされたものであった (池田「住谷天来とカーライル『英雄崇拝論』」八四頁)。
(19) 柳田「はしがき」四—六頁。
(20) 明治三二年七月「英雄出現の信仰と其勢力」(姉崎『曙光』に収録)、同年一二月「我邦の英雄崇拝と倫理修養」(『六合雑誌』二二八、『曙光』に再録)。ともに引用は同書による。英雄崇拝をテーマとする論文は昭和に入っても発表されていく。
(21) 姉崎「我邦の英雄崇拝と倫理修養」二一三頁、姉崎『比較』一〇二—一〇五頁。
(22) 姉崎「英雄出現の信仰と其勢力」二〇六—二〇七頁。
(23) 同右、二〇七—二〇八頁。
(24) 日本では「咒法的儀礼宗教」が発達するも、その根本の最大特徴は「英雄崇拝と祖先崇拝との合一」である。皇太神、氏神、天神、諏訪明神などみな人間の神としてその神徳を仰がれたものであり、孔子、釈迦の宗教も聖人や祖師の崇拝として日本で歓迎されるなど、日本人が「人間渇仰の風に富める」ことは顕著である (姉崎「我邦の英雄崇拝と倫理修養」二〇九頁)。
(25) 姉崎「我邦の英雄崇拝と倫理修養」二一七頁。
(26) 姉崎『曙光』一二五頁。
(27) 同右、一五〇頁。
(28) 同右、一五一、一五九頁。
(29) 同右、一三一—一三八頁。
(30) 同右、一四八頁。
(31) 同右、一三八、一五一頁。
(32) 同右、一五〇—一五二頁。
(33) 同右、一四六頁。
(34) 『比較』『概論』の理論的研究の後、姉崎が具体的な宗教史研究に入っていったことを捉えてそれまでとの研究上の断絶がいわれる場合がある。だが『法華経の行者日蓮』（博文館、一九一六年）の日蓮論や、「此の血と涙との跡……伝道の熱情、殉教の熱血、感化の活歴として……個人的の観察を……目的に」した『切支丹迫害史中の人物事蹟』（同文館、一九三〇年、「序言」）の切支丹論をみて明白なのは、それらが姉崎による、感化著しい具体的な宗教的人格をとりあげる人物中心的宗教論の試みを、宗教史叙述上に実践したものに他ならないということである。『概論』以来の宗教論の方法は貫かれているとみるべきである。

なお彼のこの後の宗教研究、宗教論の方向性としては、ここにとりあげる以外に、姉崎家の出自と関わる宮家への思い入れを背景にしての、南北朝正閏問題への関与や国柱会の田中智学の「勅教」論への同調など、国家観との関わりにおいてみるべきものがあるが、その詳細は磯前・深澤編『近代日本における知識人と宗教』等の先行研究に譲る。

(35) 姉崎正治『現身仏と法身仏』（有朋館、一九〇四年、同改訂版、一九五六年、を『嘲風選集』一、養徳社、に収録、『姉崎正治著作集』七、国書刊行会、一九八二年、に再録）、「序言」一頁。引用は『姉崎正治著作集』七、による。

(36) 姉崎『概論』二七〇頁。

(37) 姉崎『現身仏と法身仏』「序言」一頁。

(38) 「宗教の天才が世界に出で……民衆を教導し、その人格的感化によりて一世を指導するに及びては、その宗教は一系の組織宗教となり、その人の人格はその宗教の中心、宗徒帰依の焼点《ママ》となり、総ての教理、考察、信仰、渇仰はこの中心に依りて動く」と述べている（姉崎『現身仏と法身仏』三頁）。

(39) 同右、一三頁。

(40) 同右、七頁。

(41) 仏身論は、もとは釈迦仏の肉体は消滅したのか、あるいは永遠に存在することはないのか、という具体的問題であったが、ついには仏陀の人格を真理実在の久遠なる形而上的本体に求めるようになり、色身消滅の仏陀は法身常住の本体となった。仏身の問題は仏教の哲学思想と宗教的要求とが結合して生じたのである（同右、三―四頁）。

(42) 同右、四五、一〇九頁。

(43) 同右、一一頁。

(44) 同右、六九―七一頁。

(45) 同右、八三頁。

(46) 同右、七九頁。

(47) 井上哲次郎「余が宗教論に関する批評を読む（承前）」（『哲学雑誌』一七―一八二、一九〇二年四月）一三頁。

(48) 井上哲次郎「教育と宗教との交渉問題について」（『倫理講演集』三九一、一九二一年五月）二頁。

(49) 姉崎『現身仏と法身仏』「序言」一頁。

(50) 村上専精「未来二十世紀間に於ける宗教観」（『哲学雑誌』一五―一五七、一九〇〇年三月）二二五頁。

(51) 姉崎『現身仏と法身仏』七頁。
(52) 村上「未来二十世紀間に於ける宗教観」二二六頁。
(53) 井上哲次郎「余が所謂宗教」(『哲学雑誌』一九〇一年) 五三八―五三九頁。
(54) もっともこの三身説自体が、三宝中の「仏」中心主義から外れる「法」中心のスタンスを前提にしている。姉崎からすれば、現身仏を含む三身説自体がすでに、釈迦の人格を中心にすべき仏教本来のありようを逸した、仏教哲学の生んだ二次的派生物に他ならないから、三身説それそのものを排せねばならないということになる。
(55) ただし姉崎が、宗教を完全に倫理に同化させようとすることに反対であったことにも注意しておきたい。井上の倫理的宗教論について、「人心の神秘的傾向……宗教の超世的天職を現世的道徳に降伏せしめたもの」だと述べるなど(姉崎『曙光』一二二頁)、倫理道徳の実現のためだけに宗教の意義を唱えることには反対であった。
(56) 姉崎『宗教と教育』五七一頁。
(57) 一八七四―一九六四。明治三〇年に一高卒業。三三年に東京帝国大学文科大学哲学科卒業。大学院では井上哲次郎のもと、倫理・教育を専攻。姉崎と同じく、井上哲次郎の娘(井上家の養女となった姪)と結婚。三七年、女子高等師範学校教授兼東京高等師範学校教授。ドイツ・フランス留学後、東京帝国大学文科大学助教授兼任のち同教授となる。明治三四年以来、小学校修身教科書編纂に長年携わるほか、臨時教育会議幹事、文部省参事官、文政審議会幹事、国民精神文化研究所員のほか文部省の諸委員を兼ねた。昭和九年の定年退職後も教育学界の元老として活躍した。
(58) 姉崎『宗教と教育』五四一頁。
(59) 同右、一七―一八、五七一―五七五頁。
(60) 同右、二八四―二八七頁。
(61) 後述の第5章第3節参照。
(62) 吉田熊次『我が国民道徳と宗教との関係』(敬文館書房、一九一二年) 七〇―七一頁。
(63) 同右、二頁。
(64) 同右、四三頁。
(65) 同右、九頁。
(66) 同右、一二―一三頁。
(67) 同右、六四―六六頁。
(68) 吉田熊次『訓練論』(弘道館、一九一〇年) 三、四五頁。
(69) 同右、五―八頁。
(70) 同右、四二頁。

(71) 同右、二七九頁。
(72) 同右、二九三―二九四頁。
(73) 同右、三〇九頁。
(74) 吉田熊次「修身科及国定修身教科書ニ就テ」(東京府内務部学務課編『修身科講義録』東京府内務部学務課、一九一一年)一一―一二、一六頁。
(75) 「教育方法」(『日本近代教育史事典』平凡社、一九七一年)二六八―二六九頁。
(76) 吉田の方法論は姉崎のいうように「形式主義」的といえるものであった。ただしそれは初等教育を念頭においたもので、青年に対しては自由主義的な教育観を認めるところもあった。
(77) 吉田熊次「教育勅語と宗教及び哲学」(『国民精神文化』六―一〇、一九四〇年一〇月)。
(78) 吉田「修身科及国定修身教科書ニ就テ」一二頁。
(79) 吉田熊次『教育的倫理学』(弘道館、一九一〇年)一三二―一四三頁。
(80) 吉田熊次『国体と倫理』(冨山房、一九二五年)一五八頁。

第4節　超宗教的「新宗教」の実践

前節では、教育上倫理上の応用をもって人格主義的な宗教説が説かれたこと、これに対して寄せられた是非論の内容についてみた。だが学問的専門的領域でのそうした論争をよそにして、世間の人々に人格主義の宗教理想が一定の広がりをもって実践されていったのも事実である。本節ではまずそれが日露戦後から大正時代に台頭した宗教現象中にみられることを指摘しよう。「人格」の原理と連動する新しい宗教性の表出について、その信条や実践形態の中に特徴的に表れていったことを含めて、そこに明らかにしたいと思う。

I　人格主義宗教の展開

「実験」と「直観」——内なる神と体験主義

人格主義の宗教では、形式や外面でなく内的充溢や直接性、抑圧と強制でなく自発性、理性や知性でなく感情や感性が優先される。彼らは自身の宗教体験に重きをおく。超越的なるものとの関係は自身内部に沸き起こる大いなるものとして感ぜられるはずというのがその信念で、ために「実験」(自ら体験・証明すること)や「直観」が標語とされた。

東京専門学校時代に大西祝に師事し、のち早稲田大学となってからその教壇に立ち、流麗な筆致の文芸評論で文学青年を魅了した綱島梁川(栄一郎、一八七三—一九〇七)が明治三八年に発表した「見神の実験」(1)は、日露戦後の日本社会につよい関心を呼んだ。発表直後から多くの反応があり、諸多なされた評論が『見神論評』なる一冊にまとめられたほどである。

「予は如是に神を見たり、如是に神に会へり」と興奮気味に叙述された見神体験は、具体的には「現実の我れとして筆執りつつありし我れが、はっと思ふ刹那に、忽ち天地の奥なる実在と化りたるの意識、我は没して神みづからが現に筆を執りつつありと感じ」た瞬間に、「神我の融会成、合一也、其の刹那に於いて、予みづからは殆んど神の実在に融け合」う体験であったという(2)。この体験は客観的な神を「見た」というよりは、「予即神となれり」と表現されるような、神との合一ないし自己神化をその内容としていた(3)。

この「実験」はつぎのような意義をもつと梁川はいう。

顧みるに、予が従前の宗教的信仰といふもの、自得自證より来たれるは少く、基督を始め其他の祖師先覚の人格を信じ、若しくは彼等が偉大なる意識を證権とし、其れに依り傍うて幼げに形づくりたるもの、その多きに居れりし也(4)。

これまでは祖師先覚に間接的に依拠する「他動的信仰」であった。しかしそのような「見なき信は、動もすれば盲信となり、頑信となり、他律信とな」る。ところが自分は、「神の子」を「自證」することができ、神はもはや「因習的偶像又は抽象的理想」ではなくなった。「内自ら恃む所なきの感」はもはや払拭されたのである。(5)のち自らも「静坐の実験」を発表することになる木下尚江はこれを評し、「古代の、幼稚なる人類」は「偶像と同じやうな純客観の神」を拝し、また「基督教の神」も同類であったと言わざるをえないが、今日の青年は「内面に神を求むる」ようになったと述べ、これを宗教史上に一期を画す出来事だと捉えている。(6)梁川はその象徴的存在であった。

「神に最も近く、真理に最も熱き時は、余輩が教会から遠ざかる時なり」と宣言される無教会主義を提唱したキリスト者、内村鑑三（一八六一―一九三〇）も「実験」をいう。「余輩は実験的無教会信者なり。論理的無教会信者にあらざるなり」。無教会主義の根底にはこのような「論理」（教義や神学）に基づく信仰でなく、「実験」（個人の内面的体験）によって得る真理への確信が横たわっている。(7)内村は、そのように神が人の奥底においてのみ発見されるものなら、「宗教は個人的」ならざるを得ないという。(8)「宗教は『われら』でない。『われ』である。複数でない。単数である」。(9)

この「われ」の宗教に従うクリスチャンには、大きくて立派な教会堂は無用である。なぜならば本来の教会は、

神の造られた宇宙であります。天然であります……その天井は蒼穹であります。その板に星がちりばめてあります。その床は青い野であります。そのたたみはいろいろの花であります。その楽器は松のこずえであります。その楽人は森の小鳥であります。その高壇は山の高根でありまして、その説教師は神様ご自身であります。……ローマやロンドンにあるという、いかにりっぱなる教会堂でも、この私どもの大教会には及びません。(10)

本来の教会堂は「上に蒼穹を張り、下に青草を布きたる」自然界そのものである。その信仰の基礎は「山岳」であり、復活の希望は「植生」である。その礼拝式は「日々の労働」であって、工場や田畑や店頭や書斎やその他日々の生活の

なかにあるのだ。[11]「われ」の信仰はこうして「教会的信仰」を離れて日常生活そのものの中に、あるいは自然宇宙の中に見出されていく。

無教会主義は、キリスト教のいわゆる「内なる霊の働き」をバックボーンとしながら、自律的な近代的自己＝「人格」をもつ個人を参照する。なぜなら「人の生命においてのみ宇宙の中心的真理が現わるるからである。……人は、おのが内にこれを発見し、自身、宇宙人物となりて、自己ならびに世界に超越する」ことができるのだと。[12]

大いなるものを内在させる自己の「直観」への信頼は、「見神」や「実験」の宗教にとって欠かせない基礎となっている。「見神」や「実験」は姉崎正治においては、「理想の生命」と「真理」との「感応」として語られていた。仏教に関して彼は、哲理を分析解釈する思弁よりも、仏陀の「人格」力に発する直接的勧戒を通して真理を「内観体得」することを強調していた。そもそも釈迦の説いた「苦集滅道の四諦も……考察思弁の結果といはんよりは、寧ろ直接経験によりて体得せし直観」であったはずだ。この場合も「内観体得」を支えるのは大生命との「感応」である。「心の底に横溢する理想の生命に、直に最上実在の力を感得する」ことである。こうした「感応」を主とする宗教においては、これまで伝統として伝えられてきた種々の儀式や信条や制度は二義的な意味しか有しないことになる。[13]

脱組織と諸教の調和

神や仏を自らの内に取り込み、あるいは見出す、体験的内発的に捉えなおされた人格主義の宗教が、超宗教的な信仰に近づいていくのはしごく当然である。天地の活物と一体化する宗教体験の普遍性は、宗教の普遍性（特定宗教の非特権化・相対化）をいうことにつながるからである。綱島梁川にとって重要なのは「超越不可知の神が、吾人の精神的人格を通じて、吾人に顕現すという一事」なのであって、[14]彼が「見た」のは、「活ける神」「霊的活物」「平安と生命と光明との太源なる天地の父」とさまざまにいわれはしても、それがキリスト教の神なのか仏教の仏なのか儒教の天帝なのかは問題にならない。[15]

「超越不可知の神」は不可知のままでよい。この、どの宗教かを問わないような超宗教性は内村鑑三にもみられる。

すでに「教会的信仰」を離れて教会堂やそこでの儀式礼拝から自由になることを説いていた内村は、最終的なキリスト者としての足場を堅持する点で綱島と異なるが、その枠内に留まりながらもやはり超宗教的な宗教のあり方に言及していた。「われ、キリスト教を信じ、彼、仏教を信ずればとて、われと彼とはいまだ全く宗旨を異にする者」だということができない。「人は……異名を付して同物を拝する」ことがあるからである。むしろ、普遍的人格原理によるならば、「人種、民族、宗教、教派の区別なく、すべての人に当てはまる」真理に到達するはずであり、「宗旨」ちがいに煩わされるなどは無益である、[16]と。

こうして超宗教性へと方向づけられた信仰者にとっては、諸教の偉人を渡り歩くことも合目的的なものとなろう。聖徒や偉人たちの「偉大な道徳的人格」に接してこれに倣おうとする群集にとって、「この人物がだれかということは大した問題ではな」い（ベルクソン）。倣うべき人物がありさえすればよいのだ。[17] 諸教融合ないし調和への道は彼らによって先導されるだろう。

諸教の調和への道はまさにこうした人々、既述のように、新神学の非正統派やユニテリアンの支持者たちおよびこれに合した仏教内進歩派たる居士的自由人たち、また比較宗教の学者たちにおいて、ときに協力関係をつくりだしながらその模索が始められていた。彼らはいずれかの宗教宗派に帰属していた場合でも、教団から離れたところで比較的自由に活動できる人たちであって、であればこそ、組織や教義の束縛を払拭するところに自己を立脚して普遍的宗教性を目指すことができた。綱島梁川や内村鑑三も同様であった。

そしてこの延長上に、旧来的宗教を超える「直観」や「感応」の人格主義宗教は、大正時代には通俗哲学や文学書のなかに、また民間の健康思想や心身修養運動のなかに入り込んで[18]一般の人々にも浸透していった。たとえば白樺派などの文学運動や大正教養主義も、小我とこれを超えるものとの交感・神秘交流を強調し、先覚模範からの学びを通して自己成長せよと促す「人格実現」の命題を分けもつ一派であって、その大部分は宗教的人格主義の大正期における広がりのひとつとして捉えることができる。[19] 超宗教の境位を模索するこの動向は、「宗教心」や「信仰」を言明することで、特定の集団や特定の伝統に囲い込まれた旧い宗教概念を乗り越えて、さらには生命哲学の言語を吸収し、宗教的信仰とは人が「自己の生命を発展させん」とする要求に基づいて内的に世界の「真の生命と合一」しようとすることであって、キリスト教も仏教もこの意味ではみな同じだとした西田幾多郎にまで通じていくことになるのである。

文学・修養書へ——偶像破壊と模範の同時参照

すでに述べたように、人格主義宗教は、諸宗教の宗祖をみる見方に大きく変更を迫るものである。キリスト教におけるイエス、仏教における釈迦や日蓮や親鸞らの伝記・史論的人物論の隆盛は、人格主義の宗教理想が通俗哲学や文学界に拡大し始めたことを示すものであった。

哲学者、教育者で評論家の帆足理一郎（一八八一―一九六三）[20]は、一般向けに多数の人生論を著した。大正五年に出版されベストセラーとなった『宗教と人生』[21]で彼は、当代のトルストイ流行にからめて、「宗教の一面は慥に英雄崇拝である」とする「偉人崇拝と宗教」のテーマを扱っている。「幼稚」な神話的信仰に代わるのは英雄崇拝としてのキリスト教だとし、パウロとトルストイを各典型として、神としてのキリスト信仰と人間（英雄偉人）としてのイエス崇拝を対決させるものである。前者の幼稚な精神に代わって事実を要求する近代人は、ナザレのイエスがどのような人格なのかまずこれを知りたいのであって、トルストイの側に立つ。[22]そうして歴史的イエスの偉大はその愛の福音にあるとのトルストイに首肯し、彼のいう愛敵主義、平和主義、博愛主義こそパウロによるキリスト像を捨てた後に残るもの、ナザレのイエスの教えを正しく受け継ぐものだとするものであった。[23]

他力信心による奴隷道徳から、「独立自尊の人格を敬重する」向上的人格主義の信仰へと誘う帆足が、偉人崇拝を介してそれを遂げようというところは、姉崎らの促すところに同様である。イエスが「人間の模範」であること、[24]「生れながらの聖人ではなかった」にもかかわらず、神の如く完き人格になれといい、自ら聖人となったことの強調も姉崎によってみたのと同じであった。

宗祖に対する偶像破壊（人間化・脱オーソリティー化）は仏教文学においても確認することができる。大正時代に親鸞ブームのきっかけをつくった『出家とその弟子』(大正六年)の著者、倉田百三(一八九一―一九四三)はその一人であった。「人間親鸞」を表現したこの作品は当初、その非伝統的な親鸞理解のゆえに必ずしも宗門人に受け入れられるものではなかった。倉田は弁解調にこう述べている。

『出家とその弟子』が……人を躓かせはしまいかと思う懸念と、弁解とが心の中に満ちている……第一に、この作は厳密に親鸞聖人の史実に拠ったものではない。……私の書いた親鸞は、どこまでも私の親鸞である。私の心に触れ、私の内生命を動かし、私の霊の中に座を占めた限りの親鸞である。……むろん純粋に浄土真宗のものではない。(25)

倉田の描いた人間苦に悩む「人間親鸞」は、門徒からの批判を受けながらも多くの人々の人間探求、人間精神の解放の要求にこたえたが、それはあくまで倉田個人の心にふれた限りでの親鸞への接近が時代的共鳴を引き起こしたにすぎないというわけである。だがこのことは確実に伝統的な権威的祖師像を破壊していった。帆足は「偉人崇拝と宗教」の一章をこう締めくくっていた。英雄崇拝は「人格の向上を計る修道の士の片時も欠くべからざる霊の糧である」(26)。かつての救済主は不完全さをもった一人の人間と化し、求道者の「霊の糧」に切り下げられるのである。(27)

近代日本思想史上に大正教養主義と呼ばれてきた事象は、ここに述べたことに照らすことで、より適切に理解できるようになる(ここでは教養主義を、明治後期以降の修養ブームにつらなり、とくに大正期に出版文化と結びついて展開した様態をとらえたものとしておく)。自分の修養はなぜ読書を通してなのかと問うた三太郎(28)は、師は現前しておらず、師の奴隷にもなりたくないからだと答えているが、ここでもし〝読書〟というかたちが大正教養主義の本質だと考えられているならそれは誤りである。教養主義は人格修養主義の一形態である。このとき読書という形式は、教養的人格主義の求道方法の一つではあっても、必然ではない。彼らとて機会があれば先達に直接教えを求めることもあるのだが、ただ、手際よく同時に古今多数の「師」に学ぶことができるのが書物を介することによってなので、読書という方法がもっとも適していたということなのである。彼ら人格的教養の求道者たちにとっての本質的な課題は、「だれを師とすべきか」ということよりも多くの模範から「多くの感化を得る工夫」である。修養上（教養上）の感化を師との直接的接触から得るか、読書を通して得るかは、求道者に委ねられている。時間と労力すくなくして多くの感化を得たいというときに、複数の宗教的先達を同時並行的に参照することのできる、読書という方法が選ばれるのは自然であり合理的であるというだけである。そしてこの機会を提供したのが一ジャンルとして確立した（宗祖伝を駆使する）宗教的修養書の流通、出版文化としての定着であったのだった。

どの師をもつかということより、手早く感化の得られる書籍の多読に向かうというこの傾向＝教養主義者の読書主義は、以上にみてきたところの人格主義宗教のひとつの帰結であって、脱権威化された宗祖に教団を介せず接し、教理・伝統を換骨奪胎して自己の「糧」となるかぎりで用いようとする、英雄崇拝的信仰の実相として捉えることのできるものなのである。

超宗教性のゆくえ

カーライルを熱愛した内村鑑三はかつて「道は之を神学者に学ぶも可」であるが、「其伝播の方法は之を文士に学ぶべし。……ブラウニング、カーライル、ホイットマン等に学ぶべし」と述べていたが[29]、この展開は現実のものになった。カーライルの英雄崇拝論はその正統の嫡子として、キリスト者らによる追随的な人生論や批評を生み出していった。さらには特定宗教に基礎をもたない著者らによる、日本的事情にひきつけた英雄偉人伝や文芸作品が多数流行する。

明治二〇年代にはすでに、諸教の教祖聖人らの伝に資料をとり、あるいは日本や東洋の英雄を取り上げる日本版英雄崇拝論の刊行が始まった[30]。明治三〇年代から四〇年代には「修養書」ブームが起こった。カーライルの影響につらなりつつ、脱宗派的な人格主義の信仰を一般に浸透させていくのにそれは功あったが、同時に人格主義宗教のその後にかかわるある重大な傾向がしだいに顕わになってきた。人格中心的な信仰は、超越性を鈍化させた自己宗教に易く変じてしまいがちであって（本来は自己をも突き抜けるものとして直観されるべき内面的な超越性が失われて）、それが宗教信仰を世俗に近づけ、あるいは国家的なものとの距離のとり方を無規範的なものにしていくという傾向である。

宗教の別を超えるという超宗教性への希求が、人格を経由してかえって体制的なもの（ここでは国家やその規範）に接近する可能性のあることは、特殊固有の教理儀式や伝統や宗教権威からの遊離つまり個人宗教の形態を進めていった結果として、予想されることではあった。「見神」により自己神化を体験した綱島梁川は、自らをより聖化する方向へと、「人性発展の可能」を追求する方向へと向かったが、彼らの多くはそうした過程でしばしばまったく「宗教」の語にふれることもなくなっていった。「新宗教」の表現を用いた初めのころは宗教であるとの意識はまだあったろうが、これが「倫理修養」や「霊性」に取って代わられ、そうして個人的で体験的な求道が、超宗教性への志向を自己の中心化をもっぱらとするものに化していくならば、これにつれて宗教性は不明確となり、超宗教の掛け声は一般道徳とかぎりなく見分けのつかない平坦な「人格修養」の勧めに収斂していくことになる。垂直軸を弱めたこの人格修養主義が体制に連動する動きを生じてくるのは自然であろう。それは吉田熊次が道理上そうなろうと断言していたことであった。

明治後期以降、宗教的人格主義の同調者らが、諸教調和を理想とする宗教「的」団体を発足させることがあったが[31]、その追随者や後継運動のいくらかにおいて国家主義的修養団体が生みだされることが確かにあった（本体自身が変容することもある）。非党派的たることを謳い文句にするこうした宗教「的」集団が、何らかの形でふたたび求心化されようとするとき、しかも出身宗教に帰っていくこともまた自ら教祖化して一個の成立宗教団体となることをも退ける場合に、全体論的な時代思潮と社会的要請にしたがって国家への帰属意識を強めていくことがあるだろう。どのような場合にそれが実際となり、あるいはならないのか。このことは、明治後期から大正に入って多数形成された宗教的修養団体のうち、蓮沼門三の修養団やつぎに取り上げる松村介石の道会のような団体についてみるとき、ある程度検証されるだろう。

次項の課題は、こうしたナショナリスティックな「新宗教」運動の台頭の一端を明らかにすることである。松村介石とその道会について取り上げてみたい。

2　松村介石と道会

松村介石（一八五九―一九三九）は、横浜のヘボン塾に学び、「耶蘇教の所謂神とは、即ち儒教の所謂る天帝、上帝、皇天」であるとの神観をもって受洗、儒教的キリスト教を説くが、やがてキリスト教界から離れ、キリスト教そのものからも離れて、宗教の別を超えた「新宗教」を実現すべく道会を立ち上げた人物である。松村は、横井時雄、大西祝らとともに明治二〇年代より新宗教思潮のただなかにあって、おもに社会教育畑でこの運動を推進してきた。かなり長く教団を組織することはしてこなかったが、五〇歳近くなってこれに踏み切ったのが道会（当初は「日本教会」を名乗る）であった。キリスト教を汲む面もあるが、新宗教運動を淵源とする団体である。

松村による宗教的新主義の探求および道会にいたるまでの経緯をざっと追った上で、右に述べた関心にしたがい、宗教的修養運動の一例として道会を考察し、宗教信仰と国家との関係問題についても及ぶことにしたい(32)。

松村の略歴

松村は、安政六（一八五九）年、明石松平藩士の家に生まれた(33)。敬神崇祖の念のつよい家庭にそだち、一六歳まで漢学を、一七歳から英語学習を始める。明治九年に宣教師ジョン・バラによる横浜ヘボン塾に入塾し、受洗。一三年に東京築地の一致神学校に入学するがすぐに退学。宣教師や神学への疑問をもち、心学など東洋の道徳教育の良さを再発見するなどのことがあったが、一五年には牧師となって会衆派の岡山県高梁《たかはし》教会に赴任する。その後、『福音新報』『太平新聞』『基督教新聞』などに関わったあと、聖書の高等批評によって信仰の動揺を来たし、教育界に転身する。

明治二〇年代・三〇年代は学校教育・社会教育を主とし、執筆にも力を入れた。明治二〇年に押川方義を介して山形英語学校教頭、二一年からは内村鑑三の後任として新潟北越学館教頭を務める。キリスト教学校にありながら、祈禱や説教ぬきの「精神教育」、陽明学の実践、東西古今の英雄伝を語る「修身講話」による教育を試みる。その後、東京基督教青年会館の「土曜講演」講師（二五―三〇年）。英雄豪傑伝を中心とする精神講話で評判となる。この間、二六年に戸川残花と『三籟』誌を創刊。

明治三〇年に帝国教育会館を借りて精神講話をおこなう「社会教育会」を起こし、三三年『警世』誌を創刊。社会主義運動に共感を覚え、足尾銅山鉱毒問題に力をいれるが（二九年頃―三三年頃）、片山潜や幸徳秋水についてゆけず、しだいに手を引く。日露戦争時には主戦論を展開。山路愛山が三八年に国家社会党を結成しようとした際には、その党首に推されたこともあったが、日露戦争終結前後からは鎌倉に引きこもり、思索と執筆を中心とした。

明治四〇年、渡辺国武とその妹の高山逸子、田村新吉の援助で、「日本教会」を設立。「純宗教」をめざした「一心会」の名で精神修養の説教をしていたものを改称し、独立の宗教組織としたものである。四一年、平井金三と相談して「心象会」（心霊現象の研究会）を起こし、日本教会と心象会の機関誌として『道』誌を創刊（独自の宗教観の宣布、心霊現象の研究、キリスト教に高等批評を加えること、東西文明思想の融和を四目的とする）。「道友会」「養真会」「不朽青年会」「婦人会」を組織し[34]、全国に支部を置くほか、高校・大学生を対象に「学校友の会」を起こす。宗教でなく修身道徳を説く「道の会」と『道話』誌刊行も始め、三、四年の間に急速に事業を発展させた。

明治四五年に「日本教会」を「道会」に改称。組織を整理縮小する。大倉孫兵衛の支援で欧米視察旅行（大正三―四年）。帰国後の大正五年、東京渋谷に拝天堂を建造。宗教教団としての活動を活性化させる。米騒動後には教団外の社会教育的活動にも再び力を入れ、会員にも政治的国家主義的な活動を鼓舞するようになる。昭和四年より辻説法を開始したほか、各地で国難救済を叫ぶ講演活動をつづける。一一年に肺炎を得て回復することなく、一四年に永眠した。

（1）「新宗教」運動としての道会

懐疑より人格修養のキリスト教へ

道会時代の松村の主著に『新宗教』（大正一四年）がある。『道』誌に書いた松村の文章を主に集めたものであるが、これに「新宗教」の書名を付したのは、同書編纂中に、「第四の宗教」たる「新宗教」が今後求められるとの文章を旧知の三宅雪嶺が寄せてきたことがきっかけであった。松村にしてみれば、三宅にしても、やはり同様の考えを『道』誌に寄せていた井上哲次郎にしても道会の価値を十分わかっていない、すでに十数年にわたって活動を行ってきた道会こそが、彼らの求める「新宗教の具体的団体」なのだと主張したものであった。(35)

道会が主義としたのは、普遍的な宗教真理すなわち「吾党は一教一派に属するものにあらず、不朽の道、不易の真理、即ち古今に亘り、万国を通じて動かず、変ぜざる宗教倫理の根本義に拠」るという、たしかに新宗教理想そのものであった。(36) しかしながら松村が、キリスト教を脱し、諸教に普遍の「不朽の道」「不易の真理」を正面に掲げるまでには数十年の道のりがあった。

松村が、外国人宣教師によって洗礼を受けてから道会設立に至るまでの三十数年の間に経験した信仰上の諸課題は、明治はじめのキリスト者の大部分が直面した共通の問題であった。外国人宣教師への不信や宗派間争いへの嫌悪、高等批評による神学上の疑問などにそれは始まるが、松村はこれらの問題を、キリスト教を人格主義的に捉えなおすことによって乗り越えていった。宣教師たちの非をみるにつけキリスト教より武士道の方が優れているのではないかとの思いを強くしたこともあったが、彼らはさておき、ワシントンやリンカーンやルターやピットが「基督教の感化力」によってその人物を上げることができたという点は事実である。パウロやルターのような他力的信仰ではなく、キリストやヤコブの称えた自力的信仰に就けばよいと覚り、やがて陽明学の趣向を入れて「人格の修養」を重視したキリスト教信仰に移っていったという。(37)

新神学によって信仰が動揺したときも同じように乗り越えることができた。正統神学に対する懐疑は横井時雄や大西祝から聞き及んだ新神学との接触によって生じた。(38) 高梁教会在任中、当時同志社在学中か大学予備門に入学したばかりであった大西に、高等批評にもとづく聖書の記述の非史実性を指摘されて衝撃を受け、その後も大西らの集まりを通して信仰の動揺は動かないものになった。(39) しかしこのときも、「宗教心」を核とする宗教把握、贖罪のキリスト観から模範的イエス観への切り替え、神性の内在を認めることなどで乗り切ることができた。『基督の心』(明治二四年)は、新神学の影響下に松村が受容したキリスト教観を明らかにしたものであるが、そこでは真のキリスト教信者たるかどうかは受洗して教会に所属しているかどうかではなく、その「心」、「人物」や「品性」を基準として決されるべきだとし、「ヒューマニチー」が強調されたのだった。(40)

そこに表明されたような宗教の「心」「ヒューマニチー」への還元が、神人同格教的なキリスト教観への導入となることはほぼ必然といってよい。「基督の心と一たるに至る」ことはすなわち「神の心」を得ることに他ならないからだ。松村のこのようなキリスト教観・宗教観の形成には植村正久に与えられて読んだカーライル英雄崇拝論からの影響がある。「英雄首をめぐらせば則ち神仙」として、松村のキリスト教は宗教上の英雄偉人に学び、神人合一の「シンセリチー」の境地をめざすものとなったのである。(41)

こうして、人や組織に関するさまざまの懐疑や憤怒に出会い、神学方面での動揺が決定的となったときも、キリスト教の宗教としての感化力についての信を失うことはなく、贖罪のキリストを媒介とする福音主義的信仰から、儒教の自己修養主義に重ねた「心」と「人物」中心の信仰に移ることで、さらには陽明学の「良心」に通ずる神性獲得の「シンセリチー」を理想と見出すことで、松村はキリスト教の枠内にとどまったのである。

英雄伝の説教・著述

松村はキリスト教にとどまりつつ、しかしその非正統的となった信仰を、明治二〇年代にはキリスト教系学校やキリスト教青年会において、三〇年代には社会教育に携わるなかで説いていった。宗教的修養の実践をはかるため学校では、祈禱もせず聖書も用いない「誠心誠意英語の所謂シンセリチーを主張」する精神講話をもってした。(42)それは「之を伝ずるに古今東西の人傑を以てし、西郷も出れば、ガリバルヂーも出る、松陰も出れば、ガブールも出る、太閤も出れば、リンコルンも出る、ルーテルも出れば日蓮も出る」(43)というカーライルの英雄崇拝論に範をとり、キリスト教以外の諸多偉人にも材料をとって「専ら精神を鼓舞する」ものであった。おなじく英雄豪傑の伝を講じた東京基督教青年会館での毎週の講話（土曜講演）は、大学生ら青年を中心に毎月六〇〇〇人余りの聴衆を集め、内村や海老名がどんなに頑張っても松村には到底及ばないといわれるほどであったが、(44)それはこの英雄論的説教スタイルの感興によるものであった。

松村は英雄偉人語りによる精神教育を講話形式において成功させた先駆けの一人であった。

宗教的人格修養を英雄伝をもちいて説く松村の手法は著作にも生かされている。山形英語学校時代の講話内容をもとにした『学生の錦嚢』や『立志之礎』（三七版を重ねた）はベストセラーとなり、全国青年層の心を捉えて松村の名を世に知らしめたが、このほか新潟北越学館時代の講話をまとめた『阿伯拉罕倫古龍伝』をはじめ多数の著作を英雄伝スタイルで世に出していった。このリンカーンのほかにキリスト、パウロ、ビーチャル、ナポレオン、ソクラテス、ピット、老荘、王陽明の名を冠してそれぞれ一書とした著作があるほか、『人物論』『西洋立志篇』『社会改良家列伝』『修養録』『人物短評』『大翁訓話』などの修養書中に、諸多の人物に話材をとる手法が生かされた(45)。このほか彼には通俗的歴史書の著作も数本ある。『万国興亡史』『欧州近世史』『万国最近史』上・中・下などである。

道会への改称

松村は、「新宗教」待望が宗教界にいわれた当初よりその渦中にあっただけでなく、それ以前より、この動向の先駆けであった明治一〇年代から二〇年代前半にかけてのキリスト教新神学の空気を、横井や大西らとともに直接に吸っていた。明治二四年にはすでに、新宗教的な人格修養主義の主張と既成宗教的な観念の打破とを主題とする前記の『基督の心』（のち『人道』に改題）を出していた。仏教キリスト教を中心に四、五〇人が集った宗教家懇談会（明治二九年）、同第二回（三〇年）に中心人物のひとりとして加わり、その後社会教育や著述を主にしたためいっとき離れるが、宗教界に戻ってはすぐ明治末年の三教会同、成瀬らの帰一協会にも参加し、その後も諸教協調の各種運動には必ず名を連ね、国内三教の団結をはかって結成された日本宗教懇話会（大正一三年）の評議員にもなっていくことになる。

こうした素地背景をもっていた松村が、宗教的団体を結ぶことを決意したとき最初に立ち上げたのは「日本教会」であった。「教会」を名乗ったため、はじめは説教や礼拝儀式をおこなったが、人格主義的見地によるキリスト教理解、他宗教の偉人も模範とする考えは変わらなかったため、その矛盾を改めるためけっきょく「教会」の名を捨てることになる。

松村の説明によれば、「日本教会」の名称は「日本的基督教会」（「日本」という土地に根ざしたキリスト教）というつもりであったが、「虚偽を排して、真理にのみ服従せん」としていくうちに、キリスト教を離れて「一個の新なる宗教団体となって仕舞った」。まず父と子と聖霊の名をもって行う洗礼は、三位一体を信じていないのでこれをやめて、つぎには毎日曜日の説教でも、信じない神学が載っている聖書を読むのをやめ、贖罪や処女降誕を歌っている賛美歌もやめ、祈禱も、キリストを神とせず「単に人中の聖者であると覚た以上は」、キリストの名によって祈ることができなくなり、直接神に祈ることになった。そして、もっとも自由主義的なユニテリアンからさえも、キリストを孔子やソクラテスと同一様の聖人とし、キリスト教も老荘思想も孔丘の教えもその「道」とするところは「同じ」だとする日本教会は、「基督なくとも存在することが出来る」から、もはやキリスト教会ではないと指摘され、教会の名称を捨ててしまった(46)。

その後「道会」として再出発した教団は、洗礼はすでに廃止して宣誓署名捺印するだけとなっていたほか、他の儀式と経典についてもキリスト教色を除いていった。道会の規約には、「入会式、婚儀、葬儀、礼拝式等、凡そ一切の儀式は、国と時代の便宜によりて之を定む」こと、経典についても「天啓を受けたる神人の教に拠りて編纂するものとす」とだけ定められた(47)。もともとその傾向があったとはいえ、キリスト教から完全に離れて諸教統一の信仰集団を名乗ることに決したのは明治四五年、三教会同など国を交えての動きが新宗教の主義主張に勢いを加えたように思われたその年のことであった。三教会同を企画した床次内務次官は道友会員であって、『道』誌にも事前に三教会同の趣旨を寄せていた。この三教会同が実施されて間もなく、道会の発足が宣言されるのである。

神人感応を軸にした信仰、宗教上の偉人らを感化の糧とみるなどの人格主義の宗教観はすでに松村に顕著であった。『基督の心』はキリストを人格として見、その「心」を重視することを説くものであったが、これを推し進めればキリスト教も仏教も儒教も老荘思想も違いがなくなってくる。『基督の心』から、諸宗教の帰一するところは一つだとする「純宗教」ないし「新宗教」の主張へはもう一歩だったわけだが、三教会同に採られたような諸教協調・融合を求める社会的機運の高まりがその一歩を後押ししたのだといえよう。

(2) 道会の信条

純粋宗教と四綱領

道会発足後に発表された「道会の主張」ならびに「綱領」は次のとおりであった[48]。

道会の主張

吾党は一教一派に属するものにあらず、不朽の道、不易の真理、即ち古今に亘り、万国を通じて動かず、変ぜざる宗教倫理の根本義に拠り、人をして天に対し、人に対し、永遠に対して、自己一身の安立と、責任とを完ふせしめんことを期するものなり。(後略)

四綱領

道会員は左の四綱領を奉ずべき者とす。一、信神。一、修徳。一、愛隣。一、永生。信神とは、宇宙の神を信ずるを謂ふ。修徳とは、自己一身の修養を謂ふ。愛隣とは、人と国家の為に尽すを謂ふ。永生とは、人格の不死を謂ふ。

(中略)

事天の一途

右は道会主張の綱目なれども、其の神髄に至りては誠意正心以て天に事ふるの一途あるのみ。

綱領の四か条は日本教会時代に遡るもので[49]、当時からこの「四綱領を奉じ、神人交通の霊的経験即ち心証あ」れば、「此の他に如何なる個人的信条を奉ずるも妨げず」とされて、キリスト教以外の信仰があっても入会は可能であった。道会になって、はっきりこれが、「一教一派に属」せず、古今万国に通ずる普遍の根本義に依拠する、と宣言されたわけである。

「道会の主張」の正当性は、比較宗教研究による近時の「大発見」に求められた。「釈迦も、孔子も、耶蘇も、皆其祭壇より下されて……研究の材料に供せられ……数千年来の位置を失」い、己れのみを唯一真理とすることはできなくなった。「真の宗教は、祖師や、経典や、信条や、儀式に依るものでない」ことが明らかにされ、やがてひとつの純粋な宗教へ進歩発達するべきことが定めとなった。諸宗教は文明の光に照らされ、赤裸々になって、威光を失ってしまったが、代わりに「本当の仏法、本当の基督教が分って来て、拝むものは、祖師ではなく、経典ではなく、儀式信仰ではなく、只だ活ける天地の神のみである」ことが明確となった。天御中主神、皇天上帝、父なる神、法身などはみなこの天地の神の別称だったのである。(50)道会では、諸教の別を超えたところに唯一の純粋宗教があることを、教祖の指を拝むのでなく、その指した月をこそ拝むべきという「高嶺の月」の譬えで説いた。(51)

真の純粋宗教は、単純な四信条を奉じるだけで十分である。「修徳」と「愛隣」は、もともと儒教的傾向にあった松村が、社会に根ざした有用な人物たるべき倫理修養を重んじたことを直言したものであり、「信神」と「永生」はそれらの基礎となるべき宗教的信条であった。

「修徳」は「自己一身の修養」をさす。諸教の宗教家の人格に学ぶことが、修養のじっさいにあたって勧められる。今日、釈迦であろうが耶蘇であろうが孔子であろうが、その説に盲従してはならない。いわんやその下にあるパウロやルターや弘法、日蓮においてをやである。彼らを「神とか仏とかしては視ぬ」、だがその「人格に於ては実に天晴なるものである」から、「先覚とし、先生として」その書を読み、その教えを聴かねばならないのだ。(52)

祖師を模範者とし、彼らと自己を同等の地位にみる(直接の神の子とみる)のは、「信神」の要諦に関わっている。これまでは「始終祖師を通じて父神に拝謁して居た」、「長い間、騙されたり窮屈な目に遭わされてきた」が、今日では「最早や神と我との間を遮るものは一物もな」く、他人を交えざる父子の関係となってその膝にすがるようになった。前は「神の陪臣」であったが今は「直参」となったのである。(53)松村はそのカリスマで多数の会員を惹きつけたが、自分を崇めることもつよく戒めた。各人が神の「直参」であって、いかなる者もその間をさえぎることは許されない。「会員は神を父となし、人類を同胞となし、相互を兄弟姉妹となすの覚悟あるべきものとす」とした道会では、[54]松村もまたその一人であった。松村は道会の収入を生活費に充てることなく、著述や講演収入等による自活を宣言していたが、それはこの信念に関わっていた。

「愛隣」についてもみれば、道会の教えは「既成宗教の如く後世を念じ、天国にゆくのが目的でなく」、神命を奉じて「此の世の政治も、教育も、実業も、否、あらゆる現社会の事物を改善革新せしむるを以て目的と」する現世的志向をもった。道会はその「事業」として伝道もおこなうが、「愛隣の主張を有するものなれば、社会事業にも、国家事業にも、一個人若くは団体として、挺身努力することを怠るべからず」とした。[55]ただし「愛隣」のベースには根幹たる神信仰（「信神」）と人格修養（「修徳」）とがなければならない。また現世での「愛隣」の活動を深いところで支えるのは「永生」の信念であるとされた。

「霊覚」＝至誠の「神人交通」──心象会と養真会

「信神」にとっての重要事は、「神と我との間を遮るものは一物もない」こと、神の「直参」たることであった。神─我のあいだの「交通」手段、「霊覚」をもつことを松村が重んじたのはこれに関係がある。

「霊覚」とは第六官、直覚、霊的経験のことである。「古来より至誠神に通ずとも云い、鬼神常に享くるなく、只だ誠あるに享くとも云い、基督教の聖書には、熱誠なる祈禱によりて、種々不思議なる奇跡が行われた記事が載って居る」。[56]なにものか自分以上の力に頼って真剣に祈るときに天啓があったり、祈りが通ずるといった霊的経験は、神の霊と人の霊とが相通ずること、つまりこの霊覚による。[57]

どの宗教にも神人の直接交通は不可欠、霊覚こそ宗教の真髄だと松村は考える。知識や信仰だけでは不足で、霊覚が伴ってこその宗教である。だから松村は、道会員の資格として四綱領を奉じること以外に、「神人交通の霊的経験即ち心証あ」ることを求めた。主観的で判断がつかないためにのちには取りやめたというが、初期のころは入会の際にその人の「霊覚」の経験の有無を確かめていた。基本信条の四綱領を統一するポイントは「至誠」（カーライルのいう「シンセリチー」）にある、としたのもこの意味でのものであった（先に引用した「事天の一途」）。諸教帰一の理想も、「霊覚」や「至誠」の経験主義を軸にしてより説得的実際的なものになるのである。

日本教会時代に松村が、ユニテリアンの平井金三と相談して、心霊現象の研究会（「心象会」）を起こしたことについてはすでに述べた。元良勇次郎や福来友吉ら「帝大の博士諸君」や大隈重信や床次竹次郎など「朝野の紳士」数十名の会員を得、加藤咄堂や高島米峰など仏教家も加わって、実験研究を試みたものである[58]。心霊現象とは、至誠をもって神に感応したときに現れる「霊覚」の現象に他ならない。「養真会」を立ち上げたのも同じ考え方からきている。「霊覚」の保持者による心霊治療の実践とその開発方法が求められ、『心身強健の秘訣』の著者であった真言宗僧侶の藤田霊齋が起用された。聖書でイエスや弟子たちの心霊治療を読んで、必ずその方法があるはずで、これを日本教会では採用したいと思っていたところ、藤田が見込まれた。松村は藤田とその活動のために一家を借り受けて養真会を組織し、その記事を『道』誌の附録として出した[59]。

「霊覚」を科学的に考究し、その開発にも関心を持つといったあたりは、明治二〇年代来の新宗教―新主義において主張された信仰と科学の両立というテーマにつらなっている。道会を離れたその後の藤田をはじめ、道会や養真会を通過して別組織を立ち上げた人々によってこの方向性はこのあとも追求されていった[60]。

（3）社会正義・国家主義・皇室――宗教信仰との関係

道会には社会的倫理的な関心がつよく、「愛隣」を掲げるが、ほとんど国家主義に変わらないものとして追求されることがしばしばであった。松村個人にもともとそうした傾向があったからだが、ここでは彼の日本観、皇室観、社会主義や国家改造運動への評価、道会の国家への傾斜といった点について時代を追ってみておきたい。

キリスト教社会主義と国家への傾斜

宗教―道徳―政治を一体的にみる漢学の考え方に馴染んでいた明治期クリスチャンの多くは、キリスト教についてもこれを道徳や社会生活への応用に重点をおいて捉える傾向があった。明治期の松村も、自分たち同心者が「一大団結体」をおこして、「基督の心」を「政治界」「宗教界」「農商界」に広めなければならないと訴え、もし彼らを「感化」せしめ得ないなら自分たちが代わりに立たねばならないとし、[61]いっときは政治家を志したこともあった（山路愛山が発起した国家社会党の党首として）。また松村は、明治のクリスチャンの多くがそうであったように、社会正義につよい関心をもち、足尾鉱毒問題に取り組んだり、社会問題への国民の覚醒を促すことに努めてきた（欧米の社会主義の実行者を紹介した明治三〇年刊『社会改良家列伝』）。

しかし松村のこの社会主義、社会正義への関心は、国家主義と共存するものであった。松村は西洋のキリスト教を受け入れたが、はやくより外国人宣教師からの独立と日本的キリスト教の成立を願い、日露戦争では主戦論を展開するなど愛国心を示してきた。片山潜や幸徳秋水らと活動したこともあったが、共産主義や階級打破、皇室無用論や戦争否定論をいう彼らには賛成できず、袂を分かった。[62]明治人の多くにとって国家の価値は人生に大きな比重を占めたが、松村も例に漏れず、キリスト教や社会主義に触れながらもこれが彼のなかの国家主義に衝突することはなかったのである。

「日本」化——海外視察後

松村のキリスト教は国家的価値と調和されつつ、日本教会に持ち込まれた。松村の国家主義は国民の多数がそうであったように、日本の帝国主義的発展に連動して時代を下るごとに高まっていったようにみえる。道会となり、ことに『道』誌等に国家主義的言動が目立つようになるのは松村が海外視察（大正三—四年）を終え、帰国して以後のことであった。

洋行の当初の目的は、当地の宗教や倫理運動（Ethical Culture）の視察と心霊治療の調査にあったが、[63]出発直前に第一次世界大戦が勃発したこともあって、松村が現地で注視したのは日本と諸外国とくに欧米との関係をめぐる問題であった。米国では宗教者と交流し、倫理運動や心霊治療を観察したが、対米問題についても考究し、欧米人には中国やインドとは異なる扱いを日本に対して求めるべきとの考えを抱いたという。日本の外務省関係者や領事にも面会したが、心細い印象をもった。いっぽう英国では、対独戦で日本人が持ち上げられ、日本服が人気で滞在中は紋付羽織で押し通すなど、日本人としての自尊心をくすぐられる経験もした。英仏滞在のあと約一週間だが中国にもわたり、孔子老荘の国の人々が西洋人に使役されるさまをみて複雑な思いを味わうとともに、日本は列強の植民地となった中国やインドのようになってはならないという危機意識を新たにした。[64]

下関に到着した松村は、東京への帰途中に妻と合流して伊勢大廟に詣でる。欧米および中国視察は、日本の文明文化の源である中国やインドの劣等を目の当たりにし、列強に対する危機感とともに日本的矜持の確立の必要を認識させ、松村の欧米離れを進めた。帰朝報告のかたちで行った松村の講演は日本が西洋に比べて遜色ないことをいう「愉快と希望」を日本人に抱かしめる内容で、周囲からは愛国者として評価されたという。その内容は「吾国が最早無批判な西洋文明輸入の時代を脱して、独特の文明を創設すべきときとなった」ことを今回の西遊で確信した、「今日は日本国民が一斉に自覚して、日本は日本なりという覚悟をもって、すべての方面において独特なる、而して優秀なる日本文明の精神に立脚して、独立の発展を期せねばならぬ」というもので、「日本文明の完成に努力」することを自他に求める日本回帰的な内容であった。道友会主催の歓迎会では、島田三郎、押川方義、筧克彦らから松村への期待が寄せられ、松村はこれに応えようとするかのように二週間後には九州巡行旅行に出かけ、各所古跡をめぐって日本文化の真髄を学ぼうとし、日本人を連綿たる皇統を戴く「畏るべき国民」と称え、講演して回った。[65]

道会の教団としての体裁が整えられていったのも松村の帰国後のことであった。会堂の建設をはじめ、礼拝や経典が整備されるが、キリスト教式のそれではなく無宗派的ないしは日本的様式を重んじたものとなった。

大正五年に建造された拝天堂はこれまで会堂をもたなかった道会が初めて建てたものであったが、その様式は松村の希望によって、キリスト教でもなく神社でも仏教でもない会堂とし、現代に適した「大体の表現は日本趣味のもの」とし、「神前の形式は神道の形式」が用いられた。神殿には鏡が祭られているが、会堂の中央広間にはシャンデリアが吊られ、演壇の左側にはのちオルガンが置かれた。控室には講演開始を知らせるための大きな太鼓があり、室内の畳敷きは寺院風であったが、屋根瓦は宮造りであった。松村は、訪れた英国でのキリスト教礼拝・儀式の感化力に思うところあり、帰国後は礼拝を重視するようになったのだったが、その際、まず神殿をつくり、御幣と鏡をなかに安置し、前に御簾を垂れ、その前に祈禱文を捧げて礼拝することとするなど神道形式を用いた。これは、道会の諸儀式は国と時代によってこれを定めると規約に述べていることにしたがい、日本の風俗に適した神道儀式がこれにあたると考えたためである。翌六年一月七日の開堂式では松村は白黒羽二重の下着紋服姿で椅子につき、神前で奉読する祈禱文は祝詞の調子を帯びた音律をもって行われた(66)。

音楽も、国と時代に倣うという規約にしたがって神道式を試みたことがあったというが、笙篳篥の使用がうまくいかず、オルガンを用い、道会自作の賛美歌を歌う形式に落ち着いた。なお会員用に「皇天上帝」の掛図もつくられた。床上に掛けた掛図の前に、香もくしは線香を焚くための机を置き、その前に端座して反省、祈禱するものである。正六角形の枠の中に道の字が描かれ、字の左右に二個ずつ星を配した図案による徽章もつくられ、会員はこれを身に着けることとされた(67)。

皇室崇敬と普遍的宗教

拝天堂落成後の最初の家族懇談会は、天皇陛下の万歳と家族会の万歳を三唱でもって締めくくられた。つづいてこの、松村の皇室観についてもみよう。

皇室崇敬は、欧米渡航前より松村と道会にはあった。明治天皇崩御に際しては『道』誌に写真を掲げ「奉悼辞」を記し、新帝に敬慕の念を表していた。乃木大将の殉死も高く評価していた。松村の社会的傾向ははじめから天皇制国家主義の枠から外れるものではなく、キリスト教信仰とも両立させられていたが、キリスト教とはっきり決別して以降、皇室敬慕の念はより直接的に表現され、「誇るべき宝」としての忠君や国体の護持は遠慮なく口にされるようになった。道会発足まもなくの松村の一文、「皇室と道会(68)」では、「建国以来皇統連綿……我国体のごときは……世界いずれの国を尋ねても、全く皆無なのであって、是れは実に日本人が世界に誇るべき宝である」とされ、この国体を傷つける者に対しては「我等は断じて之れに反対し、どこまでも忠君の赤誠を尽して、此国体を保護するように努めねばならぬ」と述べられた。

　海外巡行より戻った松村は、欧米および中国との精神的離別を決定的とし、その足場を日本に求めざるを得なくなった結果として、日本的アイデンティティの要としての皇室の価値はいっそう高められた。帰朝報告講演では松村は、「君国のために生命を軽んずる一点においては、日本人こそ世界無比の国民である。自余の種々なる点において英国に及ばぬ点もあろうが、忠勇義烈の点においては、我れ断じて彼の上に在る」と熱を入れている(69)。

拝天堂（加藤正夫『宗教改革者・松村介石の思想』近代文芸社，1996年，4頁）

　松村はこうして皇室および国体への忠誠を誓うのだが、彼においてはこの皇室崇敬と不朽不易の宗教信仰との関係はどのように理解されていたのだろうか。すべての会員がそうであったとはいえないが、松村自身には有神論的傾向（唯一人格神への信仰）が濃厚であったから、そうした一神教徒たる松村において、皇室崇敬はその内容によっては信仰との間につよい緊張を生むべきものであるはずである。
　まず松村には天皇を直接神とみるような信仰はなかったこと、皇室も「我道会の所謂唯一の神を信じて御座る」と理解していたことが重要である。「目に見えぬ神の心に通ふこそ人の心の誠なりけれ」の御製を根拠に、明治天皇に、天に通ずる体験あることを松村は言っていた。天皇は、霊覚をもち、至誠を解する敬虔な一信仰者である。天地の主宰神を信じる一信徒、皇天の一信仰者であることは、他の信徒らと変わらない。そうして「我道会主張の宣伝」は、「正に我皇室並に我国体にとりても、急務の急務である」ことになる(70)。国家上、国民としての皇室崇敬とは別に、宗教上は、道会の掲げる皇天の唯一信仰の方が皇室より上位に置かれていた。
　御真影を偶像視したり招魂社の前で頭を下げないキリスト教徒を松村は批判したが、皇室は信仰の対象ではなくして、道会同様の信仰の実践者であるとみているわけである。拝天堂では鏡を神体とする神殿に相対して祈禱するが、祈禱文には天照皇太神等の神名は含まず、また各自会員の自宅では「皇天上帝」の掛図（文字のみと思われる）に対する祈禱を指導するだけで、神棚設置は言っていなかった。松村は、天御中主神、皇天上帝、父なる神、法身などはみな同じく天地の神をさすのだというのであり、祈りの対象が天皇でなかったことはもちろん、天地の神なるものが天照皇太神に特定されることもなかった。彼のめざした普遍的信仰中に皇室宗教が特別な位置を占めて分け入ってくることはなかった。

元クリスチャンとして、また天地の唯一神を奉ずる者としては当然であったかもしれないが、彼の皇室崇敬のありかたはそうした限定つきのものであった。中国および西洋文明から独立して、日本的土壌に根を下ろした総合的宗教の確立を模索する松村にとって、皇室は拠り所のひとつとして有意義な文化的社会的存在ではあったけれども、それは平均的明治人が持ち合わせていたところの愛国心、愛国者としての態度以上に出るものではなかった。「教会」の名の足枷が外れて、道会の活動は国家への接近をより容易にしていったけれども、松村において、皇室崇敬と「信神」との関係はそれとは別物であった。

国家改造運動に対して――米騒動後

道会には、渥美勝、橋本徹馬、大川周明、満川亀太郎、安岡正篤といった日本主義者・右翼思想家らが会員として加わっていた。たとえば道会とここでの人脈を通じて大川が政治活動へと導かれたように、満川、安岡その他の人物にとっても道会との縁は重要であった。道会は彼らのような、のち昭和における国家改造運動ないしファシズム運動家として知られるようになる人々の思想的人脈的な源のひとつとなっていた。

国家改造を叫んで、国士的人物の出現を促すような気風はもともと松村や道会にあった。松村自身が志士的気質をもち一時は政治家を志したこともあったこと、政治家を断念してからも、ピットのような政治的大人物いでよと青年らに向かって獅子吼し、時事問題を論じては政治家の腐敗を嘆き、「我に十万円あれば日本をヒックリかへして見せるぞ」

と地団太を踏むなどその気勢が殺がれることはなかった。当時の松村と道会はこの点で、社会的人格主義を唱えるのは似るが、批判的毒牙を欠いた通俗的修養主義(時期は違うが、たとえば後述の新渡戸稲造の修養主義のような)のそれとは少々異なっていたように思われる。

それは「改造」の時代機運に大きく乗じてのことであった。道会の社会的積極主義は四綱領の「愛隣」にかかわりがあるが、大正期の松村は愛隣について、「政治を論じ、教育を論じ、実業を論じ、遂に天下国家に及び、畢竟するところ現在社会の腐敗堕落を挙げ来り、世の罪悪に向って闘ふ」ことを主眼にするといい、「神の御用を務むべ」く、「此世を天国と為さんとすると云ふ念願を以て奮躍邁進」せよと説いていた。松村作詞の「愛隣の歌」は、「殺人剣は是れ活人剣、名誉利害を外にして、正義のために愛のため、日々戦ふも此にあり。……よしや此身は斃るとも、乃ち神にさゝぐなり、乃ち人に与ふなり、乃ち道に殉ずなり。……同じ心の神の子が、世々に生れて戦はゞ、神の御国の何時かなど、来らぬ事のなかるべき、是ぞ我等が愛隣と、名づけて樹つる旗章」というもので、「もろ人悦べ、時来りぬ。迷はず進めよ、道ひとつぞ、道ひとつぞ」と盛んに鼓舞するものであった[71]。

愛隣の実践としての「日本改造」への方向性を決定的としたのは、大正七年の米騒動であった。米騒動による全国騒擾を目にして松村は、教団としてのかたちをようやく整えたばかりの道会を飛び出して、社会改良演説会を開いて壇上で拳を振り上げ、天下民衆に直接訴えるかつてのような活動をふたたび始めている。道会においても愛隣の活動(国難救済)を推し進めるべく、運動の拡張を宣言した。「今日の如く時勢が進んできては、中渋谷の隅で、霊的講釈ばかりに従事しおるようでは不可ぬ……いやしくも愛隣の主張を有する以上は、今日の世に大規模の活動を試さねばならぬ」と考え、会員の募集にもかつてないほど熱心となった[72]。

ただし松村の状況認識と改造をめざす方向性は、社会主義や労働組合の社会運動とは一線を画するものであった。米騒動をきっかけに無政府主義の皇室否定論者が輩出した状況を憂え、松村がとったのは、「無智無制の国民」への社会教育(政治教育)普及をはかって暴挙を戒めること、立憲政体下にある国民は選挙を通じて政治を左右すべきことを説く善導策であった。政府や資本家・成金らを糾弾しもするが、ストライキが起きたときには道会は労使の間に入って調停者となる仕事をすべきであり、政治家を宗教道徳に従わせることで社会改造をはかるべきと考えた。米騒動のあと大正八年以降、松村のほか加藤咄堂、本多日生、高島平三郎、小尾晴敏らを講師として、計一三万人を超える聴講者を集める民力涵養講演会が実施されたのは、松村が、当時内務大臣であった道会員の床次竹二郎を動かしたからだったともいわれる(73)。体制護持的な松村のスタンスは、大正三年四月（第二次大隈内閣）に道会後援者のそれぞれ大隈重信が首相、尾崎行雄が法相、八代六郎が海相、島田三郎が衆院議長となって以来のものであった。

松村は教団外での出張講演に出かけることが多くなっていたが、大正一〇年の朝鮮旅行以降、朝鮮および中国への海外伝道を急務とするようになった。同志の押川方義や大川周明が唱えていた文化的全亜細亜主義により、日本が東洋の指導者となって世界に王道を敷くべきだとの主張を松村もおこなっていたが、この新目標もそれに沿ったものとみられる。松村と道会は昭和にかけても勢いを失うことなく、国家危急の時との認識により、昭和四年には松村みずから路傍伝道を開始、青年らも全国各地に支部を作り、入会者も増やしていった。

時局が進むと松村の国内政治批判は激しさを増し、好戦的な言動も現われるようになった。軍事教育への賛意、米国と中国に対する激烈な批判、ムッソリーニやヒトラー賛美がおこなわれ、大川・満川・安岡らの雑誌『日本』が推奨された。満州事変を天佑とみなし、日本、中国、東洋を救い、欧米文明のあとをついで、世界人類を救済すべき使命を今こそ開始すべきだと奮起を促す松村にこたえて、渡満する会員もあった。こうしたなかに大川が連座した五・一五事件が発覚するがこれに対しては、「その方法手段を誤っている」とするものの、「その言うところを聞くと、余輩等が平素いうところとは少しも変わらない。やはり我党の士である」と述べ、「堕落政治家」や「強欲財閥」に鉄拳を加えることに同調している(74)。ただし実際家である松村はこの事件以降はややトーンダウンしたようにもみえる。革命や暗殺の手段でなく、宗教と国体に基づき、合法的秩序的に日本を救うことを道会員に諭すようになった。

以上、松村は透徹した理論家ではなかったが、至誠を尊ぶ純な一神教徒として、また情感豊かな志士として愛され慕われた快人物であった。彼の支援者のなかには重要人物も少なくなかった。「政治界、教育界、宗教界、実業界等の間より、最も健全なる分子を抜いて……一堂に集め」て交流するためにつくられた「道友会」の会員には、渡辺国武、大隈重信、島田三郎、尾崎行雄、床次竹二郎、井上友一、森村市左衛門、大倉孫兵衛、増田増蔵、鎌田栄吉、渡辺千冬、押川方義、新渡戸稲造、三宅雪嶺、山路愛山、石川半山、浮田和民、田村新吉、村井知至、杉山重義らを含む数十名があって、道会の物心両面における支援者グループを形成していた(75)。信仰者の集まりとしてだけでなく、非党派的交流の場として道会はよく機能し(76)、このネットワークを用いて宗教的政治的思想運動を精力的に実践し、世間にも広げたという意味で、松村と道会は大正昭和の日本社会に重要な役割をはたしたとできる。なお、道会の幅広い人脈によって恩恵を受けたひとりが大川周明であったが、これについては次章に述べよう。

(1) 宇佐見英太郎編『見神論評』(金尾文淵堂、一九〇七年)。
(2) 綱島梁川「予が見神の実験」(『明治文学全集』四六、筑摩書房、一九七七年、に収録)三五四頁。以下の綱島の引用はすべて同書による。
(3) 綱島梁川「予は見神の実験によりて何を学びたる乎」三五七頁。「我が行ふ所が即ち神の行ふ所、我れ生くるにあらず、神我に在りて生くる神我一如の自在境也」(綱島梁川「如是我証」三六九頁)とも。ただし「予の個人格としての存在」がまったく消失したわけでなく、「予は神に没入せり、而かも予は尚お予として個人格を失はずして在」った状態と説明されている(綱島「予は見神の実験によりて何を学びたる乎」三五七頁)。
(4) 綱島「予が見神の実験」三五四頁。
(5) 同右、三五四―三五五頁。
(6) 木下尚江『自然主義と神』(一九〇八年、『木下尚江全集』二〇、教文館、二〇〇一年、に収録)一七五頁。引用は同書による。
(7) 内村鑑三「教会と信仰(三)」(『聖書之研究』一九一一年五月、『内村鑑三信仰著作全集』(以下『内村全集』)八、教文館、一九六四年、に収録)二六二頁。以下、内村の引用はすべて『内村全集』(教文館、一九六一―一九六六年)による。
(8) ヨハネ伝一六―三二「父、われと共にあり」の「共に」を「そばに」でなく「内に在る」と読み替えて、「父は……内在する者……内に内在する神に比べて見て、最も親しき友も他人」であると述べている(内村鑑三「近代における科学的思想の変遷」『聖書之研究』一九一〇年、『内村全集』二二、に収録)二三七頁。

(9) 内村鑑三「宗教は個人的である」(『聖書之研究』一九二二年一月、『内村全集』一四、に収録)六九頁。
(10) 内村鑑三「無教会論」(『無教会』一九〇一年三月、『内村全集』一八、一九六二年、に収録)八七—八八頁。
(11) 内村鑑三「教会を要せざる信仰」(『聖書之研究』一九〇九年三月、『内村全集』七、に収録)一四五頁、同「新教会」(『聖書之研究』一九〇六年四月、『内村全集』八、に収録)二三二頁、同「われらの礼拝」(『聖書之研究』一九一五年一二月、同、に収録)二七五頁。
(12) 内村鑑三「普遍的真理」(『聖書之研究』一九二八年一〇月、『内村全集』二二、に収録)一四七頁。
(13) 姉崎正治『新時代の宗教』(博文館、一九一八年)五一頁、同『根本仏教』(博文館、一九一〇年)八頁。
(14) 綱島「予は見神の実験によりて何を学びたる乎」三五八頁。
(15) 綱島梁川「神子の自覚を宣す」三六二—三六四頁。「吾等は神之子也、如来之子也」(三六六頁)、「釈迦の大悲や基督の大愛を味ひ得たる感」(三五三頁)、「『神の子』……の一自覚の中に、救いも、解脱も、光明も、平安も、活動も、乃至一切の人生的意識の総合あるにあらずや」(三五六頁)という。
(16) 内村「普遍的真理」一四七頁。内村鑑三「宗旨ちがい」(『東京独立雑誌』一八九八年一一月、『内村全集』一四、に収録)七四頁。
(17) 姉崎正治にもこれがあった。仏陀が渇仰されるのは開祖だからではなく、その人格が人類普遍の理想を体現しているゆえである。この意味で仏陀は、イエスやムハンマドなどと並ぶ偉人中の一人にすぎない。単に「仏陀を崇拝」すること、仏陀を信仰の究極目的とすることは退けられ、「信行の導師、修道の橋梁に過ぎ」ないことが強調された(姉崎正治『根本仏教』博文館、一九一〇年、一〇頁)。
(18) 田邊信太郎・島薗進・弓山達也編『癒しを生きた人々』(専修大学出版局、一九九九年)を参照。
(19) 白樺派の武者小路実篤は「自己を生かす」こととは「自己の生命を完成」させることで、これによって「人類の生長」を手伝うことだとし、宗教や超越主義に拠らずに自我を基礎づけあらゆる経験の根底としようとした。武者小路実篤『人類の意志に就て』(『武者小路実篤全集』一〇、小学館、一九八九年)および『新編生長』の「生長」(同、一一、一九八七年)を参照。
(20) 南カリフォルニア大を卒業後、シカゴ大大学院神学科に学ぶ。大正八年早大教授。ドイツ哲学全盛のなかで、自由主義のキリスト者としてデューイら英米の哲学の紹介・普及につとめた。
(21) 大正五年の初刷以降、五年間で五版を出し(洛陽堂)、大正一三年に出版社を変えて二年のうちに一二刷を重ね(新生堂)、昭和二〇年代に入っても刊行されつづけた(野口書店)。
(22) 帆足理一郎『宗教と人生』(洛陽堂、一九一六年)二八六—二八八頁。
(23) 同右、二九二—二九三頁。
(24) 同右、二九六頁。
(25) 倉田百三「『出家とその弟子』の上演について」(一九一九年、『愛と認識との出発』白凰社、一九七〇年、に収録)二六三頁。引用は同書による。
(26) 帆足『宗教と人生』三〇二頁。

(27) 宗祖の霊的模範化の流れを初期につくった一人、姉崎正治はこの時期の文学的宗祖伝の氾濫、「所謂る『創作』物の教祖伝、特に親鸞宗の作」の流行については、一定の宗教的意味があるとしつつも、その作中には各教の教祖らを「だしに使」う傾向ありと苦言を呈し、行き過ぎに警戒している(姉崎正治「教祖の人格に関する観念」『宗教研究』一―一、一九二四年九月)。

(28) 阿部次郎『三太郎の日記』(岩波書店、一九一四年)六〇二頁。

(29) 川戸「トマス・カーライルと明治の知識人」四〇一頁。

(30) たとえば三宅雪嶺は、英雄偉人として西郷隆盛、王陽明、匈奴の冒頓などを取り上げた。東大時代よりカーライルを一生愛好したが、著書では多く日本や中国の偉人を取り上げ、西洋人やときに日本人からも文明破壊者として認識されてきた人々を再評価し、東洋にも人ありの主張をおこなった(柳田泉『哲人三宅雪嶺先生』実業之世界社、一九五六年)。

(31) 西田天香の一燈園や武者小路実篤の新しき村、蓮沼門三の修養団や松村介石の道会などがあげられよう。

(32) 松村は、内村鑑三、植村正久とあわせてキリスト教界の「三村」、田村直臣を加えて「四村」と呼ばれた明治キリスト教界に知られた人物だったが、今日あまり知られていない。先行研究をみれば、キリスト教分野での扱いは「日本的キリスト教」の代表格または棄教者としてのものであり、新宗教研究では道会が諸教混合型教団の一典型として言及されることがある。ほかに大川周明との関わりで注目するものもあるが、いずれも松村と道会のある一部分を切り出したもので、その潜在的影響力や人脈等に見合った本格的な研究がなされてきたとはいいがたい。

(33) 以下の略歴は、松村の自伝のほか(松村介石『信仰五十年』道会事務所、一九二六年)、門下生の加藤正夫『宗教改革者・松村介石の思想』(近代文芸社、一九九六年)、松村介石伝編集委員会『松村介石』(道会、一九八九年)、大内三郎「松村介石研究序説」(『日本文化研究所研究報告』一二、一九七六年)、同「松村介石」(『内村鑑三研究』八、一九七七年)を参照した。

(34) 道友会は「政治界、教育界、宗教界、実業界等の間より、最も健全なる分子を抜いて之を一堂に集め」ての交流を目的とし、養真会は心霊治療を行うための組織で、真言宗僧侶の藤田霊斎の「息心調和法」の普及をはかった(松村『信仰五十年』一八一―一八六頁)。

(35) 松村介石『新宗教』「序」(道会事務所、一九二五年)。

(36) 松村介石『道会の主張』(天心社、一九一二年)。

(37) 松村『信仰五十年』四八―五〇頁。

(38) 同右、一一六―一一八頁。

(39) 加藤『宗教改革者・松村介石の思想』一〇七頁。

(40) 松村介石『基督の心』(警醒社、一八九一年)。

(41) 松村介石伝編集委員会『松村介石』二頁。

(42) 松村介石『回顧二十年』(警醒社、一九〇九年)二五五頁。

(43) 松村『信仰五十年』一四〇頁。

(44) 加藤『宗教改革者・松村介石の思想』一三三―一三四頁。

(45) 松村は、政教社の三宅雪嶺や民友社の徳富蘇峰らとともに当時の英雄論的修養書ブームの一角を担っていた。やはり交流のあった新渡戸稲造（道会会員）や加藤咄堂もすこし遅れてこれに加わり、宗教的修養本、通俗的修養本を多数出した。松村の著作全体については、岩田光子「松村介石」（昭和女子大学近代文学研究室『近代文学研究叢書』四五、一九七七年）を参照。

(46) 松村『信仰五十年』一八七―一八九頁。

(47) キリスト教信者と道会の立場の違いは、一、諸君は父と子と聖霊によって洗礼を授ける。而るに吾人は署名と拇印で行う。二、諸君は基督の名によって祈禱す。而るに我輩は直接神に祈る。三、諸君は旧神学で編纂せられたる賛美歌を謡う。我輩は之を厭うてその編纂中である。四、諸君はバイブルを唯一の経典と仰ぐ。我輩は之を聖人の書の一つと見る、ところにあるとされた（加藤『宗教改革者・松村介石の思想』一六三頁）。

(48) 松村介石『道会の信仰』（東方書院、一九三四年）。

(49) 四綱領は、日本教会が掲げていた「四箇の信条」とほぼ同じ内容である。ただし四つ目の「永生」について、もとは「霊魂不滅……を信じ、死後霊界に行く心と信仰を持つこと」とされていたのが、ここでは「人格の不死を謂ふ」とされ、「霊魂」が「人格」に改められた。

(50) 松村介石「宗教界の大発見」（『道』九〇、一九一五年一〇月、松村『新宗教』道会事務所、一九二五年、に収録）一〇―一六頁、松村介石『諸教の批判』（道会事務所、一九二九年）、松村介石『諸教の将来』（道会事務所、一九三五年）。

(51) 道会本部編『道会の栞』（道会本部、一九一七年）。

(52) 松村「宗教界の大発見」一四頁。

(53) 同右、一五頁。

(54) 松村『道会の信仰』。

(55) 同右。

(56) 松村『新宗教』一〇三頁。

(57) 松村は、日露戦争時の児玉源太郎大将や東郷平八郎元帥の経験を引き、至誠あるところに天佑ありとし「感応」の二字をよく揮毫したという東郷のエピソードを好んで語る。後述するが、明治天皇にもその体験があったろうとも述べていた（加藤『宗教改革者・松村介石の思想』二一一―二一二頁）。

(58) 松村『信仰五十年』一八一頁。

(59) 同右、一八三頁。

(60) 藤田がその後道会から離れてつくった調和道、川合信水の基督心宗教団、加納包球の加納太霊教院、田村霊祥の天真道教団のほか、川合の弟・肥田春充の肥田式強健術（のち自強術）など。強健術はキリスト教的な悟りに至るためとして兄信水の教団でも課された。

(61) 松村『基督の心』一〇四―一〇五頁。
(62) 加藤『宗教改革者・松村介石の思想』一四〇頁。
(63) 同右、一六八頁。
(64) 同右、一七三頁。
(65) 同右、一八三―一八五頁。
(66) 松村『道会の信仰』一四―一五頁、加藤『宗教改革者・松村介石の思想』一八七―一九〇頁。
(67) 松村『道会の信仰』一四―一五頁、加藤『宗教改革者・松村介石の思想』一九二頁。
(68) 松村介石「皇室と道会」(『道』五四、一九一二年一〇月)。
(69) 加藤『宗教改革者・松村介石の思想』一八四頁。
(70) 同右、一九四頁。
(71) 松村『道会の信仰』一六―二一頁。
(72) 加藤『宗教改革者・松村介石の思想』二〇〇―二〇一頁。
(73) 同右、一九七―一九九頁。
(74) 同右、二二〇―二二一頁。
(75) 松村『信仰五十年』一八一―一八二頁。
(76) 党派主義をきらった道会は、その流動性や開放性のゆえに、自由に各界人の交流する場となった。集ったのはキリスト教徒、社会主義者、国家主義者、神道家、仏教家、軍人、政治家、官僚、学者、学生その他であった。

第4章　宗教学者の国家論とその周辺

普遍的新宗教と国家的要請

学者や一部の宗教者をふくむ明治の知識層が「新宗教」「理想教」「活信仰」の到来を期した新時代の宗教論を語り、人格修養や英雄崇拝をキーワードに民間に広がり始め(1)、その実践を試みる人々や団体が出てきたこと。新宗教論は国家主義を斥けず、宗教の社会貢献を高調したこともあって、道徳教育混迷への懸念や社会政策上の観点から、政治家や官僚の一部にも新宗教論の主張に合した動きをとる者が出てきたこと。国民教育に宗教性を加味せよとするその主張が、宗教上の「信念」や「情操」は通宗教的で、特定宗派宗教と切り離すことができるとする宗教学の見解を後ろ盾としていたことなどを前章までにみてきた。

このように明治後期に新宗教論は国民教育・教化論と交差していく様相をみせていったが、そのなかで諸教協調による三教会同のような方向性とは別に、仏教キリスト教神道の既存宗教の教化力を用いるというのでなく、国体精神そのものを宗教化すること、あるいは未だ働きの鈍い神道の国体精神化を進めようとする試みも並んで行われていった。井上哲次郎が国民道徳論上に述べた国体神道論はそのひとつであったが、本章ではおもに大正期以降に展開された試みに注目して、加藤玄智の国家的神道論（第1節）、大川周明の日本精神論とアジア主義（第2節）、また上杉慎吉の国体宗教論（第3節）の試みについてとりあげたい。

加藤は姉崎正治と同世代の宗教学者で仏教を背景とし、大川は彼らに学んだ第二世代の宗教学徒であり道会で実績を積んだ人物である。宗教学―新宗教論の理想を共有し、それぞれ比較宗教の知識を駆使して国家的宗教論や日本人の宗教的人格修養論を説いた。上杉は彼らと同じく海外の宗教論や国家哲学の影響下に、鋭い宗教的嗅覚をもって宗教的国体論を完成させた。宗教学の出身ではないが、その門下生のうちからやがて大川らと思想的実践的に対立する人々が出てくることになる。したがってここに比較検討の対象として上杉も取り上げることとし、第4節では三者を比べて、これら大正昭和期におこなわれた宗教的国家思想・国体論の特徴を整理したい。

第Ⅰ節　加藤玄智の国家的神道論――国体化する人格感化教

加藤玄智の国家的神道論ならびに教化論についてみていこう。その主著の一つ『神道の宗教学的新研究』(大正一一年)のタイトルにみえるように、加藤の神道論の独自性を一言でいうと、宗教学的に、宗教としての神道を論じるという点にある。また近代宗教学の知見を核とし、それが理想とした人格主義的な宗教観を、教化上の課題にそって国体思想に切り結んでいこうとする特徴がみえる。その具体的な様相を明らかにしてみよう。

略歴および研究・著述

加藤玄智(一八七三―一九六五)は浄土真宗の僧侶の長男として明治六年、東京浅草に生れた(2)。一高を卒業後、明治二九年に帝国大学文科大学哲学科に入学。井上哲次郎の指導を受ける。姉崎正治は同年齢だが、加藤より三学年上にあり、大学院に進んでいる。三二年に哲学科を卒業、大学院に進学(研究題目は「知識と信仰」)。学業のかたわら、仏教改革をめざす仏教清徒同志会に参加(3)。教権を斥け、自由討究と迷信廃絶を掲げる若い在家仏教徒らによる会である。ほかに、宗教とくに仏教の普及を目的とした宗教研究会を発足・運営した(4)。

明治三九年、陸軍教授(英語学)嘱託(士官学校付き、―昭和八年)。同年、東京帝国大学文科大学講師嘱託(宗教学)。四二年、「知識と信仰」論文で文学博士。大正元年、学際的な日本文明および神道研究を目的とした明治聖徳記念学会を創設。九年、東京帝国大学神道講座（翌年、神道研究室）創設にあたってその助教授に就任（大正一〇―昭和八年）。一三年、國學院大學講師嘱託。(5) この間、「国家的神道」論を確立。陸士での教え子には秩父宮雍仁、三笠宮崇仁などが含まれていたが、昭和四年、高松宮宣仁親王に宗教学および神道について進講。

敗戦後、GHQの「神道指令」中に加藤の"State Shinto"（「国家神道」）の語が用いられる。戦後の加藤は陸軍教授であったこと、また『日本精神と死の問題――乃木将軍の死を中心として』（昭和一四年）等が問題視されて公職追放、恩給の一時停止を受ける。だが神道への関心は失われず、敬愛する乃木希典を祀った乃木神社や出雲大社教との関係を続けるほか、地元（戦時下、静岡県御殿場市に居を移す）での神社奉仕にも余念がなかった。学問も続行。昭和四〇年、九二歳で昇天。葬儀は遺言により生前親交のあった僧侶により曹洞宗・大雲院（御殿場市）で執り行われた。

戦前期の加藤の宗教研究・著述活動について一瞥しておこう。その内容は時代を追って大きく四つに分けることができる。第一に、宗教に関する哲学的理論的研究がある。大学院に入って間もなく上梓した『宗教新論』（明治三三年）と『宗教の将来』（同三四年）は宗教哲学的かつ規範的である。当時彼の周辺に満ちていた新宗教論の思潮に合して、宗教的天才の出現による合理的倫理的な理想宗教の実現が語られた。宗教学の概論書というべき著述も加藤は複数手掛けていくが、その最初の著作が出されたのもこの頃である（『宗教学』同三四年）。西洋宗教学から得た知識や枠組に沿った内容であった。

第二に、そうした西洋の宗教理論・枠組を援用しての、日本宗教に関する研究がある（明治三〇年代後半以降）。東西比較研究を入り口に、仏教を、キリスト教に比肩する宗教として論じたもの、日本人の神信仰の特性に関する論考が目立つ。『通俗東西比較宗教史』（明治三六年）や『宗教学上より見たる釈迦牟尼仏』（同四三年）、そして多数の論文がこのテーマに関して存在する。そこにみられる、西洋の視点を交えつつ日本を論じるスタイルは、以後も加藤に一貫してみられるパターンとなった。

第三には、そうした日本人の信仰特性を日本の国体に関連づけて論じた、教化的な著述がある。『我建国思想の本義』

(明治四五年)はその最初のまとまった著作であるが、これは陸士でおこなった精神訓話を元に、「国民教育及ビ我陸海軍ノ精神教育」に資するために書かれた。明治末以降は唯物論や社会主義の流行、国民道徳論や三教会同に対する世論の沸騰のなかで、自説を一般に向けて発表する機会も増えていった。『神人乃木将軍』(大正元年)や『東西思想比較研究』(同一三年)も陸士生徒を対象にした講話が元になっている。[6] 教育者となって宗教や教育をめぐる問題は重要度を深めていった。

ほかにも時事的問題をあつかった『神社対宗教』(大正一〇年)や『神社問題の再検討』(昭和八年)、『我が国体と神道』(大正八年)や『日本人の国体信念』(昭和七年)および『日本精神と死の問題』(同一四年)のように、次の第四の研究領域と重なりつつ、国体や日本精神を論じたものがある。

第四に、以上の関心や研究の進行と関わりながらまとめられていった神道論がある。第一―第三までの研究成果を総合、体系化していくなかに、「神道」なるものの独自の内容定義を試みたものである。比較宗教研究の見解に基づきつつ、教化的関心に導かれながらまとめられた、「国家的神道」を中心とする神道論がそれであった(大正一〇年代以降)。『神道の宗教学的新研究』(大正一一年)、『本邦生祠の研究』(昭和六年)、『神道の宗教発達史的研究』(同一〇年)、『神道精義』(同一三年)など多数がこれに関して発表されている。

I 二つの出発点――「新宗教」と「天皇教」

(1)「新宗教」論に立脚して

「宗教的人格」の感化力

明治三〇年代「新宗教」論の規範的テーゼが、加藤の学問・思想形成の出発点のひとつになっていることについてはすでに触れた。その二〇歳代後半から三〇歳代前半にかけての文章の多くが、「吾人の所謂健全なる新宗教の樹立」に向けての啓蒙的内容に満ちている。大学時代の研鑽の成果とされる『宗教新論』も、「現今我邦に於ける紛々たる信念界に対し」て「宗教の科学的研究を鼓吹」する目的と同時に、「不羈独立健全にして純乎たる新信仰の確立」に向けて物言おうとするものであった。[7]「将来の宗教」「仏耶両教の異同」「一大新宗教勃興の機」「仏教界に於ける新旧両思想の分離」「最近に於ける仏教自由主義の勃興」「宗教と教育及び政治」などと題して取り上げられるトピックはいずれも新宗教論におなじみである。

同書刊行の前年、井上哲次郎が新宗教の構想を述べた「将来の宗教に関する意見」論文が発表され、宗教内外から賛否両論を呼び、世間の注目を浴びるという一事があった。[8] 大学院に進学したばかりの加藤はこれを身近に経験した。この騒動の中にまとめられた『宗教新論』は、井上の考えに加藤も同意し、その内容を敷衍するものだったといえる。だがこの論争の経過を加藤なりに整理した明治三五年の論文になると、ニュアンスが少し異なってくる。加藤の意見は、大筋においては井上と同じだが、その倫理的宗教論が教祖や聖人といった存在をも不要視しかねない点に関しては反対を述べるようになる。宗教上かつ倫理上、感化力の観点から宗教的偉人の存在だけは欠かせないとするものであった。[9]

姉崎正治にみた考えと同じであるが、この見解は加藤自身の経験に裏打ちされていた。信仰を失いかけ煩悶した青年時代、参禅した西有穆山師により精神的に救われるという経験を加藤はもっている。出身宗派とは異なる曹洞宗であったが、西師との関係はその後も長きにわたって続けられた。[10]「信仰を得るの方法」を「宗教を求むる青年の為めに」論じた明治三七年の一文で、加藤が青年たちに提言したのもこの体験に基づいている。信仰を得る「一番早道」は、教祖に準ずるような人格的魅力をもった高僧や師匠すなわち「生きた宗教的人格」にたよって「大なる宗教的人格の感化を受ける」ことだ。それは釈尊とその弟子、法然と親鸞、中江藤樹と熊沢蕃山、達磨と慧可の間にあった関係であるという。[11] これよりすこし前、明治三四年に加藤は結婚しているが、その際編み出された挙式の方法も、宗教的人格との関係を重視する宗教論上の立場が、実際生活上に及んでいたことを示すエピソードとして興味深い。それは釈迦とキリストの肖像写真を前に媒酌人が誓詞を読み上げるという簡素なもので、上野精養軒にて行われた。[12] 仏教でもキリスト教でもない超宗派的な普遍宗教は、ただ宗教的人格の崇敬を主にして行われるとの考えを、東西を代表する二教の先覚・偉人をもって実践しようとするものであった。

大正二年の「宗教の将来」の一文も宗教的人格に関するテーマを扱っている。井上の新宗教論は、宗教を倫理的効果においてのみみる傾向のあるために、宗教独自の存在意義を否定しかねない内容をもっていた。この一文ではそうした考えに対して、宗教的人格の感化力こそは哲学や科学に回収されることのない宗教の独自性である、知識や倫理の浄化をいかに受けても宗教が「未来永久絶滅する」ことはないのはそのためである、宗教の将来の要点はそこに求められねばならないと述べている[13]。諸教で千差万別の教義儀礼や教権組織を放棄すべきとの点には同意しつつも、宗教学者としては、人間の宗教的情操に訴える偉人的存在の必要論によって宗教（学）のレゾンデートルを図らねばならない。宗教的偉人は信仰生活に重きをなして不可欠との見解は、これを主唱した姉崎を筆頭に、加藤ら宗教学者に共通の主張となる。井上による哲学的宗教論とその弟子らによる宗教学的宗教論とはここで分岐するのだが、加藤がのち展開する神道論の特徴を把握するためにもこの点はよくふまえたい。

学者としての加藤の最初期の思想は以上のように、仏教に肩入れしつつも、これを超える方向を伴って育まれていった。この時点で彼の学問思想に独自の何かがあったわけではない。だがその理想主義が基本的に以後にわたっても堅持されていくこと、宗教的人格の感化力を重んじる宗教論、宗教的情操を核とする信仰論およびその普遍主義的な傾きが、私生活上にも実践されたように加藤にとって根深いものであったことは強調されておいてよい。

神人同格教の枠組——仏教・神道と「新宗教」

つぎに先に述べた第二の研究領域にかかわって、加藤の仏教および神道に関する研究をみよう。これはオランダの宗教学者C・P・ティーレ（一八三〇—一九〇二）の枠組みに多くを負って進められた。諸宗教を公平に扱うべき学的姿勢を示してくれた西欧の宗教学のなかに、実際はキリスト教を最上位におき、仏教を下位に扱いあるいは宗教として認めない傾向のあることを知った加藤は、それに抗して、仏教をキリスト教に伍する宗教として位置づけたいという気持ちを強くしていた。ティーレも西欧の学者だが、その宗教学理論は、仏教の宗教たることを論証し得る、加藤にとって好都合の枠組みをもっていた。まずは仏教研究、そして神道（日本人の神観）研究に加藤はこれを用いていく。

ティーレの理論は、宗教は自然的宗教から倫理的宗教に進化していくとする宗教発達論と、諸宗教を大きく神人懸隔教／神人同格教に二分して考える宗教分類論とを含んだ。加藤はこれを使って、神人懸隔教たるキリスト教に対し、仏教と神道は人間を神とみる神人同格教であることを論じる。神道についていえば、古来よりの「現人神」「明神」の観念に神人の原理が認められること、新井白石のいう「神は人なり」の人間化された神観念がその特徴だとした。日本語のカミの語は「上」を意味し、日本人は自分よりも何らかの意味で少しでも上にあると思うものはみなこれを神と呼んで尊んだとし、その神人同格教たることをいう。仏教における神的存在たる釈迦もまた人間であったことは論を俟たない。加藤はこうして日本人の宗教が、神人懸隔教のキリスト教に対して、他方の神人同格教を代表する立派な宗教であることを主張しようとしたのである(14)。

ここでみておくべきは、「神人同格教」と宗教学的に称されるところの、優れた人格を神として尊ぶという人格主義の宗教論が、宗教的偉人に感化されつつ自らもこれに並ぶべく励もうとする宗教すなわち倫理的宗教＝新宗教論の命題に通じていることである。キリスト教よりも日本の宗教の方が将来の宗教たるべき理想に近い本質、素地をもっているという認識はすでにあったであろうが、ティーレの理論はこれを支持するものであった。それは仏教あるいは日本の宗教の劣位を解消してくれる以上のこと、これらに「新宗教」の地位をあてがう道筋を示してくれる有望な宗教学的知見なのであった。

（2）「天皇教」の主張

つづいて第三の研究領域にかかわる著述をみていこう。明治三九年、加藤は陸軍教授に就任する。国民道徳や国体に関する加藤の関心は、この個人史的な出来事と、大逆事件や明治天皇崩御といった明治終期の国民的大事件とが重なったところに持ち上がってきたものである。『我建国思想の本義』（明治四五年）はこの時期に、加藤が初めて自らの国体観・天皇観を明らかにした一冊である。比較宗教学と日本宗教史研究により得た知見を持ち込みつつ、独自の天皇論を中心に教化的関心をもって書かれた。これによって、新宗教の理想のほかに、加藤の学的思索のもう一つの出発点になったところの、同書に「天皇教」ないしは「忠孝教」と呼んだ宗教的国体論があったことをみておきたい。

天皇崇敬の宗教化

西洋の神観と日本臣民の天皇観、西洋の信仰と日本人の忠孝心との間に「非常に能く類似した所がある」ことをもって、後者が一種の宗教であると言おうとしたのが、加藤が同書に展開した「天皇教」論＝「忠孝教」論である。(15)

天皇に対する日本人の態度が一種の宗教であるとするこの見方は、けっしてこの当時普通に行われたものではなかった。このころ忠孝はまずは国民「道徳」として論じられるものであったこと、また宗教的な天皇観が示される場合でも天皇「天孫」（神孫、神胤）論が普通であったときに、「一段低い神の子ではなくして、神それ自身」(16)だとした加藤の天皇「教」＝忠孝「教」論や天皇「神」論は、国民教育上にもまた学者が唱えるものとしても代表的な説とはいえなかった。

したがって加藤がここに試みたのは、そうした通論を破ることである。天皇が神であることは明神や現人神の呼称より明らかで、その地位は西洋の「ゴッド」にあたる。日本人の忠孝心が一種の信仰であることも、シュライエルマッヘルの宗教定義（「絶対的憑依の感情」「絶対的に神に服従するという感情」）に照らして正当である。楠木正成や新田義貞の勇気は「天皇を神と見る」ところより引き出された。幾多の殉教者を出した武士道や大和魂は、アブラハムやヨブの絶対服従の精神態度と同一である。単なる道徳でない、「信仰」である。これは天皇を「本尊」とする一種の宗教、天皇教＝忠孝教なのだと加藤は論じた。

それはまた、単に宗教であるというだけではない、高等な宗教であると加藤はいう。忠孝教の見本は武士道だが、その崇高さをみればそれがティーレの宗教進化論にいう「倫理的宗教」のレベルに達していることは明らかだ。以上をまとめていえば、西洋にあっては即ち神、日本にあっては　天皇陛下、西洋にあっては宗教上の信仰、日本にあっては忠孝一本、西洋にあっては基督教、日本にあっては　天皇教と斯う申して来たのであります。此二つが内外各自の其道徳宗教の根柢を形造って居るのである。[17]

ただし天皇教はキリスト教と違い、ティーレの分類にいう神人同格教系であることについても一言されている。天皇に神人（Deus-Homo）的性質を認めている点は、日本にあって西洋の神観にはない。天皇教は釈迦をDeus-Homoと認めた仏教に近い特質をもっているとされた。

こうして加藤は天皇を明確に「神」と称し、これに対する臣民側にも信仰的態度をよみとって、宗教であることを論証しようとした。天皇崇敬を忠孝「道徳」として説くのが一般的であったときにそれを「宗教」化するのにここまでこだわったのは、唯物思想の極みとされた大逆事件への反省、当局者による宗教軽視がその因をつくったのだとの認識によるものであった。当局者が「宗教の勢力が人心を支配することの其実莫大なることを夙に達観して、此方面にも多少の考慮を払ったならば今日の如くはならなかったらう」[18]と彼は嘆くのである。

ところで『我建国思想の本義』では、天皇崇敬はゴッドへの絶対服従に等しいといいながら、まだその徹底しない面を残している。天皇は「明瞭に神の御血統」――諾冊二尊より天照大御神を経て、天孫瓊瓊杵尊から神武天皇に至る系統――を引いているとするが、日本人はみな諾冊二尊からの系統を引く神の子であるとも述べられる[19]。ことに秀でて神の御子孫であるのが天皇だといちおうの差別化はしているが、天皇とその臣民は、親疎はあっても、天神に対しては同じ神の子として変わりがないということである。神―人の関係が近いとされる神人同格教のさだめでもあろうが、これでは天皇―臣民の関係が唯一神―帰依者の絶対的関係に等しいというここでの主張がぼやけてしまう。

このことは彼が、天皇を一神教的なゴッドの地位に引き上げ、〈ゴッド―人類〉の関係に〈天皇―臣民〉の関係を類比させようとするとき、この関係中にどう天神や天祖を位置づけ得るかという問題への解決をもっていなかったことと関わっている。〈天皇―臣民〉関係に天神を加えて、たとえば〈天神―天皇―臣民〉関係を〈ゴッド―キリスト―人類〉の関係に類比させてみたとしても問題は残る（天皇をキリストとするのは加藤の目指すところに比べて弱すぎ、また臣民にキリストになる道を彼は用意しているため、天皇と臣民との関係が近くなりすぎる）[20]。天皇神孫論は、政府公定の見識であり世間にも一般的であった。加藤はそれに飽き足らず天皇ゴッド論を論じた。だが神孫論を否定するわけではなかったため、〈神々に対する天皇〉／〈神としての天皇〉という天皇存在の二重性に関わる問題を、「天皇教」の主題に対して払拭し切れていないのである。〈神としての天皇〉論で言わんとする天皇の絶対性を、〈神々に対する天皇〉が相対化するという不徹底は同書にところどころ見受けられる点であった。

神道と天皇教の未結合

このように加藤は、天皇教をキリスト教に重ね合わせようとする一方で、天皇観に関わる伝承や日本的背景をすべて除き切っているわけではなかった。むしろそれが「日本特有の」道徳＝信仰であること、「国民的宗教」であることを強調したがっている。天皇教は倫理的宗教の一つであるが、それは国体―天皇にのみ向けられていて、世界的宗教のキリスト教や仏教が普遍的倫理を掲げるのとは異なる。天皇教の本質はその国家的性格にあり、それが「国体の出所」になっていることが重要なのだ[21]。

ただし『我建国思想の本義』では、このように天皇教と国家（国体）の不離不可分がいわれる一方で、予想に反してというべきか、天皇教と「神道」とがまだ明確には結びつけられていないことに注意しておこう。天皇教が神人同格教系であることを言う際、神道も同じ神人同格教であることに加藤は触れている。だがそこでは、この神道と天皇教とが日本にあるのは「偶然でなからう」と思う[22]、と述べるに留められている。また天皇教を説明して「日本魂（大和魂）」「皇道」「日本主義」「日本的宗教」「日本教」「国体」をいい、「記紀」にも言及するが、これらがじかに「神道」に結びつけられるということもない。記紀の神代巻に触れるところではこれを「記紀の自然的宗教」と呼びはするが、のちに彼がそうしたように、これを「自然的宗教期の神道」に属する古典として扱うことはまだなかった。

神道を即天皇教とすること（「国家的神道」）ができなかった理由は、この時期に彼がもっていた劣等的神道観にある。同書中に「神道」が言及されることはあってもそれは、神道なるものが明治以降において十分「思想に長けた人々の中に宗教的感化を与へることが出来」ず[23]にきたという不満足な指摘においてであった。このような、劣等で未開明的な民俗的神道観、あるいは自然的宗教にとどまるとされた記紀中心の神道観が、たやすくそれを「国体」や「天皇教」に近づけさせなかったのである。原始的神道は「倫理的宗教」に発展していったはずだという見通しないし希望的観測が見え隠れするところはあるが[24]、倫理教期の神道が確たるものとしてのちの加藤によって発見＝創造されるまでは、「神道」は国体への接近を許されなかったのである。

(3) 乃木殉死事件

新宗教＝天皇教の開教とみて

明治天皇の崩御と、これにつづく乃木希典夫妻の殉死事件が人々を驚かせたのは、『我建国思想の本義』の刊行より一年も経ない時であった。この時までの加藤の考究は文献を主にした歴史的なそれであったが、この事件をきっかけに研究はじかに現在的関心を帯び、応用論的な意味合いを濃くするようになる。

天皇を追って自刃した乃木大将の一事はことに加藤に大きな衝撃を与えた。加藤は陸軍士官学校でおこなった精神講話中に、また文につづって、事件の感想を「私の感激のままに」吐露している。以下はそうしたひとつ、学校生徒を読者とする雑誌に掲載された「斯の神々しさを仰げ」の一節である。

朝野を問はず、貴賤上下の別なく乃木将軍の死は真に……身を以て君王に靖献すると云ふ至誠の凝って、茲に至ったものである。……この道徳的に萎靡した現代人心に、エレキをかけた如く感ぜしめる一大機会を与へて呉れたのが、……『乃木将軍殉死』と云ふ、号外売の呼び声の中に籠っていた真理であった。……これから先何十年何百年何千年、云ひかへれば天壌と與に窮りなく、日本の国家の続く限り、日本人の精神に量り知るべからざる、一大感化を与へる［ことになるだろう］(25)。

加藤は乃木の殉死を楠木正成や大石良雄の死になぞらえるとともに、乃木が「至誠の神」とまで世にいわれるようになったことについて、宗教比較をもってこう考察してみせた。「乃木将軍の自刃によって流された血は、耶蘇の十字架上に流された碧血に比すべき」ものである、イエスが十字架上の義死によってキリスト教という一大宗教を起こして現代に至るまで西洋の人心を救済し続けているのと同じことが、神人となった乃木将軍によって日本に起こされるだろうと。我々はこの殉死に対し、イエスの死の意味をキリスト教徒が啓示と受け取ったように、「天啓［として］接せんければならない」(26)。そうして神人・乃木将軍は、キリスト教におけるイエス、仏教における釈迦のごとく、日本の世道人心を永遠不朽に感化しつづけていくことになるのだと。

新宗教の理想を描き、これを実現してくれる偉大な宗教的人格の出現を待ち侘びていた加藤が、それを見出すことができたのがこのとき、乃木将軍においてであった。加藤はここで乃木を、イエスや釈迦と同等の「人格的感化力」をもった永遠に滅びることのない「真我」、今後も人心を指導しつづける「神人」、すなわち現代の人格感化教の教祖に見立てている(27)。

教祖の使命は後の世まで自分につづく人々を輩出しつづけることである。乃木教は教育を通じて宣布され、多数の国民を信徒とし、今後の国民教化の中心となるだろう。加藤は自分をパウロに擬し、この新宗教宣布の先陣を切って、「人格の傑出」たるべき教師中にまず「幾多の小乃木」が輩出しなくてはならない、教育者は「乃木大将の至誠に対し愧死す可」し、そして彼に続けというメッセージを繰り出していった。

修練の賜物

この乃木論には、彼が「至誠の神」となりえたのは乃木自身の修練の賜物であるという強調がなされることにも注目しておこう。神学から解放された宗教学が釈迦やイエスを先天的な天才とみるのではなく、人間が努力修練をつんだ結果としての才であるとしたのと同様の視線――大宗教の教祖もひとりの修養者に過ぎないとみる脱権威主義――がここにある。乃木は生まれながらに神的人格をもっていたのでなく、それは弛まぬ修養の結果であった。殉死事件直後は、乃木を手放しで賛美する逸話が多数横行するものの、やがて乃木の少年期や青年期の不道徳をむしろ強調する傾向が現れたのはこのことと関係がある。不徳の青少年期と人格者として大成した壮年期との間の落差が大きいほどに、それを修養の積み重ねで克服したという感動的な国民道徳訓話となすことができるのである。

乃木殉死事件は加藤にとって大きな意味をもった。これまで人格感化の新宗教と天皇教のふたつはばらばらであったが、ここでふたつはぴったりと重なりあったわけである。天皇教の実践の生々しい実例であった乃木は、その死により、この新宗教の感化力すぐれる神人的教祖として自らを現した（ゴッドに対するイエスのように）。新宗教と天皇教をひとつに結んでくれたという意味で、乃木事件は、加藤の思想形成の重大な画期をつくったものといえる。ただしながら前著同様にここでも、この新宗教すなわち乃木教的国民道徳を「神道」なるものに重ね合わせていく視点はまだみられない（神人乃木論を述べた『神人乃木将軍』（大正元年）では、「神道」への言及それ自体がない）。乃木新宗教＝天皇教がもう一歩を進めて神道と結合されるのはもう少し先のこととなる。

2　神道研究と「国家的神道」

右に試みたのは、加藤において「神道」論が本格的に展開される前における、その思想傾向および主要テーマを一瞥することであった。加藤が第四の研究領域すなわち神道研究に傾注し始めるのはおおよそ明治四〇年代に入ってからである。またそれが乃木新宗教＝天皇教論を包摂した「国家的神道」論となるのはさらに後となる。

ところで加藤は諸宗教をよくする宗教学者であったとはいえ、仏教者であった彼がなぜ神道研究に専心することになったのかは改めて問われてよい問題である。そこで彼が神道研究を開始した経緯から述べておこう。

神道研究の開始——動機とスタンス

加藤が神道研究を志した背景には、日清・日露戦争ことにロシアに対する日本の勝利により、内外における日本文明への関心がこれまでにない高まりをみせていたことがあった。まず欧米人のあいだに武士道や神道に関する研究がおこなわれ、その成果が次々に発表されていた。W・G・アストン（W. G. Aston, 1841-1911）の *Shinto: The Way of the Gods*（London: Longmans Green and Co., 1905）やB・H・チェンバレン（B. H. Chamberlain, 1850-1935）の *The Invention of a New Religion*（London: Watts & Co., 1912）は日本人の注目を大いに集めた。加藤もこれらに大きな刺激を受け、また日本人として感じるところがあったという。

加藤はことに、チェンバレンが日本人の天皇崇敬を明治以後の人為的な「新宗教の発明」だといったことや、「武士道」という言葉は昔はなかったという日本論を行っていることに強い不満をもった。日本の固有思想は日本人がいちばん理解できるはずである、日本人による日本論の必要を感じ、自分は宗教学の知識をもって神道研究にあたるべきと決意したのはこのためだったという。またその研究は科学的でなければならないとしたのも、チェンバレンによって日本人の自国史に対する「かのやうに」の態度を批判されたのが大きかったらしい。これにより加藤は、自分は科学的研究に拠った正確な事実をもって立論し、日本に対する外国人の「誤解」を斥けて、「その根柢から忠君愛国説をも立て、来なければならない」と決意したのであった[28]。

比較宗教学者として、仏教のほか、仏教渡来前の日本人の信仰も研究したいという考えはこれ以前よりあったというが、外国人の研究が加藤の日本人としてのアイデンティティを刺激したことは大きかった。ことにチェンバレンの論は、日露戦後の日本人の自意識に水を差すような内容であったからなおさら意欲を増したであろう。加藤は、日本「固有思想ノ本源」を探るべく神道研究に着手し、論文を発表し、東大で「神道研究」の講義（明治四三年度—）を開始した[29]。「神道」という名前を冠した講義は東大ではこれが初めてであった。

神道研究は大学のほか、自ら創設した明治聖徳記念学会を拠点として進められた（大正元年創立、同九年財団法人）。これは、「過去ノ敗残物」視せられつつある神道を含め、日本の精神文明の科学的研究を行う目的をもって設けられた学術団体である。[30]そのころ東大京大を含めて帝国大学に神道の講座はまだ存在しない。神道が日本の「固有思想」であり「国民性の一大特色」たる武士道や忠孝信念の源であるにもかかわらず、その研究機関は皆無で、最高学府たる帝国大学にも神道に関する講座が設置されていないことを不審としたことが、本会創設を主唱したひとつの理由であったという。[31]

学会では研究を推進するだけでなく、その成果を内外に知らしめることにも重きを置いた。欧米人の日本に対する「誤解」を正したいということもあり、また大逆事件の衝撃のもと、学会が行うような日本研究が国民道徳に資すべき必要を痛感していたからである。[32]なおこれを「明治聖徳記念学会」と命名したのは、乃木夫妻のような尽忠の模範を出現させた「明治天皇の如き不朽の聖帝」、その聖徳を永く記念するためであった。[33]本学会は科学的研究を志しながらも、皇室尊崇を指導精神とする国民教化への動機づけをもうひとつの性格としていた。

加藤が切望した神道講座の開設が東大で実現したのは大正九年である（制度変更のため実質的には翌年四月からとなる）。加藤および宮地直一（国史学）、田中義能（神道哲学）が教官に着任するが、このうち宗教学を専門とするのは加藤だけであった。加藤はこの人事に特別の意味を付している。神道を一宗教としてとらえる自分の態度は、神社は宗教でないとする政府見解に反する。だが三名の中に自分が加えられたことは、「兎に角今回……取りも直さず神道の宗教学的研究は可能であるといふことを学界から認められたといふ事を証明して余りある」自体だと。[34]その創設後、明治聖徳記念学会では日本の神観念の特異性が好んで取り上げられるテーマとなっていたが、当時かならずしもそうでなかった日本の神観念の宗教性をうったえる立場より加藤はこれに積極的に加わっていた。東大では井上哲次郎が神道講座の設置を後押ししたと言われているが、この議論には井上も参加していた。神道（宗派神道は別として）をさいしょから宗教としてみて研究する加藤はたしかに非主流派であったが、こうした矢先での右の人事は、彼の活動とその神道宗教説の視点の有用性を学界が「裏書き」してくれたことと受け取れるものであった。[35]

以上のように加藤が神道研究に専心するようになったのは、自国と自国文化への肯定を絶対的前提として、外国人の日本論に対する不満、日本研究(神道研究)の国民教育上にもたらす効果、神道教官就任と神道宗教論の完成への意欲などに関わりがあったといえるが、このような動機や目的はその研究姿勢に影響してこざるを得ない。神道研究に臨むにあたって彼は、それを神道の宣伝に陥ることなく、また神官神職の養成とは切り離して純粋学術的に行われるべきと宣言した。しかしその宣言は同時に、「単に破壊の為に破壊といふこと」を目的とするのではは日本人としては満足できないので、「どうしても更に構成的態度を以て」することが必要だと述べるような歯切れの悪さをもっていた。結論先にありきで、結論に何でもこじつけてしまうような研究の仕方は学術的ではないと言いつつ、しかしこの「表裏両面の関係」、「一方は批評的であって同時に遂には構成的でもなければならぬ」のが日本の学者が神道研究に臨む態度だともしているのである。(36)

加藤神道論の検討にあたっては、彼のこの言葉を念頭においてその「構成」過程を詳らかにしていく必要がある。以下ではまず加藤の完成された「神道」論の大枠を先に示し、つづいてその構成過程を探るという手順で進めたい。

加藤神道論の大要——「国家的神道」の提唱

既述のように『我建国思想の本義』(明治四五年)では、「天皇教」は国体の要とされてはいたが、まだ明確に「神道」には関連づけられていなかった。「皇道」「記紀」「日本魂」「武士道」も国体や忠君に直接の関係があるとされていたが、同様であった。だが大正半ば頃にはこれらは一転して神道に関係づけられ、あるいは神道の構成要素としてその枠内に位置づけられるようになる。このときまでには宗教的天皇崇敬を「神道」なるものの核とする考え方、すなわち「国家的神道」論が完成されていた。

国家的神道論を主軸にする加藤の神道論は、大正八年『我が国体と神道』、同一三年『東西思想比較研究』、昭和四—六年「世界宗教史上に於ける神道の位置」(『神道講座(2)神道篇』、以下「神道の位置」)を経て、同一〇年『神道の宗教発達史的研究』、同一三年『神道精義』などにその整理された全体像をみることができる。(37)これらによって述べていこう。

加藤は神道を、「国体神道」および「神社神道」からなる「国家的神道」と、「宗派的神道」との二つからなるものとしている。そしてこのうち「国家的神道」中の「国体神道」に神道の精粋があるとする。「国体神道」は神皇（天皇）を拝戴すること、すなわち神皇信仰をその内容とするといい、以前に「天皇教」と呼んでいたものはここに包摂される。この「国体神道」は無形だが、それが赤い鳥居や七五三縄や千木などによって象徴されて有形となったものが「神社神道」であるという。両者の関係は、仏教でいう理と事の関係（本質・無形と現象・有形）、現象即実在論の哲学にいう実在と現象の関係にあたるとされた[38]。

神道
- 国家的神道——
  - 国体神道（無形）……教育機関による弘布
  - 神社神道（有形）……内務省神社局
- 宗派的神道——十三派神道…………文部省宗教局

ここでは天皇は「神皇」と呼ばれている。現人神天皇における神性と人性の両面を指し示す概念で、「天皇教」も「神皇教」と称されるようになった。この神皇の拝戴と信仰とをもって「神道」の精粋とする考え方を、加藤は定義状に以下のように書き下している[39]。

（1）神道の神髄精華生命本質は、日本人の万国無比なる忠君愛国の至情にして、一系正統の神皇に対し奉る日本人の国家的宗教心なり、即ち日本国民の神皇奉仕の精神が、白熱状態を呈し、熱烈なる宗教的色彩を発揮し来るもの是れなり。

換言すれば、

（2）神道の第一義即ち其の重点は、国家的神道に在るものにして、我が元首に至極せる……我が国家的宗教心なり、即ち神道の核心を成すものは、日本人の忠君愛国の精神が宗教意識の形を採って発現せるもの是れなり。

簡単にいえば、

（3）神道の要諦は国家的神道にして、神皇を至極（究竟）の対象とせる日本の国民的宗教なり。

いろいろ連ねてはいるが、加藤にいう神道とはけっきょく神皇奉仕の宗教心であって、それが国家、国民と離れない「国家的」神道であるというものであった。

面白いのはこの神皇中心の神道説より導かれる独自の神社論である。加藤は神皇信仰を具象化したのが各種の神社であるとしたのだったが、このうち「神社の典型」とされるのはしたがって、天皇奉祀の神社ということになる（皇大神宮、橿原神宮、平安神宮、明治神宮など）。これにつづくのが臣下の偉人を祀った神社である（和気清麻呂の護王神社、楠木正成の湊川神社、乃木希典の乃木神社など）。臣下の神社は神社の「従型」とされ（第一従型）、「主型」たる天皇奉祀の神社の下におかれる。これ以外に天然神を祀った神社があり、これも従型だが、臣下の神社より下におかれた（第二従型）[40]。この神社序列＝神社類型論は明治以来の社格制度による常識を退ける面がある。加藤にしたがうなら記紀中の由緒伝統ある神々であっても、天祖皇祖の類でない、たとえば天然神の典型とされた天御中主神などは、臣下より低次の祭神ということになろう。

神社
- 主型——天皇奉祀の神社
- 従型——
  - 臣下其他の偉人奉祀の神社（第一従型）
  - 天然神奉祀の神社（第二従型）

なお神社神道は内務省神社局が、宗派的神道は文部省宗教局が管轄しているわけだが、国体神道はどうなのかというと、加藤によれば「広くは日本国民全体が之を取扱ひ、日本国民全体が其信者であると言ふを得べきである」。また国体神道を教え養う機関については、「教育勅語を中心として日本全国の教育者が之を宣伝して居るものと私は称へたく思ふ」という[41]。その際用うべき聖典については、「国家的神道の根本聖典と称しても、決して差支無い」のは教育勅語であり、軍人勅諭、帝国憲法、聖徳太子の十七条憲法、古事記日本書紀延喜式の祝詞もまた「国家的神道の聖典と申して宜しいと思ふ」とした[42]（強調は引用者）。

国体神道は特定部局にかぎらない国民全員のもの、全国教育機関と教育者が中心になって養成するものだと加藤は考えたわけだが、ここでは引用中に傍点を付した言葉の端々にも注目しておきたい。これらは天皇を本尊とする国体宗教論がのち日本全体を席巻する前、加藤の国家的神道論初期の論著からの引用であるが、この遠慮がちな言葉じりに国家的神道論が「構成」されつつあった痕跡が認められよう。

加藤神道論の特徴

以上は加藤神道論の体系的な大枠を示したものであったが、つぎにその内容に踏み込んで、①神皇論の急進性、②「宗教」性の強調、③宗教進化論的な視点、④包容的性格の強調、の四点にわたってその特徴を述べておきたい。

① 神皇論の急進性

加藤によれば「神皇」とは、宗教的な「神」の面と道徳的な「皇」の面とを有する、神人即一教（神人同格教）に特徴的な信仰対象である。日本では、現人神であると同時に国家の族父でもある天皇がこれにあたる。神としての天皇には神皇拝戴・神皇信仰を行い、族父としての天皇には国民道徳・国家的儀礼を行うが、前者の宗教的方面を「神道（国家的）」と称し、後者の道徳的方面を「皇道」と呼ぶ。この意味での「神道」が行われてきたことが国体の基礎となってきた。日本では民族精神も宗教心も神道も国体も、しょせんは「皆神皇拝戴、神皇信仰に帰一する」という[43]。

ここまでであればそれほど特異というわけではないが、ただ加藤の論はより急進的で、天皇の唯一絶対神的な捉え方において他に抜きん出る特徴があった。明治末年の『我建国思想の本義』では、天皇を西洋の父なる神になぞらえておきながら、「祭り祭られる天皇」像が曖昧に保持されていた。「祭られる」だけでない、「祭る天皇」についても認める記述が混じっていた。これが最終的にはそぎ落とされていくのである。

明治はじめに神祇官に祀られていた天神地祇、八神、皇霊が宮中賢所に移され、重要祭祀が天皇の親祭で行われるようになって以来、天皇の祭主王としての役割は近代天皇観を構成する不可欠の部分をなしてきた。それは天皇の仁徳を示現するものであり、その宮中祭祀は敬神崇祖、本報反始の教えの模範とされてもきた。しかし加藤では、「天」の位置は「明津神・現人神に在す天皇が直に御取り遊ばす」のであって[44]、天皇権威を相対化しかねない〈天＝天祖をふくむ天神地祇〉に向き合う天皇という位置づけに代えて、〈天＝天皇〉たる天皇論が全面化された。天皇統治は王権神授説に拠る欧州諸国とは違うと彼はいうが[45]、かの諸国家より日本国家の堅固たる所以として、神々に侍む王権神授的諸王と混同されかねない祭主天皇観は打ち棄てられねばならなかったのである。

② 「宗教」性の強調

右の神皇論にも関係して、国家的神道の宗教性が強調されるのが二つ目の特徴である。古くから天皇は「神皇」と呼ばれてきたし、楠公をはじめ臣下らはユダヤ教のヨブに匹敵する信仰心を神皇に捧げてきた。つまり神皇拝戴は、客観的にもまた拝戴者の主観においても宗教であり信仰である。この主張は最初期の天皇教論より一貫している。

明治以来の神社非宗教論と道徳的修身教育を常識として、政府官僚や教育者からみるとこれは当時、問題のある主張であった。国体と神道が不可分であるとする考え方（「国体神道」）を否定するものはないが、それを宗教と呼ぶことへの抵抗はかなり後まで残った。これに対して加藤は、国体神道や神社の「世俗的側面」は認めつつ、だが「宗教的側面」についても譲ることがなかった。世間の神道非宗教論は仏教キリスト教を念頭に置いた宗教概念に偏っているとして、加藤は、宗教学の「最も広汎なる」宗教定義をもってこれに対抗した。宗教は「神と称せられる所のものと、人間との特殊の関係」であり、「神人の共在倶存（接触同交）又は融合帰一の実意識である」[46]。日本国民の天皇への対し方もこれに他ならない。神道宗教論をとる他の識者ら、青柳栄司の「国体宗教」や筧克彦の「神ながらの国」（日本はそれ自体が「一大神社」であるとする論）、荒木貞夫の「軍人宗」なども引証して説得に努めた。

加藤にとって「宗教学的」な神道研究とは、神道を「宗教」だと証明することをも含んでいた。そこでの障壁は、神道をもっぱら道徳分野に限定する近世以来の神道観、また政府当局の神社神道非宗教のタテマエ論であった。政府はこのタテマエ論を完全に払拭することはついになかったから、加藤の主張は非正統でありつづけ、それが戦後GHQの神道指令によって皮肉にも〝公認〟のものとなるまで、加藤は神道宗教論の論陣を張りつづけなければならなかったのだった。

③　進化論的視点——文明教化と「至誠」

明治初めの学問思想は例外なく進化論の影響を受けたが、宗教学も同じであった。加藤も、またその多くを負ったティーレの宗教論も進化論的宗教史の発想の下にあったが、劣等的神道観を払拭しようとする際にこれは重要な枠組となった。神道は原始的形態より進んで倫理的に進化していったとする加藤の発達的神道史はそのもとに完成される。この点で加藤の神道論は国学的ないし復古的な神道観とは対立的であった。たとえば加藤は当時知られた筧克彦の「古神道」論について、それが古代に理想をとるもので「進化論の一般原則に矛盾」していると否定し、文明教期の神道を理想とする自説をこれに対置している(47)。

最高度に発達した神道が奉じる理想は、「至誠」（誠、正直）であるとされた。これを天皇崇敬に直接通ずる「忠」とはしなかったことは興味深い。仏教には「真如」「慈悲」があり、キリスト教には「博愛」があるが、神道でそれに相当するものが「至誠」だという。進化をきわめた神道の、かの世界的諸宗教に比肩しうる理想価値としては、「忠」よりすぐれて普遍的な「至誠」でなければならなかった。神道思想と至誠の結びつきは近世ないしそれ以前に遡るが、加藤がこれを盛んに言い始めるのは大正初め頃からで（『神人乃木将軍』では「忠義心」に加えて、「赤誠、至誠の人」「至誠正直の化身」という賛辞が乃木におくられている）、「まこと」を重んじた明治天皇に促されたものであったと考えられる(48)。

この意味ではまったく天皇崇敬と無関係ではないともいえるが、「忠」を最高道徳とする国体神道から一歩を踏み出す性格をこれにより神道に付していることも事実である。神道＝国家的宗教という狭義の規定からは外れるような、世界宗教に準ずる神道の普遍的側面をも言い宣べたいとの思いが加藤にはあった。

④「包容」的神道——同化力・習合性の強調

加藤が打ち出したのは、文明教期の神道を完成形として、神道は国体を軸としつつ儒仏など他宗教のよいところを吸収して倫理的知的進化をとげたという発達的神道観であった。それは神道を上位におく神儒仏混成の宗教とでもいうべき側面をもつ。加藤によれば、神道の恥ずべきあるいは迷信的な側面（陰陽崇拝や呪術行為など）は自然教期の神道の名残りであるが、仏教や儒教によって精神化された結果、神道は文明教期を迎えた。ここでは国家的神道の形成にともない仏教儒教は切り捨てられたのでなく、神道中に接合吸収されたと考えられている。神道の進化過程は仏教儒教との習合の過程でもあったとするのである。

こうした包摂的な神道の性格づけ、習合性の強調は、他を同化するその包容力を神道の寛容性に結びつけるとともに、諸教に君臨する上位宗教たる位置づけを示して好都合であった。ただし仏教儒教のほうも神道の進化を助けた功績が与えられるという見返りを得ている（あくまでも神道を助けて国体の本義に一致するかぎりでの評価であったが）。加藤個人にあってもこうした総合的神道論は、出身宗教である仏教を切り落とすことなく、仏教に対する穏当な評価を折り込んでの神道称揚を可能とし、意に適っていた(49)。

昭和一三年の刊行以来、今日まで利用されつづけている『神道書籍目録』は加藤が編集したものであるが、そこに示された「神道」なるものの範疇が編者自身の認めるようにかなり広範囲に及ぶものになっているのも（同書「序」）、ここで述べている加藤神道論の習合的・包容的な性格に関わっている。神宮皇學館の官立大学昇格問題が起きたとき、本目録により、神道研究の対象とすべき範囲の大なることを示し得て昇格がなった（昭和一五年）というエピソードがこれに付随して存在する(50)。

なお日本民族の精神的長所を包容力や同化力にみようとする論断は、加藤の独創ではない。既述のように日露戦後の国民性論におこなわれて以来、日本人論・日本文化論では必ずこれが説かれるといってよいほどに流行した考え方であった。これを取り入れれば、国体の排他性を覆い隠した魅力的な神道論をなすことができ、加藤はそうしたわけであるが、そのような習合的神道論は必ずしもすべての人に受け入れられたわけではなかった。加藤の神道論が当時の神社界・神道思想界の主流とはなりえなかった少なくとも一因はこの習合性を強調する点とかかわっていた。

天皇崇敬をユダヤ＝キリスト教信仰に比定するという単純な発想から出発した『我建国思想の本義』から、新宗教理想にかかわる乃木殉死事件の考察を経て、それらを全体として神道に関連づけていくまでにはいくつかの段階があった。これを加藤は天皇教の古来一貫性とか神道の倫理的進化とかいったことを学術的に論証するという研究課題として捉えなおし、ひとつひとつ遂行していった。神道研究を始めるにあたって宣言されたように、神道「構成」の作業は研究から出てきた成果や学理をまったく無視したものであってはならず、それと完全ではなくとも整合的でなくてはならなかったからである。

だが研究の科学性と神道「構成」の目的合理性とはもとより完全に一致するものではない。このふたつがせめぎあうなか国家的神道論はどう形成されたのか。以下では、科学を志向する神道研究と規範的な神道論構成との二軸の関係を念頭におきながら、その形成過程の一端を探ってみることにしたい。

3　「国家的神道」の含意

〈世界的／国民的宗教〉二分論に対して

まず「国家的神道」なる名称の生みだされた経緯をみておこう。これは、加藤が当時の通念的な宗教観に逆らって用いた「国家的宗教」なる概念に、「神道」を組み合わせた造語である。内村鑑三不敬事件（明治二四年）以来、国家と宗教は背反するものとの理解が世間に定着して久しかったが、これに抗って親国家的な宗教の存することをいった表現が「国家的宗教」であった。また宗教学上に用いられる「世界的宗教」と「国民的宗教」の宗教二分論に対して異論を唱えようとする意図もあった。

キリスト教や仏教に代表される世界的宗教 world religion に対し、国民的宗教 national religion とは、ギリシャやローマやイスラエルの宗教を典型とする民族的宗教をさす。日本の神道も国民的宗教に分類される。だがこの国民的宗教は、ギリシャやローマの宗教がキリスト教に駆逐されたように、知的倫理的に劣っており、いずれは世界的宗教にとって代わられるべき運命のものとみられていた。ここで加藤が抗したのは、神道だけは他の国民的宗教と「どうしても同一列に置いて考へられぬ」特別な宗教だということであった。他とはちがい、神道は日本国家と結合して二千有余年間ともに存続し、この強さのもとで仏教が渡来しても征服されることがなかった。逆に仏教儒教から普遍的要素を摂取し、世界的宗教に少しも遜色なき知的倫理的宗教になった。そして今後も力づよく存続し続けるというものである(51)。

日本人の宗教は、「世界的宗教」対「国民的宗教」の単純な二分論には収まらない。国家と一体であることで世界的宗教に席巻されることなく、民族的性格を保持しながら世界的宗教なみの知的倫理性をあわせもつことになった特異な宗教である。神道のこうした特徴をさして、「国民的宗教」national religion とは区別されるべき「国家的宗教」state religion の呼称は導入された。

宗派的神道・国体神道に対して

天皇教ないし忠孝教、国家的宗教、またときには日本国家と「切っても切れない縁故のある」「神道的気分……空気(52)」などと曖昧に呼ばれていたそれはやがて、「国家的神道」State Shinto の呼称に統一されていった。

「国家的神道」を中心にする体系的神道論を、加藤が初めて述べた単行書は『東西思想比較研究』（大正一三年）である。神道といえば、「腐った水を飲ませ、迷信的御祈禱をやったり、或は葬式の時に御供物の献撤をやる、あれが神道の全部である如く誤解して居るのは、如何にも残念であると思ふ。……されば私は……神道を定義して……左の如く言ひたい」とした加藤は、

神道は唯腐った七五三を張った山の中に在る崩れ掛った赤い鳥居の奥にある所の祠の中に存して居るのではなくして……日本国民の生きた精神の中に活躍して居るのである……神道の生命本質は日本人の万国無比なる忠君愛国の至情にして、国家的家族制の長にして神位履み給へる天皇に対し奉る日本人の国家的宗教心なり……日本国民の天皇奉仕の精神が白熱状態を呈し熱烈なる宗教的色彩を発揮したるもの是なり

と述べる(53)。「神道」を清廉なものとしたあと天皇教をその中心に置き、「国家的宗教」と掛け合わせて「国家的神道」の概念がつくられる。自分は従来はこれを天皇教＝忠孝教と呼んでいたが、この「忠孝教〔は〕……なほ平易には之を国家的神道と名づくるも差支へはあるまいと思ふ」。忠孝教としての神道は、日本国家と切っても切れぬ関係にある教えであり道であるが、またその根本精神が「一種の宗教である」こととを合わせて、「私は之を已むを得ず名づけて、国家的神道と称したい」とするものであった(54)。

この説明では、国体と不可分の関係にあることをいうために「国家的」、そして一種の宗教であることをいうために「神道」を付して、あわせて「国家的神道」としたという。ただし「神道」の語は一般にはそれのみでは「一種の宗教である」ことを含意できない。そこでこれ以後「国家的神道」を用いるたびに加藤は、この場合にいう神道とは〝神人同格教という一種の宗教である〟とか、〝国民的宗教としての国家的神道である〟とかいった注釈を繰り返さねばならなくなるのだが、ともかくも「国家的神道」の語に以降は統一されていくことになった。

「国家的」の語には、宗教学的通念を打ち消し、世界的にみての神道の独自性を言い当てる意味合いが込められていたが、国内においては「宗派的」神道と区別するのに有用であった。加藤によれば、宗派的神道には世界的個人的な一

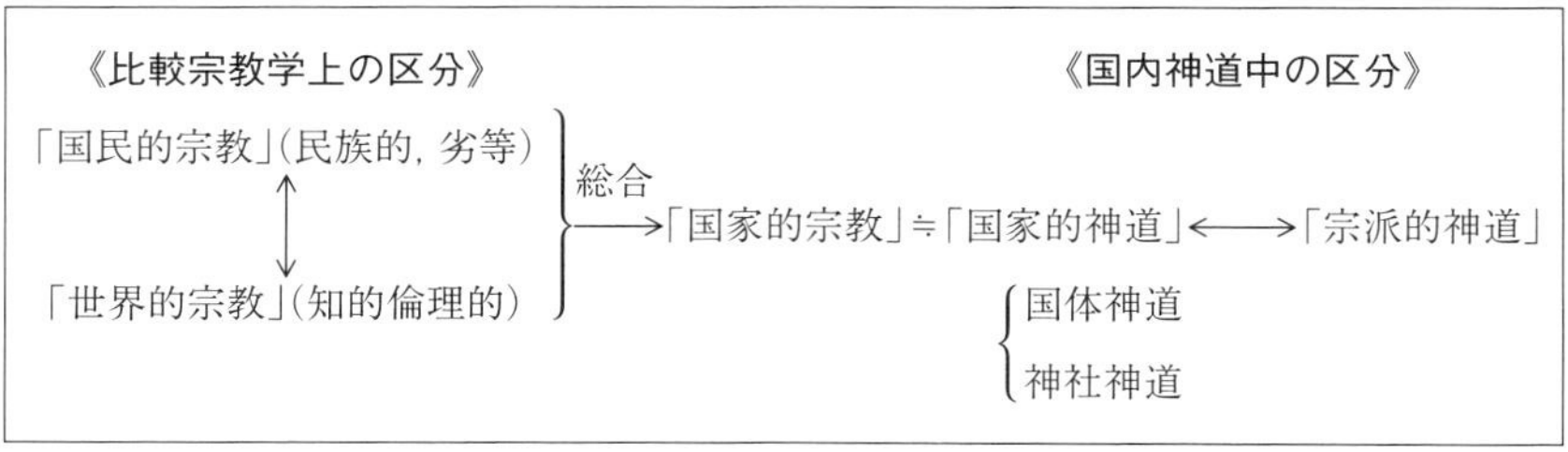

面があるなど、純粋な「国家的」神道とは性質を異にしており、これを切り分ける必要があった。

くわえて述べておかねばならないのは、「国家的神道」と「国体神道」との関係である。国体を本位とする宗教をいうのに、すでに流通していた「国体神道」をそのまま用いるのでもよかったように思われるが、加藤はそうしなかった。「国体神道」は、「神社神道」と切り離して用いられる傾向があって、それでは加藤の意を十分尽くすことができない。国体精神はかならず神社とセットで一体でなければならない（現象即実在論）。このとき「国家的神道」が、両者をひと括りにする上位概念としてぜひとも必要になるのである。

ただしくりかえせば、「国家的神道」中に含むこととした「神社神道」の実態に加藤が不満足であったことは変わらない。「腐った七五三を張った山の中に在る崩れ掛った赤い鳥居の奥にある所の祠」という無宗教無精神的な神社観がはびこるいっぽう、「腐った水を飲ませ、迷信的御祈禱をやったり、或は葬式の時に御供物の献撤をやる」ような「劣等宗教に見るが如き」「遺憾な」面が多々みとめられる。だから彼が試みようとしたのは、このような「随分弊害も少くない」玉石混交の神社神道を矯正しつつ、国体精神の当てはめによりこれを救済することであった。すなわち神社の外にその精神性宗教性を確保する「国体神道」なる理想体を創出し、神社はその外的表出であるとする。そうして旧来の神社観をはね退けて、理念的な国体性のみを神社神道中に囲っていこうとする。神社神道は、精神的な「国体神道」の引き写しでなければならなかった。

「世界的神道」への反対

なおこれもまた「国家的」の含意に関わるが、国家的神道の世界化・普遍化に加藤が疑義を持っていたことを付け加えておく。

加藤が国家的神道を唱えた当時、思想界の一部には、日本の国運隆盛をにらみつつ、神道を世界的なものにすべしという主張が聞こえるようになっていた。第一次大戦後の国際的機運に乗じた超国家的な拡大神道論である。主唱者の一人は恩師の井上哲次郎であった。神道には「日本民族を中心として世界を統一」する使命がある、かつて日蓮はこれを仏教本位に主張したが、現代は神道を本位として仏教でもキリスト教でも何でも摂取、消化して世界統一の精神を鼓吹するべきだ(55)。神道は普遍的な世界の大道なのであり、またそうあってはじめて神道の将来は多望となると井上は唱えていた。この提起は、加藤が観察するとおり、井上が明治三二年の新宗教論中に唱えていた、唯一普遍の世界的理想宗教となることを神道に求めたものであった。

加藤はこうした拡大神道論には反対の立場をとった。神道がそのような普遍的理想的なものとされて日本的特色を失えば、「無味無臭、無色透明、淡々乎とした水の如きもの」となり、「何等の薬なる効能も失ひ、人心を済度する宗教の特効を無く」してしまう。憲法の信教自由の箇条でいえば信じるでも信じないでもよいという扱いになっているキリスト教仏教と同類になってしまい、「日本の国民を教へて行く所の道」としての用ははたせなくなる。神道を世界化の方向に導くことは民族的宗教としての活力を奪い、国家のためにもならないから、国家的神道はあくまで国家的にとどめるべきというのが彼の意見であった(56)。

4　生祠研究と神道——人格感化教の証拠を求めて

「国家的神道」の名称に落ち着いていく加藤の神道説が、その内容としては、神皇拝戴・信仰を精粋とし、儒教仏教を吸収して文明的倫理化を遂げた至誠の宗教である、との特徴づけをもって完成されていくことについてはすでに述べておいた。つぎにはこうした内容論的構成に関わって、加藤の神社研究、ことにそれまでにない特色をもって進められた生祠研究をここではとりあげ、その神道説形成過程の具体的な一端を明らかにしてみよう。

(1) 生き神崇拝と神道・神社

「生祠」の発見と意義

「生祠」とはある優れた人物をその在世中に神として祀った(「生祀」した)神社をいう。加藤が生祠に着目したのは、中国には存在することが知られていたが日本での研究はないこと、それが日本人の神人同格的な宗教意識の発現の最たるものと考えられたことによる。天皇は生前より明津神と称され、英雄偉人も生前から神様と呼ばれるなど神人崇拝の傾向のつよい日本では、湊川神社・松陰神社・東照宮・靖国神社のように死後に英雄偉人を祀ったものだけでなく、生前より社殿祠宇を建ててこれを祀ったものもあるのではないか、これを明らかにしたいというのが研究の動機であった(57)。

大正八年頃より文献や実地調査による研究が始められ、大正一二年からは次のような質問書を用いた全国的な事例収集が試みられた。「あなたの御郷里にどなたかえらい方で生きて居らるゝ中から社を建てゝ神様に祀られた方がありますか(えらい方と申すのは昔の大名、代官、村長、先生、名主、庄屋の如き人で差支無いのであります)——斯社を生祠と申します、右生祠の実例があれば御報告を願ひます」。当初は明治聖徳記念学会を通じて諸方の協力を求めたが、やがて新聞雑誌等で加藤の研究を知った人々が自発的に各地の事例を寄せてくるようになった。昭和四年度末には文部省の精神科学奨励費の補助を受ける。あわせて一〇年以上をかけたその成果は、『本邦生祠の研究』(昭和六年)としてまとめられた。

調査により、以前は知られることがなかった生祠の存在が多数明らかにされていった。まず明治・大正・昭和天皇ほか皇族の生祠、その他の偉人徳者を祀った生祠の諸例が確認された。皇族らの生祠は明治以降であったが、その他の生祠については明治前から多数存在していたことが確認された。設立年代の比較的明らかな近世を中心に、有徳な藩主・行政官や地域の功労者らが生祀されたものである。こうした発見は、加藤の神道説の構想に、また神道史の叙述に重要な示唆ないし確証を与えることになる。それらを加藤は、第一には天皇教の実在することを、第二には神道の倫理的進化を証明するものと捉えていった。

まずは天皇生祠の発見はきわめて重要であった。日本人による現人神崇拝の事実、加藤のいう天皇教の根拠の不十分さがそれまでに指摘されていたからである。現在ある神宮神社は死祀―死祠であって、天皇を在世中に祀る天皇教の証明にはならなかった。またそれらの明治以降における創設ないし権威づけは政府によって〝上から〟なされたものであって、真に国民の心中に沸き起こる信仰の情熱（宗教としての天皇教）を形象化したものであるかと問われれば疑わしかった。

加藤自身、信仰者の心理・態度における宗教的情操の有無をもって宗教を定義してきた。この研究ではしたがって、それが奉祀者の信仰の熱意によって生存中より天皇や偉人を祀ったものであるなら、ほとんど人の知るところとならない小社小祠の類、個人の邸宅敷地内にあるような私祭私社でも積極的に拾い上げていった(58)。社格の有無上下は関係ない。人々の信仰ゆえに〝下から〟創設されたことの明らかな神社を得ることなければ、神社を記念碑視するような世間の神社非宗教論に対抗することもかなわない。従前よりの神社非宗教論に加え、その徹底を求める仏教徒やキリスト教徒らの神社倫理化運動が大正期に活発化していた。単なる道徳的崇敬ではなく、真の信仰対象になっているとできる神社の発掘が必要であった。そこに天皇生祠例の発見は、天皇教論に対する疑義を払拭するものと考えられたわけである。

同じ観点より偉人徳者らの生祠例の収集も重ねられていった。皇族を祭神としたケースよりこちらの方が数としては上回り(59)、近世近代に多数が集中していることが明らかにされた。加藤はこれを自分の仮説通りに、神道の歴史的進化を裏づけるものとみた。生前から神として祀られるのは相当の有徳者のみだと考えれば、それが後になるほど増えているというのは、日本人の倫理的進化（有徳者の増加）を示唆するものであると同時に、祀る側における宗教心理上の知的倫理化（かつての迷信的旧信仰からの脱却）が進んでいったことを示している。有徳の人物を祭神としていくような倫理的人格主義の信仰が、自然教期の天然崇拝にとって代わっていったことを立証するものとみることができるわけである。そこには仏教儒教の影響が勘案されねばならないだろう。

新宗教としての神道

加藤が模索するのは、人を神とする理知的な神観を基とし、天皇教の精神を中心として、崇高なる道徳的人格を先達模範として有する、諸教の枠を超えてすべての日本人の参加できる宗教＝神道であった。ここで念頭におかれているのは、神社神道を迷信的旧弊より救い出すことであると同時に、神社崇敬の国民道徳を宗教として引き上げようとすることである。それは加藤にとっては、かの新宗教の理想を神社神道に被せていくことに他ならない。生祠研究により自説の裏付けを得た加藤は、神道は進化して文明教となり、そこでは人を生祀する伝統が英雄偉人祖師聖徒の崇拝となって現れるようになったと述べるようになるが(60)、この諸教をまたぐ文明教的神道像が知的倫理的な人格感化教、英雄崇拝の新宗教理想を模ったものであることをみるのはたやすい。

すでに日本には、靖国神社や乃木神社・東郷神社等があるとして加藤もこれに触れてきたものの、「生きてをる中から……その人間の中に、人間以上の神の光をみて、その生霊又はその霊肉両者から成っておる人間を、人間以上の神として拝祭する」生祀―生祠はそれとは区別され、上位におかれた。生前神へのこうした固執は、拝祭者も被拝祭者も生きているうちでこそ「活信仰」であるという加藤往年の信条に由来している。いま現に生きて接することのかなう人物だからこそ、強い感化と倫理的効果が生みだされる。この感化力を証しする神社も彼の在世中に建てられていてしかるべきで、これによって修養者の理想目標も可視化される。そもそも天皇教の実証だけなら天皇生祠の確認と忠臣の死祠例のいくつかもあればすむところを、この研究が天皇以外の生祠収集に力を入れたこと自体が、かの新宗教論的信条（これに関わる人格修養者の「生き神」化）に動機づけられたものであったことをみる必要がある。本書序言や「質問書」文面に明らかだが、生祠研究の初発の関心は大名、村長、庄屋のような人々が偉人として生前から神格化される宗教現象をつかまえることにあったのであり、天皇生祠の発見を目的とするものではなかった。

それまで理想的新宗教は、「低俗」視されていた神社神道よりは、愛の実践者イエスや諸聖人を模範として有するキリスト教や、真如と慈悲の体現者たる覚者多数をもつ仏教その他の倫理的宗教が合するところに現れると考えられていたのだったが、もしこの理想にかなう倫理的偉人の生祀—生祠が確認されれば、神社神道も仏キに匹敵する新宗教たりえること、否、その修養メッセージを発するもっとも力ある宗教は神社神道であるとさえ主張できるようになる。生祠の存在（仏キはこれを欠く）は、修養努力の人は生きながら神の地位を得ることができる、それを保証する宗教はまずもって神道であることを事実として示すものに他ならないからだ。

ここで偉人徳者らの生き神崇拝に加藤が求めているのは、天皇の生き神崇拝とは異なる理念である。両者をともにまとめて人格崇敬型の生き神信仰と称することも可能だが、もうすこし踏み込む必要がある。かつて宮田登は、日本人の人神信仰について、そのタイプに権威跪拝型、祟り克服型、救済志向型、救世主型の四つがあると述べたことがある。[61] 天皇生祀はこのうち権威跪拝型に種別されるとして、偉人徳者らの生祀に加藤が求めたのはここにはない「修養指向」型とでも称すべき奉祀形態であった。奉祀対象と奉祀主体との距離が近く（格の上下がなく生者どうし）、向上努力に促された奉祀者がつぎなる被奉祀者となっていくところの向上主義的、修養指向の人格信仰である。[62] 加藤はその倫理的神道に、他力的、呪術的、来世的な要素を持ち込むことを嫌った。その面前に膝を屈するのみの超絶的な依存対象がほしいのでなく、一段引き下げたところの、彼を先人ともし模範ともする脱権威化された身近な「大人」たちの生き神がほしいのである。

さらにもしそれが天皇教＝忠孝教の実践に重なっていることが確認されれば、これまでに彼が傾けてきた天皇教への熱意と新宗教への熱意がひとつに統合されることになる。明治天皇に殉死した乃木将軍と同じような、忠義心ゆえ神人とされた「小乃木」らの生祠例がつぎつぎ発見されるなら、神社神道中にかの理想的活信仰が、国体精神とともに体現されていると結論することがかなう。

(2) 天皇教・新宗教との齟齬
忠君および修養の理想とのへだたり

じっさいはどうであったか。『本邦生祠の研究』では偉人徳者の生祀例に多数のページが割かれ、その詳細が報告されている。だがそこには「小乃木」のケースにあたるもの、厳密に天皇への忠義という条件を満たすものはほとんどなかった。江戸時代に遡っての、地域的な徳望家・功労者や藩主・牧民官を生祀したケースについては自ずとそうはなろう。だがたとえば幕末の国学者神道家の生祀例にあっても、当人の皇室尊崇の徳をもって生祀されたわけではなかった事実が明らかとなり、発見された乃木の生祀例においても、じつは生祀理由は不詳であった（生祀者死亡のため詳細聞き取りできず）。収集された偉人の生祠例はほとんど例外なく、その利民的事業と個人的人柄への敬慕ゆえに生祀されたものであって、忠君忠節のゆえの生祀例が圧倒的に不足しているのである。

庶民の手になる天皇生祠例の発見が、首尾よく神道（およびその形象化たる神社）の中心に天皇崇拝をおく「国家的神道」論を促すことになった一方で、偉人徳者の生祠例からは、それが忠君の天皇教と不可分であったとする結果を得ることはできなかった。かくして加藤がこの研究の結論部に述べたのは、偉人の生祀—生祠を忠君道徳にこじつけるのではなくして（ゆえにここでこれらは「臣下の」生祠でなく「大人の」生祠と称された）、より普遍的な「至誠」の理念に結びつけることであった。すなわち大人らの生祠信仰に関して日本人に認められるのは、「イスラエルの預言者の云った」セム的一神教の正義公道にも通ずるという「至誠」である。公平無私の人、至誠の人の、「奉公役私の赤心至誠に動かされて」人々はこれを生祀する。(63) こう述べるとき加藤は、忠君の価値より外れる神道の、世界的倫理宗教に並ぶ普遍性・高尚性を誇っているかにもみえる。

こうした評価が、彼の意図や理想が国家的随順にのみ占められるものではなくして、仏陀やキリストや孔子らの世界的偉人を万人の先達とするあの普遍的理想教への憧れに多分に支配されていたことからくるものであることをみるのは容易である。報告中にはドイツ人を祀った日本人商人の例などもあったが、これも含めて日本人の神人信仰にはある種の明直さ、公平さがある。それらはむしろ普遍に通ずる理想に傾いているように思われる。祀るのは必ずしも忠義の権化にかぎらずともよい。日本の生祠信仰はインドや中国の聖賢らが説いた道徳的信仰のそれに通じ、あるいはユダヤ＝キリスト教的価値に通ずる側面をももつのだと、好意的に加藤は受けとめるのである。

偉人徳者の生き神崇拝は、天皇教の命題に合致するわけではなかった。のみならず、じつはこれら偉人徳者の生き神崇拝と、新宗教の倫理修養理想との間にもいまだ距離のあったことをここで指摘しておかねばならない。

生祠に結晶しているという神人崇拝の伝統について、加藤は、「更に翻って考ふるに、日本に於ては、人間即ち神仏てふ神人同格教的信念の下に、古今その修養に努め、人格の向上を計り、人も聽ては、神格即ち神の位置に達し得ると云ふ事を理想として、古人は精進努力四六時中奮って修養を怠らなかったのである」と述べている。(64) 偉人の生き神崇拝を修養主義的な人間像に結び付けようとしているわけだが（修養指向型の神人崇拝）、これは調査事実をふまえた分析というわけではない。

調査結果からいえば、江戸時代の諸例を中心にする藩主や行政官らの生祠は権威詭拝型の人神信仰であったとすべきだし、明治以降を含めたそれ以外の諸例においても、修養指向型というよりは報恩感謝型の生祠とすべきものが多数であった。(65) 偉人生祀例のうちのどこまでが、加藤が「翻って考」えようとしたところの、真に修養指向的なそれといえるかについてはかなり疑わしい結果になっていた。もちろん江戸期とちがってまがりなりにも四民平等がはかられた明治以降の例になるほどに、そうしたケースが現れてもおかしくはないが（報恩感謝の心意にいくぶんかの修養指向が混じってくる場合を含めて）、日本の生祀―生祠現象のすべてを修養指向的に理解するには無理があった。(66)

これを受けて加藤は、理想の実現を今後に託し、神人崇拝の文化的資源の積極的道徳利用を関係者に訴えていくことになる。事実として生祠はまだ修養の用具として機能していないから、我々はこれをそこにまで導く必要がある。立派な生祠をいくつも有する当該の地方当局がこれに無関心なのは遺憾の極みだ、「神社対宗教問題……日本の学校教育、社会教育、青年団、処女会等に於て……本邦生祠の研究が荷って立ってをる位置と価値とを能く了得して」、精神教育上にこれを適用せしめねばならないと『本邦生祠の研究』は結ばれたのだった。(67)

国家的神道論への妥協

加藤はここでの研究成果を、構想しつつあった神道論の取り組みに反映させていった。天皇教および新宗教の理念と実態との間に明らかになったずれ、理想に照らして未だ不十分であった事実をも含めてそこに持ち込まれていったことを、既述した「加藤神道論の大要」をふり返りながら確かめてみよう。

天皇生祠の事実を摑んだ結果であろう、そこではまず天皇教が神道＝神社の中心に明確に位置づけられ、それが宗教であるとの断言も強められることになった。同時に、かつてにおける天皇ゴッド論の主張が、神「皇」論へと拡張されたのをみることができる。加藤の説明では、「神」は宗教的崇拝を、「皇」は道徳的崇敬の対象を表している。神皇概念が登場する背景について詳しくは後章に譲るが、近世以前の天皇生祠例が未発見であって、「古今一貫」に天皇「生き神」崇拝があったとはこの研究からは断言しにくい結果となっていたから、これは無難な修正であった。

つぎにそれは、特殊日本的な国体精神の枠組には収まり切らない至誠倫理をうちだした上に、これら至誠の偉人を祀った神社は、湊川神社や靖国神社など忠臣を祀った神社とともに「臣下其他の偉人奉祀の神社」と称される神社の「第一従型」中に含められることになった。「臣下其他の偉人奉祀の神社」という釈然としない表現は、忠臣たちを祀った神社に、忠君理念には必ずしも沿わない非臣下的性格の神社（利民愛他的な「大人」らの生祠はここに含まれる）をも合わせて無理に一範疇となそうとしたことによる。天皇主義の主張に関して、「天皇教」を唱えた当初より拡大した定義をもって「国家的神道」に与えることになったのもこれに関連している。天皇教＝忠孝教だとしていた天皇一辺倒のかつての規定を改めて、「忠君」に「愛国」的要素をも加えた、結果としては当時一般的な「忠君愛国」理念に近づく内容をそれに付することになった。(68)

加藤の神道論は、当初の天皇教論に、その後の研究調査で得た知見による補正を加えつつ形成されていった。結果としてそれは、急進的な天皇観を極めながらも、以前の狭隘な理解を緩め、また天皇教の枠からはみ出す普遍的色合いを神道に添えさえするものになった。その点では、天皇中心主義という点でやや一貫性を欠き、普遍と特殊に引き裂かれているとも評される内容をこれによりもつことになった。(69)それをどう評価するかについては、事実を無視した神道論の構成はあってはならないとの言葉に違えなかった学者的良心をそこにみようとすることもできるが、これを裏返していえば、けっきょくそうした不整合を圧してまでも国家的神道論の構成という試み自体を諦めることができなかったということに帰する。かくして研究の科学性と規範性とのあいだに妥協と工夫のはかられた結果が、不首尾矛盾をそのままそこに閉じ込めたところの、先に全体を示したような加藤の国家的神道論となったのであった。[70]

(3) 民俗学からの批判にこたえて

「不自然な新説」

ところで加藤が生祠研究を進めるにあたって、他の研究者や隣接科学において生祠の存在が否定されていたことが動機のひとつになっていたことに触れておこう。加藤は生祠研究の「攻学心を唆った」ものとして、当時まで「日本研究の内外の諸学者中、日本には生きてをる中から、社を建て丶人間を神に祀ったものは一も無い、神社は皆人間の死後、之れを神に祀って出来たものであるとさへ放言して憚らなかった人々も有った」ことを挙げ[71]、「彼の漫然本邦には生祠が無いと、碌々研究もせずに公言してをる人達に、事実上否と云はせぬ証拠を見せ付けたいと思った[72]」と述べている。

加藤が名前を挙げたのはD・C・ホルトム(D. C. Holtom, 1884-1962)であったが、柳田國男も念頭にある一人だったと思われる。柳田は民俗学的立場から、政府の鼓吹してきた人格崇敬的神社観念や、民間信仰より外れた神道論を説く学者らに疑義を提出していた。「神道私見」(大正七年)や「人を神に祀る風習」(大正一五年)などに、加藤の主張とは対立する柳田の見解をみることができるが、このうち「神道私見」は丁酉倫理会での講演がもとになっている。加藤はこれを聞いたであろうか、同会講演集にこの論考が掲載されたほぼ翌年から加藤は生祠研究を始めている。二人は神道の人身供犠をめぐって論争するなど(明治四四―四五年)、日本人の神観や信仰に関わる研究をなす者として、異なる立場にありながら相互に意識していたとみて間違いないから、「攻学心を唆った」ひとつに柳田の主張や批判もあったとみてよかろう。

柳田が述べていたのは、現実の民間信仰を無視した「人為的」な明治以降の「新説」にすぎない人格崇敬型の神社論、神社はこれに限ると言わんばかりの政府当局や「国学院派の神道」説に対する批判であった。祖先崇拝、偉人崇拝を主とする当局の神社観は「あまりに根拠に乏しい断定」で、「反対の証拠」に事欠かない、日本の神社の代表的なものだと言えないばかりか普通人民も信じていない、「今日のいわゆる神道は、皆様の御想像以上に国民生活と交渉の浅いもの」である。そしてこの、「必ず人を祭る」とする「学問上いたって危険な論」の拡大は、間違った手法による神道研究にも原因がある。「神道の学者」は「不自然な新説を吐いて一世を煙に巻」くもので、「決して日本の神社の信仰を代表しようとしたものでは［ない］」、明治初頭に採用された平田派神道、国学院派の神道も、神官官選制度に立脚した人為的なものにすぎないから、「ある時代が来たならば雲散霧消」するだろうと述べるものであった。(73)

柳田説への反証

政府当局者とともに「人為」の「不自然な新説」を説く側にあった加藤は、民俗学の批判をうけながら、人神を祭神とする神社の調査に着手する。柳田が批判した文献中心の方法ではなく、全国地方在住者らに情報提供を呼びかけ、フィールドワークを組み合わせる民俗学的手法によって加藤がこれを進めていったのはすでにみたとおりである。そうして柳田説を反証する事例を集め、人為的で非人民的だというのは誤りで、信仰の熱意のもと人民自ら「人を神に祀」った事実が多数あること、最近のものだというのは誤りで、近代前から行われていたことを示そうとしたのである。

このあと柳田は、人神思想が近代前より全国にあったことについてみとめるようになる。だがそれは遺念余執をもって死んだ人間を祀ったものであって、そうした御霊的な人神には「低い地位が与えられ……別にこれを統御すべく、一段と高い神がその上にあった」とした。(74) 加藤はこれにはいっそう研究意欲を掻き立てられたであろう。死者を恐れて祀るというのでは、奉祀者・被奉祀者の態度ともに加藤の描く自己修養的な神社神道の理想にあわない。生きているうちにその徳によって神に上げられるのでなければならず、祀る側も自己向上の目標としてこの神をみるのでなければならない。加藤は生祠の事例を積み重ね、当人の人格の崇高さや徳行を理由として「生者を神として祀る慣行」が存在する事実を「反対の証拠」としてつきつけようとした。(75) 柳田はこのほかにも、「人を神に祀る風習」が日本「民族固有のもの」だとする理由［は］明確」でないともしていたが、これについても加藤は、人神思想の本家とされる中国や韓国の例において、その趣旨特質が日本のそれとは異なることを示し、柳田説を崩そうとしたのであった。

5 国民道徳と宗教――仏キ併行から神皇拝戴へ

さて加藤は、国家的神道論において妥協をし、理想に対する現状の不足を研究上にみとめたのだったが、これを彼は天皇崇拝のいっそうの浸透強化を主張していくエネルギーに変えていった。明治終期から昭和にかけての国民教育・国民道徳に関する加藤の発言のなかにそれを確認しておきたい。

戦前日本における宗教と教育の関係は両者の分離によって枠づけられていたが、その運用を宗教の場に再び取り戻したいとするのが明治来かわらぬ加藤の立場であった。明治三〇年代の「将来の宗教」論争のころ、四〇年代に三教会同が開催されたころ、宗教的教育論を支持する側として加藤もこれらに賛同してきた。道徳は宗教的信念によってしか真に効力を発揮しえないとの考えからするものであったが、ただし当初はそこにいう宗教的信念とは仏教やキリスト教のことを指していた。

たとえば明治四〇年代初頭、国民道徳を小学校教員に対して説くなかで、加藤は、教育勅語を用いて「我が国民の特異性」を発揮すべきこと、宗教的信念に基づいて道徳を完成すべきこと、を含む複数項目からなる提言をなしている(76)。だがこのときその後者にいう「宗教的信念」は、前者の教育勅語に関わりのある何か（国体神道・敬神崇祖）を指しているわけではなかった。当時、敬神崇祖は道徳であって宗教ではない。ここで「宗教的信念」として念頭に置かれていたのは優れた倫理的宗教だと加藤のみとめる仏教やキリスト教であった。彼の唱えた「神道宗教」（国家的神道）は、教育勅語を宗教書とし、それを下した天皇を神とする宗教であったが、このときはまだ神道研究を本格的に展開する前である。明治末年の「国民道徳と世界的宗教――基仏二教」論文でも(77)、その副題が「基仏二教」になっているように、「国民道徳」と「宗教」の関係をいうときの「宗教」、国民道徳に資するべき宗教として考えられていたのはやはりキリスト教、仏教（そしてときどきは宗派神道も含められる）であった。教育勅語による国民教化を外部から補助させるべく神仏キ三教との提携をねらった内務省の三教会同に加藤が賛成したのは、この立場からのものであった[78]。ただしそこには、国体神道の宗教面を活性させて教育に役立たせるべきとの発想の萌芽もみとめられる。「国民教育なるものは一種の宗教で、即日本教なるものを……教へる」べきであるとか、「国民教育は国民的宗教の思想を涵養するにある」などと示唆されるようになる[79]。

教育と宗教の分離原則が久しく貫かれてきた学校教育に対して、「宗教的信念」の必要が教育現場からも聞こえてくるようになるのは、昭和に入る前後からのことである。国家的神道論を主唱し始めていた加藤はこのときには、宗教としての国体神道を全面的に導入すべきとの見解を述べることになる。国体神道を宗教として認める先に国民教育の将来がある――これをはっきり宗教と定めて信仰すれば、御真影を拝することは明津神としての天皇への礼拝となり、教育勅語の下賜も神皇による神勅の下付となり、教育勅語は神語として接することになって、国体に即した宗教教育がなると[80]。

加藤の批判の矛先は、神社や神道を道徳的世俗的儀式となした上に、依然として神道非宗教のタテマエにこだわる当局・学校関係者らに向けられたほか、その苛立ちは「坊主根性」の抜けぬ既成宗教にもぶつけられた。さきに加藤は、仏教やキリスト教によって国民道徳に必要な「信念」を養うようにと教師に勧め、国民道徳―仏キ信仰の併行論を説いていた。だがこのときには教育者と宗教者の提携を依然歓迎するとはいいながらも、宗教的情操をにわかに補おうとして「既成宗教に利用されぬ様に」気をつけよと言い、当時話題となっていた教員への宗教知識教授案についてもこれを「二階から目薬的の事柄」であると斥けるようになっていった[81]。日本の学校教育が「徒に仏基両教の如き、世界的（個人的）宗教・輸入的宗教にのみ頼って」、生徒の宗教心の涵養を図ろうとするのは「隔靴掻痒の感を免れない」。「もっと単刀直入、神皇拝戴と云ふ、日本の国民的宗教たる国家的神道」に想達し、日本精神に真に目覚めれば、「学校教育に於ける宗教情操の涵養など、強ひて仏基二教の課外授業などに俟つ必要は無くなる」のだ[82]。

かく排斥的態度の強められた背景には、「外助」たるべき既成宗教がじっさいは国体宗教の「障害」になっているという事態に対する焦燥感があったであろう。国民への神社崇敬の強要は個人の宗教信仰との間に摩擦を起こしてきた。いわゆる神社対宗教問題は加藤の最大関心事のひとつであって、神道教官就任にあたっても真っ先にとり上げるなどしてきたが、その後も問題の収束はみなかった。宗教関連法案（昭和二年、四年）をめぐる宗教界の反発、神社制度調査会の発足（同四年）、上智大生の靖国神社参拝拒否事件や同志社大学神棚事件（同七年、一〇年）が耳目を引くなか、加藤は「世人の憂いを取り除くべく」、陸士・東大退官のすぐのち『神社問題の再検討』（同八年）を上梓し、仏キに対する強硬論をも述べるようになるのである。

同時に加藤は、かつては劣等視した神道への見方を肯定的に改めたことに関わって、宗派神道の協力を積極的に求めるようになった。たとえば宗派神道中もっとも知的倫理的だとみられた黒住教や、人脈のあった大社教（顧問を務めていた）にそうした期待や評価が向けられ、「国家的神道の宗教的方面の担当」、「神皇に対し奉る斯る崇高な宗教信仰」の宣布浸透の任務と責任とを負うべきは宗派的神道であるとの考えを示していった[83]。

6　小結——神道・国体・新宗教

「宗教学的」神道論とは

加藤の神道論の核はいうまでもなく「国家的神道」にあったが、本節ではこれだけを単独に論じるのではなく、宗教学者としての加藤の歩み全体を振り返りつつ、そこに彼が込めようとしたものが何だったかを捉えようとしてきた。加藤が標榜したのは宗教学的神道論であった。神道「宗教」説をけっして譲らなかったところにその「宗教学」的スタンスはまず端的に現れているが、このほか、自由討究と比較宗教の視点（神人懸隔的なユダヤ＝キリスト教に対する神人同格的な神道）、違いを超える通宗教性への志向（宗教的偉人崇拝を介する霊的倫理的向上を共通項とするそれ）、宗教発達史観と諸教協調・融合による統一宗教（儒仏を包摂しつつ倫理的進化を遂げた神道）の規範理想がその延長上に語られたことなどは、いずれも当時の宗教学の枠組に来歴するものであった。

これらは同世代の宗教学者に共通する思考枠組であったが、加藤はそれをとくに神道にあてはめて用いた。当初は「国家と縁故ある神道的気分……空気」といったものとしてしか言い表せなかった「神道」なるものの中身は、学術的に枠づけられながら徐々に充塡されていった。具体例と実証をくみこみ、しかし宗教学的理想に国体理念を接いで整形されたその構成的神道論は、恩師井上の国体神道論とも政府当局のそれとも、また神社関係者のそれとも異なるものとなった。井上のように、諸教の共通点を引き出すべくメタ宗教性に照準する宗教哲学の視点は、「無味無臭、無色透明、淡々乎とした水の如き」抽象的宗教像を戴く傾向がある。国民道徳においても井上は、精神的な忠君論に終始して神社を重んじることはなかったが、加藤はこれを空疎で無意義な哲学的宗教とみなし、感化の実行力に長けると信ずる具体的形象、神社へのこだわりをみせたのだった(84)。

ただしそれは神社界・神職らの神社観ともかなりの隔たりがあった。祭神に関しては加藤は天照大神以下の皇祖神と人格崇敬系の神々を主にして、伝統的であっても御利益的ないし「淫祀」的な神々は、品位を下げる自然教期神道の残骸とみなした。神社の個人的な吉凶禍福に関わる側面、神社の「御霊徳に信頼して、その恩頼を蒙らんが為」の「祈願所」たるべき「本来」性をいう神社関係者の主張(85)については、加藤の同意し得るところでなく、府県社以下の神職らの行う神符神水加持祈禱の行為や観念につき矯正を求めた。両者はともに神社の宗教性復活を念じたが、祭神を人としてでなく神霊としてみるべきとした彼らに対し、加藤のいう神社の宗教性とは信仰者の心理的態度においてこれをみとめる「宗教心理学的」主張によるものであった(86)。このほか加藤が儒仏包摂的ないし協調的な神道論を唱えていたことも、神社界中、神道の独自性を強調しようとする人々とは同調しえない点となった。

加藤の神社観、神道観を特徴づける天皇主義および倫理的合理主義（迷信を斥け人格崇敬を主にする）は、明治以降政府のとってきた方向性にかなりの部分で重なっている。だが加藤は、この原則より外れるものについては、皇室の信仰篤い神社や由緒伝統ある神社であっても厳しい目を注ぐなど政府より徹底していた。加藤の天皇主義は、現天皇そのものの資格における即自的な神聖性と不動の権威を主張する。天皇の宗教的権威は天皇以外によって付与されるのでない、固有で自足的なものであるとの考え方からいえば、伝統的神社の多元的信仰の魅力によってそれを補完しようとする施策は邪道である。否、それら神々の認容は、唯一絶対的であるべき天皇を相対化せずにはおかないという意味で、天皇本尊教の精神とは本来相容れないはずである。加藤の神道論では皇室祭祀が意外に軽視されていたのもこのことに関わって理解されるのである。

戦後の「新宗教」回帰

敗戦後、加藤は公職追放および恩給の一時停止をうけた。その後の加藤からは神皇信仰の主張は聞かれなくなる。だが人格修養宗教＝新宗教としての神道、また乃木教の信奉者たることに関しては変わることはなかったようである。公職追放をうけた理由のひとつは乃木将軍に関する著作にあったが、その後も乃木神社信仰原典たる『知性と宗教——聖雄信仰の成立』(昭和三一年)およびその要説 *A Glimpse of the Shinto Pistology of the Nogi Shrine* (1951)ならびに『我が行く神の道——乃木神社信仰要説』(昭和三四年)を上梓している。撰作の作業は「聖業」と称され、「直に私の信仰」が表された(87)。

ただしそこに「乃木聖雄教」と呼ばれたものの本義内容はかつての乃木教と同じではない。『我が行く神の道』の巻頭に掲げられた乃木像は、サーベルに勲章の軍人姿でなく、農装の乃木である。天皇教(神皇信仰)振作のために乃木崇敬を介在させるというかつての扱いはなくなり、「乃木聖雄」自身の宗教信仰の、普遍的世界的な側面が強調されるようになった。乃木の宗教信仰が神道や神社信仰にあったという点は否定はされない。だが素行や松陰から、あるいは明治天皇からも学んだというその信仰の神髄は、普遍道徳たる「至誠」にあったとされるほか、乃木本人に国家道徳はあったが、それはどの国民も有するところの国家主義にすぎず、他国に対しては信義平等自由博愛の姿勢をもち、偏狭な国家主義を排して世界的人道主義に徹していたというのである。

かつての乃木信奉者は乃木崇敬を介して天皇を仰ぎみることになっていた。だがここでは天皇（明治天皇）は乃木と同格の「宗教的人格」の一人、乃木とともに至誠を旨とする普遍信仰（宇宙人生の根本義たる天、神、真如、実在の信仰）に崇敬者を誘う導き手の側に位置を変えている。(88) そうして乃木聖雄教は天皇教であることをやめ、仏教その他に立ち並ぶ完全円満なる四海兄弟主義の普遍的宗教として叙述されたのだった。(89)

敗戦を挟んでのこうした乃木教論の変化は、忠君愛国の枷から放たれて本懐するところをようやく述べ得た結果のものとみることができるだろうか。もしこの理解に立てば、彼が初めて乃木心酔を吐露したときの一文が思い起こされる。『名将の下に弱卒なし』と云ふ格言を信ずるならば、かかる……誠忠無二の将軍を、その配下に有せられた明治天皇陛下が、如何に……御聖徳であらせられて、名君におはしましたか……は、今更ながらに恐察し奉る」と述べられていたが、明治天皇は「此所に一言を惜しむこと能はざるもの」として末尾数行に言及されるだけ、あくまで直接的には乃木崇拝であった。(90)

皇族に接し、国家の恩恵に浴し、国体に疑いを入れ得ない社会的地位にあった加藤であるが、仏教思想や宗教学によって普遍に開かれ、徳行の偉人のみ敬愛するその性質上、無媒介に神皇信仰をなすのは彼にとって容易ではなかったかもしれない。だからこそ「自分のような鈍才には乃木聖雄の……自刃の碧血……なかりせば」それに目覚めること難しく、(91) だからこそ乃木自決の一事がキリスト磔刑と同義にまで押し上げられる必要があった。国家的神道のパウロとなる必要、一事に接しての「宗教体験」を繰り返し語る必要が、彼自身の側にこそあったのだと解されないか。

晩年をすごした静岡御殿場の住居には、寝室に仏壇、居間には神棚のほかに乃木の肖像画が掲げられていたという。(92) 乃木聖雄教は即、至誠の実行であった。ここに隠棲してからの村人との交わりや当地での諸々の活動を、加藤は「至誠の実践」と呼んだ。(93)『本邦生祠の研究』で強調された研究成果の「応用」は、むしろ戦後の人心にこそ必要なのだとこぼしていたという。加藤の信仰は、自己内に神性（仏性）をみとめる神人即一教、乃木ら至誠の偉人を模範とする人格修養教であった。「われに死し　神に生くれば　たゞ一つ　残れるものは　誠なりけり」(94)「神道は人の行く道かみのみち人になる道神になるみち」[95]——神道における特殊的国体教の側面はうち切られ、謳いあげられているのは倫理的人格向上の宗教としての一面であるが、これだけではもはや神道とも呼びにくい。国体本位の神道から宗教学徒としての出発点にあった新宗教本位の信仰へ、理想的自我実現の宗教へと終戦後の加藤は足場を戻したのだといえるように思う。[96]

仏教とのかかわりはどうであったか。自宅での葬儀は本人の希望によって仏式で行われた。だから少なくとも彼岸の宗教としては仏教を奉じていたのではないかと推測したいところだが、それが加藤の出身の浄土真宗でなく曹洞宗であったことから(曹洞宗との関係は青年時代からのものであった)、救済宗教としての仏教に対する熱意がどれほどのものであったか疑ってみることも可能となる。知的で倫理的な宗教理想は自身の死に際しても当て嵌められるものであったか。あるいはそれは死生観の如何によるのでなくして、地元で親交した僧侶(大雲院住職)との偶々の縁によるものであったとしておくべきか。この場合にもそこには、既成宗教の党派主義をきらって人格的関係を第一にするという、青年期からの変わらない姿勢が見出せるように思われるのである。

キリスト教にも一言しておこう。加藤の世代の宗教学的宗教理想は諸教の融合調和であった。神道と仏教との融合調和については戦前の国家的神道論中にすでに述べ得ていたが、神道とキリスト教については「全うしかねて居」た。だが昭和三四年、皇太子明仁の結婚によって「此破天荒の精神的大事業」が定結されるにいたった。従来一大難事とされてきた「宗教的融合調和」が、カトリック系の教育中に成長した正田美智子を皇室に迎えることで、成立してきたというのである。[97] 戦前の国家的神道論では加藤は普遍と特殊に引き裂かれて苦慮した。ここに諸宗教融合調和による普遍的統一宗教の成立こそが、戦後加藤の望みとなったわけだが、彼の歩みを知る者は、これをかつての青年時代の夢の続きとみるだろう。[98]

(1) 新宗教論に親和的で通宗教性を主眼におく宗教学とその方法論は、単純な比較学や宗教進化論の衰退とともに学問上は他の専門分化した方法に道を譲る場面もでてくるが、その思考の枠組じたいは前にみたごとく通俗化して文学や教育修養などの諸領域に、あるいは実際的な宗教活動の場で受け入れられていった。

（2） 加藤の経歴につき詳しいのは、小林健三「加藤玄智博士の学績」（『神道研究紀要』一、一九七六年）、田辺勇「外篇　学田拾穂」（加藤玄智『学校教育と成層圏の宗教』幽顕社、一九五四年）である。以下ではこのほか津城寛文「加藤玄智」（田丸徳善編『日本の宗教学説II』東京大学宗教学研究室、一九八五年）、田丸徳善「加藤玄智論試稿」（『明治聖徳記念学会紀要』一四、一九九五年）、島薗進「加藤玄智の宗教学的神道学の形成」（『明治聖徳記念学会紀要』（復刊）一六、一九九五年）、島薗進・高橋原・前川理子「解説」（加藤玄智『加藤玄智集』九、クレス出版、二〇〇四年）などを参照した。

（3） 高島米峰、境野黄洋、渡辺海旭らにより明治三二年に結成（翌年、新仏教徒同志会に改称）。

（4） 明治三六年発足。小野玄妙、大崎龍淵、加藤玄智、小野藤太、芝田徹心ら仏教関係者が中心で、誠実の討究をもって破壊的空論を排すること、強権的頑迷を斥くこと、教派宗教の偏見を矯し新旧から取捨して穏健な信仰を鼓吹するなどを会則とし、『時代宗教』を発行し、各地に支部を設けた（櫻井匡『明治宗教史研究』春秋社、一九七一年、四三四—四三五頁）。

（5） 昭和四年、國學院大學附属神道部教授。六年、國學院大學教授（宗教学担当）。この他、駒澤大学教授（神道）、大正大学講師（神道）、神宮皇學館臨時講師（神道）、陸軍経理学校臨時講師（東西思想比較研究）も務めた。

（6） 陸軍士官学校では英語教授のほか、全校生徒を対象にした精神訓話を任されるようになっていた。なお加藤によれば、東西比較により日本人固有の精神と建国の根本義を示そうとした『東西思想比較研究』は、「独り陸軍士官学校の生徒諸氏のみで無く、師範学校等に於ても非常に渇望せら」れたとあり（再版の序）、国民教育と陸海軍の精神教育に資したいとの望み通りに学校にも用いられた。

（7） 加藤玄智『宗教新論』（博文館、一九〇〇年）自序七、一三頁、本文四二五頁。

（8） 第2章第2節参照。

（9） 加藤玄智「宗教的対象の人格非人格問題」（『哲学雑誌』一七—一八八、一九〇二年一〇月）。

（10） 大学入学をひかえた加藤は西師に初めて面会を求め、そのままそこで一週間の参禅をはたし、親交が始まった（加藤玄智『修養第一』弘学館書店、一九一七年、四四頁以下、同『つむじ曲の寝言』中文館書店、一九三三年、一八七頁以下）。親交は長期にわたったようで、長男と妻の葬儀も西師ゆかりの曹洞宗・吉祥寺（東京駒込）で行っている（島薗・高橋・前川「解説」三一頁）。

（11） 加藤玄智「宗教を求むる青年の為めに」（『実験教授指針』三—五、一九〇四年三月）。

（12） 島薗・高橋・前川「解説」二頁。

（13） 加藤玄智「宗教の将来」（『東亜之光』八—一、一九一三年一月）。

（14） たとえば加藤玄智『宗教学』（博文館、一九一二年）。なお加藤がこの時期にいう「神道」とは、記紀を中心に歴史的文献上に現れる日本人の神観念を称したもの。加藤玄智「天之御中主神に関する思想発達の一班」（『東亜之光』三—四、一九〇八年四月）、同「原始神道に於ける神観の特性に就いて」（『東亜之光』三—一二、一九〇八年一二月）はその最初期に属する論文である。

（15） 天皇教は「忠孝の実行」として現れるから「忠孝教」とも呼べるとされたが、これは直接にはラフカディオ・ハーンの Religion of

Loyalty に由来する。「天皇教」の語はすでにあった。

(16) 加藤玄智『我建国思想の本義』(目黒書店、一九一二年)六〇頁。

(17) 同右、一八五頁。

(18) 同右、二六〇頁。

(19) 同右、五八—五九頁。

(20) 同書には、救済者の観念(救い主キリストに相当)は日本人にもあると述べた箇所があるが、そこでキリストに等価視されたのは日本武尊であった。天皇自身はあくまで西洋のゴッドの位置を占めるのであり、神の子キリストの位置を占めるのは(皇位に就かなかった)皇子でなければならないのである。次に述べるように後には乃木将軍がキリストに比された。

(21) 加藤『我建国思想の本義』九三頁。

(22) 同右、一六五頁。

(23) 同右、二五八頁。

(24) 同右、六八頁。

(25) 加藤玄智「斯の神々しさを仰げ」(『中学世界』一五—一五、一九一二年一一月)一一—一三頁。

(26) 同右、一四頁。

(27) 加藤玄智『真修養と新活動』(広文堂、一九一五年)二五二—二六五頁。

(28) 加藤『我建国思想の本義』九—二七頁。

(29) 一九〇八年四月の「天之御中主神に関する思想発達の一斑」が神道に関して初めて発表された論文と思われる。その後しばらく「原始神道」研究が進められ、講義もこれを主にした。本節註(14)参照。

(30) 加藤玄智「本会設立の急務」(『会報』二、一九一三年一〇月)二一頁、同「神道の研究に就て」(『明治聖徳記念学会紀要』一六、一九二一年九月)一〇頁。当初考えていたのは、日本人による The Asiatic Society of Japan に似た学会を作ることであった(同「本邦精神文明の研究と其世界的発表の急務」『会報』一九一二年三月、七頁)。ここで「科学的」研究を強調したのは、「徒ニ頑迷固陋自ラ好ミテ世界ノ大勢ニ遠カ」っている「神道ヲ取リ扱フ者」への批判があった(同「本会設立の急務」二一頁)。また研究は神道以外を排除するものではなく、仏教の日本文明への好影響について明らかにし、仏教への従来の偏見を一掃することも念頭に置かれていた(同、二二—二六頁)。

(31) 加藤「本会設立の急務」一八頁。

(32) 加藤「神道の研究に就て」一〇頁。

(33) 加藤「本会設立の急務」二七頁、同「神道の研究に就て」一〇頁。

(34) 加藤「神道の研究に就て」一四—一五頁。

(35) 神道講座の教官に加藤が就任する大正九―一〇年にかけて、明治聖徳記念学会では「神道は宗教か」という主題を集中的に取り上げたほか、加藤も東大でこのトピックを扱った(『神道と宗教問題』など)(藤井健志「東京大学宗教学科年譜資料(大正時代)」田丸徳善編『日本の宗教学説II』東京大学宗教学研究室、一九八五年、三八―四一頁)。加藤の説は「神の観念を論じて神道の神観に及ぶ」(『東亜之光』九―九・一〇、一九一四年九・一〇月)、「井上博士の漢字の『神』の字と日本の『カミ』の語の関係に就きて」(『明治聖徳記念学会紀要』一三、一九二〇年四月)、「我が祖先崇拝の二方面」(『東亜之光』一六―八、一九二一年八月)、「我が神代巻に使用せられたる神の字の意義に就きて」(『中央史壇』五―四、一九二二年一〇月)などからその内容が知られる。

(36) 加藤「神道の研究に就て」一三頁。

(37) 「国家的神道」と「宗派的神道」およびその下位区分からなる神道論が初めて言明されたのは、管見の限りでは『東西思想比較研究』(京文社、一九二四年)においてである。

(38) 加藤玄智『神道精義』(大日本図書、一九三八年)二二九頁。

(39) 加藤玄智「世界宗教史上に於ける神道の位置」(『神道講座(2)神道篇』四海書房、一九二九―三一年)一七頁。

(40) 加藤『神道精義』二三三頁。

(41) 加藤『東西思想比較研究』二九〇頁。

(42) 加藤「神道の位置」二頁。

(43) 加藤『神道精義』二一九頁。

(44) 同右、一七八頁。

(45) 同右、一九二頁。

(46) 同右、二八四頁。

(47) 加藤『東西思想比較研究』三一三頁。

(48) 「目に見えぬ神の心に通ふこそ　人の心のまことなりけれ」の御製は加藤も好んで引用した。なお加藤は明治三〇年代後半に二人の息子を得ているが、ともに「誠」の字を用いて命名した。天皇崇拝に通ずる「忠」の字ではなく、仏教に関わる加藤家で代々つづけられてきた「玄」を用いることもやめた。

(49) 加藤の「我が国民の同化力」(『小学校』一六―三、一九一三年一一月)は、インド、中国、朝鮮の文明に対する日本人の同化力について述べている。神仏関係については、同「我固有信仰と外来宗教との調和と睽離――神仏両者の一離一合」(『東亜之光』一九―二、一九二四年二月)、同「神道の新研究より見たる仏教」(『歴史公論』四―一一、一九三五年一一月)等のほか、雲伝神道研究、『倭論語』研究、『太神宮参詣記』研究がある。神仏習合については、仏教が神道の神皇崇拝を補強する働きをもったとみる(同「浄因師の一実神道説を読む」『宗教界』一三―一、一九一七年一月)、あくまで神道上位のそれである。一方、仏教が神道を倫理化した歴史を述べた、同「宗教学と仏教史」(『仏教史学』一―二・三、一九一一年五・六月)論文は、文明教期の神道を最上とする見方とともに仏教に対する加藤の思い入れが現れている。
(50) 安津素彦「『明治・大正・昭和神道書籍目録』と『欧文神道書籍目録』」(『神道学』一、一九五四年)。
(51) 加藤玄智「国民的宗教としての神道の特色」(『幽顕』一―一、一九一九年一一月)、同「国民的宗教としての神道の特色を論じて我が国体の性質に及ぶ」(『東亜之光』一五―一、一九二〇年一月)。
(52) 加藤「国民的宗教としての神道の特色を論じて我が国体に性質に及ぶ」二九頁、ほか。
(53) 加藤『東西思想比較研究』二八七―二八八頁。
(54) 同右、二八九頁。
(55) 井上哲次郎「神道と世界宗教」(『東亜之光』一〇―八、一九一五年八月)。
(56) 加藤『東西思想比較研究』三一五―三一七頁、加藤玄智「国運の発展と戦後の宗教問題に関する疑義」(『東亜之光』一二―一、一九一七年一月)、同『東西思想比較研究』など。
(57) 加藤玄智『本邦生祠の研究』(明治聖徳記念学会、一九三一年)三頁。
(58) 同書中より引けば、「生きてをる中から、人間を神に祭った神社、換言すれば、肉体の生活事実が、尚存続して居る中から、その人間の中に、人間以上の神の光を見て、その生霊又はその霊肉両者から成ってをる人間を、人間以上の神として拝祭する為めに出来た祠宇」を探索するのである(同右、自序三頁)。
(59) 生き神奉祀(生祀)の全九〇例中、天皇・皇后・親王の生祀例は一三例、残りがその他の偉人徳者を祭神としたものである(合祀は一と数える)。
(60) 加藤『本邦生祠の研究』三六五頁。
(61) 宮田登『生き神信仰』(塙書房、一九七〇年)。
(62) 庶民の手には将来にわたって入るべくもない、一般と隔絶した「権威」をひたすらに拝する(その恩恵に謝し、あるいは求める)権威跪拝型の心性とは異なって、修養指向型は、「人格」の向上を旨とする。人格主義には、全人が潜在的には同じ境位に到達できるという普遍主義が含意される。要はそれを開発するかしないかであり(=修養指向の有無)、可能性は万人平等だと信じられていることが前提となる。もちろんじっさいには、権威跪拝の意識を混在させる場合があるだろうが、類型としては別に立つ。
(63) 加藤『本邦生祠の研究』三九八―三九九頁。
(64) 同右、四一五頁。
(65) 生祀者中にこうした態度があることは加藤も認めている。これを彼は、真宗門徒が阿弥陀仏に対するのと同じ、報恩感謝の宗教的態度であるとした。
(66) 平民一般も平等に生き神化の機会を分かち持っているということが、何より彼ら自身において了解されていることが前提であり、加えてそれを彼らが望み、また努力するところのものが修養指向型の生き神崇拝であるのだが、その実現のハードルは高い。

(67) 加藤『本邦生祠の研究』四一七頁。
(68) 神道の本質は「日本人の……忠君愛国の至情にして……神皇に対し奉る日本人の国家的宗教心なり」、神道の核心は「日本人の忠君愛国の精神が宗教意識の形を採って発現せるもの……なり」と述べられるようになるわけである（加藤「神道の位置」一七頁）。
(69) 加藤思想における普遍主義化世界主義化の方向性と国家主義との間のギャップを指摘した津城「加藤玄智」、倫理的神道と国家主義的神道の間のズレに言及した島薗・高橋・前川「解説」など。
(70) なお加藤の「（国家的）神道」論には神仏混融的な特徴も顕著であった。詳細は述べ得なかったが、事例報告中には、生祠が地蔵菩薩と融合されたケースや、明治天皇を奉祀した神殿のある邸内に本尊阿弥陀如来を礼拝する仏壇を安置する真宗信者のケースが複数あることなどが紹介され、神仏が融合されて信仰上矛盾のないのが日本人の特色だとされた。神仏相争うのは職業宗教家の間だけで、明浄直正の心に住する国民にあっては渾然一体だとされた。
(71) 加藤『本邦生祠の研究』自序一―二頁。
(72) 加藤『本邦生祠の研究』八頁。
(73) 柳田國男「神道私見」（『倫理講演集』一八五・一八六、一九一八年一・二月、同『柳田國男全集』一三、筑摩書房、一九九〇年、に収録）。もともとは人神信仰は、「霊あって祟り災ひするといふ畏怖」や「禱れば福を与ふといふ予期と感謝」の念から祀られるものであった。また伝統的な「郷土の関係を離れて、人の霊を国全体の神として拝み崇める」のは神社崇敬の「第二次」拡張だとした（同『明治大正史世相篇』一九三一年、同『柳田國男全集』五、筑摩書房、一九九八年、に収録、五一三頁）。引用は同書による。
(74) 柳田國男「人を神に祀る風習」（『民族』二―一、一九二六年一一月、同『定本柳田國男集』一〇、筑摩書房、一九六二年、に収録）。引用は同書による。八幡信仰史との関係における各地多数の例をもってこれを論じた。
(75) 柳田「人を神に祀る風習」六四六頁。
(76) 加藤玄智「国民道徳に関する所見」（『小学校』五―四、一九〇八年五月）。
(77) 加藤玄智「国民道徳と世界的宗教――基仏二教」（『六合雑誌』三二―五、一九一二年五月）。
(78) 加藤『我建国思想の本義』二七二頁。
(79) 同右、九一―九二頁。
(80) 加藤『神道精義』三五八―三五九頁。
(81) 加藤玄智「教育勅語と日本人の国民的宗教情操」（『教育研究』四一三、一九三四年一月）、同「既成宗教を超越せる日本独自の宗教教育」（『神道学雑誌』一七、一九三五年一月）。
(82) 加藤『神道精義』三五八―三六一頁。宗教としての国体神道すなわち信仰的態度による神社参拝の全国民への強要と、憲法二八条（信教自由規定）との関係については、本規定中の条件に天皇教的信仰を含むとする解釈により問題なしと考えられていた。この理解はすでに明治末年にはみえている（同『我建国思想の本義』一八六頁）。

(83) 加藤玄智「大社教に表はれたる日本人の国体信念」(『幽顕』一九一一、一九三七年一月)など。

(84) もちろん井上の多くを加藤は継承し、神道論に哲学的枠組みを用い、民族宗教であるといいながら普遍主義を滑り込ませていたこともみた。井上のスタンスが特殊的普遍主義だとすれば、加藤のそれは普遍的特殊主義とでも呼べようか。井上が特殊国体を謳いあげる御用学者でありながらも本質的には哲学者であったのに対して、加藤は寺に生まれ仏香を嗅いでそだち、宗教の酸い甘いを知る宗教的宗教学者であった。

(85) 葦津珍彦『国家神道とは何だったのか』(神社新報社、一九九〇年)一六二頁。

(86) 大正期に強まった神社界による宗教性復活要求のなかでは、神祇官による天皇守護の八神奉斎の執行なども求められたが、これも加藤の徹底天皇主義の原則からいえば不可ないし二次的にすぎない扱いを受けよう。

(87) 加藤玄智「乃木信典の操作を了って」(『宗教時報』五一、一九五二年五月)。

(88) 天皇は他の偉人と肩を並べる「偉大なる至誠の人格」とされ、同じ人格主義の視線が注がれる対象になっている(加藤玄智『知性と宗教』錦正社、一九五六年、二七八頁)。かつての一神教的ゴッド的天皇観が放棄されたことに関わって、同書には神道その他の神々への言及も表れるようになった(乃木の信仰を述べる段で)。

(89) 乃木自身の信仰は「表面外形の上」では「神道的衣装をつけ」て「国家的宗教の様相を備へて先づ発足した」が、復古神道のようにただ日本国家の桎梏中にあったのでなく、「普遍的世界的宗教の神光閃映」がみえていたとされ、神道自体についても、国体に関係をもちながらその中には「普遍的宗教の要素、個人的宗教の要素を醸成して居り世界的宗教に周囲の状況如何によっては直ちに変形することの出来る用意[が]あった」と述べられる(加藤『知性と宗教』二六四、三五六頁)。もともとヤーヴェーといい、アラーといい、天御中主神といい、如来菩薩といわれる神仏はいずれも哲学上いう絶対本体の宗教的別名に他ならぬが(同、一四九、一八三頁)、素行、松陰、乃木における神観念も、天照大神や天御中主神や国常立神やの神を一括して上に立つ普遍神、儒教風にいう天の信仰に根底があったのだとした。

(90) 加藤「斯の神々しさを仰げ」二三頁。

(91) 加藤『知性と宗教』篇外余禄、四一八頁。

(92) 御真影はなかった(御遺族へのインタビューによる)。

(93) 小林「加藤玄智博士の学績」三五頁。

(94) 加藤『知性と宗教』四〇二頁。

(95) 加藤玄智『我が行く神の道』(乃木神社社務所、一九五九年)巻頭。

(96) 戦後述べられた、「賢聖偉人の辿って行った跡を追って、人は次第に自己を磨きあげ、以て人以上の神の位置まで進達することを目的理想として力行せねばならぬと説く」ところの聖雄教は(加藤『知性と宗教』二四六頁)、かつて「新宗教」と呼んだそのものである。聖雄教はこののち「偉聖神教」(「聖雄」(男)と「聖嬪」(女)を合わせ称したのが「偉聖」)に改められるが、もろもろそぎ落としても、神人＝英雄偉人崇拝を介した人格主義信仰は核心としてさいごまで残った（加藤玄智「神道私見」上・下『神道学』二三・二四、一九五九・一九六〇年）。

（97）加藤「神道私見」下、四五―四六頁。

（98）学校教育にも、神皇信仰による戦前の宗教的情操教育案に代えて、「純乎たる宗教心の本性に訴えた、不偏不党の超宗派的な純宗教的儀式」を案出するなど、普遍的宗教性の涵養という課題に関心は向け直されていった（加藤玄智『学校教育と成層圏の宗教』幽顕社、一九五四年、一一四頁）。もっともこの普遍志向が、「周囲の状況如何によっては直ちに変形することの出来る用意」を含むとするような日和見をどこまで払拭した上のものであるかどうかは慎重に判断しなければならないだろう。

第2節　大川周明の日本精神論――世界文明総合の使命

大川周明（一八八六―一九五七）は、「志士的学者」であったとか「学識豊かな実践家」であったとしばしば評される。学者としての大川は宗教学者であった。本節は大川の宗教学的素地とその宗教観に迫るとともに、実践家としてどうそれが政治的活動へと展開していったかを追おうとするものである。

大川の政治的運動家としての全体像を明らかにするのがここでの眼目ではない。学者から運動家への転身後もかわらず、運動を裏づける普遍的な原理原則を求めつづけたところにそのユニークさが指摘されるように(1)、大川の志士的活動を理解する鍵は、それが彼の生涯にわたる宗教的求道や世界の宗教・精神文明に関する学究と不可分であった点の解明にあるとの考え方に立って、この角度から大川の活動を照らし出そうと試みるものである。

大川の宗教的／宗教学的素養に着目した研究はこれまでに皆無ではない。一時期信仰したキリスト教や社会主義への関心、アジア主義に関わるイスラームへの興味、あるいは印度哲学への傾倒に関してもも言及されてきた。だがそのほとんどがエピソード的、一面的ないしは限定的視点からの考察にとどまっている。大川の道徳宗教的な思考様式が活動全体を貫くものとして、あるいはその政治活動の理念的根本になっているという観点から、その内実を十分深く掘り下げるところまでには至っていない。

大川の宗教（学）的思考傾向は、すぐ後に述べるようにその東大時代・道会時代に基本的なところが固まったと考えられる。だがこの時期については、戦後に一部回顧的に述べられた以外は、この期間の日記が欠如（未発見）しているなど前後の時期にくらべて十分詳らかとはなっていない。本節では、大川によりこの時期書かれた主に宗教観・宗教学に関わる文章を可能なかぎり参照することでそれを補い、宗教研究者としての大川像に迫り、この側面からの大川研究をいま一歩進めたいと考えている。(2) そしてそれはそのまま、本章のテーマたるところの、宗教学的思考が国家や国体を論ずるときどのような特徴を示していくのかという問いに対して、大川の場合について明らかにしていくことになるのである。

略歴および著述

以下に大川の略歴を示す。(3)

明治一九年、大川は代々続く医家の長男として山形県の現・酒田市に生まれた。庄内地方の、西郷南洲敬仰の盛んな精神文化中に幼少期を過ごす。中学時代に漢学、フランス語を学ぶ。フランス人神父よりキリスト教を教えられ、宗教に興味を抱く。社会主義への関心をもつ。東京・正則学校での語学学習を経て、三七年、熊本五高に入学。横井小楠に傾倒、組合派の教会に通う。四〇年に東京帝国大学文科大学に入学、哲学科で姉崎正治のもとに宗教学を学び、高楠順次郎に印度哲学の手ほどきをうける。卒業論文「龍樹研究序論」を書き、四四年に卒業。

大学在学時より松村介石の日本教会（のち道会）に関わる。明治四二年から会の機関誌に執筆を開始、翌四三年七月に入会。歴代天皇の『列聖伝』をここで手掛けて「日本回帰」をはたす。大正二年、人生の転機となる『新印度』を読む。六年、道会の押川方義と全亜細亜会を結成。七年、満鉄東亜経済調査局嘱託（翌年正式職員）。米騒動をきっかけに国家改造運動に邁進。同年、満川亀太郎・佐藤鋼次郎・岡悌治らと老壮会創立。八年、北一輝をむかえて猶存社結成。九年、拓殖大学教授（満鉄総裁・後藤新平の引きによる）。陸軍に接触。一二年に猶存社解散後、社会教育研究所（のち大学寮）で国家改造の指導者育成を開始。一三年、行地会結成（翌年行地社）、満川亀太郎・安岡正篤・西田税らが参加。大学高校に関係団体設置、地方に誌友を獲得、全国行脚の講演活動。一五年、「特許植民会社制度の研究」で法学博士。

昭和四年、財団法人東亜経済調査局理事長。六年、三月事件・十月事件に関与。七年、神武会創設。同年の五・一五事件に連座し、一〇年に禁錮五年の判決をうける。一二年に仮出所。一三年、東亜経済調査局付属研究所（いわゆる「大川塾」）を開設、法政大学大陸部長。日米開戦後、「大東亜」戦争の理論家として活躍。終戦後、A級戦犯容疑をかけられるが、精神障害により審理を外される。三二年死去。

大正時代より終戦期まで、大川は国家主義・超国家主義運動の中心に位置し、多くの著作をなした。日本史・日本人論としては、『日本文明史』（大正一〇年）、『日本及日本人の道』（同一五年）、『日本精神研究』（昭和二年）、『国史概論』（同四年）、『日本的言行』（同五年）、『国史読本』（同上）、『日本二千六百年史』（同一四年）などがある。アジア主義の著作として『印度に於ける国民運動の現状及びその由来』（大正五年）、『復興亜細亜の諸問題』（同一一年）、『亜細亜・欧羅巴・日本』（同一四年）、『亜細亜建設者』（昭和一六年）があるほか、太平洋戦争中には『米英東亜侵略史』（同一七年）、『大東亜秩序建設』（同一八年）、『新東洋精神』（同二〇年）を出した。

他方、宗教（学）関係の著作としては、『宗教の本質』（翻訳、大正三年）、『宗教原理講話』（同九年）、『人格的生活の原理』（同一五年）、『中庸新註』（昭和二年）、「印度思想概説」（同五年）、『回教概論』（同一七年）などがある。終戦後にも入院中に手掛けた『古蘭』訳註（同二五年）、『安楽の門』（同二七年）のほか、『宗教論』『マホメット伝』を遺稿として残した。

I　中高時代の思想傾向

右にあげた著作によってみれば、大川思想が成熟期を迎えるのは大正半ば頃より昭和戦中期にかけてであるとしてよい。ただし、たしかにこの時期に理論化・体系化が進められたということはあるが、その内容は、大学時代あるいはそれ以前にはすでに出揃っていた基本的傾向・精神的課題の継続ないし発展として捉えることができると考えている。それは、(1)人格主義を核とする宗教的求道心と学的探究心、(2)国士的人物への憧れ、すなわち国家主義および尚武的気質、(3)海外的な視野の広がり、の少なくとも三つを含んで展開するものであった。

此岸的人格宗教

まず(1)に関して、大川の中学高校時代にその芽生えをみよう。この時期に書かれたもろもろの文章中から見えるのは、彼岸的宗教としてのキリスト教に初めは両義的感情を抱いていた大川少年が、しだいに此岸的な倫理的宗教の方向に思いを定めていった過程である。大川は中学時代、煩悶に陥って、神の実在を信じて自分を救いたいという思いにしばしば駆られることがあった。だが「人生究竟ノ目的ハ人格ノ発展ニアリ」との人格主義の思想家の言に首肯する自分もあり、自力でなければならないという思いとのあいだで気持ちは揺れていたという(4)。この迷いを断ち切ることができたのは高校に入ってからであった。宗教とは彼岸の救いを与えるものでなく、「人をして其本来の真価値を自覚せしめ、以て其天分を尽さしめんとする」のが宗教なのだという理解にいたる。死後の天国や神による他力救済にではなく、「天の子」たる個人の聖性への確信と「天工への参与」という聖業に不断に邁進することのなかに、宗教的「安心」は求められるべきとするものであった(5)。

彼岸的宗教からの離脱に大いに関わったと考えられるのは、中学時代に親交したカトリック神父への反発であった。大川は神信仰には惹かれつつも、来世救済を主として現実の富貴貴賤の不平等を無視するような考え方、現世的思考を捨てすべて神意に委ねよという神父の教えにはつよく反発したという。社会主義への関心が中学時代に始まっているが、来世的キリスト教を補うものとしてであったろう。宗教の此岸的理解に落ち着いた高校時代には、宗教と社会主義とはこう調和的に整理された。人に本来の価値を自覚させ天分を尽くさせようとする宗教の本務に対し、これを果たさせるための外的条件整備に資するのが社会主義である。人が人格的に開花されていく、その機会は平等に与えられねばならないところ、これを補佐するのが社会主義だと。

大川はこうして彼岸的宗教から離れたが、ただこの時点でキリスト教に見切りをつけたわけではない。日本人プロテスタントのキリスト教、ことに此岸的な人格主義的キリスト教を模索する人々には好感をもち、キリスト教社会主義にも関心を向けている。五校時代には地元の組合系教会に通い、学校でも徳富蘆花はじめキリスト教徒の師友たちと親交を深めた。大川がカトリックからプロテスタントに移った要因には、右に加えて、儀式外形的な宗教に対する反発があったこともあった。また彼には、キリスト教の非合理的教義に関する悩みや、(6)教会組織の党派的側面に対する嫌悪感も強くあったようであるが、これらも非正統派（組合系教会）の人々に引き付けられる理由となったであろう。

このように大川は、此岸的、脱党派的、儀式でなく内面を重視し、「天工への参与」にその本務と救いとを見出す宗教理想にたどり着いた。その社会主義的関心との並存や倫理的な傾斜が注目されるが、それは大川特有のものというよりはキリスト教社会主義の考え方であり、あるいは当代の宗教的教養主義・人格主義の思想が流布した考え方であった。日露戦後の教養層が親しんだ知的思想的傾向に大川が早くから接していたことはその読書記録より知られる。(7)中学時代より『平民新聞』を購読し、『太陽』や『丁酉倫理会倫理講演集』などを友人から借り受けて読んでいた。『丁酉倫理会倫理講演集』は時事的に展開される宗教的倫理的な記事に充実し、『太陽』は総合雑誌だがやはり宗教倫理関係の記事に定評があって、「多少の感化」を受けたという姉崎の宗教必要論もここで読んでいる。(8)『万朝報』も好んで読み、同紙に掲載された黒岩周六の自力救済論に感じるところあったと日記に記されている。黒岩は汎神論的哲学を奉じた非正統派のクリスチャンである。大川がたどり着いた前述の宗教観は、黒岩の哲学や姉崎の宗教論に重なっている。中央思想界における諸家らの動向に、地方にありながら触れることのできた教養世代の初めに大川は属していた。姉崎には大学で師事することになるが、姉崎宗教学の価値的傾向を入学前にすでに了得していた大川にとって、大学での学業はそれまでの精神生活の自然な延長と感じられるものであったにちがいない。

国士への憧憬と対外的関心

つぎに基本傾向の(2)国士的人物への憧れと国家主義や尚武心にかかわる特徴についてみておく。大川の郷里が西郷崇拝の地であって、幼時よりその生涯と人物像に親炙していたこと、五高時代に加わった横井小楠への傾倒がこれに大いに与っている。(9)

一〇代の頃に書いたとされる「羅馬の名将レギュラス」論は、強固な信義の尊さと祖国のために命を犠牲にした勇者を称えるものだが、大川はレギュラスに、国家の意思に背きながらも自ら信じる愛国行動を貫く理想の英雄像をみようとしているように思える。その要旨は、カルタゴとの戦争において獄中に投じられたレギュラスが、和平交渉団とともにローマに送られ、ローマもこれを受け入れようとするが、戦争継続による母国勝利を信じたレギュラスはこれを決裂させ、自らはカルタゴにもどり惨殺される。けっきょくこれを知ったローマ人らは勇気百倍してカルタゴを一挙に滅亡させたというものである。(10)国を想う英雄への憧憬と大川の信じる勇気の徳はまた、このような戦闘主義的な局面と切り離せないものであった。

さいごに基本傾向の(3)すなわち海外への関心であるが、これは当時のほとんどの日本人に共有されたものとまずはしておく必要がある。だがとりわけ大川の世代は、日本が国際舞台に登場した日清・日露戦争とそれに続く時代を青少年期に経験した上げ潮世代である。そしてこれはそのあと大川のごとき将来有望の若者においては、国家と自身の成長とを重ねつつ、日本の帝国主義的進展を当然視していくなかにより大きく育てられていく。ただし中高時代の大川には、この世代が共通してもったある種の感興のようなもの以上にこれをはっきりとみることはまだできない。この時期の大川は煩悶の解決や宗教的疑問といった主観的課題を主にしていたために、たとえば横井小楠への敬愛にしてもまずその内面的・道徳的な修養論にその影響の第一をみるのであって、小楠あるいは南洲のアジア主義的主張に重きを置いた傾倒がみられるようになるのはもうすこし後になってからになるのである。

以上を要するに、大川の中高時代をもっとも特徴づけていたのは、宗教や人格形成をめぐる課題の成熟と人格主義的宗教観の受容（基本傾向(1)）であった。(3)は十分には展開されておらず思想的素地としてのみ認められるのであり、(2)の国家主義および尚武主義（武力容認論）についてはそれよりは顕在的であったものの、(1)の宗教的問題こそがこの段階における大川の精神課題に直結して重要であったとできる。この問題についていっそうの思索や見解を深めることを期して大川は大学に進学する。

2　宗教学徒として

明治四〇年、東大に入学した大川は、「真実の宗教を求めるため」、哲学科で宗教学を学ぶことにした。宗教学講座は姉崎を主任として同三八年に設置されたばかりである。大川は印度哲学の研究を専攻したように言われることがあるが、その在学時、宗教学の必修科目には「宗教学・宗教史」、「印度哲学」、選択必修科目には「梵語学」が含まれ、カリキュラムとして大川は印度哲学や梵語を学んだのであった。[11] 講座では姉崎がウパニシャッドやギーターを講義したこともあったが、大川入学の前年に、欧州より帰国した高楠順次郎が梵語とパーリ語の担当に加え、インド哲学の専門内容を担当するようになったため、大川はそれらをもっぱら高楠の下で学ぶことになった。

なお大川入学の年度は姉崎が海外にあった。その間、大川は高楠の講義や波多野精一のキリスト教講義のほか、姉崎によるはずの「宗教学概論」は、これを代講した加藤玄智による講義を受けたはずである。翌年、姉崎は帰国し、宗教学講座は以降は姉崎・波多野・加藤の三人体制となる。ただし大川は肺結核にかかり二年次の途中より伊豆大島で療養生活を送ったため、この年の受講はままならなかった。[12] 大川は四年をかけて大学を卒業する。

東大時代について大川は、肺結核を患ったことで、「自分を救はねばならぬ内面的欲求に促されて哲学宗教に没頭し、

大川在学４年間の宗教学科講義（ただし予定として前もって知らされたもの）

○明治40年――加藤玄智（宗教学概論），波多野精一（原始基督教），村上専精（印度仏教発達史（大乗仏教）），高楠順次郎（印度哲学史（ウパニシャッド時代以降），印度哲学史（吠陀時代）），ケーベル（Philosophy and History of Christianity）
○明治41年――姉崎正治（仏教，宗教史演習，近代之宗教問題），加藤（宗教学概論，智信関係論），波多野（宗教哲学演習），高楠（梵語学，巴利語，印度哲学史（ウパニシャッド時代以降），印度文学史（吠陀時代）），村上（支那仏教史），前田慧雲（天台発達史（日本仏教の淵源）），ケーベル（Mysticism and Occultism in the 19th Cent.），常盤大定（仏典の攻究）
○明治42年――姉崎（宗教史概論，宗教哲学，宗教学演習），加藤（宗教学），波多野（宗教学演習（テツアルタメンツェル哲学読本を用ふ）），村上（支那仏教史（隋唐以後）），前田（浄土教義），常盤（仏典の攻究），堀謙徳（仏教地理）
○明治43年――姉崎（宗教学及宗教史概論，神人の信仰，演習），加藤（神道研究），波多野（宗教哲学演習），村上（日本仏教史），前田（仏教諸宗の差別点と共通点），常盤（仏典の攻究），堀（西域記解説）

※大学での勉学は学科の定める必修科目に沿って行われた．宗教学の必修科目は，「宗教学・宗教史」（３）・「印度哲学」（１）・「心理学」（１）・「論理及認識論」（１）・「社会学」と「純正哲学」のうち一科目（１）・「哲学概論」と「西洋哲学史」と「東洋哲学史」のうち二科目（２）・「倫理学」と「梵語学」のうち一科目（１）であった（括弧内の数字は単位数）（藤井健志「東京大学宗教学科年譜資料（明治時代）」田丸徳善編『日本の宗教学説』東京大学宗教学研究室，1982年，24-34頁）

大学では三年の間宗教の研究に日も惟れ足りな」いほど熱心に打ち込んだ、と戦後著した宗教的自伝『安楽の門』（以下『安楽』）で振り返っている。[13] 大学で受けた講義の印象については、姉崎から「根本仏教」、高楠から「印度哲学」を学んだほか、波多野の「基督教の起源」に宗教的感銘を受け、ケーベルや前田慧雲からは人格的薫陶を受けたと述べている。当時「恩師」と呼んでいた加藤玄智の名はここには漏れている。加藤は大川在学中は宗教学概論を主に担当し、大川の卒業年度（四三年度）には「神道研究」を開講した。また同じくそこには記されていないが、やはり四三年に単年度開講された「泰東巧芸史」の担当・岡倉天心から大川は大きな影響を受けており、特記される。

在学中、大川は、のちに著名な仏教学者や宗教学者となる椎尾弁匡、宇井伯寿、宇野円空らとともに学んだ。大川自身は大学には残らなかったが、以後にわたり宗教学関係の著作を複数なしている。中国思想（儒教、老荘思想）、印度哲学（仏教とそれ以前）、イスラームについての独立した著述もなしていった。

大川の宗教学的著述は、ヨーロッパ宗教哲学・宗教思想の新潮流に根ざした姉崎門下の典型的なそれであって、内容に特段のオリジナリティが認められるわけではない。だがそうした素養こそが、のちに展開される大川の政治倫理的理想の、他の右翼的改造主義や絶対的天皇主義とは異なる発想の原点をなしたと考えられる。そこで以下四点にわたって、大川の著述中より言葉を拾いながら、この時期に彼が培った宗教学的思考法や諸宗教理解の特質について確認しておくことにしよう。

敬虔と神人合一の普遍的宗教

当時の哲学や宗教学の学問は、西洋のそれの紹介や祖述が中心で、とくにドイツの学問が重んじられた。大川も宗敬に近い念を抱いてこれらの書物を繙いたという。西洋の宗教哲学のうち大川が最も多く学んだのはシュライエルマッヘルであり、宗教学ではマクス・ミュラーであった。カントやヘーゲルの宗教論も学んだが、シュライエルマッヘルが「絶対帰依の感情」に宗教をみる点に納得し、そして惹かれたという。マクス・ミュラーは比較言語学、比較神話学、比較宗教学の創始者である。大川が印度哲学を学んだ高楠とは師弟関係にあった。

大川が自著で展開した宗教論は、その基本的性格においてシュライエルマッヘルの宗教哲学により導かれている。大川によればシュライエルマッヘルの中心思想は、「個人の宗教的経験」に重きを置き、宗教を「神に対する敬虔なる感情（フレムミヒカイト）」より成立するものとなした点にある。宗教とは「有限者の無限者との一致の感情」、神への「絶体《ママ》的なる信頼の感情」であるとして、宗教を知識や行為といった客観的事実から独立させた。ここから普遍的宗教性なる考え方も引き出された。教理や儀式は変化するが、絶対的信頼の感情は不変であり、されば「一切の宗教は、其の纏へる衣裳の千差万別なるに拘はらず、共に普遍なる根柢の上に立つ」ことになる。またこの考えにしたがえば宗教研究とは、信仰崇拝の対象の研究ではなくて、宗教的人格そのものの研究、その宗教的感情の起源および発達の研究ということになろう(14)。

こうした宗教理解（感情重視の宗教観、普遍的宗教性なる考え方、崇拝対象から崇拝する人格への視点移動など）はシュライエルマッヘルに依拠するものであるが、それはそのまま姉崎が『宗教学概論』で講じた内容でもあった。

大川は、姉崎における神人合一的神観や自我実現的な宗教理想についても全面的に合していたようだ。当時、日本教会の機関誌に寄せた論文で大川は、「宗教とは神人合一の要求及び之に伴ふ一切の精神現象及び之に伴ふ一切の社会現象の総括なり……一切の宗教生活の中心点は神人合一の要求に在り」と論じた(15)。その字句表現も含めて『宗教学概論』や『復活の曙光』等における姉崎宗教論の祖述である。「吾等の神」は「宇宙に内在して、天地人を貫く精神」であり、信仰（人が神を呼ぶこと）と恩寵（神が人に応えること）とからなる「神人不断の呼応」こそが「吾等の宗教的生活に於ける至極の一大事」だとする汎神論や神秘主義的宗教への支持がそこにはみられる(16)。「宗教」は「実在を自我の上に実現せんとする要求」に根ざしている、「吾等の安心」とは「自己の中に無限性を認め、その開発の疑なきに安んずる事」であるから、「神に至る唯一の道は、自己に忠実に活くる事」に他ならぬとするのは、自我実現的救済観の表明である(17)。

神人合一的な神秘主義を軸として、内在神との合一の法は「自己に忠実」（敬虔 sincerity、のち「誠」）に生きることだとし、安心立命はこの霊性的な自我実現（自己の無限性の開発）を確信をもって進めることの中にあるというのが、要するに大川の抱いていた宗教観であった。同じ考えは姉崎だけでなく、宗教学講座の姉崎—波多野—加藤の三教官に共通するものであった。大川が受容したのはただしく東大宗教学の共通了解事項に属するものであった。

自我実現主義による諸宗教解釈

大正三年刊行のウィルヘルム・ブッセットの訳書『宗教の本質』（Wilhelm Bousset, *Das Wesen der Religion*, 1903）の「序」で大川は、欧米人の宗教研究におけるキリスト教への偏り、東洋理解の欠乏を嘆いている。そして完全な宗教研究は、公平無私に東洋西洋を理解しうる日本人の手によってなされるべきだと述べている。こうした主張もまた、この序文で謝辞を捧げられている姉崎や加藤がつとに説いていたものであった。加藤は、キリスト教を到達点とする欧米人の宗教進化論を否定するためにティーレを援用した。大川ものちの著述でティーレをつかって同じ主張を展開したことがある。諸宗教に共通点あることを、彼ら日本人研究者が強く主張するのも、キリスト教優位論への疑義という同じ動機が絡んでいるとみてよい。いずれにせよ公平無私に世界の諸宗教を考察するという課題をよりよく担うことができるのは日本人だとの思いは、彼らに共通していた。

大川が在学中にもっとも熱を入れたのがこれまで親しんできたキリスト教ではなく、印度哲学であったことも、そうした考え方を踏まえてのものであったかもしれない。[18] もちろん彼を印度哲学研究に駆り立てた第一のものは、神秘主義的な宗教への好みであったろう。だが大川の宗教への関心が印度哲学のみに限定されていくわけではなく、こののち儒教論もなしていくし、キリスト教への興味も喪失していないことは押さえておく必要がある。むしろ重要なのは、自我実現主義をもっての普遍的、定型的解釈をいずれの宗教に対しても当て嵌めていこうとする、そうした態度が大川にあったことのほうである。[19]

印度哲学のなかでも、大川は、東洋宗教の神人同格教的な特徴を存分に表わしているとみられたウパニシャッド哲学を好んだ。神人同格的な宗教（神人合一教）は、自我実現倫理の宗教的な表出であって、ウパニシャッドの「梵我一如」はまさにこの点で彼をひきつけたのである。ヴァガバッド・ギーターとの出会いも大学時代と思われるが、そのアプローチの仕方には大川の志向性がよく示現されている。ギーターを肌身離さず持ち歩いたという大川が、好んで触れたのは、「仮令劣機ならんとも、己れの本然《ダルマ》を尽すは、巧に他の本然に倣ふに優る。己れの本然に死するは善い、他の本然に倣ふは畏れねばならぬ」（ルビ原文、大川訳）の一節であった。とくにそのなかの「本然」なる考え方は以後にわたって大川思想の核心をなすことになるものなのだが、この訳語には自我実現主義の大川流の読み込みがある。その原語“dharma”（法、教え、規範などを意味するダルマ）に師の高楠は「本務」の訳語を当てていたのだが（今日のギーター定訳でも「本務」や「義務」）、大川はそれに逆らい、オーロビンド・ゴーシュの英訳“Law of one's own being”[20]にしたがい、これに「本然」の語を探しあて、独自に訳し換えているのである（「自己本来の面目」の直訳もある）。ここに込めた意味はのち大川のアジア主義や日本精神論において重要な展開をみせることになる。

大川は『回教概論』（昭和一七年）、『古蘭』（訳註、同二五年）などにより日本におけるイスラーム研究の草分けと見なされているが、その最初の論考はイスラーム神秘主義（スーフィズム）に関するものであった。[21] そこでは彼らは、「神を観るの直覚を有」し、無上の福楽は「人と神との神秘的合一」にあると考える人々であって、「人心は……質に於ては平等なり、そは神の心の一部にして竟には之に摂せらる、もの也。神は宇宙に遍在する霊にして……吾等と神との間に結ばれたる人格的約束に於て各自の分を尽す事のみが幸福を得る唯一の道なり。心霊の外には純然たる絶対の存在なし、……吾等神に在りて生くる如く、神は亦吾等の中に在り。……神と一なる時、こゝに無上の歓喜ありとする」信仰をもっていたと述べられていた。(22) そしてイスラーム神秘主義は「プラトー及新プラトー哲学を基礎とせる精神的基督教と同一の信仰を有」しているというのがその結論であった。

これらはほとんどマクス・ミュラーに拠って述べた内容であったが、ここでも右にみたのと同様、宗教の本質を神人合一に定めて、イスラームに神人同格教的な宗教観を当てはめるやり方がとられている。イスラームへの興味は、大川が政治的覚醒をはたした後にはイスラーム全般に拡大したため、このあと執筆されることになる『回教概論』には神秘主義は扱われていない。だが遺稿となった彼の『宗教論』では独立の章として「回教に於ける神秘主義」が立てられているなど、イスラームの神秘主義的側面への関心はさいごまで残っていたように思われる。(23)

昭和二年刊行の「中庸」注釈書（『中庸新註』）によって大川の儒教理解についても確認しておく。そこでは中庸の基本概念たる「天命」と「性」について、「天命」は「人間の衷なる天」でカントのいわゆる「吾等の衷なる神（Gott in uns）」のことであり、「性」は人間精神中に働く統一的生命のこと、自分たちの言葉で自我とも人格ともいっているものだと述べている。つまりは中庸も、吾等の人格は吾等の衷なる天の具体的発現であること、道徳はこの本性にしたがって行動することに他ならないことを教えているのだとした。(24)

後述のように神道論においても、同様の人格主義的趣向をみることになろう。

古典にもとづく理念的宗教の追求

大川の宗教的興味はキリスト教、印度哲学、イスラーム、儒教、神道その他に及ぶ幅広いものであったが、その理解は、神人合一を本旨とする自我実現の理想をすべての宗教中に見出そうとする定型的なものであった。この意味では純粋学問的というより理想主義的な局面に彼の宗教理解の特徴があって、これは大川が研究者であると同時に実践的関心をもった求道者であったことと大いに関わる。ただし求道者といっても大川の場合には、机上で理想的に把握された宗教への原理的な憧れを主にした、文献の上にたつ教養主義的求道者であったと言わねばならない（しかしここにいう文献は原典ないしそれに近いものであったから、テクスト主義的ないし古典主義的求道者とするのが適当かもしれない）。このことは彼の宗教的生活が、特定既存の党派的教団にはかかわらないという態度で貫かれていたことと相関的であった。

既成教団に制約されない自由な求道は、宗教文献への自在なアクセスが可能にするものであったが、大川にはとくに古典を重んじる古典主義的態度があった。大川に印度哲学と梵語を教えた高楠とその仏教学的スタンスからの影響がそこにはあったように思われる。高楠は欧州留学中、マクス・ミュラーに学んだインド仏教の研究者で、大正新脩大蔵経の編纂でも知られる日本仏教学の草分けである。高楠の大正新脩大蔵経には、インド中心の視点、テキストにもとづくことによる統一的な仏教の理念、仏教の全展開を視野に収めた世界史のなかでの仏教という見方、という三つの特徴があったという。[25]このうちいくつかは姉崎正治の「根本仏教」論や村上専精の「統一仏教」論にも分け持たれているが、それも結局この時代の近代仏教学が確立した原理主義的スタンスに導かれたものとできる。仏教に魅せられた大川がこれをもっぱらインド哲学として見て、諸派分立する現実の日本仏教界との接触を持たなかったこと（原点たるインド中心主義と、その派生にすぎない日本宗派仏教を忌避する）もここよりよく理解される。大川はこの仏教「学」的態度の正統な継承者であり、起源たるインドを原点とし理想とする理念的仏教の追求者、「仏教学的求道者」であったとできるだろう。

大川は、仏教以外の諸宗教にアプローチするときにも、この原理主義的—古典主義的スタンスを崩すことはなかった。彼が関心を向けた諸宗教のうち、基本聖典の邦訳が存在せず、原文での読解が自分でもかなわなかったのはイスラームのコーラン（アラビア語）であった。だがこれへの取り組みを断念することはなく、かわりに諸外国語の翻訳を相互参照して原典への近接を試みる。そしてそれが日本初のコーラン全訳『古蘭』となるのである。

大川は大学卒業の直後、明治末年にいわゆる「日本への回帰」をはたしたとされる。明治天皇崩御と乃木大将の殉死、取り組んでいた天皇列伝の執筆が時期的に重なって、日本人としてのアイデンティティを呼び覚まされたものである。これを機に大川は「日本」への思索を深め、それをもとに独自の日本論・日本人論をなしていくことになる。ここでは大学時代に遡って、大川の日本論・日本人論の下地を形成したと考えられる岡倉天心からの影響、ならびに加藤玄智からの影響の可能性について考えてみたい。

「日本」のアイデンティティにかかわって

管見のかぎり、先述の訳本中に加藤を「恩師」と呼んでいる以外、大川が加藤について言及したものはない。大川が加藤から受けた影響の大小有無については本人の証言がないわけだが、大川在学中の加藤の動向をみればこうであった。大川が宗教学科に入ってから右の訳書刊行にいたるまでの期間に、加藤が大学で行った講義としては、姉崎の代講で担当した「宗教学概論」のほか、明治四三年より開始された神道関連の講義がある。「宗教学概論」はおもにティーレの枠組を用いたものだったと想像されるが、それを吸収してか、大川の宗教論にもティーレの援用がある。注目したいのは神道の講義についてであろう。ちょうど大川の入学前後は、加藤が宗教学分野で初めての神道研究者として歩み始めた時期にあたっている。明治四一年の天御中主神論を皮切りに神道論文を発表しはじめ、四五年に『我建国思想の本義』、大正元年に『神人乃木将軍』をそれぞれ刊行、「神道の科学的新研究」の機関として明治聖徳記念学会を創立している（大正元年）。

大川が加藤の「神道研究」を受講したかどうかは不明だが、その神道研究草創期の口吻に接することはあっただろう。『宗教の本質』刊行の斡旋の労をとったのは加藤であったというから、卒業後もすくなくともその相談のための往来はあったはずである。大川は乃木殉死に大きな感化を受けており、加藤も同様であったから、この一事についても加藤とのあいだに感想の交換程度のものがあったかもしれない。大川が『列聖伝』執筆のため記紀を繙き始めたのはこれと時期的に重なるが、加藤から得た神道知識が記紀読解への熱意の呼び水になったかもしれない。

この期間の日記を欠くこと、後年の自伝にも詳しくないことは惜しいが、『列聖伝』との関係をはじめ、加藤が神道に即して「日本の固有思想」を模索していたこと、あくまで宗教として神道をみたこと（神人宗教として）、神皇信仰をその核としたことなどが、大川の思想形成にどの程度関係があったかは今後明らかにしたいことのひとつである。大川の宗教的「忠孝」観は他の超国家主義者や右翼思想家のあいだにあって珍しかったとの指摘がある。[26] 二人のあいだには強調点の違いも認められるものの、人格主義宗教という共通の土台のうえに、両者の宗教論には違いに勝る親近性があった。

このほか大学時代に大川が触れ、アジアと日本をめぐる思索において後年にわたり参照し続けることになる岡倉天心からの影響はいっそう重要である。明治四三年、文科大学で「泰東巧芸史」を講じた天心は、それ以前の、すでに明治三六年に「東洋の理想」（原題 "The Ideals of the East with Special Reference to the Art of Japan"）、翌三七年に「日本の覚醒」（原題 "The Awakening of Japan"）の著作があり、名声高かった。大川はこれを読んでおり、「アジアは一つである。」の名高い一文で始まる前者の邦訳出版さえ試みていたらしい。[27]

天心のアジア主義は、植民地下インドの現状を目の当たりにし、インドの哲人スワーミ・ヴィヴェカーナンダ（一八六三―一九〇二）の精神に触発されて一気に開花されたものである。ヴィヴェカーナンダはラーマクリシュナの弟子で、ヒンドゥー教代表として参加したシカゴの万国宗教大会の演説で一躍世界にその名を知られることになった人物である。大会参加の途次には日本に寄ってそこにインド霊性の伝播をみ、大会後は欧米を外遊した。ヴェーダーンタ哲学の不二一元論を主にした哲学的ヨーガと、あらゆる宗教に共通の要素を認める霊性思想（普遍宗教の理想）とをもって、諸宗教の協調を世界にむかって説いた。

万国宗教大会に臨んだ日本人宗教家らがその帰国後、日本を宗教総合の地とする主張を述べ始めたことはすでにみたとおりである。姉崎ら宗教学草創世代にそれは継がれて宗教学の学問内容にも反映されていくのだが、天心は直接ヴィヴェカーナンダに接して同様の主張を展開していた。ただし天心の場合はこれをアジアに比重をおいて説き、また中国やインドだけでなくアラブやペルシャ（イスラーム、ゾロアスター教）までを視野に収めているという特徴がある。そうして日本がアジアの精神文明の一大貯蔵地であり、よく外来思想を咀嚼し活かしてきたとの総合アジア的日本論を専門の美術史を主にして説き、近代的強国の地位に至りつきながら依然「アジアの魂を忠実に保持」している日本は、「アジア的特性を一きわ明瞭に実現する」特別の使命をもつ、それこそ「日本の大いなる特権であ」ると主張したのだった。(28)

総合宗教的日本論およびこれと不可分の日本特権論は、姉崎門下の大川には馴染みのものであったが、西洋との対抗図式をもって「西に対する東のアンチテーゼ」(29)を高調する天心のアジア主義は、宗教学のそれとは異なるニュアンスとメッセージを含んでいた。西洋の白禍に対しアジアは剣をもって戦わねばならないという考え方はそのひとつである。対立的なアジア対西洋という視点や尚武心の発揚において、天心思想は大川をひきつける独自の魅力があった。(30)またこれ以外にも、東洋の復興は内なる方針によって進められねばならないとか、アジア美術には精神と形式の一致があるなど、のちの大川のアジア主義の思索の軸になっていくようなアイディアを天心思想は有していた。

明治四四年、大川は卒業論文「龍樹研究序論」を書いて大学を終えた。本文は未発見だが、その主題は「龍樹菩薩論」であったと伝えられる。テーマに選んだのが菩薩論であった点、仏教諸派思想の統合者たる龍樹を扱ったという点は、中高時代より伏在していた社会救済的（大乗的）な志向であるとか、龍樹のなかにある諸思想を体系づける総合性への関心などが窺え、興味深い。

さて以上を要するに、大川はまず、その説かれるところに忠実な初期宗教学の正統の一学徒であったというのが結論のひとつである。彼がこの時代に培ったのは、人格主義倫理を神秘主義の理想にまで高めた宗教観であり、敬虔の情を中心に普遍的宗教を奉じる態度であり、日本人による宗教ないし精神文明総合の使命論をあわせて含むものであった。これらは基本的には、冒頭に述べた中高時代からの思想傾向⑴の延長上にあるが、⑵や⑶にも接続する新たな思索がこの時期現れ始めたことも確認できた。宗教学という原点は、これ以後も生涯をつうじて大川の思考様式を規定していくことになる。

3　道会と政治的覚醒

当時、大学のキャンパスにも大川の住居にも近いところに、海老名弾正の主宰する本郷教会（組合派）があった。海老名は、大川が五高時代に通った草場町教会の牧師も務めたことがある熊本バンド出身のクリスチャンである。大学時代の大川がここに出入りしても不思議はない関係だが、そうした記録はない。大川が近づいたのは松村介石の日本教会（以下、「道会」に統一）であった。大川が道会を選んだのは、彼がよきキリスト教徒になることではなく宗教学的求道者（諸宗教に共通性を見出す）となる道を行ったことと関係がある。「キリスト教より出て老荘、孔孟・陽明などの儒学の思想を取り入れた」道会は、「特定の教派に属せず……古今東西の万人に通用する宗教」を標榜する団体であった(31)。

松村の宗教に向かう態度は、大川自身のそれに近似していた。大川は中学時代にすでに松村の著作に接しているが、このときの松村は、牧師でありながら儒教的教養をとりいれた信仰様式を追求していた。やがて宗教的党派主義への反対と、宗教の普遍性を掲げるようになっていった松村と道会に、超宗派的宗教、純宗教の実践を求め始めた大川がひき寄せられることになったのはごく自然であった。ほかにも松村は、かつて社会運動に関係した経験があったり、多方面の人脈と多数の著作を有するなど大川を惹きつけるものをもっていた。

大川は、明治四三年七月一〇日の第七回入会式において道会に正式入会している。このときの道会は、まだ日本「教会」を名乗ってはいたものの、キリスト教的臭味が徐々に抜けていく過程にあった。入会式も第三回以降は洗礼式をやめ、宣誓署名するだけの式となっていた。大川は日曜ごとに松村の説教を聴き、会内ではすぐに頭角を現した。その宗教的知識が評価されて教学の中心に用いられ、青年幹部として盛んに執筆・講演活動をおこない、『道』誌の編集も引き受けるようになった。やがて道会の将来を担うリーダーと目されるようになっていく。

大川にとって大学での勉学は、従前よりの教養的人格主義的求道心（思想傾向(1)）を学問的に充実完成させるものであったといえるが、これに対して道会はそれを実践する場としてあった。また道会は、(2)の国士的活動・国家主義、(3)の海外への視野拡大といった点でも大川を刺激し、その具体的な歩みを開始させる場となった。大川にとっての道会の重要性はこれまでにも指摘がある。たとえば鈴木正節は、①道会時代は大川の二〇歳代・三〇歳代をほぼカヴァーしており、②ファシズム運動家としての出発点が道会時代にあり、③後年の組織法、運動のスタイルなどを道会に学んでいるほか、主要な人脈の形成が道会でなされたことなどによって、政治運動家としての大川の出発点を道会にみている。また大塚健洋は大川思想の信仰的側面を道会に結びつけて述べている。(32)

道会時代の大川（前列右＝大川，後列左から２人目＝松村）（原田幸吉『大川周明博士の生涯』大川周明顕彰会，1999年，巻頭頁）

以下では前章に述べた道会—松村介石論をふまえつつ、鈴木や大塚の指摘する政治的活動、宗教的影響に関わる両面について、大川の道会との関わりについて三項に分けて述べていきたい。そこに明らかにされるのは、大川における従来からの宗教的傾向(1)が、政治的方向としての(2)や(3)へより明確に連結、発展されていく過程である。

「宗教的生活」から「人格的生活」へ

道会で大川は、「終生忘れ難き」人格的感化を受けた押川方義（一八五二—一九二八）に出会った。横浜バンド出身で、東北学院（仙台）の創立者でもある押川は、明治二四、五年の内村鑑三不敬事件では内村を弁護して井上哲次郎の非難を受けたこともある、名声あるクリスチャンであった。だが大川が出会ったころの押川は、「決して所謂クリスチャンではなかった」。押川は「最早謂はゆる宗教家でなく、また……事業家でもなく、実に一個の国士として世に立」つ人物であった。だがだからといって偏狭な国粋主義者の類になったわけではない。「天に禱りて涕涙双頬に流れ、嗚咽禁ぜざる」押川に、大川は「真個の信神者」の姿を見、深刻な感動を覚えている。「わが信ずるは宗教其物で宗派ではないとは、私が幾度か先生から聴いた言葉である」。押川は、その人格の偉大なる器に雄渾なる宗教的信仰を充たし、接するたびにその気魄に打たれる、直接純粋に絶対者に感応する「宗教其者」の信仰者として大川の前に現れたのだった。(33)

大川は押川のなかに、神学や儀礼を介さず、宗派を超えて、「神人合一、これが宗教の全部である」とする信仰を捉えている。「先生は斯う言はれた――『自分は基督教徒でもあり、仏教徒でもある。同時に基督教徒でも仏教徒でもない。若しナザレのイエスや印度の仏陀が……汝は吾が弟子であるかと問ふならば、吾は即座に然りと答へる。併し当代の牧師や僧侶に向っては、吾は汝等の徒でないと答へる外はない。……イエスの魂を見よ。わが欲するもの総て具備して其衷にある。仏陀の魂また同然である。わが宗教は区々たる信条や煩瑣な儀礼の中にあらず、唯だ無限と連なる生命……吾に流れ入りて、知性に発しては叡智となり、意志に発しては徳操となり、感情に発しては慈愛となる。無限と連なるが故に宗教的生活には善悪なく、美醜なく、大小なく、高下もない。それ故に宗教は大安心であり、無上安穏である』」。このような信仰観は「私にとりて耳新しいものでなかった」が、「私は其の言葉通りの信仰に生きて居る人間を確実闡明に目睹し得たのである」。「カントやヘーゲルの『描ける宗教』を書物で読むよりも、遥に深刻なる感動を、『活きたる宗教』ともいふべき押川先生に親炙することによって受けた」のであった。(34)

その眼にかなった人物は押川のほかに、八代六郎海軍大将と黒龍会の頭山満とがあった。彼らもまた「『宗派』の信者ではなく、直ちに『宗教』の人」であった。彼らと出会い、一神教を最上位にみる西欧宗教学の通念から脱し、多神教を迷信あるいは幼稚な信仰とする考えを捨てることができたと大川はいう。「私の親炙した偉大な人物が、諸神諸仏を一緒に拝んで何の矛盾をも意識せず、而も世の常の一神教信者よりも遥に立派な宗教的生活を営んで居るのを見」たからである。またこれまで宗教を哲学や道徳と混同していたこと、宗教をあまりに高遠なものと思い込んでいた誤りにも気づかされた。彼らが教えてくれたのは「人格の権威」であった。人格の尊厳の確立が「古今東西、一切の教の根柢」であると説く者は天下に満ちていたが、「身を以て之を立証してくれる人は滅多にな」かった。そこに身をもって「人格の権威を明示した希有の実例」こそ彼らであった。人格の確立に崇拝対象の如何は問題ではない、その器に盛られるのが高遠な宗教である必要もない。その信仰は「唯だ一心天に通ずるを旨と」するものであった。[35]

また彼らは、「宗教家でも……事業家でもなく……一個の国士として世に立つ」のが「真の宗教者」だということを教えてくれた。当初、大川が道会に期待したのは、ドイツ敬虔主義のルター派牧師J・P・シュペーナーの霊性運動がなしたごとくに、新時代の宗教界の隆興に携わることであった。[36]だが彼らと出会ってから、宗教的生活は宗教のなかに行われなければならないというわけではない、祈禱や断食や礼拝のなかに宗教的生活があるわけではないことを悟る。「真の宗教者」たる人の「人格的生活」は世俗（国家、社会）の只中に「国士」として生きることである。押川らへの心酔は大川にとって、信仰の模範としてのイエスや仏陀への敬仰に他ならなかったが、ただしそれは国家主義者・政治活動家化したイエスであり仏陀であった。

大川の宗教理想は、宗教内に生きる「宗教的生活」から、信仰を保ちつつ国家・社会の中に生きる「人格的生活」へと力点を移していく。のちの大正一四年に、大川は自身の信条を定式化した「人格的生活の原則」なるものを発表するが、[37]そこでは「宗教的生活」（敬天）は、「人格的生活」なる大きな括りのなかにその一面として包摂されることになるのである。

道会信条と「人格的生活の原則」

「人格的生活の原則」は克己・愛人・敬天の三原則を内容とし、それらを貫くものとして「誠」を説くものである。[38]三原則はそれぞれ、天地人に対して生来的に人間がもつとされる羞恥・愛隣・敬畏の感情によって基礎づけられた。一九世紀ロシアの宗教哲学者ウラジーミル・ソロヴィヨフの道徳論（『善の基礎付け』）を取り入れながら、その大枠は、敬天・愛人・克己の道を説いた『南洲翁遺訓』をもとにしたものであった。[39]その全体中に息づくのは、敬愛する西郷と

「導師」押川において認めた、「天に通ずる心」（誠）をただ持して、一個の国士として世に立つ理想である。「人格的生活の原則」には、道会信条に重なる部分もある。このことをもってたとえば大塚は、道会の信仰が大川思想の根幹を形成したとし、大川は松村の思想的後継者であったと論じている[40]。だが二つを比べるときにはその相違点の方にも注意が引かれる。道会は前章に述べたように、信神・修徳・愛隣・永生の四箇条を掲げていた。信神は大川の「敬天」に、愛隣は「愛人」に、修徳は「克己」に内容的に対応している。人格的生活を貫く原理とされた「誠」も、松村がいう「シンセリチー（誠意正心）」や「事天の一途」に通じている。だが道会信条のうちもっとも彼岸的要素の強い「永生」（「霊魂の不死[41]」）は、大川によって説かれることはなかった。

「神を求める事は、自己に具はれる者を開発して行く事」に他ならず、だからこの信神における「安心」は、「自己の中に無限性を認め、その開発の疑なきに安んずる事」のなかにあるとする此岸的救済観を大川はもっていた[42]。霊魂不滅を前提とした「永生」が道会で強調されることがあっても、この考え方は変わらなかった。大川にとって、「霊魂の不滅と霊界の存在とを否定する能はず」とする道会の永生観は、キリスト教的彼岸主義の残滓と考えられたであろう。超越的有神論の信念が残っていた松村に対し、大川では汎神論的傾向が強かった。「神飛六合中」（大川や松村も好んだ横井小楠の漢詩の一節）こそ大川を支える世界観であった。

日本回帰とアジアへの開眼——大川の政治化

大川は卒業後は道会に所属しつつ、在俗の教養主義的求道者としてしばらく過ごしたが、この間に彼は「日本への回帰」を果たしていった。

それまで大川は自国のことにはほとんど興味を持たなかった。だが明治四五年春に、松村から歴代天皇の伝記の編集（『列聖伝』）を依頼され、記紀をはじめ数々の歴史書を繙くうち日本史に対する関心が高まっていったという。明治天皇崩御と乃木大将殉死という一事も重なった。この報に接して大川は、「物心つきて此かた嘗て知らざりし複雑なる精神生活の動揺を惹起され、益々私をして大和民族の史的研究に没頭せしめ」たと述べている（友人に宛てた手紙[43]）。二年以上をかけて『列聖伝』を完成させた時には、日本人としてのアイデンティティーを強烈に自覚するようになっていた。

このころ大川は、世界諸文明を同化包摂して日本文明を完成させようとする一文を書いているが（大正二年「日本文明の意義及び価値」）、これも万世一系の皇室に関説せられることになった。日本を世界の諸思想・諸文明の貯蔵庫たらしめるのは、世界に比類なき皇統の連綿と、他の征服を受けざる自尊と、島国という好立地が重なっているからだというものだ。[44]この一文は岡倉天心に多くを負っているものの、東洋の一如を超えて世界文明の統一に進む点（宗教学の最終理想、道会での実践）、文中に記紀神話への講釈を多く挿入する点（列聖伝編纂に伴う学習）などは、天心の「東洋の理想」にはなかった点であった。

アジアへの開眼も、大川が道会時代に果たした政治的覚醒のうちに数え上げられる。大正二年の夏に英国植民地下インドの現状を知って衝撃を受けた大川は、他のアジア諸国にも注意を向け、ヨーロッパ植民政策の研究を開始する。インド人革命家とも接触する。第一次世界大戦への日本の参戦以降、大川のアジア主義は世界における日本の位置をみやりつつ、白人に抵抗するためのアジアとの提携として具体的に構想されるようになった。日本人には世界文明の完成に対する責任があるだけでなく、アジアの盟主という政治的使命を担っていると大川は考えるようになる。大正六年結成の全亜細亜会は、アジアでの欧州人の横暴に対して日本が盟主として全アジアを統合指導する「全亜細亜主義」を唱えた。この会は押川が設立したが、その代表者におさまったのは大川である。[45]大川のアジア主義における最初の歩みにも道会の人脈が関わっていた。

大川の政治化が促されていく背景には道会自体の政治化があった。もともと社会改良運動に関心の強かった松村は道会でも「愛隣」を掲げたが、会全体として政治化しはじめたのは明治四五年終わり頃からである。さらに大正三年四月に第二次大隈内閣が成立すると、大隈重信をはじめ法相の尾崎行雄、海相の八代六郎、衆議院議長の島田三郎らが道会の後援者であったために、道会の政治化傾向はいっそう顕著になった。大川もこの影響をまともに受け、[46]翌四年三月に大隈の勧めで押川が衆議院議員選挙に立候補したときには、その立候補宣言の起草の手伝いもしている。大隈は大正デモクラシーの活発化する前夜の時期にあって、対華二一カ条の要求や満蒙独立運動など領土拡張政策をとった。この大隈らとの連携が、押川―大川における政治的な方向性（とりわけ大陸政策における）に大きく影響していることは見逃せない。膨張主義は大川において以後一貫する根本路線となり、彼の唱えたアジア主義や日本精神論にあっても大前提として組み込まれていくことになる。

4 アジア主義と日本精神論――「本然の性」の実現

さてここまではおおよそ時間軸に沿って大川の思索の跡をたどってきた。政治化をはたした大川はこのあともアジア主義を唱え、日本研究の成果として日本精神論を発表していくことになるが、つぎにはこれらを、しだいに明らかになっていった以下のような大川思想の構造的特徴に注目しながらみていくことにしたい。

その特徴の第一は、彼の思考範囲が拡大される際、個人人格における自我実現の理想として唱えられてきた〝本然の性の実現〟という規範が、国家民族の領域に持ち込まれていく点である。国家民族レベルにおける本然の性の実現というアイディアは、大川のアジア復興論や国家改造論の中心理念に据えられていった。似た考え方をする者は他にもあったが、ここではこれを、大川自身の用語にもとづいて民族的本然論と呼ぶことにする。

そしてこの際、国家や民族の「本然」なるものが、当該国家なり民族なりの宗教や精神伝統のなかに探られていく精神文化優位主義がやはり見受けられる。これが第二の点である。アジア復興や日本国家改造は、インド精神や中国精神やあるいは日本精神の教えるところに従い行うべきとの指針がとられる。各精神伝統を描出するにあたっても、大川の宗教理想を演繹的に当てはめていくやり方が踏襲される。そこでここでもやはり他の分析とともに、大川が当てはめようとした宗教的精神の理想規準がどのようなものであったかという点の解明が、そのアジア主義や日本論に関する考察の一角を占めることとなる。大川が学生時代にもっていた宗教的理想についてはすでに述べたが、アジア主義の唱道以降にはこれに若干の新しい点が加わるので、それについて明らかにしたい。

従前より大川にあった文明総合の理想も政治化されていった。そこにあった総合者としての日本人の使命役割が、現実的な対外政策に転化されていった点に、第三に目を向けたい。宗教間文明間の交渉とか同化摂取といったテーマが、国家間民族間の関係論に置き換えられ、日本文明の他文明に対する優位は、そのまま日本国家の政治的優位をいうものへと展開されていく。大川のアジア復興論および国家改造論について、以上の三つに焦点を置いて述べていこう。

アジアの本然――大乗宗教と聖戦論

東亜経済調査局に勤務しながら刊行した『復興亜細亜の諸問題』(大正一一年初版)[47]は、日本青年に絶大な感銘を与え、アジア主義の古典と称されるようになった大川の主著のひとつである。同書で大川は、インドの悲惨、アジア隷属の原因をその精神的内面的な「出世間的」傾向と結びつけている。「私は亜細亜酸鼻の源泉は、実に予が求めたりし如き出世間的生活を慕ふ心そのものに在ると思ひ初めた」。アジアの努力、ことにインド至高の努力は、「内面的・精神的自由の体得に存し……偉大なる平等一如の精神的原理を把握した」ものの、いっぽうで「この原理を社会的生活の上に実現せべく獅子王の努力を用いなかった」。結果として、内面的・個人的生活と外面的・社会的生活とが分離した「小乗アジアの出現となり、一面には精神的原理の硬化、他面には社会的制度の弛廃を招き……白人阿修羅の隷属たるに至った」と。

ここから大川は、この二元的生活から脱却して、「妙法を現世に実現する……大乗アジア」となることこそが今後のアジアの課題であるとする[48]。数年前より大川はムハンマドの宗教にいたく心を惹かれるようになっていたが、それは植民地化されたアジア人の多数がこれを信仰しているからのみならず、宗教と政治とが一体になった大乗宗教のまさに典型としてイスラームをみたからであった。

二元的生活への反省は大川の宗教論にも変更を迫ることになった。これまで多くを負ってきたシュライエルマッヘルの宗教哲学を吟味しなおし、その感情優位の解釈を修正したほか、宗教における「意志」活動を重視するアルブレヒト・リッチュルが新しく評価されることになった。宗教はその敬虔的態度、至誠の情の純不純が大事だとする感情主義に閉じたものではなく、意志的な行為にそれをふり向けることこそが重要だとされるようになる。これまで大川は「誠」を、シュライエルマッヘルのいう「敬虔」に当たるものと説いていた。それがこののちは、その文字構成が示しているように「言（Logos 理法）の成れる」ものすなわち「理法の具体的実現」であると釈義するようになる。おなじく日本語の「マコト」も、「コト」は「事（Tat）」であってすなわち「理法の如実の発現」を指しているのだとせられた。

大乗アジアという実践主義が打ち出され、従前の自我実現の論にも変更が加えられている。これまでは誠の実現とは、道徳的自我の実現をさすとされてきたのだが、「誠は……吾等の外なる一切の存在をして、夫れぞれの本質を実現させるのであります。……之によって吾等は我と非我の世界、主観と客観とを統一することが出来ます」と説かれて、外部社会の客観的な実現に参与することを含むとするようになった(49)。

ここで客観世界に参与するというときに重要になるのは「意志」ばかりでない、「知識」もである。道徳的原則を合理的に知ってこれを行うのが自我の実現であるのと同様、外なる存在の実現も、人がそれについて合理的に知り、知り得たものを意志の力で自分たちの生活の上に実現していくわけである(50)。シュライエルマッヘルもよく読めばけっして感情だけでない、知情意の三種ともに重要としている、そしてアジアの精神伝統中には目立って意志と知識を重視する態度があると加えていく。中国精神は「大学」八条目や陽明学の知行合一の理想を持ち、智恵と意志とを重んじる儒教は宗教、道徳、政治の三者を包容している(51)。またインド精神は、二元主義の陥穽に陥りがちではあったが、同時に「行の哲学」たるギーターを生み出していることは忘れてならない。

ところで外なる存在の本質を実現させる、政治的な「誠」の実践、「大乗的」な宗教実践は、ほとんど常に戦闘的な方法をもって進められるとする理解が大川にはある。大乗的アジア主義を説くのに、イスラーム、ギーター、記紀および神道が言及されるが、それらの精神伝統はそれぞれ戦闘主義的に読み取られている。宗教—政治一体的なイスラームの聖戦の論理は大川の興味を大いにそそったが、インド精神や日本精神にも同じ視線が注がれていった。

国際協調の時代にありながら、大川は、近時ときめく非戦主義・平和主義・人類愛主義の思想を放逐するものとしてギーターを持ち上げる。ギーターは、敵の不義を討たずにおく不義は戦士アルジュナの義務（ダルマ）に背くことだと断じるカルマ・ヨーガの思想に根ざす。「げに薄伽梵歌は、何時の世、如何なる国と言はず、正義に拠って不義を討たんとする真実なる戦士にとりて、珍重至極の聖典である」(52)。日本人がおこなう戦争も本来、戦闘的かつ道義的なものであった。日本人の戦争が古来、私利貪婪の心からではなく、「まつろはぬ」ものを「まつろはす」ためのもの、すなわち同一の理想を奉じさせて、ともに至高の理想を実現していこうとするものであったことは古典にあるとおりである(53)。天皇親征も古くからあり、武勇の神功皇后も引きつつ、尚武気質を有する日本人は今後もそうあらねばならないという。日本がアジア諸国を抜きん出ることができたのはこの戦士的本性ゆえ、アジアにありがちな二元的生活を免れていたからに他ならぬからである。こうして聖戦主義、すなわち大乗的＝道義的戦闘的な本然性が、日本を含むアジアの民族伝統中に掘り起こされていった。

民族的本然論を完成させるために、かく大川はアジア諸民族の伝統中に、脱二元的、戦闘的「大乗」の精神を描き出していった。そして、たとえ劣機でも「自己の本然を尽す」ことを教えるギーターの原則を「個人の上のみならず、実に国民の上にも」適用して、この大乗精神を実践に振り向けろと説いていった。この民族的国家的本然論は、アジア民族復興論や国家改造論における「興国運動の原理」としてやがて定式化されていった(54)。

『日本精神研究』——本然化される日本盟主論

大川のアジア主義では民族的本然論のほか、アジアの連帯のテーマ、およびそれと不可分の日本盟主論が唱えられている。ここに問題になるのは、日本民族の本然なるものとアジア諸民族の本然なるものとの関係であろう。日本の本然とはいかなるものか。大川はこれを『日本精神研究』（昭和二年）などに展開しているが、日本が他のアジア諸民族と並び立つのではなくて、その上に立つことの正当性がそこにどのように確保されているのか。これを彼の国家改造論とあわせてみていく必要がある。

はじめアジア復興運動にのりだした大川が、日本改造に意を転じるきっかけを作ったのは大正七年の米騒動であった。大川は、米騒動の背景に政治腐敗による国民生活の混迷と不安とをみるとともに、脅威たるロシアを前に国がシベリアに出征軍を出発させようとする間際、全国に米騒動の勃発をみる「非常識」が起きたことに憤慨する。アジア復興の前に「現代日本の恐るべき欠陥」の克服すなわち日本の国家改造（『大乗日本の建設』）こそ不可避の事業だと大川は確信する。そして、このときには日本改造もまた民族的本然主義に則って進められねばならない、改造原理を「日本精神」に採らねばならない。ここに「純正な日本」の追究すなわち「日本精神」研究が危急の課題となったのだった。

大川は「日本精神」を、第一に、民族固有の思想信仰を伝えつつ外来思想文明を抱擁しゆくところの精神であり（正倉院はその象徴）、第二に、理想と現実とを相即せしむるこころであり（禅に溺れず功利に囚われず中道を闊歩する）、第三に、一切に方向を与える力を備えていることで、この力は天壌無窮の皇室なる理想を抱くところから発するものである、と規定している。(55) 一つ目は岡倉天心流—宗教学流の総合同化的日本文明論であり、二つ目は大乗アジアの脱二元論をもってするもので、これに万世一系の国体観念を加えた三つをもって日本精神の主要素としたものである。

このうちまず第一の点に関わって『日本精神研究』に述べるところをみ、あわせて日本と他のアジア諸民族との上下関係がどう説かれるのかをみてみたい。

大川の「日本精神」研究の書『日本精神研究』は、「日本精神の天照る光」の輝きを偉人たちの人格を通じて学ぶため書かれた。(56) 日本精神が世界的諸思想を含みもつものであるとの表明は、同書の「はしがき」にすぐに表れている。かつてキリスト教、マルクス、プラトン、エマソン、ヤーコブ・ベーメ、ダンテ、ダ・ヴィンチ、スピノザ、ヘーゲル、フィヒテ、カントなどに次々に心酔したが、日本研究を始めて気づいたのは、キリスト教と等価な信仰は法然親鸞の宗教のなかにあり、マルクスの思想は佐藤信淵にあり、プラトンは『大学』や熊沢蕃山や横井小楠に、エマソンとベーメは陽明学や孟子や禅門の詩文中に、西洋にしかないと思われた思想はすでにそれぞれ日本のなかにあった、ということだったという。

この発見は、各偉人にそれぞれ割り当てられた諸章に入って詳述される。第一に取り上げられたのはエマソンやプラトンに類似するという横井小楠の思想であった。一心を練磨するに当たっては神儒仏老すべてに取るところありとした心学の石田梅岩は、「日本精神の抱擁統一の特徴を発揮し得て最も煥乎たるもの」ありと評価された。日本精神の偉人たちはかく西洋思想との共通点をもったり世界に通ずる普遍的精神をもつが、だが他国の文明に対して「盲目的崇拝」も「偏狭的排斥」もしない。世界の諸思想が日本にあるというこの世界的日本主義（大川が他より借用した語）において、その魂はあくまで「日本」にあるのでなければならないのである。梅岩は天照皇大神宮を宗源と尊び、「一方を捨てず一方に泥まず、天地に逆らはざるを要とす」という言葉を残した。外来思想（神儒仏老）のすべてを用いるのは、日本の助けにするためでなければならない(57)。

蘭学者であった佐藤信淵もみならうべき人物である。その理想国家論は、欧米国家組織の模倣の影さえないのに、イギリスのギルド国家論やルドルフ・シュタイナーの国家論に通じ、「フーリエ及びルイ・ブランに先だち、サン・シモンに後るゝこと僅に数年にして」国家社会主義にも先鞭をつけていた。信淵の場合もそれは徹底して日本的であった。彼は蘭学を学んだが、西洋崇拝の痕はどこにもない。西洋の長所を「公平無私に認識し、其の……文明に驚嘆せる」ものの、これがために「其魂を西洋に売り、其の精神的奴隷となることなかった。……却って精神的日本の偉大に対する信念を、強くして大にした(58)」。信淵は神儒仏を兼学し、高皇産霊神の神意に折衷し、「天地の神理」に基づいて理想国家論を大成したのである。

基軸はあくまで「日本」にあるが、柔軟で開放的な精神を有する。日本人が世界に対して果たすべき役割がそこに生じてくる。小楠の日本精神とは、偏狭にして矜高な島国根性のことでない。彼は攘夷論さかんの折、「外人もまた一天の子でないか、然る以上は……天地仁義の大道を以てせねばならぬ」と水戸一派の保守家に痛棒を加えた。日本の使命は「大義を四海に布く」ことにありというのが小楠の信念であった。

信淵も世界的使命観をもっていた。日本は大地が最初にできた国であり、世界万国の根本であり、世界万国の蒼生を安んずることは皇国の専務である、日本が万国に使令するのが天意であるとの信にしたがい、その行程を明らかにした。皇国の世界統一の使命はまず満州に始まり、朝鮮、中国に及び、またフィリピンなど東南諸島を経略し、さらに全世界に向かって進められるべきもので、天意を奉って万国の無道を正せと説いたのだった。(59) これらをうけて大川は、道義にもとづく世界的平和は日本人によって将来せられると主張する。堯舜孔子の道を明らかにし、西洋技術を我が物にし、日本国家を一新して西洋に普及するなら、それが可能となろう。

『日本精神研究』は、国家改造―世界救済の理想を過去の日本人の口で語らせて本然化し、もって大川の政治運動を弁証するものであった。ここで行われたのは、予め大川の胸の内にあった目標や手法を「日本の本然」として確定すべく、先人らの中に読み込んでいくという作業である。同様に、アジア諸国への武力を伴う介入や、またここではみなかったが人格的修養をつむ武人政治家による統治、宗教と戦闘の一致たる聖戦、旧習を排し愛民のためにするという社会変革が、それぞれ正統化＝正当化されていった。

行地社綱領「国民的理想の確立」

日本精神研究は「日本の本然」の論証を目的とした。国家改造を経て道義的世界統一に進むべきこの本然性の実現にむけての行動目標が、あわせて具体的に示されていく。行地社（大正一四年結成）の政治綱領中においてである。(60)

「行地」社とは「古人のいはゆる則天行地」に由来し、「天に則り地に行はんとする同志の団結」を意味する。理想を認識し、これを堅持して、現実生活に実現することをいったものであって、「日本本然」の理想を実現すべく結ばれた団体である。綱領は、①維新日本の建設、②国民的理想の確立、③精神生活に於ける自由の実現、④政治生活に於ける平等の実現、⑤経済生活に於ける友愛の実現、⑥有色民族の解放、⑦世界の道義的統一、の七項目で示された。(61) ①維新日本の建設（国家改造）と②国民的理想の確立（アジア復興―道義的世界統一の理想）を二本柱として、③④⑤が①の細目、⑥⑦が②の細目となっている。ひきつづきここでは、日本本然の理想に関わる②―⑥⑦の綱領を通して、大川による日本盟主論主張の動機背景をさぐってみたい。

米騒動から大川が読み取った政治課題はまず「興民討閥」であった。貧苦に悩む国民を権力と結んだ財閥より救うべく、政治腐敗を取り除き、「資本主義経済機構に対して、巨大なる斧を加へ」る国家改造である。(62)だが米騒動が大川に与えた課題は興民、安民の方策だけではなかった。シベリア出兵の国家大事の最中にそれが起きた事態を大川は、一般国民中に広がる非国家的態度ないし利己的個人主義のなせるものと認識した。大川は日本文明史上における日露戦争の意義を、世界に正義を布くために日本が選ばれた黙示だとしていたのだが、(63)その国家的矜持と勢いはその後第一次大戦後の大衆には失われてしまった。先の日露戦争で世界一等国の仲間入りをした途端に心に油断が生じた。ロシアに勝ったあと、これに代わるべき「具体的理想が与へられなかったので……次第に精神がだらしなくなって行った」とこれをみたのである。(64)

かく現れてきた二つの課題について、国民の実生活上の救済という課題は国家改造（①の維新日本の建設）の目標となり、(65)国民に欠乏する国家意識の醸成という課題は壮大なる国民的理想の鼓吹（②の国民的理想の確立）の目標となったわけであった。国家意識の醸成については大川は、これをひたすら国体観念の涵養に結びつけるというのでなく（これも必要だが）、理想主義的な対外膨張主義――アジアの統一を経て世界の道義的統一にいたる――の共有を図ることで国民の団結帰一の実があがると考えたのであった。

ここで米騒動に関する大川の右の考察中には、綱領②―⑥⑦に関わる、壮大な理想主義の裏に隠れた本音部分が露呈されている。アジア復興の先例となりアジア諸国の支援者となるべき一等国日本という看板はそのままだが、日本選良民族の誇りある天命であったはずのアジア救済は、ここでは「精神がだらしなくなって」きた日本国民の精神作興の手段とされている。その対外的スタンスは、「アジア諸国のため、世界のための日本」から、「日本のためのアジア復興であり世界統一」に転じてしまっているといえよう。否、じつはよく観察するなら、インド独立運動への支援を始めた当初よりこうした認識はすでにあったというべきであった。大正日本の沈滞と腐敗を打開するために「国民の魂を熱火の如く燃立たしむる雄渾なる理想の鼓吹」が急務との考察、アジアの指導、その連合は「実に皇国をして大義を四海に布くの実力を獲得せしむる」唯一の道、「人類の為であり亜細亜の為であり、而して最も有力に皇国其者の為である」（強調は引用者）との認識はすでにあった[66]。してみれば大川のいうアジア支援は初めから国民的エゴに先導されていた、あるいはよくいってもアジア支援の建前と本音は彼において混同されていたというべきであろう。

そしてアジアの連帯なるものは、そのための「国民的実力を与へられて居る」日本が特権的に進めていくものとされ[67]、帝国主義的野心と抱き合わせの武断主義、実力主義につねに特徴づけられていた。純粋好意のアジア主義はこの意識あるかぎりは大川において一度も成立したことはなかったと言わねばならない。そのアジア主義は決して民族自決の善意の実現などではなく、さいしょから帝国主義日本の一個のイデオロギーとしてあったのである。行地社綱領でいわれた「国民的理想」は、このあと神武会の綱領では「八紘一宇」の語をもっていっそう日本主義的な調子を帯びることになるだろう。

5　皇室観・神道観

大川は日本精神を、第一に、民族固有の思想信仰を伝えつつ外来思想文明を抱擁しゆくところの精神であり、第二に、理想と現実とを相即せしむるこころであり、第三に、天壌無窮の皇室なる理想を抱くところから発する、一切に方向を与える力を備えていることだとしていた。第一、第二については十分述べてきた。ここでは第三に挙げられた皇室あるいは万世一系の国体なるものについて大川の考えを明確にしよう。

国体的理念の前面化

右の日本精神の規定中、第一の点は大川にもっとも早くからあった考え方であり、第二の点はインドの実情を知って国際政治に目覚めてから加わってきた。第三の国体観念は大正期に入ってから、ことに米騒動で国内問題に目を開かれたことを直接のきっかけとしていた。国体観念の堅持は、国家改造運動（行地社綱領①）のためにも、外来思想文明を包摂して世界の道義的統一をなすという使命遂行（同②）のためにも、欠かせない要件として位置づけられるようになる。

大川によれば、「外来の思想文明に益せられること多」かった日露戦争まではよかったが、国民的自覚が希薄になった戦後は、外来思想が逆に害をなすようになった[68]。抱擁主体の自立性、民族の永続性がなければ外来文明の抱擁摂取どころではない。国民の中心統一としての国体観念の堅持は、だからその大前提となる。

大川の言説にはこれ以来、国体論的な定型句、「国史」的な表現が多用されるようになっていった。これまで「国家改造」としていたものが、行地社綱領では「維新日本の建設」という表現に改められたのもその一環であった。貧苦国民を救う国家改造を、君を救った第一維新（勤王倒幕）につづく第二維新（興民倒閥）として捉え直したところからこの表現はきている。この第二維新によって他ならぬ「君民一体」が完成するのだとの国体論的な意味づけが付されるとともに[69]、世界文明統一の前提として以前は共時的に思考されていた国家改造が、明治維新につづく第二維新として通時的に語られ、「国史」的観点を明確にした。社会主義に同情を寄せたこともある大川が、半ば革命的に思案していた国家改造の事業は、国体的・伝統的文脈に織り込まれて説かれるようになった。世界救済の宿願も、「君民一体」の「国体」の実現に伴われなければ叶えられないと説かれるようになった。「第二維新を成就することに由て、日本は始めて其の国体の精華を発揮し、真に君民一体の実を挙げ、天地と共に無窮なりとの森厳雄渾なる建国の精神を実現して、真個世界の救済者たるを得るであろう」と[70]。

国家改造論における国体や皇統のこうした強調は、大川自身も述べるように、第一次大戦後の自然主義や唯物論の流行を背景に、自らを左翼的改造運動と切り離す自己証明的必要のあったことが大きい。改造理念の国体化を大川が進めるにあっては、美濃部達吉に対抗した天皇主義者・上杉慎吉や、国体護持の日本精神論者・平泉澄、また北一輝をはじめ内田良平・頭山満ら民間右翼や軍関係者からの影響が直接間接に介在したと思われる[71]。彼ら急進的国家主義者らのこのときの共通認識として、民主主義的・社会主義的な改造論の流行に対して、対抗イデオロギーとしての性格を自らの改造論にもたせることは必須であった。

天皇親政の文脈で君民一体論をとった上杉思想は、大正時代には国民教育上の「顕教」の地位を獲得し、軍人間にも一定の勢力を張っていた。右の大川の言辞にもその影響は濃厚に認められる。行地社を起こしたのと同じ大正一四年に結成された純正普選期成会では、大川は内田や頭山らとともに実際に上杉と活動をともにした(72)。

大川がこのあと交流を結んでいく平泉も、学生時代より上杉思想に触れていた一人である(後述する「興国同志会」員)。平泉の「国史」学思想は、上杉に重なる支持基盤をもって昭和に入ってから急速に浸透しつつあった。大川は昭和二年に平泉の「国史学の骨髄」を読んで「至心に感激し」て以来、年下の平泉を「国史研究に於ける吾師」と呼び、交流するようになる(73)。ふたりは、唯物主義に抗しての「精神」の強調、国家的英雄偉人を模範とする人格主義教育、修身教育批判、知行合一の学問論(史学を稽古とみる学問論)などにおいて共鳴しあった。そしてことに、一国における個別特殊的な「精神」の実在とその維持充実をいう平泉「国史学」の発想(一国的歴史主義)に大川は大いに同調した。個人において「人格の発展向上」なければ個人の歴史がないのと同様、国家の歴史にも「建国の精神の一途の開展」なければならないとの平泉の主張(74)は、大川の民族的本然論に合致していた。大川は上杉やあるいは平泉たちに触れながら、「建国の精神」あるいは天壌無窮の皇統を「日本の本然」の根本要件の一つとする主張を決定的にしていったと思われる。

行地社のあと大川は昭和七年に神武会を結成する。行地社は青年指導者の育成に力を入れたが、神武会は大衆運動を志向した。それもあって神武会綱領は、行地社のそれと実質内容には変化はないものの、表現上の国体化日本化がいっそう進められた。その「主義」には「神武建国の精神」「国体護持」が明示された(75)。大川青年期の国家主義は必ずしも国体を中核としたものではなかった。だが時を経てここでは、国体観念は「日本精神」の第三要素として、動かせないものとされるに至るのである。

国体・皇室の政治的意義

国体観念の重視はこうして大川に明確にされていったのだったが、一方で、ほかの日本主義者らと比べるときには大川のそれは象徴的、抽象的にとどまる特徴があったのも事実である[76]。もともとの彼の考えでは、政権奪取後に図られるべきはシュタイナーに拠った「国家的生活の原則」ではあっても、古代に則をとる天皇親政主義(王政復古主義)ではなかった。『日本精神研究』で好んで取り上げたのは、国体の本義から外れた「変則政治」が常態であった武家時代であり、国体の真姿が顕現されていたはずの古代王朝時代や建武の新政はまったく扱われなかった。行地社時代に国体観念が強調されるようになったが、その綱領中には忠君とか報本反始といった項目はひとつも含まれなかった。大正終わり頃までには大川の運動理念は日本化国体化されていったのだが、そこには天皇・皇室との間にある一定の距離をおくところがまだ残っていたとできる。大川における国体評価のそうした曖昧な部分はどう理解したらよいだろうか。

同時期に行われた平泉澄の日本精神論と比べると瞭然なのだが、大川の場合、忠孝一本イコール日本精神とか、天皇親政イコール日本精神とするのではなかった。平泉の場合は、「国是の論」「忠孝の精神」「尚武の気象」を日本精神の内容とし[77]、神皇正統記と北畠親房、建武中興の後醍醐天皇と南朝の忠臣、崎門学派とくに谷秦山、水戸学、橋本左内、吉田松陰らをその体現者とした。大川では崎門学派は忌避され、南朝の英雄も水戸学や国学の思想家らもまったく取り上げられない。逆に、天皇親政に逆らって幕府を打ち立てた「逆賊」頼朝を日本精神の英雄扱いしているに至っては、大川の日本精神論は反皇室＝反国体的であったとさえ言えそうである(じっさいそうした批判に晒された)。大川は、日本的英雄の人選にあたって皇室絶対主義に拘束されることはなく、『日本精神研究』が天皇への忠義心や国体観念の不変持続を過去の日本人中に尋ねるのを目的とするものではなかったことは明らかであった。

だが同書では他方に、幕末尊皇の志士らを持ち上げたり、忠君観念は信仰心にまで高めてこそ正しくあると論じられた部分もある。天皇皇室に関わる、一筋縄ではいかないようにみえる大川のここでの思考をよりよく理解するには、尊皇は否定しないがそれ以上に重きをおく基準すなわち「人格的生活の原則」を奉じていたということ、またその際に彼が、「人格的生活」における「敬天」すなわち宗教的局面と、「愛人」すなわち政治的な実践とを切り分けていたという二点に注目していく必要がある。大川の頼朝論を例にとって説明する。

日本精神の体現者として大川が認めたのは、天に通ずる自由な精神をもって、国や民のために尽くした志士や名君らであった。朝廷の主権を踏み躙った逆賊とされる頼朝に対して、「国家の偉勲者」と呼んで大川が動じないのはこの観点からである。無能な京都の貴族に政治を委ねることこそ不幸というべきであって、頼朝の独裁的な圧政によってこそ国家に秩序と条理を与えることができた、彼はもっとも私なき公僕だったと大川はいう。[78] そうしてややこしいのは、ここで逆賊を賛美しつつも、けっして尊皇を度外視せよと言っているわけではないことである。権力を京都の貴族から奪いはしたが、頼朝は「皇室に対しては、彼は実に宗教的敬畏の情を抱いて居た」という。

大川は「人格的生活の原則」において、自己より上位のものに対しては「敬天」の実践を、自己と同位のものに対しては「愛人」を行うことを説いていた。これによれば皇室へは「敬天」の態度をもって対し、同胞（一般民）へは「愛人」をもって対すべきとなる。頼朝もこの二領域的原則に基づき評されている。頼朝は皇室に対してはこれを宗教的に敬い、人々に対しては愛人の精神をもって公僕として働いた。頼朝の愛人の実践は政治的外面的には皇室を裏切ったかたちになったが（天皇親政を阻んだという意味で）、「人格的生活の原則」には背いていない。むしろ頼朝は、この二領域的分化的な規範原則において、皇室に対しても同朋に対してもまさに正しくあった。このように尊皇をもっぱら宗教的な範疇に帰する大川は、政治権力における天皇親政の文字通りの実現（「天皇万機の政」）をいう尊皇論者とはここで袂を分かっているのである。[79] 頼朝の皇室に対する態度はそのまま大川の皇室観を写し取ったものであった。[80]

ただし大川は、「天皇万機の政」に固執する者ではないにしても、天皇を主権者と認める国体護持者ではもちろんあった（立憲君主制の支持者も国体護持者である）。宗教的領域だけでなく、政治的領域においてもこの一般的な意味における皇統の絶対は世間並みには認めている。だがその場合に大川は、皇統一系が「国民（日本民族）福祉の根源」であるからとする合理化をつねに図ろうとする（「皇統一系の内面的意義」）。その掲げるスローガンは「国家改造」から

「皇国護持」に変更され、また君民一体の国体実現を謳うようになった。だがこれを、たとえば平泉は国是の死守のために訴えるのに対し、大川は安国安民のために（＝「愛人」の基準にひきつけて）訴えるのである。いっぽうは国体それ自身のために（国家「人格」の永続開展）、他方は国家国民のためにまた彼らによって果たされるべき理想のために（国家国民のため、世界のための万世一系）、国体を護持すべきというのであった。大川の皇室尊重が国家主義・伝統主義ではあっても天皇絶対主義とは言えないのはこの意味においてである。

以上をしかし、政治上に天皇絶対主義ではない大川の第一の拠り所が、「愛人」＝安民にあったのだと言ってしまってはならない。大川がなぜ安国安民を求めるかといえば、日本国家・日本民族の果たすべき使命の遂行のためである。大川の最終目標は尊皇や国家国民をさえ超えたところ、世界の文明諸思想の総合統一＝政治的統一にこそあった。これを進めるための主体として日本人が、この日本人に使命を果たさせるべく国家安寧が、そのために万世一系や皇室が、必要となるのである。大川が標語とするのが「尊皇」や狭義の「国体」ではなく、世界的な最終目標を含意させるところの拡張的な「日本精神」（世界的日本精神）でなければならなかったのもそのためであった。そこでは天皇・皇室帰順はしたがって、安国安民という媒介項に関説させつつ、世界救済のための前提の前提としてのみその意義が認められるところのものなのである。のち十月事件において一部国民の犠牲的殺害を大川がクーデター計画中に含めたように[81]、より大きな目的のためには安国安民の基準もふみにじられることがある。国家国民の安寧というものも、より高次の関心事に寄与貢献するかぎりにおいて意味の与えられる、大川自身の天業と任じる使命実現のために整えられるべき条件のひとつとして扱われているにすぎないとできよう。

「分霊」「天の益人」論

さて大川思想では日本化国体化を果たした後にあっても、右の頼朝論にみたように、政治を司る実質的な役割を、天皇でなくその下にある国民自身（そのなかの才ある者）にあてがおうとする態度は変わらなかった。国民のそうした政治的主体性を神聖化し本然化する、以下のような神道理解や神社論が大川にあることについて述べてみる。大正末年以降に明らかにされた「分霊」論そして「天の益人」論である。

「日本国家の本質」と題する一文中、大川は日本人の分霊の観念について、日本で人を「分霊」と呼ぶのは、日本の国民が「本質に於て神聖なるものであ」り、また国民の一人一人が「同一なる生命の特殊なる現はれ」だと捉えられているからだと述べる。その我々のおこなう国家的事業は、天壌と共に窮りなき根本生命の生々発展の歩みに他ならない。つづけて大川がいうには、「神聖なるもの、納って居る所は神社であるから、分霊として其の本質に於て尊いもの、納まって居る我々の家は、直ちに神社でなければならぬ」。正月に注連縄を家に張るのも、「大川の家は本来大川神社であるぞと云ふこと」を少なくとも一年に一度は考えさせるためのものだ。だから一般神社に参拝することはあってもこう心得るべきである。参拝にあたっては、「仮令雑沓を極めても、在る者は天上天下唯我れのみであります。そは全く乾坤独往で、各人唯だ自己の面目を見究めて帰る」のだと。(82)

この神社論の軸になっているのは、「天上天下唯我れのみ」の自己聖化の人格宗教である。皇室―伊勢の皇太神を中心とし、報本反始を正統教説とする国家神道の神社観が顧みられることはなく、祓・祈禱など神道儀礼が説かれることもない。大川は「人格的生活の原則」の中で、キリスト教も仏教も儒教もおよそ教と名のつくものはすべて、人間に完全な人格者になることを教えるものだと述べていた。「総ての人間には聖人になり得る可能性が本来具はって居る」ことすなわち「人格の無限性といふこと」が「人格的生活の公理」である。聖人の素質をもつゆえに自己の「本性の法則に従ふ」ことがそのまま道徳の立脚点となるべきは、カントのいうごときだ。(83)すべての宗教はそこに共通の公理と教えをもっていて、「分霊」の謂いで人格の神性を説く神道も例外ではない。

「分霊」論の趣意に似る「天の益人」論は、昭和四年の『国史概論』の中に説かれた。国初における天皇と国民の関係を論じて、父子の情に基づく君臣の義、天皇の下の国民平等について述べたあと、天皇は国民を「大御宝」と呼んできたとして、天皇によって是くの如く愛重された国民は、自ら「天の益人」と称へて雄渾森厳なる自尊の念を抱いて居た。天の益人とは天上より来りて、又は天意を奉じて、弥栄え行く人の意味で、取りも直さず天意を地上に実現し行く民と云ふことであります。(84)

と述べたのがそれである。人格神聖論、聖業論を繰り返して、「吾々は是非とも昔ながらの『天の益人』の自覚を今日に復活させなければなりませぬ」と促すものだが、先の神社論とちがい、ここではこの聖業における天皇―国民の一体的関係が述べ加えられている。「天の益人」にいう「天」とは「神……即ち至高の理想」のことだが、その具現者は皇祖皇宗であり天皇であるから、「天意を奉ずる」というのは「天皇の大御心を奉ずること」、つまり「天の益人」の使命はあくまで天皇の心にそって行われるのだ。(85)昭和に入って国体観念を用いはじめた大川が、以前の論に欠けていた、天皇に対する国民の本分を強調して誡めにしたものとできるが、だがその場合にも「天の益人」なる自尊の意識は次にみるように再確認されることはあっても決して減じられるものではなかった。

日本人は人格の尊厳についてもっともよく会得してきた民族である。古代では敵さえをも「神」と呼んでいた。

［敵でも］神と認めると云ふことは、神たるべき本質を有する人間として認めること、即ち人格の神聖と尊厳とを認めることであります。……古代諸国に於て、吾々の祖先の如く、其敵に於て明かに人格の尊厳を認めて居た民族があるか。……如何なる敵でも一度び「まつろひ」さへすれば［同一の理想を奉じさえすれば］、皆な吾々の同胞となる……相携へて至高の理想を実現するために拮据したいと云ふのが……干戈を執らしめたる至深の動機であ［った］。(86)

天皇の神聖視絶対視は必ずしも国民の人格軽視にはならないというのが大川の信念であり、名分論的な言辞を用いながらもこの点はけっして譲ることはなかった。

分霊論・天の益人論は、神道や延喜式など古典に根拠づけつつ、人格神聖論を日本的表現でパラフレーズしたものであって、天皇の下ではあるが政治的主体としての日本人のあり方を本然化するものであった。『日本精神研究』で「日本民族の政治的天稟」が過去の日本人に探られたと同様、ここで試みたのも天業遂行者たる「天の益人」に神道と日本の伝統をもって権威と正統性とを与えることであった。大川思想は日本的国体的な装いをつけていくものの、それは国体や天皇の中心化と引き換えに国民を脱主体化していくということではなく、大川青年期からの此岸的人格宗教の主張はその根本において不動であったといえる。

孝—忠—天の日本的宗教

才覚ある日本人の積極的な政治参加をうながす大川が、政治上に実質的な天皇絶対の立場を必ずしもとるものではなかったことを以上にみてきた。大川の忠君論は政治上にではなくむしろ宗教的次元で展開されていた。天皇のように自己より上位にある者に対しては、「敬天」の態度をもって対すべきだと説いていた。

「敬天」論について大川が体系的に論じたのは「人格的生活の原則」論においてである。それは『人格的生活の原則』（大正一五年）のほか、『日本及日本人の道』（同）や『国史概論』（昭和四年）などに扱われ、戦後の『安楽の門』にも再論されている。

「敬天」とは人格的生活における宗教的側面について言ったものだが、大川によれば、いわゆる「宗教」とは自己をして自己たらしむる生命の本原を自身の裡に摂し、自身を託せんとする要求、ならびにそれを実現することである。自己よりも上位にある者、自己以上の価値を有する生命に対して人が自然に抱く敬畏帰依の感情、すなわちフィヒテのいわゆる「小児の如き従順」、シュライエルマッヘルの「絶対帰依の情」が宗教の基礎をなしている。(87)

こうした敬天（宗教）の一般論をふまえたうえに、日本的宗教としての「忠孝」宗教論が展開される。宇宙の大生命は万物に周流しているが、自己にとってもっとも直接的な生命の本原をなしているのは父母であるから、もっとも根本的な宗教は「孝」である。ただし日本では、父母より遡って一家の祖先に及び、さらに遡って国の共同祖先たる天皇家が崇拝される。これが「忠」の宗教である。(88)日本における「忠君」の本質はすなわち、「天皇に於て生命の本原を認める一個の宗教」、「天皇を通じて神に随順すること」なのだ[89]。忠孝一本論の枠組をとりながら、だがこれを道徳にとどめず、宗教にまで高められねばならないとするものであった[90]。

ところがこの忠孝宗教論では、大川も言うように、孝も忠もけっきょく「一切特殊相の背後に潜む普遍共通の統一原理に帰一随順すること」に他ならないとされるがゆえに、「日本的」宗教としたせっかくの特異性が減じられる結果にもなっている[91]。それでは宇宙の本原生命を直接拝する「敬天」とも、またキリスト教や仏教などの成立宗教とも本質においては変わらないことになるから、日本的宗教の価値は相対的に低まらざるを得ない[92]。

さらには大川は、「子女としては孝なること、国民としては忠なること、一個の人間としては天を敬すること、この三者はひとしく『敬』の具体的発現であり、われら日本人にとっての一個の宗教である」とした上で、これらのあいだに優劣を認めて「天」の信仰を上位にするかのような論もなしている。生命全体を顧慮することが、一身より一家に及んで孝となり、一家より一国に及んで忠となり、一国より天下に、天下より宇宙へと、つねに一切分化のうちに潜む統一を把持して不易の真理を体得していくことが、真個の宗教的生活であるとの信念を大川は語っている。これでは日本的宗教（忠孝宗教）のみが日本人にとっての絶対的宗教ということにはならないばかりか、それ以外に宗派宗教を信じることも可であり、また天や宇宙などの大生命への直接の帰順がありうるし、またそちらの方が望ましいと言っていることにならないだろうか。ただし大川自身の言葉でそうはっきり断じられているわけではない。そして日本人としては何より忠孝をはたすことが大事なのであって、孝と忠とが抜けて、ただ天だけを敬するのは日本人にとって不可能である、それはロマンチックな享楽か一個の迷信であるとするのであった[93]。

諸宗教に共通の「根本義」あることをいう普遍的宗教観をもった大川が、はっきりとこれに則って、忠孝信仰を一選択肢に過ぎないと述べるようになるのは戦後になってからのことである。そこで大川は、戦前は口を濁していたこと、つまり君を親をイエスを仏陀を拝すというのは月を指差す指先を拝しているにすぎない、本来拝されるべき「無限者」「絶対者」は指差されている月のほうである、指先から目を離して「君父神仏其他一切を超越せる絶対者」を現前せしめよと述べるようになる。[94]月と指月の比喩は道会にも行われ、脱宗派的信仰を求める人々に以前より用いられてきたのであったが、大川自身の敬天観もずっとそこにあったのであり、その変節として忠―孝―天の三者具足をいう戦前戦中の日本的宗教論があったとすべきであろう。

以上、本項では大川の思考に寄りそって、そこに天皇・皇室が、政治と宗教（愛人と敬天）の二領域のそれぞれにどう位置づけられているかを明らかにした。大川の政治思想の主軸は日本民族の世界史的天業論にあり、その中心には国家改造―アジア解放―世界統一を進めゆく人材に向かって説く「人格的生活の原則」があった。そこに天皇論はといえば、この天業遂行と「人格的生活」の規範に沿うかぎりでの限定的なものにとどまった。「人格的生活」の三領域論にしたがい、「忠君」論はおもに「敬天」論（宗教領域）中に取り上げられた。そこでは天皇への特殊信仰が論じられたが、大川はここでも宗教学的―普遍的宗教観をうち捨てることはなかったから、その宗教的天皇主義は不十分なものとしてしか展開されなかった。現神天皇観を鼓吹しようとか日本（人）に唯一特殊の信仰を唱道しようといった特段の意欲は大川には認められなかった。神社論も神道論も皇室神道ではなく日本人聖化論であった。そもそも天皇論が宗教領域と政治領域に分断されて（三領域論の枠内に押し込められて）述べられていること自体が、大川思想の根本が天皇絶対主義にはなかったことを表白しているといえよう。

6　大東亜戦争の理念――日本精神論の本領発揮

大川思想では、神聖民族たる日本人の世界史的天業論が、国体や天皇皇室論そのものに先立って最も重きをなしていた。「大東亜戦争」が始まると大川の言説はこれまで以上に大きく注目されるようになる。日本精神論を唱えた二雄のうち、平泉澄の一国史的国史学は、ただしく一国に閉じていたがため、「大東亜戦争」遂行のスローガンとしては不十分であった。それに対して大川の一国史は、日本のうちに東西を包摂する、アジア復興と世界救済を日本「国家の成満」の要件中に含むという国外に開いた総合的一国史であって、この時代のニーズに応えるものであったからである。

ここでは先に論じた大川の民族的本然論と日本盟主論のその後の展開を、それが実地に移されることになった「大東亜戦争」期の大川の言説中に追うことにしたい。

(1)「新東洋精神」という変奏

本然論の恣意的運用

「大東亜戦争」が始まると、日米開戦の必至を大正末年より予言していた大川は一躍脚光を浴び、その代表的理論家と目されるようになった。彼によれば東亜新秩序や大東亜共栄圏の理念は一夜にしてなったものではなく、近代日本の成立以来、明治維新の理想を徹底するものとして大陸政策の基調になってきたものである(95)。アジアのなかで日本は先駆けて東亜新秩序建設の運命を自覚してこれを進め、最も多くの犠牲を払ってきたので大東亜共栄圏の指導権は日本に与えられると大川は説き、帝国日本の立場を正当化していった(96)。

大川はもちろんいつもそこまで赤裸々であるわけではなく、帝国日本の立場を精神化道義化して説くところにその本領は発揮される。「大東亜戦争」は、「単に資源獲得のための戦でなく、経済的利益のための戦でなく、実に東洋の最高なる精神的価値及び文化的価値のための戦」である(97)。日本の指導権も精神化される。「大東亜圏」とはここではパミール高原以東のアジア東半をさすが、これに合わせて「日本精神」は、この地域の中国精神とインド精神を摂取統一した「東洋精神」すなわち「三国魂」(「三国精神」)だとされ、大東亜共栄圏とは、日本が千年にわたって錬成してきたこの三国魂の客観化ないし具体化に他ならないから、日本がこれを主導するのである(98)。単にヨーロッパからの政治的独立のためというのでなく、日本が「東亜諸民族の精神生活に古代の光栄を復活させる」という「荘厳なる使命のために戦って居る」のが「大東亜戦争」であるのだとした(99)。

さらに大川の考えでは日本の勝利がアジアの勝利となってそれで終わるわけではない。「亜細亜復興は、世界新秩序実現のため、即ち人類の一層高き生活の実現のためであ」るとの考えは「十六年以前と毛頭変わらぬ」(100)。日本が勝利してアジアが西洋より解放されたのち、東洋と西洋が結合する世界史的段階にいたる。日本の「三国精神」はもちろん「東洋精神」であるが、西洋文明も摂取統一していま「世界精神」ともなりつつある日本精神が、このときにもまた世界の統一を現出せしめる主役となるだろう。[101]

以上の内容は大川もいうようにことさら新しいものではない。日本のなかにアジアの総合があり世界の智慧があるという総合的日本論をその原型とすれば、「三国精神」論も「世界精神」論も、大正時代の初めには表明されていた考えの再論、再々論に他ならない。ただし、日中戦争や太平洋戦争に際会してその実現の機会が到来し、民族的本然主義と日本盟主論の思想が現実からの挑戦を受けることになったのは新しい事態であった。大川のいう日本一国史はいわば日本主義的世界史であったが、これは日本の「本然」的展開＝日本国家の自己実現は他民族他国家を巻き込んでしか進められないという問題性を孕むものであった。ここで現実に揉まれて展開されたのは、大川による民族的本然主義と日本盟主論の恣意的運用である。

国家（民族）の個別性独立性を踏みにじっての、国境線を都合よく融解していく大川の議論にまずそれを目の当たりにすることができる。大川が東亜新秩序建設を「亜細亜的規模に於て行はれる第二維新」と称するときには大東亜圏は一国をなすかに擬せられ、アジア侵略を進める米英両国を「アングロ・サキソン世界幕府」と呼び、これを倒して獅子奮迅しなければならないときに日中両国が争っている事態を明治維新の際の「薩長［の］相争」いと称するときには、世界は一国であるかにみなされている。[102] もちろんこの一国とは日本国である。「三国魂」「薩長の抗争内乱」「亜細亜的規模の第二維新」であれ「アングロ・サキソン世界幕府」であれ、帝国日本の伸張を味方に、総合的一国史をアリバイにして肥大増長されゆく日本的エゴの明快な表現である。その中に個々のアジア民族は埋没される。

アジア諸民族の主権の独立は、民族復興は精神的＝政治的自立である（精神的復興に伴われた政治的なそれでなければならない）とする大川のアジア復興理念に照らして金科玉条でなければならないはずだが、[103] 超民族的な高次の精神の保持者たる日本に対するときにはこの理念は曖昧化される。以前より大川思想の対アジア的局面についてまわるこの不明瞭さ、二重基準は見受けられたが、[104]これが戦中期にははっきりと顕在化された。現実日本のアジア進攻に勢いを得た大川が、アジアのなかでも日本は先駆けてアジア復興の必要を自覚し、最も多くの犠牲を払ってきたので、大東亜共栄圏の指導権は日本に与えられる、と言ったときにその歪みはひとつの頂点に達している。自身の道義的理想に反する無骨な国家的エゴイズムが剝き出しになるのはアジア復興の原則の不徹底なるがゆえである。彼のいう独立アジア・復興アジアは日本を盟主とするそれでなければならず、日本の世界史的使命遂行を主とするものでなければならず、この与件の前にあって独立アジアはその準備ないし従の位置にしか立たず、したがって不徹底を免れないのである。そうである以上、総合的日本の一国史が一国史でなくなり真に総合的世界史に進みつつあると見え始めたときには、各自の本然性にもとづき政治的精神的同一性を保証されるはずだったアジア諸民族が当然のように蹂躙されていくのは十分予見されたことであった。

こうして表面化してきたのは、アジア諸民族の民族的本然主義と日本民族の本然主義との衝突という問題である。興味深いのはこのとき大川が、彼ら民族の政治的精神的独立（日本に対する）を斥けるときのその論理である。孫文・蔣介石の場合には、彼らの政治運動は純中国的な精神の復興が伴われていない、また目的とされていないからという理由、つまり中国精神に照らして本然的でない・誤った復興精神を持っているという理由でその志業が斥けられた。インドの場合にはもうすこし複雑になる。「大東亜戦」前の刊行になる『亜細亜建設者』（昭和一五年）では、右の理屈をもって孫・蔣は除外されたが、対照的にガンディーやネールはアジア精神＝政治的復興の英雄として祭り上げられている。「インドの本然」の模範たるガンディーに率いられた独立運動は「興国運動の原理」に即した民族復興運動の模範であるというのが当初の大川の見解であった。ところがこの模範たるインド独立運動が、大川の日本盟主論的大東亜建設の理念を拒絶することが明らかになる。アジアの本然主義と日本盟主論との両立の不能というこの問題を前に大川がどうこれを捌くのか――これは大川のアジア主義の真贋が見極められる場面となった。

ガンディーのインド国民会議派が日本の協力を撥ね付けたときの大川の弁明はまずは、日本の真意が彼らに理解されていないというものであったが、やがてはっきりとガンディーの運動理念に対する批判に転じていく。『亜細亜建設者』ではインドの復興においてガンディーの平和的手法でも実力を用いたやり方でもどちらも認められるとしていたのであったが、スバス・チャンドラ・ボースが日本との協力関係に入ると、その自由インド仮政府の戦闘的な独立理念の方こそインド的に正しいのだとするようになり、ガンディーの方は本然的でないと斥けるようになった（昭和一九年『新亜細亜小論』）。ギーターの正義戦の解釈によってこれはなされたから、たしかにここにも民族的本然論は貫かれているといえるかもしれないが、以上をみればそれは論理の後づけ、こじつけに他ならず、大川のアジア主義の運用がきわめて恣意的であること、日本に協力的か否かで線引きをするエゴイズムと帝国日本の現実への随順がその本質であったことが明白であるといえよう。

「新東洋精神」の創出

このような独りよがりを理念的に正当化し、アジア諸民族の協力者という自己像中に潜ませた日本盟主論の野心を糊塗してきたのが、総合的日本精神論、日本文明論であった。だがこのような、世界史を進展させる総合者・日本に対するときだけは民族の政治的精神的自立の原則は無効化されるというアクロバティックな論理は、当のアジア民族によって支持されるものでは当然ない。大川がその大東亜の理念にわずかだが修正を加えることになるのは、このアジアの不支持がいよいよ明確に突きつけられ、理想の実現どころか理想主体たる日本国の危機さえ察せられるようになったときであった。この手当てのために彼が試みたのが、「新東洋精神」なる指導理念の案出である。

昭和一九年春のラジオ講演で大川は、アジア諸民族を「積極的に日本に協力させるため」の新しい「思想体系」を生み出す必要をうったえ、「日本及び日本人の道」を超える「アジア及びアジア人の道」を唱えた(105)。「アジアの思想的統一」をまずはかり、これをもとに実践力を備えた「アジア人の道」を実現すべきことを説くのだが、この統一精神は、対米英蘭戦争に協力させるべくアジアを動かすのが目的で、「東亜諸国の民衆［が］、自らの内部よりの要求として……共鳴する」ようでなければならない。だからそれは「伝統的東洋精神そのままであり得ずまた今日説かれて居る如き日本精神そのままでもあり得」ず、ゆえにこれを「仮に私は新東洋精神と呼ぶのであります」というものであった。[106]

これはそれまでの「日本精神」によるアジア統一論とはどうちがうのか。すこし前までは東亜新秩序の精神的基礎は「日本の三国魂」であり、大東亜共栄圏はその客観化だとされていた（昭和一八年『秩序』）。それがこのときには、「日本精神は即ち三国精神であり……大東亜秩序の基礎たるべき新東洋精神の根柢または中心たるべきものである」と述べられた。[107] 似ているようだが、大東亜の直接の基礎になるのは「日本精神＝日本の三国魂＝三国精神」でなく「新東洋精神」だとされるようになっている。そして前者は後者の根底とはされるがこれに包摂されて見えにくくなった。

アジア民族が自主的に日本に協力するよう導くため、彼らも参入できるアジアの同一性、アジアの一如をあくまでベースとしなければならない。「亜細亜の一如」の栄誉はそれまでは日本人だけに与えられるものであったが、今やそれはアジア人すべてに共有されるものとされねばならなくなった。それまで大川が描いていたところの世界統一史では東西の代表たる日米二国が戦うという図式があったから、「亜細亜の統一」的精神をもつのは東の代表として戦う日本人のみに限っておいてもよかった。だが武断先行的にアジアの政治的統一が進められ（すでに崩壊の兆しもあったものの）、日米二国間でなく世界的大戦となってしまった今は、アジア的総力戦を図るためにその全体が同一の精神を共有せねばならなくなった。さらには彼らが日本への協力どころか「内憂」となり「敵」にさえなっているという現実が焦燥感を加え、「亜細亜の統一」「亜細亜は一つ」の新精神の創出とその実現が火急の要とされたのであった。

まずはこうした戦場アジアの人々に向けた精神工作上の意味があって「亜細亜は一つ」の新精神が求められたのだが、同時に、大川に固有の内外相即の思考原理に関わって用意されねばならない必然もあった。「大東亜秩序は雄渾無比なる政治的機構であります。然るに……大東亜秩序も……これに相応する精神によって基礎付けられねばならぬ」という必然である。[108]

「新東洋精神」を説いたラジオ講演の前年には東京で大東亜会議の開催があり（中国（汪兆銘政権）・フィリピン・タイ・満州国・ビルマ・日本の六カ国および自由インド政府のスバス・チャンドラ・ボースが参加）、大東亜共同宣言の発表があった。大川は「米・英・蘭の勢力は悉く東亜の天地から駆逐され、……米英の桎梏から解放された国々の代表者が、相集まりて」開いた大東亜会議を評価し、「この短き期間に於ける大東亜の政治的変化」をもって「ここに大東亜圏の政治機構は一応その根柢を置かれるに至った」、すなわち大東亜圏がその内実を整え終えたとの判断を示すことになった(109)。そうして彼のあの思考原則にしたがえば、単なる政治的共同体のみあって精神的共同体が伴わないということは認められない。一個の政治機構が大東亜に成立したと認識した以上は、これに対応する一個の共同体精神も創出されねばならないわけであった。

その論証

「新東洋精神」に付される意義役割は以上のようであったが、その内容はどういうものであったか。

大川の論述には特徴的に、日本精神であれ新東洋精神であれそれが「本然」的なものであることを、ひとつにはそれが過去すでに実現されていたとする「歴史的事実」の提示によって、さらには当該精神の本質的理念的な規定を行うことによって論証していくというパターンがある。「日本の本然」を語る日本精神論もこれにしたがって論じられていた。「東洋の本然」を語る新東洋精神論についてもその二点を拾ってみよう。

まずは、東洋が精神的かつ政治的統一をなした過去の「史実」の掘り起こしが、かつての中国(唐、宋)においてなされる。東洋では「支那及び印度の思想・文化の交流によって、早くも唐代には東洋文化の成立を見」、ついで宋代にも「宋学が印度を除く東亜全域の精神界を支配した」。宋学は「印度精神の精華ともいふべき華厳・禅・孔子・老子の諸教説、即ち印度及び支那の精神的主流が、宋儒の魂を坩堝として渾融せられたる」、いわば「東亜精神の総合であ」った。この思想が、キリスト教が中世ヨーロッパの精神界に君臨したごとく、インドを除く東亜全域の精神界を支配した(110)。これがアジア圏における精神的統一の「史実」である。

政治的な統一すなわち「大東亜圏」の過去あったことも語られる。当時、インドを除く東亜の全域は日本を唯一の例外として唐の支配下にあり、文化的経済的には日本もその影響下にあった。唐のこの政治圏をみれば「これは疑ひもなく一種の東亜共栄圏」であった。アジアの思想的統一も、政治的な大東亜秩序の建設も、「いま最初の実現の過程にあるものと考へ」るのは誤りで、「東洋の歴史において既に実現されて居った事実」だとできるのだ。(111)

つづいては新東洋精神の本質規定が行われねばならない。これはアジア諸域に認められる精神的文化的共通性を、その好対照たる西洋との比較によって大づかみに導き出すというやり方で行われた。それによれば、西洋は個人主義・進歩主義・戦闘主義・主知主義であるのに対して、東洋は家族主義・保守主義・運命論である。また主我的西洋が分別的特殊化的世界観をもつのに対して、没我的東洋は一元論的汎神論的世界観をもつ。以下同様に東洋の特性は、万代不易の生活理想・祖先の遺風信仰精神の継承、共同体原理・全体主義・差別または階級の承認・相互扶助と権威服従、人間の神格化と修行重視にあるとされた。(112)

大川が中国精神やインド精神に対してかつてなしたそれに比べると、東洋精神としてここに挙げられた内容は、抽象的で雑駁だという印象は否めない。だがそれは当時、政治的にも産業的文化的にも多様なアジアには東洋的と呼ばるべき世界または文化はないと主張する日本の学者に対抗して、「その表面の千差万別の奥に潜む、東洋的なものの有無を尋ね求」むべく最善を尽くしたものであった。「亜細亜は一つ」が再認識されねばならないときに不十分ながらも、「……而して事実東洋は存在し、随って東洋精神も東洋文化も存在するのであります」(113)と主張することがまず重要な第一歩になると考えられたのである。

(2) 日本優位を維持して——日本盟主論の微調整

新東洋精神論の〝分化統一〟的構成

ところが、「東洋共通の文化と理想」をこうして描き出した努力のあと、その舌の渇かぬうちに、大川はそれと矛盾するかのようなことを言明する。「東洋精神は明らかに根本的特徴を有し、その特徴はこれを西洋精神と対照する時に最も明瞭となるのでありますが、吾々は一面に於て此の同一性を認めると同時に、他面に於て諸民族精神の差別相をも無視してはならないのであります」。たとえば中国とインドとは「多面著しく地方的色彩を濃厚にして居」る、とかつてのようにそれを彼らの「固有精神」だと言ってのけるのである。[114] これはどういうことか。

新東洋精神論はアジアの共通性をいうが、これが過ぎれば日本の存在意義が弱まってしまう。「単一性」「同一性」を打ち出しながら「差別相」への言及も残しておく、それはこのあとに次のことを言いたいがためであった。「これを全体から見れば、支那の倫理と印度の宗教が合流して、単一の東洋を成して居り、その一如を実現して居るのが日本であります。……この東洋精神の両極が、実に日本精神に於て一つとなって居るのであります」。アジアは「単一」だがやはり「地方色」もかき消せないのであり、だからこそこれらを真に「一如」としている「日本民族の偉大がある」と言いたかったわけだ。単一のなかにも分化的局面は存する。分化的アジアをも残すからこそ中心統一たる「日本精神」がいまだ役割をもつものとして説かれ得る。統一は確固たる中心あって初めて可能となる、それは「東洋の総合的精神の生きた姿」たる「取りも直さず日本精神」でなければならないのだ。[115] 総合的精神の所有特権を全面的にアジアの他民族にも開放することは論外であった。こうして大川のアジア統一論は、分化あってこその統一をいう〝分化のなかの統一〟論のかたちをとった。

大東亜圏論の家族的秩序論

大川にとって日本精神の優位性は即、日本の政治的優位性に相応すべきものであるがゆえに、「単一」と「分化統一」とを二層に重ねる見苦しさが新東洋精神論にあったとしても、ぜひにもこれは堅持されねばならなかった。つぎにその、精神的〝分化統一〟に相応しているという政治的〝分化統一〟論が述べられるところをみよう(「大東亜圏」論)。

大東亜会議の開催が、東亜の政治的「単一性」すなわち大東亜圏の成立を大川に認識させたことについては先に述べたが、それに先立って圏内には南京政府の成立および日華同盟条約の締結、自由インド仮政府の成立があり、日本軍政下でのビルマ・フィリピンの「独立」承認等があった。こうした大東亜圏域内での諸民族の相対的自立と考えられたものが、右にいう政治的〝分化〟状況にあたっている。そしてつぎにはこの〝分化〟的状況のなかに盟主日本による〝統一〟の役割があてられる。日本国とこれらアジア諸民族との関係は、仁愛にもとづく家族的関係として図られるところの、「秩序」ある指導—被指導の関係であると大川が言うのがそれであった。

当時、日本国内には平等連帯的民族協和論をとる「東亜協同体論」や「東亜連盟論」が登場していたが、大川はこれとは異なり、東亜における日本の指導的地位を確然とする立場に立った。「秩序のあるところ必ず指導あり……若し指導・被指導の関係なく……成員の総てが平等の地位に立つ場合は、一日も安固たり得ない」と信じる大川は、「大東亜秩序も、それが秩序である限り、指導・被指導の関係を前提とする」、そうでなければ「秩序は紊乱せざるを得ない」という。圏内における非平等の関係をむしろしっかり自覚した上で、指導能力を鍛錬することこそ重要なのであり、「第三国の嫉視を緩和するために又は東亜諸民族の感情を顧慮するために、過度に謙譲を装ふこと」は斥けられるべきだとするのである。(116)

しかしこの指導—被指導の関係は、西洋の帝国主義的な主人—奴隷関係とちがって「愛情」つまり「仁」にもとづく家族的関係でなければならないという。「そは……圏内に於ける帝国主義的植民地的支配の存在を許さない。同時に圏内に於ける諸民族間の如何なる軋轢闘争をも許さない」。(117) いま奴隷の境遇に置かれつつある者にはまずこれに「自由を与へ」よ、そうして「自由なる亜細亜を一個の家族に形成せねばなら」ないと。(118) 日本がこのように「近世植民地的搾取政策を否定する」のは、政治は仁の実現だとする東洋精神に則っているからである、そして意識的無意識的に「東亜諸民族に対する深き愛情を抱いて居る」日本国民の、この「愛情」こそが日本を東亜の指導者たらしめる根本的資格をなしているのだと大川は主張した。(119)

それは圏内の民族関係を、西洋流の民族自決主義による個々単立的な形態ではなく、「磁針のつねに北を指すごとく」アジア諸民族が「日本を中心にわが高度の物質文化・精神文化に朝宗する」ような、方向をもち秩序の樹立された協同である。(120) このように政治的「大東亜」圏論において貫こうとされるのも東洋的な「本然」性であった。各民族は搾取なく「自由を与へ」られてそれぞれがその処を得るのだが（分化独立）、仁徳ある盟主日本に対しては上下関係ある親子としてこれに対するという家族的秩序論であった。

日本盟主論をその東洋性や道義性によって本然化＝必然化しようとするこの論法が独善に満ちていることは疑いない。ただここではそこに言われた親子関係論が先の新東洋精神論にみたのと同じ、分化統一的構成をなぞっていることを確認しておきたい。新東洋精神論と大東亜秩序論は、それぞれ精神文化的側面と政治経済的側面とにおいて、ともに分化統一の形式をとりながら相応じる格好をとる。この原則的な枠組のなかに日本を中心とする指導—被指導の秩序体制論も組み込まれているのだった。

ちなみにこのとき新東洋精神をめぐる議論では、そのどこにも天皇皇室への言及がないことには留意しておこう。「亜細亜的言行」の一文で大川は、積極的に亜細亜諸民族を日本に協力させるためには、日本民族自身が「亜細亜的に自覚し、亜細亜的に行動せねばならぬ」のに、今日の日本人の言行がよくもわるくも「余りに日本的である」こと、儒教や仏教をまで否定して、独り「儒仏以前」を高調讃美するような傾向あることをとらえて、これでは「亜細亜の民心を得る」ことができないと咎めている。東洋精神の議論から皇室をはずすのは、「徒に『日本的』なるものを力説して居るだけでは、その議論が如何に壮烈で神々しくあらうとも、亜細亜の心琴に触れ難く」「大東亜戦争のための対外思想戦としては無力」であるとした合理的判断からのものであった[121]。

7　小結——大川思想と宗教学

本節の冒頭で大川思想に最初期より存在した三つの特徴について述べた。これによって超国家主義イデオローグとしての壮年期大川の思想展開を追ってみるならば、(2)の尚武的国家主義が孕んでいた自民族中心主義の契機と、(3)の対外的関心のあり方が帝国主義的膨張を是とするそれに引き寄せられていく過程のなかに、(1)の宗教的人格主義や宗教学的教養の指向する普遍主義や霊性的ヒューマニズムが妥協的に統合されていく過程としてそれを描くことが可能であると思う。ここではさいごのまとめとして、以上に述べてきたような大川思想の諸相中に、彼に内面化されていた宗教学的思考の特徴がどう現れていたかという観点からの整理を試みたい。

日本主義と宗教学的教養

大川の宗教学的教養は天皇に関わって忠君宗教論を生み出し、宗教的人格主義の理想は、日本精神論における民族的で道義的な政治主体論として展開された。大川にはこのように、その政治的思惑を宗教学的教養やその理想主義的な枠組と調停させようとする努力がつねに見受けられた。このことが、大川の政治思想が他の日本主義者・超国家主義者と異なっているという指摘にもつながっていくわけである。だがそれは逆にいえば、大川の日本主義的主張が不徹底であるとの同志からの批判を招くことにもなったのだった。

たとえば大川においては、家族国家論的「日本的宗教」の他の諸宗教に対する絶対優位がいわれることはなく、普遍的宗教中に数あるなかの一つとして論じられていたことを指摘しておいた。国体論を吸収していく過程で、日本的宗教を特殊的絶対的なものと論じ切って普遍性への傾斜を取り除くことができれば、大川は真個の日本主義者となることもできたはずだったが、それはなかった。彼は宗教学的相対主義の枠内にとどまり、宗教をみる普遍的視点において忠孝をその下に配置することの方を選んだ。日本的潤色がなされてはいくものの、宗教や精神文化に対する基本的態度はシュライエルマッヘルらの宗教哲学や宗教学の枠組を軸として一貫しており、忠孝論や天皇信仰論も基本的にはその応用としてしか存在しなかった。

日本精神論や「天の益人」論にみたのもこれと同様である。それはけっきょくは宗教学における、自我実現宗教の理想や無限絶対者を裡に抱いた神聖人格という観念を、日本的に色づけしたものに他ならない。この自我実現主義はただし教養的内省にとどまるそれとはちがい、客観的現実への積極参与が重視されて政治的主体の称揚に向かう特徴があった。世界の道義的統合という目標に対して大川は、メシア天皇を奉戴してこれに絶対依頼するという「他力的」信仰を打ち出すよりは、その実現者として、「天の益人」たる日本民族の主体的な働きを唱道していった。この意味でも大川の国体論は他にくらべて、天皇親政主義において不徹底になりがちであった。

また大川の場合、その政治的活動や国士的生活信条は、宗教的に意義づけられていたものの、もっぱら神道にのみ関連づけられていたわけではなかった。この点で、同じ宗教学的出自をもちながら大川とちがって、神道宗教を主軸にしながら国体論と宗教学的人格主義の結合をはかった加藤玄智との対照は興味深いものとなろう。

民族的本然主義と宗教学的考究

大川における宗教学的な発想はまた、大正期より昭和戦中期まで一貫してみられたところの、各宗教伝統をもって民族把握の根底とするという傾向にも顕著に現れていた。日本精神であれインド精神であれ東洋精神であれ、民族的本然主義と先に呼んでおいた思考法が大川には顕著であったが、この民族の「本然」なるものがどこに求められていたかといえば、社会経済や地理歴史文化にというよりはほとんど原理的に宗教的精神伝統に求められようとされた。しかもその考究の仕方が、現地調査や史的研究をふまえて捉えていくというのではなく宗教的古典の研究にもっぱら基づいていた点、文献に面前して日々を費やした宗教学研鑽時代の手法からほとんど一歩も出ていなかった。

民族的本然主義とは、くり返せば、共同体（国家、民族、アジア圏……とその単位は変化しうる）の個性同一性を超歴史的本質ごとに宗教的精神的なそれに求める態度であり、その本質の回復を掲げて求める政治的規範論であり、スローガンであった。ある民族なり共同体について考えたり論じたりするときの大川の原理主義的スタンスはここからきていたわけだが、高楠がヨーロッパで仕込み、大川に授けた仏教学的手法との関係でこれを理解することができる。本然主義になる大川のアジア復興論は、文献（宗教古典）による宗教理想（本然）の構成と、これを規準とするところの現実の宗教的アジアの計測ならびに批判（起源から離れ、純粋さの欠落したそれとして）にその際立った特徴がある。一九世紀のヨーロッパに成立した仏教学は仏典研究をもとに遠い地の仏教なるものを描き出そうとする試みであったが、その結果、文献によって組み立てられた仏教像が本来的な仏教と確定され、これに合致する仏教が現実には存在しない以上、現実の仏教はそれだけ堕落したものと捉えられるようになったという。[122] 近代仏教学の文献学的アプローチに倣い、構想された大川のアジア主義もまた、この原理的態度と帰趨において斯学に一致するものになっているのである。

ある民族なり地域圏なりの宗教的精神伝統に対する原典主義的な思索をもとに、そこから演繹的に立ち上げた規範を即政策論化していくという特徴的な大川の姿勢は、「大東亜圏」の設定に関しても現れている。大川は大東亜圏にインドを含め、かつ西アジア（アラブ、トルコ、イラン）のイスラーム圏を除いているが、これは西アジアを含めて「亜細亜は一つ」とした天心とも、東南アジアと南洋を重点化する政府の解釈とも異なっていた。日本に集約されているとするところの大川が考える精神的アジアの範囲は、日本・中国・インドを中心にその精神的影響下にある地域を加えた範囲、イスラーム西アジア圏を除くがインドまでを含めるもので、当該地域の宗教的精神伝統についての考察により導出されている（日本人の宗教的感性にはインド的宗教性が深く根づいて不分離だが、イスラームからはまだ遠いという学的かつ直観的認識）。それは刻々の戦況や政府の解釈とはひとまず離れたところでの大川自らの考究による、超歴史的宗教精神をもといとする本然主義的な判断、宗教学的教養にある意味で忠実に従ったところでの設定であったといってよい。

なおイスラームをここで外したのは、このあと未来の世界史的段階に関する大川独自の構想も絡んでいる。宗教的文化的に東洋と西洋の両方にまたがる特徴を有すると考察されたイスラームに、大東亜戦後の次なる世界史的段階の主役級の地位をあてがう構想を大川はもっていた[123]。いずれにしてもここでもまた宗教的特性を判断の主材料として世界の動きを捉え、予測し、あるいは導こうとする、大川の典型的思考パターンが現れていることが確認されよう。

武断的日本盟主論と宗教学的「帰一」の理想

アジア主義、日本精神であれ、「大東亜」の戦争理念であれ、その説かれる内容は総合的日本文明論に基づいていた。明治半ばまでには宗教学者とその周辺に持ち上がり、早くから大川も受容していた、諸教混融の場としての日本とか、世界諸文明の総合に日本人が役割をもつはずだといった考え方である。大川の大学卒業前後には姉崎正治が三教会同に尽力し、宗教の帰一を掲げる帰一協会を旗揚げするなど、東大宗教学はこの理念の実現をめざす推進勢力の一つとなっていた。この流れを受けつつ、天心思想からの刺激や親交したフランス詩人ポール・リシャール（一八七四―一九六四）

の激励にも力を得て、日本文明における「帰一の精神」や「複雑の中に存する統一」の実現を大川も唱えていったのだった。

総合的日本論が提供してくれるのは、「日本」に定位しながら普遍性総合性世界性においても進展しゆくことができる、日本主義と普遍主義とを両立させたい向きには好都合の自己像である。それは大川が、アジア解放論や世界救済論を自民族中心的に述べていこうとする際のまたとない論理となった。ただし先人たちの日本総合文明論と、大川においてアジア解放―世界統一の政治的使命と結び合わされたそれとの間には一定の懸隔がある。

天心やリシャールそして宗教学がいうアジア的総合とか世界的総合・東西調和といったものは、あくまで日本文明自身の完成を期するもの、まずは国内で遂行される精神的課題として示されるものであった。これを大川は帝国主義日本と海外の政治的文脈にそのまま移し替えて説いた。総合完成者としての日本の役割を国際政治論に置きかえて、アジア独立における日本盟主論の主張、帝国主義日本の世界的勝利に向けた鼓舞となった。

天心のいう日本的総合は海外膨張的な日本特権論ではなく、正倉院に象徴されるような国内集約保存的な日本特権論であった。各民族運動の精神的支えとして東洋精神に依拠したアジア連帯があってよいとの発想がたしかに天心にはあり、大川の独善的アジア主義につながるような考え方が見え隠れすることもあったが、民族復興は外部支援に頼ってはならないことが強調され、盟主日本を戴く解放運動がいわれることもなかった[124]。また宗教学の「普遍宗教」とか「宗教帰一」の論理にいう、その「普遍」ないし「帰一」とは精神上思想文明上のそれを指し、政治的な含意をもつ場合でも、精神的協調の上に可能となる国内諸教諸派の共存や合同をいうのがせいぜいであった。ところが大川の場合ではそれは、武力をともなうことも辞さない対外的政治的な「総合」や「帰一」をじかに指すものになった。宗教学もリシャールも宗教的総合や文明的調和が日本で達成されるだろうとは言ったが、政論上の日本主導や他民族の政治状況に連動させるものではなかった。姉崎を中心に、宗教学の普遍志向や国際性は大正期には国際協調や平和運動とむしろ結びつく傾向があった。リシャールも日本の帝国主義的展開や、政治化した日本総合文明論の偏向に対しては警鐘を鳴らす方の側にあったのである。[125]

国内で遂行される世界文明の総合完成という理想と、海外の舞台で戦火を交えてでも実現されるべき政治的文明的統合という考え方との間にはこうした無視できない懸隔がある。ときによる理念の強引なこじ付けをもってこれを主張したことよりみると、帝国日本の領土的野心への共鳴が大川では先行しているのであって、その後づけとして総合理論を用いたにすぎなかったのだとさえ言いたくなる。平和的国際協調論に対抗するため大川は新たに、「人類の文化は東洋と西洋との対立・抗争・統一によって進められて来た」とのソロヴィヨフ理論を探し当て、加えていった。[126] 道義的世界統一に最終的には到達するのだが、その過程では「善戦戦闘」の手段をとらざるを得ないのだという戦争必要論がここから引き出された。政治的統一への大川の固執にはまた、精神=政治の一元的実現を原理とする発想も抜きがたく関わっていた。世界の精神文明統一は世界の政治的統一の実現でもなければならない、その実現の一環として近代日本の対外侵略を理想化する方向に大川は進んだのである。

日本文明に付された特権的意識は宗教学のものでもあったが、大川は戦争史観的文明統一史論としてこれを進展させた。「大東亜」戦争時にはそれは、アジア諸民族の犠牲を道義化するまでに増幅されていったのだった。

「人格的生活」の実践と自己救済

戦前戦中をとおして多大な影響を日本人に与えた大川の人生の、大川自身にとっての意味は何であったのかを問うとき、それは日本人を巻き込み、アジアや世界を巻き込もうとして行われる大川自身の宗教的生活であったと答えられるように思う。

大川はその宗教的自叙伝たる『安楽の門』において、大学時代に学んだのは、キリスト教徒や仏教徒にならずとも、天と一体化すべく天業を享けた自己に忠実に生きれば、みな「真実の宗教人」といえるのだということだったと述べている。[127] 大川は、以来、どの宗教にも属することをせず、祈禱をなし断食をなし礼拝をなす成立宗教に代わって世俗中に宗教的生活をおこなうこと（「人格的生活」）を理想とするようになった。脱宗教的人格主義的な自我実現教は宗教学の人々が奉じた理想であった。姉崎はその指導学生たちに向かって、この理想に奉じるのに研究者になる道と実践者になる道の二つがあると述べていた。大川は研究者と実践者の生活に片足ずつを置いて過ごし、政治活動家となって以降もそれは変わらなかった。大川の生き方は宗教学的人生理想を奉じる生真面目な一例であったとできる。

この信仰生活は、遡れば五高時代に小楠より学んだ「事天の途」に倣ったものであった。事天の生活とは大川によれば、誠なる人間が、知識により把握される対象の本然性に対し、意志の力でそれを実現させる生活のことである。対象把握は彼の場合には何より宗教学的教養と不可分であったから、「事天」の最終的内容は宗教学が指し示す世界認識すなわち文明統一の実現を図ることとして定められた。目の悪かった大川はこれを自ら軍人となって遂行することはかなわなかったが、その背後にあって彼らを動かす策士となり、また国家がこれに合したとみえるようになった後は、国民を鼓舞するイデオローグとして最大の働きをなした。こうした国士的活動は大川にとって、「真個の敬虔は……天の賦する所を存養し……天の命ずる所を奉順し、……道を尽して、只管天工を亨けることが、真個に天に事へる途である」ことを念じておこなう宗教的生活そのものであった[128]。

そしてこの生活はただちに、此岸に「安心」を求めて、「その努力によって……自分の力で不安や煩悶を退治する」自力救済の修業であった。敬慕する大西郷に「此処まで来い」と招かれて、「其処まで歩いて往くのは取も直さず私自身の脚である」と自己を叱咤し、「安楽の境地」をめざしてどこまでも歩き続ける生活である[129]。大川は霊魂の不死、死後の安心といった観念を放棄して、「前世今世後世の三段」はすべてこの此岸にあり、天に事えれば「栄辱死生の欲に迷ふこと」がない、「如何なる困迫の中に在りても……憂色な」くなるとする此岸的な「永生」観を選択した[130]。キリスト教や印度哲学を経てのち行きついた事天の国士的活動はそのまま、「紛ふべくもない道徳的努力」による克己の道、「安心」を勝ち取るための自己救済行なのであった。

大川が、じつは自分が、この自力的な自我実現教とは別に、「悲母教ともよばるべき宗教」によって深い安らぎと慰めを得ていたのだということに気づくのはすこし後のことであり[131]、はっきり認めてそれを口にするようになったのは戦後であった。昔から思慕し信頼してきた我が母が最初から自分の「本尊」であった、完き慈愛をもって抱擁してくれる母から終始「安心を与へられ」てきた、これこそ長年にわたって求めてきた自分の「宗教」であることを悟ったと大川は言った。大西郷のように「此処まで来い」と私を招くのではない、母自ら私のところにきてくれる、ただ呼ぶだけでよい、「私は母親を念じて一生を安楽に生きて来た」のだったと彼はこのとき認めたのだった。(132)

だがそこに至る前、至高の宗教として念じ、「安心」を欣求して大川が実践躬行につとめたのは手前勝手な「事天の途」、他に盲目の自我実現教であった。そのために行われる大川の言動が、そこに是非なく関与させられる／させられようとした人々にとってどのような意味を持つのかは、この宗教の想達外に属する事柄である。そこに彼自身をふくむ日本とアジアにとっての不幸もあった。

(1) 大塚健洋『大川周明　ある復古革新主義者の思想』(中央公論社、一九九五年)一九七頁、松本健一『大川周明』(岩波書店、二〇〇四年)など。
(2) よく顧られてきた大川研究として、竹内好「大川周明のアジア研究」(『近代日本思想大系21　大川周明集』筑摩書房、一九七五年)、栄沢幸二『日本のファシズム』(教育社、一九八一年)、大塚『大川周明』、清家基良『戦前昭和ナショナリズムの諸問題』(錦正社、一九九五年)、刈田徹『大川周明と国家改造運動』(人間の科学社、二〇〇一年)、松本『大川周明』などがある。
(3) 大川自身による回顧のほか、おもに橋川文三「解説」(『近代日本思想大系21　大川周明集』筑摩書房、一九七五年)、大塚『大川周明』による。
(4) 大川周明『大川周明日記』(以下『日記』、岩崎学術出版社、一九八六年)四一頁、明治三六年一二月二〇日の条。また同年九月一一日の条で、人格発展の倫理説について触れている(同一一頁)。
(5) 小楠の一節を借りて述べた大川論文「不浄の真金を如何す可き乎」(『龍南会雑誌』一一六、一九〇六年五月、大川周明関係文書刊行会編『大川周明関係文書』(以下『文書』、芙蓉書房出版、一九九八年、に収録)三六—三七頁。人間は神に与えられた才に応じて「果すべき或る義務」を有し、その「務むる所に専念懸命なれば……完全なる個性の発展を遂げて宇宙大霊の一部」となり、「聖なるものになる」。それは義務であり権利であり、理想であるとも(大川周明「吾個人主義者也故に社会主義者也」『新紀元』八、一九〇六年六月、『文書』に収録、四六—四九頁)。以下『文書』に収録された文章の引用はすべて同書による。
(6) 「所謂奇跡。神力ナル物」については、当時流行の催眠術書を読んで合理的な解決をつけた(『日記』七〇頁)。

(7)中学校・正則学校時代の日記中。五高時代の日記は欠如している。

(8)『日記』六〇頁。

(9)旧庄内藩士が西郷より聞いた訓話をまとめた『南洲翁遺訓』(明治二二年)によって、庄内藩の子弟は教育されたが、これをまとめたのは大川の下宿先の隣人・赤沢源也であった(大塚『大川周明』二二頁)。小楠については、五高時代に幾度となく閑村にあるその墓前に参じ、寮禁をやぶって、深夜から黎明まで墓前に座したこともあったなど心酔ぶりについてのエピソードがある(刈田『大川周明と国家改造運動』一四—一五頁)。

(10)大川周明「羅馬の名将レギュラス」(『文書』に収録)三二—三三頁。

(11)大川入学時の文科大学は哲学科・史学科・文学科の三学科で構成され、哲学科のなかに「宗教学」や「印度哲学」を含む複数の「受験学科」(卒業試験のための選択学科)が設置されており、大川は宗教学を選んだ。「受験学科」は明治四三年の制度改正で「専修学科」となる(本文では「宗教学科」に統一)。

(12)肺結核について大川周明『安楽の門』(出雲書房、一九五一年、同『大川周明集』筑摩書房、一九七五年、に収録、引用は同書による)二八四頁、では「大学に入った年の暮」となっているが、ここでは大川周明全集刊行会編『大川周明全集』(以下『大川全集』、岩崎学術出版社、一九六一—一九七四年)の「年譜」の記述に従った。

(13)大川『安楽』二七六頁。

(14)大川周明『宗教原理講話』(以下『原理』、東京刊行社、一九二〇年、『大川全集』三、に収録)四六三—四六四頁。以下『大川全集』に収録された文章の引用はすべて同書による。

(15)大川周明(白川龍太郎名による)「宗教的生活」(『道』一二三、一九一〇年三月)九頁。

(16)大川周明「日本教会とは何ぞ」(『道』四三、一九一一年一一月、『文書』に収録)七一頁。

(17)大川『原理』四八五頁。

(18)東大在学中から卒業後のしばらくまで大川が研究熱を傾けたのは、おもに印度哲学およびイスラームであった。キリスト教は既知であったし、儒教への関心も漢学の素養の上に五高時代には完成されていたから、大学ではこれら以外の宗教も万遍なく学ぼうということだったかもしれない。

(19)キリスト教は彼の眼中になくなったわけではなく、『宗教原理講話』でもアジアの諸宗教と同等に尊ばれている。ただしそれは神人同格教的=自我実現的な自己聖性を称揚する一宗教として把握されたキリスト教であった。

(20)「高楠博士は、予が自己の『本然』と訳せる Dharma を『本務』と訳し、アンニ・ベサント夫人また之を Duty と英訳して居る。さり乍ら予はアラビンダ・ゴーシュが之を Law of one's own being と英訳せるの最も適確なるを思ふ。かく訳してこそ、此の一節は初めて奕々たる神采を帯ぶ」(大川周明『亜細亜建設者』第一書房、一九四〇年、『大川全集』二、に収録)四一四頁。オーロビンド・ゴーシュ(1872-1950)は元民族運動家でヨーガに目覚めた後、ギーターからの影響をつよく受け、ヴェーダーンタ哲学の先人ヴィヴェカーナンダを慕ったインドの哲人、ヨーギーである。「自己本来の面目」の訳は大川周明『国史概論』(行地社、一九二九年、『大川全集』一、に収録)による。
(21) 大川周明(白川龍太郎名)「神秘的マホメット教」(『道』二五、一九一〇年五月)。
(22) 大川『文書』一一四―一一八頁。
(23) なお大川周明『宗教論』(未完)の目次をみると、冒頭に「人格的生活の原則」をおき、「宗教の進化」と「東西に於ける覚者の出現」を述べたあと、キリスト教(近代に変遷したそれ)とイスラーム神秘主義と仏教(般若経にも一章をあてがう)とを順次扱い、宗教の構成要素たる「教祖・教法・教団」の解説の後、「人生に於ける宗教の意義」で締めくくる構成をとっている。本文の記述じたいは『原理』からの流用が多いが、目次構成では前著に比して明快に、人格主義的宗教理想の観点によった体系的構成がめざされていることがわかる(『大川全集』三、に収録、二九八頁)。
(24) 大川周明『中庸新註』(大阪屋号書店、一九二七年、同『道――大川周明道徳哲学講話集』書肆心水、二〇〇八年、に収録)八二頁。引用は同書による。
(25) 下田正弘「近代仏教学の展開とアジア認識」(『岩波講座「帝国」日本の学知3』岩波書店、二〇〇六年)二〇四―二〇五頁。
(26) 栄沢『日本のファシズム』一二四頁。
(27) 大塚『大川周明』六〇頁。
(28) 岡倉天心「東洋の理想」(同『東洋の理想　日本の覚醒　東洋の覚醒』平凡社、一九八三年、に収録)一三―一五頁。
(29) 同右、一二七頁。
(30) 天心の「東洋の覚醒」(岡倉『東洋の理想　日本の覚醒　東洋の覚醒』)一七七頁、には、好戦的なアジア文明理解・日本理解がある。西洋のアジア支配に対して、ギーターやコーランのごとくの聖戦の精神がアジアにあることを思い起こし、「愛国心の組織的な昂揚と戦争にたいする計画的な準備あるのみ」「子供部屋と学校の教室でいにしえの戦いをくりかえし語り聞かせよ。……復讐と救国の熱情に胸を燃やすように」と呼びかけている。
(31) 松村介石伝編集委員会『松村介石』(道会、一九八九年)二頁。
(32) 鈴木正節「道会と大川周明」(『武蔵大学人文学会雑誌』一七―一、一九八五年)。大川の道会との関わりは長く、かつ深いものだった。機関誌への寄稿をみると、大川は『道』『道話』『真心(のち養真)』の三誌に、計二五〇本以上もの論稿を執筆している(大塚『大川周明』五三―五四頁)。『道』への寄稿は明治三二年から昭和六年までの二二年間にわたった。満鉄に正規職を得ると同時に猶存社を結成し国家改造主義者に転じていくのが大正八年、拓殖大学教授を兼任するのは翌九年だが、執筆数でいえば大正八年が最も多く二六篇、翌九年も一七篇で、編集同人には昭和元年まで名を連ねていた(鈴木「道会と大川周明」五四頁)。関わりかたは浅くなっていくとはいえ、四〇歳代の半ばまで道会との関係は存続していた。
(33) 大川『安楽』二八七頁。

(34) 同右、二八七—二八九頁。
(35) 同右、三〇二—三〇六頁。
(36) 大川「日本教会とは何ぞ」七一頁。
(37) 南豫文化協会主催の夏季大学講演ではじめて明らかにされ、大正一五年に『人格的生活の原則』（以下『人格的生活』）として東京宝文館から刊行された（大川『道』に収録）。引用は同書による。
(38) 誠とは「純一無雑」ということで、「我々の精神が他のものに累はされずに、さながらの姿を以て動くことこれが誠」である。この誠が三方面に表れてはじめて三つの正しい関係が実現されると述べている（大川周明『日本及日本人の道』（以下『日本人の道』）行地社、一九二六年、『大川全集』一、に収録）三五頁。
(39) 大川『人格的生活』六三頁。
(40) 大塚『大川周明』五六頁。
(41) 道会の「霊魂の不死」は、大川入会ののち「人格の不死」への言い換えもみられたが（松村介石『道会の信仰』東方書院、一九三四年、一一頁）、昭和に入っても「霊魂の不滅と霊界の存在とを否定する能はず」との考え方は道会に残った。
(42) 大川『原理』四八五頁。
(43) 大塚『大川周明』五九頁。
(44) 大川周明「日本文明の意義及び価値」（『大陸』三、一九一三年九月、『文書』に収録）八五頁。
(45) 鈴木「道会と大川周明」七三頁、大塚『大川周明』八八頁。
(46) 鈴木「道会と大川周明」七〇—七一頁、大塚『大川周明』五七—五八頁。
(47) 大川周明『復興亜細亜の諸問題』（以下『復興亜細亜』）、大鐙閣、一九二二年、『大川全集』二、に収録）。
(48) 同右、一九—二〇頁。
(49) 大川『中庸新註』一五〇頁。
(50) 同右、一五八—一五九頁。
(51) 同右、七三頁。
(52) 東洋協会刊行の冊子「ガンディ出現」が初出、『亜細亜建設者』に収録、『大川全集』二、に再録、四一一頁。「結果でなく行動を求めて足を踏みならし……永久に戦いつづける」ギーターのクリシュナや、「どの頁もつねに剣の閃光によって輝いている」コーランにふれ、栄光の聖戦を起こすべきと説いた天心の影響も大川にあるが（岡倉「東洋の覚醒」一七七、一八一頁）、戦闘的なギーター理解はとくに、民族運動のさなか、「人間は一切の成敗を超越して、神聖なる英雄的行動に終始す可き」「行の哲学」を説いてインド青年に猛烈なる実行的意志を鼓吹したオーロビンド・ゴーシュからの影響が大きい（大川『復興亜細亜』五二頁）。一方で、崇高な人格者の一人と大川がみとめるガンディーが、同じギーターによりつつ非暴力を説いたことについては曖昧を免れない。これについて大川は「其の戦いが武器の力を以てすると、魂の力を以てするとは、政治運動たる上に些かの本質的問題でない」と述べていた（大川『亜細亜建設者』四四二頁）。
(53) 大川周明『日本的言行』（行地社、一九三〇年、『大川全集』一、に収録）三三五頁ほか。
(54) 「中庸」やギーターの説く「本然の性」論を、民族的国家主義的に読み替えた「興国運動の原理」は、『復興亜細亜』や『日本精神研究』を経て『日本的言行』（昭和五年）において明確にされた。
(55) 大川周明「国史による日本精神の把握」（『日本的言行』）。
(56) 同書は、社会教育研究所での教育に関わって大正一三年より刊行し始めた小冊子を後にまとめたもので、昭和二年に初版、同五年に改正版が出、以来、版を重ねて青年愛読の書として普及した（『大川全集』一、一〇七頁）。同書に取り上げられたのは、横井小楠・佐藤信淵・石田梅岩・平野国臣・宮本武蔵・織田信長・上杉鷹山・上杉謙信・源頼朝である。
(57) 大川周明『日本精神研究』（行地社、一九二七年、同『大川周明集』筑摩書房、一九七五年、に収録）一四〇頁。引用は同書による。
(58) 同右、一二〇—一二二頁。
(59) 同右、一一八頁。
(60) 国家改造に関わる大川の活動は、大正七年結成の老壮会を起点とし、翌八年結成の猶存社で北一輝を引き入れて本格化する。猶存社解散後の大正一一年、大川は社会教育研究所で青年指導者の養成をおこなう一方、同一三年に結んだのが行地会（翌年行地社）であった。
(61) 大川『大川全集』四、四五三頁。
(62) 大川周明『日本二千六百年史』（第一書房、一九三九年、『大川全集』一、に収録）七一八—七一九頁。
(63) 大川周明『日本文明史』（大鐙閣、一九二一年、『大川全集』四、に収録）四三三頁。
(64) 大川『日本的言行』三六二頁。
(65) 国家改造のための③④⑤の三項目は、ドイツの神智学者ルドルフ・シュタイナーからアイディアを得て大川が説いた、三領域論からなる「国家的生活の原則」の内容に相当する。それは国家の組織制度を精神的・政治的・経済的生活の三領域に分け、それぞれに自由・平等・友愛を実現することを説くものであった（大川『日本人の道』）。
(66) 大川周明『印度に於ける国民的運動の現状及び其の由来』（私家版、一九一六年、『大川全集』二、に収録）五三五—五三七頁。
(67) 同右、五三五頁。
(68) 大川『日本的言行』三六二頁。
(69) 昭和二年の論文、大川周明「維新日本の建設」（『大川全集』四、に収録）四六九—四七〇頁。
(70) 大正一〇年の大川『日本文明史』四二七頁。
(71) 大川の軍部との接触は道会時代に始まるが、のちには大川の側から接触をつよめた。大学寮や行地社には八代六郎や荒木貞夫のほか参謀本部以下の現役将校らが出入りし、陸軍大学校教授の地位をねらっていた大川からも参謀本部と教育総監部へ出向した。
(72) 栄沢『日本のファシズム』五一頁。

(73) 昭和五年の大川『日本的言行』三六六頁。同書やまた同四年の『国史概論』に、平泉の大川への影響がみてとれる。大川から平泉への感化もあった。多くはないが、たとえば、「亜細亜」主義を唱えた昭和八年の平泉の論文「武士道の復活」は同一の字句文言、筆調とも大川のそれに極めて似通った部分がある。戦後を含めて、二人の交流は生涯に及んだ。
(74) 平泉澄「国史学の骨髄」(一九二七年、同『国史学の骨髄』至文堂、一九三二年、に収録) 一三頁。
(75) 神武会は、「神武建国の精神を宣揚し、誠忠を皇室に誓ひて神聖なる国体を無窮に護持し、天業を四海に恢弘するの覚悟」をもち、有色民族の解放と指導、世界の道義的統一に邁進することを主義とし、国内組織の改造(かつての行地社綱領③④⑤)においても、「日本建国の精神」「天皇親政」「一君万民」を指導精神に掲げた(大川周明「吾等の志」、『大川全集』四、に収録、六二五頁)。ほかにも、敬天・愛人・克己を三種の神器の三徳(智仁勇)に重ねてみせる、「人格的生活の原則」の国体化日本化も試みられた(大川『中庸新註』六四頁)。
(76) 天皇尊崇の念を大川が表明した早いものに、明治「大帝」崩御の興奮冷めやらぬときの、「総ての日本人は天皇によりて統一せられたる国家の中に於てのみ存在の価値がある」との言葉があるが、よくこれをみれば、皇室の力は「見えざる所に働らく」とか、皇統無窮の理想を抱くことで国民のなかに発揮される「力」が重要だといったような抽象性、象徴性を免れなかった(大正二年「日本文明の意義及び価値」八七—八八頁)。
(77) 平泉澄「日本精神」(一九三〇年、同『国史学の骨髄』に収録)。
(78) 大川『日本精神研究』二二一—二三七頁。
(79) 政教分離に近いこの領域論はただし、大川が一方に述べてきたような、外面と内面の相即をいう反二元主義に背反しているともいえる。この点に限らず大川の政治をめぐる思想は恣意的に編まれていったところがあり、大川思想が理念先決的であるという従来の評価については再考の余地がある。
(80) 同書に扱われた九人のうち、尊皇心のもっとも際立つ人物は平野国臣であったとできるが、ここでも国臣の尊皇的側面には合理的な解釈が施されている。国防上に国民精神の統一が求められる、その拠り所が皇室であるとするもので、安民安国を観点としているという意味では頼朝論に通じていた。
(81) 井上日召の証言による。本書第6章参照。
(82) 大川『日本人の道』四六—四七頁。
(83) 大川『安楽』三一八—三二一頁。
(84) 大川『国史概論』四三二頁。
(85) 同右、四二三—四三三頁。
(86) 同右、四三三頁。
(87) 大川『人格的生活』三三—三四、六一頁。

(88) 大川『国史概論』四二三頁。
(89) 大川『日本人の道』四九—五〇頁。
(90) 孝—忠の情が信仰でなければならないとしたのは、生母に対するつよい敬愛の情が大川の原宗教的体験となっていたことも大きい。大川は自身の生母崇拝に学的基礎づけをもとめて、神すなわち在上者の観念を最初に人に与えるのは父母であるとするソロヴィヨフ哲学を取り入れて「敬天」論に完成させていった。個人的経験による孝の宗教論を出発点に、日本的宗教論を成立させようとしたところに、家族国家観をなぞった忠の宗教観が導き出されたのである。
(91) 大川『人格的生活』六一頁。
(92) 大川が、普遍的宗教観を有しながら、天皇への特殊的信仰について大きな抵抗感なく論じることができたのは、まさにこれゆえであった。すべての信仰に本質における共通性を認める相対主義が成立しているからこそであった。このような大川の論は批判の対象となった。本書第6章で後述する。
(93) 大川『人格的生活』六〇—六二頁。
(94) 大川『安楽』三四七頁。
(95) 大川は、佐藤信淵や西郷隆盛らの言葉に拠りながら、明治維新の延長上にこの戦争を位置づけ、アジア主義は近代日本の偉人の精神中にすでにあったとこれを「本然」化し、アジアにおける日本盟主論を正当化した。
(96) 大川周明『大東亜秩序建設』(以下『秩序』、第一書房、一九四三年、『大川全集』二、に収録)七七六頁。
(97) 大川周明『米英東亜侵略史』(以下『侵略史』、第一書房、一九四一年、『大川全集』二、に収録)七六六頁。
(98) 大川『秩序』八三八頁。
(99) 大川周明『新東洋精神』(以下『新東洋』、新京出版、一九四五年、『大川全集』二、に収録)九七八頁。
(100) 大川『侵略史』六九〇頁。
(101) 大川『新東洋』九八一頁。
(102) 大川『秩序』八〇四—八〇五頁。
(103) 昭和二〇年出版の『新東洋』にあっても、アジアの精神的覚醒について大川は、「政治的独立なくしては、魂の自由もあり得ない」、国を滅ぼされることは人格的生活の根底を砕き去られることであって「堪へ難き屈辱であり、限りなき悲哀」だと書いている(九四七頁)。
(104) 大川は、中国の孫文・蒋介石を、アジア復興の英雄(アブドゥルアズィーズ・イブン=サウード、ケマル・アタチュルク、レザー・パフラヴィー、ガンディー、ネール)を取り上げた『亜細亜建設者』(昭和一五年)中から除いていた。おなじ英雄であっても、日本に反旗を翻す民族の英雄に対しては評価は反転されるのである。
(105) 大川周明「アジア及びアジア人の道」(以下「アジア人の道」)は、大川周明ほか『復興アジア論叢』(国際日本協会、一九四四年)に掲載された後、『新東洋』に収録された。

(106) 大川『新東洋』九五〇、九八二頁。
(107) 同右、九八一頁。
(108) 同右、九五〇頁。
(109) 同右、九四九頁。
(110) 同右、九五二頁、大川「アジア人の道」九八七頁。
(111) 大川「アジア人の道」九八七頁。
(112) 大川『新東洋』九五五―九六四頁。
(113) 同右、九五一、九五四頁。
(114) 同右、九六四頁。
(115) 同右、九七八―九八〇頁。
(116) 大川周明「指導能力と指導権」(一九四三年一〇月、『新亜細亜小論』、『大川全集』二、に収録) 九一八頁。
(117) 大川周明「東南協同圏確立の原理」(一九四〇年一二月、同右、に収録) 八八一頁。
(118) 大川周明「亜細亜の組織と統一」(一九四一年二月、同右、に収録) 八八四頁。
(119) 大川周明「大東亜戦争の原理」(一九四二年八月、同右、に収録) 九〇一頁。踏み込んで大川は、搾取を否定するには日本国内の経済機構に一定の改革が必要であるとしている。もし国内に戦前と変わらない機構が存続するならば植民地的搾取を拒否することができず、大東亜戦を真に意義あらしめることができなくなるからと。
(120) 大川周明「大東亜新秩序」(一九四二年五月、同右、に収録) 八九八頁。
(121) 大川周明「亜細亜的言行」(一九四三年九月、同右、に収録) 九一七頁。
(122) 下田「近代仏教学の展開とアジア認識」一九〇頁。
(123) 東西両洋を架け橋するものとして中東イスラームに期待をかけ、注目したのは当時大川をおいて他にはなかった。ただし世界統一に向けたこの次なる段階で日本盟主論を放棄するつもりはなく、このときまでに日本精神はイスラーム精神をも吸収咀嚼したところの巨大な世界精神にまで進化してあるべきと大川は考えていただろうと筆者はみている。大川のイスラーム研究への執心やコーラン翻訳の宿願はそうした点からもみるべきではないか。
(124) 天心には以下のような、アジア民族間の支配―被支配関係をめぐる曖昧性、日本を剣の文明に譬えるかのごとき認識があり、その延長として武力による盟主日本のアジア支配という考え方が生まれてくる素地はあった。それによれば、われわれの社会は西洋人による征服は堪え難く思うが、「アジア的支配にたいして[は]痛痒を感じない」。タタール人は中国人に吸収され、回教徒はヒンドゥー教徒に合体したが、アジア諸民族間の「打ち消しがたい血縁関係」と「(アジアのなかにある) 統一の精神のせいで」痛痒を感じないのだという(岡倉『東洋の覚醒』一六一頁)。これが、「アマの民族たる」日本民族の好戦的な「英雄的精神」の称揚(同二〇頁)とあいまって、武力を用いての日本によるアジア民族支配を正当化するものに発展せられる可能性はあったといえる。ただし他方では、「まず個々の民族が自分自身の力を感じなければならない。外国の援助は、いかに友好的で同情あるものであれ、これにいささかでも依存するのは、許しがたい弱さであり……大義にとってふさわしくない」とはっきり述べていた(同一七七頁)。

(125) ポール・リシャール「黎明の亜細亜」(『第十一時』大鐙閣、一九二一年、『大川全集』一、に収録)。

(126) 大川『新東洋』九四六頁。ロシアの思想家ウラジーミル・ソロヴィヨフによる東西対抗史観と戦争を不可避とする東西統一論である。東西の代表格とされた日米開戦の必然もここから引き出された(大川周明『亜細亜、欧羅巴、日本』大東文化協会、一九二五年、同『秩序』に収録)。

(127) 大川『安楽』三四一―三四四頁。

(128) 大川『日本精神研究』九九頁。

(129) 大川『安楽』二五九―二六〇頁。

(130) 大川『日本精神研究』一〇〇頁。

(131) 大川『安楽』二六九頁。

(132) 同右、三三九、三五三頁。

第3節　上杉慎吉の皇道論とその実践

本節では法学者・上杉慎吉(一八七八―一九二九)[1]の国体思想を取り上げる。法学思想史上には彼は、穂積八束の後継者として、美濃部達吉の天皇機関説に対する天皇主権論の代表的学者として取り上げられてきた。明治末年から大正初年の上杉美濃部論争によって、上杉の学説は非学問的と評されて学界では孤立するが、体制の「顕教」としての役割をあてがわれ、初等教育・軍教育の世界を支配し、天皇機関説事件をきっかけに正統の座を独占することになる。上杉の憲法論・国家思想はしたがってこの観点、すなわち国家思想史上、教育思想史上にも取り上げられてきた。

本節ではこれらの分野からの知見を入れながらも[2]、上杉思想中の、とくに宗教的道徳的な天皇信仰や国家哲学について述べた部分に焦点を当てていく。法学思想史研究では、上杉の天皇論・皇室論については、神話に根拠づけた天皇主権論者としての定型的な紹介にとどまることが多い。しかし上杉は敏感な宗教的感性の持ち主で、キリスト教に近づいたことがあるほか、ドイツの哲学や宗教論の影響下に、師の穂積とは異なる独自の国体的宗教論・道徳論を展開している。上杉の「皇道」論の信奉者が各界指導者らの暗殺を謀った血盟団事件や神兵隊事件を引き起こすなど、その影響力には前節までに述べてきた加藤玄智の神皇論や大川周明の日本精神論をしのぐものさえある。その門下生らのなかに、のち大川らの論敵となる人々が出てくることは先に述べたとおりである。以下ではこうしたことに注意しつつ、上杉の天皇論・国体論を従来より掘り下げて論じてみたい。

I　天皇主権説への「転向」——皇位主権

上杉は人脈的には天皇主権説をとっていた穂積の下に当初からあった。しかし学説的にはじつは、欧州留学(明治三九—四二年)以前は美濃部と同様の国家人格(国家主権)説—天皇機関説をとり、穂積学説を否定していた。だが留学中にいわゆる「転向」をはたしたといわれる。欧州滞在中に「万国無比ナル」「我国体」を再認識し、同時に憲法学も「尊皇ノ信念」にもとづいた日本独自のそれを構築せねばならないと考えるようになった。国家人格説では、国家を団体と定義する以上、民主主義に帰結せざるを得ないゆえに、これを捨て天皇主権説に転じたというものだ(3)。

この「転向」の背景としては、当時の欧州の状況および君主制ドイツの国力を目の当たりにして、国際間に法律は行われず弱肉強食であること、「国家ノ富強」のために強固な君権の確立を確信したことがあったらしい。少年時に学んだ本居・平田の国学、頼山陽の外史政記、水戸学の大義名分論や浅見絅斎の忠君思想の影響がこの際、媒介になったという(4)。上杉は「我国体」を骨子とする憲法学を構想するべく、国家の人格性を否定して天皇主権説をとり、さらに政党政治排撃の立場を鮮明にして「賢人政治」の概念をつくりあげていった。

ただし、上杉のこの「転向」と従来いわれてきたことには以下の注意が必要である。国家人格(国家主権)説をとっていたときから、上杉には共和国体の排撃と君主国体の擁護があった。「天祖ノ勅語」を根拠とする「国体」は「政体」に超越して不動だとする国体政体二元論にもとづきそれを唱えていたのだったが、このことに「転向」の前後で変化はなかったということである。

上杉は留学前から、自説は内容的には天皇主権説と変わりはなく、天皇機関説をとるのはただ「どくま」として＝法理上の要請にすぎないとし、国家存立には「直接機関」たる天皇あれば足る（その他の国家諸機関は「間接機関」であって、極論すればなくてもよい）としていたから、(5) 天皇の外皮を覆っていた「国家」を外した以外は、帰国後の天皇主権説はそれ以前のものと内容的にはほとんど変わりはなかったとできる。国体政体二元論をとっていたのも、名目上の国家主権説から実質的な天皇主権を守るためであった。国家主権説をとると政体上の天皇は国家の機関にすぎないことになってしまうが、国体政体二元論をここに加えて、政体の上位に国体があるということにすれば、「国体ノ問題即統治権ノ総覧者タル機関ノ存在」であるからして、国家より天皇を実質的な上位につけることができたのである。(6)

上杉が天皇主権説をとらず、国家人格（国家主権）説―天皇機関説をとっていたことには、もっと積極的な理由もあった。天皇主権説をとれば、国家の永久不断性と皇位継承における前後人格（具体の自然人たる数個の天皇の入れ替わり）の連続をいうのはきわめて難しくなるからである。日本の国体と他国の世襲的君主国体とのあいだの違いとして上杉は、日本の皇位継承が家産相続（伝統的な人格統治）ではなく、非人格的すなわち安定的な「公理上ノ制度」であることを強調していた。すなわち「機関」（天皇の場合であるから「最高機関」）説である。「最高機関ハ更新セス」「一ノ天皇死シテ他ノ天皇代ハルニ非ス……多数ノ人カ相集リテ一ノ社団法人ヲ成スカ如ク多数ノ天皇カ縦ニ相合シテ一ノ最高機関ヲ成セリ最高機関トシテ国家ト共ニ永続セリ……皇位継承ト云ハハ最高機関ノ組織ニ関スル内部ノ問題タルノミ」としたかったわけである。(7)

この場合にもし天皇主権説をとったならば、皇位継承は「統治権ノ主体其者ノ変更ニシテ人格ノ更新」になってしまい、国家の不動性に傷がつく。だから「人格タル国家ハ之レ［皇位継承］カ為メニ其ノ意思ノ関係ニ於テ動カサルルコトナシ依然タル国家タリ依然タル国家ノ意思タリ前後一貫シテ唯一ノ統治権タリ」という国家人格説でなければならなかった。国家人格説によらなければ、国家の安定継続性はじかに天皇人格の連続性に求められることになってしまうが、それを防ぐための理論構築を模索するよりも国家人格説をとって天皇（皇位）を「機関」として位置づけた方が容易であったのである。(8)

したがって帰国後に天皇主権説に転じたときには、こんどは皇位継承＝「人格ノ更新」が国家の断絶とならないような理論上の工夫が必要になったわけだが、これを上杉は天皇主権を皇位主義的に極力説明することによって乗り切ろうとした。天皇統治論を、「天皇主権」というより「皇位主権」として説明するものである。祖宗今も在するがごとくに国を統治するということの意味について上杉は、「歴代の天皇は一貫して一個の法人を構成するものにして、事実上の人は異れども、法律上は一個の人格なり……、皇位なるものが主権者であって、天皇は之を充当する自然人なり(9)」ということだとしているが、この考え方が「皇位主権」である。

そうして日本では「天皇の人が替ると云ふ事は、必ずしも重大なる……事」ではない、いかに「人が替わっても、矢張り祖宗の遺霊を伝へて国を統治せらるゝ」のであるとして、日本の世襲統治における世襲は人格の交代ではなく一制度であって、絶対不動、安立であることが強調された。そこでは個々の天皇は「皇位」なる制度中に埋め込まれて各個性は無化され、「天之日嗣は代替わりをしても断絶しない」ことに重点が置かれたのだった。

2　皇道論の提唱

「当初ヨリ定ルトコロノ大義」「天祖ノ勅語」にもとづく天皇統治を、上杉は最初期より擁護しており、帰国後にはこれを皇位主権的に述べるようになった。このこと自体は穂積学説とそれほど異ならない。ここに上杉ならではの独自性が発揮されるようになるのは、上杉美濃部論争を経て、大正二年以降に発表されていく著述のなかでであった。この年、東京帝国大学法科大学の同僚である筧克彦[10]が発表した古神道論に対する論評として、上杉が明らかにした論考「皇道概説＝古神道大義ヲ読ム」[11]のなかに、その独自の天皇論が述べられたのをみていこう。

「現人神」の救済信仰

この論考は、「国体ノ復古的大自覚タル」維新をもって始まり「挙国民ノ宗教的大情熱ガ最高度ニ顕発セル」崩御をもって終わった明治天皇の崩御後まもなく書かれた。当時の国民的興奮を背景に、上杉は明治天皇を「中興ト称ヘマツ」り、「開闢以来未曾有ナル意義」をもつ帝国憲法と教育勅語がその御代に発布されたことをもって、明治天皇は「列聖異ルコトマシマズ、稜威人徳何レノ世モ同ジケレドモ、其ノ御有様自ラ顕晦アリ、明カニシテ万民咸ナ仰クハ、此ノ大御世ノ特色」であったと持ち上げた。[12]これにつづいて明らかにされたのが、「天皇ノ御意思」を「日本臣民ノ絶対的依遵ノ規則」「日本臣民ノ一切ノ活動ノ基準」とするところの「天皇道」（略して「皇道」）の主張である。

その中心内容は天皇現人神信仰である。「皇道」は「現人神ニマシマス天皇ニ絶対ニ憑依スルノ道」であり、「理屈デハナクシテ信仰」であるという。[13]つまりは

天皇ト精神的交渉ヲ結ビ、此ノ偉大ナル無限絶対ノ精神ト合一円融シ、天皇ノ御意思ニ唯ダ一ト筋ニ絶対的ニ憑依スレバ、茲ニ有限ヲ以テ無限ニ合一スルコトヲ得、窮ナキ理想ニ到ルノ途開カレ、圧迫不安ヨリ解脱シ、自由ニ完全ニ生存ヲ発展シ拡張シ豊富ニ永遠ナラシムルコトヲ得ル[14]

ことを信ずるもので、肇国以来、現在、未来永久におよぶ日本人の一人も例外なく有する信仰であるとされた。

もともと上杉個人には、絶対的帰依の対象を求めてやまない精神的宗教的な傾向があった。青年時代にはキリスト教に「安心」を求めたことがあった。留学中はショーペンハウエルやニーチェなどの哲学書を読み耽り、ルソー研究に熱中し、哲理研究のため山中に篭って「強度の精神衰弱」のため錯乱して書籍やノートを引き裂き火中に投じるなど深刻

な煩悶を経験した。ジュネーヴではロシア無政府党員と交際して留置される経験をした。

このような煩悶の体験や元来の精神的傾向もあってか上杉は、人間に宗教的本性あることをこう断言している。人の欲求や理想は無限だが、能力は有限だからそこに生の不安と圧迫が生じる。ここから自己を滅却して圧迫から解放されようとする厭世主義と、圧迫の無限偉大さに驚嘆し、自己の有限弱小さを忘れて自己に依頼しようとする楽天主義が生ずる。しかし進んでは、圧迫の背後にその原動としての無限偉大なる力の存在を意識して、これに依頼して圧迫から解放されたいとの渇望憧憬の念が起こり、これと交流して有限を無限に向上拡張し、相対を絶対に合一円融したいという思いに至るのであると。(15)

人間の宗教的本性に関するこの見解には、厭世主義哲学やキリスト教信仰の経験を経て上杉が到達したヨーロッパ・ロマン主義の宗教論からの影響がみられる。それらを下敷きにして上杉は独自の日本的宗教論、小我の理想としての、現人神天皇との「神人ノ交渉」「合一円融」によって「神命ノ啓示」を得、「安心」「解脱」に至るという天皇信仰論をはじきだしたのだった。

天皇を「現人神」と呼んだのは、帰国後はじめて出した『国民教育　帝国憲法講義』（明治四四年）にもそれ以前にもなかったことである。万世一系の皇統の一人という位置づけであった天皇を、「神」だと言ったのはおそらく初めてであった。以前においては、「今日の天皇は……天祖天宗が存すが如く……治めて居られると、斯う考へて」「祖宗猶存ますが如く……天皇と仰ぐ」という「祖宗ノ威霊」に借りた天皇尊崇であったものが、(16)ここでは現前する上御一人に対する直接信仰となった。現前の天皇は「人ニシテ人ニハアラヌ御方」「至尊ナル上御一人」であって、もちろん天壌無窮の神勅、神器の授受や、無限絶対の精神は天祖天照大神に遡るものであるが、臣民はただ直接にはこの「今上天皇」「此ノ現人神ヲ仰ギテ、崇拝シ服従スル」のみだとされるようになった。(17)

上杉は「皇道」の信仰を儒教仏教よりはキリスト教に近いものと捉えているが、キリスト教よりも優れていると述べている。神人交渉により神命を知り、小我を捨ててこれに「憑依」し、安心幸福を得て理想に至ることを信ずるのは両者とも同じだ。だがキリスト教の神は無形の想像であり、キリストを通じての神人交渉や神命啓示なるものも無を有とする迷信にすぎない。これに対して「現実ナル意思ノ主体」である天皇を「現人神」として奉ずる「皇道」では、信仰対象が有形であり、神人交渉も神命の啓示も「現実」のものであって、他に優る「完全」な信仰だといえる(18)。かくして「信仰」を本質とする日本臣民の天皇服従は絶対的なものになる。臣民は、

自分等ノ為メノ役人トシテ、便宜上服従スルノデハナイ。又強力ニ制セラレテ、止ムナク服従スルノデモナイ。又家族ノ宗長トシテ祖先崇拝ノ考ヨリ服従スルト云フモ足ラヌ。現人神デアル、天皇ナルガ故ニ、服従スル。服従スベキモノト信仰スルガ故ニ、崇拝服従スル。信仰ニ理由ハナイ(19)。

「理由なき信仰」に基づく天皇服従論をとって、上杉の国家権力論は有無を言わせぬものとなった。天皇への服従は便宜的強制的でなく、祖先崇拝の慣行によるのでもない。ただ信じて服従するのである。盲目的崇拝による服従論は、国民教育・教化の大本としてその熱誠さの点では、祖先教論や家族国家論的国民道徳論の比ではない。憲法も教育勅語もこれを遵守すべき理由はその内容によるのではない、それが天皇の勅語（神命の啓示）だからだということになる。教育勅語の「内容」の完全性をもってその遵守を促してきた従来的な勅語論・国民教育論に対する批判、それが「却テ勅語タルノ本旨ヲ没スル」ものだとの批判がここには込められている(20)。内容の理非善悪に関係なく、天皇の「勅語」だから従うのだとしてはじめて、各人が「必ズ依遵スベク、安ンジテ依遵シ得ル」ところとできるのであって、国民教育を説く者は勅語の内容を賞賛することによってでなく、「日本臣民依遵ノ……権威ヲ説明スル」のでなければならないと上杉はいう。なぜ教育勅語に日本人は必ず従わなければならないのかといえば、「其ハ簡単ナリ、勅語デアルカラデアル。天皇ノ定メタマイシ所デアルカラデアル……然ル以上ハ、最早ヤ豪末ノ疑モナイ。……絶対的ニ確定シタルモノデアル。之ガ勅語ノ真意義デアル」と(21)。勅語教育論はその内容論に集中することはやめて、天皇存在自体の考察、天

皇と日本人の関係の考察へと移らねばならない——教育勅語論における論法の転回、国民教育論の軌道修正が、現人神信仰（皇道）論のねらいの一つであった。

穂積八束の「祖先教」も、一種の信仰理論であった点では上杉の「皇道」に似ていた。だが上杉は天皇信仰をキリスト教的強さをもつものとして説いたのに対し、穂積は「祖先教の日本」と「キリスト教の西欧」を対決させた。穂積では、宗教的道徳の効力を西洋で目の当たりにしながら、神と個人が直接結びつくいっぽう家族が解体されるキリスト教は退けられ、国家と宗教とが一致する家父長的祖先崇拝の社会結合原理としての手堅さの方をとった(22)。穂積はキリスト教国家をみて、内面の崇拝と国家的外的権力とが齟齬して忠誠が分裂する点に注目したが、上杉は天皇が一神教的絶対神でもあり地上の君主でもあることを強調して、キリスト教モデルに対する懸念を払拭した。「現人神」概念の重用は、「祖先教」から「天皇道」への跳躍においてこの点で大きな意味をもっていた。

「皇道」対「古神道」——その「独占的ノ性質」

上杉はこの信仰に、「天皇道」略して「皇道」の呼称をあたえた。無限絶対の精神は祖宗から伝えられたものではあるが「今現ニ活躍スル大精神ノ中心ハ、現人神タル今上天皇陛下ニマシマ」し、仰ぎまつる直接の対象も「今上天皇陛下ニマシマシ、天皇ノ御意思御認定ヲ一ト筋ニ道ナリトスル道」であるゆえに、この道は「惟神道」とか「神道」あるいは「古道」ではなく、「天皇道（皇道）」と称すべきとされた(23)。

このことを上杉は、筧の「古神道」に比べながらこう説いている。筧は「古神道」を、「神代ノ諸神ガ事実ニヨリテ示サレ天照大神ニヨリ確定セラレ神武天皇ヲ透シテ此世ニ実現セラレタル」神道だとしているが、上杉の考えでは、「斯ノ道ハカムナガラノ道ニハ相違ナケレド。今現ニハ現人神ニマシマス天皇ニ絶対ニ憑依スルノ道デアル(24)」。現神たるこの天皇それ自身を離れない、直にその人への信仰であることをいうには、「古神道」ではなく「天皇道（皇道）」の方が適当だというのであった。

上杉の「皇道」が記紀の古典をそれ自体として重んじることがなかったのも、神道より天皇を重視するこの姿勢に関わっている。「皇道」には「初メヨリ定マレル経典ト云フ如キモノハナイ」。臣民活動の規則として拠るべきは「天祖ノ神勅以来、歴代々ノ天皇ノ御言行ヲ初トシ、天皇ノ旨ニ適ヘル各時代ノ臣民ノ言行」であって、このなかに活動の規則を「看得スルノデアル」。たとえば憲法、教育勅語は「天皇ノ御言行」である。[25]「天祖」も上杉の解釈では「現実の人」であるから、神勅も「天皇ノ御言行」である。[26]記紀の古典はそうした天皇や臣民の言行を記録したものとして顧みるべき文献ではあっても、皇道の「経典」ではない。だからそこに展開される神々の世界、神話や世界観自体を「皇道」の教説とするものでもない。皇道の神はただ上御一人（「天祖」以下の現人神たる歴代の天皇）、活神たる天皇をただ一筋に奉じるのみであって、神代の諸神を信仰するものではなかった。[27]

また筧では神代の神々はいうまでもなく、功績徳望の人を神として崇め、この世を辞した人々をもいっさい神と認めているが、これも容認できない。「神代ノ人ハ皆神、功績徳望アリシ人ハ皆神デハ、皇道ハ成リ立タヌ」。筧のいう神々の中にも「各神ガ絶対的ニ憑依スルノ中心タル真神ガ在マサネハナラヌ」はずであり、それが「唯一天皇祖宗以来、一代ニハ唯ダ一人在マス、かみ御一人、絶対至尊ノ御方ノ外ニハナシ」とするのでなければならない。だが筧の古神道論にいう「真神」は天皇ではなく、おそらくは「普遍我」なのであろうと上杉は指摘する。[28]

筧はその古神道論中、各人が「普遍我」に参加する有機体的国家論を明らかにしていた。各人（「各我」）と国家（「普遍我」）とは本来的に同体であることを前提に、各人がその分に応じて普遍我を「表現」することがそこでは言われ、各人と天照大神以下現天皇との合一も口にするが、この天皇自身も普遍我に対しては「表現人」だとされていた（「総攬表現人」として一般国民より上位にはある）。であるなら、各人が「没我」「無我」の帰一を捧げるのは天皇に対してというよりはこの「普遍我」たる国家、神代以来の定めとされる神国に対してであるということになろう。そうして上杉は、筧のいう古神道とはその「普遍我ニ対スル信仰デハアルマイカ」、「普遍我即チ真神デハアルマイカ」と疑いをかけ、そうした汎神論には「服セヌ」、「最モ非ナリ」としたのであった。[29]

皇道と他の宗教との関係についても、上杉は筧の論に異を唱える。筧は古神道が異教を「総攬」するあり方について、他宗教を排斥して信仰を独占しようというが、皇道が異教を「総攬」する正しいあり方とは、「之［異教］ヲ滅却シテ其ノ内容ヲ皆皇道ノ絶対支配ノ下ニ置ク」ものでなければならない(30)。

たとえばキリスト教との関係において、皇道がその存在をそのまま許すことができるというのは嘘である。キリスト教の本義は神命を絶対として、天皇の意思をも是非することである。もしそうでなく、天皇の意思と一致する点だけを日本では認めるのだということであれば、そのキリスト教はすでに本義を失っているということになる。仏教との関係も同様であって、仏教は皇道によく調和してきたと言う人が多いが、そのような仏教はすでにその本領を失っているのである。皇道が寛容で仏教も仏教として存立させているのではなく、皇道は確乎不抜なので、仏教はその本領を捨てて皇道の下に生息し得たというのが至当である。「皇道寛容ナルニ非ズ、皇道頑固ナル」のだ。真の信仰は独占的な性質を有す。キリスト教の絶対的摂理に服しつつ、天皇にも絶対的に憑依するということは不可能だ(31)。

これは皇道の天皇絶対信仰の本質を的確に言ったものである。この当時、日本は歴史的に仏教を日本化して取り入れてきた、キリスト教も日本化して取り入れられるだろう、他教に寛容で包容力に富むのが日本人の美質だという言説が盛んに行われていた。それは国民人心の統一をめざす為政者層にとっても、国家の保護を願いあるいは国家の拒絶を恐れる仏教やキリスト教の宗教者にとっても有用な説であった。この同じ見方を筧を含めて神社内外の神道論者の多くもとった。しかし上杉の宗教的感性はそうした論の欺瞞を見逃すことができず、皇道の排他的本質をはっきり洞察して示したのだった。

「天祖ノ神勅」を絶対とし、祖宗祖霊を重んじるなど、上杉の皇道論は表面的には筧その他の神道論や国体論に重なる点はあるけれども、しかし宗教的人間論をふまえての、唯一たる「絶対的対象に憑依することによる安心」という立論、人がじかに神に向かう純宗教的な敬虔性がそこに呼び込まれている点は、上杉ならではであった。皇道は、神国の伝統を奉じるというのでなく神人格崇拝の一救済宗教であって、だからこそ、他宗教への寛容をその長所としていうような「神道」論とは違って、他教の本尊至尊への不寛容が堂々と宣言される。絶対者への純粋唯一の信仰たる「皇道」

は、不可避的にその宗教的本来性すなわち「独占的ノ性質」をむしろ発揮しなければならないと上杉は断言するのだ。

皇位主義と天皇主義

「皇道概説」論文は、このように「上御一人」それ自身の神的カリスマ（現人神たる属性）にもとづく直接崇拝と服従を強調したのであるが、ただしそうした天皇主義的試みは、先の、「天祖ノ神勅」にもとづく皇位主権的考えを捨てて行われたのではなく、皇位主権の土台の上に主張されたものであったことを確認しておきたい。

たとえば、天皇の「無限絶対ノ精神」は「天祖ガ神勅ヲ下サレ、神器ヲ授ケタマヒシトキニ確定シ」、ゆえに「拡張モ変化モアルベキ」はずはなく、「爾来今ニ及ビ、永久ニ至ルノデアル」とするのが皇位主権の精神的説明にあたるとすれば、それを歴代天皇がおのおの「体得アラセラルル」際に、「此ノ精神ノ啓示ハ時ニ応ジテ顕晦アリ」と述べたところには、個別天皇の個性をみとめる眼前の「御一人」主義（天皇主義）の主張がある。天祖以来の「不動ノ精神」を受けるのみの生きた虚器のごときではなく、しかし個別の欲望や好みを恣にするカリスマ的自然人としてでもない。個々の人格として現前する「現人神」ではあっても、「天祖ノ遺霊ヲ承伝体得シタマフ」ところに天皇の本質がある、ということは外せない。(32) この意味で、突出した個人カリスマ崇拝とみえた明治天皇崇拝も、万世一系不断の精神性を受けつぐ皇位主義的天皇観に調和されるわけである。

明治天皇にあれほどの熱意を捧げておきながら「明治節」の創設には反対するという上杉のとった行動に、皇位主義と天皇主義の二契機のバランスをとるその考え方が表われている。全日本人に「安心」を与えうる権威をもった信仰対象＝天皇の質を保証するものとして、ふたつはともに「皇道」論に欠けてはならない要件であった。

このののちの上杉の著作をみると、明治天皇崩御時の全国民的な興奮のなかで思考された大正初期に比べて、個人崇拝的天皇観はやや沈静化して、より抽象化された、非個性的な精神性として描かれる天皇観への若干のゆり戻しがあったようにみえるところがでてくる。そうした微調整を伴いながら、天皇を仰ぐことは祖宗を仰ぐことに他ならないが「今現実ニハ、惟ダ今上天皇陛下［に］絶対的ニ依遵スル」という「現人神」主義、「今上天皇陛下」を直接の本尊とする皇道論は、皇位主義とのバランスのもとにこの後も一貫して唱えられていった。

皇道の神勅観——国学と法実証主義

つづいて上杉の神勅観についてみておきたい。「天祖ノ勅語」たる神勅（天孫降臨の勅）も教育勅語と同じく「神命の啓示」とみなせるがゆえに絶対とするのがその基本であったが、それが天皇主権をめぐる国法学上にどう説かれたかを確認しておく。

上杉はその最初期より、穂積と同様の国体政体二元論をとり、天皇皇位の絶対を「天祖ノ勅語」に基礎づけて述べていた（明治三八年『帝国憲法』）。天皇が統治権の総覧者たることは帝国憲法が定めるからそうなのだというのではない、「国家肇造ノ当初ヨリ定マルトコロノ大義」[33]だからだとするこの主張のことを始原主義と呼んでおこう。憲法以前に遡る始原主義によって説く上杉の天皇主権説はしかし、神々の世界に帰する神道的なそれとは違い、また穂積のそれとも異なっていた。

もっとも穂積の見解に近い主張をとり入れたことも時期によってはある。留学より戻ってすぐ後の『国民教育　帝国憲法講義』（明治四四年、以下『国民教育』）には、天皇統治は天祖の勅語によって「建国以来定った歴史上の事実」であり、「天皇固有の力、天皇の初めから定まった地位性質」によるのであって「他より之れを附け加へたものではない」としている。[34]だが始原主義と同時にそこでは、天皇主権は「一国の歴史の結果、民族の動かす可らざる確信であ」ったとも述べられていた。[35]その合理的自然的な説明は穂積ゆずりのものである。

このあと明治天皇崩御後、「皇道」論による絶対的な天皇主義を唱え始めた上杉は、ふたたび以前のような始原主義の国体観を取り戻す。天皇（天照大神＝天祖たる一天皇）が命じたからただそう従うだけなのだという、原初の定めに対してその理由や根拠を詮索すること自体を拒否するのが「マコトノ道」であると論じていく。すなわち「皇道概説」論文において、皇道の本義を説いた唯一の先人だという本居宣長の、「言挙ゲセス、己ガ智モテオシハカリ、サカシラタテセズ。『タヾ上ノオモムケニ従ヒ居ルコソ道ニハカナヘレ』」（『直毘霊』）との卓見に学ぶべきことをいい、皇道の

「理非善悪ハ、如何ナル他来ノ理ヲ以テモ、批評判定スベカラズ」「理非善悪ノ判定ハ皇道自身ノウチニ在ル」ことを説いた。(36)

「言挙ゲ」せず、皇道の外に皇道の根拠を求めたり、批評判定する「サカシラタテ」はせぬとのこの論は、このころ上杉がとるようになった法実証主義に対応している。法実証主義は「定まれるが侭に之を法なりとするもの」で、法の価値を考量して、その価値が低いから法に非ずとすることも、価値が高いから法と認めるとすることもない、法秩序を自己完結的に捉えるものである（大正一一年『帝国憲法』）。(37)法をそれ以外に遡って解釈することを斥ける法学上の立場であったが、ただし上杉がここにいう「法」とは憲法ではなく、憲法以前に存在したとされる法（「天祖ノ勅語」のち「国体法」）を意味していた。

「皇道概説」論文と同時期に刊行された『帝国憲法述義』（大正三年）において、法実証主義による神勅絶対―始原主義的な天皇主権説が展開された。そこでは前著『国民教育』に天皇統治を「歴史」「民族ノ確信」によって説明していた箇所が、「当初ヨリ定マルトコロ」の始原主義にのっとってこう修正された。国体は「民族確信の結果として定まつたものではなくして、天祖の自ら定められたもの」であり、「長き歴史の結果初めて定まつたのではなくして、建国の初より確定不動のもの」であると。「国体は民族確信の結果である、長き歴史の成果であると説明」されることがしばしばあるが、「民族が確信すると否とを問はず、国体は永久不変であることを本質」とすること、「歴史」のほうが「此国体を基礎として発展した」のであってその逆ではないことが確認されたのであった。(38)歴史や民族の確信に根拠づけようとするのは、始原に対する「サカシラタテ」に他ならない。(39)

整理すると、上杉は、穂積のように合理的見解を先立てることで神勅の権威を損なうことを拒否し、しかし神々の実在とその権威によって説く神道的な神勅主義者でもなかった。「サカシラタテ」を排する法実証主義に立ち、「天祖ノ勅語」を人間の命令であるとした。この上に独自の宗教的国民教育論あるいは皇道をうったえ、天皇主義路線を徹底化した。師の穂積の論は、天皇主権説の唱道においても国体信仰論の魅力においても不徹底であったが、それを両者において上杉は超え出ていったのである。

3 「国家我」論——臣民の自我実現

相関連続と「すべしらす」天皇

皇道論よりすこし後になって、上杉は、「国家は最高の道徳なり」を命題とする国家学を完成させた。漢学を受け皿に、プラトンやヘーゲルの影響をもってなした道徳的国家論であって、これは大正後期までには体系化されて『国家新論』(大正一〇年)等に全容が明らかにされた。

その国家論はまず、人間は空間的相関と時間的連続の網の目の中にあり、相関連続することが人間の本性であるというところから始まる。「相関」とは、共時的な人間関係の網の目のなかに各人があって有機体のごとく調和と組織化のなされている様態をいい、「連続」とは祖先から子孫、過去から現在未来におよぶ時を超えた連鎖のことをいう。空間と時間のこの相関連続のなかで個我はその本性を充実し発展させ、同胞兄弟互いに結合しあって「全体我」にいたる。各我の努力によって「全体我」自身も充実発展されてゆくという。

これはヘーゲルのいう客観的精神のようなものであるが、上杉のいう「全体我」の単位は国家である。「漫然人類一般と云ふ」ようなものは、その相関連続も「極めて弛緩であって……国家の如く人の本性の全部に及び、各種の一体を厳密に包括すると云ふことは出来ぬ」からだ(40)。この一種の国家有機体論のなかに、国家あってはじめて我の自我実現は可能になるとする国家的自我実現論が説かれる。人の道徳的行為は「自我の実現」でなければならないが、この「自我」は「全体に於て相関するの自我」だとされ、けっきょく国家我に対する自我滅却の道徳がいわれることになる。上杉がいうように、各人からみれば「全体の為めに我を犠牲とすること即ち自我実現であ」って、そこで「権力を感覚する」ことがないゆえに、そうした国民からなる国家は理想的であった(41)。

上杉は国家内には「二種の意思の関係」――国家権力と個人との間の意思関係および個人相互間の意思関係――が存在すると考えていたが、(42)このうち皇道論は前者すなわち対天皇的規範を、そして国家的自我実現論は後者すなわち対国民的・対国家的規範をそれぞれ明らかにしたものであった。ただし二つはばらばらではない。上杉はこれらを統合した、国民＝国家＝天皇の相即論を以下のように述べている。建国の初めより本質的に日本人と日本国家と天皇とは合一して離れざる一体として、高天原の延長として、すなわち最高の道徳として成立していた。その統合力は天皇により発する。天皇を「すめらみこと」といい、御大業を「すべしらす」と称するときの「すめ」や「すべ」は、「日本人ヲ相関シ連続スルノ一体トシテ統一シタマフ」ことを意味する。天皇統治とは、「最高ノ道徳ヲ実現シ、不断ニ国家ヲ創造シ、日本人ヲシテ能ク相関連続シ、一斉ニ、永遠ニ、其ノ本性ヲ充実発展セシムルノ意義」をもつのだ。(43)

このように二種道徳を兼ね備え、全体としての統一がはかられていることが、日本国家の優秀なるゆえんなのだと上杉はいう。国家成立には相関連続の実現で足りるけれども、だが確固たる「一体たる国家」を確保するには、国民個々多数の存在を統合する「唯一の統治権」に各人が服従して一体性を形成する必要がある。臣民がその縦の関係における天皇への帰一信仰を核に、国民相互の横の関係における共同体道徳を加えて、国民＝国家＝天皇の一体が維持されているところに、日本国体の優秀なるゆえんが説かれたのであった。

国民不在の国家――天皇一元論の完成

日本では君主主権も国民統合も、統治権による「強制」ではなしに国民の側から主体的におこなわれている、相関連続も天皇への憑依も日本人の「本性」であるから、きわめてスムーズに自然にこれがおこなわれるのだとされる。各人は「己を没却して、絶対的に斯の御一人の精神に憑依するに依りて、我を完成し永遠ならしむる」ことを得る(44)――つまり天皇に帰一するのは、絶対者に憑依することで「安心」を獲得し、天皇＝国家に合一することで「自我の最高の実現」がはかれるからだ。「天皇の御力」がなければ、個々の救済も自我実現もない。(45)

上杉は、「臣民」の意義は服従による天皇翼賛にあるとしていたが、「服従は人の人として其の本性を完成するの唯一の条件」だとする服従即自我実現論によって、臣民が奴隷とは異なることも強調している。服従は意志活動のひとつであり、「人が統治権に対して無意志なることではない」。しかしだれに服従するのかを決定したり承諾したりすることはできず、それは「統治権の定むる所」であるというのが「臣民」たるものの要件であり、「服従」たることの定義だとした。[46]主体的に「国家我」に埋没し、服従を意志するところの「臣民」が、究極の道徳とするのは「我を全体に合一」し「我無きに到る」こと、つまり生命放棄を説くに至るのは見やすい。「最大の自我実現」はすなわち「最大の献身犠牲」である「国民が戦場に生命を鋒鏑に殞す」ことだとされ、戦場死が美化されていた。[47]

上杉が天皇主権説を唱え始めたとき、天皇と国家は一体であるという「天皇即国家」論をもとるようになっていた。国家の人格を否定したあと、名目だけのものとなった国家に実質を与えるのは、統治権の総攬者たる天皇以外にはないとの考えをいったものである。穂積の「天皇即国家」論とはちがって上杉では、国家の実質内容を天皇のみとして国民を含めなかった。これは父子的君民論によって、天皇と国民は慈父と赤子のように一体的であって利害は完全に一致しているからと説明された。[48]このようにして西欧国家についてはそのなかに君主と国民一般とを含めるいっぽう、日本の国家は国民と一体化した天皇のみによって構成されているとする、完全な天皇主権説を唱えていたのである。日本には主権を有する主体としての国家は存在せず、ただ主権者としての天皇と、この天皇に一体化して「服従」意思だけをもつ国民が非存在的にあるのみである。日本国家の内実は、部分的には非権力主義的な天皇—臣民関係におきかえられ(父—子関係、神—人関係)、また部分的には各人相互のやはり非権力的で道徳的な関係におきかえられた。こうして上杉国体論における天皇一元主義は完成された。

以上にのべてきた上杉国体論の内容は、超越絶対的天皇論と道徳国家論を二つの柱とし、これに一体化する臣民服従の救済論および自我実現説に特徴づけられる国民教育論をそなえるところのものであった。憲法学者としては上杉は大正時代にはアカデミズムの非主流派に堕したが、一般に対してはそののち既述の独自の国体論にもとづく政治論、教育論、社会論をなして影響力をもち、国体擁護の政治活動にもふみこんで人目を引いていった。つぎには彼の宗教的道徳的な国体論の主張が、その政治論や時局把握にどう行われていたのかをみ、また上杉思想の信奉者らによって起こされた昭和のテロ事件の二、三にも触れてみたい。

4　君民合一論とその実践

「中間勢力ノ排除」——天皇親政の民本主義

上杉の天皇主権説は実質的な天皇親政を求めるものであって、憲政論上には、内閣や議会に対して天皇大権を中心にする立場をとってきた。その父子的かつ神人関係論的な君民観のほうも、政治的な「君民合一」論や「中間勢力ノ排除」論、民本主義にひきつけた天皇親政論として展開された。これは天皇と臣民の一体の理想を政治論議に持ち込んだもので、君民合一を実体的に進めるために、天皇—臣民間を隔てる「中間の分子」を排除することや国民間平等の実現を目指そうとするものであった。

ただしそこに行きつくまでにはいくつかの段階を経ている。欧州より帰国直後の上杉は、反君主的人民観を抱いていたため、一般国民に対する評価は極めて低かった。彼らは「衆愚」「劣者」であり、貴族とちがって本来「不平等」でよいのだとする反民衆的見解をこのとき上杉は述べている(49)。だが彼はやがてこれを翻し、国民は皆「天皇の赤子」として平等だとする臣民観に転じる。明治四四年ころからである(50)。日本政治の根本義よりいって中間勢力の不在が理想であるとの主張もここで明確にされていった。ただしこのときは上杉は、「憲政の根本義」と「運用」とを区別して、社会が複雑化し人口が増加すれば、実際には天皇の意思を取り次いで政権を担当する「中間ノ取次分子」が必要になるとしてもいる。古代とは異なって今日では実際に天皇が政治の全領域にわたって行うことは難しい。ただし中間分子はしだいに役目を忘れてその権力を恣にする傾向があるので、別の「中間ノ分子」にとり代えていく必要があるとしたのだった(51)。

何をもって適当な中間勢力とするかは、時期によって変動がある。明治四四年八月の「中間ノ勢力」論文ではどの勢力にも肩入れせず、元老、官僚を含めて目的から外れるならすべて不可としている。大正二年の論文では藩閥、政党、資本家が「中間ノ勢力」となることを斥け、プラトンのいうような「哲学者賢人」による政治を理想とした。具体的には元老（山縣有朋）を通じて賢人政治が行われると考えていたというが[52]、究極の理想は人民全体が残らず賢人であって、これによって国政が動くということだと述べられた[53]。大正四年には、百姓の上にある「知力階級」に期待するとだけ言っている。その翌年には、議院政治も政党政治も打破しなければならないとし、官僚ないし「賢者」による政治運用を望み、理想論といわれようともこれに向かって各自が努力すべきと述べられた[54]。大正八年の『国体精華の発揚』（以下『発揚』）では官僚も政党とともに排斥された。

このようにほとんどすべての勃興する中間勢力に対して、絶対的な肯定を与えるということは上杉にはなかった。そうして気づくのは、大正五年ころより「人民全体が残らず賢人」であるべきとの理想論が強調されだすことである。藩閥も政党も官僚も否定しつくした後に残るのは人民であった。また「天皇ハ現実ニ統治セラルルモノ」であって、「天皇ヲシテ空位タラシ」めてはならないとの親政の原則は一貫しているが、このころより上杉が「大正維新」の標語をもって天皇親政による民本主義を唱えだしたことも興味深い。

上杉によれば天皇親政の意義は、「天皇カ直チニ人民ト合一シテ民本主義ヲ実行セラル、」ことにあるという。親子関係のごとき君主と人民との利益がもとより一致している日本では、「天皇親政ニヨッテノミ民本主義［八］行ハル、」。皇祖皇宗以来、天皇がその主権を濫用誤用した事実はほとんどなく、天皇中心の政体が善政の大根底、天皇は「民本主義ノ担当者」であるとした[55]。

だが古来より、君主と人民との間に、ある政治上の勢力ができて割って入り、君主と人民に反した場合があった。明治維新はこの「無用有害なる中間の分子を撤去して、再び古代の醇朴なる有様に復らしめ、天皇と人民の利害を一致して、直接に相合して国の利益を図って行く」王政復古の大事業であった。明治維新の洪謨は「君民合一ノ理想」であり、維新の精神は本分を忘れた「君側ノ奸」を「撤去スルニ在」った。そしていまこの精神を完成させるのが「大正維新」だとされた(56)。

「平民」の浮上

こうして上杉は、貴族(藩閥)的・官僚的・反民衆的な当初の立場から転換して、資本家と貴族を背後にもつ政党や官僚を打破し、いっさいの現存勢力を一掃して初めて「君民合一」の真の日本が復興されるのだという「名も無き民衆」「陛下の大多数の赤子」に期待を寄せる新しい政治原理へ向かっていった。上杉の考えに大きな変化をもたらしたのは、民本主義や大正デモクラシーの流行とともに、第一次世界大戦でドイツが瓦解したことが背景にあったと長尾龍一は指摘している。ドイツ帝国主義とカイザー君主制が上杉の反民衆観を支えていたのであったが、これが崩れ去った。

靖国神社・全東京在郷軍人大会で演説する上杉(上杉慎吉『日米衝突の必至と国民の覚悟』大日本雄弁会, 1924年, 巻頭頁)

また吉田博司は、第一次大戦時の国際的生存競争の激化の予想から、上杉が国民再統合の必要性を痛感し、戦時における国民協力の必至を認識して、政治的な国民認知の不可避を覚ったのだとしている(57)。

いずれも的確な指摘だが、人民全体がすべて賢人となって政治参加することの理想は大正初めより述べられていたことであったし(大正二年「国体ト憲法ノ運用」)、平等主義的な「天皇の赤子」観はさらにその前からのもの(明治四四年『国民教育』)であったことにも注意を払いたい。つまり上杉の政治理念上の変化は、明治終期における一般の国民教育に対する関心の隆起をきっかけとするところの、これに伴われての国体観念上の理想主義的転回(君主と懸隔する西欧的人民観から慈父—赤子関係と観念される日本的臣民観へ)に端を発していたとまずしておかなければならないだろう。

ところで以上のような平等論的な平民重視論と君民合一理念とに関連して

登場してきたのは、軍人重用論である。大正二年から陸大、同五年から海大の教授に任じられていたことも影響していよう。上杉は、貴族や金持ちや名士らを批判しつつ、日清日露戦争は一言も不平を言わぬ「貧乏人の子」が「御一人天皇陛下が見て御座る」の気持ち、「大御心と……ぴったり合て離れ」ぬ忠節心によって戦われたのだと言い、農民や労働者の子たる「兵卒」を持ち上げるようになった。日露戦争で金持ちが金を儲け、政治家が勲爵をとった時に、一点の私心なく、旺盛なる敵愾心を発揮して「国難の犠牲となった者は、水呑百姓の子であった、日暮らしの労働者の子であった」。上杉は「軍人諸君」に向かって、「国民皆兵の精神を以て、軍人が政治を我が物とすると云ふこと、日本を立て直ほすの唯一の方途である、此の外には無い」と告げる。いっさいの現存勢力――政党や官僚とその背後にある資本家および貴族――を取り除いて初めて「君民合一」の真の日本が復興されるのだ、結束してこれをなしとげてほしい、と呼びかけたのであった(58)。このとき兵卒として命を捧げる「平民の子」「水呑百姓の子」「日暮らしの労働者の子」「下級無産の人民」に望みをかけるようになっていくのは、大正八年の『発揚』以降のことであるから(59)、上杉の期待していた寺内超然内閣の失脚（大正七年）との関わりもみることができる。

父子的君民論（一心一体論）に依拠しつつ、政治上実際上に天皇と国民の直結を実現しようと掲げられたのが、君民合一論・中間勢力排除論であった。この発想は、天皇に「直ニ憑依」する信仰的直結をいった「皇道」の発想と軌を一にしている。皇道論では天皇と臣民は、直接的な帰依―服従関係をもって一体化するのであり、家族国家の国民道徳論のように、天皇と個人の間にイエを挟むことによってはじめてつなげられるのではない。政治的直結論も、両者の間に藩閥なり政党資本家なりを挟むことを許さないのであった。

上杉国体論はすくなくとも主観的には、誰もが無媒介に天皇に直接合一する最大の栄誉を手にすることが許される、各人の側からいえば自我の最大拡張ないし最上昇を認める教説となっていた。ただし信仰上にはこれは全ての日本人に開かれていたとしても、実際政治上に臣民の置かれた立場はこれに見合ったものとはなかなかならない。しかしながら信仰上に許されるのとおなじく、国家生活・政治生活における君民合一についても、全日本人が平等にこれを享受できるのでなければならないはずである。上杉の君民合一論はしたがって、天皇と臣民の間に塞がってその一体的政治（民本主義！）の障害となる政治勢力を問題視する局面に、いっそう傾注していくことになった[60]。

おなじく「平民の子ら」「貧乏人の子ら」の平等主義的な扱い、彼らを全体として押し上げていこうとする地位向上ないし権利拡充の政治的主張もおこなわれていく。つぎにこれをみよう。

普選論と華族制度撤廃論

そのうち注目されるのは、大正五年より唱えられ始めた普選論であり、またその後の華族制度撤廃論や治安維持法への反対表明である。

上杉が普選の実行を提唱するのは、愛国心に欠けた中間勢力を一掃し、「大に君民合一の実を挙げ、国体の本義を明徴にせん」ためであった。無産人民が愛国心を持たないというのは西洋諸国の話であって、日本では「下級無産の人民が、最も熱烈なる愛国者である」。日本では普選の実現こそが、私利を図る諸勢力を絶滅し、真の愛国者が勢力を得るための方法だ。彼らが「国民皆兵の精神で、政治の中堅たるに至る」ことで「最も善く我が国体の精華を発揚する」ことができよう[61]。

あれほどに強権的な君主主権論と、人民にこのような多大な期待を向ける普選論とが両立可能であったのは、他国と違って日本には、「天皇は現人神なることを国体の根本とし、絶対的に至公至平なる天皇に依りて、億兆一心、民心は……天皇の御心として具現し、民意悉く伸ぶるを以て」政治の基礎原理としている特異な君民関係があるからであった[62]。君民合一理念と、「至公至平なる天皇」の心だとされる「一視同仁」論こそが、大正中期以後における上杉の親民衆的政治主張を顕著化していったものであった。

華族制度の撤廃もまた、「四民絶対に平等均一に、天皇に奉し、祖国に殉するの栄誉を負ひ、責任を担て甲乙あらす」という国民平等理念から主張された。「貴族以外の国民は皆一様に臣民たり」「国民中に階級を作り、天皇に近きと遠きとあるが如き」は許されないとの考えによるものである[63]。

ただしそれは「日本臣民は一種一類」「挙国一民」つまり「国民は唯だ一種あるのみ」「国民を挙りて唯一天皇の赤子たり」とする、国民をひとつの塊として捉える抽象的、観念的な「平等」主義であった[64]。国民を個々として重んじるものとは異なる、「民主」のない「平等」論である。「天皇の下には、銘々は豪も甲乙なき同等の日本人である。天皇の下には英雄崇拝はない。英雄崇拝は西洋思想である。東郷大将の勲功を一に皇威に帰しまつり、御跡を慕ひて殉死する乃木大将の心は、西洋人には分らぬ。日本はどうしても多数否七千万人全体の日本である」[65]。個我意識を罪悪とし、天皇に憑依埋没する臣民道こそが、日本にいう平等観念のあくまでも基本、大前提なのである。

こうした国民平等理念は、挙国動員、全国民の国家心高揚のためにもっとも求められるところであった。『発揚』のなかで上杉は、大日本主義的な立場（日本国の使命を東洋の解放および世界人類の救済にみとめる）を表明した上で、普通選挙、華族制度撤廃、資本家からの強制徴収による労働者保護の社会政策など利民的政策論を、反国体思想の除去や挙国皆兵論とともに、国民総動員政策の一環として唱えている。

治安維持法への反対——国体信奉のゆえに

治安維持法の制定ならびにその改正（大正一四年、昭和三年）への反対も、国体的理想主義の立場からなされた。治安維持法が「国体の変革と私有財産の否認」を同列に並べることにそもそもの間違いがあることに加え、死刑を刑罰として加えたことに関しては、それが国体が危急に陥っているということを政府が承認するものであり、そもそも「千古不易」で「如何なる事ありとも微動だもせぬ」日本の「国体」を信頼しないものである、という点からの批判である。

かつては自分も「国体擁護などと標榜して、人々と団体を造ったこともあった」が、それは、「心得違ひの者も……悔改して、日本国民本来の素質にかへるの時到らんことを確信」してこれに対するという指導者としての心得がなかったがゆえの「誤ま」りだったと顧みる。いま政府もこのかつての自分と同じ誤った見地に陥っている。すなわち「我が七千万の同胞国民、一人も残らず、確固不動の国体の信念を懐く者なるの、疑ふところなき信念を基礎として、国体を論じ」るべきところを、治安維持法の精神は、「天皇の赤子たる、我が同朋国民を恰も仇敵の如くに見なし、これと戦ひ、これを倒滅せざれば已まざるが如き態度を以て、国体を論」じていると。[66] 国体への絶対的信仰に立つかぎり、治安維持法の立法精神はこれに反するといわざるを得ない。治安維持法をやはり批判した美濃部が、思想上の自由主義を守るという立憲主義によってそれを主張したのとは好対照たる立論であった。

このように大正中後期以降の上杉は、普選論であれ治安維持法反対であれ、明治末年から大正初年にかけて天皇機関説論争をたたかった美濃部と同じような政治的主張をするようになっていたが、むしろこのころの主張でいえば上杉のほうが革新的であったとさえ見得る。上杉は普通選挙を山縣と政府当局に進言して彼らを驚かせたというが、この普選論について、美濃部は選挙権の拡大には積極的でありながらも普選自体については消極的賛成にとどまっていた。上杉が美濃部を超えた革新性をみせたのは、彼の政治主張が先に述べたような万民帰一の国体的理想主義から観念的に演繹されたものであったことによる。美濃部の場合、彼はもとから全人民の本来的平等性そのものを否定していたのだが、政治上の権利は社会的経済的勢力と伴うものであるとする立場から、労働者階級勃興の現実をみて、選挙権の拡大を認めるという実際的な判断にすぎなかった。[67] しかし上杉の場合には、「国民を挙りて唯一天皇の赤子」「日本臣民は一種一類」であるべきことから、「甲乙なき同等の日本人」の間に権利の大小を認めることは原理的に許されないのである。

上杉にとって天皇政治は、「至公至平」の「天祖ノ遺霊ヲ承伝体得シタマフノ現人神」による無謬の善政である。そのような「現人神」が現実に顕現していることを言えば言うほど、国民の平等は完全でなければならなかった。奉じられる神が絶対的全能的であることと、それを奉じる人々が神の下の平等を実現していることとはひとつでなければならなかった。この部分を切り取ってみれば、天皇の前の全人平等の理念は、キリスト教が神の前の全人平等をいうのに近い（その神がじっさいには人＝政治的君主であって、また上杉は天皇の主権行使の実体化をいうのであったからそこに大きな分岐点があるのだが[68]）。そうして現人神天皇の君臨する日本には、古来よりこのような「国体の精華」が君民上下に体現されてきており、民本主義の治世は現在も未来にわたっても「微動だもせぬ」はずなのだ。

普通選挙論も、華族廃止論も、治安維持法反対論も、上杉の国体的理想主義――所与としての天皇善政と、敬虔な国体教徒たる臣民同胞に対する信頼をこれに加えた——の政治的表現として導き出された。それがゆえに美濃部の民主的民本主義を上回る急進性をもつことになった。全面的な普選論やその他の主張は、この国体信仰を上杉自身が我がものとした上に、民本主義の実践者＝慈父であり神たる天皇に合一する人民の側に無私道徳性あることを前提としてはじめて可能たりえたものといえる。逆にそれなしにはすべてが、上杉がその対極として拒否した西洋的民主主義自由主義へと反転してしまう。治安維持法批判の文脈で述べられた人民への信頼は、彼らが「没我」し「天皇に合一」する非主体的臣民であるからこそ信を許すのに他ならず、そこに美濃部の民本主義とは画然たるちがいがあった(69)。

上杉は、「平民」に期待を寄せる民本主義を表明していったこの間に、並行して、先にみたごとくの救済＝自我実現論（天皇＝国家に対する臣民道）を完成させている。彼の急進的政治主張は、臣民による信仰や道徳の実践に大きく依拠するのであって、現人神天皇論と国家我論はそれに表裏一体するものとして魅力的に整えられ、国民により励行される必要があった。じっさいこの二論が整備されるのに伴うように上杉の民本主義的政治主張は勢いづいていった。

君民合一論の実践——昭和のクーデター事件にみる

全国行脚の講演活動による過労もあってか、上杉は昭和四年、五一歳で他界する。憲法学では自分の学説をつぐ後継者を育成することはできなかったが、この間における上杉の国民教育上の影響は多大で、上杉を師と慕うもの多数を輩出したとされる。

生前、上杉を中心に複数の国家主義的団体が結ばれている。このうち東大で結成された学生団体として、上杉の薫陶を受けていた学生たちが組織した木曜会（大正五年）、約五〇〇名が集い森戸事件に関係した興国同志会（同八年）のほか、新人会に対抗した学生四〇余名による七生社（同一三年）があった。七生社員らは、学内の新人会に実力で対抗する方針をとって暴力事件を起こすことがたびたびあった(70)。

上杉を中心に藩閥・官僚が集まった組織としては、国体擁護の思想団体・桐花学会（大正二年）(71)、北一輝の腹心を通じて知った高畠素之と結んだ国家社会主義団体・経綸学盟（同一二年）、会長上杉、顧問平沼騏一郎・頭山満のほかに荒木貞夫ら陸海軍関係者らも名を連ねた建国会などがあった（昭和元年。暴力的事件が惹起されたため上杉は手を引いた）。

ここには山縣系の政治家・官僚、軍関係、国体擁護の学者・学生、民間右翼らのほか、北一輝につながる国家社会主義者らとの人脈がうかがえる。日本国内には昭和六年以降、大きなクーデター事件があいついで発覚ないし実行されたが、そのなかにはこれらのつながりを背景に、上杉思想の直接間接の影響をうけていた軍の将校らや、やはり上杉を思想的指導者としていた前記学生団体に所属していた幾人かが加わっていた。

それらのクーデター事件としては、まず北一輝・大川周明らと軍の革新的中堅将校とが結んだ三月事件、満州事変を挟んでの十月事件があり、つぎにその失敗に学んだ血盟団事件と五・一五事件、神兵隊事件が、青年将校と急進的民間右翼（海軍青年士官・陸軍士官候補生ら、井上日召・橘孝三郎と愛郷塾生ら上杉門下を含む民間右翼の一団）の提携によって計画された。五・一五事件により政党政治の生命は絶たれ、そして二・二六事件が起こされた。

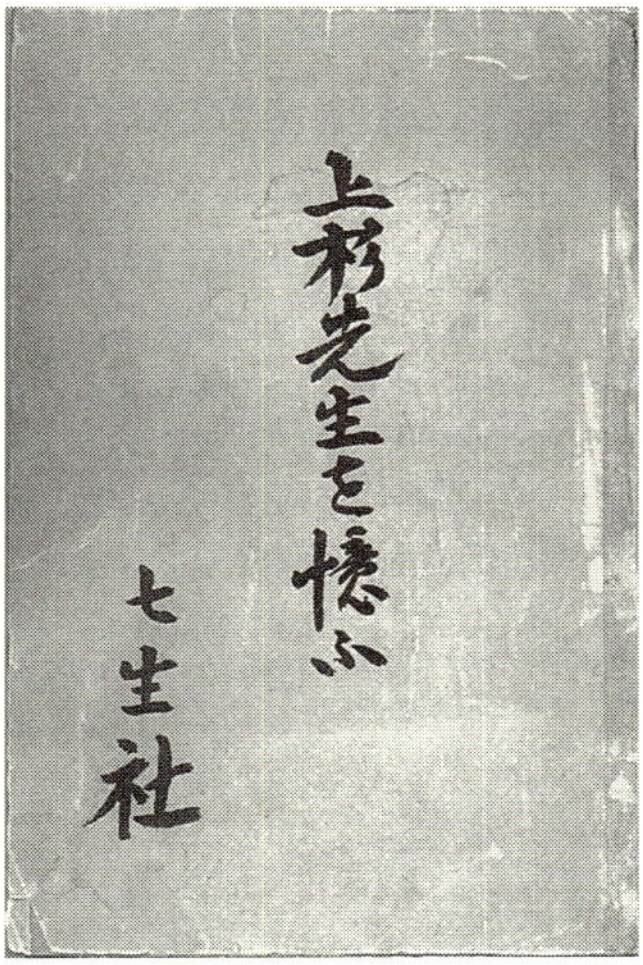

七生社編『上杉先生を憶ふ』表紙（七生社，1930年）

このうち上杉との人的思想的関係がもっとも明瞭なのは血盟団事件、神兵隊事件の関係者においてである。血盟団事件は井上日召を中心に「国家革新」を目的として結んだ血盟団員らが、昭和七年二月、政・財界および特権階級の巨頭暗殺を計画した事件である。前蔵相井上準之助、三井合弁会社理事長団琢磨らが暗殺されたが、密告と井上の自首によって計画は途中で頓挫し、一味は検挙された。井上以下一四名の関係者中、八名が学生で、四名が東大生、三名が京大生、一名が国学院大学生であった。このうち東大生の全員が七生社員であったが、上杉の死後に安岡正篤の門下生のようになっていたところ、井上日召を知ってこれに私淑し、行動をともにするようになった者らであった(72)。

神兵隊事件は、上杉門下の天野辰夫（木曜会、興国同志会の出身）らが、井上日召系の前田虎雄、安田銕之助と結んで計画された。昭和八年七月、首相官邸、警視庁、内大臣官邸、政党本部、日本勧業銀行などを襲撃し、首相以下各国務大臣、内大臣、警視総監、政友・民政両党党首などを殺害して国家の中枢機構を破壊したあと、大詔渙発を得て皇族首班内閣をつくり、昭和皇道維新を実現させることをめざした。血盟団事件および五・一五事件の企図をひきつぎ「昭和維新」を実現するため、支配階級の最後的防砦とみなした斎藤内閣を倒して一挙にこれを果たそうとしたのであったが、計画は事前に漏れ、前日に天野らは検挙されて未遂に終わった。事件関係者は天野他五三名にのぼった。

これらの事件が計画されたのはすでに上杉の死後であったが、教え子らの過激さは、暴力や「破壊」を嫌った上杉の想像をはるかに越えることになった。血盟団事件で彼らの暗殺目標とされた中には上杉の盟友・床次竹二郎や牧野伸顕がおり、暗殺候補者の中には上杉の恩師・一木喜徳郎もあげられていた(73)。

だが、彼らの行動を動機づけた日本社会の情勢把握は、上杉のそれそのものであった。上杉門下・七生社出身で、井上日召と結び血盟団事件に関与した池袋正釟郎は、事件の法廷で日本の政治機構についてこう述べている。「今日においてもまさに政党財閥が君民のあいだに蟠踞して、上陛下を蔑にし奉り、下人民を搾取して飢餓に陥れ、国家生命を危殆に瀕せしめているのであります(74)」。そこで資本家地主に大打撃を与え、これらの支持で立っている政党内閣を倒すことが必要だが、また元老重臣の腐敗している時代には非凡なる人物に大命降下することも難しいと言わざるを得ない。いろいろ考えてみても合法的運動では改革は絶望的で、非合法運動による革命しかない。金もない、武器もない、権力もない自分たちは一時的にではあっても軍閥の力を借りてこの革命をするしかない、と実行に及んだというのであった。方法手段は師に逆らうことになったとはいえ、天皇と人民の間にある「中間勢力」、政党財閥に社会悪化の根源をみる状況認識は上杉の教え通りのものであった。

神兵隊事件の天野も日本の危機を、上杉とおなじく、政財界において自由・民主思想が蔓延し、日本精神や天皇尊崇意識が欠如している精神的堕落に求めていた。天野は東京帝国大学法科大学入学後、上杉学説を信奉して天皇主権説をとり、在学中に学内同志と木曜会を結成、また新人会に対抗して興国同志会を組織した人物である。日本主義皇道精神にのっとった昭和維新の断行を生涯の目標とし、卒業後も全日本興国同志会、愛国勤労党などを組織して国家主義的運動をつづけていた。血盟団事件、五・一五事件に関係した七生社同人は、後輩で同じ上杉門下であった関係から、血盟団事件の弁護は天野が担当した。天野はその公判廷で、血盟団と五・一五両事件の目的・精神が「皇道」の実践にあったと主張している。井上日召とも親しい間柄となって五・一五事件の計画を打ち明けられ、後事を託されていた天野が、自身も実行の列に加わろうとしたのが神兵隊事件であった。

中間勢力の排除と天皇への直結を説きながら、かつては状況に応じて、盟友の政治家の所属する政党やあるいは官僚に、ただしい「中間勢力」たることや「賢人政治」を期待することもあった上杉に対し、教え子らの世代は純粋にこれらをすべて排斥して、理想的国体論の実現に向かって実力をもってこれに当たろうとした。その理想は、「平民」と天皇の直結、中間勢力の排除による平民間の「平等」の実現であり、これを上杉が説いた無私無欲の自我実現的臣民道によって行おうとするものであった。

二・二六事件についてもみよう。本事件に加わった皇道派青年将校たちの思想は、北一輝の影響下にクーデターをねらっていた「改造主義」の人たちと、天皇周辺の妖雲を払えば本来の国体が現れて自然に日本はよくなると考える「天皇主義」の人たち、およびその中間派に分けることができる。[75]「国体の真姿顕現」のためには元老・重臣グループ、政党、財閥などの「中間的勢力」を排除することが必要だとして、彼らは「決起趣意書」に、神聖無比の天皇の親政を実現して国体の真姿を顕現すべく、「国体破壊ノ不義不臣」たる「元老重臣軍閥官僚政党」等の「君側ノ奸臣軍賊」を討つことを掲げていた。[76]

この発想は血盟団事件、五・一五事件、神兵隊事件に同様である。上杉の「中間勢力」排除論は、「幕府的」勢力の排除をいう軍教育を受けた将校らの国家観と共振する内容をもともと持っていたが、くわえて上杉自身による陸大等における憲法講義を通じてその国体論は軍内部に相当程度浸透していたのだった。[77]

ところでこの決起趣意書には、「国体破壊ノ元兇」として、「軍閥」もが名指しされている。軍の中央部によって計画された三月事件への憤りがそこには表明されていたが、このように、「中間的勢力」はしばしば軍部内の上官をも意味することができた。それは彼らの次のような考え方、すなわち「我々は陛下の軍人だから、上官個人の部下ではない訳だ。……従って日本の国に於てこそ、上官といふものは、国体論を真に把握せずして、所謂職業軍人であった場合、下の者は之に服従しないのは当然だ。……軍規に服従するのではなく天皇陛下に服従し奉るのである」[78]として言われたような、天皇との無媒介的な直結をいう「君民合一」理念によってやはり正当化されている。皇道派の相沢三郎中佐による「上官」永田鉄山軍務局長刺殺事件（昭和一〇年八月）もまた、同じ君民直結の国体論を根拠として、「制度上」における上官への服従よりも、「国体上」の君臣関係（天皇への直接服従）のほうを優先するという信念にもとづき引き起こされた象徴的な事件であった[79]。

上杉の天皇憑依論・君民合一論は、内面上信仰上また政治上に中間的媒介項を排し、すべての国民に対して平等に体現されるべき天皇―臣民関係を論じたものであった。右に述べた諸事件の動機の一角は、上杉の追随者たちが内面化し、自己形成したこの思想教説に深く関わっていたとできる。上杉の説いた「大正維新」は、彼らによって「昭和維新」として実力をもって決行されようとしたのだった。

5　国体的無政府主義への道

憲法論に「国体」と「政体」の区別なるものをはじめて持ち込み、日本固有の伝統的天皇観とされるものを法理上に導き入れたのは穂積八束であった。そしてそれをことさら超法的なものにしたのが上杉であったといわれる。上杉は、穂積が政体と峻別して不動のものとした国体を神話に基礎づけつつさらに永久不変なるものとし、また国体論についても天皇論についても、その超憲法的な側面を本質的なものとして重視していったと評されている[80]。本節では上杉のそうした憲法論に加え、彼の説いた宗教的道徳的な臣民論をこれに切り離せないものとして考察してきた。ここでは最後に、上杉の憲法学上かつ国民道徳論上の先達であった穂積に比べながら、その特徴を導き出しておきたい。

穂積には、国家的統治現象を権力的な支配関係とする場合と、統治関係を本質的には君臣間の道義的・心情的な一体感によって基礎づけようとする場合との、融合しがたい二つの国家論があったといわれる。これらはそれぞれに権力的天皇支配観と、家族国家論にもとづく道義的天皇支配観となり、強制力を主権・統治権の本質としながら、権力の本性を道徳的な規範力（祖先教）に求めようとした。ところが松本三之介が指摘するようにそれは、権力の存在と維持とが被支配者の主体的な服従意欲にもっぱら依存させられているという点において、深刻な矛盾を内包していた。国家的支配の本源を国民の祖先崇拝・忠孝観念に求めることは、逆にそれだけ国家権力および国法からその固有の基礎を奪う結果になる。すべての法から超越した主権者たる君主が、権力の正統性根拠を自己だけにもつ、事実上の絶対的な強制力の実体でなければ、文字通りの無制限な固有の権力の担い手とはならない。自己の意思以外のどのような規範にも基礎づけられることのない無制限的命令・強制権をもたねばならないのだが、祖先教においてはその存立は、「国民道徳ノ力」「国民一致ノ信念」に基盤をおく、法理上、脆弱なものになっているのである。(81)

天皇主権説をとった上杉や筧といった次世代の法学者らも、だが穂積と同じような方向をとっていった。(82)穂積憲法学の後継者となった上杉は、先師の思考契機をうけつぎながら、それを西洋諸思想（ロマン主義の宗教論、新カント派の国家哲学、デモクラシー思想など）の枠組を借りて完成させていく。そして強制的権力的な天皇支配観においても、道徳的心情的天皇支配観のいずれの方向においても、それを徹底させていった。一神教にひきつけた現人神天皇像の提示、国体論の法実証主義的な解釈は、穂積の一方における強権的天皇支配観を徹底化するものであった。だが父子的君民論や、有限的自己の救済のため現人神天皇に帰依することは日本人の本性であるとの論、さらには相互の相関連続をもってする道徳的国家観をうちだして、国民関係を生存競争的にとらえてきた穂積国家論の非情性を「日本国家に対する崇仰愛着憧憬感激」に代えたことなどは、(83)穂積の他方における心情的天皇支配観をつきつめるものであった。慈父のごとく慕う「天皇を以て権力者なりと感覚したることは一たびもな」かったとか、「人の相関連続の間に我が本性を遂げて同胞兄弟結合すと感覚せるのみ、祖宗肇国の道徳の下に結合するを知」るのみで足る、という脱権力的国体論にそれは完成されるのである。(84)

これが、国体（君主主権）の存立を国民の主体的翼賛に基礎づけることにおいて、穂積の抱えたのと同じ矛盾を免れていないことはすぐわかろう。否、その矛盾は上杉においていっそう深刻さを増すことになったとしなければならない。天皇主権の根拠をこれまでになく超法的なものにし、また信仰主義道徳主義をつよめた結果、上杉国体論は無政府主義の主張に近づくことになった。権力論なき天皇論・国家論は「感覚」や情的自然に全面的に拠らせられ、国家をはじめとする一切の政治権力を否定するものとなった。ただしそれは、国家政府を拒否して人間の自由を追求するというものではなしに、国家政府なく天皇（ただしくは非主体的皇位であるが）のみ、はたして国民も真には存在しないという国体的無政府主義である。国民はただ抽象的に、そこに無力化された臣民としてのみ存在を許される。日本には権力現象なく、上御一人とこの臣民あるのみ、父子的親密さと信仰的道義的帰依・服従現象あるのみとする観念論が、国家権力を語るべき主務を放棄した憲法学者・上杉の行き着いた先であった。

その皇道論も道徳国家論も、国民の宗教的ないし自律的道徳的本性に信頼するかたちをとっている。それが国民に真に実行されれば強固な力を発揮するだろうが、国民の心持ちひとつで国体の存立が左右する、不安定な理論であることは間違いなかった。そして実際にそれはこのとき未然の理想でしかなかった。上杉が、一方で「言挙げせず」の絶対的天皇支配を強弁しながら、他方ではつねに「深刻な憂慮」に晒され、懇願するかのごとく「信用」「信頼」「確信している」と「同胞国民に告」げ続けねばならなかったことをみてもそれはわかる。三世にわたって国体的理想の顕現して不断たることを強硬に言い張るためには、日本人の臣民的本性に対する楽観論を強めていかざるを得ないが、じっさいは楽観的である「ふり」をし続けなければならなかったというのが正確であった。

そうした苦々しさを噛みしめながらも、上杉は、国民の上にたつ指導者らに同じ態度を求めていった。「天皇の赤子」

たる国民をただひたすらに信頼せよという非政治的な姿勢、国民の信仰的道徳的本性に対して無条件に信頼すべきことが指導者の心得だと説いていった。こうして上杉の国家理想主義は、それが理想主義的無政府主義に共通性あることを自ら認めるものになっていったのである。(85) 穂積も祖先教を拠り所とする脱権力主義の方向に模索したが、これをきわめた上杉の国体論の、それは論理的帰結であった。

(1) 加賀大聖寺藩主に代々医師として仕える家に生れる。明治三一年、東京帝国大学法科大学政治学科入学。三六年、同法科大学行政法講座担当の助教授に就任。三九年より欧州留学。帰国後、四三年に憲法講座を分担。四五年に憲法講座(大正九年から憲法第一講座)担任。天皇主権説をとって穂積の後継者となる。大正二年に陸軍大学校教授兼任。山縣有朋とともに保守的な学者や官僚を組織した桐花学会を結成。同五年から七年には寺内内閣のために活躍するなど山縣系の超然主義的勢力のイデオローグとなる。東大では学生団体の木曜会、興国同志会、七生社を指導。ほかに社会主義の高畠素之と結んだ経綸学盟(大正一二年)、建国会(昭和元年)を組織。脳膜炎により昭和四年、五一歳で亡くなる。

(2) ここでは主に、小山常実『天皇機関説と国民教育』(アカデミア出版会、一九八九年)、長尾龍一『日本法思想史研究』(創文社、一九八一年)、同『日本憲法思想史』(講談社、一九九六年)、新田均『近代政教関係の基礎的研究』(大明堂、一九九七年)、長谷川正安「上杉慎吉」(潮見俊隆・利谷信義編『日本の法学者』日本評論社、一九七四年)、松本三之介『天皇制国家と政治思想』(未來社、一九六九年)、吉田博司『近代日本の政治精神』(芦書房、一九九三年)を参照した。

(3) 上杉慎吉『国民教育 帝国憲法講義』(有斐閣、一九一一年、以下『国民教育』)九一頁、同「小引」(同編『憲政大意――故法学博士穂積八束遺稿』憲政大意発行所、一九一七年)七頁。

(4) 上杉「小引」六頁。

(5) 上杉慎吉『帝国憲法』(日本大学、一九〇五年)一三二、一五四頁。

(6) 同右、目次四頁、本文五八頁以下。

(7) 同右、一七二―一七五頁。

(8) 同右、一七三―一七四頁。

(9) 上杉慎吉『新稿帝国憲法』(有斐閣、一九二二年)六四八頁。

(10) 一八七二―一九六一。明治三〇年に東京帝国大学法科大学を卒業後、大学院で教育行政を専攻。三一年よりドイツ留学。三三年から東京帝国大学法科大学助教授、三六年に教授となり、行政法担当。その後法理学、国法学を兼担。政治学分担、憲法担任。筧は上杉より六歳年長だが、憲法講座(のち憲法第一講座)担当者としては、穂積八束―上杉慎吉―筧克彦の順に引き継いだ。天皇主権論者で、ドイツ哲学の影響のもと、宗教的感性をもって神道的な宗教的国体論を説く。大正三年より海軍大学校教官、一二年に秩父宮に神典を進講、翌年一〇回にわたって皇后に「神ながらの道」を進講。東京高等師範学校、東京高等商業学校、國學院大學、大東文化学院などでも教鞭をとる。神社制度調査会、教学刷新評議会、日本諸学振興委員会、文教審議会、肇国聖跡調査委員会の委員。教学局参与。昭和一九年に満州国皇帝に「惟神大道」進講。

(11) 上杉慎吉「皇道概説＝古神道大義ヲ読ム」(『国家学会雑誌』二七—一、一九一三年一月)。

(12) 同右、四六—四七頁。

(13) 同右、六七頁。

(14) 同右、五六頁。

(15) 同右、五三—五四頁。

(16) 上杉『国民教育』一七二頁。

(17) 上杉「皇道概説」五七頁。

(18) 同右、五五頁。

(19) 同右、五七頁。

(20) 従来の勅語論を批判したこの部分(同論文の前半部分)は、「教育勅語ノ権威」と題して別に一篇の論文として『太陽』誌上に発表された(一九一三年四月)。

(21) 上杉「皇道概説」四九—五〇頁。

(22) 長尾龍一「穂積八束」(潮見利隆・利谷信義編『日本の法学者』日本評論社、一九七四年)一〇二頁。

(23) のちには「惟神道」の呼称も用いたが、その内容には「皇道」の趣旨を含んだ。

(24) 上杉「皇道概説」六六—六七頁。

(25) 同右、五七—五八頁。

(26) 上杉『新稿帝国憲法』五四三頁ほか。

(27) 主権者自らが主権者たることを宣言するのでなければ、自己自身に根拠づけられた固有の権利とはならないから、天皇(天祖を含む)以外の別の権威を持ち出すことはできない。神道の神々も例外ではない。「神が君主の上に在りて、君主を命ずると云ふが如き、神の観念」は日本にない。「天祖なる現実の人が建てたまひし国」であるというのが基本で、天皇の上にはいかなる神もなく、「神祇の祭祀は全く別の意味である」(同右、五四三頁ほか)。

(28) 上杉「皇道概説」七一—七二頁。

(29) 同右、七二頁。

(30) 同右、六五頁。

(31) 同右、六五―六六頁。
(32) 同右、五七頁。
(33) 上杉『帝国憲法』一三一―一三二頁。
(34) 上杉『国民教育』一五一頁。
(35) 同右、二一六頁。
(36) 同右、六〇―六二頁。皇国の不動普遍なる信仰を「哲理ニヨリ表現スルコトニ勉メ」たとする筧の『古神道大義』における態度は、この点から「首末転倒」であると退けられた(同、六四頁)。
(37) 上杉『帝国憲法』三八一頁。法実証主義的観点は穂積もとっていたが、上杉においては、国家主権説―天皇主権説をとっていた穂積以上に切実であった。上杉は国家主権説を捨てたことで、日本国家の安定性永続性は、国家の覆いを取り去って剝き出しにされた皇室それ自体の永続性に還元される事態となっていたからである。
(38) 上杉慎吉『帝国憲法述義』(有斐閣書房、一九一四年)一八三―一八四頁。
(39) ただし「歴史」の事実や「民族の確信」という合理的説明は、たとえば大正一一年や大正一三年の憲法書にもふたたび現れるなど、「サカシラタテ」を許さぬ国学的―法実証主義が優位にありつつも、完全に追いやられてしまったわけではないことは付言しておく。
(40) 上杉『新稿帝国憲法』六七頁。
(41) 上杉慎吉『国家新論』(敬文館、一九二一年)九、三二頁。
(42) ひとつは「意思の強弱あるもの、」「命令と……服従の関係」であり、もうひとつは「無権力なるもの、」「意思の平等なる関係」である(上杉『国民教育』一九一頁)。
(43) 上杉慎吉『新稿憲法述義』(有斐閣、一九二四年)九一―九二頁。
(44) 上杉『新稿帝国憲法』五〇七―五〇八頁。
(45) 救済という意味では、来世観念や死後霊魂の教説をもたない皇道信仰に対し、祖先から子孫への血肉の連続を通して「生々活動」するという「連続」哲学がこの点を補う役目もはたしている。
(46) 上杉『新稿帝国憲法』七一一―七一四頁。
(47) 同右、一八―三七頁。
(48) 上杉『国民教育』一六六頁。
(49) 国力漲る君主制ドイツを目の当たりにして戻ったばかりの上杉は、保守貴族上流層が官吏登用され、彼らによる官僚政治が賢人政治として行われることに期待していた(上杉慎吉「官僚政治」一九〇九年九月、同『議会政党及政府』(以下『政府』)有斐閣書房、一九一六年、に収録、五九七、六〇〇頁、引用は同書による)。
(50) 明治四四年の上杉『国民教育』、明治四四年八月の上杉慎吉「中間ノ勢力」(一九一一年八月、同『政府』に収録)など。

(51) 上杉慎吉「国体ト憲法ノ運用」（一九一三年六月、同『国体憲法及憲政』（以下『憲政』）有斐閣書房、一九一六年、に収録）一七九—一八〇頁。引用は同書による。

(52) 小山『天皇機関説と国民教育』二七六—二七八頁。

(53) 上杉「国体ト憲法ノ運用」一八三—一八四頁。

(54) 上杉慎吉「我憲政ノ根本義」（一九一六年三月、同『憲政』に収録）二五三頁。

(55) 上杉『憲政』二二六—二三二頁。

(56) 同右、一六六—一六七、二三〇—二三一頁。

(57) 長尾『日本法思想史研究』二五六頁、吉田『近代日本の政治精神』一五四頁。

(58) 上杉慎吉「全国軍人諸君に告ぐ」（一九二五年、同『政治上の国民総動員』（以下『総動員』）日本学術普及会、一九二七年、に収録）八八—九一、九八—一〇〇頁。引用は同書による。

(59) これが大正末年以降になると、清浦貴族院内閣への反発などから上杉は政友会ないし政友本党に期待するようになったが、これは政党内閣制の肯定に転じた（小山『天皇機関説と国民教育』二九一頁）のではなく、吉田（『近代日本の政治精神』九六頁）のいうように政党政治を阻止せんとして政党に頼らざるをえない矛盾として捉えるべきだろう。

(60) 上杉の死後、憲法講座をひきついだ筧にはこうした主張はなかった。祭政教一致にもとづく天皇親政論を筧もとったが、議会や政党の排除を伴うものではなかった。また有機体的国家論もとったが、そこでは筧は、三権分立的機構のなかで国民一人ひとりが「表現人」として本性を発揮すること、「日本我」のなかで国民各「小我」はその分に応じて閣僚であれ官僚であれ役割に邁進することを求めている。これに関わって、筧には、上杉による国体擁護団体の結成（桐花学会、大正二年）に際して準備段階より関わりながらも、上杉の意図が政党撲滅にあることを知って即座に脱会したというエピソードがある（吉田『近代日本の政治精神』八三頁）。

筧の多元的国家論はその汎神論的神道教説に照応している。上杉は筧のような汎神論的臭味を連続相関の国家我論から排除することに努め、キリスト教的一元論に親和的な皇道論をとなえて政治的にも筧よりずっと急進的となったのである。

(61) 上杉「全国軍人諸君に告ぐ」九九—一〇一頁。一九二六年の建国祭をきっかけに上杉を会長として結成された建国会でも、「日本国民ノ天皇ノ赤子トシテ」の「平等」の「徹底」が綱領（上杉執筆）に述べられ、普選の実施が「全国民ヲ挙ゲテ天皇ニ直結」して建国精神に立脚した真正の日本民族国家を建築することだとされた。高畠素之の社会主義の影響を受けながら、国民間の平等だけでなく、国民の天皇との「直結」を精神として謳いあげたものであった（長尾『日本法思想史研究』二六五頁）。

(62) 上杉慎吉「日本は何処へ行く」（一九二八年一月、同『日の本』（上杉正一郎編）上杉正一郎、一九三〇年、に収録）三一六—三一七頁。引用は同書による。

(63) 上杉慎吉『国体精華乃発揚』（洛陽堂、一九一九年）二七二—二八一頁。

(64) 同右、二六九—二七〇頁。

(65) 上杉慎吉「少壮憂国の同志に示す」(一九二五年、同『総動員』に収録)一一四頁。

(66) 上杉慎吉「恐怖時代の製造」(『中央公論』一九二八年八月号、同『日の本』に収録)三六一—三六二頁。引用は同書による。

(67) 小山『天皇機関説と国民教育』二八二頁。

(68) 上杉の国体論は、天皇=国家への没我と奉仕をその唯一の内容とするから、国民の「平等」や権利の拡張は、天皇や国体の拡張であっても国民各人の拡張にはならず、かえって各人の主体性の縮減を正当化するばかりになる。上杉のいう民本主義は、じっさいは合一対象たる「君主」のみが存在する、「民」不在主義である。しかしその君主も日本では自然人として存在することのない「皇位」の意思であるとされていたから、固有の意思をもった自律的個人はどこにも存在しないことになる。

(69) もっともそうした観念論のとおりに、国体、国民への全幅の信頼を上杉が常時もちつづけ得たのかといえば、それほど簡単でもなかったようである。普選実現を前に全国を講演に飛び回った上杉は、普選の本義を説く際には国体的理想を強気に述べ、「信用」「信頼」「確信している」と「同胞国民に告」げるのだが、いっぽうには「[普選実施の]結果の如何は心配でたまらぬ」(上杉慎吉『普通選挙の精神』敬文館、一九二五年、三頁)、「不動の信念は持て居りますけれども、其の前途に対して憂慮に耐えぬ」(同『億兆一心の普通選挙』中央報徳会、一九二六年、三八頁)と漏らしていた。

(70) 上杉はこれに対しては、「直接行動」の「自重」を呼びかけた(上杉慎吉「諸君願はくは自重せよ」七生社編『上杉先生を憶ふ』七生社、一九三〇年)。上杉の反暴力論については後述する。

(71) 加藤玄智や床次竹二郎もこれに加わっている。当会自体は世論の攻撃により不毛に終わったが、ここでの床次との縁で、のち、立党宣言をはじめ政友本党の宣言類はだいたい上杉が起草することになったという。

(72) 血盟団員の構成は、我妻栄編『日本政治裁判史録 昭和・前』(第一法規、一九七〇年)四〇〇頁以下、高橋正衛『昭和の軍閥』(講談社、二〇〇三年)一九九頁を参照。

(73) 長尾『日本法思想史研究』二八〇頁。

(74) 高橋『昭和の軍閥』二〇〇頁。

(75) 筒井清忠編『解明・昭和史』(朝日新聞出版、二〇一〇年)一二四頁。

(76) 我妻栄編『日本政治裁判史録 昭和・後』(第一法規、一九七〇年)一六一頁。

(77) 浅野和生「上杉慎吉の国体論の陸軍将校への影響」(『中部女史短期大学紀要』一七、一九八七年)参照。

(78) 部内統制に直面した「皇道派」青年将校たちが、これを不服として述べた言葉(高橋正衛編『現代史資料』五、みすず書房、一九六四年、七七三頁)。

(79) 我妻編『日本政治裁判史録 昭和・後』一四七頁。

(80) 長谷川「上杉慎吉」二〇八—二〇九頁。

(81) 松本『天皇制国家と政治思想』二七六頁。

(82) 彼らは天皇支配を認めながらこれを強権力としないために、神道や家族国家論や国家有機体論や祖先教や伝統などを駆使してこれを説明しようとした。古神道論を国家学上に説いた筧は、その事情をこう述べる。神道を単なる儀式として放置したまま、国家と社会とを統一しようとするなら、「国家はどこまでも其の権力を先に立てねばならぬ。……［だが］強圧が行はるる程社会は心服しない。……其の反動として国家と社会との懸隔を生ぜしむる。……国家を此の災厄以前に済ひ、万国無比なる国家社会を益々発達せしむることは、唯唯古神道に根拠する」しかないのだと（筧克彦『古神道大義』清水書店、一九一二年、一三六頁）。結果として、法学者でありながら彼らの所説は教育学者や宗教学者のなすそれにきわめて近くなった。

(83) 上杉『国家新論』三八頁。

(84) 同右、三二頁。

(85) 上杉『国家新論』二七―二八頁。

第4節　国体的宗教論の諸相

I　天皇・皇室観に関わって

国民道徳論と国体的宗教論――忠孝一本から直接合一へ

上杉は以上のように、宗教的救済としての天皇絶対服従、自我実現としての没我奉公の国民性に国体の基礎を求め、憲法学者としては正道を外れて国民教育論を主にする者となった。東大・陸海大での教え子らを含む青年たちや将校らによって奉じられる魅力を放ったのは、まさにその信仰的道義的な部分であった。上杉を、加藤玄智や大川周明といった人々につらねて、その思想内容を吟味する価値あるのはそのためである。ここでは本章のまとめとして三者のあいだの異同を整理してみたい。

まず共通した点として、彼らの宗教的国体論が、従来の国民道徳論を不服としてそれに異なる論法をとったことが注目される。上杉は、孝を介して忠に想達させる忠君論、一身より家を介して国家に到達する国家愛を説くような、迂遠な回路をもって忠君愛国を引き出そうとするその教説に対し、はっきりこう不満を述べている。「家族ノ宗長トシテ祖先崇拝ノ考ヨリ服従スルト云フ［ハ］足ラヌ」、服従とは「現人神」天皇に「直ニ」「合一円融」することだ。天皇は「現人神デアル」と「信仰スルガ故ニ、崇拝服従スル」のみ、そこに家族国家云々といった「理由ハナイ」(1)。信仰をもってする絶対者との一体化＝君民合一によって「安心解脱」「自由完全」「永遠」を得るとする救済論を含む国体的宗教が、忠孝一本の論理に頼っていた国民道徳にとって代わるべきなのである。

従来的な国民道徳論を超える教説を、対象との直接合一をもってする忠君宗教に求めることにおいて上杉、加藤、大川の三者は共通している。上杉が、穂積の祖先教論に対してその強化をはかるため、神人合一の敬虔主義的宗教性に基礎づける君民論を持ち込んだことと、加藤や大川が、師の井上哲次郎が国民道徳論を家族国家論に依拠して説いたことに対して、天皇の絶対神化や忠君の信仰化を訴えていったこととは軌を一にしている。いずれも総合家族制度を否定するわけではないが、天皇尊崇を説くときには、祖先の遺訓・慣習に類する説明を飛び越えて、現人神天皇へ直結する心情をストレートに謳いあげることに努めるのである。それらはおおよそ明治末期から大正期以降に現れた新しい傾向であった。

他の神々を容認するか？——英雄偉人／皇統／神道の神々

ただしながらそれらが強調する宗教的内容を細かくみれば違いもある。天皇の位置づけや神社・神道の性格づけにおいてもそれぞれに特徴がある。

天皇・皇室の絶対性が最も強調されるのは、ユダヤ＝キリスト教的一神教の神にそれをなぞらえることによってであった。だがここに現人神天皇あることに加えて、神道上の諸神の存在をみとめたり、抜きん出た人格をもつ同胞への崇敬（偉人崇拝）が勧められる場合もあった。

三者のなかでは、すでに述べたように大川のそれがもっとも普遍へのベクトルがつよく、天皇・皇室に対してもそれを最高価値とする考え方が最も希薄であった。彼は天皇を信仰対象としてみとめるが、唯一神的な天皇絶対主義はとらなかった。現人神信仰も彼自身のものとしてはなかった。これに対して上杉の皇道論と加藤の神皇論とは、「唯ダ一ト筋」の「上御一人ノ信仰」、現人神たる「神皇」への信仰において絶対的天皇観を共有していた。ただし加藤は、天皇と並び立つ対象としてではないものの、国体宗教内に臣民の偉人徳者の神々の存在することを認めており（しかも彼らにゆるされるのは天皇と同じ生き神たることであって、死後に神となる靖国の思想とは異なっている）、天皇のみに神性を限った上杉の厳格性とは好対照をなしている。日本精神の体現者を英雄偉人として憧憬し模範とする大川も、加藤とおなじく自分たちを神格化するのに積極的であった。宗教的敬虔さをもって人格修養をきわめれば誰もが「神」に到達できる、とするゆえに多神教的様相をおびる彼らの国家的宗教論は、天皇の位置づけにおいて上杉の絶対性には届かない。(2)天皇絶対主義の点でも名分論的臣下論においても、総じて徹底していたのは上杉であった。

もっとも上杉の皇道論においても、その皇位主義（天照大神以下、歴代天皇を不可分一体の神位とする）が強調される場合よりも、天皇主義（今上天皇への「上御一人」主義）が全面化される場合にこれはよりよく当てはまることになる。皇道論が皇位主義にかたむく場合、複数の天皇すなわち神々を同時に奉じることになり——歴代天皇は不可分一体だとされ、また今現実の依遵対象としては今上天皇一人あるだけだとして最小限に抑えられてはいるが——、神人信仰を天皇以外に開放する場合と同様、その唯一絶対性が分散化されるからである。

なおここに上杉が批判した筧克彦の古神道論を加えてみると、筧の神道説は、加藤や大川にあったのとおなじ臣下の神格化と、皇統内外の神道の神々を認容することとの両面で、右の誰よりも汎神論的傾向を有しており、天皇絶対化の見地からみれば不徹底を免れないものであった。

2　神道・神社に関わって

国体論上に神道や神社が重視されるといった場合、そのあり方は一様ではない。本章に扱ったなかでは、上杉の国体論は神道というよりは国学や水戸学に顧み、加藤では神道・神社を人格崇敬および修養促進型のそれにかぎって重くみた。これら以外にも、国体論に重なることを必ずしも要件としない神社関係者を中心とした神道説や神社重視があったと考えれば、以上を仮に、神道・神社の重視論における伝統型（一般神社神道―伝統的祭神重視）／国体中心・皇室型（皇室神道・国体神道―皇統の祭神重視）／人格修養型（人格主義神道―別格官幣社的あるいは修養教化の重視）の三つのタイプに分かつことができる。

もちろんこのタイポロジーは相互排他的ではない。皇室主義と人格主義神道のふたつをとった加藤の場合や、皇室主義の上杉と神社関係者との中間に位置して、かつ加藤に似て国民中にも神をみとめるような、全方面的な多神教的国体神道をとなえた筧のような場合もあった。

天皇主義と神道・神社

神社界から重鎮とみなされた筧に比べて、加藤や上杉が必ずしもそうではなかったのには、その国体論における神道・神社の扱い方からみて相当の理由がある。

加藤の神道論は伝統的神社の世界観を有するものでもなく、明治初めの復古神道イデオロギーからも隔たりがあった。天御中主神、皇産土神二神をはじめ古典の神々を説いた筧の「古神道」とは異なって、神道の神々に信仰を捧げるのでなしに、天皇＝国体に特定的な「国体神道」を中心として、英雄偉人に対する神人信仰をこれに加えるものであった。さらにその国体神道も、天皇奉載を皇祖神の神威にたよって説くものではなく、皇室神道の型から大きくはみ出している。既存の神道に依拠するものでない天皇信仰と、有徳者の人格崇拝に集約される加藤の国体宗教論は、神社界とは一定の距離をおくものであった。

上杉の国体論では、加藤よりは古典的神道との関わりを見出すことができる。彼には天皇主権を皇位主義的に説こうと努める場合があるが（皇位主権）、そのときには「天祖ノ勅語」のほか「皇祖皇宗諸神」が重んじられた。そうして天皇の祭祀（皇室祭祀・神宮祭祀）が国家の最重要事であって、官国弊社以下一般の神社の祭祀はこれに「合一」すべきと述べていた(3)。これはつまり皇位主義の強調による国家の基礎磐石を説くため、つまりは天皇主権の絶対性に関わる範囲にかぎって神道的根拠を用いるものであって、上杉の論が神社神道よりは皇室神道や国体神道の側にあったことは明白である。上杉の論は神道云々ではなく宮中祭祀を中心にして、一般神社についての特定の言及がなされることもなく、その内容は天皇主義的国体宗教論とでも呼ばれるのが適当であった(4)。

大川における神道の位置づけはどうであったか。天皇の尊厳性をいう際に日本の神道にふれることがあったものの、皇統神話にも皇室祭祀にも、また一般神社に対しても本質的な言及は彼にはなかった。大川が共鳴したのは、神道が人格崇拝をみとめていること、とくに政治主体としての日本人を積極的に聖化しているとみえた点であり、そうした政治主体が自我実現するところの目標となる世界統一の理想が古典に語られている点であった。大川の国家思想は、右の二者に比べていえば、神道の特定的内容から得たものが最も少なかったといえる。彼にとって神道は、共鳴すべき宗教多数のうちの一つに過ぎなかった。

人格修養主義と神道・神社

上杉、加藤、大川はともに従来型の国民道徳論に不満をもって、これに代わる自己形成論・教化論を説くのに流行の人格主義を取り入れ、それぞれの人格修養論、自我実現論を述べた。

神道以外にも同じ教えをみていた大川に対し、これを神道に集中させ、とくに神社にその理想を投じた加藤という違いはあるが、この二人は人格修養倫理を神道の神人教説（すぐれた人格者修養者を神人視する）に結びつけた。これに対して上杉は、人が神になるという神人論を説こうとする者に向かって、「功績徳望アリシ人ハ皆神」だという多神論では「皇道」は成り立たないと、天皇絶対の見地からこれをはっきり拒否した。人であり神である現人神たる天皇の前にあって無と化すべき臣民が、その神人的性格を共有するなどは許されない。これは天皇主権の厳格な解釈と、彼が昔近づいたことのあるキリスト教にモデルをとった唯一絶対者的神観にもとづく主張であった。

なお上杉の理想とする、直接的な「君民合一」(現人神天皇との「神人合一」)関係は、各人の努力向上により達成される・されないというものでなく、日本人はみな自然にそうあるのだという、道徳というより国民性論に近いものであった。これを「知るだけで足る」「感覚せるのみ」とするがゆえに、煎じつめればそこに何ら特別な教化工夫は不要ということになる。加藤や大川がおこなったような模範的人格者の提示と修養主義よりは、本性発現のための障害除去論のほうが上杉に目立つのはそのためであったか。日本人の天皇合一・服従の「自然」に信頼する国体論において、その本性を疑うこと自体が「反国体的」だとされるなか、国民と天皇とを媒介する感化者的存在の用はすくなく、したがって加藤のように感化装置としての忠臣崇敬神社に人々の関心を集中させる努力のおこなわれることもなかった。

ここまで詳しくみるならば、加藤の人格修養―国体的自我実現論と上杉のそれとの間にはかなりの隔たりがある。加藤は天皇に殉じた乃木をその頂点において、現人神天皇を称揚するのに功績ある人々の神格化を支持した。これに対して上杉は彼らを、天皇との合一・没入により慰安を得る被救済者とみる。その外部に他者をもたない、絶対者天皇のみ存在して被治者の存在を没し去るところに、国体の精華をみるのが上杉の信念である。天皇の前に完全に無存在となることをもって救済となし、この状態の維持をもって究極の自我実現・最高道徳の実践となすものである。このキリスト教的(ティーレ＝加藤の用語でいえば神人懸隔教的)国体宗教論はしかも、だれにもイエス・キリスト的媒介者(加藤でいえば神人乃木将軍のような存在)となることを認めない例外なしの「平等」なそれであった。

大川についてみれば、その自我実現主義において上杉よりは加藤に近いが、彼にとってそれは神道や神社とは無関係にでも説かれるものであった。神社を人格崇敬の表象とする見方には大川も共感を寄せるが、この場合もその解釈においてもっとも自由であるのが大川であった。彼の神社論は、既存の個々の神社に言及するものではなく、「天の益人」たる日本人の一人ひとりが、あるいはその住処の一軒一軒がそのまま祭られるべき神社だとするものであった。そうしてこの神人的聖性は、神社論や「天の益人」論のみに依拠して説かれるわけでもなく、総じて大川の宗教的人格主義は、三者中ではもっとも神道から遠いところに位置づいていたとできる。

大日本主義と神道

加藤にはかく明瞭ではなかったが、上杉、大川には明確な大日本主義の主張があった。ただし上杉の場合、日本の海外拡張や大日本主義の主張をことさらに神道と結びつけておこなうことはなかった。彼の「惟神道」(皇道を皇位主義にひきつけて呼んだもの)は神道的要素を尊皇論に限定したものであり、皇祖皇宗を重んじることはあってもそれに遡る神道の神々を世界の主宰神としてみるものではなく、これにもとづく神国論の主張もなかった。天地開闢の創世神話をもってする神道の世界宗教的解釈によって宣言される神道的大日本主義とちがって、上杉の場合は政治的大日本主義というべきそれであった(5)。

加藤も、国体神道を国家内にかぎる点で上杉に同様である。加藤とて日本の帝国主義的海外膨張に反対するわけではないが、神道の世界宗教的解釈やその「八紘一宇」の理想によってそれを支持することはなかった。

これに対して、日本人のなかにアジアの哲学思想宗教がことごとく総合されている、日本はアジア思想の一大貯蔵センターだとする日本観をもとに大アジア主義を唱えたのは大川である。ただし大川は日本文明のそのような総合的特徴を「神道」とは呼ばず、「日本精神」と呼んだ。世界の諸宗教の相対的自立を前提に、「日本精神」はこれら全体を統合する〝力〟として解されるが、それと同じように神道が他の宗教に抜きん出て特別な存在とみなされることはなかった。日本国家の対外侵略を古典神話の理想主義的解釈によって正当化することは、たしかに大川にはあった。だが日本的特殊を前面に出しての戦略的非効率性にも敏感であった彼は、便宜的な神道利用はあっても、日本の神々や日本神国観にもっぱら依拠するような神道的大日本主義をとることはなかった。

(1) 上杉「皇道概説」五七頁。

（2）しかも加藤においては、その生祠研究をめぐって前述したように、偉人徳者の神格化は、その者の天皇崇拝の有無強弱とは相対的に自立しておこなわれ得ることさえあったからなおさら問題となろう。

（3）上杉『新稿帝国憲法』六八七―六八八頁。

（4）上杉は自分の「現人神」宗教論を、「神道」というよりは「天皇道」ないし「皇道」と呼ぶほうが適当だと自ら述べた。のちには皇位主義が強調されて「惟神道」の名称も用いるようになったが、その本質は天皇主義でありつづけた。

（5）海外膨張主義を天皇の徳が世界に波及するという道義論をもってするやり方が神道理論家にあり、筧などはこの立場から神道的大日本主義を唱えた。これに対して上杉の帝国主義論の基礎にあるのは、弱小国日本の防衛は予防攻撃しかないとの危機感、リアルな弱肉強食の世界観であった。

II　国体論の時代と宗教学思想

第5章　宗教教育論の帰趨

第一次大戦期から教学刷新の時代まで

第1節　課題と対象

本章および次章では、これまでに述べてきたような、宗教学を理論的背景の一つとして主張されるようになった宗教的国体論・国民教育論が、国家や社会のなかでどのような位置にあったのか、大正時代以降の思想状況や時局の流れのなかにどう扱われていったのかをみる。

このうち本章では、文部省等を中心とする国民教育論議のなかに、民間にも支持を高めつつあったこの宗教教育論の主張がどう取り上げられ、あるいは拒まれたのかについてみていく。具体的には文教政策に関わり内閣や文部省に設置された各種諮問機関において、宗教教育をめぐってやりとりされた意見や議論の内容を考察対象とする。宗教学的知見を淵源としてそこに主張された、普遍的宗教性とか宗教的情操といった思想や概念の内容とその変節にも踏み込みつつ、昭和一〇年代前半頃までの議論の流れを独自に検討したい。

大正半ば以降には真剣に聞こえてきていた学校での宗教的教育を求める声は、大正終わりから昭和初めにかけて大きくなり、昭和一〇年前後にその頂上期と転換期をともに迎える。以下に検討する諮問機関としては、宗教教育推進運動の本格的展開前になる臨時教育会議、宗教教育論の頂上期および転換期に設置された宗教教育協議会および教学刷新評議会を中心に取り上げ、これらに関連する学生思想問題調査委員会、教育審議会その他にも必要なだけ触れることにする。その設置・廃止時期（官制によるもの）および審議期間、帰属官庁は次のとおりである。(1)

（i）臨時教育会議（大正六年）（一九一七・九設置。一九一九・五廃止。一九一七・一〇―一九一九・三）内閣。

（ii）学生思想問題調査委員会（昭和六年）（一九三一・七―一九三二・五）文部省（官制によらない）。

（iii）宗教教育協議会（昭和一〇年）（一九三五・三―一九三五・一〇）文部省（官制によらない）。

（iv）教学刷新評議会（昭和一〇年）（一九三五・一一設置。一九三七・六廃止。一九三五・一二―一九三六・一〇）文部省。

（v）教育審議会（昭和一二年）（一九三七・一二設置。一九四二・五廃止。一九三七・一二―一九四一・一〇）内閣。

なおこれらの中には、学校教育と社会教育（家庭教育を含む）を含む教育行政の全般について付議されたものと、より個別的な問題についてのみ付議されたものとがある。臨時教育会議、教学刷新評議会、教育審議会は教育行政全般に関わるものであったが、学生思想問題調査委員会、宗教教育協議会は一部の問題に特化して設けられた審議機関であった。

以下の行論ではまず、明治後期以降の内務・文部行政における宗教の扱いをふまえ、また大正期以降の公教育における宗教教育推進運動を概観しながら、右記の審議機関におこなわれた議論の考察を進めることとする。そこでの考察は以下の留意点をもっておこなわれることを予め述べておきたい。

政府・文部省を中心にする国民教育方針策定の過程に積極的に関わろうとした宗教（学）関係者の動きを拾いあげていくことが、その第一点である。ここでの課題としては当然だが、体制側の動向を主にみる教育史を中心にした研究ではこれが十分ではなかった。天皇制教育の補完として宗教教育を利用する為政者側の意識が焦点化されるために、利用される側にあったとされる宗教者や宗教学関係者を積極的アクターとして捉えていく視点は薄かった。(2)

またこれまで概して不十分と思われるのは、「宗教的」教育、「宗教的情操」の涵養、「国体」観念の養成などといったときの「宗教的（情操）」とか「国体」の意味内容に対する考察である。たとえば教学刷新評議会答申（昭和一一年）は、臨時教育会議の国体観念涵養教育の指針（大正八年）につらなるものとの見方が通常おこなわれているが、両会議中に示された「国体」観念の内容はまったく同じではなく、したがってそれぞれに基づき求められた国体教育の内容性質も異なってくるのだが、そうした観点からする議論はこれまで不十分であった。「宗教的情操」にも同様の考察が不可欠である。後者について重要になってくるのは、一方に進む「国体」観念の伸展に関わって「宗教的（情操）」なるものの意味内容が変動していくという視点である。以上が留意点の第二である。

第三に、一連の審議会中に宗教教育が論議された要点とその推移を、各期における文教政策上の課題とされた事柄に突き合わせつつ吟味していくことである。国家が宗教的教育を利用するというときの、彼らがそこに期待した内容をみていかねばならないが、それはそのときどきの国民教育上の課題との関係によって変じていく。宗教教育採用の眼目はまずは思想対策上のものであったが、のちには新興宗教問題や国体明徴問題といった新たな問題の浮上するなか、その期待される役割は変化し、あるいはその期待が宗教教育以外に逸れていくということも起きてくる。満州事変以後、国民学校の時代までに宗教教育の位置づけは大きく変わってくるが、これに宗教教育の推進者側（宗教者・宗教学者を含む）も敏感に応じるところがあったということもあわせて見逃せない。昭和一〇年前後が宗教教育導入論の頂上期とみられるが、それらの動きをとらえるためにはこれ以降の時代も視野に収めた考察が必要になってくるだろう。

（1）明治以降、教育制度の基本方策を調査・審議する多数の審議会等が設けられた。大正以降には教育諮問機関が常設化し、所轄の個々の行政領域について文部省内に多数の諮問機関が随時設けられた。ここでは関係資料の入手しにくいもの、実質的活動のほとんどなかったものは除いて、学校教育／社会教育上の宗教（的）教育をめぐる議論が行われた主だった審議機関について、官制によらないものも含めて目を配った。

（2）先行研究は本書第1章参照。宗教教育推進運動における宗教者の動きに着目しているのは鈴木美南子の諸論考だが、ここでは宗教

（学）者が文教政策決定過程にどう関わったのかに踏み込みたい。

第2節　宗教教育導入論の台頭と背景

I　内務文部二省の宗教利用と宗教忌避

学校に宗教（的）教育を入れよとする議論が文部省に取り上げられていくのは昭和に入ってからだが、それ以前、明治後期から大正期間を含む時期における宗教、神社に対する国家の基本姿勢がどのようなものであったか、とくに内務および文部行政に関わって簡単に述べておく。

社会政策上、思想対策上の必要において内務行政と宗教との関わりは従来より浅いものではなかった(1)。おもに日露戦争後より報徳主義を理念とした地方改良運動や、あるいは感化救済事業などでは教育的宗教的方面が高調され、学校教師のほかに僧侶・神官などの宗教者、習合宗教的綱領をもつ報徳会や皇道的信条を掲げる団体など教化団体の関係者が動員された。その実績を背景に明治末年には三教会同が内務次官によって企画され、内相新就任の際には三教代表者と懇談し協力を要請するのが半ば伝統的な行事となっていくのである。

社会事業における教化事業重視の動きは、明治四一年にはじまる内務省主催の感化救済事業講習会にすでにみられた。当初は児童の感化（狭義の感化事業）に重点があったが、児童の感化から国民への感化（「国民的風化事業」）がその後重視されるにおよんで、宗教的教育的方面の比重が増していった。第一次大戦後には社会事業の中で最も根本的なものは「風化事業即ち教化事業である」といわれ、中心的施策のひとつとなる。大戦後の民力涵養運動はかつて三教会同を発案した床次竹二郎がこのとき内務大臣となって始めたものだが、生活改善や思想善導の意味合いにおいて、青少年団体、職場、農村その他における信仰心の涵養が国家観念の陶冶とともに重点項目とされて、僧侶・神官の協力が求められた。大正一二年の「国民精神作興ニ関スル詔書」に基づく教化運動にもこれは引き継がれる。大正二年に宗教行政は内務省から文部省に移管されていたが、宗教者・宗教団体等への教化面での期待は継続されて、内務省による三教代表者への協力要請も続けられた。

神社についても地方改良運動のころよりこれに多くの社会的教化的機能を課そうとする動きが現れている。神社は日清日露両戦役における必勝祈願など国民統合の場として捉えられ、伊勢大麻の頒布増大、神職の教育分野への進出と社会問題への対処をめざすことで地域における神社中心化がはかられようとされ、大麻頒布や公的場での神棚設置が一定程度進んだ。だがその際の神社に対する内務省の認識は、神社非宗教論にしたがう「無神論的」「非宗教的」なそれ、世俗的道徳的に神社利用をはかろうとするものであった(2)。

同じ時期、文部省ではその教育行政と宗教団体教化団体との関係はどうあったか。同省の社会教育(通俗教育)事業は、内務省の地方行政と重なり合って発展していった。内務省の地方改良運動が全国的に展開されていたとき、明治四一年文相に就任した小松原英太郎を中心に、同省も社会教育の振興に力を入れた。これは四三年の大逆事件を契機に国民道徳の涵養を意図して強力に推進されたあと、第一次大戦後は内務省の民力涵養運動に呼応する施策をとっていった。内務省の民力涵養運動は報徳会など教化団体の再編強化をとおして、社会教育をもその一翼としておさえていこうとするものであった。文部官僚のほうでも社会教育を「教育的救済」(社会的弱者に対する精神的救済)ととらえる発想があり、生活改善を直接の目的とするような政策的行政的な社会教育論が行われていた(3)。大正一二年の「国民精神作興ニ関スル詔書」を契機に教化団体連合会が、昭和三年には中央教化団体連合会が結成されるにおよんで社会教化・社会教育は著しく思想善導化される。社会教化(内務省)と社会教育(文部省)とはこうした一体的関係にあって、社会教育の役割は地方改良の延長線上における社会政策の新展開を担うものとして捉えられていた(4)。内務出身の文部官僚や文部大臣、これに似た経歴をもつ者が中心となってそれを推進した部分もある。ひさしく両省の右記事業は並行してあるいは省をまたいで共同で行われてきたが、社会教化団体に関する行政事務が内務省から文部省に移管（昭和三年）されてのちも、文部省社会教育行政における宗教団体教化団体の扱いが内務省におけるそれらの利用論や期待と類縁するところがあったのは、以上のような経緯事情にもとづくものであった。

他方、学校教育に関する宗教の扱いについては社会教育とは異なる事情があった。明治三二年の文部省訓令第一二号によって、宗教教育は、私立学校を含めて学校教育からきびしく締め出されていた。修身科は教育勅語に拠らしめられていたが、この教育勅語の内容も道徳的に解釈する方向で指導されていた。神社に関しても、神社非宗教論のもとに「敬神」の理念は道徳的な意味に限定され、国体観念についても同様であった。

以上を要するに、日露戦後より大正終わり頃から昭和初頭までの神社や宗教をめぐる事情としては、社会政策・社会教化に関わって三教利用主義や神社中心主義の方針をとってきた内務省を中心とするあり方がまず一方にあった。そして他方には、社会教育行政において内務省の社会教化事業に方針・態度において重なるところをもちながらも、学校教育では宗教を排して教育勅語や世俗的国民道徳による教育をあくまで貫こうとする文部省のあり方とがあった。概略的な理解としていえば、この期において両省は、神社あるいは国民道徳（国家道徳）については無宗教性を方針とする点でほぼ同様のスタンスをとっていたものの、三教利用の是非、対宗教的姿勢においては必ずしも一定していなかった。三教会同が内務官僚によって企画された際、文部省は非関与の姿勢を公にした。文部省では省内にもある幅をもって複数の考え方が混在していたといわれる。

以下にとりあげていく各種審議会等にはその委員として、教育関係者を主にして文部内務両省の出身者、教化団体関係者や宗教的背景をもつ者、内務官僚に近い社会政策的観点をもった財界人やその他の議会人などが一定の割合で含まれている。さらに司法・軍関係者などが加わることもあるが、そこに行われる議論をみるときのひとつの前提として、教育・社会教化と宗教をめぐる平行する伝統や考え方がそれらを主管する各省部局側にあったことを少なくとも押さえておかなければならない。

2 臨時教育会議——宗教教育導入論の先駆け

教育と宗教の分離方針を不服とし、道徳教育に宗教的要素を加味せよとする主張は、訓令一二号の発令当時よりすでに存在していた。前章までにみてきた宗教学関係者らが唱えた宗教的感化力論はそのひとつであったが、それはいわゆる「信念」涵養論として、やがて文教政策を議論する場にも持ち込まれていった。

それがはじめて明確に主張されたのは臨時教育会議（大正六年設置）においてである。日露戦後より高まり始めた宗教的関心と、第一次大戦前後における広い意味でのデモクラシー思想やヒューマニズムの世界思潮を背景に「人道的宗教」の理念をもってそれは行われた。教育界に広がりをみせていた自己教育運動、新教育運動もそれに連動するところがあった。この期においてそれは党派的宗教を忌避しつつ、個性や人格や自律に価値をおくヒューマニスティックな宗教的信仰、普遍的な「信念」論として表明されていくのである。

ただし臨時教育会議に行われた「信念ノ涵養」論は、人格や個性を伸長させる宗教的生活への憧憬に発するものばかりではなかった。これとは別に国家主義的見地から「信念ノ涵養」が訴えられる場合もあった。臨時教育会議には、大正期に存在した公教育上に宗教的教育を求めるこの二つの立場——普遍的人道的宗教観に立った宗教尊重派のそれと国民道徳・社会教化的観点による宗教利用派のそれ——の双方をみることができる。前者の代表は成瀬仁蔵であり、後者の見解は阪谷芳郎や平沼騏一郎らにみることができる。まず成瀬の方からみよう。(5)

宗教尊重派の「信念ノ涵養」論——成瀬を例に

成瀬は自由主義的キリスト教の信仰をもつクリスチャンであり、普遍的理想教を掲げて姉崎正治らと帰一協会を立ち上げた人物として前述した。彼はまた、教育者としては日本女子大学校の創立者、女子高等教育の草分けであって、臨時教育会議には私学代表の一人として加わった。会議での成瀬の意見は、実在への信仰を諸宗教の一致点とみとめて、これを人格教育の中心に据えようとするものであった。その主張はすでに前章までにお馴染みの、井上哲次郎をはじめとする人々にみてきた通りの内容であり、彼らの参加する帰一協会の見解とも重なっている(6)。

成瀬がその「信念ノ涵養」、「普遍的宗教」導入の必要を述べたのは人格教育上、とくに教師論・女子教育論にかかわってであった。まず初等教育改善のために師範教育が焦点になった際、教員の国家観念の強化や制度面での教師の待遇改善などを求める意見が多数であったときに、成瀬は「信念ガ薄弱ニシテ確信ニ乏シイ」精神力や元気のない先生ができてしまう原因を、師範教育の「制度ノ画一ノ弊」に求め、これを取り除くことに改善策を求めた。教師が束縛されあるいは制度に使役されて「動モスルト注入ニ流レ、形式ニ囚ハレテ」しまっている弊を改め、「教育家ノ人格、児童ノ人格……人格教育ト云フコトニ根本ヲ置」くべきだと成瀬はいう。今日の教育は、児童、学生に「天職ヲ自発的ニ選択スルコトヲ許サ」ず、「児童ノ内ニ潜ンデ居ル天然ノ才能、各自ノ適性ヲ発見スルヲ妨害シテ」いる。ここに教育が振るわない原因があるのだが（一九号、六三―六五頁）、この、児童のなかにある良き種を培養するという重責を負う教師を育成する師範教育自身が「自ラ此弊ニ沈淪シテ」いる。師範学校の「教育ガ〔師範学生の〕天賦ノ性情ヲ矯メ」ているのが根本問題だという（一九号、六五―七〇頁）。

「天賦ノ性情」すなわち個性や自発性に重きをおいた人格教育を述べる成瀬の教師論・児童教育論は、当時欧米の影響下に広がり始めた個性開発・児童中心主義的な新教育論の主張に拠ったものである。女子教育についても、良妻賢母的な伝統的婦徳観による女子教育を復活させよとする他の委員らとは対照的に、成瀬は、彼女らの「其個性ト適能ノ発達ヲ指導助長シ、自動的学習自治的生活ノ気風ト興味ヲ啓発シ、独創的能力ヲ養成シ、敬虔ナル信念、高尚ナル人格ヲ涵養シ各自ノ天職ヲ自覚セシムルノ訓練」を怠らぬようにすべしと述べていった（一三号、四〇―四四頁）。新教育論の理念的支柱は、広くは新カント派的な人格主義的理想主義であったが、それを根底において支えているのは、これに宗教味を加えたヒューマニスティックな人間観であり、成瀬の場合にはその自由主義的キリスト教に裏打ちされた普遍的宗教の信条であった。そのいうところの普遍的世界共通的な「信念」論について聞こう。

教育勅語に示された徳義――彼の挙げたのは「忠君愛国、信義人道、勇気、忍耐、犠牲、献身ノ諸徳」であった――

の実行には「確乎タル信念」の養成、「徹底セル信念教育」に基礎づけられねばならない。日本では宗教をもって国民教育を行うことはできないが、一宗一派に偏らず、特殊の信条儀式をもたない「宗教ノ本質……実質」すなわち「信念」をもって国民生活の根本となすことはできる。これは天地の公道に基づく「哲学的ニ帰一スル所ノ絶対者ニ対スル所ノ信念道徳」であって、人心に「湧キ出ヅル所ノ命ヲ涵養」して一種の力と慰籍を与え、国民生活に貢献することができる。その力は「目に見えぬ神の心にかよふこそ人の心の誠なりけり」の明治天皇御製を読んだときに与えられる力と同じものだという。この御製にも詠まれた「目ニ見エヌ感ガアル、宇宙ニアル絶対実在ト云フ其信念」は「万古同一……古今不易……世界共通」であって、「古今ニ通ジテ謬ラズ之ヲ中外ニ施シテ悖ラ」ぬとの教育勅語の言葉にも一致する。この「信念」を持するにいたれば、個人や差別をこえた至純の状態にはいり、「敬虔ナル良心生活」を営むことができる。家庭で夫婦が「信念」をもち、学校で教育者が「信念」をもって児童を教育していくなら、「自ラ児童ヲ感化スルコトガ出来ル」はずである（二号、二五―二七頁）。

成瀬の述べたのは、「宗教ノ本質デ」あるところの「信念」、すなわち哲学にいう唯一の絶対実在を信じることが教育勅語の実行（道徳教育）の基礎となるべきこと、まず父母教師の「人格［ノ］養成」が宗教的「信念」により行われ、その感化をもってして児童の人格をつくっていくことであった。普遍的な宗教信念、哲学的実在への信仰に立脚した人格教育から「敬虔ナル良心生活」は生まれ、教育勅語の諸徳義はそのなかに自然に実現されるというのであった。

宗教利用派の「信念ノ涵養」論——阪谷・高木・平沼らを例に

つづいては社会教化的観点からする「信念ノ涵養」論、宗教利用派の宗教教育論について阪谷芳郎(7)の見解をみよう。阪谷も成瀬と同じ帰一協会員であったが、彼とはちがい、経世家的な視点から宗教（者）を用いるとの考えがつよい。

阪谷は宗教家の利用を誰よりもはっきりと述べている。現在のような「品性ノ低イ」教員に子弟を託しても「感化ヲ受ケル」ことはできないとして教師の改善を求める一方、力のある宗教者についてはこれを端的に評価する。よい宗教者ならキリスト教徒でも排除しない。クリスチャンを師範学校出の教師と比較して、いまは教育と宗教が「反対ナ様子」になっている、「宗教ナドデ皆伝道師ナドヲ養成イタシテ居ルガ……其宗教方面ノ人ハナカナカ良イ」、あのような人が教職にいたならば自分の子供を託してもいいという人などが青年会館などにいる、といった具合である（二号、二四―二五頁）。

いっぽうで阪谷は、国体の教育に関わってもそこに宗教的信念を加える必要があるとしている。大神宮の暦の復活、年中行事、各種祭日休日を「宗教上ノ信念ヲ養成スル」のに用いて皇室尊崇、敬神崇祖に役立てよとの具体的提案もおこなっている（九号、二八―三〇頁）。このことがたとえばキリスト教信仰と衝突をなすかもしれないということと、先に道徳的な感化力あるキリスト教教師を用いよとしたこととの間の矛盾については悩み及ぶことなく、阪谷の発言は道徳教育に効果あるものはすべて取り入れていけばよいとのスタンスに近かった。

高木兼寛(8)も「宗教ハ国民道徳徹底上ニ必要」だと宗教教育論を述べた一人であった（五号、四三頁）。だがその「宗教」とはもっぱら国体的な信念・信仰をさしていた。日本国民の国家的観念をつくる基は皇太神宮と祖先を「信仰スルト云フコト」になければならないが、「教員ノ多クノ中ニハ神棚モナケレバ先祖ノ位牌モナク、何モナイ、信仰トカ、信念トカ云フモノハ浮ンデ居ナイト思フ」（五号、三七頁）。教科書には書いてあっても実行を伴っていない、「皇祖皇宗ヲ崇メ奉ラナケレバナラヌト云フ精神」が、教える教師の頭の中に入っていない。ここに今の教育の行き詰まりの原因があるというものであった。

国体と既成宗教の関係について、キリスト教はさておき、神儒仏は国体に付随させ得るとする考え方は強かった。高木によれば、日本では不文の教育つまり「建国以来祖先ノ経験」がまずあり、これに成文的な教育つまり「儒教仏教等」が海外から入って加わったところに、「日本固有ノ精神」をもった「日本国民ノ精神」ができあがってきた（五号、三八頁）。こうした習合的な宗教認識は少なくない委員に分け持たれている。臨時教育会議は各種答申とは別に、国民統合のため国体観念の強化を求める建議をおこなっているが（建議二号）、その原案に盛り込まれていた宗教協力の項目について説明する際の平沼騏一郎も、高木に似た習合的国民精神論を述べている。宗教とくに仏教儒教は当初は多少の弊害があったが、しだいに咀嚼消化されて国情に合うようなものとなった、そして「我国ノ教化ヲ助ケ」ることになったとし、だから神仏二教のごときは人心向上にもっと努めてほしいと述べている。平沼は、建議原案共同提出者の早川千吉郎（三井銀行取締役）とともに中央報徳会に関わっていたが、報徳教は仏教儒教の「日本ノ国俗ニ適応」して「我ガ治教ノ上ニ於テ大ナル効果ヲ挙グルヤウニ」（同、二二頁）なった最も顕著な成功例として念頭に置いていたものであった。

教育との衝突問題をかつて起こしたキリスト教の扱いには宗教利用派の委員の間にも違いがあったが、これを除けば、総じて彼らの視点は、先述した政府・内務省に近い社会政策的観点からなるものであった。

宗教懐疑派の優位

以上、宗教尊重派と利用派の双方による「信念ノ涵養」論、宗教による道徳教育の改善論をみた。そこに主張された「信念」の内容や目的、またどの宗教の「信念」なら認められるのかといった点について相違がみとめられたわけだが、それらは答申にどう反映されただろうか。

まず学校教育についていえば、人道的普遍的な宗教性を取り入れたいとする成瀬の意見も、また阪谷による「宗教家」への協力要請案についても斥けられる結果となった。たとえば小学教育答申二の第一項は「国民道徳教育ノ徹底ヲ期シ児童ノ道徳的信念ヲ鞏固ニシ……」と述べているが、「宗教」を外した「道徳的信念」の表現をここではもち、それが世界主義的な「宗教の本質」を根基とする道徳的信念ではなくして、国民道徳の延長上に高木の述べたような国体的な信念をさすものとして示された。さまざまに主張された「信念ノ涵養」論は、「国家的」信念にかぎってそれを受け入れるものとなった。

会議の席上、成瀬の主張がどう扱われたかについてみれば、「良妻賢母」的女子教育観によってその女子教育論が明確に打ち消されたということはあったが、そのほかは彼の意見表明に対して他の委員が積極的に応答するという場面はほとんどなかった。それは成瀬が孤立する立場にあったということのほかに、それに完全なる対決姿勢をもってあたった委員もなかったということ、成瀬がその見解を堂々と論じることができ、またそれが許されていたということをも意味する。彼はここでは少数派であったが、デモクラシーや自由主義思想の担い手であった言論界や都市の小市民的世論が背景に幅広く存在していた。[9] ただし頭ごなしに否定されることはなかったとはいえ、けっきょく彼の意見がとおるということもなかった。成瀬が持論に固執したような場合には、そうした見解を無視しているわけではない、その趣旨も当然盛り込んであるとしてやんわり諭され、多数派の前に口をつぐまざるを得なかったのである。

通俗教育についてもみればまず、総会初回に阪谷が主張し、学校教育では難しいが通俗教育の審議では考慮するとされていたはずの「宗教」（家）利用論は、ここでもけっきょく容れられなかった。阪谷はこれについて「宗教ノコトガ明ニ文字ニハ表ハレテハ居リマセヌ」と不満を述べ、教会や日曜学校が社会教育に効力あることを言いながら、「宗教家ヲ度外視スルヤウナコトノナイヤウニ」その「意見ヲドコマデモ教育ノ上ニハ利用スルヤウニ」切望すると修正を求めている（二八号、一九―二〇頁）。だがこれには嘉納治五郎（東京高等師範学校校長、元文部省普通学務局長）が、自分は「少シク……意見ヲ異ニシテ居ル」として一言及び、宗教が道徳教育の基礎になるというのは「間違ッタ御意見デアル」、宗教は宗教家に任しておくより仕方のないもので、みだりに宗教を教育の中に引き込もうとするならその弊害は測り知れない。通俗教育に対しても「宗教ト没交渉ニ致シタイ」と述べ（二八号、二八―二九頁）、結果的にこれが通るかたちとなった。成瀬の述べた自由主義的な宗教尊重論はいうに及ばず、阪谷のような経世家的観点からする宗教利用論に対しても、いまだ文部省流の宗教懐疑派・不要派の主張のほうが勝っていた。

この時点で宗教の教育的利用論は、その後急速に高まるほどにはまだ勢いを得てはおらず、訓令一二号の適用外にある通俗教育においてさえ宗教忌避の懐疑派の見解がとおるなど、宗教教育に対する全体的な警戒感のほうがつよかった。世間に教育勅語教育の不振が叫ばれるなか、「信念」導入論はこの種の会議でも一部委員の口に上るまでにはなったが、成瀬のごとくの従来を超えるような宗教肯定論・積極論は抑えられ、答申案作成に向けた審議の中心は国家主義の見地からする宗教の利用派と宗教警戒派との間の意思調整をもっぱらとするものになった。そしてそれも後者に軍配があがるかたちに結果する。

「信念ノ涵養」論は、国家的信念にかぎって一部それを認めるかたちにはなったものの、それでも高木が口にしたような神棚位牌の設置あるいは皇太神宮や皇祖皇宗への「信仰」といった積極的文言が盛り込まれることはなく、「信念」「徳操ノ向上」「国体ノ観念ノ鞏固」「廉恥ヲ重ンシ節義ヲ尊フ」「人格ノ陶冶」などの答申中の表現はのちに比べてまだ全体的に消極的、抽象的にとどまった。宗教尊重派が議場を制することはなかったが、宗教利用論についても全面的に入れられることはなく、宗教否定の文部省的伝統がおよそ維持されたといえる（これを不服とした一部委員らにより、国家主義的「信念ノ涵養」論はこのあと建議二号に集約されることになる）。

3　宗教教育推進運動の展開

これに変化が生じるのは第一次大戦後の社会不安を背景に、思想問題の喫緊性が十二分に分け持たれるようになって以後のことである。戦後恐慌や関東大震災により社会は動揺し、各種社会運動や共産主義への不安は国民精神の引き締め策としての宗教利用に向かい、「国民精神作興ニ関スル詔書」の渙発はこの傾向をいっそう強めることになる。金融恐慌の起きた翌年、昭和三年には天皇即位の御大典の各種行事が行われたが、共産党員の全国的検挙もこの年始まり、学生・教育関係者の検挙者を多数だした（三・一五事件）。世界恐慌が起きた年、翌四年の検挙でも学校関係者は二割（二〇〇名）に上った（四・一六事件）。その後も大量の教員による思想「汚染」が明らかになった長野県教員赤化事件があった。なお昭和三年には天理研究会不敬事件が起きているが、ここでも検挙者中に高学歴者を多数含んでいることが明らかになった。世直し要求を掲げる新興宗教の勃興は、共産主義の脅威に通ずるところがあった。

大正一二年の詔書渙発後、多様化する国民意識を「健全化」するための措置として文部省は、青年・成人一般に対しては同一三年の社会教育課の設置、翌年の社会教育主事・同主事補の地方庁での設置、および昭和四年に「教化動員」

のために課を昇格させて社会教育局を設置するほか、学生生徒に対しては同三年の学生課の設置（翌年、学生部に昇格）、同九年には思想局を設置していった。同三年には成人・青年教育と学校教育とを連携させるため、教化事業に関するいっさいの権限が内務省社会局からはなれて文部省に一元化された。

文部省が宗教利用に一部転じるようになったのはこの流れの中でである。教化事業振興方についての通牒（大正一五年一二月一六日）についで、同省は昭和四年九月一〇日に教化動員実施を訓令したが、この教化総動員運動の手足となったのは宗教団体を含む各種社会教化団体であった。それ以前の教化運動にも宗教団体は動員されていたが、このとき初めて中央教化団体連合会の定める「教化団体」の規定中に宗教団体が明確に含まれることになった。社会教育局―社会教育主事との関連で、その勧奨策に基づき市町村ごとに組織された「社会教化委員（会）」は、青年団、少年団、婦人会、農会、在郷軍人会など各種団体および学校長、市町村役場吏員、宗教家の代表二〇名ないし三〇名で構成されていった。[10]

学校教育にもこれは通じていく。昭和三年からの二度にわたる共産党への全国一斉大検挙は、高等教育機関から支配体制そのものの存在を否定する青年や学生が続出していたことを示す事件であったが、これを受けて同六年に設置された学生思想問題調査委員会では、マルキシズムに対抗できるだけの「国体精神と相関係せる人生観、社会観」が求められたが、その調達先として宗教の役割が期待され、また「宗教的情操ノ涵養」が掲げられた。[11]「思想国難」を示す諸事件を面前にして世論や議会の突き上げも激しくなっていた。長野県教員赤化事件を受け、ある議員は国会で、「宗教教育、仏教或ハ基督教或ハ神道、何レデモ宜シイガ、矢張一種ノ宗教的信念ヲ、学生青年ニ植付ケルト云フコトヲ、寧ロ政府ガ進ンデ奨励」する必要があると発言し、議場で盛んに拍手を受けている。[12]

政府・文部省は社会教育局と学生部を思想指導の中核となすいっぽう、反宗教運動を開始した左翼運動に対し、その唯物主義に対して宗教界の精神主義をもって対決させようとしていく。ことに学校教育に対しても宗教教育を容認する動きが文部省内に出てくるようになった直接的な契機は、宗教の「教化」化によって宗教教育要望の声が教育界にも台頭し始めたこと、これまでの宗教教育論が明確な要求のかたちをとったことであった。つづけてみていこう。

教育界における宗教教育要望の諸決議——大正期思潮の二側面につうじて

国民教育への宗教（性）導入論は、宗教学界・宗教界において先駆けておこなわれてきたのだったが、これが実現されるには、教育界の賛同を前提とし、また文部省への積極的な働きかけがなければならなかった。その第一歩となったのは、大正一二年の詔書渙発以降、教育界の内部より宗教教育の必要を認める動きが生じてきたことである。大きな影響力を発揮したのは沢柳政太郎(13)であった。文部官僚として次官まで上りつめ、その後は文部省の御用教員団体である帝国教育会の会長となった沢柳は、また仏教徒であり、成城中学校校長、大正大学学長であって、官界・教育界・仏教界に重きをなしていた人物である。文部省訓令第一二号の発令されたとき、沢柳はその当の普通学務局長を務めていた。だが詔書の渙発をうけて道徳振興の声が高まり、宗教の役割強化がいわれ始めたこのときには、帝国教育会会長として、また一在家仏教徒として次のような考えを述べるようになる。「近来人心が甚しく物質に傾き……社会公共の為という考えが欠けて」いるが、教育家も反省して公共心や社会連帯の責任とかいうことを徹底して教える必要があり、宗教家も「精神的復興の大任」を自覚しなければならない。仏教は「私利私欲」を排する「無我」の思想をもち、「小我に固執せず」「宇宙と同一なる大我に一致する」ことを求める。道徳的志操を健全化するために、宗教家も「自ら示範し講説して、我利的思想の撲滅」を企図しなければならない(14)。

この時期にはまだ、この「無我」思想が天皇への絶対奉仕であるとか、「大我」が即天皇であると唱えられたわけではなく、社会とか公共のために自我や欲望の抑制を説くものであったのだが、道徳上に宗教の役割を確信する沢柳を中心とした働きがあって、大正一三年ころから政府筋の黙認のもとに教育界と宗教界の提携による教化運動が進められるようになっていったことは大きい(15)。沢柳の文部省内の協力者としては文部参与官の安藤正純（真宗大谷派出身の政治家で教育行政に携わる(16)）、内務省から文部省に移って宗教局長や社会教育局長を歴任した下村寿一(17)らがあった。

宗教教育要望論はやがて、各級教育会議において宗教教育を求める決議のあいつぐまでになる。大正一四年一一月に文部省主催の全国高等女学校長会議で文部省諮問に対して「宗教的信念〔の〕啓発」を求める答申案が議決され、数年のうちに、帝国教育会主催の全国中等教育協議会で「宗教的信念」の助長を求める決議をはじめ、全国小学校教員大会、全国小学校女教員大会、全国高等女学校長会議、全国中学校長会議、全国高等小学校長会議などで宗教教育に関する決議が行われていった。

これらの決議内容には互いに重なるところがあったが、そこには大正期以来の、具体方策案も含めて行われてきた宗教教育論の集約をみることができる。試みに、右のうち、文部省諮問案「小学校児童に、宗教的信念の基礎を培養するには、如何なる方法を採るべきか」を審議した帝国教育会主催による全国小学校教員大会（大正一五年一一月）および全国小学校女教員大会（昭和二年五月）で決議された答申案の内容をそれぞれ示してみる。(18)

全国小学校教員大会

一、教師の宗教に対する理解を一層増進し、且教師の宗教的信念の確立によりて其教養に資すること

（イ）師範教育に於て一層宗教的陶冶に力を注ぐこと

（ロ）講習会を開催して教師の宗教上の理解を進めること

（ハ）教師は常に社会に於ける宗教諸施設と其内容とにつき研究を怠らぬやう努めること

二、常に児童の学習生活を自発的自律的になるやう指導して、其の内面に発現する宗教的要求に留意し其の発展に努めること

三、学校生活の全般に通じて機会ある毎に児童の宗教性の啓発に努めること

（イ）各教科の教材に一層多く宗教的材料を取り入れること

（ロ）宗教的材料に富める課外読物を推奨すること

（ハ）各教科教材の取扱については出来るだけ宗教的にすること

（ニ）儀式、追悼会、理科祭、墓参、弔問等学校行事によって敬虔の念を養ふこと

四、宗教的陶冶に関して左の諸点に注意すること

（イ）宗派的教育とならぬやう努めること
（ロ）信教自由の意味を理解させること
（ハ）他人の信仰に対し敬意を払ふべき心得をとらせること
（ニ）迷信を避くべきを知らしめること

全国小学校女教員大会

一、教育者自身の宗教的修養を怠らざること
（1）師範教育に於て一層宗教的の陶冶に力を注ぐこと
（2）地方教育会は時々宗教団体と連合して宗教及宗教的教育に関する談合をなすこと
二、教師は常に一言一行を慎み児童をして欽仰の念を抱かしむること
三、事物を緻密に奥深く観察する習慣を養ひ感謝報恩の念を持せしむること
四、理科的地文的教材に於ては独り自然の理法を知らすに止まらず更に其の背後の神秘の世界を体認せしむるやう留意すること
五、宗教的行事に就きては其の意義を知らしめ特に礼拝祈禱の形式に馴れしむること

これらの答申案中には、教師が率先して宗教的修養に勤しみつつ、「自発的自律的」学習生活のなかで児童の「内面に発現する宗教的要求」を発展させるとか、「感謝報恩の念」を養うといった文言で、宗教的教育の目的について述べるところがあり、宗教に期待する内容がどのようなものであったかを知ることができる。「報恩感謝」は、大正末以来の経済不況のなかで個人の欲求を抑制するものとして注目されはじめた宗教的観念であったが、これと、大正期思潮における宗教尊重のキーワードであった「内面」性や「自律」性、「人格」や「人道主義の宗教」（昭和四年六月の全国高等女学校長会議における文部省諮問に対する答申[19]）といった宗教観が並行して用いられていることが注目される。信教の自由に配慮する一面もみえ、「国家的」信念にのみ強引に引きつけようとするそれではまだなかったことも分かる。

宗教界における宗教教育要望の建議——日本宗教大会

宗教（学）界でもこの時期、全国の宗教（学）者が集まって、普通教育—学校における宗教教育の解禁・振興を求める動きがあった。昭和三年六月に「御大典記念」日本宗教大会が、一一四五名の多数の参加をもって明治神宮外苑の日本青年館で開催されたが、ここに宗教教育に関する文部省への建議案が可決されたのは重要な出来事であった。

大会は日本宗教懇話会の主催で、費用の半分は帰一協会が負担した。日本宗教懇話会は、大正一三年に神道本局の関係者を中心に神仏キの協力によって結成され、宗教界と教育界の提携による宗教教育の推進を目的のひとつとしてきた（「宗教各派及教育に関係ある内外人士相互の理解を増進し……」と会則二条にある）。春秋の大会、懇談会、講習会を会の事業として行うほか、理事の及川智雄は月刊誌『教育と宗教』を発行してきた。帰一協会も既述のように、各界名士を常連として、道徳上に宗教教育の必要を訴える活動をひさしく行ってきた団体であった。

その後押しによって開催された本大会には、神道二八三名、仏教五六八名、キリスト教一九五名、学校関係九九名の計一一四五名が出席した。大会の全体議長は仏教の道重信教、副議長はキリスト教の小崎弘道・神道の神崎一作の二名で、四部会に分かれた各部会長は姉崎正治（思想部会）・新渡戸稲造（平和部会）・井深梶之助（教育部会）・矢吹慶輝（社会部会）の四名がつとめた。このうち教育部会で宗教教育が議題とされ、文部省に対する次のような六項目からなる建議が行われたのである。(20)

一、文部省訓令第十二号の適用を……改正せられんこと……

文部省訓令第十二号は宗教を拒否し、又は之を敵視するものにあらず……宗教教育が、如何に全人教育上緊要なるかは論を俟たず。……然るに……十二号は、往々にして前述の如き誤解を生じ、宗教教育上多大の障害を来す故に、其の適用に於て十分なる改正を計ることを必要とす

二、師範教育に於て宗教科を特設すること

三、教育者の宗教信念養成の為め講習会を開催奨励の件
四、各教科書に宗教教材を増加すること（小・中学校の修身国語歴史などの教科書）
五、国定教科書編纂委員に宗教家を加ふること
六、文部省に宗教々育調査会を設置すること

諸派諸教の枠を超えて共通の議題に向き合ったこの大会は、明治二〇年代以降進められつつあった諸教一致の協力体制が理想的に働いた例とできるが、本大会での大同団結はそれが「御大典記念」と冠されたことに相応しくまずは国家という大義を共通のものとして、さらには唯物思想や共産主義という「総ての宗教にとっての共通の敵」（大会宣言）を前にして可ならしめたものであった。

ただしここに想定された宗教教育の内容についてみれば、一部にはたしかに「皇道」による「万教帰一」を説くような参加者もあったが、国体神道に偏った宗教教育や儀式の強化を全体として求めようとするものではなかった。昭和に入ってから、ちょうどこの頃は宗教法案をめぐる議論が宗教界に沸騰し、憲法に保障された信教の自由に対する意識が高まった時期にあたる(21)。それは神社への信仰強制が行われているのは憲法違反だとして、「神社非宗教」をタテマエではなく実質化することを政府に要求するなど「神社問題」を出来させもしていた。このような状況があったために三教、とりわけ仏教、キリスト教関係者らも自らの学校教育への進出を、神社界の一人勝ちを排除しながら進めることが可能であるように考えていたのである。

翻ってみれば大正時代に教育現場にも顧みられ始めた宗教教育論は当初、児童の個性や自律性を重んじる新教育運動に結びついていた大正期リベラリズム思潮の開放的側面によって育まれたものであった。臨時教育会議でとりあげた成瀬やまた沢柳は新教育運動の推進者であった。彼らがキリスト教や仏教の信仰を背景にしていたように、この時期、教育者自身のなかに道を求めて実践する者が出て、宗教教育への要望を高めていたのである。

だがやがてここに、自由主義個人主義の伸張を危険視し国家主義による引き締めを図っていこうとする傾向が加わることになる。そしてこれが宗教教育論を急成長させる。教育界でも宗教界でも両者はきっちり線引きされていたわけではない。両者の関係は曖昧なままに次第に思想対策、思想善導の性格を濃厚にしていった。児童の個性を伸ばそうとする人格教育的側面を残存させながら、しかし思想対策的な、さらにのちには教育界内部の赤化教員に対する自浄的努力として宗教のある側面を用いようとする意図とをあわせもつ、複合的な運動として本格的展開をみていったのだった。

文部省内の先導者

宗教教育の主張が組織化され、従来にない明確な要求をつきつけてくるに至って、文部省にもこれを一定程度みとめようとする動きが生じてくるが、なかでも特段の働きをした人たちがあった。内務省出身の文部官僚・下村寿一（昭和三年当時、文部省宗教局長）、真宗大谷派出身の政友会代議士・安藤正純（おなじく文部参与官）である。宗教界と教育界をつなぐ働きをした人があったことを右にみたが、彼らはそれらの人々と政府当局とを仲立ちするような働きをなした。宗教教育運動を後押ししてきた井上や姉崎のような学者らとも通じ、幅広い人脈のもとに宗教教育容認の気運を省内に高め、実行に移していくのである(22)。

ふたりはともに日本宗教懇話会の評議員をも務めていたが、懇話会主催の日本宗教大会にももちろん臨席して、そのおり次のように自信を深めている。大会閉会後の慰労会にて下村は、宗教局長として大会の成功を見、「各大宗教の代表的人物の真面目な仕事に対して、私共は或暗示を得た……宗教と教育との関係は、兎角宗派的偏見に囚はるゝ虞れがある問題なので、文部省でも憂慮して居たのであるが、今や大分其の偏見は各宗識者間に於ても緩和されたやうな感がある」と述べた(23)。安藤も大会の懇親会で、国民思想を「精神化せしめ、哲学化せしめ、もう一つ深く行けば宗教化せしむる」ことが大切だとその所信を再確認している(24)。

下村もそして安藤も日本宗教大会で得た「暗示」をその後着実に実行に移していった。ながく宗教の社会教化的役割について主張してきた下村は、この翌年、社会教育局初代局長となって、宗教団体も動員しつつ教化総動員運動を指揮することになる。このさい下村は宗教重視の姿勢をこう言明している。宗教とは、「人生の密接深刻の関係を有し」、「よく各人の精神生活に希望と光明とを与へ、失意苦難に際しても安んじて之に善処し得しむるもの」である。社会から宗教軽視の気風を一掃すべきこと、教化団体と宗教との連絡をつけること、「教化団体を宗教化」することが大事であると。「教化団体の宗教化」とは、教化団体の主義綱領を信仰にまで高めること、教化団体の幹部は団員の信仰の権化となって殉教者のような態度で事に当たるべきことをいったものであった（教化団体連合会主催の講習会にて）[25]。

安藤もまた宗教大会の催された昭和三年、省内で十数回にわたって宗教教育の必要を力説し、ついに勝田主計文部大臣から訓令一二号の解釈緩和の承認をとりつけている。さらにはこの承認を確かなものにするため、宗教大会の一カ月後、七月の全国道府県学務部長並に視学官会議において、文部大臣と局長が同席するなかに、訓令は一宗一派に偏するものを禁止するのであって、広く宗教上の知識を与え、または宗教上の情操を涵養することを妨げるものではないとの新解釈を文部省政務官として述べた。口頭での指示ではあったが、これは訓令一二号に対する初めての公的な解釈変更を宣したものであって、これによりある種の宗教教育が初めて認められることになったのであった[26]。昭和七年には宗教局長・普通学務局長連名の三重県知事宛通牒で、安藤によるこの学務部長会議での指示内容が、道徳教育上に「宗教的ノ信念又ハ情操ノ涵養ヲ計ル」ことは必要であり、訓令一二号は「通宗教的情操ヲ陶冶スルコト」を拘束するものではないと初めて文書上に明確化される（昭和七年一二月二日宗教局普通学務局通牒発宗第一〇二号「一般ノ教育ヲ宗教以外ニ特立セシムル訓令ノ解釈ニ関スル件」）。同九年一〇月、宗教家招待懇話会において松田源治文部大臣が、特定宗派の教育は制限するが、通宗教的観念を養うことはむしろ思想の動揺を防ぎ、確固たる信念を得させるために望ましいと言明したのも、宗教教育に関するこのときの解釈に則ったものであった[27]。

以後、文部省は黙認のかたちで学校に宗教教育ないしこれに類することが行われていることを許し始めていくのだが、その延長上に昭和一〇年、宗教教育協議会が設置される。社会教育局長および再度の宗教局長を経て、このとき普通学務局長となっていた下村が、師範学校に宗教科設置を求める三万人近い署名による請願を得て、省内に設置したものである。社会教育と学校教育の接点であり、学校教育への宗教教育の全面的導入の入り口になると考えられていたのは、女子高等教育（家庭教育を将来担う女子の教育）と師範教育（初等教育を担う教員養成）とであったが、これはこのうち後者の切り崩しを図ろうとするものであった。

宗教教育推進運動関連年表(28)（一九二四（大正一三）年―一九三五（昭和一〇）年）

一九二四年二月二〇日、清浦奎吾首相が江木千之文相、水野錬太郎内相らと官邸に神仏キ三教および教化団体代表者を招き、国民精神作興・思想善導について懇談、協力を要請。連続して、沢柳政太郎帝国教育会会長によるこれら宗教代表者と帝国教育会関係教育者との会談で、両者の提携による民間的教化運動への取り組みを協議。

一九二五年一一月、文部省主催の全国高等女学校長会議。「婦徳の動揺を防ぎ思想を善導する為に留意すべき要ある事項」の諮問案に対して、「宗教的信念を啓発するに力め生徒の信教に便宜を与ふること」を第一に掲げた答申案を決議。

一九二五年一一月、帝国教育会主催の全国中等教育協議会。伝統的婦徳の動揺を立て直し、「女子中等学校に於て奉仕の念を養成する方法如何」の諮問に対し、「宗教的信念並に道徳的信念を助長し報恩感謝の念を養ふこと」を含む答申案を決議。

一九二六年一一月、帝国教育会主催の全国小学校教員大会。「小学校児童に、宗教的信念の基礎を培養するには、如何なる方法を採るべきか」の諮問案に対して、「教師の宗教的信念の確立」を含む四項目を決議。

一九二七年五月、帝国教育会主催の全国小学校女教員大会。同右諮問案に対して、「教育者自身の宗教的修養」や「感謝報恩の念」の育成を含む答申案を決議。

一九二七年一〇月、全国高等女学校長協会主催の全国高等女学校長会議で宗教教育の必要を可決。

一九二八年五月、先例にならい、水野文相が神仏キ三教の代表を招待し、国民精神作興・思想善導に協力要請。

一九二八年六月、日本宗教懇話会主催の日本宗教大会。教育部会で文部省に対して宗教教育を求める建議案を可決。

一九二八年七月、全国道府県学務部長並に視学官会議で、安藤正純文部参与官が、訓令一二号を広義に解釈し、ひろく宗教上の知識を与え、宗教的情操を涵養することはさしつかえないと口頭で指示。

一九二九年六月、文部省主催の全国高等女学校長会議。思想善導・宗教心啓発に関する文部省諮問案に対し、「宗教心啓発の妨害となるものを取除くこと」や「人道主義の宗教に基づき適当の指導を与ふること」などを答申決議。

一九三二年五月、日本宗教協会（日本宗教懇話会を改称）の幹部十数名が文部省首脳部と懇談会。文部省より求められた宗教教育具体案に対し、「学校教育に於ては宗派的に亘らざること」を含む、日本宗教大会決議等と同趣旨の一〇項目を提示。

一九三二年五月、全国中学校長会議。「訓育の徹底を期せんが為め、宗教的情操の涵養を必要ありと認む」を決議。

一九三二年一二月二日、慰霊祭執行のために小学校の校舎使用に関することに関連して、文部省普通学務局長・宗教局長連名の三重県知事宛通牒「一般ノ教育ヲ宗教以外ニ特立セシムル訓令ノ解釈ニ関スル件」。訓令一二号は「通宗教的情操ヲ陶冶スルコトを妨げないことを確認、「訓令ノ解釈ハ可成厳格ニ亘ラサル様」指示。

一九三三年五月、全国小学校女教員大会が「女児教育上特に留意すべき点」の一つに「宗教的信念を養はしむること」を答申。全国高等師範学校長会議で「信念の養成上学校教育に於て宗教教育を施す」ことが論ぜられる。全国実業専門学校長会議で「宗教的情操の涵養に留意する」ことを決議。

一九三四年一〇月、松田源治文相の宗教家招待懇話会。特定宗派の教育は制限するが、通宗教的観念を養うことは思想の動揺を防ぎ、確固たる信念を得させるために望ましいと言明。

一九三五年二—三月、師範学校に宗教科設置を求める請願（三万名近い署名）。

一九三五年三月、文部省による宗教教育協議会設置（官制によらない）。一〇月、「学校に於て宗教教育を如何にすべきか」について答申。

一九三五年一一月二八日、「宗教的情操ノ涵養ニ関スル」文部次官通牒。

（1）　国立教育研究所編『日本近代教育百年史』一（教育研究振興会、一九七三年）二五八—二六〇頁。同編『同』七（同、一九七四年）七七一—七七二頁。

（2）　赤澤史朗『近代日本の思想動員と宗教統制』（校倉書房、一九八五年）九一頁。

（3）　国立教育研究所編『日本近代教育百年史』七、七六二—七六三、七七三頁。

（4）　同右、一一二三頁。

（5）　ここで用いる資料は、文部省『資料臨時教育会議』一—五（文部省、一九七九年）に収録された総会速記録である。以下、引用の

（　）内には本速記録の号数とページ番号を記す。

（6）会議で意見を述べるにあたり、成瀬は姉崎に相談をもちかけたこともあったようである。文科教育を「宗教的ノモノニスル」ため、女子大学に「宗教学科」を設置する案を提起した際の段を参照（二三号、五四頁）。

（7）一八六三―一九四一年。財政家。政治家。法学博士。父は儒学者・阪谷素。渋沢栄一の女婿。明治一七年、東京大学文学部哲学政治学及び理財学科卒業後、大蔵省に入り、次官まで上る。第一次西園寺内閣の大蔵大臣。翌年、男爵（のち子爵）。退官後、明治四五年から四年間東京市長。大正六年、貴族院議員。

（8）一八四九―一九〇二。男爵。貴族院議員。医学博士。東京海軍病院長、海軍軍医総監、軍医本部長を歴任。慈恵病院長、東京病院長も務めた。

（9）尾崎ムゲン「臨時教育会議と社会的教育要求」（「講座日本教育史」編集委員会編『講座日本教育史』三、第一法規、一九八四年）二三八頁。

（10）国立教育研究所編『日本近代教育百年史』一、九四六頁。

（11）山口和孝「文部省訓令第十二号（一八九九年）と『宗教的情操教育ノ涵養ニ関スル』文部次官通牒（一九三五年）の歴史的意義について」（以下「文部省訓令一二号」、『国際基督教大学学報I―A、教育研究』二二、一九七九年）五五頁。

（12）政友会・民政党が「思想対策ニ関スル決議案」を提議した際の第六四回帝国議会での内ヶ崎三郎議員（立憲民政党）の発言（近代日本教育制度史料編纂会編『近代日本教育制度史料』二、大日本雄弁会講談社、一九五六年、九三頁）。

（13）一八六五―一九二七年。明治二一年、帝国大学文科大学（哲学）を卒業。文部省に勤め、二五年に退官。大谷尋常中学校長、群馬県尋常中学校長、第二高等学校長、第一高等学校長を歴任。再び文部省に入って普通学務局長、高等師範学校長を経て、三九年に文部次官（―四一年）。四三年、貴族院議員。四四年、東北帝国大学初代総長。大正二―三年、京都帝国大学総長。その後は民間で大正自由主義教育を推進。大正五年、帝国教育会会長。同年、私立成城中学校校長就任後、幼稚園、小学校、高等学校などを創設。一五年、大正大学長。臨時教育会議、臨時教育行政調査会、文政審議会の各委員。日本教育界の重鎮として昭和二年に没するまで活躍した。

（14）鈴木美南子「天皇制下の国民教育と宗教」（伊藤彌彦編『日本近代教育史再考』昭和堂、一九八六年）二二九頁。

（15）同右、二三〇頁。

（16）一八七六―一九五五年。真宗大谷派真龍寺出身。明治二八年、哲学館卒業後、『明教新誌』、『教界時言』誌記者。三三年に東京専門学校政治科を卒業後、『政教新聞』主筆、新聞社「日本」、東京朝日新聞社。東洋大学講師を経て、大正九年より衆議院議員。政友会の教育政策の担い手となる。文部参与官（昭和二―四年）、文部政務次官（同六―七年）。戦時期には大東亜仏教青年会会長。

（17）一八八四―一九六五年。東京帝国大学法科大学卒業後、内務省を経て、大正五年より文部省。宗教局長（大正一三―昭和四年）、社会教育局長（昭和四年）、宗教局長（昭和七―九年）、普通学務局長（昭和九―一〇年）。昭和一〇年、東京女子高等師範学校長。昭和七年一二月の三重県宛通牒を発したときの宗教局長であり、普通学務局長のとき宗教教育協議会が設置される。その後は宗教団体法成立に向けて尽力した。
(18) 文部省普通学務局『宗教教育協議会議事要項』(以下『議事』、文部省、一九三七年)二〇五―二〇六頁、鈴木(美)「天皇制下の国民教育と宗教」二三三―二三五頁。
(19) 文部省普通学務局『議事』二〇八頁。「人道主義の宗教」は、宗派的教義や超越的神観をもつ「既成宗教」「超越的宗教」と対立的に用いられた語。大正思想、大正自由教育の根底にあったヒューマニズムに近い宗教観に立ち、一宗一派に偏しないため訓令一二号の禁止する宗教教育にはあたらないと主張された。
(20) 土屋詮教編『御大典記念日本宗教大会紀要』(日本宗教懇話会、一九二八年)四四七―四四九頁。
(21) 憲法上の信教自由権は、宗教結社の自由を含み、一般国民の神社不参拝は臣民の義務違反にも安寧秩序紊乱にもあたらないという説が一九二〇年代後半に有力化し、それが文部省の宗教行政官の承認するところとなって一九三〇年代前半期までつづいた(赤澤『近代日本の思想動員と宗教統制』一三三頁)。この時期、大会に寄せた為政者側の期待もしたがって、まずは宗教的精神主義の高調による物質主義、社会不安、権利意識などの克服であったのであり、しかして後、「日本的新文化」の建設、「民族精神」の発揮であった(鈴木(美)「天皇制下の国民教育と宗教」二四〇頁)。
(22) また安藤の背後には議会とくに政友会の後押しがあった。政友会は、思想対策・教育改革上、「宗教排除の……現状」から転向し、「宗教的精神[を]鼓吹」すべきとする主張をもっていた(山口「文部省訓令一二号」五八頁)。
(23) 土屋編『御大典記念日本宗教大会紀要』四七三頁。
(24) 同右、六六頁。
(25) 下村寿一『社会教化運動』(成美堂、一九三六年)二〇四、二〇八―二一三頁。この意に沿う、「宗教的情操養成に関する事項」(昭和三年)を決定した中央教化団体連合会の姿勢にも高評価を与えた(同、一四、一〇五頁)。
(26) 鈴木(美)「天皇制下の国民教育と宗教」二四二頁。なお宗教(的)教育は、今日では通常、宗派教育、宗教知識教育、宗教的情操教育の三種を含むとされているが、このとき安藤の口頭指示中に説かれたものが、文部省で初めてこの三区分論の用いられ、また当局として公にそれによって訓令一二号解釈が行われたものであったと考えられる。
(27) 同右、二四七頁。
(28) 鈴木(美)「天皇制下の国民教育と宗教」、山口「文部省訓令一二号」等より作成。

第3節　宗教教育協議会から文部次官通牒へ

宗教教育協議会は、教育と宗教の分離体制がなって以来、初めて宗教教育そのものをとりあげて付議された文部省設置になる審議機関である。そこに行われた議論の内容は本章のテーマに直結する重要性をもってくるはずだが、その検討はこれまで十分には行われてこなかった。宗教史研究にもとりあげられてこなかったが、教育史でも、宗教的情操論研究では第一人者の山口和孝や、大正期以来の教育と宗教をめぐる議論の総決算と帰結を示すものとしてこれの充分な吟味が必要だとした鈴木美南子においてもなされてこなかった(1)。資料上の制約があったためと考えられるが、結果として、協議会での議論を踏まえないままに、その答申と「宗教的情操ノ涵養ニ関スル」文部次官通牒（昭和一〇年一一月二八日、文部次官通牒発普第一六〇号）との関係だけをみた考察が行われてきた。その後、高橋陽一などがこれを取り上げるようになったが(2)、協議会の議論―協議会答申―文部次官通牒という流れをもつこの時期の宗教的情操涵養論の内容評価や位置づけに関して、教育史上の定まった見方はまだ提出されていないというのが現状である。

そこで以下では、先行研究の及ばなかった部分を含めて独自に、宗教教育の是非をめぐる本協議会での議論内容を丁寧にみていくこととする。

I　諮問内容および委員構成

宗教教育協議会は、「学校に於て宗教的教育を如何にすべきか」について協議するため設置され、下村寿一普通学務局長（協議会設置当時）の主導のもと、昭和一〇年三月以降一〇回にわたって開催された。具体的には「師範教育と宗教との関係」に関して成案を得ることが目的であった(3)。これは前述の教員大会での師範教育における「宗教的陶冶」重視の決議、日本宗教大会での文部省に対する建議中の「師範教育に於て宗教科を特設すること」等の要求を受けて、かつ協議会設置の直前に得た、師範学校における宗教科設置の署名請願を直接の契機としたものであった。

宗教教育導入の初期的な対象が師範学校であったことについてはすでに触れた。教育（道徳）に占める教師の感化役割は初等教育ほど大きく、したがって初等教育改善の第一歩は教師改善すなわち師範学校生の人格陶冶にあると考えられていた。そして学校で児童や生徒に対して直接的に宗教教育を施すことはいけないが、教師一人一人が宗教信仰をもつことは妨げないという考えがあった。偏頗心なく児童生徒の宗教心に対応できることが条件だが、それであるなら積極的に何らかの宗教を信仰し、宗派色を抜いた形で児童らにその感化を及ぼすことは有効だというのが基本的アイディアであった。

協議会には師範学校への宗教教育導入に前向きな下村のほか、省側から文部次官、宗教局長らが同席した。協議会委員には、まず師範学校関係から、東京高等師範学校を付設する東京文理科大学長の森岡常蔵、青山師範学校長の長谷川乙彦が入っている。森岡は教育学者でもあるが、このほか東大の吉田熊次および阿部重孝も教育学の権威あるいは教育行政経験者としてメンバーに入った。文部省教育調査部長としての参加であるが篠原助市も教育学者であった。[4]つぎに宗教関係の委員としては、神道本局管長の神崎一作、キリスト教連盟教育部長の田川大吉郎、中央教化団体連合会理事の加藤熊一郎[5]が入っており、また宗教学者として東大仏教学の高楠順次郎[6]、東京市社会局長の経歴もある東大宗教学の矢吹慶輝[7]がメンバーとなっていた。

これら委員の選出経緯は不明だが（『議事』「緒言」に「斯の方面に深き関心を持たれる諸氏」とだけある）、主要なところは下村の意向があったとしてよいだろう。とくに宗教（学）関係のメンバーをみると、下村とは旧知の間柄にあるような宗教教育推進派、とりわけ宗教教育に関する決議をみた日本宗教大会で中心的役割をはたした神崎、矢吹の参加が目につく。宗教教育推進運動の過程で彼らは下村と協同関係を築きつつあり、彼らにとっても下村は同志的存在であった。姉崎正治は本来ならメンバーになっていてもおかしくない一人であるが、退官後も多忙で外遊を重ねており、ここには加わっていない。ただしその代わりといえようか、愛弟子の矢吹が加わっており、その立場は宗教教育推進派の学者グループ代表として期待されたものであったとみられる。矢吹が席上述べることになる「宗教的情操」論は姉崎宗教学をベースにしていたが、下村自身も彼らの師匠筋にあたる井上哲次郎の宗教的教育論を支持しており、彼らのあいだにはこうした人脈および思想上の親近性があって、それが委員選出にも働いたと考えられる。

このほかの宗教系の委員としては、中央教化団体連合会の加藤熊一郎と、キリスト教連盟教育部長の田川とがあった。咄堂の号で知られる加藤は多くの著作をもち、仏教的素地にもとづく人格修養の教化運動家として広く認知があった。社会教育局長時に教化動員を指揮し、中央教化団体連合会の参与でもあった下村とは当然知己である。中央教化団体連合会では「教化団体」規定中に宗教団体を新しく加え、宗教的情操養成に関する要綱も出している。あきらかに加藤のメンバー入りも宗教教育賛成派としてのものであった。田川と下村の関係は未詳だが、下村の宗教局長または社会教育局長在任中より知り合っていた可能性はある。仏教キリスト教の関係者として、かつ宗教を背景にする社会教化・社会教育に携わる機関や部門代表者の資格において二人は選ばれたものであろう。

「議事は特定の原案に基いて行はれたものでもない」とはされているが、右記委員の顔ぶれをみても、またじっさいに初回より、「師範教育の中に宗教を取入れるか否か、入れるとせば内容を如何にするか。教授方法を如何にすべきか等の事柄を検討したい」とかなり踏み込んで下村が述べていることから[8]、会議は宗教教育導入の方向性を強くもって開かれたものであった。協議会の開催目的は、下村局長―宗教教育推進派委員らが、学校教育行政に通暁した教育学界重鎮ら（教育と宗教の分離体制の強力な擁護者）と当事者機関の長らを集めて、自分たちの共通意思となっているところを鋭意説明し、その了解を取り付けて宗教教育導入を速やかに実現させることにあったと考えられる。

会議初日に局長らにぶつけられた質問は主に教育学系委員からなされたものであったが、それは、宗教系委員らの方は事前より局長の意図を十分承知した上で参加していたからである。実質協議が始まって早々に矢吹が、宗教教育を支持する各種教育団体の決議内容（前節参照）等を配布して審議の方向付けを行おうとしているのも同じ事情からであった。協議はその後しばらくは、下村を含む宗教（学）側の導入推進派と、教育学を中心とする消極派・懐疑派のグループに大きく分かれて、両陣営がたがいに意見しあう格好で進められていくことになる。

2　協議内容の分析

協議会の議事録『宗教教育協議会議事要項』（以下『議事』）によってそれをみていこう。

全一〇回にわたって行われた協議会の議論は、その内容で大きく二つに区切ってみることができる。初回は下村による趣旨説明、議題および議事進行について協議されたが、その後、第二回から第六回午前の部までは「宗教」および「宗教的情操」の概念を明確にすることを主に進められ、第六回午後の部からは宗教的教育の具体的方法について議論された。『議事』は第九回と第一〇回の記事を欠いているが、実質的な議論はそれまでに終え、この二回は答申案としてまとめるための最終調整と文案の確定作業などに当てたと考えられる。ここでは会議の内容を、以上の大きく二部（第一回—第六回午前、第六回午後—第八回）に分けてそれぞれを整理、考察してみたい。

各回の開催日は次のとおりである（ただし『議事』に不記載のものは不明とし、前後から類推できるものは（　）で括った）。

第一部		第二部	
第一回	昭和一〇年三月	第六回	同年六月一七日午後
第二回	同年　月日不明	第七回	同年七月四日
第三回	同年四月二五日	第八回	同年七月一五日
第四回	同年（五月九日）	第九回	同年　月日不明

第五回　同年五月三一日　　　　第一〇回　同年　月日不明
第六回　同年六月一七日午前

(1) 第一部――「宗教」「宗教的情操」概念をめぐって
「超人」の契機と「拝む心」

第一回会合では冒頭、下村局長より協議会開催の趣旨につき、「師範教育に於て宗教を課すか否か」を議題にしたいこと（正課か課外か、各課に連関させるかを含めて）、また「師範教育に課す宗教は如何なる意味の宗教か、宗教的情操を養ふ意味の宗教を課すか」など理念的問題にも踏み込みたい旨告げられた（六頁）[9]。

師範教育に宗教を課すかどうかを取り上げたい理由として下村は、「思想問題社会問題」と「迷信」の蔓延をあげ、国民一般に「正しき宗教に対する理解と信仰をもたする」必要があるところ、まず師範教育の改善をはかるのが肝要だからだと説明している（七頁）。「正しき宗教」に対置するものとして念頭にあるのは、検挙事件のつづく赤化思想、および天理研究会、大本教、ひとのみち教団などの新興宗教である。「信仰をもたする」ことについて篠原教育調査部長が、国民に必要な「人格の確立」は「信念に基く」ものであり、「真の信念は宗教的信念」でなければならない、だから「宗教的情操の必要」について問題にしたいのでしょうと下村の意図を補足する。下村は教育勅語にもとづく教育が徹底しておらず、新興宗教に数万が入信するという事態が問題なのだとして、既成宗教は学校に入れることはできないが、「宗教的情操」は必要であって、これを求めたいとした。

これに対して長谷川が、「信念」はしかし宗派宗教でなければ獲得できないものではないかとの疑問を述べる。篠原、吉田らによって「宗教」、「通宗教」また「宗教的情操」の内容や定義をまず明らかにすべしという要望が出され、これを次回以降の議題とすることになった。

第二回は「正しい宗教的情操」とは何かについて議論された。矢吹が宗教学の専門家としてこれをレクチャーする。

「宗教」とは「宇宙人生に対する第一原理を見出すこと」である。仏教では第一原理は「真」であり、これが「善」「美」と一体をなしている（真善美）。宗教的信念はこの真善美そして「聖」（聖きもの）の特質をもつものであるが、「正しい宗教的情操」とはこの真善美聖という人類の理想に「憧れるということ」、これに「帰依し信頼する情操」である。これは「人性必然の要求」である。ところで日本人は「天皇は神聖なり」という民族的信念をもっている、つまり「国体」に対する態度は神聖観念あるいはそれに近い情操が養成されているように思う。だが「教育勅語」に対してはそれを拝読するにしても「尊む心」はあるが「拝む」ところまではいっていない。拝むところまでいくべきで、そのために宗教的情操が必要だという。

道徳的情操や芸術的情操と宗教的情操とはどう違うかと、篠原から矢吹は問われる。宗教の場合、その第一原理は「超人」（神仏）だと答えるが、しかしその第一原理に対する宗教的「態度」は理想に対する道徳の「態度」とどう違うか、最高の理想郷に向かって精進していくという態度だとすれば違いはないのではないかとまた問われる。これに矢吹は、西行の言った「何ごとのをはしますかは知らねども忝けなさに涙こぼるる」という態度は宗教的だとし、「何とはなしに有難いとか、感激とか言ふもの」は道徳にはないとする（一七―一八頁）。長谷川は、両者には明瞭な区別があるともないとも感じられるとするが、道徳的情操のなかに「偉大なものに感激し其の功績を讃える心（尊ぶ心）」や「報恩感謝の念」はあっても、「霊光を拝して帰依し頼み参らすと云う心（拝む心）」はない。学校でやっている「敬神崇祖」観念の養成や「勅語御真影の奉読奉拝」は尊ぶ心であっても帰依する心ではない、とやや矢吹寄りの意見を述べる（一九頁）。矢吹は、小学校の修身で建国の話をするとき、三大神勅という伝説や神秘を伝えなければならないことが困難であるという話を聞いた、これは道徳を超越している例であるとする。

第三回（この回から普通学務局の新局長として下村に代わって河原春作が出席し、下村は東京女子高等師範学校長の資格で委員に留まる）。神崎が、前回の議論に関連して神社論を述べる。神社には、倫理道徳の対象としての祭祀儀礼（皇道）があり、宗教的信仰の教義儀式（神道）も備えているから、「尊ぶ心」と「拝む心」の双方が備わっている。各宗教にはそれぞれ「正しき宗教的情操」があるだろうが、国民教育に入れるべきそれの基準は当然「国民性」つまり「現在教育上からもやかましく言はれてゐる日本精神」であって、「正しき宗教的情操」とは日本精神のことでなければならない。ただし神崎のいう「日本精神」とは、日本本来の民族性が仏教儒教に補助されて今日の発展をみたもの（「我が民族性を中心としての総合的日本精神」）であり、その神道観も、排他的ないし復古神道的なそれとは異なって神仏習合的であった。だが同時に神崎は、国家的祭祀（皇道）―個人的信仰（神道）の両面をもつ神社への参拝を、教育上強要することを示唆もする。憲法二八条（信教自由）との関係については、「国家の安寧秩序を妨げざる限りに於て」の条件中にこれを含むものとみるから問題ない（三三、三六頁）。

下村は、神社に付随する「迷信」や「如何はしいこと」は取り除いた上で、その宗教的方面を教育上にも取り入れ、活用すべきと賛成する。そうすれば神社と宗教的情操の問題が結びつく。吉田も、道徳を徹底させたところに拝む心（宗教心）が養われてくるものなら、神社を奨励していけばよいとする。だが高楠が、神社を宗教として参拝することはキリスト教や真宗にはできない、神社を非宗教に留めおくことは外せないと反対する（三九―四二頁）。

宗教教育懐疑派の吉田と推進派の矢吹の間でのやり取りとなる。（吉田）拝む心を養うには宗派宗教でなければならないのではないか。一般の人々には宗派的でなければ宗教的情操を養うことができないのではないか。（矢吹）宗派の教義や儀式を入れることは考えていない。ただし「宗派の偉人を語る」ことは差し支えない。宗教や教派に所属しなくとも宗教的情操をもつことができる、他宗教の話でも感銘を受けるところに「諸宗教共通の情操」があるといえる。（吉田）学者の頭ではそうでも、一般の人々にはそうでなく、やはり既成宗教をもってこなければいけなくなるのでは。山桝儀重参与官も同様に、宗教的情操は一人の宗教家によってでなければ養われないのではないか、その人の宗教的感化が大きな影響をもたらすのである、既成宗教を離れて他のもので宗教的情操を教えることはできないのではないかと問う（四二―四四頁）。

下村や高楠は、別の角度から宗教教育の必要を言おうとする。学校で宗教を扱わないことが共産運動に若い人を夢中にさせたり、迷信淫祀を跋扈させる。宗教的に無知のまま社会に出すために、「陸海軍の中将少将と云はれる人達すらが、不敬事件を惹起した大本教、天理研究会等に入ってゐ」く。吉田は、宗教的情操陶冶の必要は認めるが、「宗教家達は自分の好みの為に国家教育を考へるのではないか」という懸念がある、現在やっている学校教育の改善でなんとかできるのではないかと譲らない。上智大生の靖国神社参拝拒否事件や美濃ミッション事件など宗派宗教と教育との衝突事件がここ数年連続して起きていた。阿部も宗教教育を授けることによって生ずるトラブルの方に不安を示す（四五―四八頁）。

第四回は、宗教の成立条件および宗教的情操の特色、要点についてふたたび矢吹が講じたあと、矢吹と吉田のやり取りを軸に、他の委員もそこに意見を述べていくというかたちで進んだ。矢吹が「宗教の成立条件」として示したのは、①超人（神、仏、道、法、ロゴスなど）の信仰、②超人との人格的関係、③組織（教義や儀式、教会制度など）、④社会人としての道徳的生活、からなる四項目で、このうち③以外は「宗教的教育」として普通教育に取り入れることが可能だとした。さらに「宗教的情操」の特色として、憧憬（最高価値へのあこがれ）、憑依帰依（実在への依頼）、安全（安心立命）といった情操をとくに示した上で、説明していく。それは、①真実に聖く活きる、②人生の拡大とその永遠の信念、③帰依、④主善、⑤超人との共同、⑥静観、⑦感恩の七カ条を要点として、「要するに人生の行難路に於て安定感（安心立命）を与へるもの、満足と策励と歓喜とを与へるもの」が宗教的情操であり、教育上も必要だとするものであった。なお日本人の国民性からいって、この宗教的情操は国体に即していくことが可能である。日本国体そのものが宗教性を現しているのであって、ここに拝む心を入れて国体観念を培養するとよい、と最後に加えた（五六―六二頁）。

宗教的情操の「七カ条」については吉田から、それらはすでに学校教育でもやっていると言われる。これまで不十分だったというのは宗教的情操の「成立条件」の①と②つまり超人信仰および超人との人格的関係だということになるのだろう、だが科学の発達した今日、「超人」を何人にも信じさせるようにどう教えられるのか。また超人信仰が宗教的情操の基礎だということになると、「勢ひ宗派的になって来る」のでないか。矢吹は篠原に問われて、宗教的情操の生じる根本は「超人との人格的関係」だとするが、吉田はこれに反対して、宗教的情操として挙げられた七カ条は「超人」と関連させなくても説けるし、現にやっていると述べる。天壌無窮とか、本命を尽くして安んぜよと教えるのは、大生命への憧れや弾力性ある人生観を持たせるためである。河原局長は、超人との関係を考えて教えるのと考えずに教えるのとでは、効果に違いがあるのではないかと述べる。吉田は、そうすると結局宗派的なものを入れることになってしまうと先ほどの懸念を繰り返す（六三—七一頁）。

このやりとりを聞いて高楠も、統一ある唯一のもの、他にかけがえのないものを対象とするところにはじめて信仰があるのであり、じっさいに宗教的情操を養うにはこの信念を与えねばならぬ。教師に信念を持たせてはじめて児童に感化を及ぼすことができるが、こうなると吉田のいうように宗教学校にならなければ本当でないかもしれない、"Universal Religion"ができないかぎりは、信仰を徹底させるには宗派的たらざるを得ないことになると言う。だが宗教的知識を教えることだけでも結構であり、そこから宗教的情操や信念に入っていくことはできるのではないか。この方法は小学校の生徒に対しては難しいが、師範学校で先生となる人にはそれができる。まず知識から入って宗教的情操を養わしめ、その先生の感化力に依って生徒の宗教的情操を養わせるのがよいとした（七三—七六頁）。

修身の「宗教」化——宗派宗教を切り離す

第五回。矢吹との間でやり取りしてもらいたいと下村に促されて、篠原が話し始める。超人との人格的交渉の上に、これと共同生活したいと憧れるのが宗教生活の本質。宗教はつきつめるとすべて宗派的となるが、篠原の提案するのは、「この超越的な神をもう一段引き下げ」て、道徳教育に入れられるようにすることである。直接の神との交渉から遠ざかり平面的希薄になって力が弱まり、「宗教的なる」ものに止まることになるかもしれないが、それでもある程度有効でないか（八一—八五頁）。「極めて大胆な未熟な唯の思ひつき」だがと断って篠原が示したのは、「一段引き下げ」た神とは現人神・天皇のことをいうというものであった。

我国の教育勅語……は天皇の臣民に宣らせたまふたもの、現人神《あらひとがみ》としての天皇のお言葉即ち啓示（宗教上で言ふ）として、の一つの経典であります。従つて教育勅語を最高の啓示と見之を神聖化することによつて其処に充分の宗教性を見出すことは出来ないでせうか。……宗教が其の超越性を脱して、地上に実現せられ、自然に宗教上の信仰を形ち作つてゐるのが、我が国唯一無二の特質と見られないでせうか。即ち所謂「人道の限界内の宗教」が我国には完全に存するのではないでせうか、若しさうだとすれば、……其処に献身的なヒンガーべの宗教的態度を養ふことに……力を注げば足るとも考へられぬではありません（八五―八六頁）。

すなわち篠原が「思ひつ」いたというのは、「一宗一派の宗教教育」を学校に入れるのでなく、教育勅語の宗教性に基づき、修身教育そのものを宗教化していく方向をもって「宗教的教育」となしていきたいということであった。篠原はこう述べきってすぐに、「ほんの断片的な思ひつきで、色々混雑して纏まりもありませんし、又之に対する具体的の方案を持ってゐる訳でもありません」と加え、しばらくおいてもまた「尚教育勅語に関して申しましたがそれを直ちに私の最後の断案としてお考へならない様――慎重に考へなければならない事ですから――申添へておきます」と弁解調に述べている。昭和一〇年当時に、まだそれを新奇な教説でも初めて述べるかのように自信なく口にしていることに注目される。(10)

だが他の委員からは、教育（学）系メンバーを中心に、それは「今迄やってゐる」（長谷川）、そうした態度は「修身教育のプリンシプルであ」る（阿部）と言われ、むしろ彼らの感想は、「本来修身教育は宗教的たらざるを得ない」とすると、今更「特に宗教的と言ふ言葉を使はなければならない事はない」のではないか（阿部）、「それを殊更宗教的な態度を取り入れると云ふ事は言ふ必要のない事ではないかと思ふ」（長谷川）というものであった（八七―九一頁）。

これに篠原は、「既にそこ［修身教育］に『宗教的』なものがあると端的に言った」つもりだったと応じ、しかし今までもプリンシプルはそうであったろうが、「之［宗教的なもの］に対する自覚が充分でな」く、現状として「修身教授が宗教的に取扱はれ宗教的信念にまで高められてゐ」ない。修身教育を「拡大深化する意味に於て『宗教的』と言ふ言葉を使って、かげにあつたものをおもてに出し世人に判つきり自覚を促すことは必要」でないか、「小学校令施行規則にても修身は『徳性を涵養し、道徳の実践を指導す』とあるだけですが場合によつては、之に没我献身とか宗教的信念とか宗教的な文字を入れて其の精神をはつきりさす必要があると思ひます」と述べた（八九―九二頁）。

第六回午前。宗教的教育の一案として篠原により示されたのは、修身宗教化論であった。だが、これまでそうしてきたにもかかわらず、修身の効果が十分でないのはやはり何かが不足しているわけだから「新しいものの必要」「どうしても宗教的なものが必要であらうと思ふ」と下村が引きとる（九二―九四頁）。これによって宗教をどう教育に入れるか入れないかという元の議題にいったん戻りかけるが、修身の効果が不十分なこととマルキシズムや新興宗教の跋扈とを結びつけて下村がこのとき述べたため、つぎのような国体観念と宗教との齟齬背反の問題をかえって引き出すことになった。

「宗教はそれに熱心になると」「国体」をも「負かしてしまふものではないだらうか……私にはわからないのですが」と問うたのは阿部である。これに下村が、「それは心配はないと思ふ。学校に宗教を取り入れる場合には学校長なり教師なりが常に国体観念に照し合はせて間違つてゐるかどうかを考へて」「ふるひにかける」のでなければならない、と応じる。その判断基準は、国体観念に悖っていないかどうか、迷信がないかどうかである（九八―九九頁）。吉田が以前からの懸念を繰り返しながら、国体の「超人」とキリスト教仏教のそれとの衝突に関わる問題に言及する。真に宗教的情操を起こすためには超人に具体性を持たすことが必要であり、そうすると宗派的なものが必要になるが、国体観念をもって超人なり絶対精神を考えていく場合、「当然そこ（宗派的超人をとりあげること）に制限がつくが……その制限を守る事が宗教の上に於て承認されるかどうか」、これがすぐ起こってくる問題だ。「教育勅語を宗教的に教授する時にはたして基督教仏教等の宗教家側が満足するだらうか」、困ると苦情が出るのではと（一〇〇―一〇一頁）。これに下村は、石田梅岩の心学や二宮尊徳など神儒仏の習合した信仰心が教育に役立てられた例を出し、聖徳太子の十七条憲法や明治天皇の御製にも宗教的信仰が現れているとして、具体的な宗教信仰であってもやり方次第で利用はできると答える。その上で、国体観念によって宗教に制限をつけるのは当然であり、宗教団体がかれこれ言ってきても無視してよいとした（二〇〇—二〇二頁）。

篠原はこれらのやり取りをみて、「下村さんのお話では既成宗教を学校で考へると言ふ気持があるのではないでせうか？」と投げかけ、自分の修身宗教化案を再説する。「宗教」と「宗教的」を区別すべきこと、個別宗教に共通の「本尊に対する」その「宗教的」態度だけを学校に取り入れることができると改めて述べた上で、「国体観念の上から皇室と臣民の関係を……考へて［みればこれを］宗教と見」ることができる、この宗教性は「具体的個別的体験である活きたもの」であって、「宗教の具ふべきものを持つてゐるとも思はれる」から、それならば外から既成宗教をもってくる必要はない。国体観念自身から「深い或者が出て来るのであつて」、それのみで具体的、有効な宗教的教育になるとした。下村は、心持ちは同じだが、やはり既成宗教のよいところを利用したいとこだわる（二〇三頁）。

篠原の考えは加藤玄智の説と似ている、と吉田が指摘する（二〇一頁）。加藤の宗教教育論は『議事』に参考として収録されている。吉田の発言をうけて加藤の新聞記事を転載したものであるが、その「日本精神に即した我が教育と宗教」という文章のなかで加藤はこう書いていた。「神皇拝戴」の「国民的宗教」論にもとづき、日本の教育は「宗教学上の考察をもつてすれば、すでにそれは神皇拝戴といふ神人同格教の立場にある教育」であり、仏教やキリスト教やイスラームのような世界的宗教とは異なるものの、「日本の国民的宗教に即した一種の宗教々育」になっている。このような日本の教育においては、「神皇に存す　明治天皇の降し給つた教育勅語」を「聖典」として「御真影の下に、その教育が執行されてをる」のであり、そこに「教育と宗教との渾然たる融合帰一が実現されてをる」のである。またそこでは、この「国民的宗教信念とも称す可き……神皇拝戴てふ日本の根本精神」は「外来の諸宗教をも包摂」するべきだとされて、そのような関係こそ「日本教育と外来諸宗教との日本精神に即し、わが国体に即した正しい関係」であると述べるものであった（二〇九—二一二頁）。

「宗教（的）教育」イメージの不統一

第一部の議論の整理として指摘されるべき第一点目は、学校に宗教を導入するという場合の「宗教（的）教育」なるものについて、その解釈・内容にかなりのばらつきがあったということである。その理解は宗教教育導入に肯定的な委員間（下村・矢吹・高楠・田川・神崎）でも異なっており、また省側の下村と篠原の間でさえ捉え方に違いがあった。この二人の間では、議題に関わるすり合わせを事前に行うことがなかったとみえる。こうして多様な「宗教（的）教育」の解釈・内容が、この場に初めて明らかにされることになったのだが、それを整理すれば以下の四ないし五通りのものになる。

教育（学）系委員らの当初念頭にあった宗教（的）教育のイメージは端的に、既成宗教による教育、すなわち仏教（者）やキリスト教（者）が学校に何らかのかたちで関与してくる形態のものを想定していたようである（宗派的な宗教教育）。吉田などは「通宗教的」と言おうと「宗教的」と言おうと宗教的情操の涵養は宗派的信念なしには行い得ないと主張し、だからこそこれに反対しつづけたのであった。他の教育（学）系委員らも篠原以外はほぼ同様のイメージを持っていたようである。これに対して下村および宗教（学）系委員らは、既成宗教をもとにしながらも、非宗派的な「通宗教的教育」が成立するという前提で協議に臨んでいた。だがそれも一様ではなかったことが明らかになっていった。

その一つは下村が述べたイメージであり、聖徳太子憲法のような「和」の精神をもって、各宗派宗教は学校（国体教育）に合し溶け込みつつ、教育の側はこれを積極的に活用するといった宗教教育である。その理想は、道徳上過去に実績のある心学や二宮尊徳の徳教のような習合的宗教の形態であった。

またこれに似るが、神儒仏キの既成宗教から適当な教訓的なもの、歴史上の宗教的偉人伝のようなものを採取して学校教育に取り入れるというイメージが矢吹や高楠らによって述べられた。諸教の習合した統一宗教、Universal Religion を期待するのは無理だが、既成宗教から並立的に宗教的道徳的なものを取り集めて教え、感化を促す構想である。矢吹は、他宗教の話でも感銘するのが「諸宗教共通の情操」だ、宗派的な教義や儀式は入れないが、宗派の偉人を語ることによって「拝む心」が起こるとした（通宗教的な宗教教育論）。田川もそれに似るが、これを教える教師は宗教的信念をもつ者でなければ効果が出ないとしていた（高楠も同様）。別格官幣社の祭神の偉人・英雄が宗教心をもっていたことを教えるべきとする加藤もこれに近いが、宗教心と国体との一致に他より配慮した見解であった。

神崎もまた宗教教科書の案を持つ。彼のいう神道は習合的なそれなので、諸教に取材しようとする矢吹らの案に重なるところが出てくる。だが諸教並立的ではなくあくまで神道を中心とし、また神社の強制参拝までにらみつつ考えている点で矢吹らとは区別される。「国ヲ肇ムルコト広遠ニ徳ヲ樹ツルコト深厚ナリ」の部分に宗教的情操を持つ教育勅語を、「惟神道の道」にまで高めることで「超人を中心として考へ」る宗教的情操を達成できる（習合神道的な宗教教育論）。だが大麻や迷信が入らないよう、形式にとらわれず国体の精神に遡ることが大事だというのが神崎の主張であった。吉田や下村がこれにいったん賛意を示すが、神社参拝強制はなりがたく、方法論的には難しいとみられた案である。

そしてさいごに、現人神天皇を「一段引き下げ」た超人と見、教育勅語をその啓示・経典ととらえた篠原による宗教教育案がある（国体的な宗教教育論）。非科学的非現世的な超人や超越性を説かずにすむ＝人道の範囲内における宗教「的」教育であって、今以上に明確に宗教的国体に基礎づけることで、既成宗教は入れずに修身を強化し得るとする。阿部や長谷川や吉田ら他の教育（学）系委員は、教育勅語をそうとらえることは間違いではないものの、これを「宗教的」と呼ぶことには抵抗感を示した。彼らが宗教教育というときのそのイメージはあくまで宗派的なそれであった。

下村案以下のいずれもが、「超人」との関係を中心にした「宗教」（ないし「宗教的」なもの）としての資格を持ち、しかも宗派個々の教義・儀式・教会制度などとは分離された、ゆえに学校に導入可能な「宗教（的）教育」としてイメージされたものであった（なお以上の他に、知識教育として行われる宗教教育案にも幾人かが触れていたが、これは第二部に譲る）。

第一部での議論に関して注意しておきたい別の点は、篠原のいった修身教育の宗教化案に関わってである。この考え

表1　宗教教育協議会委員の2系統

宗教（学）系統	A—1	矢吹・高楠・加藤・下村
	A—2	田川
	A—3	神崎
教育（学）系統	B—1	吉田・篠原・阿部・森岡・下村
	B—2	長谷川

※省側の参加者は下村と篠原のみ含めた．下村については当初矢吹らと同じ考え方をもっていたものの次第に吉田や篠原らの考えに共鳴するようになったため，A－1とB－1の両方に名を入れた．

方そのものは未知ではなかったにせよ、それを「宗教（的）教育」と呼ぶことは違和感を惹起した。修身教育の強化を徹底すれば、教育勅語冒頭の神話伝承や皇室をめぐる神観にまで遡ることになるはずであるが、このことと、それを既成宗教をさす制度的用語として定着している「宗教」の語をもって表現することとは別の問題であった。天皇を超宗派的「超人」とする宗教論が、篠原以外のとくに教育（学）系委員らによっても支持されて、天皇以外の「超人」（既成宗教の神や本尊）に即「否」を突きつけつつこの修身宗教化案に一気に弾みがつく展開になってもよかったように思えるところを、したがってそうはならなかったのである。

(2) 第二部——方法論とその争点

「宗教」や「宗教的情操」の概念、「宗教（的）教育」の大枠的なイメージに関わる意見交換をひとまず打ち切って、第六回午後以降（第二部）の協議はより具体的に方法論を中心に行うことになった。協議会本来の議題は師範学校における宗教教育の是非であったが、これを決する上にも宗教（的）教育の具体策を出しあい、実施上の制限や問題点などを精査する必要があった。

なお以下にみていくやりとりを通していっそう明確になることになる委員らの立ち位置のちがい、また会議のなかに具体的に提示されることになる「宗教（的）教育」の諸案について、前もってここに示しておく。

委員らはまずは大きく宗教（学）系統と教育（学）系統の二つに分けられる。それぞれをさらに分けてグルーピングしたものが表1である。彼らはそれぞれの立場から宗教（的）教育の具体案について出し合い、討議を行った。それが表2に示した①—③の諸案である。

表2　「宗教（的）教育」諸案および議論の争点

①	既成宗教に関わる知識の教授 ・新興宗教問題や迷信の予防，宗教尊重の念の養成，信教自由の範囲を教える等のほか，宗教的情操の涵養の入り口とする (i)　宗教科を修身科とは別に新設する——教材として既成宗教の教訓集成的なもの／宗教学概論的なものを用いる (ii)　教授要目の改正のみに留める——歴史，哲学概説，公民，修身，国語，漢文，地理，音楽などの教科教材あるいは読本の工夫として行う ［争点］　知識教授によって宗教的情操を養うことができるのか 二科並置によって(i)は教えが二途になるのではないか
②	国体的な宗教的情操の涵養 ・儀式の重視，国旗を尊ぶ心，師弟関係における拝む心の養成により敬虔な態度を養う
③	既成宗教による宗教的情操の涵養（課外） ・社会・家庭・宗教団体や宗教主義私立学校を中心としつつ，学校はこれに協力する ・宗教家の講演，課外または寄宿舎・有志会による宗教行事や修養活動などを学校で認める ［争点］　②と③の実施上，具体的な儀式行事の催行や施設をどこまで認めるか

［争点］項目には各案について議論になった主要な点を掲げている。

①の案は、各種教員大会や日本宗教大会等で要請されてきたところの、学校生徒の宗教理解を深めるために宗教知識を授け、あるいは宗教的教材の増加等を求めるものである。協議会では宗教（学）系委員らが通宗教的な宗教教育論に立ってこれを主張した。これに対しては知識と情操は別物であるから、宗教的情操涵養のための方策は別に求められねばならないとする意見が他より出された。②と③の両案はこれを受け、宗教的情操の涵養を意識して出されたものである。②は篠原の国体的な宗教教育論に関わって提起され、③は既成宗教を用いつつ学校で宗教信仰を助成していこうとの宗派的な宗教教育案であった。(11)

以上につき、各案に対して行われた議論を、表2中に示した［争点］に焦点を当てながら考察していこう。

宗教的知識教授と二途問題——方策案①

①案に関して議論になったのは第一に、宗教に関する知識を教えてそれが情操教育になるのかという疑義をめぐってであった。それが可能であるとしたのは高楠・矢吹らである。高楠は、諸宗教から教材となる聖賢の話などを採取して教科書をつくることを提案し、矢吹も、宗教的偉人の「活きた」「人を感動せ

しむる事例」（一五頁）を用いることが宗教的情操の涵養には必要と主張した。宗派の教義や儀式はだめだが、人格養成のために「宗派の偉人」を語るのはよい（四二—四三頁）、「私は仏教徒でもキリスト教の神とか使徒の偉大な行為に触れると自分の信じてゐる偉人と同じ様な感銘を受ける」、これを師範教育にもっていきたいとするものであった（一八七—一八八頁）。

これに対して、それが単なる知識の教授にとどまること、知識をもって情操を導くことの不可能をいったのは吉田を筆頭に主に教育（学）系委員らであった。協議会の課題は宗教的知識教育ではなくて、拝む心を涵養するという宗教的情操の養成であると吉田は皆に喚起し、宗教知識の教授は二義的であると述べた。矢吹は、「人を感動せしむる事例」から情操の涵養につなげていく可能性を主張して譲らなかったが、吉田らを論破するには至らなかった。ただし迷信・新興宗教対策上には宗教的知識教育は有用であるとの判断によって、①案は残された。迷信問題は下村が何度も強調したことであったし、高楠・矢吹にももちろん異論はなかった。加藤が、高楠・矢吹のいうオムニバス教科書の作成以外に、宗教学概論を教えるべきことを主張したのも迷信問題の解決を念頭においてのことであった。

つぎに議論となったのは、既設の修身科とは別に宗教科を新設するかどうかについてであった。宗教科の新設に積極的であったのは宗教（学）系A—1の委員らである。松尾長造（社会教育局）もこれを支持し、教える側で区別しても学ぶ方はそうでないので、「混線」を避けるため、「修身は宗教とは別とし、宗教は宗教として理解出来る時間を置く事が賢明」だと述べた（一一二—一一三頁）。

吉田がこれに反対する。宗教家の学校への介入による混乱や父兄からの不満などが想定されるからであるが、より大きな理由は、「日本の教育は教育勅語に依る……之［教育勅語］との関係が仲々むづかしい」からである（一三四頁）。宗教科新設はやめ、哲学概説や公民や歴史や読本など修身以外の諸科目にもっと宗教的素材を入れること、すなわち既存科目の教授要目の改正にとどめるべきことを主張した（一一一頁）。森岡も、「学校で宗教心を養成することと教育勅語の教との関係」を心配する。両者がどこかで齟齬して、「教が二途に別れると言ふことになると非常に困る」。宗教の職分はあくまで、教育勅語の道を「如何なる不幸の境遇にあつても如何なる困難に際会しても……安心して行ひ得る様な力」をこれに与えるものであるべきだ。修身科のほかに宗教科を置けば方針が二つに、教えが二途に別れるようになるおそれがある。下村はこれに「非常に共鳴」する（一七六―一七八頁）。

宗教科設置を求めた委員らも最終的には、教授要目改正だけでもやり方しだいで宗教的情操教育はなしうるとの考えに納得する。こうして宗教科の新設は、修身科との関係、二途問題を危惧する委員らのつよい反発によって見送られることになった。

「宗教的」情操／「宗教」的情操の涵養——方策案②③

③案は、既成宗教の力を借りて宗教的情操の涵養を行おうとの案であった。宗教的情操は宗派的信念に拠ってしか真に行い得ないという見解に発しているが、それゆえこれについては学校外（家庭・社会・教団等）での養成を主にすべき施策だとの意見が出された。たとえば吉田は、宗教的情操は宗派宗教の個別特殊性を離れては養い得ないとの認識のもと、だからそれは社会や家庭を中心として行うべきものであること、学校はこれと協調するにとどめることを主張した（一三五頁）。教育（学）系B―1の委員らがこれに賛同するが、キリスト教の田川（A―2）などもそう主張した。田川は、真の宗教的情操は信仰者によってしか導き得ないという考えから、学校で信仰のない教師が教えるよりは宗教主義学校や教団に任せたほうがよいとし、この点で彼らと意見が一致したのである。したがってこれに相対したのはむしろ、既成宗教的素材を用いながら学校での非宗派的な（非教団人による中立的な）宗教的情操教育を行うことは十分可能だとした矢吹らの主張であった。

宗派的宗教でなければ宗教的情操は与えられないとする意見に対し、矢吹は、「私は宗派的でなくとも通宗教的なものを与へられない事はないと思ふ。宗派や教派や教会の人でなくては宗教的情操は有ち得ないものではない」。諸教に対して公平中立な態度を保持することも可能である。「私は仏教を信じてゐるが基督教に対しても同じ様に取扱ひ軽蔑したりそれに衝突する様な事はな」く、個人的にはある宗派を信じていても学校では超宗派的、通宗教的に教育をすることはできると信じる、とする。だが教育（学）系委員らに「君なら出来やうが……」、教師によるので難しいと否定される。矢吹は、宗教宗派にはその信念において相共通するものがある、これを師範教育にもってきたい、とさいごまで引き下がらなかったが、教育（学）系委員を中心に宗教的情操や信念の育成は「宗派」ぬきでは徹底できないという意見は根強く、議論は平行線におわる（一八六―一八八頁）。

けっきょく③案については課外を中心にし、学校では、課外で養われた生徒の宗教心を傷つけないよう守り育てることを主にするというものになっていくのだが、それは②案の浮上したこととも関係があった。②案を「宗教的情操」と称するかどうかでは、教育（学）系委員間よりふたたび異論が噴出するが、篠原はそれに対し、「宗教」と「宗教的」（「宗教」的情操と「宗教的」情操）の語を使い分け、後者を修身教授に関わるものとして用いるとした上で、これのみを学校で許可すべきだと主張した。学校における「拝む心」「宗教的態度」の養成は宗教の力を借りず、修身科じたいを宗教的にすることによって行うべきである。「宗教的態度」とは、宗派宗教でいう「本尊に対する態度」であり、「一切の判断を越へ」「或る完全無欠な……絶対価値に対して自分を捨て、入つてゆかう、之と一つにならうとする」態度である。「修身教授に於てもか丶る態度にまで導くこと」がめざすべき「宗教的」情操教育ということで、「教育勅語の背景に「仏教キリスト教など既成」宗教を置く」ことには異議があるが、教育勅語の背景に「か丶る態度を持ち込んでゆくと自然と修身教授を生かす事とな」る。「さうして始めてほんたうの情操教育が行はれることになるでせう」（一三六―一三八頁）。

森岡は、「宗教的」という意味が単に「今までお話のあつた通り絶対価値とか偉大な力とかに対する憧憬信頼と云ふやうな意味であるならば」、それを教育に取り入れるのは結構なことである。そして宗教心を培うという方は家庭や社会でやってもらうのが基本であると賛成する（一七二頁）。こうして「宗教的」情操（修身科に関わる国体的なそれ）は学校で行い得るが、「宗教」的情操や信念の育成は学校外（課外）でということになったわけである。

国体的な「宗教的」情操教育は具体的にはどう行われるのか。吉田は先ほどの「宗教的」の語の解釈には必ずしも納得しない。だが「宗教を師範学校に加味する」ということが、修身教育における「超人的なものに対する拝む心」の陶冶という意味で考えてよいとするならば、それは「行的の修養」によって行い得ようと述べる。儀式の尊厳を増す、国旗を尊ぶ心、師弟関係を拝む心まで進めて敬虔な態度を養成することなどである（一三一頁）。

長谷川（B―2）は、吉田の述べる方法に加えて、学校の一室に「神棚神殿を置」くことで宗教的信念を徹底させることをいう。また既成宗教に対する寛容の態度も学校には必要だとして、仏教やキリスト教の同志が学校でおこなう儀式や行事を奨励することを提案した。さらに将来的なこととしては、師範学校の生徒を「どれかの宗派に属せしめて相当の信仰心を養はしめて社会に出す」ことまで考えてよいと踏み込む。「仏壇、チャーチを［学校に］造ると言う事」までは「強制的には出来ない」としながらも、吉田のいう程度のことなら飛躍的な意味はあまりない、それくらいやらねば「宗教的信念となり得ない」として、「既成宗教の弊害のない限り」における意欲策を示したものであった（一四七―一四九頁）。

これにストップをかけたのは下村である。「吉田、篠原両君の意見に満腔の賛意を表します」とした上で下村は、協議会前に用いていた「通宗教的情操」とか「通宗教的信念」という言葉の意味内容は「厳密な意味」のものではなかった（一七七頁）、「篠原さんは宗教はいかぬが宗教的は宜しいと云はれたのは含蓄のある言葉だ」とする。そして長谷川のいった既成宗教的な方向、宗教的情操の養成のために学校や寄宿舎で宗教行事を具体化していくことは「余程考へる事を要する」と消極的に応じる一方（一五〇頁）、篠原―吉田案の方向に沿って、どのような学校行事や儀式がどの程度許されるのかの方針を具体的に詰めようとする。「学校の儀式」は宗教からとってくるのではなく、「我が国の祭祀」からとってこなければならない。それは「宗教ではないが宗教的なものであ［る］……篠原さんの言はれた……宗教的なものであってどの宗教にも関係な［いから］学校に入れるにはうってつけ」であり、具体的には「日本の最高の国礼……国家の典範」である「大宝令延喜式［をもとにした］皇室祭祀令神社祭祀令」の中にある式を取り入れて宗教的情操の涵養を行いたいとした（一五〇―一五一頁）。

これに懸念を示したのは、こんどは宗教（学）系委員（高楠を中心に、加藤・矢吹・田川）らであった。高楠はすでに「教育勅語はどこまでも教育勅語であらしめ宗教的に取扱ひ度くない」、宗教化すれば御真影が礼拝対象となるだろうが、御真影を各宗派の祖師と対立させたくないとし、修身宗教化の方向での具体化案に対して、小学校で釈迦仏を礼拝させることはいけないのと同様、「小学校では礼拝の目的物を決して許さない事にして貰ひたい」し、現在のように大麻を小学校で拝ませることも取り締まるべきだ、「御真影以外のものを学校に取り入れない様に致し度い」と注文をつけていた（一〇六―一〇七頁）。こうした宗派宗教の立場から、「教育勅語を内容づける為に宗教的に取扱ふ事」は「どう言ふ間違ひを引き起こさないとも限らない」として下村の提案についても、「国家の祭祀に宗教的意味を付け加える事はい丶」が、「それが神殿や大麻になる事は問題」だ、小中学校では「御真影以外のものは一切祭つてはいけない」とはねつける。皇室での祭祀や学校での伊勢神宮遥拝は宗教と思わない、「玉串を伊勢の皇太神宮に捧げる事」もよいとする下村に対立し、「大麻を置いてそれに玉串を捧げるのはどうだ。遥拝は差支ないが神殿を造ることはどうだらう」と突っ込み、激しくやり取りされた（一五一―一五二頁）。

下村は、自分は結論をもっていないが、それらを「宗教的」なものとするかどうか、つまり学校で許していくことにするかどうかは「その辺を決めないと宗教的と言ふ場合に困る」、自分はただ「学校の行事を宗教的にすると云ふ心持」なのだと一歩引き下がる。下村の提案については加藤も、それらの行事は一般には「神道の形式であると考へられる」から、「宗教的」ではなく「宗教」と見られるのではないか、「基督教、仏教の一派の人に反感を持たす事にはならないか」との懸念を示した（一五二頁）。

下村は何を「宗教的」とするかは精査すべきだが、基本的には、大宝令延喜式からその「精神を……摑んで」それを「一つの式」の形になるよう決めていくのがよいだろうとする。たとえば「聖寿万歳を黙禱する事」、御真影を拝するときに「楽をつけ」るなどによって「強い感銘を与へ雰囲気を森厳にする」ことができるだろう。矢吹は、「国家的祭祀」はよいが「神殿や大麻になることは問題」、「それ以上は議論が多くて容易でない」ので、「形の上では現在の御真影と教育勅語で充分だと思ふ」と述べ、下村から「神殿はいらない」という言質を引き出した（一五二―一五三頁）。

神道本局の神崎（A―3）は、大麻には「迷信がかっ」たところがあるという理由で、これを強制しない立場をとる。神道信仰のすべてを学校に取り入れるというのでなく、迷信が入らないよう具体的形式にとらわれないことが重要である。宗教的情操を活かして「国体の精神に遡」る方法として神崎が提案するのは、「皇道の教科書を造り之を必修課目として課」すことであった（一七〇―一七一頁）。

宗教主義の少数派

田川は、キリスト教を代弁し、宗派宗教に同情的な立場から、学校での宗教教育に積極的な矢吹とも、また仏教側から宗派宗教を代弁していた高楠とも異なって、明確な宗教主義に立つ少数派であった。田川は、宗教を修身教育に沿わせてまで導入しようとするよりはむしろ、一般公立学校の外（課外ないし家庭・社会・教団や私立学校）における各種の宗教活動（普通学校の課外活動としての青年会活動、宗教者の課外講演、宗教主義学校、日曜学校などを含めた教団活動）の自由を認め、奨励するという措置を求める。

学校における宗教教育の限界を認識し、宗教的情操教育は家庭や社会や教団活動に俟つべきで、学校ではこれを否定しないよう図るべしとする田川（A―2）の方向性は、吉田や森岡ら教育（学）系委員（B―1）らの考えに重なっていた。一般学校（師範学校を含む）における宗教中立原則の前では、そこで行い得る宗教教育は宗教知識教授に留まり、これしか身につけえない教師によっては生徒に真の意味での宗教的情操教育はなしえない。これが両者共通の認識である。しかし田川における学校での宗教教育消極論は、彼らとは異なって、宗派宗教の自立活性論と一体のものであった。師範教育での宗教教育が困難ということならば、「此の際宗教々育は一切宗教主義私立学校に任され……」とか「宗教主義学校を国民教育の傍系教育と為されては如何」というように、宗教主義学校や宗派宗教活動の隆盛に結びつけていこうとする意見である。修身教育―国体観念中心主義により宗教教育を学校から排除しようとする篠原らとは逆に、宗教尊重・積極的観点により学校から宗教教育を外そうとするものであった。

田川は、教団の側も自主的に教育に接近する努力をすべきだと他の委員が要請したときには、したがってもっとも敏感に反応した。日曜学校は教育勅語の方針でやっていないと批判された際には、教育勅語を教会でそのたびに読めと言うのかと強く反発した。そのため追い込まれて、「勅語に一度も触れずに神一点張ではどうかと思」うとか（森岡）、「宗教が教育に加味されて往くと言ふのでしたら宗教学校の方でもっと覚醒しなければいけないことも多いでせう。……国体観念を持たない宗教学校はいけないといふことになりませう」（矢吹）などとたしなめられる場面もあった。

だがこのあとも田川は、遠慮がちながらもはっきりと（すなわち第八回に文書提出のかたちで）宗派宗教の自主独立を守るよう提言をしている（一九二―二〇〇頁）。「国民教育」以外に「公民教育」の一科を重視すべきことを訴えたのもそのひとつである。「国民」というカテゴリーとは別に、「公民」という「一階級を……法制上、社会上別に創設せんと」する意向が当局者にあるのかどうかと彼は問う。「公民」を対象とする教育は、特殊主義的「国民教育」とは別にあって、「国家」「国民」に拘束されない一個人としての権利意識、宗教上には信教自由の意義を教え得る余地があった。本協議会でこのような見解を述べたのは田川だけである。高楠も、篠原や下村による修身教育宗教化論の攻勢の前に、信教自由論によって既成宗教の防御に回ることはあったが、田川のように宗教と教育を切り離すという見解をきっぱりととることはなかった。

置き去りにされた問題――修身教育のために宗教を加えるという考え方は正しいのか?

協議会のだいたいにおける議論の流れとしては、森岡がまとめているように、これまでの修身教育が弱くこれに宗教心を加える必要があるのだが、本当の宗教的信念を植え付けるには宗派的宗教にならざるを得ず（「本尊さんとかを信じなければ熱烈なものとはなり得ない」）、学校の中立原則にあわない。他方、問題のない「通宗教」を容れるといっても、「現実に行はれてゐる宗教でなく人の頭で組み立てたもの」であって、「哲学」的なものにしかなりえない。だから家庭で培った宗教心を傷つけず助成してやるということしか学校でできることはない（一七二頁）。学校において積極的にできる宗教的情操教育としては、宗教に関係なく「四大節の如き」や儀式行事の機会をとらえて工夫するということになろう、というものであった。宗教知識教授については、二義的としながらも迷信・新興宗教対策という観点から導入すべきとされた。

しかしここに置き去りにされた問題があった。先の二途問題、宗教と国体観念との関係に関わる問題である。教育に宗教を入れることを本題としたこの協議会であぶり出されてきたのは、教育と宗教の接近に関する限界についてであった。この場合の限界とは、第一には学校における宗教的中立原則からくるものであったが、ここに第二の問題として、国体観念と宗教との齟齬背反に関わる問題が表面化してくる過程があった。

この問題への認識には委員間に差があった。高楠が、教育勅語に「宗教的な感じを持たせる事はよい」というときの、いうところの「宗教的な感じ」とは、「宗教全体を教育勅語の地盤とし或は背景として教へる事はよいと思ふ。神道のみで説明し得られるかも知れないが野中の一本松は栄えるものでないから他の宗教の色々の教へを……背景地盤として教へる」べきだとするものであった（一〇六頁）。篠原はこれに対して「教育勅語の背景に宗教を置くことには異議がある」として、既成宗教の力を学校に持ち込むのは絶対反対で、天皇を超人＝神と見立てた国体の宗教化を「宗教的情操」の中身とするようつよく訴えた。吉田も、国体観念をもって超人なり絶対精神を考えていく場合、学校に入れる宗教には制限を付することになるが、その制限を守ることは宗教上そもそもあり得ないのではないかと指摘していた（一〇〇頁）。篠原・吉田とそして田川とが、国体的宗教と宗派的宗教のそれぞれ異なる立場にありながら、教育と宗教の分離を保持すべきとの点で一致したのは、この二種類の宗教的情熱が本質的に相容れないとする認識において他の委員より明敏であったからであった。これに対して高楠はより楽観的であった。矢吹もまた高楠に近かった。

教育（学）系の委員間でも温度差があり、最初からこれを厳しくとらえていた篠原・吉田がある一方、比較的緩やかにとらえていた長谷川のような場合もあった。長谷川、高楠、矢吹らは、この問題について十分つきつめるということがなかった。しかし協議会も後半に入ると、この問題に言及するとくに教育（学）系委員の発言が目立つようになっていった。民族との強調なしに拝む心だけあっても教育には入れられない（吉田、一二四頁）、仏教キリスト教を背景に教育勅語をみてはいけない（篠原、一三七頁）、教育勅語に対する宗教の職分を守るべき（森岡、一七六頁）とする意見があいついだ。

学校は課外での宗教活動を補助し見守るにとどめることを原則とする、と決まったのはそれらの意見に押されてのことであったが、これは衝突を避けるため二者間の棲み分けを再確認したにとどまるもので、そこからすすんで問題の核心に議論が及ぼされることはなかった（学校はこの宗教心を尊重するとしてそれで問題はないのか、とは問われなかった）。この問題を深追いすれば、協議会開催の意義前提自体を覆すことになりかねない。問題は惹起されながらも掘り下げられずに協議は閉じられようとしていたのである。

だが、八回にわたって行われた実質的協議を終えようとしたそのとき、この覆いを取り外して問題をさらけ出す発言がなされる。そもそも「教育勅語を力あらしむる為に宗教を入れると云ふ事は果して正当であるかどうか……協議に付する前その事が研究されるべき」であった、「宗教以外に学校で情操を涵養すべき道がない」のか、「修身を強化する為の方法を考へないで宗教を持つて来ようとする処に余りにも宗教的なものがありはしないか」という阿部の発言である（一八二頁）。阿部がこの根本的な疑問を口にしたのは八回目の会議の終わり、宗教科設置の可否は別として宗教的情操を涵養することには皆だいたい賛成なので、夏の間に幹事を中心に答申原案をまとめようと話のついた後のことであった。

やっとまとまりかけたものを土壇場で混ぜ返すような阿部の発言に、下村は、「あれ程の学者でもあり……吾々も非常に敬服してゐるので傾聴に値する」井上哲次郎の論文を引き合いに出し、修身に情熱を加えるのは「宗教的情熱」でなければならないと慌てて抗弁する（一八三頁）。しかし阿部の問うたのはまさに、そうした宗教的情熱が国体に対する情熱とどう関わってくるのか、という点に関する疑念であった。たとえ、

宗教的情熱は持ったにしても国体に対して情熱が持てるかどうか、現在の状態に対し宗教を直に持つて来て、それが国体的な観念

が出来得るか、又勅語の精神を行ひ得る人となり得るかどうか。国体とか皇室に対して燃へる様な情熱がない現状に宗教の力を借りて来ても其の結果は余りかんばしくないではないか……他に適当な方法がないものだらうか（一八四頁）。

「宗教に熱心なものでも教育勅語に熱心であるとは直に断定し得ない」、教育の「改善の為に直に宗教に飛躍することは困ると思ふ」と吉田もこれに同調する（一八五頁）。阿部の問いかけは、二種の「宗教的情熱」が別個のものであるとの認識において協議会の扱う宗教教育問題の核心を突き、真の議題があるべき所在を端的にいったものであった。②と③の教育案に関して激しくやり取りされたのは、それぞれの情操を養うための儀式行事の執行をどこまで認めるかという、宗教上の中立や信教自由との関係からくる実行論的観点からのものであった。阿部のいった問題はこれより重大であって、協議会の諮問内容自体の不成立を指摘するに等しいものである。本来は真の争点たるべきであったこの問題は、だからここまで正面からは取り上げられずにきたのであろう。ここでやっと議論がその点に及び至っているということには驚かされるが、ようやく阿部がそれを口にしたのである。

とはいえ、意見が出揃い、まとめの案が作成されようという直前での爆弾発言である。下村についで矢吹も、火の粉を少しでも振り払うべく、宗派宗教の問題点を払拭すべきこと、知識としては宗教を入れても全く弊害にはならず、教育に役立つものにしていけるなどと述べ、応戦した。阿部は引かず、学校で宗教を言い出すと教団が利用しないかと畳み掛ける。下村、矢吹はこれに、勅語をふりかざしてその裏で宗派的な不純な教義を説くのもあるが、悪用は防止し、宗団法によってどしどし矯正するのがよいと、教団への監督取締り論をもって応じた（一八五―一九一頁）。

ここで議論は打ち切られ、散会となる。そうして国体的宗教と既成宗教との関係という根本問題については協議会では尽くされることのないままに、したがって折衷的な、すっきりとはしない内容の答申が出されることになるのである。

3 宗教教育協議会答申および文部次官通牒の考察――その異同を含めて

宗教教育協議会答申――「宗教的情操ノ涵養」項目を中心に

昭和一〇年一〇月二日、宗教教育協議会は、「学校ニ於テ宗教教育ヲ如何ニスベキカ」について次のように答申した。

一、師範学校ニ於テ宗教科ヲ設置スルハ仍篤ト調査研究ヲ要スルモノト認ム

二、宗派的教育ハ家庭ニ於ケル宗教上ノ信仰ニ基キテ自然ノ間ニ行ハルルト共ニ宗教団体ノ活動ニヨル教化ニ俟ツモノニシテ一般ノ学校教育ハ一切ノ教派宗派教会等ニ対シテ中立不偏ノ態度ヲ保持スベキモノトス

三、一般ノ学校ニ於テハ家庭及社会ニ於ケル宗派的教育ニ対シ左ノ態度ヲ保持スベキモノトス

1、家庭及社会ニ於テ養成セラレタル宗教心ヲ損フコトナク生徒ノ内心ヨリ発現スル宗教的欲求ニ留意シ苟モ之ヲ軽視シ又ハ侮蔑スルガ如キコトナカランヲ要ス

2、正シキ信仰ハ之ヲ尊重スルト共ニ苟モ公序良俗ヲ害フガ如キ迷信ハ打破スルニ力ムベシ

3、学校ニ於テハ他ノ宗教教育機関例へバ日曜学校、夏期講習等トノ関係ニ留意スベシ

四、一般ノ学校ニ於テ宗派的教育ヲ施スコトハ之ヲ認ムルヲ得ザレドモ学校教育ヲ通ジテ宗教的情操ヲ涵養シ人格ノ教養ニ資スルコトハ極メテ必要ナリ教育者ノ養成ヲ目的トスル師範学校ニ於テ特ニ其ノ必要ヲ見ル固ヨリ学校教育ハ教育勅語ヲ中心トシテ行ハルベキモノナルガ故ニ之ト矛盾スルガ如キ内容及方法ヲ以テ宗教的情操ヲ涵養スルガ如キハ之ヲ許サズ

宗教的情操ノ涵養ニ関シ学校教育上特ニ留意スベキ事項大凡左ノ如シ

1、学校ニ於テ行フ儀式ハ一層荘重厳粛ナラシムベシ

2、修身、公民科ノ教授ニ於テハ一層宗教的方面ニ留意スベシ

3、哲学概説ノ教授ニ於テハ一層宗教ニ関スル理解ヲ深メ宗教的情操ノ涵養ニ意ヲ用フベシ

4、国史ニ於テハ宗教ノ国民文化ニ及ボシタル影響、偉人ノ受ケタル宗教的感化、偉大ナル宗教家ノ伝記等ノ教材ヲ多カラシムベシ

5、其他ノ教科ニ於テモ其ノ教材ノ性質ニ応ジ適宜宗教的方面ニ注意スベシ
6、宗教ニ関スル適当ナル参考図書ヲ備ヘ生徒ノ修養ニ資セシムルモ亦一方法タルベシ
7、追弔会、理科祭、遠足、旅行等ニ際シテハ之ヲ利用シテ宗教的ノ情操ノ涵養ニ資スベシ
8、適当ノ機会ニ於テ高徳ナル宗教家等ノ修養談ヲ聴カシムルモ亦一方法タルベシ
9、校内又ハ校外ニ於ケル教員及生徒ノ宗教ニ関スル研究又ハ修養ノ機関ニ対シ適当ナル指導ヲ加ヘ寛容ノ態度ヲ保持セシムベシ

（傍線部分は次に掲げる文部次官通牒と異なる箇所。引用者による）

項目一は、下村が初回に提示した議題「師範教育の中に宗教を取入れるか否か」に直接答えたもので、「調査研究ヲ要スル」としてこれは退けられた。つづく二と三は「宗派的教育」に関する、四は「宗教的情操の涵養」に関する項目である。当局が「学校ニ於テ宗教的教育ヲ如何ニスベキカ」を問うたときの「宗教的教育」のうち、「宗派的教育」は学校では許可できないが尊重はするとした方針が二と三になり、「宗教的情操の涵養」の方は学校に積極的に入れるべきとされて四になった。

宗派的教育は家庭や教団を中心にすべきことを述べた二は従来どおりの内容で、不要のようにも思われるが、新規に打ち出された指針三および四との関係で、宗派宗教の学校への進出の行き過ぎを歯止めする必要があって念押し的に設けられたのであったろう。たとえば三では、学校外で養われた生徒の宗教心に対する学校側態度の改善が求められている。これは従来にはなかったことであった。新興宗教や迷信問題を念頭においての、「正シキ」信仰とか「迷信」の打破といった留意点が並べ述べられていることも注意を引く点である。

四の「宗教的情操ノ涵養」は本答申の眼目となるべき項目だが、しかしこれを「極メテ必要」なものと認める一方、教育勅語に矛盾するものは「許サズ」という条件が付されている。その上で「宗教的情操ノ涵養」に関わる具体策が細

目1—9として示された。まずは宗教的教材の工夫や教授内容に関わるもの——修身、公民、哲学概説、国史その他で宗教的教材を増やして宗教理解を深め、宗教関係の参考図書を設置するというものである（2—6）。そして課外の校内校外活動に関する留意点や機会の提供——学校での儀式・行事（1、7）、宗教家の講演や課外の宗教活動に留意する（8、9）というものであった。

これら四の細目をみると、会議の席では区別されていた知識教育と情操教育とがここでは区別されていないことにまず気づく。情操の養成に関わるとされていた②案と③案に、知識的にとどまるとされていた①案も混じえて、ここではいずれも宗教的情操教育の方法として挙げられた（矢吹の主張を容れたかたち）。またここでは②案と③案（国体的な情操涵養策と既成宗教的な情操涵養策）の間の区別もつけられていない。1—9の細目のうち、「学校ニ於テ行フ儀式ハ一層荘重厳粛ナラシムベシ」という細目1が国体的情操の涵養策②案にあたり、それ以外の2—9が、既成宗教に関する知識教授・情操涵養に関わる①案と③案に対応している。

「教育勅語」「ト矛盾スルガ如キ内容方法ヲ以テ」行うことは「許サ」ないという条件をつけられてはいるものの、既成宗教に関わる項目のほうが国体的なそれを数において圧倒することになっている。だがそれよりもここで注目したいのは先に述べておいた、二種の宗教的情熱（情操）を敵対的にみた阿部らの疑念がここには反映されておらず、二者が混在並記されているということの方である。これによってみれば、答申における「宗教的情操」の理解は、それが既成宗教によってもまた国体的な儀式等によっても涵養せられるものとみなし、二者実行による衝突や混乱も想定しないものになっているのである。

文部次官通牒——答申三の3・四の1削除問題について

右の答申を受けて昭和一〇年一一月二八日、文部次官通牒「宗教的情操ノ涵養ニ関スル留意事項」（発普第一六〇号）が、地方長官、直轄学校長、公私立大学高等学校専門学校長宛に発せられた。ただし内容は答申のそれとまったく同じではない。この通牒のなかで、「学校ニ於ケル宗教的情操ノ涵養ニ関シ留意スベキ要項」として定められた三項目は、次のとおりであった（前文は略す）。

一、宗派的教育ハ家庭ニ於ケル宗教上ノ信仰ニ基キテ自然ノ間ニ行ハルルト共ニ宗教団体ノ活動ニヨル教化ニ俟ツモノニシテ学校教育ハ一切ノ教派宗派教会等ニ対シテ中立不偏ノ態度ヲ保持スベキモノトス

二、学校ニ於テハ家庭及社会ニ於ケル宗派的教育ニ対シ左ノ態度ヲ保持スベキモノトス

1、家庭及社会ニ於テ養成セラレタル宗教心ヲ損フコトナク生徒ノ内心ヨリ発現スル宗教的欲求ニ留意シ苟モ之ヲ軽視又ハ侮蔑スルガ如キコトナラカンコトヲ要ス

2、正シキ信仰ハ之ヲ尊重スルト共ニ苟モ公序良俗ヲ害フガ如キ迷信ハ之ヲ打破スルニ力ムベシ

三、学校ニ於テ宗派的教育ヲ施スコトハ絶対ニ之ヲ許サザルモ人格ノ陶冶ニ資スル為学校教育ヲ通ジテ宗教的情操ノ涵養ヲ図ルハ極メテ必要ナリ（但シ学校教育ハ固ヨリ教育勅語ヲ中心トシテ行ハルベキモノナルガ故ニ之ト矛盾スルガ如キ内容及方法ヲ以テ宗教的情操ヲ涵養スルガ如キコトアルベカラズ）

宗教的情操ノ涵養ニ関シ学校教育上特ニ留意スベキ事項大凡左ノ如シ

1、修身、公民科ノ教授ニ於テハ一層宗教的方面ニ留意スベシ

2、哲学ノ教授ニ於テハ一層宗教ニ関スル理解ヲ深メ宗教的情操ノ涵養ニ意ヲ用フベシ

3、国史ニ於テハ宗教ノ国民文化ニ及ボシタル影響、偉人ノ受ケタル宗教的感化、偉大ナル宗教家ノ伝記等ノ取扱ニ留意スベシ

4、其他ノ教材ニ於テモ其ノ教材ノ性質ニ応ジ適宜宗教的方面ニ注意スベシ

5、宗教ニ関スル適当ナル参考図書ヲ備ヘ生徒ノ修養ニ資セシムルモ亦一方法タルベシ

6、追弔会、理科祭、遠足、旅行等ニ際シテハ之ヲ利用シテ宗教的情操ノ涵養ニ資スベシ

7、授業ニ差支無キ限リ適当ノ機会ニ於テ高徳ナル宗教家等ノ修養談ヲ聴カシムルモ亦一方法タルベシ

8、校内又ハ校外ニ於ケル教員及生徒ノ宗教ニ関スル研究又ハ修養ノ機関ニ対シ適当ナル指導ヲ加ヘ寛容ノ態度ヲ保持セシムベシ

9、以上各項ノ実施ニ際シテハ一宗一派ニ偏セザル様特ニ注意スベシ

（傍線部分は答申と異なる箇所。引用者による）

細かな言い回しの違いを除き、協議会答申との相違をあげれば次のようになる。

・答申にはあったが、通牒では削られた項目：答申の一（全部分）、同三の３（全部分）、同四の文中「師範学校」に関わる部分、同四の１（全部分）

・通牒で新しく加わった項目：通牒の三の９

このうち、答申にあった項目一は、同四の「師範学校」関連部分とともに、通牒が師範学校にかぎらず広く「学校」を念頭において出されたものであることから、今回削られたものである。通牒に新たに加わった三の９は、宗教に対する学校の不偏中立性を述べた同一の内容に重なるが、同三で掲げた１―８に関わって念押し的に繰り返す必要があったのであろう。残るのは、答申三の３と同四の１がなぜ通牒では削られたのかという問題である。

協議の席上では強く主張されていたものの、答申中の国体的情操項目は数の上では一細目（答申四の１）にとどまったことを先にも述べたが、通牒ではこの唯一の細目が削られてしまっている。他方で、残りの２―９まではほとんどそのまま通牒に採用されている。これだけでみれば国体観念の宗教化というアイディアが後退したかのようであるが、宗派宗教の活性化項目ともいうべき答申三の３（日曜学校、夏期講習など宗派宗教の宗教教育活動との関係への留意項目）の方も削られていることをみれば、通牒では、最も国体的なそれと最も宗派的なそれの両者を削ったかっこうになったとできる。

鈴木美南子はこれらについて、三の３の削除は社会における宗教教育機関への配慮をあえて無視したものであり、四の１の削除は、学校儀式すなわち神道儀式を宗教的にするという点が公的文書に明示するには憚られたからだと説明した（後者に関して、訓令一二号の一般的拘束や、国民的儀式・神社社式を非宗教とする建前から問題化を恐れて避けたという入澤宗寿による解釈を紹介している[12]。既述の内容をふまえてここではこう解釈したい。

まず答申三の3の削除は、同三の1と2が宗派的教育を保護ないし一定の範囲で推奨しようとするときの一般的事項にふれているのに比べて、特殊に踏み込みすぎるという判断があったものと推測される。通牒に、答申にはなかった三の9、すなわち宗派的な弊害に関わる注意事項が追加されているのとあわせてみれば、答申三の3は宗派的教育への保護をつよく言い過ぎるとの判断が働いたため削除されたとみてよいだろう。

つぎに答申四の1の削除についてては、国体的な学校儀式なるものを「宗教的情操」の範疇から外すべきだとする判断のなされた結果であったと考えられる。阿部らには、国体教育は「宗教（的）」なるものとは切り離して扱うべきだとする強い意見があった。「宗教」的情操と「宗教的」な情操とを区別すればよいとの篠原の提案も彼らを説得しきれず、「宗教」の語に対する神経質といえるまでの慎重な態度を最後まで崩すことはなかった[13]。こうしたことから、通牒が「宗教的情操ノ涵養」を銘打っているかぎりは、そこに国体教育に関わる項目を含ませたくない、「宗教」を冠するものに修身教育を関与させたくないという意思が、四の1の削除に関して働いたとみることは自然であろう。答申ではこの点が徹底されていなかったが、通牒ではそれが修正されたわけである。宗教に対する忌避観、修身に関して宗教者が関わることに対する強い懸念をもっていた彼らにとって、既成宗教に関わる諸項目のなかにそれを並べ入れることには相当の違和感と回避の意識が働いたはずである。協議会で阿部が提起した二種の宗教的情熱の衝突問題にも関わって、四の1の削除は、たんに神社非宗教論の建前に配慮したというだけではなかったように思うのである。

4　小結――翻弄される宗教教育論

協議会答申――文部次官通牒の両義性――国体問題の割り込み

協議会答申――文部次官通牒は、項目どうしが制限しあう、このままで真に実行し得るかどうかについて不安を残すような内容をもって結果した。対立する意見の折衷の末、強引にまとめられたそれは、前節にみておいた教育界・宗教界から出された答申や建議をほとんどそのまま取り入れた部分と、それを同時に否定ないし制限する部分とから構成されることになった。これゆえに、本答申および本通牒の発令は誰にとってのどのような意味における〝成果〟とできるのかについての混乱は当時からあったし、[14]協議会にどのような議論があったかが分析されないままに、今日でもその点は解明されないままになってきた。本節ではその第一歩として、協議会答申―文部次官通牒だけをみていては解きほぐせなかったこの両義性の由来を、協議会での議論を追っていくなかに明らかにしてきたのである。

協議会に浮上し、話題の大きな部分を占めることになったのは、宗教教育をむしろ不要に追い込むことになる国体宗教論であった。そして会議の主要な流れは、宗教教育ないし宗教的情操涵養の方法について検討するという本題と同じかそれ以上に(もちろんこれも行われたが、それに伴って宗教教育と国体宗教教育との関係をめぐる問題が必ず興起してくるのである)、この両陣営の攻防合戦に占められていたということが明らかになった。

一般学校における宗教教育の導入が真剣に検討されたきっかけは、唯物思想の流行、迷信・「邪教」の蔓延への対策としてであった。だがこれを政策決定しようとする宗教教育協議会がじっさいに開かれたのは、共産主義の脅威もほぼ下火となり、かつ次なる国家的課題すなわち国体明徴問題が新たに持ち上がってきたときであった。協議会第一回の会合は昭和一〇年三月だったが、貴族院で菊池武夫議員が美濃部達吉の憲法学説を国体破壊であると非難したのが二月一八日であった。同二五日の美濃部の弁明で問題が大きくなり、衆議院でも機関説非難が推進され、貴衆両院で「国体ノ本義ヲ明徴」にし、それと相容れない言説に「断乎タル措置」をとるべき旨の決議が採択されたのが三月二〇日、二三日である。政府は八月三日に第一次国体明徴声明を発表、一〇月一五日に第二次声明を発する。協議会が答申を提出したのはまさにこの期間中、一〇月二日のことであった。

協議会に臨む前、長年の宗教教育運動の実績とこれに同意を与える教育界の諸決議を手にしていた宗教教育推進派(宗教(学)系)委員らの期待には大きなものがあった。じじつ初めのうちを中心に彼らの意見には勢いがあった。だが日々報じられる事件の進展に合わせるかのように、国体的な宗教的情操解釈に下村が同調するなど、協議の流れは思わぬ方向に向かい、推進派は守勢に転じていった。推進派の矢吹も国体問題に配慮した発言を折々はさむことになるが、それは、人生に弾力を与える宗教は教育に必要だという普遍的主張を基としながら、それが国体観念とも合致していけるとする飛躍のあるものであった。協議会の開催と天皇機関説事件とが重なって、大正期以来の宗教教育要望論の結実とすべきその使命に、降って湧いたように国体問題が割り込んできたのである。矢吹らはこれに対する準備の不十分なまま会議に臨むこととなり、教育（学）系委員らによってその点を鋭く突かれることになったのだった。(15)

田川が望んだように、宗教的自由を奪われた上でしか宗教教育が許されないなら、教育と宗教の分離原則を死守するほうがよいとする意見があったにもかかわらず、矢吹らはこれに同意することはなかった。それはひとつにはキリスト教徒と仏教徒のポジション取りの違いを反映するものであったとともに、矢吹ら推進派における国体と宗教の関係についての見通しの甘さがそこに関係していたように思われる。彼らは両者の絶対的な統合の不可能性、それを強行する際は各宗教はその本質を切り捨てていかざるを得ないこと、国体と両立する宗教的情操とはけっきょく宗教不在の国体的宗教情操としてしか成立しえないことを、十分明確にした上で協議に臨むことができていなかった。

そうしたなかに、これまでの宗教教育推進運動の主張はここで焦点をずらされて、国体迎合的な部分は許されるが宗派色のつよい部分は締め出していくべきこと、そしてこれを拒めば弾圧の対象となっても致し方ないという譲歩を、自らの中から引き出すことになった。通牒の発令は、その運用しだいでは教育と宗教の分離体制で進められてきた時代よりもかえって宗派宗教の立場を難しくするものとなった。訓令一二号の撤廃ないし緩和をめざすことは宗教界にとってパンドラの箱を開けるに似たことであった。やがて宗教的活動は全一性を失い、切り売りされることになるだろう。

だが一方、会議が宗教教育に消極的な風向きに転じてのちも、一気に国体宗教の実現化方向に突き進むことができたわけではなかったことも、右にみておいた。国体明徴問題が勃発はしたが、その影響の程度範囲についてはこの時点では社会的にもまだ定まらない部分があった。そうした過渡的様相が協議会にも表れていた。神社非宗教論の建前はまだ堅持されていたし、会議でも高楠や田川ら宗教側による信教自由の主張が一定の牽制力を発揮しえたゆえに、[16] 下村による国体宗教推進の具体化案は阻まれたのだった。「超人」としての天皇への信仰（国体宗教）を具体化するものとしては、神棚設置や大麻以外の、「行的ノ修養」「儀式」にとどめなければならないとされた。またその「式」も、神道式では行い難いとする慎重な意見が通っており、それ以上に詰められることはなかった。祭政教一致の理念が勢いを得ていくこのすぐ後の教学刷新評議会に比べてみれば、一定程度以上の規制力が本協議会ではまだ働いていたといえる。

こうして協議会では、新方針の出現を目の当たりにすることにはなったが、従前の流れを完全に切り捨てるところまではいかず、両陣営ともに互いに牽制しあい、どちらの方向に対してもブレーキをかけあうかっこうとなった。次官通牒は当局から初めて訓令一二号解釈緩和を勝ち取ったはずのものであったが、宗教教育推進運動の主張よりも後退した内容となり、また同時に国体問題についても徹底さを欠くものとなった。これまでの総仕上げをめざすものでありながら次の時代への予兆を含みこんだ、かつ宗教と国体問題については消化不良を残したところの、結果としてその性格の曖昧さにおいて際立つものとなったのである。

流動する「宗教的情操」概念

会議中にやり取りされた「宗教的情操」概念をめぐる議論についてもコメントしておかねばならない。協議会では「宗教」をめぐる用語に慎重で、これに関する議論に多くの時間が費やされた。「宗教」や「宗教的情操」の定義問題が最初の議題とされ、宗教教育の方法・内容に関する実質協議に移ってからも、それを称するに「宗教」ではだめで「宗教的」でなければならない、「宗教的」でもだめで別の言い方はないのかなど、本題と同じかそれ以上に際立つトピックをなしていた。

「宗教」定義をめぐる矢吹のレクチャーでは、「超人との人格的関係」を軸にする明治三〇年代以来の宗教論に、神聖観念や畏怖畏敬の情をとりあげる当時の新しい宗教学説と、彼が背景とする浄土宗の発想とを織り交ぜた説明がなされた。やりとりののち、学校で求められるべき「宗教的情操」として委員間に共有されることになった内容はこのようなものとなる。道徳は「尊ぶ心」にとどまるが宗教は「拝む心」までいくものであって、それは「超人」を全人格的に信仰するところから生じる。すなわちそこでは第一に、宗教の中心的要件はこの超人との人格的関係であること、第二に、超人への「畏怖畏敬の情」と「安心立命」をもとに、「何ごとのおはしますをば知らねども　かたじけなさの涙こぼるる」として表現されるような「依頼心」「感謝」の情操こそが、宗教に独特の情操すなわち宗教的情操だとされた。

ふりかえれば明治二〇—三〇年代の宗教思潮を背景としてなった姉崎以下の宗教学の思想は、人格実現のための自己修養を人に促す感化力をもって「宗教」のレゾンデートルとし、自己を聖化する神人合一の教えを宗教の中心定義とするものであった。祖師や聖人らはそのための先達であり、神人化の模範として尊ばれるべきとされる一方、神仏などの超越的神観や、宗祖への依頼心といった他力的側面は退けられる傾向があった（「人道的宗教」）。この教養的人道宗教を一養分として成長したのが大正期の宗教教育論であって、高楠や矢吹にも共有されてきた。だが協議会ではこのような宗教観に代えて、絶対者への依頼心と服従心による「拝む心」や「無力の自覚」が押し出された。「超人」を括弧にくくる「人道的宗教」観に対しては、道徳と区別がつかないとして吉田などが従来批判してきたが、ここでも厳しく「道徳的情操」との違いを示すよう迫られた結果であった。持論のとおった吉田はこのとき、教育には拝む心だけでなく、奮励するという積極的な心や科学的精神も必要だとコメントしたのだったが（一二四頁）、まさにここでは「奮励する」という自己立脚の修養的側面が「宗教的情操」概念より失われることになったのである。

もちろんここには道徳との区別という理論上の理由だけでなく、宗教に対する社会的要請に変化が生じ、これに応じたという側面もあった。国体の宗教化が教育の新方針として不可逆的に印象づけられつつあった昭和一〇年当時、協議会では、宗教教育は修身と齟齬しないよう、教育勅語教育を補佐すべくその職分を守るべきとする強い意見が説得力をもった。その職務とはどんな困難にあっても社会主義や新興宗教に流れることなく、国民が教育勅語の道を安心して行うことができるような力を与えることである。そのために必要なのは人道的宗教が付与する自律や自主の感覚でなく、無力の自覚、安立、感謝と服従でなければならない。自己向上的奮励（自尊、自己聖化）と超人を面前にしての絶対帰依（依頼心、自己無化）は敬虔の宗教における相即的両面でなければならないが、このときには後者が重点化された。「安心」と「報恩感謝」の情操はこれ以降、自己犠牲的「勇猛心」や「滅私奉公」を引き出すものとして、より積極的に求められるようになっていこう。

（1） 山口「文部省訓令一二号」、鈴木（美）「天皇制下の国民教育と宗教」二四八頁。
（2） 高橋陽一「宗教的情操の涵養に関する文部次官通牒をめぐって」（『武蔵野美術大学研究紀要』二九、一九九八年）。
（3） 文部省普通学務局『議事』五頁。
（4） 国民精神作興詔書渙発を受けて大正一三年に結成され、政府の助成を受けてきた教化団体連合会を昭和三年に改称。昭和四年時点での加盟団体は七七〇で、同年の社会教育局主導による教化動員運動の中心となった。昭和一〇年当時の役職員には、会長に子爵・齋藤実、顧問に男爵・一木喜徳郎、文相・松田源治、内相・後藤文夫、参与に社会局社会部長、陸軍省軍務局長、海軍省教育局長のほか、伯爵・二荒芳徳（貴族院議員）、下村寿一（元社会教育局長）、今泉定助（神道）、蓮沼門三（修養団）、高島米峰（仏教）、佐々井信太郎（報徳会）、松村介石（道会）らがあった（蛭田道春『わが国における社会教化の研究』日常出版、二〇〇五年、一七二―一七三頁）。
（5） 一八七〇―一九四九年。オリエンタルホールや京都法律学校で学んだ後、英吉利法律学校の聴講生。卒業後は博文館に入社。仏教に縁を結び、『明教新誌』主筆、上宮仏教教会講師などを経て、『中外日報』主筆。新仏教運動にも加わる。雑誌『新修養』や『こころ』を刊行、講演や著述で仏教の大衆化につとめた。大正一三年以降は教化団体連合会の中心的存在。曹洞宗大学、東洋大学で教鞭もとった。
（6） 一八六六―一九四五。欧州でマクス・ミュラーらに学んだ後、明治三二年、東京帝国大学文科大学教授。東京外国語学校校長。東洋大学学長。
（7） 一八七九―一九三九。浄土宗僧侶。明治四二年、東京帝国大学文科大学哲学科（宗教学）卒業。四三年、宗教大学教授。大正一三年、東京帝国大学文科大学助教授（宗教学、翌年講師）。一四年、東京市社会局長。
（8） 『議事』「緒言」五頁。
（9） 以下、（ ）内は『議事』中のページ番号を記したものである。
（10） なお引用中、「あらひとがみ」のルビは局内での議事録作成時に振られたものである。この二年後に刊行される文部省の『国体の本義』中の「現人神」にもルビが振られる。尊皇家の吉田茂が「明御神」の読み方を知らなかった話は有名だが、「現人神」はこの時点では官僚を含めてまだ十分浸透していなかった。
（11） 各案の賛同者は次のとおり。①の（i）：松尾（社会教育局）、高楠、矢吹、加藤、田川。①の（ii）：吉田、篠原、相原一郎介（宗教局）、森岡、下村。②：吉田、長谷川、下村、森岡、篠原、神崎、加藤、阿部。③：吉田、篠原、森岡、長谷川、田川、高楠。

(12) 鈴木(美)「天皇制下の国民教育と宗教」二四八頁。

(13) 国体的修身教育を「拝む心」に深化させることは認めても、それを「宗教」とか「宗教的」と呼ぶことには強い躊躇があった。阿部による「宗教と宗教的との区別が一般教育者の間でこゝで区別した程はつきりと区別して考へる事が出来るかが問題」だとの指摘、答申に「具体的に書き表はされる場合に」「他に使ふ言葉がなければ致し方ありませんが、教育者にはどう言ふ言葉が適切であるか別に考へて頂きたいのです」との要請はこの意味のものであった(『議事』一七一頁)。吉田も国体宗教すなわち宗教的修身教育の考え方には賛成するも、それは「宗教」的情操をどうするかという協議会の本題から外れるものと認識していた。「宗教を師範学校に加味する」ということが、従来の修身教育に「拝む心と尊ぶ心とを徹底」させるということであれば「何人も反対しないと思ふ」が、それは「宗教」的情操ということを離れて、修身教育における「超人的なものに対する拝む心」の陶冶という問題として別に考えるべきこととしていた(同、一三〇―一三一頁)。

(14) 当時、協議会答申をとりあげたある仏教誌では「文部省の真の要求は、あの諮問を全然教育の問題に転化させてしまった吉田博士を主将とする教育者側の努力によって完全に充たされたと云ってい、。……文部省の真の企図は、宗教を教育の問題に転化させるばかりでなく、更に一歩進んで、実に国体観念の強調にあったのだ」と述べ、宗教教育論は教育勅語の強調にすり替えられたと論評した(鈴木(美)「天皇制下の国民教育と宗教」二四九頁)。その一方で、答申―次官通牒には宗教教育に前向きな教育界・宗教界の諸決議や建議に直接連なる諸項目もあったこともあり、キリスト教の海老沢亮のようにこれを歓迎する向きもあった(山口「文部省訓令一二号」六一頁)。

(15) 矢吹自身の「宗教的情操」理解は、教養主義的な大正期の宗教理解にもとづくものであった(諸派の祖師や使徒らを模範とする「尊ぶ心」の涵養)。ところが協議会では国体観念の擁護という要望を突きつけられて、「超人」と「拝む心」(帰依、依頼心、無力の自覚)の情操が必要だと自ら提起することになり、またそれが既成宗教の特定の「本体或は本尊」でないならば、現人神天皇を「本尊」とするものでなければならないとの委員間の了解を引き出す結果となった。これをふたつともに「拝む」ことはできない。だがここまで矢吹は事前につきつめては考えておらず、無防備なまま教育(学)系委員の意見に圧倒されることになったのだった。

(16) 神社制度調査会(昭和四年設置)における明治以来の神社非宗教論の再確認後、真宗各派や日本基督教連盟らが神社強制参拝への考慮要望や声明をあいついで発しており、この勢いが残っていた。

第4節 教学刷新評議会・教育審議会――国体明徴運動以後

教育史上に、昭和一〇年は、教育行政の重点がそれまでの思想対策から教学刷新におかれるようになった転換点とらえられる。(1)同年の天皇機関説事件に発して設けられた教学刷新評議会（以下、教刷評）の答申を受け、昭和一二年七月に文部省の外局として設置された教学局は、従来の思想局や学生部などがもっぱらマルキシズムを中心とする思想の排除を任務としてきたのに対し、国体の本義にもとづき教育・学問の内容を積極的に改善することをその任務とした。天皇機関説批判から「国体明徴」派の勝利、教刷評答申による「肇国ノ精神」の確認という一連の流れは、日中戦争開始、教育審議会を経て、国民学校および戦時下教育の理念形成への道筋をほぼ決定したといわれる。(2)

この国体明徴―教学刷新の時代は、社会全体が国体主義化するなか、国体と宗教との衝突がさらに先鋭化し、教育上にもそれまでいくらか残存していた大正期の教養主義的な宗教への憧憬をほとんど過去のものとして取り去っていく時代であった。(3)この時代の教学理念を確立した教刷評での議論は、宗教教育論の帰趨にとっても重大な意味をもった。宗教教育協議会では疑義を残したまま閉じられた宗教教育と国体宗教との関係問題に関わって、どのような方向づけが行われていったのかについてここにみていきたい。教刷評答申を受け、その具体的方策化を練った教育審議会についても検討しよう。

I　議論の前提

教刷評設置のきっかけと委員構成

教学刷新評議会は、昭和一〇年二月以来の天皇機関説事件をうけて岡田啓介内閣が発表した国体明徴声明、とくに天皇機関説の「芟除」を宣言した一〇月一五日の第二次声明に対応して設置されたものである。政府声明では、天皇統治の無窮性を再確認しつつ、憲法の国体的基礎づけとして天孫降臨の「神勅」が直接に言及された（第一次声明、八月三日「国体明徴ニ関スル件」）。文部省では政府声明の趣旨周知徹底方について地方長官、学校関係、神仏キの宗教団体関係者に通牒を発する。憲法解釈・講義はこれに伴い、国体の基礎づけ部分に重きをおくこと、条文そのものよりも「御告文勅語」や「上諭」を重視して行うこととされた[4]。追って政府は、天皇機関説の芟除を宣言した第二次声明を発表（一〇月一五日「国体ノ本義ニ付テ」）、一一月一八日に文部大臣の諮問機関として教刷評が設置された。

文部大臣の諮問「我ガ国教学ノ現状ニ鑑ミ其ノ刷新振興ヲ図ルノ方策如何」が与えられた教刷評は、「国体観念、日本精神ヲ根本トシテ学問、教育刷新ノ方途ヲ議」し、「真ニ国基ヲ培養シ国民ヲ錬成スベキ独自ノ学問、教育ノ発展ヲ図」ることが求められた（一一月四日、文部省発表）。そこでは西欧思想・文化の批判的摂取という問題が議論のひとつの焦点となるとともに、国体明徴派ないし日本精神派[5]のイデオローグたちによって天孫降臨の勅と神話的歴史を根拠とする天皇・皇室主義の復古的イデオロギーによる教学刷新が企図されていったとされる。宗教教育論の帰趨と国体宗教との関係をひきつづき探ろうとする本節にとって重要なのは、とりわけ後者に関して、政府の国体明徴声明の内容を敷衍して国体観念の体系的理念化がはかられていった点である。

教刷評は文部大臣を会長とし、委員構成は学者、教育者、有識者六〇名余りと幹事からなった[6]。「学者」としては日本的教学の確立という観点から、国民精神文化研究所の関係者がまず任じられている。紀平正美、西晋一郎、作田荘一、吉田熊次、河野省三らである。研究所関係ではないが、美濃部の機関説に対立する憲法学説をとった穂積八束―上杉慎吉につらなる筧克彦、日本精神論の平泉澄、山田孝雄や三上参次らも加わっている。これに対して穏健派と目されるグループとして、西田幾多郎、田辺元、和辻哲郎、本多光太郎らがあった（ただし彼らは本審議会への関わり自体に消極的であった）。また神社や神道の研究者として右の河野のほか宮地直一が、仏教儒教の学者として服部宇之吉や宇野哲人らが加わっている。

「有識者」のなかには軍部代表、司法省および内務省関係者が含まれた。軍部からは陸・海軍次官と陸軍中将二名、海軍中将二名の計六名が任命された。文部省の諮問機関に軍部代表が加わるのはこれが初めてではないが、昭和一〇年前後から陸軍による教育要求が明確な形をとり始めたという時代変化が背景に大きくあった[7]。これ以外には、政界・財界の代表、元枢密顧問官、高級官僚、帝国大学総長などがあった。このなかに天皇・皇室主義の立場に立って目立つことなる二荒芳徳[8]（貴族院議員、元宮内庁書記官・式部官・東宮御所御用掛）も加わっている。

委員中に宗教教育推進派ないし宗教寛容派ともいうべき人物を拾ってみると、まず宗教教育協議会にも加わっていた高楠順次郎および下村寿一があった。新顔としては、道徳のみに基づく教育でなく、一宗一派に偏しない「通宗教的」で「スピリチュアルな」宗教によって「国民道徳の宗教化」を図るべきとの考えをもっていた入澤宗寿[9]（東京帝国大学教育学教授）がある。そのいう「国民道徳の宗教化」とは、ナチスドイツにみられるような「民族的宗教」（「国民的宗教」）のイメージないしは「日本精神」を重視するものであるというが、それは即座に天皇教に結びつくようなものではなく、「心学」や「報徳教」を先例として、仏教儒教などの成立宗教や宗教団体の活動を振作すべきとの立場に立つものであった[10]。ほかには財界代表としてメンバーに加わった阪谷芳郎や、また田中穂積（早稲田大学総長）も「宗教ノ力」「宗教上ノ情操」は徳育に必要との見解をもっていたからここに含めてもよいだろう。服部や宇野などは宗教教育というわけではないが、仏教や儒教の学問研究の振作を求めるかぎりで彼らに近いところがあった。

なお宗教教育協議会ではイニシアティブをとっていた吉田熊次が、やはりここにも加わっているが、彼は教刷評では要所以外には多くの発言はなさなかった。教刷評では西田や田辺ら穏健派のグループもほとんど口をつぐんで欠席も目立ったが、いわゆる良識派の教育学者らが一定の主導権を握った宗教教育協議会とちがい、ここでは国体明徴派―日本精神主義派の委員らと、彼らの声を積極的に取り入れていった文部省思想局長伊東延吉[11]を中心とする幹事らが、評議会を実質的にリードしていったと言われている。幹事団には伊東のほか、軍部から陸軍省軍事部長と海軍中将の二名、司法省刑事局長、内務省警保局長ら思想対策部門の官僚らが加わっていた[12]。

分析の留意点

三教会同―宗教局の文部省移管―宗教教育協議会へといたる流れが国民教育・学校への宗教教育導入運動における上り坂の過程であったとするなら、昭和一〇年の文部次官通牒は下り坂の始まりであった。文部次官通牒は、教刷評や教育審議会において一部の委員によって言及されることはあったが、宗教教育協議会以降、宗教教育論、宗教的情操の涵養論の不振は決定的となっていく。そのようになった経緯をここでみていくわけだが、教刷評には、宗教教育協議会を取り上げたときとは違う固有の事情がいくつかあったことを頭に入れておきたい。

ひとつは、この評議会は、美濃部憲法学説への批判に発して設置されたという経緯により、学校教育とくに師範―初等教育に関わる特定問題を扱った宗教教育協議会とは違って、教学（教育と学問）のうち、大学の学問・教授に関する刷新が重要課題とされていたということである。もちろん高等学校以下における刷新策も答申中には表れるが、審議中にじっさいに扱われた中心事項は、大学での研究の自由や学問の本質に関わる問題、そしてそれじたい教学のみに限るものではない「国体」観念をめぐる問題や教学に関する権威問題ないし管轄問題であった。宗教教育が一重要トピックとなるべきはずの学校教育や社会教育に関わる意見交換はこれらに押されてかなり少なくなってくるのであり、「宗教的情操」論が教刷評でほとんど無視されたと指摘する前に、この点に注意しておく必要がある。(13)

もうひとつは、右の経緯にもやはり関わって、答申案作成の作業に直接あたった特別委員会の委員中に、これまで宗教教育推進運動に関わってきたようなメンバーが含まれなかったことである。教刷評は、昭和一〇年一二月と翌年一月に計三回の総会をひらいたあと、一月から一〇月にかけて計九回の特別委員会が開催されて、ここで答申案を作成し、一〇月二九日の第四回総会でそれが確定された。宗教教育以外に興味関心をもつ委員間における議論の中心点は、当然、宗教教育以外にあることになったし、特別委員会で作成された答申案を全体で審議する機会となるはずの総会は一回のみ開かれただけであった。その最後の機会となった第四回総会では、答申案における「宗教」への関心の希薄さを難じ、前年に発された次官通牒の趣旨をここにも反映するべきだと意見した委員もあったが、これに十分な時間が割かれることはなかった。

本節では教刷評における国体宗教論の台頭と宗教教育論の行方について、総会および特別委員会での議論経過をふくめて取り上げていくが、右のことから、宗教教育の是非について推進派の意見がどう扱われたのかを多少とも窺うことができるのは、前後計四回開かれた総会においてであるということになる。そこで以下では、特別委員会の審議については国体宗教の主張が台頭してくる経緯を中心にみ、総会の審議については既成宗教をめぐる発言や関連する答申案中の文言の取り扱われ方をこれに加えてみていくことにしたい。

2　教学刷新評議会答申および審議内容

答申にみる国体宗教の台頭

審議過程に入る前に、まずは国体宗教論の台頭に関わる事柄が、審議終了後の昭和一一年一〇月二九日に提出された答申中に最終的にどのような内容・文言をもって表れているかをおさえておこう。

教学刷新ニ関スル答申

大日本帝国ハ万世一系ノ天皇天祖ノ神勅ヲ奉ジテ永遠ニコレヲ統治シ給フ。コレ我ガ万古不易ノ国体ナリ。而シテコノ大義ニ基キ一大家族国家トシテ億兆一心聖旨ヲ奉体シ克ク忠孝ノ美徳ヲ発揮ス。コレ我ガ国体ノ精華トスルトコロニシテ又ソノ尊厳ナル所以ナリ。我ガ教学ハ源ヲ国体ニ発シ、日本精神ヲ以テ核心トナシ、コレヲ基トシテ世局ノ進運ニ膺リ人文ノ発達ニ随ヒ、生々不息ノ発展ヲ遂ゲ皇運隆昌ノタメニ竭スヲソノ本義トス。

明治初年以来盛ニ欧米文物ノ輸入ニ努メ、我ガ国文化ノ進展ニ貢献シタルトコロ極メテ大ナルモノアリ。然ルニ一面ニ於テハ模倣追随ノ弊マタコレニ伴ヒ、精神生活ノ方面ニ於テハソノ害少カラザルモノアリ。タメニ維新当初ノ洪謨ニ明示セラレシ我ガ国教学ノ根本方針ハ、漸ク忘レラレントスルニ至レリ。

教育ニ関スル勅語ノ渙発アリテ、教学ノ根本コレニヨッテ昭示セラレ、爾来コノ大詔ノ遵奉ニ努メタリト雖モ、時勢ノ然ラシムルトコロ欧米文化ノ模倣ハ依然トシテヤマズ、ソノ影響スルトコロ広ク、延イテ思想混乱ノ因由トナリ、教学ノ欠陥ヲ招来スルニ至レリ。

ココニ諮問「我ガ国教学ノ現状ニ鑑ミ其ノ刷新振興ヲ図ルノ方策如何」ヲ考フルニ、ソノ関係スルトコロ極メテ広汎ニシテ簡単ナル答申ヲ以テソノ全般ヲ尽クスハ困難トスルトコロナレドモ、今ソノ要綱トナルベキ事項ヲ考察スルニ、先ヅ教学刷新中心機関設置ノ問題ヲ挙グベク、コレニツイデ教学刷新実施上必要ナル文政上ノ諸方針並ニ教学ノ各種ノ方面ニ亘ル刷新上ノ実施事項ヲ挙グルコトヲ得ベシ。以下序ヲ遂ツテコレヲ列記スレバ次ノ如シ。

第一、教学刷新ノ中心機関ノ設置

……教学刷新ノ実ヲ挙グルタメニハ……政府ハ文部大臣ノ管理ノ下ニ有力ナル機関ヲ設置シ……我が国教学ノ根本精神ノ維持発展ヲ図リ……関係各方面トノ密接ナル連繋ノ下ニ事業ノ遂行ニ当ラシムベシ。……

第二、教学刷新ノ実施上必要ナル方針

（一）我ガ国ニ於テハ祭祀ト政治ト教学トハ、ソノ根本ニ於テ一体不可分ニシテ三者相離レザルヲ以テ本旨トス。ヨツテコノ本旨ヲ発揚シ、教学ノ根基ヲ明ニスルノ方策ヲ講ズルハ、時勢ニ照シ、緊要トスルトコロナリ。

（二）国体・日本精神ノ真義ノ闡明ハ、天祖ノ神勅、歴代ノ詔勅並ニ教育ニ関スル勅語ヲ初トシ明治以後屢々下シ給ヘル聖詔ヲ本トシ、更ニコレヲ我ガ国建国以来ノ歴史ニ照シ、苟モ謬ナキヲ期セザルベカラズ。

（三）国体・日本精神ノ真義ノ闡明ハ、現下ノ問題トシテハ、明治以来我ガ国民特ニ知識階級ノ思想・学問ノ中ニ浸透セル西洋近代思想ノ基本タル個人主義・自由主義・権力主義・主知主義・観念論及ビ唯物論等ノ本質ヲ明瞭ニシ、ソノ影響ヲ受ケタル諸方面ノ実状ヲ批判シ、単ナル形式的国体思想ノ唱道ニ陥ルコトヲ避ケザルベカラズ。

（四）国体ノ真義ノ闡明ニハ、統治権ノ所在ヲ明ニスベキハ論ヲ俟タズ、更ニ歴代ノ詔勅特ニ教育ニ関スル勅語ニ示サセラレタル国体ノ具現ヲ以テ精神トシ、教育ノ内容ヲ刷新シ学問ニ根柢ヲ与ヘ、我ガ国ノ道ヲ実生活ニ顕現スルコト肝要ナリ。

（五）学問、特ニ人文ニ関スル学問ノ刷新振興ニツイテハ、日本的乃至東洋的考ヘ方ノ存スルコトヲ自覚スルヲ要ス。単ニ欧米ノ思考様式・研究方法ノミヲ以テ我ガ国家・国民乃至文化ノ説明ヲ試ミントスルモ……誤解ニ陥ルノ外ナカルベシ。

（六）教育ノ刷新ニツイテハ、単ニ国体ノ意義ヲ抽象的ニノミ説明シ教授スルニ止ラズ、各種教科ノ内容、教育ノ方法、修養ノ手段等凡テ教育ノ具体的ナル方面ニ至ルマデ、我ガ国ノ特性ニ従ヒ攻究発展セシムルノ必要ナカルベカラズ。

（七）教学ノ刷新ニツイテハ、東洋教学・東洋文化ニ留意シ……

（八）教学ノ刷新ハ、現下教学ノ欠点ヲ除去スルト共ニ、益々欧米文化ヲ摂取醇化シ、我ガ国固有ノ博大ナル文化ノ創造ヲ目的トスルモノニシテ、欧米文化ノ排斥或ハ軽視ニ陥ラザルヲ要ス。

（九）……教育界・学界ニ於ケル国体ノ本義ニ副ハザルモノノ是正ト排除トニ努ムルト共ニ、教学ト密接ナル関係ヲ有スル政治・経済・宗教・社会・家庭等ニ関シテ十分ニ考慮スルノ必要アリ。……

第三、教学刷新上必要ナル実施事項

一、学問研究・大学刷新ニ関スル実施事項

（一）学問研究ニ関スル事項

イ　国体・日本精神ヲ学問的体系ニ於テ明ニシ、我ガ国独自ノ立場ニ於テ、独特ノ内容ト方法トヲ有ツ精神諸学ヲ発展セシムルコト肝要ナリ。

ロ・ハ（略）

（二）大学ノ刷新ニ関スル事項

ニ　我ガ国ノ大学ハ……国体ノ本義ヲ体シ、以テ学問ノ蘊奥ヲ攻究シ、教養アル指導的人材ヲ養成スルヲ本分トス。凡テ大学ニ於ケル学問ノ研究、学生ノ教育……ハコノ精神ニ合致スルモノタラシムベシ。

ホ　……文科系統ノ学部ニ於テハ、国家的見地ニ立脚シテ一層諸学ノ発達ヲ図リ、ソノ日本的特色ヲ高調スベク……必要ニ応ジ、各大学ニ於ケル学部・学科・講座・学科目等ニ亘ッテ新設改廃ヲ行フベキモノトス。

ヘ―リ（略）

ヌ　学生ノ教育ニハ、敬神崇祖ノ精神ヲ涵養シ、日本人トシテノ自覚的修練ヲ重ンジ、国家観・人生観ノ確立ヲ図リ、……自由主義・功利主義ヲ排除スルニ努ムベシ。

二、学校教育刷新ニ関スル実施事項

（一）学校教育ノ精神・内容及ビ設備ニ関スル事項

イ　各学校ニ於テハ、我ガ国古来ノ敬神崇祖ノ美風ヲ盛ナラシメ、コノ精神ノ徹底ヲ図ルタメ適当ナル施設ヲ考慮シ……

ロ　学校ヲ以テ国体ニ基ク修練ノ施設タラシメ、教師ト生徒、生徒相互間ニ於テ精神的人格的関連ヲ図リ、我ガ国ノ家族的精神ヲ学校教育ニ実現セシメ、……躾・修練ヲ重ンジ、紀律ヲ守リ志操ヲ堅実ニシ、徒ニ自由ニ流レルコトナク奉公ノ精神ヲ旺ナラシメ、実践躬行ヲ主トスルモノタラシムルコト肝要ナリ。……

ハ（略）

ニ　教科書ノ編纂・検定・認可等ニ関シ根本的ナル検討ヲ加ヘ、外来思想ノ醇化ニ努ムルト共ニ断片的教材ノ羅列ヲ排シ、真ノ人物ノ育成ニ適セシムル様内容ノ刷新ヲ図ルノ必要アリ。

ホ　学校ノ設備及ビ建築ハ教養ノ施設タルニ適セシムベク、特ニ寄宿舎ハ師弟ノ接触ヲ図リ、修養・鍛錬ノ設備トシテ教育ニ於ケル付帯的地位ヲ脱セシメ、コレヲ重要視スルコト肝要ナリ。

（二）学科目ニ関スル事項

ヘ　小学校・青年学校・中等学校・高等学校及ビ専門学校等ノ種別程度ニ応ジ、国民道徳・国文・国史・地理・漢文等ノ教育ヲ十分ナラシムルノ必要アリ。

ト　中等学校ノ修身科並ニ公民科ニツイテハ、ソノ統合ヲ図リ、忠孝ノ大義ヲ弁ヘ、遵法ノ精神ヲ徹底セシムルコト肝要ナリ。

チ　歴史科ノ教育ニツイテハ、単ナル史実ノ詮索、ソノ羅列的説明ヲ排シ、国史ヲ貫ク精神ヲ闡明シテ他ノ学科目トノ統一関係ヲ見出シ、国民的自覚ノ喚起、信念ノ確立ヲ図ルコト肝要ナリ。

リ—ル（略）

ヲ　武道・芸道・作法並ニ我ガ国芸術ニ関スル教養ハ彌々コレヲ重視シ、以テ精神的情操的陶冶ニ努ムルコト肝要ナリ。

（三）—（六）（略）

三、社会教育刷新ニ関スル実施事項

（一）社会教育ニ関スル事項

イ（略）

ロ　社会教化機関・教化団体・宗教団体等ノ連絡発達ヲ図リ、ソノ教化ニツイテハ国体ヲ中心トシ、深ク現下ノ時局ヲ認識シテ積極活動ヲ促スノ必要アリ。……

ハ・ニ（略）

ホ　文芸・美術・音楽・演劇・映画・ラヂオ等ヲシテ国民精神ノ作興ニ努メ、……日本人トシテノ人生観・国家観・世界観ノ確立、情操ノ涵養ニ努メシムベク……

ヘ（略）

ト　適当ナル場所ニ敬神崇祖、修養鍛錬ノ道場ヲ設ケ、又我ガ国風ニ随ヒ人物ノ養成ニ努ムル塾ノ如キモノノ奨励ヲ図ルノ必要アリ。

チ（略）

(二)　家庭教育ニ関スル事項（略）

四、督学・人事制度及ビ教員再教育ニ関スル実施事項（略）

結文（略）

建議　政府ハ我ガ国内外ノ情勢ニ鑑ミ、教学ノ指導並ニ文政ノ改善ニ関スル重要事項ヲ審議スルタメ、内閣総理大臣統轄ノ下ニ、有力ナル諮詢機関ヲ設置セラレンコトヲ望ム

［傍線部分は本文中に言及する箇所を示したもの。引用者による］

教刷評の本答申は、文部省の方向づけにしたがい、学問研究・教育の両分野にわたる（「教学」はこの意味で用いられている）刷新は、まず「国体」と「日本精神」を軸にして行うべきことを求めた。その前文では冒頭に「国体」と「国体ノ精華」の内容が明示されている。「神勅」に直接ふれた政府声明をうけつつ、「大日本帝国ハ万世一系ノ天皇天祖ノ神勅ヲ奉ジテ永遠ニコレヲ統治シ給フ。コレ我ガ万古不易ノ国体ナリ。而シテコノ大義ニ基キ一大家族国家トシテ億兆一心聖旨ヲ奉体シ克ク忠孝ノ美徳ヲ発揮ス。コレ我ガ国体ノ精華トス」るところのものだと述べられ、国体の「尊厳ナル所以」が明らかにされた。「我ガ教学」の本義は、これらをふまえて「皇運隆昌ノタメニ竭ス」ことだと説かれた。

「我ガ教学」が国体と離れないとの考えはこのときに始まったものではないにしても、この種の答申が、冒頭に「国体」の規定から始めることは異例であった。つづく献策項目でも従来的スタンスを踏み越した内容が述べられる。教学

刷新の中心機関の設置を求めた第一項のあと、教学刷新の実施方針ならびに実施事項がそれぞれ第二項、第三項に掲記されているが、このうち第二項についてみると、その（一）では単なる教学の範囲範疇を超えて「祭祀ト政治ト教学」の一体こそ日本国の本旨であることが述べられ、（二）では、国体・日本精神の真義の闡明すなわち教学の大方針は「天祖ノ神勅、歴代ノ詔勅並ニ教育ニ関スル勅語」等をもととし、日本国の歴史を顧みて行うべきものと述べられた。教育勅語に終始する文部省の従来的な姿勢を逸脱して、大学をも含む日本のすべての学問・教育の根基をいわゆる肇国の精神にまで遡らせようとする、やはりこれまでにないものとなっている。[14] 教刷評では答申とは別に、内閣に直属する教育諮詢機関の設置を求める建議案を議決しているが、これもまた教学は文部省のみが管轄すべきものでないとの同じ発想が導いたものであった。

教育上に国体観念の強化をはかるという方向性それ自体は、臨時教育会議以来一貫したものであり、教刷評においても変わるところはない。しかしそのことと、国体の形而上的規定を右のようなかたちで明文化公然化するということとの間には一歩だけとはいえない隔たりがある。もっともそこに至るまでには、国体の内容規定に関わる事柄を答申中に明示することをめぐって委員間にも賛否があった。諸項目についても細かな文言をめぐって少なくないやりとりが行われている。つぎに審議内容に移ろう。

（1）国体明徴派の国体論と教学
記紀を「バイブル」とし、天照大神・天皇を「本尊」とする

国体明徴派による宗教的国体論の主張は、まず総会にて、平泉や二荒といった委員らによって行われた。第一回総会で、「宗教」を取り上げたり議論したりすることに消極的な姿勢を松田源治文相が示したことに一部の委員が反発するのだが、平泉はそれを強い調子で斥け、「仏教振興」や「宗教振興」の声が世間にも挙がっているが反対であること、「宗教ノ問題ニハ深ク触レ」ないのが賢明であると文相を支持する。[15] そして文部当局の「最近ノ御方針」は不審だとして、発令されたばかりの文部次官通牒に触れ、「宗教的情操ノ涵養」を一宗一派に偏することなく行うのは実際には不

可能であり、もしこれを認めて学校に各宗の宗教家が入れ替わり呼ばれればかえって混乱の元になるとして、次官通牒は「此点ニ深キ注意ヲ欠如」したものだと断じた。

彼が代わって主張するのは、一宗一派の「宗教」に対立する、「天照大神又天皇陛下」を「本尊トシ奉ル宗教」である。

我国ニ於テ文部省ガ全国ノ学校ニ徹底セシムベキ宗教教育ハ、天照大神又天皇陛下ヲ本尊トシ奉ル宗教ノ外ニハ断ジテナイ、我国ノ学校ニ於テ阿弥陀仏ヲ本尊トシ大日如来ヲ本尊トシ天理教祖ヲ本尊トシ或ハキリストヲ本尊トスルガ如キ宗教ハ之ヲ拒否シナケレバナラヌ、是レ即チ明治維新ノ大精神デアツタノデアリマス

この観点から教学刷新上の具体策として彼が求めたのは、大学に「神道」学科を設け、「日本ノ学問ヲ興ス」ことであった。儒教や仏教を学問する支那哲学や印度哲学は学科として立っているのに、「神道」が学科として認められていないのは「明治維新ノ大精神ニ立還ツテ」厳密に批判されねばならないというのであった（総②、三一九—三二一頁）。二荒や小西重直なども、国体観念の宗教化を進めて国教的取り扱いを要請したり、その立場から皇学や神道などの学問研究の振興を訴えた。二荒は、国体というものを空々漠々に議論するのでなく天皇の神性をはっきりさせること、記紀を「バイブル」とし、天照大神と一体の「現人神」天皇を「仰ギ奉ル」「宗教的態度」をもってゆく「国体信仰」「随神ノ道」を学問と教育において打ち出すことを求めた（総②、三一〇頁、総③、三五七—三五九頁）。小西も「国体的精神」を情操に深くうったえさせ「信念的ニスル」ことを求めた（総②、三一三頁）。とくに二荒は、「神ト一体デアラレル」「天皇ノ御本質」を明徴にすることなしに教学刷新はありえないとの訴えをもって（総④、三九〇頁）、総会では平泉を上回る回数の発言をなし際立った[16]。

教学刷新の方針を明治の初めにとるべしという意見は、少なくない委員間から聞かれた。右の平泉（総②、三一九頁）

のほか、国体精神の注入を初めて述べた「小学校教則綱領」「教員心得」が出た明治一四年に教学刷新の指導精神はすでに確立していたとする三上（総①、二七九頁、特④、二八頁）、敬神尊王・敬神愛国・敬神崇祖の信念の下に「皇道精神」を発揚した明治維新当時の精神に立ち還るべきとする河野（総②、三一七頁）、元田永孚の『聖諭記』の精神すなわち明治天皇の精神をいま実現すべきとし、「神道」「古神道」の称揚と「祭祀学」の確立を訴える作田（特①、一六頁、特②、九七頁、特⑤、一二七頁）などがあった。いずれも教育勅語渙発以前に教学方針を求めるものであったが、さらには宮地のように、明治維新に立ち還るということは神武天皇の肇国の古に復帰して「神祇祭祀ノ道」に還ることだとして古代にまで遡れとする主張もなされ（総③、三五一頁）、復古主義は評議会を引っ張っていく基調となった。

「皇族様」を戴く教学——神社・神典と敬神

特別委員会に場を移してからは[17]、明治末以来「古神道」を唱道してきた筧や、神社の宗教性の宣揚に関して熱心な論陣を張ってきた三上が、国体観念の「宗教」性、「信仰」化を訴え、文部省の及び腰を批判する側に立った。国民精神文化研究所の作田（京都帝国大学・経済学のち満州建国大学副総長）も文教―祭祀の結合を求め、日本精神の訓練・修行科目の充実などを訴えた。この場で比較的に良識的な見解を述べていくのは渡邊千冬（子爵・貴族院議員）、長與又郎（東京帝国大学総長・医学）、松井元興（京都帝国大学総長・化学）、牧健二（京都帝国大学・法制史）といった人々である。彼らも大枠では国体思想の内にはあるが、大学やその学問研究について自由主義的な意見を展開することになる。発言は少ないが、神道以外の立場にあった宇野（東京帝国大学・儒学）も筧や三上の主張に折り合わない点があった。

特別委員会には宗教教育推進派の委員はおらず（阪谷が第七回特別委員会に一度だけ傍聴のため出席しているが、特別委員外であることもあり発言はない）、ここでの議論は国体明徴派の委員と、それ以外の良識派の委員らとの間でのやりとりが中心になる。

特別委員会でもっとも突出していたのは筧であった。筧によれば、教学は文部省でなく国政を超越する「天皇様」に直接帰属する。したがって「神祇府」を教学機関として新設し、お義理になってしまった「敬神」を「斎神」にまで進めて「信仰」に基づく教学を方針とすべきである。「信仰」を「閑却シテ置イテ教学ナドト云フコトハ出来ルモノデハナイ」。大学教育でも「皇室」に対する「信仰」に重きが置かれるべきであるから、大学構内に神棚や神宮遥拝所を建て、また「皇学部」を起こさねばならない（特①、三〇頁、特②、六二頁、特⑤、九六頁、ほか）。

筧が求めたことのひとつは、「国体」「日本精神」の標語だけでは「ハッキリ」しないから、神社や神典あるいは斎神といった文言を堂々と打ち出すべきだということである。幹事作成の答申草案に対して筧の提出した修正意見は、「国体」改め「（皇）国体、神社、神典」、「日本精神」改め「敬神（斎神）、尊皇、愛国」としたうえで、教学刷新の実施方針を「先づ国体、神社、神典を闡明し、敬神、尊皇、愛国を旨とする精神修養に努めしめざるべからず」とまで踏み込んだ表現にすることであった（特⑤、一四六頁）。

神社ト云フ事ヲハッキリ言ハレ又神典ト云フ事ヲハッキリ言ハナケレバナラヌ場合ニ、何時モソレハ一向分ラヌヤウニ遠廻シニ言ウテオイデニナルカ或ハ之ヲ除イテオイデニナルノデアリマス、ドウモソレデハイカヌ……又古典デハイケナイノデアリマス……神典トシテ……是ハハッキリ仰シヤラナケレバ駄目ダト思フノデアリマス、教学刷新ハ他ノ事ハ捨テ、置イテモ是ダケハッキリ仰シヤレバ一大進歩デアルト思フノデアリマス、此点ニ付テ蔽ヒ隠シタリ遠慮ナドガアツテハナラヌト思フノデアリマス

けっきょく「天皇様並ニ天皇様ニ仕ヘ奉ル所ノオ互様ノモノ……其信仰ノ方ノ生活」と学問教育とが不可分であることを「蔽ヒ隠」さずはっきり認めることが教学刷新の第一歩である。なお「神社」という言葉を使ったのは伝統的にしたがったまでで、「神主ノコトヲ言フノデハ」なく、「皇祖皇宗様ノ本質……又我国皇国其モノ、本質」を明らかにするというのが本筋である（特⑤、八八―八九頁）。

筧が具体的施策として求めた内容も急進的であった。神社や神棚の設置については、小学校から高等学校に加えて最高学府たる大学にもこれを求めたし、また「皇族様ヲ以テ組織」されるという神祇府を教学の中心機関とすることなど

は他の委員にはない主張であった。「神様ノ御心ト相侯タナケレバナラ」ない教学というものは「ドウシテモ皇族様ヲ堂々ト戴カナケレバナラズ」、それも「少クトモ親王様ヲ悉ク、其他王タル方々ニ於テモ之ニ加ツテ戴ク」[18]ものでなければならない。「ソレダケデモ教学刷新ハサッサト行ハレハセンカト思フノデアリマス」（特②、六〇頁）。

筧への賛成意見としては、三上が大学刷新のためには大学構内に神社または神棚を設置するところまで「行カナケレバ徹底ヲシナイ」「惟精神ヲ涵養スルト云フノミナラズ進ンデハ之ヲ宗教的信仰的ニマデ……持ツテ行」かなければならないと述べた（特⑥、一五七―一五八頁）。また「国体」「神道」「日本国家学」といった講座の増設私案を提出していた作田も、祭祀の重視について「極度ノ賛意」を表した（特④、三五頁）。これらに対し、大学に神棚や鳥居を設けることは難しい、筧のいう「皇学」とか作田のいう「日本祭祀学」とかあるいは「国体学」といった学問を興すといったことは難しいといった意見が残りの委員より出された。

　これらの討議をふまえて幹事が答申草案の作成と修正をおこない、その審議を得て特別委員会案が確定される。最終的にはそれは、少なくない部分で国体明徴派の意見を取り入れたものとなった。長與や牧らから強く反対された日本祭祀学や国体学といった名称の学問や科目の新設は見送られる一方、筧と作田の主張により教学刷新の実施方針としてその筆頭に「祭祀ト政治ト教学」の一体が加筆されたほか（第二項（一））、実施事項として、質疑の相次いだ、「国体ノ本義」や「敬神崇祖」の文言を大学教育に対しても入れることになり（第三項一（二）ニ・同ヌ）、また神棚等設置の件は高等学校以下を対象として盛り込まれた（大学については避けられた）（同二（一）イ）。ただし神棚については、三上に次のようにたしなめられ、筧の主張したよりは和らげられた表現（「敬神崇祖……ノ徹底ヲ図ルタメ適当ナル施設」）がとられた。三上がいうには、日本精神を徹底するには筧の言うように神社や神棚を設けて「宗教的信仰的」にまで持っていかなければならないが、「是ハ極メテ『デリケート』ナ問題デアリマスルカラ、文面ニ現ハス時ニハ余リ露骨ニ其意味ヲ表ハスノハドウカト思フノデアリマス」「其精神デハアルケレドモ常ニ之ヲ円満ニソコニ表ハス文字ノ書キ方デナケレバイカヌト思フ」「或ル施設ヲスルト云フコトハ少シモ妨ゲナイコトデアリマス、故ニ表向キ或ル一部分ノ反感ヲ惹起スト云フコトヲ常ニ避ケツヽ、其施設ヲスルコトガ必要デアラウ」とされた（特⑥、一五八頁）。

特別委員会案は、筧の先走りを宥めつつ、「露骨」な表現を避けながら、しかし内容的には多分にそうした含みを持たせるものになった。筧のなしたような極端な意見が、他方における良識派・慎重派の意見に対してバランスの中軸を右に寄せる役割を果たして、筧のいうよりは寛容ではあるがしかし以前よりは大きく右に傾く結論を引き出す結果になったといえよう。

（2） 国体明徴派と文部省旧来派の対立
教学の「国体」直属をめぐって

なお教学刷新の機関新設にかかわる項目（第一項）については、多数の委員が、これを従来どおり文部省の下におくとした幹事の原案に反対した。

教学なるものは「天皇様」より直接発するものだから、「堂々ト神祇ト云フ事ヲ謳ツテ、神祇府、神祇官、教学寮」を設けて教学の中心機関とすべきとした筧の神祇府案（特⑤、九三頁）に賛成した委員はなかったが、教学は国体ないし祭祀に従属するもので一行政機関の左右すべきものでなく、また政治からも切り離しておかねばならないとした筧につづき、より大きな力を本機関に持たせるために内閣総理大臣の所管にしたいとの要望が幾人かから出されたものである。

これについては長與なども幹事原案に不賛成を示したため、文部省所管案に賛成を述べることになったのは、同省の文教行政にこれまでながく関わってきた吉田であった。教学の根本方針は明治二三年以来決まっているのであり、いまさら他に中心機関を設置してこれを変更する必要はないこと、教学刷新はその「根本方針ニ付テ今更ラ彼是レ考ヘルト云フコトニ非ズシテ」、その根本方針が徹底していないのはなぜか、徹底の方法に関する研究調査に教学刷新の使命があるのだとして、総理大臣の下に新機関を設けることに反対した（特⑥、一六五頁）。結局これは吉田の主張どおりに決するが、不賛成派の要望の方も、文部省の機関とは別に総理大臣の下に有力な審議機関を設置するという建議案として形を変えて成立することになった（このあと総会で両案ともに可決）。

この教学所管問題は、「明治維新ノ大精神」への回帰を求める復古主義（祭政教一致の理念）に連動し、政体は国体の一部にすぎずその拘束を受けないという国体一元論に関わって、文部省中心の文教体制に否をつきつけるものであった。おなじ問題意識を背景としての国体明徴派の主張と文部省旧来派との間での衝突は、教育勅語の位置づけをめぐる問題としても展開されることになる。特別委員会で文部省旧来派を代弁したのは吉田であったが、総会では田所美治が前面に出る。

第四回総会に提出された特別委員会答申案では、教育勅語のみによる教学では不足であるとの認識が、「教育ニ関スル勅語ノ渙発アリテ、教学ノ根本コレニヨッテ昭示セラレ、爾来コノ大詔ノ遵奉ニ努メタリト雖モ」「教学ノ欠陥」が招来している云々として前文に述べられてあった。そしてこれに関連して献策項目中では、「国体・日本精神ノ真義ノ闡明」は、「天祖ノ神勅、歴代ノ詔勅並ニ教育ニ関スル勅語ヲ初メトシ明治以後屢屢下シ給ヘル聖詔ヲ本ト」すべきであるとか（第二項（二））、「国体ノ真義ノ闡明ニハ……歴代ノ詔勅特ニ教育ニ関スル勅語ニ示サセラレタル国体ノ具現ヲ以テ精神トシ……」などと述べられていた（同（四））。

田所が問題にしたのは、文部省が従来とってきた教育勅語中心主義を否定するかにみえるこの二項目であった。国体・日本精神の闡明のために依るべきものとしてここでは、教育勅語に加え、「天祖ノ神勅」「歴代ノ詔勅」が組み込まれている。しかも（二）の文面ではそれらが先で教育勅語が三番目になっており、（四）では教育勅語が「歴代ノ詔勅」に吸収されて、その一つにすぎないという位置づけになっているのが不審である。「第一ニ謳フ可キモノハ教育ニ関スル勅語ガ本ダラウ……分リ切ツテ居ル根本的ノコトデアリマスル……本答申案モ……何処ヘ［マ］デモ教育ニ関スル勅語ノ御趣旨ノ普及徹底ト云フコトヲ徹底サセタイ……ソレガ当然デハナイカ」。「国体・日本精神ノ闡明」といったときでもそれは変わらず、「教育ニ関スル勅語ト云フモノノ解釈ヲ普及徹底サセル［コト］ニ帰着スルノデ、又サウナクチヤナラヌ」。（二）については、教育勅語を「前ヘ持ツテ来ルコト［ガ］……妥当デナイカ」というのであった（総④、

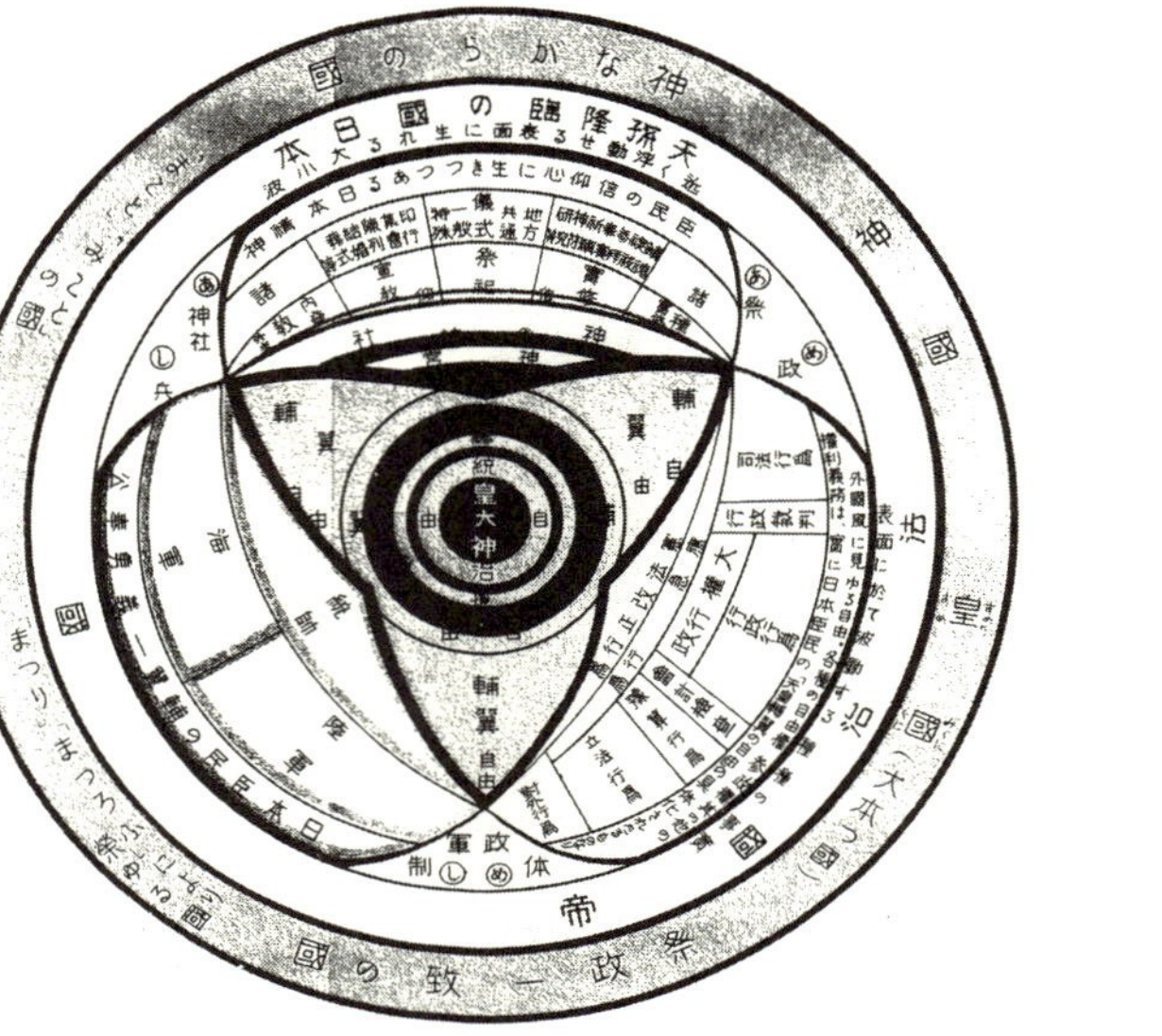

筧委員提出の「自由国大日本」図(『教学刷新評議会資料』(上)芙蓉書房出版，2006年，「教学刷新評議会特別委員会議事録第一輯」157頁)

三九九―四〇〇頁)。
田所[19]は文部官僚出身で前述した臨時教育会議時には文部次官として幹事長を務めたこともある大御所である。その修正意見に対して伊東幹事は、ここでの趣意は「独リ教育ト云フコトダケデ」なしに、「国体、日本精神ヲ闡明スルト云フ広イ意味」で考えたもの、その「根本ノ所ヲ第一ニ述べ」ようとしたものなので、「我国ノ根本ノ定マリマシタ天祖ノ神勅ト云フモノヲ真先ニ出シ」たと答弁した(総④、四〇一頁)。田所は、国民精神の真義の闡明といったときに教育者の頭にすぐ浮かんでくるのは教育勅語である、教育勅語は「時々ノ特別ノ御詔勅ヨリ根本的デア」るし、歴史的詔勅の趣旨もその中に一貫していると食い下がったが、特別委員会でこの案を支持していた鵜沢聡明[20]から、教育勅語は教育上では第一のものだが、「国体ノ闡明」を目的とする際には、憲法第一条を参照するのが必要になるのと同様、「肇国ノ一番ノ基礎」をなしている天祖の神勅に重きを置くべきだと意見され(総④、四〇二頁)、また神道学の河野も原案に賛成の意を表するなどのことがあり、田所の要望は退けられた。

このほか、「学校ヲ以テ国体ニ基ク修練ノ施設タラシメ」(第三項二(一)ロ)の文言をめぐっても田所より「少シドウモ鋭過ギヤシナイカ」、もっと従来的な言い方たとえば「徳育修養」とか「人格修養」の施設といった表現に改めたいとした修正意見が出されたが、却下されている（総④、四二〇頁）。これらの表現は、原案を起こした伊東ら幹事が作田の私案などから採ったものと思われるが、この件も彼ら新台頭の日本精神派文部官僚と、田所のような旧文部官僚との間に無視できない温度差のあったことを示す一件であった。

語句表現をめぐっては、このほか「開闢」と「皇国」の語に関するやり取りにも触れておかねばならない。前者は特別委員会案中にあった「建国」の語をめぐって、それが「我ガ国体ヲ言ヒ現シマスノニ適当ナラザル」ものであること、建国とは「天祖ノ神勅」の下された時とすべきであるから、「我ガ国体ニ最モ即シタ言葉トシテ」「開闢」という表現に改めたいという修正意見が出される（平泉、総④、四〇三頁）。この意見は反対なく通るが、幹事により整えられた最終文面では「建国」に戻されることになった。また「皇国」の語は結文中に用いられていたが、この種のものに使われてきたのは従来、「大日本帝国」や「我ガ国」であった。結文を起こしたのも伊東幹事らであったが、この語の使用について、それが明治天皇の詔勅や国民精神文化研究所の設立趣旨中に用いられたこと（昭和七年、「皇国の道」として）を前例として引きつつ答弁し、了承されるというやりとりがあった。

前文の加筆にかかわって

先に答申前文冒頭部分の重要性について述べておいたが、これについても文部省旧来派の見解を凌駕してなった経緯がある。

特別委員会に先立つ総会では、「国体ノ本義ヲ闡明スル」ことを第一にすべきとの少なくない意見の表明があったが、特別委員会に入っては「国体ノ本義ヲ闡明スル」ことよりも「国体ノ本義ヲ実現スル」ことを主にして、総体論は議事にしないことと決したため、「国体ノ真義ノ闡明」は「天祖ノ神勅、歴代ノ詔勅並ニ教育ニ関スル勅語ヲ初メトシ……建国以来ノ歴史ニ照シ……謬ナキヲ期セザルベラカズ」という一文を第二項中においた以外には、それ以上のことを避ける方向であった。しかし途中、上山満之進（貴族院議員・枢密顧問官）[21]の問題提起をきっかけにこれが覆る。上山の熱心な意見の開陳に気圧され、特別委員会第七回提出の修正答申案には、前文冒頭に、「国体」の本義およびその精華と

「尊厳ノ所以」が挿入されることになるのである。

上山は、特別委員外であったにもかかわらず傍聴出席をつづけ、発言が許される機会を得た。彼はそこで、教刷評が設置されたのは国体明徴問題からであるので、「国体トハ何ゾヤ」ということをこの評議会で「直截簡明ニ……即時ニ闡明スルノデナケレバナラヌ」と主張した。そして「国体ノ本義、是ハ私ハ能ク分ラナイ、尤モ……国体ノ尊厳ト云フコトハ……心得テ居ルノデアリマスケレドモ、然ラバ国体ハ何故ニ尊厳デアルカト云フコトニナリマスト、是モ多少ノ意見ヲ持ツテ居リマスケレドモ……ソレハ極クホンノ一部ノコトデ、其以外ニ又国体ノ尊厳ナル所以ガアルデアラウト思ヒマス」。そこで、「国体ハ尊厳デアル、何故尊厳ダト云フコトヲ明ニ」してこれを答申中に述べて国民を率いるということが評議会委員の最大任務であるはずだと強く迫ったのだった（特⑥、二〇一―二〇二、二〇五頁）。

前文該当部分の表現をみると、それは必ずしも上山自身の文案を採ったものにはならず、かつその意図したところに比べて簡略に過ぎるところもあったが、ともかくも彼の強い押しによって、最終的に評議会の総意というかたちをとって「天祖ノ神勅」を謳った「国体」の規定が冒頭に堂々掲げられることになったのは重大であった。

上山やその他の委員がいうほどにはじつは「国体」の内容は明瞭ではなかった。あとにも触れることになるが、一例として、岡田内閣時の野党として国体明徴運動を推進した政友会の「国体」観をみてみればそのことがよくわかる。天皇機関説は政党内閣制の理論的支柱であったから、これを排撃するという行為は政党の自殺行為に他ならなかった。にもかかわらずそれを矛盾としなかったのは、政友会の「国体」観が立憲的契機をその主内容とするものであったからである。それは鈴木喜三郎政友会総裁が機関説排撃の際、衆議院（第六七回帝国議会）において述べた国体明徴論に明らかである。天壌無窮の神勅が示すところの根本原理は、明治維新時に「五箇条ノ御誓文ヲ下シテ……基礎ヲ立テ」たところの「我国立憲政治」である。「我国ノ立憲政治」は「三千年ノ伝統」を有する「君民一如、君国一体ノ金甌無欠ノ国体」の「基礎ノ上ニ置カレテアル」ものであり、よって国体の本義の明徴は「憲政有終ノ美ヲ済サントスル」ものであるというのであった。これをもって政友会は、議会政治蔑視や政党否認論は、「皇祖皇宗の御遺訓、明治大帝の大御心に副はぬ」反国体思想だと主張した。このようなデモクラシー的ないし民本主義的「国体」論は、五箇条の御誓文に基礎づけられつつ、大正時代に大いに振るったものだが、それがこの時代まで生きていたこと、またそれが機関説排撃運動の推進母胎の一つであった政友会の人々の念頭に置かれていた国体観であったことは見過ごせない。彼らにとって「明治維新の御誓詞……皇祖皇宗の古に遡」るところの国体明徴とは、「議会政治に懐疑の念を挟み、或は独裁専制の二三外国の風を喜ぶ輩」に対抗する論拠の一つであったのである。(22)

すくなくとも教学刷新時代より前までは、憲法第一条を最大公約数としつつ、「国体」をめぐる多様な解釈や意味づけが許され、口にされてもきた。これらに白黒つけないことは明治政府の方針でもあり、文部省もその意味をよく理解してきた。教育勅語のそのさらに根本（根拠としての形而上的国体）を探ろうとすることは同省が伝統的に避けてきたことだった。かつて井上毅が文部省の教育勅語原案に対して「宗教又ハ哲学上ノ大知識ノ教義ニ類シ」、一宗一派の主張のようにならないように山縣有朋元帥に意見した勅語成立の経緯を引きつつ吉田熊次が述べたように、あまり異論のある解釈を文部省が出すと、疑義が勅語そのものに及びかねないという認識が大前提となっていた。(23) さまざまな「国体ノ基礎附ケ」「裏附ケ」に関する議論があるうちで、一つを採って他を排除すること、一つに確定しようとすることは避けられるべきであった。坊間には、「或ハ日蓮宗ノ立場カラ国体論ト云フモノヲ説イテ居ル人モアルヤウデアリマス、或ハ又、神道家ト申シマセウカ、国学者ト申シマセウカ、サウ云フ立場カラ国体論ヲ説イテ居ル人モアルヤウニ思ハレマス、尚ホ又、国体学ト云フモノヲ自然科学的ニ打樹テネバナラヌト云フヤウナ企テヲ致シテ居ル人モアレバ、或ハ又ソレヲ文学的ニ神話ト云フヤウナモノ、研究カラ国体ト云フモノ、解釈ヲシヨウトシテヰル人モアルヤウデアリマス」が、もしこれらのいろいろな国体論の「其中ノドレカ一ツニ拠」って、「或ル一ツノ……観方ノミ是ガ国体観念デアルト云フヤウナ出発点カラ国体ノ明徴ト云フ事ヲ叫」ぶなら、「良イ意味ニ一般ニ承認セラレル所ノ国体明徴ト云フ事ハ期シ難イ」からである（吉田、特③、一二一―一二二頁）。国体解釈の統一はその普及徹底の効果をかえって損なうものと考えて、文部省は上山が求めるような議論についてはこれまでその一歩手前で踏みとどまる立場をとってきたのである。

学校教育における修身科の基本はひさしく教育勅語第二段前半を中心に説く徳育であり、国体論に深入りしない、井上毅以来の配慮を共通了解とする文部省の指導により行われてきた。宗派宗教を持ち込むことはむろんだが、学校では「国体」の「宗教」化に対しても同様に慎重な態度が保持されてきた。しかし「国体」明徴問題を発端とするがゆえに今度の教学刷新をめぐっては、国体論の統一ないし「国体ハ何故ニ尊厳デアルカト云フコト」の明示は避けられない要請になっていた。そうして決定的な変化がここに刻印されることになった。教刷評がうちだした国体観は本答申前文以下の諸項目中に、そして文部省『国体の本義』の中に敷衍されていくことになったが、それは政友会総裁が期待した国体論に逆行する、政体的諸契機の弱体化につながる理論の浮上をむしろ中心としていたからである。

(3) 宗教教育論の退潮

幹事作成の答申草案――「宗教」の語の忌避

教刷評での議論の中心は、勢いづく国体明徴派の主張が旧来的文部省の姿勢をおさえてどこまで展開されるか、また良識派の委員らがどう反対しあるいはどう妥協していくかであって、宗教教育についてはほとんど議題にならなかった。ただしながら主に総会において宗教教育推進派の委員が意見を述べる機会があり、また答申案中の「宗教」に関連する文言をめぐって行われた議論中に、宗教教育がどう認識されていたかを窺うことができるので、それらを拾ってみたい。

第一回総会で、松田文相が「宗教」を取り上げたり議論したりすることに消極的な姿勢を示したとき、宗教教育推進派の委員らはこれに反対意見を述べた。入澤は、宗教的情操の涵養を求めた次官通牒に触れつつ、日本精神を徹底するには仏教精神やあるいは「広ク霊的ナ精神『スピリチュアル』ナ精神ト云フモノヲ徹底スル」必要を述べ、師範学校での宗教科設置について議題にすることを希望し(総①、二八六頁)、高楠は日本仏教の国体性を述べて討議項目に宗教を加えるべきと意見した(総②、三〇一―三〇四頁)。また宇野なども日本精神に関係するものとして仏教や儒教を研究項目に加えたいと希望した(総②、三二七頁)。だが先にみたごとく平泉がこれらを鋭く撥ね付けるなどのこともあって、宗教が議題に加えられることはなかった。特別委員中に入澤や高楠が任命されることもなく、他の重要議題が主にされて仏教キリスト教などの宗教については話題となることがなかった。

極力「宗教」に触れないという意向は、特別委員会では幹事を中心に、答申案作成の過程でつよく表れることになる。答申案の叩き台となる草案は幹事が作成し、第四回特別委員会で提出された。それは明治維新への復帰を根本方針に、国体明徴派の意見を大体において踏まえたものになっていたわけだが、そのほか諸項目中に目立ってみえたのが「宗教」的なものの忌避であった。宗教を学校教育で教えることはもちろん、宗教をそれ自体の攻究のために教学の研究項目に加えることさえ斥けるものである。

たとえば学問研究の刷新に関する実施事項中、「国体・日本精神」を学問的体系において明らかにするべく、草案には「日本祭祀学・国体学・哲学・道徳学・教育学・政治学・法制学・経済学」の諸学が列挙された部分があったが（第三項一（二））、一部の委員から要求されていた宗教学あるいは仏教学といった科目は除かれ、その代わりに聞きなれない「日本祭祀学」「国体学」なるものを筆頭に掲げたものであった。同じく大学の刷新に関する実施事項として、大学の文系学部で教授すべき科目として「日本国体学・精神学（神道学・儒学・仏教等）・教育学・国家政治学・国民経済学並ニ日本哲学史・道徳史・教育史・憲法史・政治史・経済史」が列挙されたが（第三項一（二））、神道や儒教や仏教に関する学問をさすのに「宗教学」でなく「精神学」という造語をもってしていた（特④、六一頁）。

後者において「日本国体学」を第一の学、「精神学」を第二の学としておいているのは、教学の源と核心を「国体」と「日本精神」に求める教刷評の全体理念に合致させたものであろう。ここで「神道学」を「日本国体学」とは別立し、儒学・仏教学に並べているのは、筧の言ったような意味で、国体を既存の神社や神主らに同一視しないことを考えたものと思われる。そのうえで神道を含む神儒仏三教は「日本精神」中に包摂されるという考え方は筧や三上らにも共有されるものであったが、こうした考え方にのっとって神儒仏の学を（「日本精神の学」の意と思われる）「精神学」の下位諸科目として配置したのであったろう。

だがこの部分については、「精神学」なる名称の不自然さについて委員間から疑義が出され、「精神学」では何だか分からないので、科目名の列挙をやめて、この部分全体を「国家的見地に立脚して一層諸学の道徳的宗教的哲学的考察を深め、史的科目に力を注ぎ……」という一文をもってする修正案が長與から出されて、皆これに賛成する（特⑧、八三頁）。しかし伊東幹事が、特別委員会の終盤で、委員らが決めたこの決定を斥けて「宗教的」の字句も含めて右の文言全体をカットし単に「諸学」とするよう求める場面があり、委員会の同意を取り付けている（特⑨、一一七頁）。

他所でも同様の姿勢がみられる。たとえば教学刷新の実施方針中、教学に密接に関わるものとして「政治・経済・社会・家庭」が挙げられていた（第二項（九））中に「宗教」も入れるべきとした牧の要望に対して、伊東幹事は宗教は「社会」の中に含めているつもりとして消極的な答弁を行っている（特④、二一―二三頁）。幹事による修正答申案では、牧の要望をいれて「宗教」は加えられたが、その順序はいちばん最後つまり「政治・経済・社会・家庭・宗教」となっていたので、覚がもっと前に入れるようにと主張し、結局「経済」と「社会」の間に「宗教」が入れられることになった（特⑧、七七頁）。また「宗教的情操」を謳った次官通牒が発令された矢先であるにもかかわらず、「宗教的情操」でなく「精神的情操」という語が用いられている（第三項二（二）ヲ）ことも、「宗教」の語に対するタブー観の働いたものと思われる（「道徳的情操」や「情操教育」の用語例はこれまでにもあるが、「精神的情操」は「日本精神」の語に対応させてあるいはこのとき造語されたのであろう）（特④、六八頁）。

もっとも、宗教の評価がこのように低下しているのは、宗教の語への忌避感だけでなく、国体的信仰を増進する施策が具体化して、宗教の感化力を不要とする見通しが立ってきたこととも連動していただろう。答申では「敬神崇祖」を大学生にも求めたほか、高校以下では修練、躾等の重視や、学科目として国民道徳のほかに国文、国史、漢文等や武芸道の重視を求めるなど充実した諸項目が掲げられている（第三項二）。

なお「社会教育」に関しては、「宗教」の後退を特別指摘することはできない。「実施事項」中には、「国体ヲ中心トシ」た教化を「社会教化機関・教化団体・宗教団体等ノ連絡発達ヲ図」って行うと述べられ、通例的に「宗教団体」にも触れられている（第三項三（一）ロ）。

宗教派の低迷

右のごとくなった特別委員会案が総会にかけられた際、「宗教」関連の施策項目の少なさ、あるいはその文言さえほとんど含まれないことに対して、真っ先に不満を述べたのは入澤であった。入澤は、宗教的情操の涵養に関する通牒が昨年でたことに再び触れながら、特別委員会でこれを取り上げたかどうか、精神諸学の研究をいう場合に「宗教ノ方面ノ研究ト云フコトガ『ネグレクト』サレテ居」ないかどうか質問している（総④、三九七頁）。これには伊東幹事が、「精神諸学」という文句がそれに代わること、宗教についても重視していくと答え、議論を打ち切っている。この短いやり取り以外には宗教的情操や宗教教育に関わることは話題にならず、議論の中心は他に移っていった。

高楠もここに出席していたが、一度の発言もなかった。ほんの一年ばかり前の宗教教育協議会では学校での「神棚」設置に猛反対をした高楠であったが、ここで神棚設置が話題となったときには黙している。学校教育刷新に関する実施事項中、「敬神崇祖ノ……徹底ヲ図ルタメ適当ナル施設ヲ考慮シ……」の項目（第三項二（二）のイ）にある「適当ナル施設」とは具体的には「神棚」設置等であるというやり取りがあった際である（総④、四二四頁）。筧の特別委員会上での主張に触れつつ伊東が、学校付設の武道道場、寄宿舎、実習場・工場等のほか、さらに今日においては「学校ソレ自身」にも神棚を設けることを示唆した。昭和一〇年六月の同志社大学「神棚事件」で世間の目は厳しくなっていた。キリスト教に加えて仏教の立場までも一気に悪化させかねない、信教の自由にこだわるような発言はこの際ひかえるということであったかもしれない。高楠は声を上げなかった。学校での神棚・遥拝所設置要求についてはこれまでは支持の声もあったが、反対の声もおなじように強かったものが、いまは黙するしかない状況が現出していた。宗教問題に対処するため既成宗教への積極的施策を求める意見のほうが力をもった（二荒、総④、一五頁）。

なお儒教（儒学）については特定宗派や教団との関係が薄いこともあり、キリスト教や仏教の扱いとは異にされていた。教刷評は復古主義を精神として、教学刷新の方針を明治の初めにとることになったが、教育勅語渙発前における皇道あるいは聖教などと呼ばれた教えを今度の方針としてとることになれば、押し上げられることになるのは儒教の地位である。「神ナガラノ大道」と同化した儒教の振作（服部、総①、二九二頁）、日本精神と不可分の「儒教ノ学」の重視（西、総②、二九五―二九七頁）、「我ガ国体ハ神道ノ思想ニ於テ行カナケレバナラヌ」ところ、この神道の精神は儒教も仏教も同化する（山田（孝）、特①、一九頁）といった見解がこれに関連する。万世一系の天皇統治の国体とは相容れないその徳政論を除いては、儒教はおおよそ好意的に扱われていた。

国体至上主義の進展

以上、総会および特別委員会における審議過程に露わとなった、一つには文部省―教育勅語中心主義に対する疑義の浮上、また一つには宗教の教育的利用論の退潮はともに、天皇機関説事件をきっかけとした国体明徴の要求が国体至上主義を現出させたこと、そして形而上的国体論の公然化されていったことに関わりがあった。

これまでにも形而上的国体論を教育の根元たるべきものとして、教育勅語第一段と第二段後半以下を重視する立場、直接に「天祖ノ神勅」に向かおうとする考え方はあった。だが普通教育中にストレートにそれをいうことは文部省が禁欲してきたことだった。しかし国体が政体を従属させていく国体一元論の展開されるこの局面では、国体観念の宗教化信仰化に対してかけられていた歯止め（信教の自由や神道非宗教論の建前、教育と宗教の分離など）がゆるみはじめ、これを踏みにじっても難じられることのない・難じられない状況が現れていた。国体が超法規的な位置づけを獲得するなかで、文教政策上の立憲的配慮は払拭され、禁欲的な教育勅語主義は破られ、教学は祭祀に直属するものとして内容表現ともに堂々その宗教化が進められていったわけである。

神勅的ないし宗教的国体論の伸展は、宗教教育論・宗教的情操論を失速させていった。三上がいうように、神云々といった文句を用いると多方面から反感を買って治安が乱れるので、宗教的文句を避けて慎重に書かれたのが教育勅語の時代であったが、「併ナガラ其時ト今日トハモウ余程時勢ガ違ヒマスノデ」、国体観念および日本精神の信仰を堂々と口にし、神社、神棚を校内に設置することは「少シモ妨ゲナイ」時代となった（特⑥、一五八頁）。「本尊」としての天皇、「御神勅」や天地開闢にまで遡る神話をもって「国体ノ本義」を掲げ得るようになったこの時代、「宗教的」なる文言をもってそれを婉曲に表現する必要もなくなった。そうなった以上、混乱を招く「宗教的」云々の語をきれいに取り除いていこうとするのはしごく当然である。教刷評では、一部の委員と幹事を中心に、「宗教的」なる語を出すのは無益のみならず有害でしかないとの判断により、それが行われたのであった。

こののちも宗教的情操論に固執するのは、学校教育への進出の望みを捨てきれない宗教関係者らや、その語の使用に無用心な者のみということになろう。ただし宗教的国体論の公然化にともない「宗教（的）」の語が忌避されていくことが、即、国体宗教が他の諸宗教の排除に向かったことを意味するわけではないことにも注意しておきたい。たとえば筧や三上らがもっていた国体宗教のイメージは平泉や伊東幹事らの排他的なそれとはちがって習合的であったが、国体宗教に資するものとして既成宗教も後押しすべきとの彼らの考え方はこの後にも変化はない。教刷評では、国体宗教と諸宗教の関係について排他的—習合的の二つの捉え方があり、答申文中の表現は前者の考え方に傾いたことをみた。このあと開催された教育審議会でもこの点は問題になってくる。ひきつづきみていこう。

3　教育審議会における宗教教育論のゆくえ

教学刷新評議会の建議にもとづき、昭和三年一二月一〇日、内閣総理大臣の諮問機関として設置されたのが教育審議会である。このとき伊東延吉は文部次官となっている。第一回総会で伊東は、本審議会は教刷評の示した方針を基礎としてその具体化を意図するものだと説明したが、その言葉どおりに総裁、委員・臨時委員七四名、幹事団一四名からなる審議会構成員のうち、委員の三分の一弱にあたる二一名が元教刷評委員らによって占められた(24)。審議会設置の数カ月前には日中戦争が始まっている。新たな国家的局面に臨みつつ、教刷評に確立された大綱をどう教育上に実現させるかが審議会に課せられた使命であった。

教育審議会は、他の審議会とほぼ同様に、総会→特別委員会→整理委員会→特別委員会→総会という流れで四年に及ぶ審議をおこない、諮問第一号「我ガ国教育ノ内容及制度ノ刷新振興ニ関シ実施スベキ方策如何」に対し、答申七件と建議四件を提出した。これらを特徴づけるのは、「国体ノ本義」「皇国ノ道」にもとづく教育理念、「東亜及世界」と「国防」的観点や「八紘一宇」概念の使用であり、そして教育方法における「錬成」概念の登場、儀式・行事・訓練活動・礼法・躾の重視、合科教授などであった(25)。

この答申中に宗教教育ないし宗教的情操教育に関わる項目をさぐってみれば、社会教育に関しては「宗教」「宗教団体」といった文言が通例的にみえるものの、推進派らが対象としてきた学校教育については、ここでもやはりほとんど見当たらない。ただしながら教育審議会が教刷評と異なるのは、実質的な審議のおこなわれた特別委員会やその下に設けられた整理委員会のなかに、今回は宗教教育推進派の委員が含まれていたために、彼らの主張をめぐってそれが席上どう扱われ、否定されたのかをより詳しくみることができることである。以下ではこれを検討したい。

総会における宗教教育の主張

教育審議会における宗教教育推進派委員としては、これまでも注目してきた安藤正純（衆議院議員として）、下村寿一（臨時委員。東京女子師範学校長として）のほか、椎尾弁匡(26)（衆議院議員として）などの新顔があり、また彼らとはすこしずれる部分があるが、日本報徳社の佐々井信太郎(27)なども含まれていた。このうち安藤、下村、佐々井が第八回総会のあと設けられた特別委員会委員（全三〇名）にも指命され、下村と佐々井がそのなかから整理委員にも選ばれた（初等教育（国民学校・師範学校・幼稚園）は整理委員九名、中等教育は一一名）。

まず特別委員会付託前の総会で主張された彼らの宗教教育論をみよう(28)。安藤はここで、宗教を異端視あるいは迷信視する教育者を出させた「教育ト宗教」の分離の弊害について述べ、「個々ノ宗教ト云フヤウナモノ」でなく、「人間ノ本能性トモ言フベキヤウナ宗教的精神ノ啓発」すら教育外に駆逐していた傾向は改めるべきだとする。教育と宗教は「精神的ニハ……分離スベカラザルモノデアル」ことについては、宗教科（随意科として）を設けた師範学校が現れるなど今日では段々認められてきたが、教育者はもっと「宗教精神ノ特長」を研究し、宗教を教育に有効に採り入れることを努力工夫すべきだとした（総⑧、一八四―一八五頁）。安藤はこのあとも主に特別委員会の席上で、整理委員会の提出してきた原案に対して、文部次官通牒の精神をもってしばしば修正を求めることになる。

下村は安藤とは多少異なる視点をもって、社会教育、宗教行政の専門家として宗教団体への「指導」の必要をも含意した発言を総会ではおこなっている。すなわち文部省に対し、社会教育に対する指導精神確立と統制強化、宗教団体に対してはその「指導ノ適正」を訴えるなどである（総⑦、一四五、一四八頁）。だがこのあと特別委員および整理委員としては下村は、とりわけ安藤不在の整理委員会において、ほとんど孤立しながらも宗教的情操の涵養や次官通牒に関わる発言をして、宗教教育推進派を代弁することになる。

椎尾は、学生時代は東大で姉崎正治の指導を受けた仏教学者、浄土宗僧侶で、普選実施後初の僧侶出身代議士となった人物である。彼は特別委員には選ばれておらず、その意見はもっぱら総会で述べられた。椎尾は特別委員会付託前の総会で、教育に不可欠の「信念」は「国家ノ信念」でなければならないが、「ソレガ熱烈ナル愛国ノ為ニ偏狭ニ陥リマセヌヤウニ、人道ノ大道ニ立ツ所ノ偉大ナル精神ニ依ツテ此ノ国家信念ヲ概括シテ行クト云フコトガ必要デアリマ」す、と述べている。偏狭な愛国の信念を戒め、「国家信念」は「大精神ニ基ヅク」のでなければならないとするのは、仏教信仰をもつ宗教者ならではの発言である（総⑦、一三三頁）。また教育勅語の偏重をやめて教育には詔勅をも重んじるべきことを主張しているが、彼の場合にはそれは、かつて「日本ノ教育ハ……聖徳太子ノ御言葉ヲ初メ、屢々出マス詔ヲ承ケテ必ズ謹ム」ことだったとする、太子信仰を介しての仏教擁護を意図したものであった（総⑦、一三〇―一三一頁）。

特別委員会付託後の「宗教」の扱い

趨勢としても数としても少数派であった彼ら推進派の主張はほとんど成果を得ないことになるのだが、唯一、勝ち取ったといえるのは師範学校に関する一事項についてであった。各級学校に対して、全教科にわたって留意すべき教材について列挙する部分が答申中にあるのだが、そのうち中学校・実業学校・女子中学校・高等学校では「敬神崇祖」が掲げられたのに対し（「宗教」はない）、師範学校については「宗教」が掲記されたのがそれである（「敬神崇祖」はない）

（総⑩、二七九頁）。これらは「備考」欄に記されたもので、「敬神崇祖」／「宗教」のほかには「東亜及世界」「国防」といった項目が挙げられていた。

これは初等教育（師範教育を含む）をめぐる審議において、整理委員会では下村や佐々井が、特別委員会では安藤が主になって、宗教的信念や宗教的情操に関わる文言を答申に盛り込むよう求めつづけたことによる。

整理委員会で「師範学校ニ関スル要綱案」の審議されたとき、まず佐々井が「宗教的信念」とか「宗教的ノ敬虔ノ念」の養成といった内容を盛り込むことを提起するが（整㉘、四〇八—四一〇頁）、「皇国ノ道」と「宗教々育」と「二元的ニ」なっては困る、すでに書いてある「情操ノ醇化」や「修道」で十分だと伊東次官が消極的に返した（整㉘、四〇九頁）。佐々井に「同感」する下村はこれを援護して「淫祠邪教迷信」対策としても必要だと主張し（整㉘、四一〇—四一二頁）、押し問答がつづいたが、林博太郎（整理委員長）や田所美治（特別委員長）をはじめ他の二、三の委員から、文部次官通牒には実際の効果がなく学校を混乱させるだけ、ここに盛り込んでも「統制ガ紊レル」だけだとして退けられた（整㉘、四一二—四一八、四二八—四三二頁）。日を改めて下村は、教材の留意事項の一番最後でもよいので「宗教ニ対スル正シキ理解」（宗教知識教育）を盛り込みたいと訴えるが、これも退けられた（整㉙、四六五—四六八頁）。このあと整理委員会提出の同要綱案を特別委員会で審議することになるが、今度は安藤がそこに「宗教原理ト云フヤウナモノ」を入れるようつよく求める（特㉑、二五—三二頁）。安藤のつよい要求により整理委員会で再び話し合われ、修正の上、最終的には「宗教」という表現をもって、留意すべき教材の項目に追加されることになったのだった（整㉚、特㉓、一七六、二一一頁）。なお安藤は「高等国民学校」の備考欄にも「宗教ニ対スル理解」等を入れるよう求めるが、師範学校に入れたのだからそれで十分だと諫められ、これは斥けられた（特㉓、一九七—一九八頁）。

中等教育に関わる整理委員会審議では、「速記中止」の懇談のなか、師範学校の右記要綱案と同様に、中学校と実業学校と高等女学校のいずれもに留意すべき教材として「宗教」を加えることと決められた（ほかに「敬神崇祖」「東亜及世界」「国防」など）（整㉜、三九、六八—六九、七八頁）。だが翌月になって田所が、「宗教」は安藤の主張をもとに入れることになったが、師範学校はよいが、中等学校では削るべきだと再考を求める。これに下村が「信念ノ養成」でもよいと食い下がったが、「宗教」は「敬神崇祖」に含むと考えるとして、結局「宗教」は削除されることになった（整㊳、三一四—三一九頁）。これを審議した特別委員会では、やはり安藤が「宗教」を加えることを主張するものの、それは文部次官通牒によってやるということにして、ここでは省くことで「安藤君モ御忍ビヲ願ヒタイ」として、変更はなされなかった（特㉛、六〇—六九頁、特㉜、一六一—一六八頁）（総会でもそのまま可決）。下村や安藤を中心とした答申案作成過程における「宗教」掲記の主張は、こうして師範学校教科においてのみ、かろうじて生かされることになったのであった。

つぎに総会で師範学校要綱案が審議された際、宗教教育に関わる発言を多くしたのは特別委員外であった椎尾である。田所特別委員長による右の箇所についての説明、すなわち師範教育の本旨の第一は「皇道ヲ扶翼シ奉ルノ信念」の養成であるが、この趣旨に従って課す教科のうちとくに「国民科」では「宗教ニ関スル教材ニ留意シテ、宗教ニ対スル正シキ理解ヲ与ヘ、純正ナル宗教的情操ノ啓培ニ資セシメンコトヲ期シタ」ものであると述べたのに対し（総⑩、二九三頁）、椎尾は次のように質問している。

そこにいう「宗教ノ正シキ理解」というのは、いわゆる「超宗教的ノ宗教情操ノ教育」を尊重するという意味なのか、そうではなくて、「日本国民ノ認識ト致シマシテ」、国内の「諸宗派ノ宗教」を正しく理解するという意味なのか。また「宗教ノ正シキ理解」というときの「宗教」に「我ガ国ノ敬神思想」は含まれているかどうか、つまり「敬神ト云フコトハ宗教デハナイト云フコトデ除外シテアル」のかどうか（総⑩、三〇七頁）。一点目は宗教教材の目的が、宗教的情操教育にあるのか宗教知識教育にあるのかを問うものであり、二点目は、「宗教」の範疇から国体的な敬神思想は除かれているかどうかを確認するものであった。

田所は、文部次官通牒では、学校では特定教派・宗派に偏してはならないことおよび宗教的情操の涵養は教育勅語と矛盾するものであってはならないと注意されており、これは極めて妥当であるとする。したがって一つ目の質問について、「宗教ノ正シキ理解」というのは「宗派的ノ教育」ではないこと、これによって迷信打破、情操陶冶に役立てられるとした上で、だから国民教育に資すべく師範学校に「宗教ノ理解」に関わる事柄を加えたのだとした。二つ目の質問については、「敬神崇祖」は「宗教外ニ確立シテ居ルモノ」「宗教ニアラズ」と考えているから、「宗教ノ正シキ理解」というときの「宗教」中にはこれは含まれていないと答えた（総⑩、三一七—三一九頁）。これによって椎尾は、師範学校に課される「宗教」とは国体宗教以外の既成宗教をさすとの言質を得たわけだが、田所に宗派宗教を斥ける調子の強いことは椎尾の意向とは異なっていた。

このため椎尾はまたこのすこし後に、今度は自分の意見を交えた発言をしている。昭和一〇年の通牒が依然実行されていないことに触れた上で、椎尾は、これが実行されない理由は「教派ニ付テ考ヘナイ」からだと述べる。通牒のいうような一般的な宗教情操あるいは宗教というものを実際にどうやって行うのかは全国で悩ましい問題になっているが、自分の考えでは聖徳太子の示した「篤敬必謹ノ精神」を通牒実施の指導方針とすべきである。すなわち「推古ノ聖徳太子憲法ノ篤敬必謹ノ精神、即チ『篤ク三宝ヲ敬ヘ』『詔ヲ承ケテハ必ズ謹メ』トアリマスアノ二條三條ニ含マレテ居ル敬虔ナル情操ヲ体得スル、是ガ宗教情操ノ中心デアル」として、三宝篤敬と詔承必謹をともに含む太子の精神こそが、「宗派トカ教派ノ教義、儀式ニ関係ナクシテ宗教情操ヲ涵養スルト云フコトノ一番中心」になるとする自説を述べた。「宗派トカ教派ノ教義、儀式ニ関係」してはならないが、しかし全く「教派ニ付テ考ヘナイデ宗教情操ヲ養フコト」が難しいのも事実だと先に椎尾が言ったときの、ではそこに容れることが許される宗教とは何かといえば、聖徳太子の仏教的精神がそれであるというのであった。聖徳太子の強調は仏教者間に当時よく行われたものであったが、ここではそれはかなり露骨な仏教擁護の主張であった。また椎尾は、日本軍の南洋進出など戦局の拡大にかかわらせて、既成宗教の役割を強調するなどのこともあったが、これも仏教を念頭におくものであった（「東亜及世界」教材に留意するというときの「東亜」の範囲に、インドが含まれるかどうかを問うている）。

さらに椎尾は、師範教育の教科中、国民科の「哲学（論理ヲ含ム）」について、次官通牒では歴史や修身や哲学などの教授を宗教に留意しつつ行うことになっているとして、西洋哲学中心を改めて「モット人文的ナ芸術、宗教、認識総テニ亙ツテノ……特ニ儒教、道教、仏教等ニ依ツテ思想ノ根柢ヲ為シテ居ル大キナ哲学、即チ東洋哲学」を中心とするように求めた。それが通牒が含んでいるところの趣旨であって、ここでいう「哲学（論理ヲ含ム）」は、そのような意味での「単ナル哲学」ではないということを決議してもらいたい、と迫った（総⑩、三四三―三四四頁）。

これに対しては、その直後に発言した吉田茂が「宗教的情操ト云フコトモ……結構デハアリマスケレドモ」、諸教派の教義宗旨に囚われて弊害を生むと牽制し、それよりも答申案が「『皇国』或ハ『皇道』ト云フ文字……ヲ用ヒ」ていることを評価して、その本義によって「行事ヲ通ジテ国民精神ノ根幹ヲ育上ゲテ行ク……コトガ最モ大切……ト思フ」と述べ（総⑩、三四九頁）、打ち切られるかたちになる。全体としても、一部を除いて宗教や宗教的情操にこだわる委員はすくなく、「皇国」「皇道」の精神をもって、その方法としては「祭祀」「行事」（講習会、修養会、錬成などを含む）を強調する答申案に賛成する意見が強かった。

穏健な宗教忌避――「皇国ノ道」への包摂

師範教育に「宗教」が盛り込まれたのは、安藤らによる繰り返しの訴えと、その根拠とする次官通牒を田所らも完全に無視することまではできないということが大きかった。しかし本通牒については、発令より数年が経って、そこに言われた「宗教的情操」なるものが内容的にも把握しがたく、実行上も行いがたいものとして受け取られていたことも窺えた。その内容解釈については、宗教教育協議会で篠原がとったような国体宗教的な用法と、仏教キリスト教などを念頭におく通宗教的・既成宗教的用法との二通りがあったが、さらには前者のなかでもこの篠原や教刷評での平泉の天皇本尊教のような排他的解釈でなく、宗教教育協議会での神崎や教刷評での筧や三上のように、敬神崇祖の念や神社仏閣に対する関心と離れない習合的な情操を指して用いる場合もあった（「敬神思想」に対する「敬神崇祖」）。この解釈上の混乱が実行上の難しさに伴って、通牒の運用がきわめて困難に感じられていたのである。

このこともふまえて教育審議会ではさいしょから、無用な誤解を避けるため、敬神崇祖をいうにもこれを「宗教」の語を用いずに行おうとされた。このころの、宗教団体による一連の不敬事件等の勃発は、通牒の趣旨を不用意に持ち上げて反国体的宗教に悪影響を及ぼすことへの懸念を深め、「宗教」の文言へのタブー観を大きくしていた。宗教擁護派の中からも規制管理の条件付きでの宗教利用に限るとする者が出始めてきたり、キリスト教や新興宗教に比べれば国体により親近的な仏教が、他を切り離して自らの温存を図ろうとする動きを見せ始めたのも、おなじ反国体的宗教問題への共通認識を前提としていたのであった。

しかしここでの宗教忌避は、教刷評と比べるとより洗練されたやり方がとられるようになっている。師範教育については宗教教育推進派に一部を譲るなども、国体主義の支配的であった教刷評の場合と異なっていたが、ここでは「皇国ノ道」(29)という新たな概念をもって「宗教的情操」論者をなだめるやり方がとられた。教育審議会の全答申に一貫しているのは、「敬神崇祖、其ノ他国体精神ヲ中心ニシテ皇国ノ道ニ帰一セシメル、詰リ何デモカンデモソコヘ持ツテ行ク」という「皇国ノ道」の強調であったところ（田所、総⑩、三三三頁）、宗教的教育とか宗教的情操涵養の考え方もそこに包含しているのだとする便法である。

この考え方は田所特別委員長によって、椎尾につづいて宗教的情操教育の推進を求めた三上参次に対する答弁中にこう明らかにされている。それは三上が、「敬神崇祖、宗教情操ト云フヤウナコトガモウ少シ……学校ニ於テ濃厚ナ色彩ガアツテ良クハナイデアラウカ」、議事報告をみてもこの点についての議論が少なく「遺憾ニ感ジ」ている、と述べた際である。通牒は出たが、その実施については疑わしい、もっと「強調シテ戴タイ」と希望し、「敬神崇祖並ニ神社仏閣ニ対スル関心」をつよめ、さらに宗教情操を修身や読本などでつよく説いてもらいたいと三上が求めたのに対し（総⑩、三二九―三三〇頁）、田所は、この答申案では「敬神崇祖デアルトカ、或ハ宗教情操ノ涵養」という「其ノ文字ハ使ツテ居リマセヌ」が、「『皇国ノ道』ト云フコトデ総テヲ網羅致シタ積リ」である、「皇国ノ道」すなわち教育勅語の「『斯ノ道』ト云フモノハ総テ包含シテ居ル考デ」あるから、この「『皇国ノ道』ト云フ言葉デ終始一貫」させた、そのなかに「我ガ国ノ国民精神ニ順応スル、又其ノ根本ニナル所謂敬神崇祖ト云フコトハ無論入ツテ居ル」とした。宗教的情操に関する通牒の不実施に関しては、当局の指導監督を願いたいと同意は示すものの、それも本答申案の趣旨中に含まれているとして、宗教的情操の要望論をやんわりと封じ込んだのであった（総⑩、三三二―三三三頁）。本審議会答申中には「皇国ノ道」以外に、「日本精神」「国民精神」もまだ並存して使われているが、けっきょく「宗教的情操」という表現は表れなかった。

このように教育審議会でも教刷評と同様、国体理念の絶対的優位のもと、宗教教育論や宗教的情操論が学校教育から退けられる傾向にあった。だが両者で異なるのは、日本精神と諸宗教との関係を不明瞭にしたままであった教刷評に対して、教育審議会では「皇国ノ道」と神儒仏の宗教を包摂―被包摂関係として示してみせたことである。「皇国ノ道」はすべてを融和させた道ないし精神であり、当然宗教的情操をそのなかに含むとするその考え方は、神崎や三上や筧らの習合的な見方をとったことになろうが、ただしそれを「宗教」や「神仏」の文字をもってせず、「国体」や「皇道」の文言をもって括ったわけである。椎尾や三上もこれには黙るしかない。このやり方は既成宗教排除論にくらべて一見穏当ではあるが、宗教をその一翼、一下位領域として切り下げるかたちで慎重にその影響力を殺ぎ、管理下におくという意味で、より巧妙であった。

（1）国立教育研究所編『日本近代教育百年史』一、九五三頁。
（2）寺崎昌男「概説」（「講座日本教育史」編集委員会『講座日本教育史』四、第一法規、一九八四年）七―八頁。
（3）昭和一〇年前後は、仏教を中心とする「宗教復興」の声が聞かれる一方で、上智大学生の靖国神社参拝拒否事件（昭和七年九月）、同志社大学の「神棚事件」（同一〇年六月）、複数の「新興宗教」教団の検挙（同一〇年一二月の第二次大本事件および天理教脱税容疑、同一一年九月のひとのみち教祖検挙）などが相次いだ時代であった。
（4）近代日本教育制度史料編纂会編『近代日本教育制度史料』七（大日本雄弁会講談社、一九五六年）三四六―三四七頁。
（5）天壌無窮の神勅や「我カ皇祖皇宗」など「教育勅語第一段の神国観念を強調する日本精神主義派」のこと（久保義三『昭和教育史』上、三一書房、一九九四年、三三〇頁、森川輝紀『国民道徳論の道』三元社、二〇〇二年、一七五頁）。「日本精神」は国体明徴運動以後、過剰に使用され、教刷評での文相訓示、その答申、同時期の『国体の本義』編纂指針にもとりあげられた。

(6) 国立教育研究所『日本近代教育百年史』一、四五三―四五四頁。

(7) 昭和八年以降の国際連盟離脱、陸軍パンフレット事件、ワシントン軍縮条約破棄といった一連の流れのなかで、陸軍中将・菊池武夫議員らによる天皇機関説事件の惹起を経てここに至っている。

(8) 一八八六―一九六七年。伯爵。大正二年、東京帝国大学法科大学政治学科卒業後、内務省に入る。静岡県理事官、東宮御所御用掛などを歴任。勤王文庫の編纂頒布に傾注し、明治神宮奉仕事業に参加、理事長として外苑創設にあたった。大正一四年より貴族院議員。

(9) 一八八五―一九四五年。明治四四年、東京帝国大学文科大学哲学科卒業。吉田熊次に師事。神宮皇學館教授を経て大正八年、東京帝国大学教育学科助教授。新教育運動の理論的指導者の一人。

(10) 入澤宗寿「宗教々育答申案に就いて」(『明治聖徳記念学会紀要』四六、一九三六年)。

(11) 学生部長および思想局長を歴任した伊東が、幹事団のなかでも「文部省内部における日本精神派の一派を形成した領袖」であった(久保『昭和教育史』上、三三〇頁)。『国体の本義』編纂にも大きな役割を演じ(編纂委員の草稿を校正段階で書き直したとされる)、のち教刷評答申を受け設置された教学局の局長となる。

(12) 『教育刷新評議会資料』上(芙蓉書房出版、二〇〇六年)一九二―一九三頁。

(13) 高橋「宗教的情操の涵養に関する文部次官通牒をめぐって」三三二頁。

(14) 第二項の残りの方針中には、日本的東洋的な考え方を重視することや、国体の意義を抽象的に留めないことなどが述べられ、第三項では実施事項が挙げられた。これらはその後、第一項の献策にもとづく教学局の設置、第二項(二)に関わる『国体の本義』の刊行、第三項一に関わる日本諸学振興委員会の設置および大学での日本文化講義の実施、建議をうけた教育審議会の設置などとして実現されていった。

(15) 平泉はただし儒教の振興は有益だとしている(総①、三二一頁)。以下、( )内は、総会、特別委員会の別(総/特)と会議回(①、②……)および議事録上のページ番号を記したものである。総会議事録は近代日本教育制度史料編纂会『近代日本教育制度史料』一四(大日本雄弁会講談社、一九五七年)、特別委員会議事録は『教学刷新評議会資料』上下による。

(16) 二荒は、国体の明徴は、「英語デ言ヘバ『ゴッド』」にあたる「天皇ノ御本質」の明徴に他ならず、「日本ノ国体と既成宗教ガ争フ結果ニナ」らないよう、国体が仏教やキリスト教等を超越し包容するものたることを「チヤント明ニ」しなければならぬとした(総②、三〇五―三〇六頁)。国体は神道の思想でいかねばならぬが、神道の精神は儒教も仏教も同化すると述べた山田(孝)(特①、一九頁)も二荒やすぐ後に述べる筧に近い意見であった。

(17) 特別委員会は、二〇名の特別委員と八名の幹事、文部次官一名が加わって開かれた。特別委員に選任されたのは、原嘉道(特別委員長)、長與又郎、渡邊千冬、吉田熊次、三上参次、作田荘一、鵜沢聡明、田中穂積、長島毅、宇野哲人、牧健二、長谷川清、赤木朝治、古荘幹郎、永井柳太郎、山田孝雄、山田三良、筧克彦、大橋八郎、松井元興らである。

(18) ただし筧のいう以上のような皇室国体信仰、神社信仰は、平泉が総会で求めた排外的なそれとは違って、「神社、神典ハ外国ノ宗教トハ違ヒマシテ排斥的ノモノデハアリマセヌ」とする包摂的な特徴があり（特⑤、八九頁）、仏教、キリスト教その他の宗教に親しむこともよいとした（特⑤、九六頁）。また神社観には皇室神道への偏りがある。

(19) 一八七一―一九五〇年。明治二八年、帝国大学法科大学卒業後、内務省を経て文部省にて参事官、文書課長、普通学務局長、文部次官を歴任。学習院および宮内省御用掛を兼任。大正七年、貴族院議員。実業界に入るかたわら、大日本武徳会副会長、宗教制度調査会委員、大東文化協会幹事、教育審議会委員、同主査委員会委員長を務めた。

(20) 一八七二―一九五五年。明治三二年、東京帝国大学法科大学を卒業後、弁護士、明治大学講師。衆議院議員（立憲政友会）。昭和三年から一二年まで貴族院議員。明治大学総長。大東文化学院総長。大逆事件、血盟団事件の被告側弁護人、極東国際軍事裁判の日本側弁護団長。

(21) 一八六九―一九三八年。内務省、農商務省などを経て大正七年より貴族院議員。大正一五年、台湾総督。昭和一〇年、枢密顧問官。農務省次官のとき、臨時教育会議の委員を務めた。

(22) 官田光史「国体明徴運動と政友会」（『日本歴史』六七二、二〇〇四年）七四―七六頁。

(23) 佐藤秀夫編『続・現代史資料』九（みすず書房、一九九六年）三九七頁。

(24) 国立教育研究所編『日本近代教育百年史』一、四八四頁。審議会メンバーは、枢密院副議長を総裁として、枢密顧問官、貴族院・衆議院議員、政府高官、東大京大早慶総長ら官学私学の代表、大学（元）教授や研究機関職員、陸海軍大将、財界代表およびその他の学識経験者からなる委員と、臨時委員が含まれた。

(25) 同右、および久保義三『日本ファシズム教育政策史』（明治図書、一九六九年）、同『天皇制国家の教育政策』（勁草書房、一九七九年）などを参照。

(26) 一八七六―一九七一年。仏教学者。衆議院議員。真宗高田派僧侶。増上寺八二世。明治三五年、東京帝国大学文科大学に入学し、哲学科で宗教学を専攻する。浄土宗宗務所教学部長その他を経て大正大学長。東海中学校長、東海学園長、東海女子短期大学長。

(27) 一八七四―一九七一年。小学校教員を経て、明治三六年、神奈川第二中学に赴任し、二宮尊徳の研究に従事。報徳運動の指導者（大正一一年より大日本報徳社副社長）。

(28) ここで用いる資料は、総会については近代日本教育制度史料編纂会編『近代日本教育制度史料』一四、一五、特別委員会および整理委員会については大久保利謙・海後宗臣監修『教育審議会諮問第一号特別委員会会議録』一―四（宣文堂書店、一九七〇年）、同『教育審議会諮問第一号特別委員会整理委員会会議録』五―一四（宣文堂書店、一九七〇―一九七一年）である。以下、（ ）内には、総会、特別委員会、整理委員会の別（総／特／整）と会議回（①、②……）および議事録上のページ番号を記す。

(29) 田所によればこれは、教育勅語中の「斯ノ道」の言い換えであり、「教育勅語ノ御精神」といった従来的表現を代替するものだという。この語に田所は強い思い入れがあったが、そこには「国体」「日本精神」を標語として、教育勅語を外れた教刷評に対する教育理念の修正の意図が込められていたように思われる。教刷評では田所は一委員として議論のなりゆきを危ぶむだけだったが、今回は特別委員長として答申案をまとめる立場にあって、「斯ノ道」＝「皇国ノ道」の工夫で学校教育における教育勅語中心路線の復活を図ったのであろう。これは結実して、国民学校令（昭和一六年）は、「皇国ノ道ニ則リ」を目的規定の冒頭におくことになる。

第5節 小結

宗教教育推進運動がめざしたのは一般学校への宗教教育の導入であった。昭和一〇年の文部次官通牒の発令によってこれは一定の実を結んだようにみえたものの、その後、国体宗教の公然化される時代を迎えるなかにその独自の見地を失い、「皇国ノ道」に吸収されていった経緯を以上に明らかにしてきた。本章冒頭で示した三つの留意点にしたがってこれを整理し、太平洋戦争下にいたるまでの流れを大まかに見通してみたい。

(1) 大正・昭和の宗教教育論

宗教への期待とその変遷――宗教利用論＝国家協力の枠組

各種審議会上におこなわれた宗教教育論の重点は、一般による宗教への役割期待の内容につれて変遷した。

教育勅語が渙発された頃から大正期の終わり頃までは、道徳教育上に二種類の道徳が求められた時代であった。「日本人タル教育ヲ施ス」国民道徳と、「世界的ノ意味モ含ンデ居ル」一般道徳である。(1) ここでは両道徳がともに必要とされ、経済国難の打開策が求められるなか、一般的普遍道徳に寄与するものとして宗教に期待がかけられた。宗教的信念は人間生活に一種の力と慰籍を与えるものである――彼らは宗教の理想を、明治天皇御製「目に見えぬ神の心にかよふこそ人の心の誠なりけり」に重ねて、これは「目ニ見エヌ感ガアル、宇宙ニアル絶対実在」を信じる世界共通の「信念」を謳ったものだと説明した。当時は教育勅語についても東西に通ずる普遍性が強調されていた。成瀬が述べたような、普遍的宗教（信念）＝普遍的道徳＝「万古不易」の教育勅語、という等式が成り立つのはこの認識のもとでであった。宗教と教育勅語の本旨はその世界性において不分離であり、またそれを天皇自身もご承知であると彼は説いたのだった（臨時教育会議）。

つぎに宗教教育や宗教的情操の涵養が強調された文脈は、マルキシズムの流行であり、さらには新興宗教の勃興であった（学生思想問題調査委員会、宗教教育協議会など）。思想善導・思想対策としての宗教利用論は、政府側からすると、社会主義運動や共産主義思想の起こってきた原因となった社会的諸矛盾を解決するという方向をとらず、その問題を宗教の教説によって魂の問題に解消させる・すりかえることで切り抜けようとするものであった。当時において神社は非宗教的なものとして扱われ、教育勅語の「国体ノ精華」もまずは道徳的非宗教的に捉えられるものであったなか、敬神崇祖と儀式以外に宗教的内容を持たない国家神道の神秘性だけでは、体系的人生観・社会観を備えたマルキシズムに誘引されるような学生を振り向かせ、説得することはできず、そこに宗教的情操や宗教教育が期待されたのだった(2)。「迷信」や「類似宗教」の跋扈に対しても、これを征伐する役割が「公認宗教」に期待された。学校における「正しき宗教」に関する教育（宗教知識教育）の導入論を新興宗教問題が後押しする。政府当局からの協力要請を後ろ盾としつつ、公認三教の関係者はこの機をとらえて自らの活性化をはかろうとしていった。

おおよそ昭和一〇年頃までの流れは以上であったが、この期間の特徴としては、一般道徳上の貢献にしても思想対策上の貢献にしても、反国家主義に陥ることがなければ、この段での国家協力は宗教が自己の変質と引き換えにするものではなかったと一応いえることである。一般普遍道徳への貢献が求められた際には、キリスト教も仏教も「人道的な宗教性」をアピールしてそのまま用いられる自由を望むことができた。思想対策に利用されようとしたときにも、そこでは社会主義、共産主義に対して、「何レデモ宜シイガ」、とにかく「仏教或ハ基督教或ハ神道」の「一種ノ宗教的信念ヲ、学生青年ニ植付ケルト云フコト」が眼目とされたのであり、新興宗教対策上に宗教利用がいわれたときも同様であった。宗教教育はマルキシズムおよび大本教やひとのみちといった〝邪教〟集団より目を逸らせ、代替的な人生観・社会観を供して充足させるという目前の課題に対する対症療法として期待された。直接に国体宗教（天皇を絶対神としこれを信仰生活の中心におく宗教）を説くものでなくとも、既成諸宗教は国家護持を標榜することにおいてその求めに応じ得た。即戦力としての期待が多く寄せられた分、のちに比べれば、それぞれ独自の宗教的内容にまで深くメスを入れられるということが少なかったとできる。

だがやがて国体宗教の公的確立とともに状況は変化する。教育勅語の普遍的一二徳目は宗教の普遍的教説によってこれを説くことができた。社会主義に対しても既成宗教はこれに代替する人生観・世界観を具備して自らを提供することができた。ところが単なる道徳観念の強化とか思想対策としてではなく、国体観念により密着した役割が宗教に求められ始める。新興宗教対策でも、公認三教のみでは不足で、それに対抗するのは強力な天皇本尊教でしかないとする主張も台頭していた。このなかで国体宗教への一体化ないし被包摂的関係を迫られていった諸宗教は、「皇国宗教」を自称して、国体に関わる教説と情操をのみ説くことに限られていくのである。

この変化を引き起こす画期となったのはもちろん、国民教育方針の大転換を伴った国体明徴運動の過程であった。二元的諸価値のバランスが図られていた大正期を中心とする時代には、国民道徳や修身教育の急進的な宗教化は阻まれていたから、そこに宗教者の党派的活動を嫌う反対派の声を圧してでも、諸宗教の教化力に期待を寄せざるを得ない事情があった。しかし国体論の突き上げによって立憲主義の建前が崩れた後は、国民への国体宗教による人生観・社会観の注入強化が公の方針となる。国体の宗教化とは、反国家的・反国体的な政治運動や類似宗教等への対抗と正統思想の供給を、一元的に国体自身が担うことをめざすものである（これ以前には必ずしもそうでなかった）。学校教育のレベルでも同様に、「宗教」的情操による補助の云々される道徳教育から、国体信仰教育一本に絞られていった（教学刷新評議会）。このなかで教育・教化政策と宗教との関係は、宗教に協力を要請するものから宗教抑圧、でなければ国体宗教への融合を迫るものへと変わっていったのである（教育審議会）。

宗教教育推進運動はたしかにある程度まで拡大した。だが国家的領域に宗教が主導権を握ることはありえるはずもない。国家—宗教関係における宗教尊重的風潮が薄れて宗教利用一辺倒となる時期を経て、宗教教育論—宗教教育推進運動は、実際に機能し得るのは制限項目のみという「宗教的情操ノ涵養ニ関スル」文部次官通牒に帰結し、宗教（学）者の甘い期待は裏切られる。こののち日中戦争そして太平洋戦争に突入するなかに、その完遂のための思想国防、東亜共栄圏確立のための大陸文化工作が国家の主要事業のひとつとされて、宗教家の役割が再び強調されることにはなる（宗教教化方策委員会）[3]。しかしそれに参画する既成宗教は、国家による管理統制を受忍し、諸派統合および自らの変質すなわち「皇国宗教」化をいっそうはかっていくことがその前提であったから、戦時下における宗教の盛り返しというべきものでは到底なかった。教団維持と引き換えに、「皇国宗教」としての洗礼を受けた後の諸宗教は、宗教本来の面目を明け渡して「惟神の大道」による世界宣化の尖兵としての役目を引き受けていくものでしかなくなるのである[4]。

迎合・変質と三教協調——国家接近の条件と宗教の悲願

しかしながら以上の時代を通じて、動揺や停滞はあったにしても、国家への接近、提携をめざす宗教側の意思が完全に涸れるということはなかったように思われる。いっときは追い風が宗教側に吹いていた。宗教文学が流行し、新しい宗教運動の試みがおこなわれ、憲法上の信教自由権を旗印に宗教介入を織り込んだ宗教法案を二度にわたって廃案に追いやり得たころ、宗教の国民教育に向かう意欲は比較的に健全なかたちをとり得ていた。為政者側ではあくまで宗教は利用の対象でしかなかったものの、社会・思想界に満ちた宗教的風潮が自分たちに味方してくれるとの希望的観測も抱き得た。時代が下ると宗教への要請は管理統制や圧力に取って代わったが、自己を屈して国体観念の下位についてでも国家との関係を図っていこうという意思は、いったん取り込まれたものの弱さの常として、依然固かったように思われる。国家との提携を図りつづけることはこれ以降、自らの変質と引き換えにすることになっていくのだが、これに宗教側はほとんどのものが迎合、協力してあたることになる。

そこにはある底流において、近代前に根をもつところの日本社会における宗教不遇の打開という悲願があったことは見落とせない。明治以降にはますます拡大定着しつつあった宗教への無関心や不信・蔑視の風潮に対して、時局に即しての教勢の巻き返しを、その結末予兆の深刻性に関してときに自らを欺いてでも、諦めることができなかったことが大きかったように思われるのである。

国家の宗教利用策は宗教にとって不振打開のチャンスとなり得たが、国家との提携の条件のひとつは各宗派教派内における質的向上努力（組織腐敗の改善やのちには「皇国宗教」化への努力など）であり、また諸宗教諸派間の協同体制の確立であった。宗教間不和の除去、三教一致や協調は宗教勢力が日本社会に認知を得るための前提であることを宗教側も心得ていた。その上で、国を挙げてのいくたびかの戦争をとおして、また反宗教運動として展開された共産主義思想との闘争が、宗教間協調の実を挙げる大きなきっかけとなった。宗教団体法下における諸派合同もこの延長上になされていくのである。

(2) 宗教性の概念——その動揺と縮小

「神の心にかよふ」から「かたじけなさの涙こぼるる」へ

三教協力はこのような枠組で進められたが、その過程において宗教者らは宗教の社会貢献・国家貢献の可能性を、党派主義を脱した「通宗教」性の主張、すなわち普遍的「信念」論や「宗教的情操」論を介してアピールしていった。社会・国家と宗教の両立交差するところに理想宗教像を構想した宗教学が、直接間接にこれに力を貸した。各種審議会において用いられたそれらの議論は、宗教学がながくその浸透拡大をバックアップしてきたものである。「通宗教」的なるものは「宗教」（宗派宗教）とは別物だという論法は重宝であって、この考え方を通路として彼らは宗教の社会的進出、教育上の展開を期そうとしたのであった。志を同じくする政治家や官僚がそれに力を貸した。そうして昭和八年、「通宗教的信念」「通宗教的情操」の語が初めて三重県知事宛通牒中に用いられるが、それを実現したのはかねてよりホモ・レリジャス的な発想をもち、宗教学者らに面識のあった安藤正純であった。省内で安藤の同志的な働きをしたのは、おなじく井上哲次郎の倫理的宗教論を支持する下村寿一であった。

このとき「通宗教的」なるものの中身は、十七条憲法や報徳教や心学など「各宗教の長所を打って一丸とした」習合的統一宗教のようなもの、ないしは各宗教の長所を断片的に取り入れたようなものが想定されていたという。だがそれ以上に理解がつきつめられていたわけではなかった。社会や国家がそのときどきに宗教に何を求めるかに応じて、その具体的な内容や強調点は揺れ動いた。

かつて成瀬が臨時教育会議で述べたのは、「目に見えぬ神の心にかよふこそ人の心の誠なりけり」という不特定の神に通じあう信仰、神人合一の個人宗教であった。これを人々は天皇とともに共有するとされた。だがのちにそれは、従属的臣民が天皇に向けるところの心持ち、皇恩国恩にむせび泣く、「何ごとのおはしますをば知らねども　かたじけなさの涙こぼるる」情操こそ通宗教的なものだとの見解（矢吹―宗教教育協議会）にとって代わられていった。人格尊重・自己向上的な宗教理想に枠づけられた通宗教的信念論が土台としていたヒューマニズムの思想が、大正の終わりから昭和に入っては、社会主義共産主義と同様、個人主義や自由主義に根ざすところの西洋に茶毒された思想として排除の対象になっていったこと、おなじく普遍道徳から皇運扶翼などの国体的特殊的道徳に国民教育の比重が移っていったことなどがその背景にあった。

この流れに乗り遅れまいとする宗教者らは、以前の人道的普遍的宗教の理想を翻して、「精神国防」上に敵するものとしてその評価を反転させていった。それは「宗教の仮面をかぶれる民主々義、自由主義思想」であって、「共産主義、唯物主義思想の侵略」とともに、没我報恩・堅忍不抜の「皇国宗教」に対立する「反皇道思想」だと断じていく側に回るのである。(5) 彼らの多くはそれぞれ教学の皇国宗教的再編をおこなって、自己を虚しくして絶対帰依する従順とどんな自己犠牲も厭わない奉公献身を引き出す力を強調するようになる。自主自律の判断を容れない恩の思想と愚の倫理からなる従属的宗教情操が、(6) 人格主義宗教の自尊向上的な信念を踏み破っていく。そうして「命令一下欣然として死地に投」ずる（「戦陣訓」）ことの求められる戦時下では、諸宗教の有する死の形而上学による安心立命こそが、「靖国」という死生解決法を補強する宗教的信念の最上のものとされていくのである。

「宗教的情操」の忌避・切り下げ・無用化

「通宗教的」なるものの内容が右のように変化しつつあるとき、しかしそうした譲歩にもかかわらず、一部を除いては当局の宗教に対するタブー感は完全に払拭されるということはなかった。学生思想問題調査委員会答申（昭和七年五月）では「国体観念」とは別個に「宗教的情操の涵養」が並んで要請されていたが、その数年後、宗教的国体論が堂々解禁されるようになると宗教利用は二義的となっていった。国体が政体を従えてゆく国体明徴運動下に、立憲政体の定めにすぎない信教自由も教育と宗教の分離も建前としての重みさえ失って、「国体」観念が宗教的含意を全面に展開させることが可能になったからである。

「宗教」の語も斥けられるようになる。国体宗教が公然宣言される以前は、「宗教的」なる語にはある種の隠れ蓑的な役割、国体の宗教的側面を言い含めることのできる脱法的意味合いでの要用もあったのだが、その必要性も減じていった。「日本精神」や「皇国ノ道」といった用語が代わって用いられるようになったことも大きい。「日本精神」や「皇国ノ道」はその習合性を強調して、国体宗教と他の諸宗教との上下関係ないし包摂関係を所与の前提とし、あるいは規範化した。国体宗教による諸宗教の吸収が完成するときには、「宗教的情操」も「通宗教」論もついに顧みられることはなくなるだろう。そして「宗教」や「宗教的」の語には、宗派宗教の排他的党派主義や非国家主義といったいわば消極的含みだけが残されることになるのである。

以上を要するに、宗教的なるものの学校教育への導入運動は、普遍的人間主義的な主張を含んだ宗教的感化力論から始まったが、社会・国家の宗教に寄せる期待内容の変化するにつれて、自らの役割意識を変化させ、「宗教的情操」教育の内容もぶれていった。そうした変節は宗教側の自己保身すなわち時局迎合的な姿勢にも一因があった。そして国体の宗教化ないし信仰としての国体思想が他を圧し始めると、宗派宗教も個人宗教もそれに吸収されるか対立するかを余儀なくされ、宗教性（宗教的情操）論は全体として縮小していった。その過程は一方の他方によるなだらかな浸蝕ないし制圧であったというよりは、この時期に国家―宗教関係が質的な変化を被った結果であったことが注目されるべきであろう。

なおこのことにも関わるが、本章冒頭に留意点として述べた「国体」観念とその変節についてはひきつづき次章にも展開するので、そのまとめは後に譲ることとする。

（1） 臨時教育会議での岡田文相の発言（一号、三九頁）（文部省『資料臨時教育会議』二）。
（2） 山口「文部省訓令第一二号」五五頁。
（3） 太平洋戦争が近づくと、より〝国際的〟な「皇民」像が求められ、「肇国の精神」も世界全体を視野に入れるものとされるなか、宗教団体の役割も新たな意味を加えられた。昭和一九年の宗教教化方策委員会の建議に基づく政府の要請をうけて、神道、仏教、基督教を一丸とした「大日本戦時宗教報国会」が設立された。
（4） 諸宗教は「万民翼賛の大道を明らかにし」て国民の一致団結と意気高揚とを図り、「最大の忍苦と敬虔の態度」を養うことで忠誠精神を発揮し、「協心戮力職分奉公の実を挙げ」る宗教報国の実践を誓う「皇国宗教」に化することを求められた（昭和一六年「宗教報国活動の強化進展に関する具体策」）（比屋根安定『日本宗教全史　第五巻』教文館、一九四二年、三四七―三四八頁）。
（5） 興亜宗教同盟「宣言」（同右、三五四―三五五頁）。
（6） これは真宗戦時教学がもっともよく表現しえた。真宗本願寺派教団・戦時教学指導本部が昭和一七年にまとめた『決戦道義』を参照（「戦時教学」研究会編『戦時教学と真宗』二、永田文昌堂、一九九一年、五五九頁）。

第6章　国家教学と宗教学思想の相克

国体論と人格主義をめぐる

本章では、前章にひきつづき、第Ⅰ部に述べてきた宗教的国体論や国民教育論が社会のなかでどのような位置にあり、どう扱われていったのかをみていく。井上哲次郎、加藤玄智、大川周明らによる天皇論国体論あるいは国民道徳論や日本精神論は、ある部分までは近代日本の国民教育・教化を牽引するところがあった。だが大正末頃より、彼らの所説は正統を自認する民間右翼の糾弾の対象となり、あるいは国体明徴運動の時代以降、巷間の国体思想が世間のいっそう厳しい精査をうけるようになるなか、修正を余儀なくされるようになっていった。

彼らの国体論や日本精神論はどのような点をもって批判にさらされたのか。以下ではまず国家教学の正統のありかを示した文部省『国体の本義』（昭和一二年）の内容と、これにもとづく教育原理の時代的再編をみた上で、彼らの国家論の何が斥けられたのか、それとどのような矛盾を来していたのかについて明らかにしたい。ここでの考察は、宗教学の理想的宗教論を支えてきた思想的地盤が崩れていく大正終期以降の時代を中心に、第Ⅰ部で検討を加えた井上、加藤、大川といった人々の宗教学思想のその後を追っていく作業ということになる。

第Ⅰ節　国体論の正統教学

Ⅰ　『国体の本義』の国体論

神話的国体論の浮上

『国体の本義』の編纂は、教学刷新評議会と並行して進められたもので、評議会幹事として敏腕をふるった思想局長伊東延吉によって立案推進され、教刷評の答申に先行して公にされた(1)。その内容は大きく「第一　大日本国体」と「第二　国史に於ける国体の顕現」の二部からなり、その前後に「緒言」と「結語」がおかれる。このうち国体の真義の闡明が試みられているのが第一部で、「一、肇国」、「二、聖徳」、「三、臣節」、「四、和と『まこと』」の四章から構成された。

同書の国体論の特徴の第一は、政治的「国体」論（天皇統治をいう憲法第一条の内容）に限らない、広義の内容を盛り込むのに努めた点である。教刷評に「国体」の意味解釈が話題になった際、伊東は国体の解釈は「形式的意味」にとどめてはならないこと、「実質的ニ解釈ヲシテ……忠孝ノ道ヲ生活ニ……具現スルコトガ必要デアル」との姿勢を示していた。『国体の本義』でもこの考え方にしたがい、「国体も国体の精華も同意に用ひ」ることとされた(2)。

第一章「肇国」はこう始まっている。

大日本帝国は、万世一系の天皇皇祖の神勅を奉じて永遠にこれを統治し給ふ。これ、我が万古不易の国体である。而してこの大義に基づき、一大家族国家として億兆一心聖旨を奉体して、克く忠孝の美徳を発揮する。これ、我が国体の精華とするところである。この国体は、我が国永遠不変の大本であり、国史を貫いて炳として輝いてゐる。而してそれは、国体の発展と共に弥々鞏く、天壌と共に窮るところがない（三三六〇―三六一頁）[3]。

最初の二行すなわち「大日本帝国は」以下「我が国体の精華とするところである。」までは教刷評答申の前文冒頭とほぼ同じ文面である。内容的には憲法第一条の天皇統治と教育勅語の忠孝徳目を中心に、すなわち政治的「国体」と道徳的「国体ノ精華」のふたつを合成して、前者に「皇祖の神勅を奉じて永遠に」を、後者に「一大家族国家」論を差し挟んだものである。同書全体にも政治的、宗教的、文化的、国防的といった多様な性格をもつ国体を「全面的に……把握して表現」することが指針とされた[4]。

なお右の引用中、加えて注目すべき点は、教刷評答申前文では「天祖」とされていた天照大神がここでは「皇祖」とされていること、「天祖の神勅」が「皇祖の神勅」になっていることである。明治二四年の『勅語衍義』では、「皇祖」は瓊瓊杵尊であり、天照大神は「天祖」であった[5]。国定修身教科書では教育勅語の「皇祖皇宗」は天皇の先祖として扱い、細かく特定しなかったが、通常の用い方としては大神は「皇祖」よりは「天祖」とされるのが普通であった。本冊における天照大神の称の変更理由は不詳だが、神話伝承としてでなく史的事実に近いものとして肇国の経緯を扱おうとする意図に関わっているだろう。またこれによって教育勅語にいう「皇祖皇宗」に直接天照大神が入ってくることになり、国民教育上に天照大神と関連神話の重要度がいっそう増すこととなる。

第一章「肇国」ではこのあと、神話内容と神勅への言及および天皇が「現御神」たることがくりかえし述べられていくが、大神の重点化は後者に直接関係しつつ、神典神話の叙述に連動させるようになっている。「肇国」（ここでは皇祖天照大神の勅による皇孫瓊瓊杵尊の降臨時）の意義を述べることの前提として、「光華明彩しくして六合の内に照徹らす大神の御稜威を述べねばならず、その導入としてこれに遡る神々の天地開闢・修理固成の伝承が述べられねばならなかった。そうしてこの大神と歴代天皇との一体化が神鏡奉斎の神勅によって説明された（三六二―三六三頁）。大神を中心に天地開闢にまで遡る記紀神話をここに用いることは、じつは当初文部省の構成素案段階にはなかった内容であった。それが加えられることになったのは、同省による編纂前の意見聴取で提出された委員らの要望が直接のきっかけになったものとみられる。たとえば井上孚麿（国民精神文化研究所員・法律）は、文部省素案では第二章「御聖徳」で触れることになっていた神勅の伝承を第一章「肇国」のところにこそ述べるべきこと、そうして神勅に触れれば「皇祖［ここでは瓊瓊杵尊］の御地位御神格を明」にせねばならず、またそれを根拠づける「天祖［ここでは天照大神］の御地位御神格御活動を明」にせざるを得ないこと、その際、神勅は「天孫降臨と引はなしては理解せられ」ず、また「神典の全内容と引離しては理解せられ」ない、と要望していた。井上の考えでは、「天皇の主観的なる御聖徳を称へまつる前にむしろかかる御聖徳をも生み出づるところの客観的なる御身位、御本質に就て明徴にすること必要」（強調原文）、「天皇が現人神たらせ給ふことを明にし之を納得せしめ信奉せしむる非ざれば『国体の本義』は無益」であるというのであった(6)。

国体明徴が、天孫降臨の「神勅」および天皇「現人神」の強調と切り離すことができないとの主張は、教刷評でも二荒芳徳委員などが再三求めていたことであった。ただし教刷評では、答申中に「天祖ノ神勅」の表現を入れることにはなったものの、国体の宗教的側面をはっきり「現人神」の文言をもって打ち出すことや、またそれによって国体の尊厳を理由づけるところまでは踏み込めなかった。それを具現化したのが『国体の本義』であった。神武天皇の国家創建（「肇国」の旧来的解釈）より前、天照大神やさらには天地開闢にまで遡っての神話伝承に記述の起点を置き、現人神たる天皇の「客観的」本質に触れることをここではたしているのである。

血統と祭祀――現御神の「客観的」根拠

つづく第二章「聖徳」でも、右の井上委員の提言どおり、歴代天皇の聖徳の事跡を数え上げるより前に、そうした聖徳の生じる源としての「天皇の御本質を明らか」にすることが先にされている。すなわち天皇が現御神であることであるが、その「御聖徳」にかかわり、天皇が「天ッ神の御子孫」として、皇祖皇宗（前述したように天照大神が含まれる）と一体たることが強調される。

> 天皇は、皇祖皇宗の御心のまに〳〵我が国を統治し給ふ現御神であらせられる。この現御神（明神《あきつかみ》）或は現人神《あらひとがみ》と申し奉るのは、所謂絶対神とか、全知全能の神とかいふが如き意味の神とは異なり、皇祖皇宗がその神裔であらせられる天皇に現れまし、天皇は皇祖皇宗と御一体であらせられ……、限りなく尊く畏き御方であることを示すのである（三六六―三六七頁）。

「天皇の御位はいかしく重いのであるが」、西洋的な絶対神とは異なり、「天ッ神の御子孫として、この重き位に即き給ふが故」とする世襲カリスマがここでの基調である。日本の「現御神」は、キリスト教のような全知全能神でもなく、特定個別の理由によって立てられた外国君主とも異なって、「皇祖皇宗の御心のまに〳〵……統治し給ふ」ところに聖徳の源が求められる。

聖徳の天皇統治の根拠は皇祖皇宗との一体性であるというわけだが、ここに重要な意味が与えられることになるのは、天皇の「祭祀」執行である。天皇が皇祖皇宗をまつるのは国家国民の繁栄を祈願するものであるとともに「皇祖皇宗と御一体とならせ給ふため」である（三六七頁）。報本反始を核にした従来的な祭祀論―敬神崇祖論とは異なる観点、すなわち祭祀執行による天ッ神との霊的一体化という観点を強調するものであった。

ちなみに天皇の聖徳の根源とされるところの天照大神自身の聖徳は何により導かれているかといえば、それは、「光華明彩しくして六合の内に照徹らせり」との神典の記述である。天皇の「主観的なる御聖徳」をうみだすところの「客観的なる」根拠とされたのは、祭祀の神秘性であり、結局のところは記紀中の神話伝説なのであった。

かつて臨時教育会議が出した建議書（建議二号、大正八年）中にも「国体ノ本義」が「明徴」にされたことがあった。しかしそこに述べられていたのは、天祖天照大神や神勅や、もちろん「現人神」論も祭祀の重点化もない、君臣父子論および家族国家論にもとづく王道的忠君論的かつ立憲精神を加味した国体論であった(7)。そこでは天孫降臨の勅への言及がたとえあったとしても定型句的な表現にとどまっていたし、それを「神勅」と称することもなかった。国体強硬派委員の一人、高木兼寛にあってさえ、その求める「信仰」とは現人神天皇に直接向けられるものというよりは、皇祖皇宗を中心にする報本反始の敬神崇祖であった。これに対して『国体の本義』は、王道＝「聖徳」の〝客観的な〟根拠をもとめて神典や祭祀論の全面的導入に踏み切った。大正八年の建議二号では当時の大正デモクラシーの勢いを背景に立憲政体の尊重が盛り込まれていたが、同書では憲法の「みことのり」化によってその意義は切り下げられ、かわって祭政教一致を眼目として祭祀を押し上げることになったのである(8)。

当然ここには国家祭祀と他の国内宗教との関係についての確認もある。敬神崇祖の精神は外来の儒教・仏教などを「包容同化」して日本化する力のあったことがいわれるが、そのうえで「神国」日本の特色たる祭政教一致をもって、皇室祭祀・神社祭祀が諸宗教に上位し、皇大神宮以下すべての神社は「各派神道、その他の一般の宗教」とは「取扱を異に」されると述べられた。西洋の神信仰との大きな違いもひとつはこの国家性のあるなしであり、日本の祭祀は、「天や天国や彼岸や理念の世界に於ける超越的な」神信仰ではなく、「歴史的国民生活」にぴったり一致した「実際生活的」であることも述べられた（四〇三―四〇四頁）。

「没我帰一」と「臣節」――「合理主義」を超えて

「肇国」「聖徳」につづく第三章「臣節」には、国民道徳論が展開された。だがまずその題目が「修身」でも「国民道徳」でもなく、「臣節」であって、普遍的一般的道徳をさすのでないのはもちろん、国民道徳論に従来説かれてきたうちでも君臣の義に重きを置くものになっている。

まず君臣関係について、これまでの一大家族国家論による敬神崇祖―忠孝一本論に加えて、天皇への「没我帰一」として表現される君臣一体論が述べられることになった。従来の忠君愛国論や敬神崇祖を介した忠孝一本論は道徳ベースで説かれてきたが、ここでは、小我を捨てて大いなる御稜威のなかに真生命を発揚するという「合理主義」を超える「没我」が規範化される。これは絶対随順の「忠の道」であり、「臣民の道」の根本とされたが、現神たる天皇への絶対帰依を説いた加藤玄智や、無我となって「上御一人」に没入同化することに「安心」を見出すよういった上杉慎吉が説いた内容に近い(9)。

この君臣一体的な関係は、君民対立的な西洋と対置されて日本の美質とされ、「個人主義的」「合理主義的」思考はこれに反するものとして厳しく戒められた。「個人主義的人格関係からいへば、我が国の君臣の関係は、没人格的の関係と見える」だろうが、それは個人を至上とする個人主義的抽象的な考え方からくる誤りである。天皇と臣民は「義は君臣にして情は父子」の関係であり、君臣関係を支配服従・権利義務にかかわる相対的関係と解する西洋の見方はあてはまらない。「我を捨て私を去り、ひたすら天皇に奉仕する」忠の道においては、天皇のために身命を捧げることも「大いなる御稜威に生き、国民としての真生命を発揚する所以」なのであって、「所謂自己犠牲ではな」い(三七一―三七三頁)。つづく第四章「和と『まこと』」における「和」の強調も、「自己を主とし、私を主張」して矛盾対立を生じさせる「個人主義」への対抗であり、「全体の中に分を以て存在し、この分に応ずる行を通じてよく一体を保つところの大和」、「分を通じて……一如の世界に和する」同化一体の妙をいうものであった(三七九頁)。

臣民道は天皇への帰一を説くが、その前提になければならないのは「臣節」=「分」の遵守である。忠君は国民各自が分を尽くし、与えられた職務を遂行することで実現される。ここに慎重を期して行われたのが国民的「英雄」に対して名分論的制限をかけることである。織田信長・豊臣秀吉について、「なほ英雄が事をなすに当つては、その尊皇の精神の認められない限り、人心を得ることは出来なかった」と述べられ、「英雄」と呼ばれるに値するのは、単にその功績ゆえにでなく「尊皇の精神の認め」られること、天皇との関係において分をもってあたることが絶対条件であることが諭された。英雄的人物の称揚は日本精神論における中心的モメントであり、国民教化上の欠かせない柱の一つでありつづけたが、絶対的英雄主義は警戒の対象であり、「臣節」によって英雄は厳しく管理される必要があった。そうして「言霊」の国、「神ながら言挙《ことあげ》せぬ国」日本では、「私」を捨ててただ実行随順する「まこと」が、究極かつ唯一の道だとされるのである(三八四頁)。

以上、『国体の本義』における国体論の特徴をざっとみた。このあと第二部以降にも歴史的政治的宗教的そして道徳的自然的契機のすべてをいれた国体論がひきつづき展開されるのだが、そうした全方面性総合性に特徴づけられつつ、それらがすべて皇孫降臨以来、伝統的におこなわれてきた非人為的で自然的なものであることが一貫して強調されていたことも加えておこう。天皇の聖徳は大神以来の定めであると説かれたし、天皇に仕えて「皇国の道」を行ずることも、「我等臣民のかゝる本質を有することは、全く自然に出づる」のだとされた（三七一頁）。天皇の地位も臣民の忠節も不変不動でなければならないからである。

2 聖訓ノ述義ニ関スル協議会

文部省は『国体の本義』編纂のあと、教育勅語についてもその従来的な解釈を改めていく。昭和一四年一〇月に文部省に設置された「聖訓ノ述義ニ関スル協議会」（以下、聖訓協議会）を介してそれは進められた。

本協議会は、教育勅語の解釈を確定して「青少年学徒ニ賜ハリタル勅語」（昭和一四年五月）との関係を明らかにすることを課せられたものであったが、教育勅語を、『国体の本義』の国体論に整合的に解釈しなおすということがそこでの重要な仕事となった。同年一二月までに七回の会議を経て「青少年学徒ニ賜ハリタル勅語」の述義について成案を得るとともに、教育勅語の述義についてもその基準を明確にした。協議会は伯爵林博太郎を会長とし、和辻哲郎、久松潜一、森岡常蔵、友枝高彦、諸橋轍次、亘理章三郎、紀平正美、宇野哲人、永田秀次郎、吉田熊次、小西重直、野村益三、深作安文、山田孝雄の一四名に文部省から六名が加わって構成された[10]。和辻・紀平・宇野・吉田・小西・山田は教刷評でも委員をつとめ、和辻・紀平・吉田・山田は『国体の本義』でも編纂委員であった。省側の参加者のなかにも小川義章（教学局教学官）のように、教刷評（幹事として）と『国体の本義』編纂の両方に立ち会った委員が含まれた。

ここでは聖訓協議会に課せられた右の二課題のうち、教育勅語の述義にかかわって行われた議論をみる。右記の委員構成からも予想されるように、教学刷新派—『国体の本義』における神話的国体論はここにも及んだ。『国体の本義』

とおなじ広義の国体論をとりつつ、教育勅語中にいう「国体ノ精華」や「斯ノ道」の釈義において神話的領域への拡大がはかられたことを以下にとりあげてみたい(11)。

「国体ノ精華」＝「国体」

協議は、省側が教育勅語の述義に関して予め数点にわたって示した検討項目にしたがって、委員らが述べた意見をまとめていくという手順で進められた。そこに挙げられた検討項目のひとつが、「国体ノ精華」をめぐる問題（その内容範囲、語句解釈）であった。

教育勅語第一段中、「……此レ我カ国体ノ精華ニシテ教育ノ淵源亦実ニ此ニ存ス」とあるなかの「国体ノ精華」の指す内容、それはまた「教育ノ淵源……此ニ存ス」の「此」の中身と重なるわけだが、それには二つの見解が成立しえた。ひとつは、「此レ我カ……」より前の部分を、「我カ皇祖皇宗国ヲ肇ムルコト宏遠ニ徳ヲ樹ツルコト深厚ナリ」の前半と「我カ臣民克ク忠ニ克ク孝ニ億兆心ヲ一ニシテ世々厥ノ美ヲ済セルハ」の後半とに区切ったうえで、「国体ノ精華」はこのうち後半部分だけを指すとする見解であり、もうひとつは前半後半を区切らずすべてを指すとする見解である。一つ目の読み方だと「国体ノ精華」＝「教育ノ淵源」は忠孝道徳にあるという端的なものとなるが、二つ目の読み方だとそれは皇祖皇宗の肇国と樹徳の歴史伝承にも関連づけられることになる。また一つ目だと「国体ノ精華」＝「教育ノ淵源」とは臣民側の守るべき忠孝道徳を指すことになるが、二つ目の読み方だと天皇と臣民の双方がそれぞれに守るべき道徳を指すことになる、というのだった。

この「国体ノ精華」の内容範囲にかかわっては、とくに大きな議論にはならず、二つ目の読み方が採られることになった。ただしこのとき、あわせて重要な問題が協議される。「国体ノ精華」の語句解釈についてである。これを「国体」とその「精華」との二つに分ける解釈が一般に定着していたのだが、この場合に何を「国体」とし、どのような内容をその「精華」とするかが議論になるところ、そもそも「国体は本体、精華はそれから出た二次的なもの」とすること自体に反対だとする意見がつよく出されたためであった。

「国体」そのものとその「精華」を分けて考える見方は、「国体を地盤と見て、その地盤の良い所に美しい花が咲いた」という解釈であって、宇野、山田、和辻らがこの立場をとったが、小川、井上、紀平らはそれに反対し、「国体ノ精華」を「国体の本質」「精髄」とすることを主張した。すでにみたように『国体の本義』では「国体も国体の精華も同意に用ひ」ることになっていたが、小川らは、これと矛盾のないよう改めるべきだと主張した。この場では、狭義の国体解釈をとろうとする宇野らの主張を明確に斥けるかたちはとらなかったが、しかしけっきょく「国体ノ精華」を「国体の純且美なる所」とするところで議論は収束する（三八七—三八九頁）。このあと文部省が出した「聖訓ノ述義ニ関スル協議会報告」（昭和一五年二月）でも小川らの意見をとって、「国体ノ精華」の語句解釈を「国体」＝「国柄の義」、「精華」＝「精髄に同じく純且美なる実質をいふ」とし、全文通釈でも「我カ国体ノ精華ニシテ……」の箇所には「我が国柄の精髄であって……」の釈義が付された（三五六頁）。

これをもってそれまで行われていたような、「精華」（忠孝道徳）を「国体」（万世一系の天皇統治）から出た二次的なものとする解釈は公に否定されることになった。忠孝道徳は「精華」であって「国体」そのものではないという言い方は不当となるのはもちろん、もっと重要なのは、さきに「国体ノ精華」（＝「国体」）は勅語第一段全部を含むと決定されていたことにより、皇室神話の内容が「国体」そのもの（国体の「淵源」という二義的間接的内容としてでなく）、国体の「精髄」＝実質として確定されることになったことである。このことは、つぎに述べる「斯ノ道」再解釈ほどには従来注目されてこなかった。だが勅語の公定釈義上に初めて「国体」が直に肇国神話を含意すると決定されたことの意味は大きく、国体論の宗教化神話化の公然化の過程において見逃しえないステップであったとしなければならない。

「斯ノ道」の神話的拡大——勅語第一段へ

ほかに「斯ノ道」の釈義も検討事項とされていたが、これも協議の末、変更されたことをみよう。従来の述義では、教育勅語の全体を三段に別った上で、第三段冒頭の「斯ノ道ハ……我カ皇祖皇宗ノ遺訓ニシテ子孫臣民ノ倶ニ遵守スヘキ所……」でいう「斯ノ道」とは第二段の「爾臣民」以下「父母ニ孝ニ」より「義勇公ニ奉シ」までの一般徳目を指すとされ、つづく「天壌無窮ノ皇運ヲ扶翼スヘシ」は含まれないことになっていた。「斯ノ道」が「内外」に普遍であると述べられていることとの整合性を勘案したものである。協議会が設置される前年の修身教科書（昭和一三年四月三〇日刊「師範修身書　巻二」）にあってもまだこの解釈がとられていた。だがこの述義に対して協議会では重大な変更を行う。ひとつは「斯ノ道」に「皇運扶翼」を含ませることにした点であり、もうひとつは、第二段全部に加えて広くは第一段をも含めた全体を「斯ノ道」としてもよいという拡大解釈が行われたことである。一点目についてはこれに明確に反対する委員はなかったので、二点目についてみておこう。

すなわちこれは「皇運扶翼」を含む第二段全部に加えて、皇祖皇宗による肇国樹徳・臣民の忠孝美風というこれまで国体の淵源・精華として解釈されてきた第一段部分も「斯ノ道」に含ませ、「子孫臣民ノ倶ニ遵守スヘキ所」とするかどうかという問題である。これをめぐって委員間では大きく意見が割れたが、争点となったのは、第一には歴史的事実（肇国樹徳をさす）を皇祖皇宗の「遺訓」と呼ぶことの可否であり、第二には「子孫臣民」との整合性（「斯ノ道」は臣民だけでなく子孫＝歴代天皇も遵奉すべき道であるとされる）であり、第三には公教育の理念変更に関わるイデオロギー上の問題であった。つまり教育の直接内容として従来のような一般的徳目のみをさすのでは不足であって、国体と国体神話に直結する特殊的道徳を全面化したいとの意図に関わるものである。

最後の点に関わっては、従来の文部省解釈に変更を加えるにはよほど重大な理由がなければならないと反対した和辻に対して、「非常に重大だ。重大だから変へたいのだ。今迄狭く解してゐたから、天壌無窮の神勅も『斯ノ道』に入らないことになる。修理固成の詔も入れられんのだ」とした紀平の意見にそれを代表させることができる。第一段を含ませることになれば国体の神話的前提が「斯ノ道」道徳（修身教育）の直接的内容として指示されることになる。天壌無窮の神勅も修理固成の詔も含ませて、これを「扶翼」することが公的な教育目標となることになる。それは、「皇国ノ道」の内容解釈には「色々ある」とする立場に対して、「皇国の道は惟神の道です」と言い切る者に道を開くことであった（四〇〇―四〇一頁）。

これに賛成の立場をとったのは、紀平を中心に小西、山田、近藤(寿治)、久松、小川、友枝、林、井上(赳)であった。他方、第一段は含まないとしたのは、亘理、吉田を中心に、宇野、諸橋、和辻、森岡であった。議論では、「道と歴史的事実とは自ら別だ」(宇野)、「理事無碍といふやうに事実と道とを分けずともよいと思ふ。皇道といふこともあるが、その場合にも肇国の精神と事実とが含まれてゐる。『古今ニ通シテ謬ラス中外ニ施シテ悖ラス』も科学的意味に於て考へたらいかぬ。自然科学的な普遍妥当的のものと考へるのではなく、価値的に考えるべきだ」(小川)、「道とは当為当行の規範で単なる説明的の事実でない」(亘理)、「全体をうけるとしたい。天皇としては、みおやの君のなさったことはことどとく遺訓だ」(紀平)、「臣民からつとめあげる道……ばかりが皇道ではない」(近藤)、「紀平委員に賛成。天祖の神勅は事実だし、遺訓だし、我々の信仰である。その点から『斯ノ道』は全体にかゝる」(友枝)、「全部を含むはよいが……道[と]その根源……に区別は必要である」(宇野)、「事実と当為とを分けるのが絶対にいかん。さうすべきこの道そのものが事実だ」(紀平)といったやり取りがなされ(第五回会議)、「『斯ノ道』は……第一節全部を受ける。……即ち神ながらの大道である。……それの生じて来る所も『斯ノ道』に含ますべきである」(小西)、「道は何だといふことは各人の考によることとし[たい]」(吉田)、「禁秘抄に、『先ヅ神事、後ニ他事』とある。子孫は天皇の御子孫で臣民は天皇の臣民だ。そこで倶が生きる。……第一は受けん、第二は受けると言ふのは、色々気兼ねをしたデモクラチツクな、国体の分らん先生のゐた時代のことだ」(紀平)と紛糾した(第六回会議)(三九二—三九八頁)。

結局報告書では、「斯ノ道」とは、第一節(第一段・第二段)を通じて示された「皇国の道」であり、直接的には「父母ニ孝ニ」以下「天壌無窮ノ皇運ヲ扶翼スヘシ」まで(第二段)を指すとする、折衷的だが以前より確実に拡大された釈義が示されることになった(三五七頁)。

3 学校教育への反映

『国体の本義』は教刷評の基調を継ぎながら、皇室神話と現人神天皇観を公然用いて祭政教一致の国体論を述べ、聖訓協議会も広義の国体論に立ちながら、教育勅語の歴史神話的部分を教育目的(「斯ノ道」)中にいれることを正式決定した。以上のことが学校教育に反映されていった過程は、各期教科書の編纂改訂をつうじてはっきりみることができる。

神話的国体論の登載——国定第四期・第五期教科書

教学刷新評議会の設置と『国体の本義』の刊行は国定第四期修身教科書(小学校)の編纂作業中にあたっていたが、まずこの修身教科書の編纂方針に「国体観念ヲ明徴ナラシム」ことが掲げられた(文部省、昭和九年二月「尋常小学修身書巻一編纂趣意書」)[12]。これは従来と著しく異なるものであって、国体明徴の徹底という観点から天皇教材の工夫、祝祭日に関する教材が増加されたほか、天皇現人神観が初めて登場し、第二期と第三期では全く述べられていなかった天孫降臨の勅も「神勅」の表現で本格的に登場し、全文引用されるようになった[13]。

国体明徴の方針は修身以外の教科書編纂にも徹底された。第四期の国語読本(昭和八年使用開始)には神話や大和時代の天皇家の挿話がいくつも採用され、巻一一「皇国の姿」には「神勅」が引用された(昭和一三年二月刊「小学国語読本巻十一尋常科用」)[14]。第五期歴史教科書(昭和一五年使用開始)は「皇国民の育成」を目標として、その内容には神宮・神社の記事や陸軍記念日・軍人勅諭の下付などが加えられた。もっとも大きな特徴は、巻頭に「神勅」を掲げたことである。歴史教科書にはそれ以前から天皇歴代表の掲載はあったが、「神勅」の掲載は初のことであった。そこでは目次のあとに一頁分をとって「神勅」全文が掲載され、その次に天皇「御歴代表」、ついで本文の順となった。そうして、第四期では「万世一系の天皇は、三種の神器を皇位の御しるしとして、万機をお統べになって」とあったものが(昭和一〇年一月刊「尋常小学国史下巻」[15])、この第五期には「万世一系の天皇は、神勅のまにまに万機をお統べになり」と改められ(昭和一六年三月刊「小学国史下巻尋常科用」[16])、歴代天皇の統治を神勅に拠って説明し、神勅を国史教育を貫く精神として、天皇のことも「現御神《あきつみかみ》」［ルビ原文］と表現するようになった。

　聖訓協議会で確定された内容も、学校教育に反映されていった。とくに「斯ノ道」解釈に関する決定変更は、教育審議会答申を経て国民学校の目的規定に重要な意味をもたらすことになった。すなわち昭和一六年三月の国民学校令第一章第一条に教育目的として定められた「皇国ノ道」は、教育勅語中の「斯ノ道」を指すとされ、その内容範囲はひろくは第一段を含むとする聖訓協議会の決定にしたがうこととなったからである。さらにこの際、第一段中の「皇祖皇宗」は、『国体の本義』にしたがって神武天皇まででもなく、瓊瓊杵尊まででもなく、必ず天照大神まで遡ると協議会でもされていたから、ここにすくなくとも大神にまで遡る皇室神話の内容（惟神の道）が正式に教育の中心に据えられることになった。しかも国民学校では、教育勅語が修身教育だけでなく学校教育全体の包括的目的とされたことによって（国民学校令施行規則）、「斯ノ道」の釈義変更は修身教育の国体化にとどまるのでなく、学校教育全科にわたっての全面的国体化ないし「惟神道」化の基礎づけとされることになったのである。(17)

　国民学校令施行と同時に教科書は全面的に改められた。第五期修身教科書（昭和一六年使用開始）の編纂方針では「国民道徳ノ実践」指導を修身の目的として定め、孝から皇運扶翼までを直接的な「斯ノ道」＝「皇国の道」の内容と解し、ひろくは国体の精華と臣民の守るべき道の全体を指すものとして、個人道徳も社会道徳も「すべて天壌無窮の皇運を扶翼し奉らんとするところに帰着」するものでなければならないと説いた（同「教師用」書）(18)。教育勅語の公定解釈が修身教科書に初めて示されたのは国定第二期（小学・高等小学、明治四三年使用開始）においてであったが、そこでは皇運扶翼は孝から義勇奉公までの一般徳目をうける総括道徳として説かれてはいたものの、「斯ノ道」については孝から義勇奉公までの徳目のみを指すとされて、皇運扶翼はそこから除外されていた(19)。この点に関する大きな変更であった。

　「現御神」観は第四期に登場したのだったが、この第五期では祭祀の意義も強調されるようになった。これも「斯ノ道」の拡大釈義における第一段重視（皇祖皇宗の肇国樹徳）に関わっていよう。同教師用書には五項目にわたる「修身指導の重点」が述べられているが、その第一として、「祭祀の意義を明らかにし、敬神の念を涵養することにつとめなければならない。我が国は、現御神にまします天皇の統治し給ふ神国である。天皇は神をまつり給ふことによって天つ神と御一体となり、弥々現御神としての御徳を明らかにさせ給ふ」と述べられた。[20]『国体の本義』では天つ神と一体になる祭祀の意義が「現御神」たる「天皇の御本質」と「御聖徳」に関わって強調されたのだったが、それがここでは修身指導の筆頭に挙げられることになった。この精神に沿って、季節ごとの皇室祭祀、大嘗祭の教材を皇大神宮や皇室教材と連結させる教科書が編纂された。

「日本ヨイ国、キヨイ国、世界ニ一ツノ神ノ国」、「日本は神の国」などの日本神国観も第五期に登場し、天皇や国のために死を求める内容も現れた。[21]第四期にあった天孫降臨の勅の引用は第五期にはなくなり、「神勅」という表現のみが残されているが、第四期までは登載されなかった神話（冒頭第一課に伊邪那岐・伊邪那美が登場）がこの第五期に初めて用いられて、日本神国観が強調されている。

「臣節」の徹底——国定第六期教科書

『国体の本義』に述べられたような特徴的な国民道徳論、すなわち「臣節」「臣民の道」の精神も教科書上に現れるようになる。国民学校で用いられた第六期歴史教科書（昭和一八年使用開始）が、第五期までにあったような人物名を各課の題目としたスタイルを廃止しているのはこの考えによるものであった。忠臣烈士・英雄顕臣を模範的人格として讃する歴史叙述は、人格的史論的感化力によって教化教導をはかる歴史教科書の十八番であったが、第五期では課の約八割が天皇を含む人物名を題目として立てていたのに対して、第六期ではまったくこれがなくなる。すなわち「天照大神」「神武天皇」「最澄と空海」「菅原道真」「後醍醐天皇」「楠木正成」「上杉謙信と武田信玄」といった人名を立てていた第五期教科書に対して、第六期では「神国」「大和の国原」「奈良の都」「京都と地方」「鎌倉幕府」「吉野山」「八重の潮路」といった非人名の題目にとってかわった（昭和一八年二月刊「初等科国史上」）。[22]

第六期ではその冒頭に、天壌無窮の神勅の掲記と「御歴代表」としての天皇名の列記がなされたことは既述した。題目形式に関わる右の変更は、天皇名列記につづく本文の課目名のほうで、英雄ではあっても一臣民にすぎない人物名を同じように掲げることに対する憂慮のゆえであった。本文にも「君臣の分」が繰り返されているように、大義名分を正すことを根本義とする国史教育では、「よしんば忠良賢哲の人傑であっても、臣子の分際にある民草を、大君と同列の形式で課の題目に掲げるのでは、失当の難をまぬかれない」とされたのである。同様に本文内容の面でも、人物にふれて多くのページを割く点は従来どおりであったものの、第五期までにはあった人物の出自や生い立ちに関する叙述がかなり省略され、その分、いわゆる勤皇についての叙述が増加された。信長や家康の出自や生い立ちの記述が端折られる一方、秀吉が聚楽第に天皇を招き、天皇・公卿に領地を寄進したことに初めて言及するなどである。こうして「現御神であらせられる天皇」だけが君であって、雲上人の法主・将軍も臣民であり、国民はさらにその下層の民草であるという「分」が強調されたのである。[23]

国民教化の実をあげるための模範的人格の強調がゆきすぎ、「分」を踏み外す結果にならないよう、国定教科書の人格主義はより厳密な名分論をもって鋳直される必要があった。かつて吉田松陰や西郷隆盛といった「英雄」が公教育上、模範の選から漏れ、禁じられたことがあった。国民学校教科書の課名スタイルの変更と人物叙述上の変化は、その延長上にあって、絶対的英雄論の否定と大義名分に枠づけられた国体的英雄主義への移行をはっきりと表すものであった。

(1) 昭和一一年七月一〇日前後に、編纂委員一四名、編纂調査嘱託三名、本省側七名が参加して最初の編纂委員会が開かれた。編纂委員は、吉田熊次（教育）、紀平正美（哲学）、和辻哲郎（倫理）、井上孚麿（法律）、作田荘一（経済）、黒板勝美（国史）、大塚武松（国史）、久松潜一（国文）、山田孝雄（国文）、飯島忠夫（漢学）、藤懸静也（芸術）、宮地直一（神道）、河野省三（神道）、宇井伯寿（仏教）らである（久保義三『昭和教育史』上、三一書房、一九九四年、三七三―三七四頁）。ただし黒板は一度も出席せず、同専攻の三上参次が委員外として編纂に参加した（土屋忠雄「『国体の本義』の編纂過程」『関東社会学会紀要』五、一九七八年一一月、八頁）。このうち四人が教刷評委員と重なっている。

(2) 文部省「聖訓ノ述義ニ関スル協議会報告」（文部省、一九四〇年、佐藤秀夫編『続・現代史資料』九、みすず書房、一九九六年、に収録）三八八頁。

(3) 以下、文部省『国体の本義』（文部省、一九三七年）の引用は、近代日本教育制度史料編纂会編『近代日本教育制度史料』七、による。（　）内のページ番号は同書による。

(4) 小川義章（文部省調査課長として『国体の本義』編纂調査嘱託、のち教学局教学官）の説明による。憲法第一条に表現された政治的性質と、歴史的、道徳的、宗教的性格をもつ教育勅語の「国体ノ精華ニシテ」までの文言のいずれかでは不足なので、「それで苦心して憲法第一条と教育勅語とを併せ考へて定義した」（文部省「聖訓ノ述義ニ関スル協議会報告」三八八頁）。

(5) 最も初期の修身教科書において文部省は、皇祖皇宗の肇国を神武天皇の即位とする解釈をとっていたから（国定第一期「尋常小学修身書　第四学年　児童用」（明治三七年度以降使用開始）、皇祖は天照大神でも瓊瓊杵尊でもなく、『勅語衍義』よりきびしい解釈であった。だからこのとき当局として「皇祖」＝天照大神とする解釈をはっきりとったことは、国体明徴運動の要請によって生じてきた新しい動きとしてみなければならない。

(6) 久保『昭和教育史』上、三八七—三八八頁。

(7) 建議二号に述べられた国体観はこうであった。「例へハ我国ノ建立ハ一ニ君徳ニ因由スルノ事実、古来王道ヲ以テ治国ノ大訓ト為シ［タ］事実、神聖忠孝ヲ以テ国ヲ建テ武ヲ尚ヒ民命ヲ重ンシタマヒシ事実、皇室ト臣民トノ関係ハ自然ノ結合ニ成リ義ハ則チ君臣ニシテ情ハ猶父子ノコトク……動揺セサル事実、吾人臣民ノ祖先カ赤誠ヲ以テ皇室ニ事へ……継承シテ……忠孝一本ノ良俗ヲ成セルノ事実、維新ノ初発帝カ五事ヲ神明ニ誓ハセラレ皇室ヨリ自ラ進ンテ立憲政治ニ入ルノ端ヲ啓カレタル事実、我国ノ憲法ハ皇祖皇宗カ吾人臣民祖先ノ協力輔翼ニ因リ肇造セラレタル帝国ヲシテ世局ノ進運ニ膺リ人文ノ発達ニ随ヒ益々其ノ丕基ヲ鞏固ナラシメ以テ民生ノ慶福ヲ増進センカ為ニ……紹述セラレタルモノナルノ事実（以下略）」（文部省『資料臨時教育会議』文部省、一九七九年、一五八頁）。のちの教刷評におけるような「国体の本義の明徴」あるいは「皇学」「皇道」といった用語が使用せられた建議二号は、教刷評答申やその後の国体論の先取り的な内容を含んでいると評価されてきたが、じっさいは一定の隔たりのあるものであった。

(8) 天皇は、外国のいわゆる君主・主権者たるに止まらず、「現御神《あきつみかみ》として肇国以来の大義に随つて、この国をしろしめし給ふ」のが憲法第三条の意味であるところ、憲法の「他の規定は、すべてかくの如き御本質を有せられる天皇御統治の準則である」［強調引用者］。欽定憲法たる「帝国憲法は……皇室典範と共に全く『みことのり』に外ならぬ」のであり、憲法の「政体法の一切は、この御親政の原則の拡充紹述に外ならぬ」［同前］のであるというのがここでの憲法観であった（文部省『国体の本義』四一四—四一六頁）。最上位に「祭」をおく「祭政教」一致論のうちに、立憲的契機の否定ないし政体の神勅的「国体」への包摂が主張された。

(9) 明治以来の国民道徳の論理に宗教的契機が加えられるのであって、明治以来の自然的、道徳的契機がとり払われたというわけではない。「臣節」では忠孝一本およびその愛国との一致が、自然の情による「君民一体の一大家族国家」の論理と非「個人主義的」な「没我」の倫理道徳の双方によって説明され、また祭祀と道徳に関しても、報本反始の従来説に、惟神の道や神への奉斎やを加えるかたちで説明された。国体論は時代が下るにつれて「総合」化していくのである。

(10) 文部省「聖訓ノ述義ニ関スル協議会報告」三五八—三五九頁。

(11) 同右、の資料をここでは用いる。以下（ ）内のページ番号は同書による。

(12) 中村紀久二編『復刻版国定教科書編纂趣意書』六（国書刊行会、二〇〇八年、に収録）二頁。

(13) 『勅語衍義』以降、国定修身教科書には天皇現人神観はみられなかった。また天孫降臨の勅の引用はあってもそれを「神勅」と表現することはなく――小学校修身国定第一期では「この日本国ををさめよ」とだけ出てくる――、第二期と第三期では全く登場していなかった。もっとも民間では昭和五年以降に天皇現人神観や日本神国観が出て、教育勅語の意義が具体的な日常道徳を説くものから天皇権威を強調するものに転換し、小中学校修身教科書も総論優位の天皇主義に向かった（教育勅語解釈の国体論化）。中学校修身でも全教科書が巻頭に天孫降臨の勅を「神勅」と表現して全文掲げるようになるとともに、従来からの家族国家観に神国観と現人神観を加えた教科書が半数にのぼるようになっていた（小山常実『天皇機関説と国民教育』アカデミア出版会、一九八九年、一四三、四八二―四八四頁）。

(14) 文部省『小学国語読本巻十一尋常科用』（東京書籍、一九三八年）六一頁。

(15) 文部省『復刻国定歴史教科書』（大空社、一九八七年、に収録）一八一頁。

(16) 同右、一七七頁。

(17) 明治三三年の改正小学校令では、その目的規定で「小学校ハ児童身体ノ発達ニ留意シテ道徳教育及国民教育ノ基礎並其ノ生活ニ必須ナル普通ノ知識技能ヲ授クルヲ以テ本旨トス」と定めていた。つまり教育勅語に関する文言を明文化しておらず、そのために教育勅語にもとづくのは「修身ハ教育ニ関スル勅語ノ旨趣ニ基キテ児童ノ徳性ヲ涵養シ道徳ノ実践ヲ指導スル」（小学校令施行規則第二条）とされた修身科のみにとどまっていた。教育勅語を包括的目的としてもってきた国民学校令第一条の規定はまさに質的転換というべきものであった（久保義三「国民学校教育における矛盾の諸相」「講座日本教育史」編集委員会編『講座日本教育史』四、第一法規、一九八四年、一六六頁）。

(18) 中村紀久二『復刻国定修身教科書解説』（大空社、一九九〇年）九八―九九頁。

(19) 小山『天皇機関説と国民教育』一二八頁。

(20) 中村『復刻国定修身教科書解説』一〇〇―一〇一頁。

(21) 同右、一〇一頁、小山『天皇機関説と国民教育』一四四頁。

(22) 文部省『復刻国定歴史教科書』目録一―二頁。

(23) 和歌森民男「国民科の中の国史教育」（加藤章ほか編『講座歴史教育』一、弘文堂、一九八二年）二三八―二三九頁、中村紀久二『復刻国定歴史教科書解説』（大空社、一九八七年）四三―四六頁。忠臣英雄の名の代わりに皇室に関わる地名が多く題目にとられたのは、この第六期歴史教科書が、「国史読本」の体裁をもって皇国史として編集されたこととも関わる。天孫降臨の挿絵を初めて登場させたことや「神国」観念を一貫させる工夫も同様の狙いがあった。

第2節　狭隘化する国体論・天皇論——加藤玄智と井上哲次郎の昭和

ここからは本章冒頭に述べた課題について、本節では加藤玄智および井上哲次郎の、次節では大川周明の所説について取り上げ、それらが時代のオーソドクシーにどう齟齬していくことになったのかをみていこう。

I　加藤玄智の国体論の修正

徳治論の「自然」化——家族国家論への吸収

加藤の明治四五年刊『我建国思想の本義』の主眼は、天皇「現人神」論にもとづく「天皇教」にあった。その後、加藤はこれを現人神の二面性を述べた「神皇」論に発展させ、やがて大正八年の『我が国体と神道』ではこの神皇論に伝統的モメントを加えた国体論——天皇神位の肇国主義、国家的家族制、古今一貫の徳治国家、の三本柱からなる国体論が明らかにされた。

それによれば日本が禅譲放伐のない国家磐石の礎をもちえたのは、天皇の上に天や仏などを置かない神皇信仰と、家族国家の特質をもっていたためとされ（第一、第二の柱）、父子の情をもって人民撫育してきた歴代天皇の有徳性についても述べられた（第三の柱）。ことに「有徳の天皇として、現に吾人の目撃し」た明治天皇について、「総合家族制の首長頭首として……万世一系の皇位即ち神位を践み給へる明津神として、極めてふさはしき帝徳を該ね備へ給へるの聖天子……明津神たるの至徳を完備せられたる聖天子」だったと力説された(1)。天皇の神格性のほか、有徳性にも力点をおくのは『我建国思想の本義』からのものである。ただし『我が国体と神道』ではこれらと同程度に「総合家族制の首長としての御血脈の継承」が二つ目の柱として強調され、「帝王唯有徳説」を排する立場が示されたのだった(2)。

これは大正天皇の時代における天皇論上の変化（皇統主義の強調）を加藤なりに吸収した結果であったが、徳治主義も依然重んじられたことは変わらず、結論としてはこれら「三者の鼎立」が引き出されることになっている。「帝王に此三者の徳完備して、始めて万世一系、皇運の天壌と共に無窮なる所以」なのである(3)。大正一三年の『我が国体の特色と敬神の真意義』に述べられた国体論もこれにほぼ同様であった。皇位即神位・総合家族制・徳治主義の三本柱が述べられ、結論としても、皇統が天壌無窮である理由は天皇の神皇としての本質と総合家族国家の長であることが「夫々有力なる原因を為して居るに相違無いけれども、又之れと同時に皇室が奕世累葉、徳治主義を以て下人民を率ひ給ふたと云ふ所に淵源して居ると云ふことをも深く体認せねばならぬのである」とする、三者鼎立をいいながらも徳治主義の強調を免れていないところも同じであった(4)。

加藤の国体論にふたたび修正が加えられるのは、昭和八年刊行の『日本人の国体信念』においてである。「小序」では、本書の刊行動機として、これまで著作等で明らかにしてきた「余の国体観」に対し、「その改訂の必要を見るに至った」ことが告白されている(5)。従来のそれのどこが誤りだったとするのか、以前の説と引き比べて正すというかたちにはなっておらず、三本柱自体も外面的な変更はないので分かりにくいが、万世一系と三本柱の関係、ことに徳治主義の説明に変化がみてとれる。

すなわち同書の三本柱は、「神皇の知ろし召す神国日本」「我が自然国家と皇統一系」「国家的家族制の父長愛に由来せる徳治主義」であったが、さいごの徳治主義に関わって、それが「極めて自然の事」「生れつき自然の情味で以て」そうなっていることだと説明されるようになった点である(6)。すなわち一大家族国家たる日本では、「天然自然インスチンクトとして、親子の愛情を以て」「国家が成立してをれば、君臣上下……が、一身の治の如く行くことは、当然過ぎる程当然の事項で……昔からさう云ふ風に出来てをつた」と、天皇の有徳政治は総合家族制から自動的に引き出されることとして「自然」化された(7)。

昭和一三年の『神道精義』でも「神皇拝戴に終始する国礎」「万世一系の自然国家」「古今一貫の徳治国家」の三本柱

のもとに、徳治国家たるゆえんを国家的家族制をもってなる「自然国家」たることから無条件に引き出して天得的なものとしている。[8] こうして三本柱のうち家族国家が前に出されて、これまで彼の眼目であった神皇論と徳治主義のうち、後者がこれに吸収されるかっこうとなっているのである。

忠君論の「天性」化

天皇徳治論の天然化自然化が進められることと相関的に、忠君論についてもつぎのような修正が加えられていった。すなわち大正八年『我が国体と神道』では、乃木大将夫妻の忠死は「自覚ある服従」であって奴隷的盲目的なそれではない、明治天皇の「聖徳」ゆえであると論じていたが、昭和八年『日本人の国体信念』・同一三年『神道精義』ではこれが取り下げられ、かわって徳治論の天然化に応じた、やはり「天性」的な忠君論が唱えられるようになる。

『我が国体と神道』では明治天皇のとくべつ秀でたカリスマにむすびつけられたところの忠君論、臣民の服従は天皇の「聖徳」に応じてのものとするような条件付とも受け取れる内容の忠君論であったものが、『神道精義』では乃木大将の絶対服従心は「我が国史の上に於て枚挙に暇ない」民族精神の発現の一端として一般化された。[9] 有徳性を天皇の個人的属性にむすびつけることで聖徳―服従のばらつきを認めてしまう徳治論―忠君論をとりやめ、これらを極力自然化することは、明治天皇後の時代にあっても安定的な忠君精神を確保する論理上の必然であった。

徳治―忠君の自然論的転回は、これまでの加藤による行き過ぎた英雄的人格主義に対する補正の意味をもっている。明治末以降、加藤が試みてきたのは天皇ゴッド論および天皇聖徳論をもって天皇カリスマの再喚起を図ろうとすることであったが、その試みはいくらかの問題を孕んでいた。天皇の世襲カリスマの再・非日常化は国体観念強化にとって有効ではあるが、非日常的カリスマはその信奉者の存在を通してしか確認されない以上、彼らの存在はこれまでになく重要性を帯びてくる。『我建国思想の本義』において叙述上の力点が、臣下における天皇への熱誠的な信仰心の発露に置かれていたのもこのことに関わる。やがて天皇カリスマを証明する第一人者として忠臣乃木がクローズアップされることになるのだが、[10] 天皇に殉じた乃木の評価が最高に高められるにつれ、加藤の論は乃木教推進論のようになっていった。

忠臣の顕彰がカリスマの存在証明に不可欠であるとはいえ、ここに問題であったのは天皇カリスマ称揚のために天皇カリスマを相対化してしまうこと、忠臣らを神人として賞賛するスタンスを加藤がとることであった。「将軍は実に不死なる、不朽なる、不滅なる所の神の顕現で、さういふ偉大なる神が仮に肉を取って現れた所の人である」[11]とされる乃木の「デウス、ホモ Deus-Homo」としての本性は、「明神即ち現人神たる天皇」の本質でもある。天皇も Deus-Homo、乃木も Deus-Homo とするのでは迷わざるを得ない。靖国の神とはちがって、加藤の場合は「生きながら神」たることを忠臣にも認めた。加藤は天皇の祀り祀られる二重性をきらって、天皇＝ゴッドとする一神教的現人神論を述べた。だがそれは儒教的有徳王のもつのと同じ危うさを天皇に課し、天皇の神性徳性を証明する忠臣をも持ち上げざるを得ない（このケースでは天皇と同じ神の位置にまで持ち上げる）ことによって、天皇存在を二重に相対化することになっていた。

もちろんそこには大前提としての大義名分、君臣の分がなければならない。ただし加藤にとってそれは当然であっても、民衆の少なくとも一部にとってはそうではなかった。乃木将軍が天皇より「えらい」という信条を持ったため摘発された菩提堂事件（昭和一六年九月）は、乃木崇敬が天皇崇拝に反する形でじっさいに表出することがあったことを示した[12]。乃木の殉死は明治天皇への敬慕の念ゆえであったのに、乃木の優れた人格への崇敬が突出するあまり、天皇とこれを引き比べるにいたった民衆の素朴な発想が然らしめたものである。臣下と天皇を同じ人格（あるいは神人格）の資格において並ばせることになった人格主義の行き過ぎが、大前提であるはずの君臣の大義を踏み越えてしまったのである。

神人乃木のカリスマと神人天皇のカリスマとは、競合し、互いに衝突するような関係として彼らには感覚された。乃木をイエス・キリストとも釈迦ともいい、神人崇拝することをいった加藤の論はそのままでは、この事件が露呈したような「不敬」につながる問題性があった。上杉慎吉の述べたように、「功績徳望アリシ人ハ皆神デハ、皇道ハ成リ立タヌ」のである。したがってここに加藤は、天皇は個体差なく神であり有徳者であり、臣下は一律に無条件に服従するものなのだという「自然天然」の論理を導入する。それは大義名分を自然化不動化して人格主義的英雄論に被せることで、神人的臣下論の暴走に歯止めをかけるものであった。

しかし自然的な徳治とか自然的な忠君というのは、倫理性規範性を本質とする徳治論および忠君論の破綻に他ならない。国体の安定化の対価として、天皇現人神論・聖徳論によるカリスマのインパクトが薄められ、情熱あふれる忠君の勧めと克己修養の必然性が失われることとなった。

2 井上哲次郎不敬事件

加藤がその国体論を修正したのは、大正期以降における国体観・皇室観の大勢変化を感じ取ったためであると考えられるが、また身近にも、昭和初めに起きた井上哲次郎不敬事件の影響が大きかったと考えられる。

井上哲次郎不敬事件とは、ながく国民道徳論の正統イデオローグを任じてきた井上が、その『我が国体と国民道徳』(大正一四年。以下『我が国体』)によって、昭和元年、頭山満や葦津耕次郎らの告発により不敬事件の当事者となった事件である。これをきっかけに翌年、同書は発禁処分をうけ、また井上自身も公職を追われることになった。

頭山らが『我が国体』に不敬の記述ありとしたのは、三種の神器が現在は存在しないかのような誤解を与えるとした点のほか、(1)万世一系を「条件」とし、我が国体破壊の端を啓かんとす。(2)天祖の神勅を疑ひて後人の仮託となす。(3)天祖を神話に属すとなし其の実在を疑ふ。という点であった[13]。

とくに説明を要するのは(1)である。『我が国体』によれば、「皇統一系が即ち我国体である」と世の論者はいうが、「単に血統の継続のみを以て」国体とするのは浅薄である。「血統の継続と共に精神の継続がある」、「即ち王道主義の一貫」こそが重要なのであって、天祖の神勅にいわれる天壌無窮のことは、この「二つの条件」が神勅のとおりに実行されてはじめて生じてくるのだとする。「縦ひ皇孫が統治者であっても、若しも仁政を施されなかったならば、矢張第三段の結果［神勅中にいう宝祚天壌無窮という結果］は生じて来ないことになる。即ち条件附である」というものであった[14]。

井上の「条件附」国体論とはすなわち徳治主義の主張、天皇支配がつづくには血統主義では足りず、「精神の継続」＝王道主義（仁政）がなければならないとする主張である。そのポイントは、天祖の神勅の史実性・絶対性や、三種の神器や血統の継続を絶対根拠とするものから、シラス論＝精神優位の国体論に切り替えるところにあった。その趣旨は、皇統がいつも直系というわけではなかったこと、三種の神器のうち玉のみが本物であることを述べながら、その場合でも国体の本質である「天皇意識」＝歴代の精神的継続の方は一貫していると主張することであって、国体破壊などでなく国体擁護を意図するものであったことは間違いない。だが王道主義を天壌無窮の必要条件であるとまで断定したそれは、天皇支配の永遠性を「条件附トシ我ガ国体破壊ノ端ヲ啓カムトスル」もの、「道徳」が欠如すれば革命による国体変革もやむなしとする論に他ならないとして、頭山らの指弾の対象になったのであった（右記の(1)）。

「精神」性、「天皇意識」の継続を主にした井上国体論においては、神勅の史実性や神器の客観的存在性は本質的な問題とはならない。天照大神とその神勅、神器の由来を井上はそっけなく「神話」「伝説」としてしまう。この書は主に中学校教員に読まれることを想定して書かれたという。井上にとってこの脱神話化の意図は、「かのやうに」納得し切れない科学的マインドをもつ国民中堅層に向かって、「シラスの政治」「王道主義」という道徳性精神性にこそ国体の核心があると説き及んで、彼らを説得することにあっただろう。またその念頭には、大正天皇の存在があったかもしれない[15]。天皇の資質と権威に欠けると考えられた大正天皇の登場は、万世一系の血統による保証という考えに再考を促すものであった。だが皇統一系の根拠を確実に掘り崩すことになる井上の「神話」云々の言説が、国体の天壌無窮性は「条件附」であるとの先の言葉とあわせて、糾弾の標的にされないはずはなかった（右記(2)と(3)）。

本書『我が国体』がこの時期に書かれたことの大きな背景としては、新興中間層を中心にした、社会「改造」を求める大正デモクラシー運動の展開と、立憲君主制を前提に民衆のための政治を説く民本主義の隆盛があった。君主制ロシアおよびドイツの崩壊を受けてこれらはいっそうの高まりをみせていた。そもそも民本主義は、天皇主権と民主主義を調和させる意図をもって、吉野作造より前に井上自身も唱えていたことであり、新思潮への共鳴が井上に本来濃厚にあったことは疑いない。だが井上がこれをもって国体改造を唆す方向に向かうことはあるはずもなく、新思潮を国体の側に引き寄せる新解釈によって国体論を補強する方法を練ったにすぎない[16]。すなわち王道主義的国体論をもって、日本の国体がじつは「国民の進化発展」、民主主義に適合的であったのだとの見解をもってあたろうとしたのである。

大正デモクラシーの流行を危惧した政府は、立憲主義の広がりを抑え、人心引き締めのための国体観念強化策をとり始めるが、井上も主観的にはそうした側に与して人心を鎮静すべく同書を試みた。だからそこには、改造の不必要なる日本の先取性を示して、君主制崩壊のロシア・ドイツと日本とを決然切り離そうとする部分がある。人民による政治(government by the people)の意味での民主主義は日本に行われたことはなかったが、「シラス」の政治すなわち「人民の為の政治(government for the people)」という意味での「民本主義は、我邦に於て建国以来行はれて来て居る」[17]。もと「民主主義」的性格を含みもつわが国体は「元来労働者を尊ぶ」ものでさえあったと、かの国々の非民主性に対して民本主義的な日本の君主制を対比させ、国体を護持しようとしたのであった。

『我が国体』に述べられた道徳国家とか天皇の仁慈といった要素そのものは、それだけでは糾弾されるべき内容には必ずしもあたらない。儒学的発想による天皇徳治論は天皇側近も説いたし、井上毅のシラス論以来、政府中枢部のものでもあった。ところがここではそれを強調しすぎて従来的な神聖根拠の否定にまで及んだこと、刊行されたのが「国民精神作興ニ関スル詔書」の渙発(大正一二年)や治安維持法の制定(同一四年)に表れる、民本主義自由主義への対決姿勢を政府が明確にし始めた時期に重なったこと、また同書がたんなる知識層ではなく国民教育を担う中等学校教員を主な読者と定めて刊行されたものであったことなどがこれを事件化することにつながった。社会全体の右傾化していくなかに、井上の民本主義的国体論が見過ごされるなどということはなかった。学問研究としてならよいが、教員を対象に説く国民道徳としては非常識きわまる内容であるとの批判が社会的に高まった[18]。「顕教と密教」の使い分けについては重々承知していた井上も、顕教による密教征伐のおこなわれる前夜、この時代転換期においてその適用を見誤ったのであった。

井上哲次郎不敬事件は、関東大震災後に明確となっていく国体一元主義の時代の始まりを告げる象徴的事件のひとつであった。本事件で王道的国体論が疑義の対象になったことは、特殊的神勅的国体論の全面的な登場を促すことにつながった。これ以降に天皇の仁政論が失われていくわけではなかったが、それのみに立脚するものは異端とされ、国体論の許容範囲は狭められていった。国体をさまざまに論じてきた者、とくにその指導的立場にあると自認してきたイデオローグたちも、無用な批判を招かないよう神経質にならざるを得なくなった。こうしたなかに加藤も自著中の国体論に「改訂の必要」を認め、時代に同調した『日本人の国体信念』を出していくのである。徳治主義の偏向を改め、万世一系と「ナチュラル・インスティンクト」論に舵を切った加藤の国体論は、不敬とされた井上国体論の改訂版としても読むことができるだろう。

3 天皇論の諸位相

ここまでに触れてきた天皇論・国体論は（ふつう国体論の中核に天皇論がある）、極端な神勅無謬観にもとづくものから民主国家の立憲君主論にちかいものまで多様なものを含んでいた。「国家神道」ないしは国体イデオロギーに関わって従来研究者が行ってきたところの定義は、それらの最大公約数的な要素を拾ったものといえるが[19]、ここではその幅の広さや時期的変化を含むとくに近代日本の天皇論の諸位相をとらえるために、皇位主義―天皇主義の基本的な二類型を軸にそれらを腑分けし、ここでの小括としてみたい。

（1）人格と伝統の原理――およびその形而下的・形而上的パターン

ここに試みるのは、天皇論のタイプを大きく皇位主義―天皇主義の二つに分けた上で、それぞれにおいて形而下に寄ったそれと、形而上に寄ったものとを拾っていくことである。もちろんこれは分析上の区分なり類型であるから、じっさいには形而下、形而上のへだてなく、かつ複数の要素をもって説かれるのが普通であったし、皇位主義―天皇主義の区別にしても論者自身がそのことに自覚的であったわけでは必ずしもない。このことを念頭においた上で、皇位主義—天皇主義の類型とその指標、それぞれの形而下的—形而上的なバリエーションについて述べていこう。

国体を万世一系の天皇統治という意味に限ってとらえるなら（大日本帝国憲法第一条に相当）、皇位主義は国体にほぼ等価の内容をもっている。皇統の連綿性を核にする国体論において天皇の権威は、個々の天皇にではなく皇位じたいに帰せられている。個々の天皇の権威は皇位の継続を前提として保証されるものであるという意味で、このような天皇権威のあり方は天皇主義というよりただしくは「皇位主義」的と呼ぶべきであろう。この皇位主義的天皇論は国体論の言説において近代日本を通じて一貫して行われた。

しかし恒常的に存在したわけではなかったが一部においては、天皇個人に対する崇拝を核にした天皇論も存在した。明治「大帝」崩御のころ、明治天皇その人への熱狂的な支持に裏づけられた、単なる伝統や代替わりではすませられない個別的な天皇崇敬が高まった時期があった。明治末から大正初めにかけて上杉慎吉や加藤玄智が述べた天皇論をその典型として、天皇の個性の称揚と人格崇拝を主にする天皇論がこの時期に現れる。そうした天皇論は、さきの皇位主義に対して天皇主義的な天皇論と呼ぶことができよう。

天皇主義における人格の原理——有徳性と神性

天皇主義の純粋型は、その神聖性や有徳性あるいは政治能力等が個別の天皇その人に個人的に帰属すると考えられている場合である。明治天皇についてみれば、その権威は伝統や記紀神話などと完全に切り離されることはなかったものの、国民が信じたところの、明治年間のめざましい国家発展と結びつけられた君主としてのその統治力や「御聖徳」が偲ばれ、すなわちカリスマを保有するその人格じたいへの崇敬として顕著に現れたのも事実であった。継続性や伝統の原理が優位する皇位主義に対し、天皇主義では「人格」原理が突出する。個体の属性（人格）に帰されるカリスマは、天得的な資質とも後得的とも考えられる場合があろう。

天皇の人格的権威についてはまずその有徳性（「御聖徳」）に言及されるほか、進んではその神性の高調となり、宗教的救済者の像が投じられることもある。井上哲次郎の大正期における天皇論は皇位主義をベースにしながらも「天皇意識発達の程度」「天皇人格の実現」に個差があることをいい、道徳的人格ないし修道者としても天皇をみることを促した。井上の天皇論のこの一面は形而下的な人格主義（王道論）にとどまったが、これに対し、明治天皇崩御直後における上杉や加藤の天皇論はそれを明確に宗教的神格（カリスマのぬきんでる生き神）にまで引き上げるものであった。彼らの唱えた天皇「神」信仰は、キリスト教的一神教にモデルをとり、明治二〇年代以降一般的であった天皇「天孫」論を破ったところに特徴があった。「天孫」論を不満とする加藤の天皇ゴッド論は、子なる神・キリストでなく父なる神・ヤーヴェに天皇を重ねるもので、上杉も天皇唯一神を論じて神典の神々を排したのだった。

ただし有徳性であれ、神性にまで高められる場合であれ、どちらの場合にも天皇の人格カリスマは完全に後得的な（修道の結果としての）保有とされるよりは多少とも天得的な資質に関わるものと観念されるのがふつうであった。元田永孚の君主論は明治初期に儒教的な成徳主義にもとづいて天皇の修道を促したが、これは例外的であって、ほとんどの場合は皇室連綿の血統がその徳性神性と切り離しがたいものとして観念されている。天皇の人格カリスマは皇統の権威から離れることがなく、これゆえに天皇は、近世儒学下の統治者のように道徳主義的論断の対象となることを免れる。皇位主義から完全に独立した純粋な天皇主義の行われることは容易でなかった。

皇位主義における伝統の原理——歴史、感情そして神話的始原

皇位主義の場合、天皇権威はその引き継がれた血統ゆえに自動的に保証されているのであるから、人格優位の天皇主義とちがって没個性的である。天皇個人より、血統—皇位の連綿性が象徴ないしは集約するところの「伝統」の価値にそれは導かれる。ここでいう伝統とは、ながく皇室の万世一系支配にあった（とされる）歴史・慣習の諸価値をいい、そこには皇室とこれを支えてきたとされる臣民の双方の祖先らの過去の営みが含意される。この伝統は形而下的に捉えられることもあるが、万世一系支配の根拠をたずねれば天壌無窮の神勅や三種の神器を含む皇室神話にいきつくし、人代以降の列聖統治の神国の強調にもなるように、形而上的要素に力点がおかれる場合もある。こうして皇位主義にあっ

天皇論の型

	天皇権威の源	その諸契機 形而下的　→　形而上的	後得的／天得的
天皇主義	人格（個性的）	道徳的資質 政治的能力 →現人神論（超「天孫」的）	後得的，天得的
皇位主義	伝統（没個性的）	血統，歴史・慣習，感情・本能 →皇室神話（天孫降臨，三種の神器等）	天得的

ても、形而下的皇位主義すなわち伝統の意味が世俗的にとどまるものと、形而上的皇位主義すなわち伝統の淵源まで遡っての神話的性格をつよく打ち出すところのそれとの、二つの極を拾い上げることができる。

どちらの場合も血統の論理は重んじられる。ただし形而下的皇位主義の場合、血統者としての天皇が奉じられるのは、血統が史的一貫性を保障し伝統の権威を体現するものと考えられているからである。この伝統とは皇祖皇宗の遺訓であり、歴代天皇の示し守ってきた道であり、自分たちの祖先が代々遵守してきたものであって、上下がともにこれを尊いものとして顧み、奉じていくべきものである。皇室の権威はこの遺訓や道のなかに埋め込まれ、「今上陛下」はこの価値、伝統の体現者としての資格において敬慕される。皇祖皇宗の遺訓であれ道であれ、日本固有の伝統と思われるものを体現し、伝えていくのが血統者たる天皇だから天皇に価値をおくという考え方である。

この場合、血統カリスマの神話的原初が忘れられるわけではないが、これが二義的なものになるにしたがってマックス・ヴェーバーのいう伝統的支配の型に近づくことになる。そうした形而下的な皇位主義のなかには、血統による連綿性を支持するのに神話によるよりもむしろ自然主義的正当化を駆使するものも多い。その代表は家族国家論的国体論である。穂積八束は、日本では祖先教にまで高められたところの、人間の家族的「感情」という「自然」ないし「本能」が天皇支配の支えであると述べた。国体言説におけるこうした合理的な傾きは他にも、易姓革命に無縁の国家磐石の基盤として皇統支配が有用だと論じた井上哲次郎、同じくそれを国民安立のためと論じた大川周明の所説中にもみることができる。井上や大川は神話神典にも言及するが、その意図は歴史主義ないし理想主義的枠内にとどまっているのであって、伝統の契機に寄せるところの形而下的性格を第一にするものであった。

このような形而下的皇位主義による万世一系論は、合理的性格をもって明治初めに啓蒙主義の洗礼を受けた人々の審理眼にも堪え、また歴史主義的な枠組をもちいてその後も一定の共鳴を得つづけていくが、他方で、記紀神話によった形而上的性格を主にする神権主義的天皇論も並行しておこなわれてきた。その典型は、明治初頭の神道国教論におけるそれと、「語事、伝承」だとしながらも記紀神話を重点化し、天壌無窮の「神勅」を直接根拠とするにいたった『国体の本義』の皇位主義であった。

(2) 国体論の時代的推移

皇位主義―天皇主義の加味―総合的国体論

天皇権威を個人的カリスマのみに基礎づけようとする純粋な天皇主義の試みは例外的であって、皇位主義があくまで基本であったが、しかし時期によって一方が優位になったり、他方が抜きん出たりするという変動はあった。

神道国教化がめざされた明治初頭を除くそれ以降の時代について、本書に扱った論者ら各期の国体論を念頭に、その変遷を大づかみに整理すればこうなる。すなわち明治期における合理的科学的思考をもって伝統や歴史や人間性(感情、本能)に関連づけて説かれた旧型の国体論、大逆事件や明治天皇崩御を契機にピークに達した天皇主義的天皇論を核とする国体論、大正天皇を念頭においての皇位主義的天皇論を軸にするそれ、そして皇位主義をベースに天皇の神聖性が再強調されたところの昭和期の国体論――これらが時代を追って成立していった。

明治初年、そして明治「大帝」崩御に際しては天皇主義的傾きが認められたが、反対に、日清戦争後の時代や大正天皇の時代には天皇の「機関」化・「制度」化が進行して皇位主義が優位になり、さらに昭和天皇の時代には明治初年にそうであったところの「生き神」としての天皇の性格が押し出されて[20]、天皇主義がふたたび強まったとできる。こうした国体論の趨勢に沿って時期により見解を変化させていった論者もあった。大正期半ばころより漸次皇位主義を取り込んでいった加藤のケースがそうであったし、また上杉も伝統優位の国体論→天皇本尊主義による天皇主義的国体論→皇位主義ベースの神聖天皇観へという変遷をおおよそたどっている。

『国体の本義』――総合化と神霊憑依論

先に述べたが、国体を血統主義による一系的天皇統治という意味でとらえるなら、皇位主義的天皇論はこの意味での国体にほぼ重なってくる。天皇統治は皇位主義による天得的な地位によって保証されるのでなければ磐石とはならない。ただし国民の至情に訴え、国民道徳の能動性を高めるために、適度に天皇主義的契機を呼び込み、天皇カリスマを喚起していくことも必要であった。井上、加藤はともに、天皇支配の道徳性なり宗教性の強調によってこれをはかろうとした。それはそのときどきの時勢的必然があってのものであったが、しかし皇位主義とのバランスを欠けば、天皇は有徳の一君主ないしは一宗教の本尊に堕して、他の英雄徳者や神人らとの競合関係に落ち込んでしまうことも明らかになった。血統のみでは不十分との思いより発した彼らの国体論は、反転して、天皇の地位を脅かす危険な教説にもなることがわかったのである(21)。

さいごに現れたのが、国体的情熱の梃入れと国体の礎の堅持の二要請のあいだでバランスをとりつつ、天皇主義と皇位主義とを後者優位に総合した『国体の本義』における国体論であった。国体の核を「現御神」たる天皇の神聖性において説くが、天皇主義に突出せず、その神聖性有徳性は神話伝承、血統、歴史や儀式（霊統をしめす祭祀の執行）などの複数の要素に分散して根拠づけられた。

祭政教一致を理念とする『国体の本義』の特徴のひとつは皇霊憑依の祭祀論にあった。大嘗祭等の皇室神道の儀式中には、民俗宗教に通底するような霊的な権威の獲得様式の表現がある。天皇祭祀論は、シラスの王道政治と血統による正統保証という二要素を結び合わせる（君主の有徳性を皇統と不可分とする）役割があったが、天得的な皇位主義をベースに神霊憑依の後得的契機を呼び込んで、天皇カリスマを活性化してみせる妙がある。祭祀執行が天皇に限られているという点で、シラスの仁政者としての道徳的カリスマは血統者にとってのほぼ所与とみなせると同時に、儀式による後得的なものとも解されることで、天皇の神聖性有徳性は出生によりオートマティックに保証されるという考え方、血統内にカリスマが埋め込まれているという論法では満足しない向きに対してアピールするものになっているのである。それが単純な霊位主義とならないよう、他の霊的権威との競合に発展しないよう、十分に皇位化―血統化しておくこともまた当然である。皇位主義に齟齬する儒家流の修道主義を加えるのとはちがって、このような祭祀論を加えることは、皇位主義の枠内で、すなわち天皇個々の素質や努力の如何にかかわらず天皇カリスマを増さしめる最善の工夫であった。

近代日本の国体論の特徴はその包容性と無限定性にあったといわれる。[22]『国体の本義』も既存の国体論を集積総合したところに成立しているが、ここに無限抱擁的であることはしかし、異なる力点を持って説かれる多様な国体論をそのままに懐広く許容することを意味するわけではなかった。[23]

(1) 加藤玄智『我が国体と神道』(弘道館、一九一九年)六三―六四頁。
(2) 同右、四〇―五〇頁。
(3) 同右、六四頁。
(4) 加藤玄智『我が国体の特色と敬神の真意義』(愛国社、一九二四年)一七頁。
(5) 加藤玄智『日本人の国体信念』(文録社、一九三三年)一頁。
(6) 同右、六〇―六一頁。
(7) 同右、五七―五八頁。
(8) 加藤玄智『神道精義』(大日本図書、一九三八年)二一一頁。
(9) 加藤『我が国体と神道』二二四頁。
(10) 第4章に前述した「斯の神々しさを仰げ」の一文、「此所に一言を惜しむこと能はざるものは、明治天皇陛下の御聖徳のことで、若し諸君が、『名将の下に弱卒なし』と云ふ格言を信ずるならば、かかる忠勇無比、誠忠無二の将軍を、その配下に有せられた明治天皇陛下が、如何に御聖徳であらせられて、名君におはしましたかは自ら拝察し奉らるるので、是くの如き名将と肝胆相照し給ふた先帝の真に名君英主にましますことは、今更ながらに恐察し奉る次第である」(同論文、二三頁)――天皇の聖徳は乃木の忠臣ぶり介して確認されるのである。
(11) 加藤玄智「斯の神々しさを仰げ」(『中学世界』一五―一五、一九一二年一一月)六八頁。

(12) 井上順考ほか編『新宗教事典』(弘文堂、一九九〇年)五〇三頁。
(13) 以下は「井上哲次郎不敬事件」(佐藤秀夫編『続・現代史資料』八、みすず書房、一九九四年)を参照。
(14) 井上哲次郎『我が国体と国民道徳』(広文堂書店、一九二五年)八—九頁。
(15) 渡辺治「天皇制国家秩序の歴史的研究序説」(『社会科学研究』三〇—五、一九七九年)二六六頁。なお天皇「意思」の継続論じたいは、『勅語衍義』や『国民道徳概論』にまで遡って井上に見出せる。それがここに再強調されたのは大正天皇を考えてのことであったとしたら、武烈天皇の暴政を例にとって、こうした天皇が幾人かあっても「天皇意識の継続」に差し障りはない(井上『我が国体』一六頁)と述べていることにも納得がいく。もっともこれは、井上もわかってはいようが、厳格な意味では儒学的な王道主義とはすでに別個のものになっている。天皇個人から没個性的な「天皇意識」なるものに根拠をシフトさせた「精神的皇位主義」ないし「皇位主義的王道論」とでも呼びうるものになっているのである。
(16) その第一章冒頭で井上は、世界大戦後の社会改造論の風潮を「喜ばしいこと」だとして、国体も国民の進化発展に矛盾するようなものならば「改造」する必要があるとまでいっているが(井上『我が国体』一—二頁)、それはあくまで民本主義の枠内のことであり、「我が国体を根底より破壊しようとする」ことではもちろんない(同書、序二頁)。
(17) 井上『我が国体』三六頁。
(18) 「井上哲次郎不敬事件」三四二頁。
(19) 国家神道すなわち国体の教義は「神である天皇が統治する大日本帝国の神聖性の主張であり、その根拠は、古代国家がつくりあげた記紀の政治神話にあった」とし(村上重良『国家神道』岩波書店、一九七〇年、一四一—一四二頁)、「記紀神話での天壌無窮の神勅や三種の神器、天照皇大神と血統的に結びついているというミカドの宗教的権威」に関係して(宮地正人『宗教と国家』日本近代思想体系五、岩波書店、一九八八年、五六五—五六六頁)、「天皇の神権的絶対性」を引き出す(安丸良夫『神々の明治維新』岩波書店、一九七九年、三—四頁)、血統の契機と記紀神話をおおよそ中心にするものである。
(20) 飛鳥井雅道「近代天皇像の展開」(朝尾直弘ほか編『岩波講座日本通史17(近代2)』岩波書店、一九九四年)。
(21) 血縁的系譜の論理だけに支配の正統性根拠を求めることは、およそ政治における規範性と倫理性を追求すること自体の否定にまで到達せざるをえない(丸山眞男『丸山眞男講義録』五、東京大学出版会、一九九九年、二九七頁)。これに悩んだ井上哲次郎は、「人格」ならぬ「天皇格」なる語を造語したが、これは血統論理というベースに倫理性を加えつつ、整合性を与えようとしたものであった。それは天皇個々の有徳性の個体差は、「天皇格」の実現の程度差だと説明するもので、天皇に対して人格主義ないし修道の要素を求めるのだが、それを「人格」と呼ばずに「天皇格」と称するのは、皇位主義への配慮すなわち他の人間(「人格」)とは断絶する至高の存在たることが血統によって保証されていることをいったものであった。
このような皇位主義的王道論をとったものの、しかし井上はおそらく最後まで、神勅＝血統論理を天皇主権の最重要素とする『国体の本義』のような扱いがなく、加藤も、修正国体論(「家族国家」化された徳治主義)を唱えはしても、徳治の根拠に神勅を結びつけることがなかったのは同様であった。

(22) 丸山真男『日本の思想』(岩波書店、一九六一年)三四頁。

(23) 同右、六三頁。

第3節　排撃される人格主義——大川周明と上杉皇道論の昭和

ここからは大川思想のその後についてみる。井上や加藤の国体論が、『国体の本義』にのち集約されていくような正統から外れる内容をもって批判・修正を余儀なくされていったように、大川の国家論・宗教論もまた天皇絶対的なイデオロギーから逸脱する部分をもって民間右翼の激しい攻撃を受けるようになっていた。それは大正末頃よりまず原理日本社の蓑田胸喜によって始められ、のちには国家改造の同志中からも厳しい批判が行われる。ここではそれらの内容を検討し、昭和期の時代思想のなかに大川思想をどう位置づけることができるのかを考えてみたい。

I　大川著『日本及日本人の道』批判

蓑田胸喜と上杉思想

蓑田胸喜(一八九四—一九四六)は大川より八歳年下で、東大で宗教学を学んだ人物である。だが法学部にも在籍し、学生時代をとおして上杉慎吉の強い思想的影響下にあった。学内では木曜会や新人会に対抗した、上杉門下生らによる興国同志会および七生社に参加し、興国同志会では森戸追放運動をおこなった。卒業後も「反国体的」な帝大教授らを糾弾する活動をつづける。原理日本社と『原理日本』誌が活動の拠点であった。蓑田と同人たちは、「民主」「共産」主義的著作の発禁・処罰をもとめて、関係省庁、政府、政党、軍の高官らに働きかけ、昭和八年には京大教授滝川幸辰を罷免に追い込んだほか、同一〇年の美濃部達吉の天皇機関説事件、一三年の河合栄治郎事件、一五年の津田左右吉事件などを引き起こしていく。蓑田は「民間思想検察官」と恐れられた[1]。

蓑田が執拗にとりくんだ反国体思想排除の言論活動は、かつて上杉が「国体精華の発揚」のため第一に行うべきは思想淘汰だとしたことに沿っている。上杉の挙げた「国体の精華を発揚するの方途」六項目中、その「第一歩」が、国民中にある「不純なる猥雑物を排除し、思想を淘汰して、悉く邪悪異端なるを洗ひ去り、国民思想を浄純ならしめ」る「思想の淘汰」であった。個人本位の非国家思想、国体の尊厳を損なう民主思想など、これらの流行衰退を「自然の代謝に待つ」のでなく、言論出版集会結社を取り締まり、「主権を以て……排除すべきと為すは当然」とし、とくに官職にあって非国家思想を抱き、改悛しない者は官職より除斥すべきであると主張した。しかしこの任務は今の政治組織では行うことはできない、ゆえに「之を一に有為なる国民の奮起に待たざるべからざるなり」と上杉は説いていた[2]。「民間思想検察官」として恩師のこの宿願を率先して実行し、一定の成果にむすびつけたのが蓑田であったとできる。

なお蓑田は大川に対しては、鹿子木員信を介して面会する機会をもったこともあるようだが、あるときから蓑田は、世間からは同じ右翼的立場にあるとみられながらも、その思想上の相違をとらえて大川を激しく糾弾する側に回る。原理日本社を起こした翌年の、いわゆる忠君愛国論争（大正一五年）にそれは始まる。

忠君愛国論争――「敬天」の人格主義

大正末年、蓑田の『原理日本』誌と大川の『月刊日本』誌上において「忠君愛国」論争が展開された。論争を仕掛けたのは蓑田で、大川の著作『日本及日本人の道』に、忠君と愛国を切り離す「驚くべき謬見」があると蓑田が非難したことに発する。「忠とは……宗教的」なものという大川の発想については前にみておいたが、同書中にこの忠君観をもって世の「忠君業者」を揶揄した大川は、忠君と愛国が同一だとする考え、「日本の国家を盛んならしめれば、それが取りも直さず天皇陛下への忠義になる」というのは「非常なる牽強付会」であると述べたことに蓑田が反応したものであった。

大川は同書で、「忠」とは「天皇を通じて神に随順すること」、「天皇に於て生命の本原を認める一個の宗教」たる点に「忠君の本質」があると述べている。国家のために働く愛国者のすべてが、この宗教的感情を頂点とする忠君の本質を理解しているわけではないと言いたかったのだろう。だがここで自分の「忠君」観をくわしく披瀝するなかに、その「誤謬」を蓑田に突かれることになった。大川はこう言ったのである。一個人は、家族の一員として孝なること、国民の一人として忠なることとは別に、家や国を超越した個人としても「純なる神」を拝することができる、と。

固より私は大川家の大川であり、日本国の大川でもあるが、家国を超越せる天上天下唯我独尊の大川でもある。私の魂の最も深い処に於て、私は純乎として純なる神を拝することが出来ます。即ち親を通して、また君を通して天を敬するのみならず、親と共に、また君と共に天を敬するものであります。(3)

蓑田はこれをとらえて、これでは「日本人大川氏と『家国を超越せる天上天下唯我独尊の大川』と『天皇』と『神』とは統一中心を失ってバラバラのものとなつてしまふ」という。大川における信神が「国」を超えていく発想の根源を、蓑田はこう見抜いていく。大川の個人的信仰観を、そのいうところの「敬天愛人」「則天行地」〔強調は蓑田〕の標語に照応させてみれば、大川が真に拝する神とは、「天上天下唯我独尊の大川」個人が拝する「純乎として純なる神」の方であって、「天皇を通じて」随順できる神の方ではない。大川の拝するそのような神は漠然たる抽象的な神、中国思想の「天」や「道」、インド思想の「仏」、西洋思想の「神」ではあっても、「わが『神ながらの道』の神では断じてない」。「日本の神」とは、天皇を含めた日本人の祖先でなければならない、忠君と愛国を「全然同一」とする日本人としてそれが当然の神観であるはずなのに、と。(4)

「忠君」を信仰の域において捉える点でふたりは同じだが、「忠君」の天皇信仰を、より普遍的な純なる「宗教」の原理において包摂しようとするのが大川であれば、天皇を超越するいっさいを否定してこれを絶対化するのが蓑田であった。そうして蓑田は、大川の普遍神信仰のなかに「家国を超越した」自己中心、自己神化、自己礼拝のあることをいい、その個人主義を断罪したのである。

これに応えて大川は蓑田への反論（「蓑田氏の批評を読む」）を書くが、批判をかわそうとするものでなく自説を繰り返すものであった。まず「忠君愛国」論に対しては、忠君は「宗教」であり、愛国は「政治」であるとその違いを説き、[5]改めて二つは混同されるべきでないとした。宗教に対する態度（敬天）と国家や社会に対する態度（愛人）とはそれぞれ異領域に属し、「それぞれの関係に対してそれぞれの徳があ」るのであって、「それを混同してはなりませぬ」とする「人格的生活の原則」にもとづく主張である。[6]

「忠君」の宗教についてもこれを取り下げることはしていない。「吾々は親を通して、また君を通して、宇宙的生命に連なる如く、親と共に、また君と共に宇宙的生命に連なることが出来る」［強調原文］。「親を念ひ君を念ふこと」は充実した精神的価値であるし、「天を念ふこと」も同様であって、「敬天は忠君と扞格するものでない」という。[7]ここでは孝親と忠君と敬天のなかで、忠君が最上位に位置づくわけではないことがはっきり述べられていることに加え、「共に」の意味をとれば、宇宙の生命に対しては親も君も自分も同格であることになってしまい、とうてい蓑田を納得させることにはならなかった。

当然、蓑田は大川のこの言辞を直ぐに取り上げ、君より天を重くみる大川の信仰の「個人主義」がより明確にされたとこう再駁している。大川は忠君と敬天とが「扞格」せぬというだけだから、それは積極的関係がないということだ。大川は「通じて」の宗教と、「共に」の宗教すなわち「私」の宗教とを別々にもっているのだが、文意からして後者こそが大川の「最後の宗教」なのである。つまり「一個の大川周明として」ただちに「宇宙的生命」「天」「神」を拝するのであり、大川には「現人神」の信仰はないのだと。[8]

大川の誤謬は、彼が西郷を敬愛していることにも現われていると蓑田はいう。大川思想の標語たる「敬天愛人」は西郷南洲の言葉だが、南洲は「敬天愛人」の方を優先させて「尊王安民」に従わなかった思想的欠陥ある日本人であった。

大川は「その思想価値を根本的に吟味せずして人格崇拝、英雄崇拝に陥って」しまった。「『人格的主体』といって個人を『実体』化し」、「客観的永久的『思想』よりも個体的一時的『人格』に固執し」ている大川は、「人格を個人的実体とのみ考へるために……国家の生命そのものを礼拝対象となし得ない」のである。(9)

蓑田の指摘はだいたいにおいて当を得ている。天皇信仰は普遍信仰へと人を導く複数の入り口のひとつにすぎず、忠君の宗教より敬天の宗教の方が優越するという考えさえ大川は示唆しており、(10)「わが『神ながらの道』の神では断じてない」ことは明らかであった。そしてその根源に大川の人格主義個人主義（「人格的生活の原則」）のあることもよく捉えている。また蓑田はそこまで指摘し得なかったが、大川には、忠も孝も多数宗教中の一つとしてキリスト教や仏教などの成立宗教と並べ論じることさえあった。(11)

そして「愛国」についていえば、国家も大川にとって絶対的なものではなかった。人格が発達すればこれに応じた社会が実現されるとは大川の基本的思考だが、現今までに我々の共同体は家―部族―国家とその統合範囲を拡大させてきた。そして「今日に於ては国家が我々の到達して居る最高の階段でありますが」、さらに道徳が進み進んでやまなければ「全人類を打って一丸とした所の社会を形成するに違ひない」。「大学」にいう修身―斉家―治国―平天下の最終段階に至ったときには、人類全体が一つの道徳的組織の下に統一されるのである。(12)世界統一がなされたとき、世界人類が拝する神は「天皇」であるとするのが蓑田だが、大川の場合はどうか。親そして君を超えた「純なる神」が、平天下における神とされるのは間違いないだろう。

大川の信条とするところでは、宗教と政治のどちらの領域においても天皇絶対的ではなかった。大川においては、皇室は、第4章で述べたように政治領域より宗教領域に限定ないし後退させられている上に、その宗教領域においてさえも二義的にしか位置を与えられていなかった。天皇皇室は日本国家形成の根本動因として欠かせない礎だとはされるものの、蓑田のいうように大川思想の本質は、宇宙生命や天に直接通ずる人格（信仰主体、政治主体）の絶対をいう宗教的政治的人格主義、英雄思想であった。

2　大川の政治思想──「民主主義的覇道」批判

『日本二千六百年史』への攻撃

大川の別の著作『日本二千六百年史』もまた蓑田らの糾弾の対象となり、検事局への告発に加え、議会に取り上げられるまでに発展した。同書は皇紀二六〇〇年を期して執筆され、大川が五・一五事件による下獄をへて仮出所したのち、昭和一四年に出版された。初版三万部、同年末までには一九版二四万部に達するベストセラーを記録する。だが蓑田による筆誅と、その盟友・宅野田夫によって内容に不敬の箇所があるとして翌一五年、東京地方裁判所検事局に告発され、衆議院予算委員会でも取り上げられ、政友会議員による政府への詰問という事態にまで進んだ。結局不起訴とはなったものの、内務省当局によって該当箇所の修正を求められ、大川がこれに応じるかたちで収束したものである。

同書中に不敬とされた箇所は、後醍醐天皇および北条義時・泰時や足利高氏に関する記述部分などであった。たとえば「若し此時北条氏の内に義時あり、泰時あらしめば、能く京都の実情を洞察し、不穏の中心にて在せる後醍醐天皇に向って御譲位を迫り奉り、之によつて革新の気勢を殺ぐに努めたであらう。然るに彼等が之を敢てせざりしは決して彼等が其の祖先よりも勤王の心に篤かりしを示すものでなく……」と述べたところや、また高氏を尊氏と表記した上に尊氏兄弟を「武士の上に立ち得る主将の器であつた。……彼は寵遇を得たる後醍醐天皇に抗し奉るの已なきに至れるを悲しみ……」と述べた部分などである。(13)「逆賊」たる義時父子や高氏を肯定的に記述しあるいは弁護して、相対的に天皇を貶めているのである。

彼らへのこうした評価はどのような観点から行われたのであったか。北条氏については大川は、ひとり泰時のみならず、北条代々の執権は、「皆な人民の味方であり、その政治は平民の利害に深き同情ある政治」であった。使者を諸国に派して百姓の実情を視察させ、貧民を救い、人民の安寧を図ったと述べている。「公生活に於ては万民安堵を至極の信条となし、私生活に於ては飽迄も質実簡素を家法とせる」のがその精神であったという。(14)また高氏については、「勤王論を離れて、其の人物に就てのみ見れば……実に……主将の器」であって、広大な心をもって敵や反逆者に対し、将士に対する哀情と、尊皇の心をもち、当代の人心を得た大人物だったとした(15)。

彼らの政治が「万民安堵」のためのものであって、人物的にも優れていたことを強調するのだが、武家政治に対する積極肯定論がこの記述の前提になっている。頼朝以来の七〇〇年間の封建政治に対して、それが幾多の欠点を制度として有してはいたものの、国家発展の上に大きく貢献したのは事実だとする主張が大川にはある。専制的にではあっても国家の「統一」に寄与した点を評価して、「覇府の建設者たる諸英雄」も「決して一己の栄誉を目的として天下の権を握ったものではない」との擁護論につなげられる(16)。平天下の前段階、治国の地盤固めがこの時代に行われたという歴史認識であったろう。しかし国体明徴運動の只中、筆誅事件も相次いでいたこの時期に、大川は「幕府的勢力」容認の天皇機関説、国体にもとる専制主義の政治観・国家観を披瀝していたわけである。

この書の糾弾に立った側の一人は、大川は愛国運動の先駆者と目されてきた人物たるにもかかわらず、同書の三分の一が不逞兇逆の思想で、天皇機関説に比することもできない一大不敬事実の羅列であるとしてその絶版と新聞紙上での懺悔を求めている。随所の「唯物論的思潮は封建を礼讃し、破壊を賞揚し勤皇を蔑視し大義を失墜せしむ。……遂に皇室を批判し、明治天皇を一個の専制者となし、レーニン、スターリンと並列同視す」るものであって、「名を革新にかりて革命を意図する」ものであるといい、大川に面会したときの感想としても、「此の如き神がゝり的自己崇拝観念にのみ囚はれたる偽愛国者を神聖視し、英雄視し、偶像視する多くの人々があり、氏自身も亦一個の英雄として君臨するかの如き言辞に接し、斯の如き偽愛国者の著書を抹殺する事こそ現下非常時銃後国民の重大なる緊急義務である事を痛感し」たと述べたのだった(17)。

蓑田も同書を糾弾する小書を著している。その批判は前回同様、大川の「天上天下唯我独尊」主義への攻撃をベースにしつつ、その頼朝・泰時・高氏弁護論を「天皇機関説」「民主主義的覇道観念」として攻め立てるものであった。蓑田によれば、大川思想が「君臣の大義を紛更する不忠不臣の凶逆思想」であるのは結局のところ、大川が「自己閉塞的または自己完結的なる単子的実体観念」を有しており、それが「唯我主義ソリプシズム、僭濫増上の自己神化教へカストタイスムスの迷妄」に落ち込んでいるからである。そのような考え方を「打破するものこそ日本精神即ち真の大和魂」であるというのが蓑田の要点であった。(18)

三月事件・十月事件――後続者らの離反

大川がこの書にとったスタンス、天皇の下にありながら、英雄的「人格」の能動性を称揚し、政治主体化していく姿勢は、「君臣の大義を紛更する」危険思想とみなされた。じつはこの批判は、本件に遡る数年前、国家改造運動に邁進していた大川自身に対して投げかけられたのとおなじ批判であった。

すでに述べたが、昭和六年以降にあいついで国内に計画されたクーデター事件（未遂も含む）のうち、大川が直接関わったのは、軍中央部と接触をもつ革新的中堅将校や北一輝らとともに政権奪取と国内改造をもくろんだ三月事件および十月事件であった。その挫折後、新たに計画された血盟団事件と五・一五事件は軍中央部の力に頼ることを厭った青年将校と井上日召・橘孝三郎ら民間右翼によって計画され、ついで神兵隊事件、そして二・二六事件がこれに続いた。これら一連の事件は、政界・財界・特権階級の巨頭などを暗殺しての国家改造をめざした。しかし当事者間では、三月・十月事件とそのあとの血盟団事件以下の諸事件との間には、その指導精神に大きな違いがあると認識されていた。後者の人々は大川ら三月事件・十月事件の首謀者たちに対して強い不満を抱いており、彼らにとってそれが計画中にもう一つの動機背景をなすことになる。

三月事件は、桜会メンバーを中心とする陸軍省・参謀本部の一部の上級・中堅将校と大川一派らが、労働者らを動員して議会を包囲し、内閣の総辞職を求め、陸軍大将宇垣一成を首相とする軍部政権をつくろうとするクーデター計画であった。つぎに計画された十月事件は軍人と大川一派のほかに北一輝・西田税一派、井上日召らも加わって、桜会の将校百余人を動員し、歩兵一〇個中隊、機関銃一個中隊、爆撃機一三機をつけて首相官邸、陸軍省、参謀本部を襲撃し、満州事変拡大に反対する閣僚を斬殺、このあと東郷元帥と閑院宮の応援を求めて新国策推進のための強力な内閣を樹立するというものであった。予定された新閣僚は首相兼陸相＝荒木貞夫中将、内相＝橋本欣五郎中佐、外相＝建川美次少将、蔵相＝大川周明、法相＝北一輝、警視総監＝長勇少佐、海相＝小林省三郎少将というものであった。だが計画はほどなく発覚し、クーデターは未遂に終わる。

この新閣僚名簿によって、国政の枢機を十月事件の計画者たる中佐少佐や大川自身が握ろうとしたことは明白で、そこには明治維新の志士を模倣した「昭和維新」の意気込みが表れているが、血盟団事件以下の後続者たちはまさにその点に厳しい批判の眼を向けることになった。彼らは、自分たちには政権奪取の意図はないとして両事件の首謀者らとは異なることを強調し、ただ「捨身」的にこれを行うのだとしてそこに自らの正義を求めていくのである。

たとえば血盟団事件を主導した井上日召は十月事件にも関わっていたが、その参加動機が大川らに対する不満にあったことを述べている。日召はある段階で十月事件の計画内容を知ってこれを非難し、「自分のやらうとする革命は仕事でなくて道である。政権を奪取するのでない。革命のために動乱を起し無辜の人間を殺す如きは言語道断である」として、自らそのなかに入ってこれを「正しい方向に導かうと考へ」、計画の一部を分担することにしたと述べている。(19)日召が知ったという大川らの計画とは、日本人を支那《ママ》人に殺させて国際問題にし、財界混乱と内閣倒壊を引き寄せたところに議会の襲撃を行い、警視庁の巡査と衝突して血を流して社会を混乱させ革命を成功させるという内容であった。「陛下の赤子」たる無辜の日本人を支那《ママ》人を教唆して殺害させるという一点でも許し難い、巡査といえども無辜の国民で陛下の赤子たるのに、これを愛国の同志と衝突させ血を流させ、革命の契機とするのは自分たちの革命精神に反する。大川がもしこれを決行しようとするなら自分はこれを暴露しよう。日召ら血盟団員らには「大川の革命思想」は「自己の権力を伸べてゆこうという」ものに他ならないとみえた。(20)血盟団員は西田派のなかに隠れて十月事件に参加し、もし大川一派が参加すれば、橋本、長および大川派を斬ることを予定していた。(21)そして十月事件の挫折後は、この計画に対する批判と払拭の意図をもって、次の血盟団事件を計画することになったのである。

血盟団事件に関与した久木田祐弘（事件直前に東大中退）もその法廷で十月事件について訊かれた際、こう述べている。政党は現在ではもうだれの信用も得ていないが、それに代わろうとする人のなかにもひたすら政権獲得のみを目的とする人たちがあることを見た。いかに立派な綱領をあげても、それがどのような手段をとったかをみれば、その革命精神の誤りが分かる。日本の改革を口では唱えていても、みな民衆の敵であると。(22)

これに対して血盟団事件は自ら「捨石」になることをのみ念じた行動だったという。大川流の政権奪取第一の改造精神=「覇道」に対抗するのが「捨石」の精神である。事件に関与した別の一人、東大生の池袋正釟郎はこれを説明して、革命という破壊と破壊後の新国家建設を同一人でやろうとすれば必ず腐敗するのであり、それは大川のとるところではあったが、自分たちはどんな名目であれ、革命という、人を殺した人間が新建設に参加するのは人道上も許されないと考えた。そこで自らは「革命の火蓋を切」るだけで、「革命の捨石になって死んでゆこうと決心」するにいたったと述べている。(23) 建設者と破壊者は同一であってはならず、破壊のみに自らを限定して建設には参加しない——この自己否定こそ彼らの大義であった。

血盟団事件第一回公判での被告人たち(『東京朝日新聞』1933年6月29日夕刊)

五・一五事件は血盟団事件につづいて起こされた、同志による第二陣であった。これに参加した橘孝三郎ら民間人や海軍士官らにおいて、三月・十月両事件に対する拒絶的な意思は血盟団員らと共有されている。平和を好む農本主義者であった橘孝三郎が、暴力的破壊行動たる五・一五事件に参加したその理由について、彼はこう説明している。日本の右翼には現実日本の社会状態に対する客観的認識が不十分だと常々考えていたところ、北一輝の『日本改造法案大綱』のような軍部独裁を主眼とした思想に少壮士官が指導されることを危ぶみ、このごとき「独断的な考を善導するにはこれと同一歩調をとりつつ行う以外に途はない」と考えたという。[24] 橘にとっても右翼革命運動への参加は、「覇道」に突き進もうとする日本改造運動を内部より軌道修正するためのものだった。

神兵隊事件の首謀者天野辰夫も十月事件に対する不満をはっきり示した一人である。天野は、後輩で上杉門下の七生社同人たちが血盟団事件および五・一五事件に関与しており、井上日召とも親しくなって後事を託された関係にあった。彼は十月事件を改造運動の一躍進であることは認めつつも、国家社会主義を指導精神として独裁政治の実現を企図したものであると否定して、これに替えて真の「皇道」闡明を計らなければならないと考え、昭和八年に「皇道日本実現に関する……皇道維新」の決行案を計画したという。決行にむけて重ねた協議のなかで彼らが意を用いたのはやはり、「破壊者即建設者の方式」は西洋主義の革命原理（叛逆勢力打倒後に自らが天下を取るというムッソリーニやヒットラーのような民主革命）であって「皇道」に反するから、「昭和皇道維新」ではこのような西洋覇道方式は取ってはならないということであった。すなわち「建設、破壊両方面を担当するものは厳格に区別し、破壊担当者は事の成否に拘らず、純粋犠牲、一死報国に終止して破壊方面のみを実行」すること、他方、「建設担当者は……改造に専念し、破壊実行に関与せず」、それぞれがその分担を厳守することをもって「日本精神に即する皇道維新断行の原則なり」としたのである。[25]

二・二六事件将校らの離反

二・二六事件の実行部隊となった尉官級隊付青年将校たちは、もと大川らのクーデター計画に加わる予定であったが、しだいに大川や桜会の橋本中佐らの行動に批判的となり、これと袂を別った者らであった。[26] 彼らは三月事件および十月事件の失敗をその指導精神の誤りによるものとみた。「所謂十月事件ニ関スル手記」（田中清少佐による十月事件を暴露した文書）では十月事件関与の「一派の者が明治維新当時の志士を夢み豪遊を極めつゝあ」った「行動の不謹慎」が事件発覚のきっかけとなったとしているが、[27] 十月事件の未遂にまつわる状況を醜悪なる政権欲の争いとみた彼らは、省部のエリートたちを「幕僚ファッショ」と呼んでこれと決別し、また敵対するようになっていたのである。

彼らはしばしば「皇道派」青年将校として言及される。皇道派とは、一定の指導原理や革命方針によって集まった組織的団体ではないが、十月事件以来、その首脳部であった幕僚将校とこのようにして対立し、彼らの「覇道」に対して自らを「皇道」または「国体原理」に基づくものとして一派をなした者らをさした。部内では荒木・真崎将軍を支持し、部外民間側との関係においては、幕僚佐官級将校と親交する大川系統に鋭く対立していた北一輝・西田税系統と接するものであった(28)。

彼らによれば、三月事件、十月事件の実行方法は自己中心主義の国家社会主義的改造方針をとった国体反逆的なものであり、その計画者らは事を好む不忠不臣の徒輩である(29)。皇道派将校の手になる「粛軍に関する意見書」(昭和一〇年春)は、彼此のあいだにある「重大なる一個の対立」をこう示している。彼らは「南、松井を首班とする軍政府を樹立し、戒厳令下、軍中央部の企画統制の下に軍隊及国民を馳駆して」国家改造を成就しようとしたが、自分たちは「陸海を提携一体とせる軍部を中心主体とする挙国内閣の現出を願望し、大権発動の下に軍民一致の大国民運動により」国家改造の目的を達成するものである。また彼らの方は「姻戚関係、金銭関係を疑はしむる南大将、松井大将を推戴する」ものであったが、自分たちは「林、真崎、荒木三大将の無私誠忠の人格に推服するが故に三大将を口にする」のである(30)。そうして「意見書」は、「真の国体原理より発したる革新思想を以て先づ部内の粛正を遂げねばならぬ」との考えより、両事件に関係あった上層中堅層の一部すなわち統制派の中心人物らの排撃を求めたのだった(31)。同年八月一二日の永田軍務局長殺害事件は、この部内粛正を一将校が強引におこなったものに他ならない。

皇道派将校らは、「利用煽動策謀等を厳に戒心排斥してお互に赤子たり、国民たり、皇軍々人たるの情誼と道義心とに融合一体化するに努め」、また、もし国法を破るの余儀なきに至った場合には「国体の本義に立脚して臣子の犠牲的本領を尽すに止まり一死挺身して自ら危きに当り、自ら法の前に刑死を甘受する」との非情の決意を固めていた(32)。そして二・二六事件が、「国体明徴問題—粛軍—昭和維新」の三位一体の標語をもって彼らの一部により引き起こされる。その「決起趣意書」には、ロンドン海軍軍縮条約や教育総監更迭事件にならんで「至尊兵馬大権の僭越を図りたる三月

事件」が決起理由に挙げられ、元老、重臣、財閥、官僚、政党のほか、軍閥・軍賊をも誅すべき対象に含めたのだった。(33)

3 「覇道」対「皇道」――「捨石」の精神

「国体法」または皇道派の勝利

大川や桜会将校らに対する国体反逆の「私閥」「覇道」という批判は、昭和の国家改造(昭和維新)運動の分化動向を生みだし、血盟団事件以下二・二六事件にまで及んでいった。大川がのち、『日本二千六百年史』において述べた、「覇府の建設者たる諸英雄」も「決して一己の栄誉を目的として天下の権を握ったものではない」との弁や、大人物による「万民安堵」を目的とする専制政治の擁護論は、三月・十月事件のクーデター計画に対する大川自身の自己弁護としても読むことができる。

くりかえせば、大川では、個々の神聖主体の政治的能動性は宗教と政治の分離原則のうえに保証されていた。「忠君も愛国も……それぞれの方面に於ける行為の原則に従って行動する時に、初めて実現され充実されて行く」とし(34)、愛国の政治行動や政策実施は、自分たちの責任領域に属するとしていた。日本精神論に即していえば、政体の領域は、「天皇の大御心」に沿いながら「天の益人」たちが主体的に政治を執り行う場として確保されている。クーデター後の組閣をもくろむことも、だから何ら国体に反することではない。この領域的発想において大川は国体論を述べながら天皇機関説をとっていた。

だが天皇機関説を導き出すこの領域的発想は反「皇道」的であった。大川の運動指針と行動理念が「人格的生活の原則」から引き出されたものであったとすれば、血盟団事件や神兵隊事件関係者らの、とくに上杉慎吉の元門下生らが拠ったのは上杉流の皇道思想である。皇室尊崇は臣民生活の全域にわたっておこなわれるべき原理であり、天皇への宗教的帰依は政治原理そのものである。彼らにとって昭和維新運動とは、民と一体たる現人神の親政を実現することに他ならない。[35] 立憲政体を封じて文字通りの天皇親政を求める国体一元主義は、国憲論上、上杉の「国体法」思想によって枠づけられていた。天皇主権の国体を「天祖ノ勅語」に遡らせて、「憲法なるものがあって然る後に国家権力が生ずるのではなくして、国家権力あって然る後に憲法が出来る」のだとし、法を主権的統治権力の下に従属するものと早くから上杉はみなしていたが、大正三年までにはより明確に、法を超える国体を「国体法」と呼んで、これを「政体法」より根本的な法だと主張するようになっていた。成文法の立ち入りが禁じられた領域が憲法の上に存在するとのこの考え方は、教育と軍隊の二分野において支配的になっていた。

現政権の倒壊を皇室尊崇に違背するものではないと考えるのは大川も皇道論者らも同じであり、どちらも「錦旗革命」を称して現政治体制の破壊を企図した。ただし大川においてはそれはよりよき国家実現のために行われる政権交代の一幕であったが、皇道論者にとっては国体による政体の制圧、国体絶対の前に政体の諸機構を否定するという考え方に基づいていた。さらに皇道論からいえば、この破壊活動は立憲的政体法上には非合法であっても国体法に照らせば〝合法〟である、裁きの対象にならないのみならず、国体擁護の行動として「最高ノ道徳」の実践としてみなされることになる。――これはじっさい法廷戦術として天野らによって用いられた。天野はさいしょは弁護人として、つぎに被告人として法廷に出て、神兵隊事件は天皇機関説を信奉する知識階級、特権階級らの「幕府的勢力」を打倒して真の朝憲を回復しようとしたものであったと主張した。[36] すなわち本件が国体明徴問題に深く関係すること、もし国体が不明徴でなかったら本件はこのような形では起こらなかったとして、国体擁護の行動である本件には違法性がないという弁護方針をとったのだった。

そもそも国体明徴問題の発端、美濃部達吉に対する天皇機関説事件は、明治末年から大正初年に美濃部と上杉との間で論争されたもののむし返しであった。昭和五年ころより上杉門下の蓑田胸喜が美濃部への攻撃を始めていたが、蓑田の同志であり上杉の政治的盟友上原勇作元帥の部下であった貴族院議員菊池武夫男爵がこの問題を公然化し、昭和一〇年に国家的大問題となったものである。[37] ここに発する国体明徴運動によって軍部・民間右翼によるイデオロギー制覇は

神兵隊事件公判（我妻栄編『日本政治裁判史録　昭和・後』第一法規，1970年，27頁）

なるのだが、これに連動して、天野は自身の法廷にて、国体擁護の弁論と政体法の破却を唱道する国体明徴運動を展開したのであった(38)。

天野ら被告たちは自分たちの無罪を立証しようとするばかりでなく、裁判制度や国家体制を裁く者であるかのごとく、逆に検事、裁判長を糾弾した。天皇機関説を信奉するような検事は国体明徴のための企てである本件についての公訴権を放棄すべきこと、また国体擁護行為を犯罪視する裁判官は国体を敵視するものに他ならず、自由主義国家では裁判官は「立法機関ノ奴隷」となっていればよいが、日本では成文法を超越する「法律ノ上ニ存スル法」つまり国体法こそ国家の最高法なのだから、判決はこれを基準とするよう求めたのである(39)。

判決は、「法」の上に超法的「国体」が君臨するという被告側の主張、そして右傾化する社会に迎合して、すべての被告人に対して刑を免除するものとなった。法の番人たちからこうした判決を引き出した本件裁判は、天皇機関説の否定―国体明徴運動が思想教育上の問題にとどまらず、立憲制度の根幹たる司法権独立（法にのみ拘束される裁判）の原理的否定にまで到ったことを意味するものであった(40)。

国体政体二元論（日本的立憲君主制）のバランスが崩れ、国体一元化に突き進むこうした流れにあって、大川の国家論政治観は、依然として政治を「政体法」的発想に拠らしめている反国体的反時代的なものと映じるものであった。本法廷における「国体法」の勝利は、司法さえもが皇道論に屈服することが明確になった一事であり、大川流の国家改造思想に反発離反した天野らの側に軍配が上げられたことを示す皇道派の勝利であった。

「捨石」論そして無作為の皇国政治

改造運動における大川の精神態度は、献身犠牲の微塵もない個人主義の「覇道」とみられた。英雄的人格主義を政治的決行の動力源として、目的のためには手段を選ばない独善的態度と自らによる政権掌握をねらったのが大川であったとすれば、対する皇道派は個我を否定し、「捨石」となることにこだわった。運動の理念目的の正当性（真の朝憲の回復―国体明徴）のみならず、ここでは目的達成の方法態度も皇道論に照らして正当と認められるのでなければならない。ことに上杉の思想的影響下にあった一派にみとめられるのは、「捨石」の政治行動が、「天皇即国家」の国体に対する自己犠牲を最高道徳とする臣民道の実践であったことである。

犠牲精神の発揮はまた宗教的救済の道であると説かれていた。自分たちは事件の後は、事の成否にかかわらず腹を切ることを申し合わせていた、と天野は述べている。なぜなら天皇を天津日嗣天皇と信じ奉っている臣民であれば、一切を天皇に帰一するのであり、「天皇陛下万歳と言って死に行く其の永遠の生命を天皇に見出して居る」のが日本民族の思想であって、自分らもそれ以外ではないからだ(41)。それは「各人は己を没却して、絶対的に斯の御一人の精神に憑依するに依りて、我を完成し永遠ならしむることを得る」という上杉が唱えた皇道の、没我的自我実現論および「君民合一」の救済論に即している(42)。

大川の自己神化論では、天皇の聖性と国民の聖性は世俗内で並び立っているのだが（政治的地平では君主としての天皇を扶翼しながら、責任主体として自立して立つ）、皇道のそれは、天皇と合一することをとおしてのみ自己は聖化される。この聖性とそれに付随する社会的威信は、天皇への没我合一の状態の維持＝自立した主体としての世俗的関心を放棄し、これを自他に示しつづける限りでのみ獲得される。だからこの個人はこれを実践し、天皇＝国家の前において一つの独立した人格をなすことを拒否し、政治的にも一個の責任主体となることを拒否する。

皇道論者は、特権階級の排除による「天皇の赤子」たる国民の平等を唱えた。だがこのような主張とこれを目的とする直接行動が、民主主義的・個人主義的だという批判を免れることができるのは、天皇を戴き私を棄てる没我精神にそれが伴われ、「犠牲」としてその行為を表出――「臣子の犠牲的本領を尽すに止まり……自ら危きに当」る――できる場合だけである。皇道論の枠組では、政治的主体たることを放棄することによってしか、政治的行動を起こすことができない。すなわちこれこそが積極的行動に出でながら同時にその没主体性を宣言するところの「捨石」論であった。その宣言と実践とで彼らの皇道精神が十分に証しされて初めて、その個人的行動の政治的能動性は免罪される。じっさいこれによって、被告たちは多数の国民から大いにその同情を得ることができたのだった。

そして彼らが、「反逆勢力」の排除後に成立すべき国家をどのようなものとして考えていたかといえば、「一君万民君民一体」の天皇政治というだけで、それ以上に具体的なものはなかった。天野は神兵隊の計画実行について、それは、「不逞な叛逆的……幕府的勢力を打倒」しさえすれば、「然らば必ず日本国本来の素晴らしいものが生れて来る」というものであったと証言する。「国体に対する絶対的信仰から……生れて来る」考え方としてはこれ以外にはない。(43) 二・二六事件将校らも、国体を歪曲する「奸臣」を「掃除」しさえすれば、国体明徴の国民運動を背景に「自然に」国体は「顕現」されるはずであると思考した。そして彼らは事件直後、陸軍大臣告示を受けた際にも、天皇は神なのだから無謬であり、自分たちの真意に十分沿うように処理してくれるはずだという信仰的態度をもって期待したのだった。「絶対的に水の如く鏡の如く……億兆の一心［を］そのま、映して大御心と」(44)する天皇の意思を阻害する勢力さえ取り除かれれば、すべては解決するはずであるというその発想法――これについては彼らの政策内容の貧困性と表裏をなす「皇道派」の〝精神主義〟〝観念性〟として、また一種の自然法思想だとの指摘がなされてきた。(45) それは事に当たるときの無私性・無計画性こそが、西洋的「革命」に対する日本主義的「維新」の道であるとの観念から導かれた信念であるが、天皇への「憑依」＝服従に救いと安心を求める信仰的次元にも関わって絶対化されていたことに注意すべきであろう。天皇を天津日嗣天皇と信じ奉っている日本臣民は、一切を天皇に帰一して不安を脱するのであり、「天皇陛下万歳と言って死に行く其の永遠の生命を天皇に見出して」没我するのがその全意思でなければならないのである。

君側の奸を除けばおのずと国体の真姿が顕現されるとする、皇道論の非政治的政治思想はしたがって、受動的な無作為主義として表れることになる。皇道派の陸相・荒木貞夫が斉藤実首相に提示した意見書（昭和九年一月「緊急施策基礎案」）および書簡に述べたところによれば、(46)前途の難局はこれを「決して作為的に考え、或は事を好むために考え」るのではなく、「皇国の道念を振興し其の総和的国力の充実」をはかることで対処すべきこと、また、「政治は勢」であるとし、この「勢の赴く所」は「必ずしも理に拠らずして動く」ゆえに、為政者は「克く理を超えて、自然に従って」これを治め、「遂に国勢伸張万民安正の道を布く」ようすべきだと述べられた。皇道的理想のめざされるところでは、国政はただ自づからの「顕現」をまつという無作為主義を建て前とするほかなく、また為政者は没主体性の規範化されるままに流れに身を任せるしかなくなってしまう。

大川も、神兵隊や青年将校らと同じ「君側の奸の排除」や「君民一体」の国体実現といった目的をかかげて運動を進めたが、事後の政権構想や国家構想を計画中に有し、主体的に改造を率いていく運動者ないし政治人としての態度が彼には明確であった。天皇親政さえなれば、鏡の心をもつ神＝天皇の意思により皇国は自然に治めゆかれるとして、新体制への構想を欠いた皇道派の態度はこれにきわめて対照的であった。

4　蓑田胸喜という到達点

蓑田の「学術維新原理日本」

皇道派らによる昭和維新運動の最後となった二・二六事件は、彼らの期待を裏切る天皇の拒絶的なメッセージによって幕引かれた。それは国体のためとはいえ「決起」することは許されない、「捨石」の行動であっても「直接的行動」は認められない、という天皇意思を全国民に知らしめることとなる。(47)直接行動による改造運動は天皇の名のもとにこれ以降は封じられて、合法的な上への従属的翼賛のみが残された道となる。従属的翼賛の国体思想としてそこに頭を擡げてきたひとつは、皇道派の「捨石」的行為をさえ作為として否定するところの絶対他力的な自然法思想であった。そのつきつめられた一つの典型を、蓑田胸喜の思想中に見出すことができる。

さきにも蓑田の経歴にふれることがあったが、上杉との関係以外において重要なのは、彼が法学部の「索漠理論と頽廃学風とに堪え」えず東大法学部から文学部宗教学に転じた[48]あと、転じた宗教学の先輩であった井上右近によって「人生の大疑」から救われ、三井甲之を中心とする人生と表現社の同信世界に導かれたとする点である[49]。蓑田の在学中、文学部では加藤玄智の神道講義も開講されていたが、筧克彦の日本我論の方に引かれていた彼が、加藤の神道論に特別の感興を抱いたという形跡はない。蓑田はむしろ上杉の教えと共振する、井上による親鸞的臣民道ならびに三井による「しきしまのみち」「ことのはのみち」の日本論・日本人論を受け入れる[50]。

蓑田は大正六年に入学した東京帝国大学の宗教学宗教史学科を同九年に出たあと（卒業論文の題目は「宗教の社会心理学的研究」）、法学部に学士入学し、一一年にふたたび宗教学にもどり大学院に進んだ（研究テーマは「精神科学の帰結としての性格学」）。蓑田がどの時点から三井のグループと親交を深めていったか不明の部分もあるが、卒論題目や大学院の研究題目にはヴントを得意とした三井の影響がうかがえるようである。

大学院進学と同じ年、大正一一年から慶應義塾大学予科で論理学心理学を教え始めた蓑田は、唯物論の広がりを憂えて、諸雑誌に時代思潮への批判的評論を発表していくようになる。そして一四年、人生と表現社同人および慶大の教授学生同志と原理日本社を立ち上げる。その標語は「全国民と祖国永久生命のために」「凝固革命思想対不断学術改革」などというものであって、後者には「日本には政治革命あるべからず、あらざらしめんがための学術革命」という意味が込められていた。蓑田はその機関誌『原理日本』を主要な舞台として、慶大同志と結んだ精神科学研究会（昭和二年結成）やしきしまのみち会（同三年結成）の活動と信念にも支えられつつ、主に帝大教授に標的を定めた激しい言論攻撃による活動を展開していった[51]。

「農村問題も外交問題も一切は『思想教育問題』である」とする蓑田の言論活動は、彼にとっての「昭和維新」運動であった。ことに帝大法文学部の「禊祓」は、共産主義および財閥とむすんだ既成政党の民政主義および新聞の妄論を

「艾除」する「最捷徑最効果的の唯一絶対方途」であるから、最優先事項とされた[52]。その最大の功績は美濃部達吉への言論攻撃が実をむすんだ天皇機関説事件であった。蓑田はその火付け役の一人として、流血の「政治革命」なくして「学術革命」あるのみとの信条どおりに実行し、この昭和の〝無血革命〟に貢献したのである。

蓑田への「思想淘汰」の指南者であった上杉には、「道理と、法律とを無視せる凶暴政治」たる「ファシスト政治」への非難、そして「暴を以て暴に易ふ」西洋流を喜んでこれに倣おうとする国内の国粋主義者の暴力礼賛への批判があった。上杉は「ムッソリニ論」(昭和三年)[53]において、ムッソリーニの暴挙を賞賛する彼らの軽率を「我が国体に対する信念」が薄弱であることに帰し、戒めている。国体扶翼は日本人の本性であるにもかかわらず、この信念薄弱なゆえに、「悉く天皇の赤子たる、我が同胞国民を恰も仇敵の如くに見なし、これと戦ひ、これを倒壊」しようとする心得違いの者らである。しかも彼らが国体を「揚言」するのは「苦が苦がしきこと」限りないと[54]。

蓑田が同門の天野や七生社の後輩らと道を分かち、実力ではなく「思想淘汰」に維新運動を限定したのは、上杉のこうした反暴力的方面を継いだものといえる。蓑田は五・一五事件の被告たちについて、その「一死報国の純情の動機と目的観念とは……疑はぬけれども、政治的意義に於て『革命』と『維新』とを同一視」している、日本で「私闘」をつくり「武力」を行使するのは「文化的先進皇道国家日本をして、伊独両国の如き覇道的後進野蛮国家と同一視するの認識不足であ」ると批判した[55]。大川が五・一五事件に関わったことが明らかになった際も、さっそく事件の責めを大川思想の「凶暴残忍」性に帰した上で、「『勤王』『尊皇』の原理意識よりも下剋上思想」を主張する国家社会主義思想、革命と維新を同一視する誤謬を断罪した[56]。二・二六事件の際にもこれを繰り返し、直接行動を目論む大川の実力万能主義は、官僚ファッショや二・二六事件に連動するものだと責め立てたのだった。

国学的親鸞主義と「ことのはのみち」

蓑田が実力主義を否定し、言論攻撃に活動を局限するのは、上杉を継ぐものであると同時に、歌人・三井甲之の思想の介在があって大きく働いたとみなければならない。蓑田は三井より、和歌の道すなわち日本の道であることをいう

「ことのはのみち」「しきしまのみち」という特異な信念を得た。暴力革命をタブー視し、筆の力で一切の政治的活動に及ぼすという発想を、「ことのは」の日本主義に結び合わせてくれた三井の教えは、蓑田の維新理念の根幹を支えるものとなったとできる。

やはり上杉思想がもっていた、皇国政治の自然法思想も蓑田には顕著であったが、彼の場合はこれを、皇道論に響き合う親鸞的日本主義とでもいうべき発想において体得していたように思われる。宗教学の恩人・井上右近の導きを介して、蓑田は親鸞の宗教を、仏教の戒律主義煩瑣哲学を打破して万人易往の民衆生活道を開拓したものであり、「万民輔弼」の日本臣道を裏づけしたものだと解していた。親鸞の宗教を、仏教というよりは上杉の説いた本居の国学的理解にそって日本主義的にとらえるのが蓑田らの流儀であって、この理解によれば、日本に入った仏教が親鸞の宗教と化したのは、インド・中国仏教に対する

「たなすゑのみち」の実修．瞑目合掌し，明治天皇御製を拝誦する（前列右＝三井甲之，後列中央＝蓑田胸喜）（三井甲之『手のひら療治』［復刻版］ヴォルテックス，2003年，9頁）

「ことあげせぬ」カンナガラノミチの破邪顕正の結果に他ならないのであった。[57]「たなすゑのみち」すなわち掌療法の実修にも彼は余念がなかったが、[58]それも、外から手を加えない無作為すなわち内面よりの生命力、生々してやまない自己運動により最善状態の顕現する、自然法的発想につらなる宗教的実践であったに違いない。

上杉の皇道的臣民道は、国体扶翼は日本人の「本性」なのである、ただこれを目覚めさせるだけでよいのだという国体信仰の極みを説くものであった。この発想を踏み台に三井ら同信に手を引かれて、蓑田の宗教的確信は、「民主主義的改造」はむろんのこと「捨石」的行動も拒絶する、親鸞的自然法爾の日本国を実現するための、自づからの顕現に信頼し言葉の力に終始する維新運動（「ことのはのみち」の活動）に収斂していった。それは蓑田によってつきつめられたところの国体信仰の探究が結果するところの必然であった。[59]

国家改造（昭和維新）運動における大川 vs 皇道派

	生活原理	政治哲学	国家観	政体上の天皇
大川 「人格的生活の原則」	人格主義 （英雄主義）	為政者の道義 「国家的生活の原則」	国体／政体二元論 宗教／政治の分離	天皇機関説
皇道派 蓑田 「皇道」 「国体原理」 「原理日本」	天皇主義 （没我）	捨石・無作為の臣民道 国学的親鸞主義 「勢の赴く所」,「ことあげせぬ」自然法爾の思想	国体一元論	天皇主権説 （現人神天皇の親政）

皇室尊崇を国民統合の柱としつつも、宗教と政治を分離して、人格主義を内蔵する国家社会主義に立っていた大川の改造思想は、一時期勢いを得たこともあったが、国体明徴の時代には皇道主義に照らして不純な反国体的思想とみなされることになった。蓑田との比較でこれをみれば、蓑田における思想淘汰に限定した反政治革命的な昭和維新運動と、大川の実力的国家改造運動としてそれぞれを性格づけることができる。政治主体論的観点からこれをいえば、一方における国体への絶対信任（絶対者天皇への他力的信仰と臣民の本性への信頼）からくる無作為主義と、他方における敬天の人格主義・英雄主義とのあいだの衝突があった。

このほか両者のあいだには、日本人の人類救済使命とか宗教的文明的「総合融化」の日本論など共通する主張もあったが、東西文明の総合融化の事業が神国日本のそのままの拡大によってなされるとした蓑田に対して[60]、総合融化の精神を特殊的日本においてではなく宗教原理にひきつけて大川は理解した。これもまた、同じく宗教学を通過しながらも、宗教の普遍性や人格主義的把握へのこだわりを捨て切れなかった大川と、特殊的皇道に足場を定めて（「原理（としての）日本」）動かなかった蓑田との思想的相違に起因するものであったといえよう。

(1) 蓑田は大正六年、第五高等学校卒業後、東京帝国大学文科大学哲学科宗教学宗教史学科に入学。九年に卒業後（当時は文学部宗教学科）、法学部政治学科へ学士入学。一一年より慶應義塾大学予科教授。昭和七年より国士舘専門学校教授。

中学時代に明治天皇崩御と乃木将軍の殉死に印象づけられ、高校時代に筧克彦の「日本我」思想に影響を受ける。大学入学後は、指導教官の姉崎正治に毛嫌いされる一方、上杉門下の天野辰夫や平泉澄らと交わった。また井上右近・木村卯之に導かれて、東大国文科出身・親鸞信奉者の三井甲之（興国同志会の顧問）に師事してヴント心理学と日本論理学「ことのはのみち」に依拠し、彼とともに「しきしまのみち」（敷島の道）を唱えた。「しきしまのみち」は、主知主義の自力主義に反対し、自然生命に随順服従する思想で、和歌＝短歌を通してあるがままの日本つまり「原理日本」に随順することを説くもので、親鸞のいう「自然法爾」の他力易行道に帰入する道でもあるとされ、明治天皇御集をその経典とした。昭和三年にしきしまのみち会を結成、神道本局で例会を行い、地方の神職会や教育会に出講。高校・大学での講演会、手のひら療治（たなすゑのみち）実修会を支える活動もあった。

蓑田は世の中の乱れは帝大卒の官吏によって引き起こされているとし、日本の教学の中枢である帝大ことに文科系統の改廃を主張し、帝大教授らを断罪した。学生時代に展開した森戸処分運動を手始めに以後、大学・大学教授批判を生涯の仕事とし、原理日本社を起こし、三井主宰の『人生と表現』や『原理日本』、『日本及日本人』誌などでその攻撃をおこなった。蓑田は菊池武夫ら貴族院グループと通じ、国体擁護連合会など右翼団体の人脈を用いて運動を展開し、その背景の深さと権力中枢との結びつきという点では他にはない右翼団体の中心人物となった。蓑田の経歴は主に竹内洋「蓑田胸喜伝序説」（竹内洋ほか編『蓑田胸喜全集』、以下『蓑田全集』一、柏書房、二〇〇四年）、同「帝大粛清運動の誕生・猛攻・蹉跌」（竹内洋・佐藤卓己編『日本主義的教養の時代』柏書房、二〇〇六年）を参照。

(2) 上杉慎吉『国体精華乃発揚』（洛陽堂、一九一九年）一九八―二〇三頁。

(3) 大川周明『日本及日本人の道』（行地社、一九二六年）二四頁。

(4) 蓑田胸喜「大川周明氏の『日本及日本人の道』を評す」（『学術維新原理日本』原理日本社、一九三三年、竹内ほか編『蓑田全集』三、に収録）五八七―五八八頁。引用は同書による。

(5) 大川周明「蓑田氏の批評を読む」（『月刊日本』一五、一九二六年六月、『大川全集』四、に収録）五八七頁。引用は同書による。

(6) 大川『日本人の道』三一―三二頁。

(7) 大川「蓑田氏の批評を読む」五八八頁。

(8) 蓑田「大川周明氏の『日本及日本人の道』を評す」六〇二頁。

(9) 同右、六〇〇―六〇一頁。

(10) 『日本人の道』では蓑田の指摘した箇所とは別にも、「人格的生活の此の宗教的一面は、始めは我々の親を通して生命の本原を認めることに発し、次で我々の祖先を通して生命の本原を認めることに進み、更に一族の祖先、乃至国家の君主を通して天に連なり、更に進んでは直ちに宇宙の本原となって居る生命、宇宙をして宇宙たらしめる原理に対して、心からの敬意を払ふやうになるのであります」と述べられる（同書、三〇頁）。大川は、「吾国に於ては……子女としては孝なること、国民としては忠なること、而して一個の人間としては天を敬すること、この三者は等しく『敬』の具体的発現であり、従って吾等の一個の宗教である。……唯だ天だけを敬すると云うが如きは、吾等日本人にとりて不可能のことである」とする一方で（大川周明『人格的生活の原則』東京宝文館、一九二六年、六〇頁）、ここでの「始めは……次で……更に……更に進んでは……」という文言によってみれば、それらは同列でなく、親を下辺として、親―祖先―

国家君主（天皇）―宇宙の本原の順に序列を上げているととれる。
（11）大川『日本人の道』二四頁。
（12）同右、四二頁。
（13）大川周明『日本二千六百年史』（第一書房、一九三九年）五八九、五九四頁。
（14）同右、五五七、五八五頁。
（15）同右、五九四頁。
（16）同右、六九〇頁。
（17）高橋正衛編『現代史資料』二三（みすず書房、一九七四年）一九一、一九五頁。事件の顚末について言えば、結局は大川の方が改訂に応じるかたちとなった。改訂の箇所と内容は、天皇や国体の尊厳に関わるところ、国民の士気に関わるところ、逆臣逆賊の評価に関わるところを中心にして、天皇については敬語を用いた記述とし、皇室内の争い・不道徳・陥った窮状を述べたところや明治天皇を「専制者」とした点を改めたほか、日本民族の一貫性・統一を損なう記述、国民の戦時の悲惨、国民精神の堕落の記述、源頼朝・北条氏・足利氏に関わる箇所などが改められた（『大川全集』七、参考資料）。
（18）蓑田胸喜『大川周明氏の学的良心に愬ふ――『日本二六百年史』に就て』（原理日本社、一九四〇年、竹内ほか『蓑田全集』六、に収録）四―一三頁。引用は同書による。
（19）司法省刑事局編『右翼思想犯罪事件の総合的研究』（司法省刑事局、一九三九年、八〇―八一頁、高橋正衛編『現代史資料』四、みすず書房、一九六三年、に収録）。
（20）血盟団員・小沼正の血盟団事件法廷での陳述。被告らの法廷陳述は、『血盟団事件公判速記録』全三巻（血盟団事件公判速記録刊行会、一九六七―一九六八年）が詳しいが、ここでは高橋正衛『昭和の軍閥』（講談社、二〇〇三年）を用いる。同書二一三頁。
（21）高橋『昭和の軍閥』一八二頁。
（22）久木田の陳述。同右、二二〇頁。
（23）池袋の陳述。同右、二二一頁。
（24）司法省刑事局『右翼思想犯罪事件の総合的研究』一一三頁。
（25）同右、一二〇、一二三頁。
（26）同右、六九、八一頁。
（27）高橋『昭和の軍閥』一八七頁。
（28）司法省刑事局『右翼思想犯罪事件の総合的研究』一四〇頁。
（29）同右、一五六頁。
（30）同右、一五七頁。

(31) 同右、八三頁。
(32) 同右、一五六頁。
(33) 同右、一七四―一七五頁。
(34) 大川「蓑田氏の批評を読む」五八八頁。
(35) 高橋『現代史資料』二三、一九―二三頁。
(36) 我妻栄編『日本政治裁判史録　昭和・後』(第一法規、一九七〇年)三六―三七頁。
(37) 同右、三八頁。
(38) 血盟団事件で弁護人として法廷に出ていた天野は、神兵隊事件では自らが被告人となって法廷闘争を続けた。天野らは昭和八年九月以降、東京地方裁判所の予審に付されるが、内乱予備事件として大審院にまわされ、昭和一二年一一月から公判が開始、三年半にわたって審理が行われた。
(39) 我妻『日本政治裁判史録　昭和・後』三六―三七、四一頁。
(40) すなわち判決では天野らの主張を認めて、彼らが、皇国を危局にさらしている政党財閥特権階級が結んでの反国体的勢力を殲滅して、国体を明徴にして皇国を危局より救って君国に殉じようとしたものであるとし、さらに内乱罪に当たるかどうかについては、「朝憲紊乱の目的」がなければ内乱罪にはならないので、単に時の閣僚を殺害して内閣の更迭を目的とするに止まる本件は内乱罪を構成すると解することができないとした。そして「動機原因並に目的に於て憫諒すべきものあり」、本件発生後における「皇国内外の著しき事情の変更」等に鑑み被告全員に刑の免除を言い渡したのである(同右、三四―四二頁)。
(41) 同右、四六頁。
(42) 上杉慎吉『新稿帝国憲法』(有斐閣、一九二二年)五〇七頁。
(43) 我妻『日本政治裁判史録　昭和・後』、四七頁。
(44) 上杉慎吉『普通選挙の精神』(敬文館、一九二五年)一二一頁。
(45) 秦郁彦『軍ファシズム運動史』(河出書房新社、二〇一二年)七二頁、長尾龍一『日本国家思想史研究』(創文社、一九八二年)四四頁。
(46) 秦『軍ファシズム運動史』「付録資料」に収録、三〇九頁。
(47) 事件直後に将校らは神たる天皇が、自分たちの真意を「鏡の如く……映して」理解してくれるはずとの期待をもったが、天皇は将校らに対する討伐実行を命じた。事件は一九名の死刑判決という結果におわった。
(48) 竹内「蓑田胸喜伝序説」では事実はこの逆だったとしている。ただし法学部を経たあとに、宗教学の大学院にいったん籍を置いた記録(大正一一年)もみえるから(藤井健志「東京大学宗教学科年譜資料(大正時代)」田丸徳善編『日本の宗教学説II』東京大学宗教学研究室、一九八二年、四五頁)、文学部宗教学→法学部→宗教学大学院とたどったと思われる。なお大学院進学と同じ年に蓑田は慶應義塾大学に赴任しているため、大学院の方がその後どうなったかは不明である。

(49) 蓑田『学術維新原理日本』「はしがき」。

(50) 三井甲之については米田利昭「抒情的ナショナリズムの成立——三井甲之㈠—㈢」(『文学』二八—一一・二九—一一・二九—三、一九六〇・一九六一年)、塩出環「三井甲之と原理日本社の大衆組織——『しきしまのみち会』の場合」(『古家実三日記研究』五、二〇〇五年)、片山杜秀「写生・随順・拝誦——三井甲之の思想圏」(竹内・佐藤編『日本主義的教養の時代』)などを参照。

(51) 蓑田『学術維新原理日本』「はしがき」三—四頁。

(52) 蓑田『学術維新原理日本』六九四—六九五頁。

(53) 上杉慎吉「ムッソリニ論」(一九二八年、上杉慎吉『日の本』上杉正一郎、一九三〇年、に収録)三二〇頁。引用は同書による。

(54) 上杉慎吉「恐怖時代の製造」(一九二八年、同右、に収録)三六二頁。引用は同書による。

(55) 蓑田『学術維新原理日本』六五三、六六〇頁。それまでは蓑田自身も、ときに「学術革命」なる表現を使うことがあったが、以後は「学術維新」に用語を統一した。

(56) 同右、五八四、五八六頁。

(57) 蓑田胸喜『学術維新』(原理日本社、一九四一年、『蓑田全集』四、に収録)七〇八頁。引用は同書による。

(58) これもやはり三井経由である。江口俊博の「手のひら療治」の実践者であった三井は、その日本主義と組み合わせ、「日本社会主義たなすゑのみち」を唱えていた。「しきしまのみち」は惟神道、惟神道は「理屈が先に立たない道」であって、「理屈よりも心持ち」が先にされるところにこの実修が用いられた。蓑田が顧問を務めた学生団体・慶應義塾精神科学研究会でもこれが行われた(三井甲之『手のひら療治』アルス、一九三〇年、三四、二四六頁。ただし引用は復刻版、ヴォルテックス、二〇〇三年、による)。三井同書のほか、片山「写生・随順・拝誦」、塩出「三井甲之と原理日本社の大衆組織」を参照。原理日本社同人らは櫻澤如一の食養法も実践していた(三井『手のひら療治』二六頁)。

(59) 荒木貞夫は蓑田の盟友の一人であったが、「理に拠らずして動く」「勢の赴く所」に随順するという荒木の政治観も、国学的親鸞主義による蓑田らのサカシラ否定の臣民道思想に多分に共振するものであった。ここからみれば、「捨石」といえども作為に走った二・二六事件の皇道派将校らはこれを深くは体得し得なかったということになる。

　なお上杉との関係についてさいごに一点加えるなら、蓑田は、高畠素之と結ぶこともあった上杉が一面マルキシズムの理をみとめ、私有財産制度廃止についても含みをもつ発言をしたことについては、三井ら原理日本社同人らとともに厳しくこれを攻撃している。上杉は国体と私有財産制度の是非とを切り離すが、現状日本に絶対随順する彼らにとってこれは「生命生活人生の不平等不自由矛盾の根本的事実」を知らない共産主義思想にほかならないのである(蓑田胸喜「諸家の思想論策剖検」『原理日本』四—一〇、一九二八年一〇月一日、一三頁)。

(60) 「世界皇化」が即、有色人種の解放および人類救済であること、「神国日本」は東西文明の「総合融化」を成就する「世界文化単位」

であること、などの主張が蓑田にある。この行程は「万世一系の　天皇の大御稜威に仰ぎまつる日本意志の現実的統一」つまりは特殊的日本の普遍拡大として訴えられていた（蓑田『学術維新』八二五頁）。『学術維新原理日本』の結論部、「成就せられたる世界文化単位――『神国日本』」にも、「神ながらの道」とは「世界的日本史の無窮開展」に他ならないと述べられている（同書、七五七頁）。

第7章　結論　近代日本の宗教論の彷徨

本書は、宗教学と国家・社会との関係をめぐる問題について、明治期に成立した宗教学という学問の思想的特徴とその国家や社会に寄せる視点を明確にすることからはじめ、宗教学の思想やこれを共有する人々が理想的国家像を提供したり、国民教育や教化の領域に理論的あるいは実践的に関わっていったことを示してきた。本章ではこれを第1章に記した課題と視点にしたがって整理し、本研究の成果を確認するとともに、宗教性の概念と近代日本の宗教学をめぐって若干の考察を加えて結びとしたい。

Ⅰ　宗教学思想とその国家主義への展開（課題①②――視点1）

「通宗教」の主張と宗教学者の国家貢献

第Ⅰ部では、明治期に始動する宗教学の理論・思考枠組をひろく宗教学思想ないし宗教学的思考ととらえてその内容を明らかにし（課題①）、それが社会、国家への関心を広げて思想的教化論的に展開する面をとりあげてきた（課題②）。宗教学思想の基本的発想はロマン主義の宗教観や自由キリスト教が移入された明治一〇年代末以降の思潮に促されつつ、明治二〇年代の宗教界に台頭した「新主義」や「新宗教」勃興の気運と称されたなかに育まれ、合理的倫理的社会的および通宗教的真理への志向に特徴づけられるその理想的宗教観は、学的ならびに倫理的方面に展開され、また各種の修養運動や文学的宗教的諸現象として表出していった。

宗教学者たちは、宗教心や宗教的情操を中心にする宗教的なるもの、メタ宗教に照準する通宗教性の概念をもって代替的宗教観をうちだし、英雄思想に裏打ちされつつ祖師論の転回や伝統の棄却を宣言して、教会や聖職を介さず直接神秘（大我、神、真如）につながる個人宗教の傾向をもって理想化した。本書に宗教学的思想運動（当時の用語によって「新宗教」の思想運動などとも）と呼んできたところのものは、このようにこの期の宗教学が、単なる学問を超えて規範論的に展開されたさまを称したものであった。井上哲次郎や姉崎正治の倫理的宗教論はこの新宗教観を道徳方面に応用しようとしたものであり、加藤玄智や大川周明の神道論・日本人論もこの宗教学的宗教観を思考の出発点として形成された。

宗教学的理想の流布は井上や姉崎らの働きによるところが大きかった。その実在宗教論や新宗教論ないし感化的宗教情操論は、諸教の共通性をひきだし、三教協同による国家的貢献の可能性を示して、三教あげての国民教育・教化運動への参入のための露払いをした。姉崎らの先導により、これに共鳴する宗教（学）関係者間には半ば研究的半ば運動的団体が結ばれたほか、宗教者と教育者の接近の試みがおこなわれ、宗教的情操教育導入の主張はその理念に賛同する政治家や上級官僚の協力を得て教育政策上にも推進された。このように宗教学の思想を担った学者らは同志的結合により世論への影響活動を積極的になし、教育政策決定過程にも関わって、党派を超えた宗教性とか人間の本性に根づいた宗教的欲求といった宗教学の根本思想をアカデミズムの外にも拡大し、それを公教育における宗教性の不可欠をいう宗教教育推進運動や国民教化運動に切り結んでいったのである。

帝国憲法や教育勅語に国体観念は示されていたけれども、政府当局はそれ以上に国体を明徴にすること、すなわち国家的立場からの国体神学の構築をかなり後まで見送ってきた。国体観念に関わる具体的教義・神学の不在は、本書にみたように井上、姉崎、加藤らのほか、穂積八束、上杉慎吉、筧克彦、平泉澄のような法学や歴史学の知識背景をもつ官学者ら、蓑田胸喜、大川のような民間イデオローグらにその穴を埋めようとする余地を与えた。信教自由のタテマエや神社非宗教論に縛られる面のあった為政者側もそのゆえにこれらを必要とせざるを得ず、彼らの方も自らの責務として進んでこれにあたったた。上からの国体宗教のおしつけというだけでなく、国民的努力によってもそれが行われていったと見ざるを得ないこと、またこのなかに一部の学者的イデオローグを矢面に立たせざるを得ないのは、こうした事情が関わっている。

国民道徳論から宗教的国体論へ

さてそうした学者や民間人による、愛国心を論理化する国体論創出の努力とその特徴は、まず明治中頃からの家族国家論的、また歴史・自然主義的に根拠づけられた国民道徳論の段階を経て、明治末から大正期になると宗教的情操を喚起する信仰的要素の目立った宗教的国家論・信仰的教化論が台頭していったと跡づけることができた。後者の内容は、家族国家論を主にする一世代前の国体論・国民道徳論に対して、道徳を超える倫理的神秘主義（無媒介の至尊との一体化による人格実現）を軸にする修養と実践をいう点で共通していた。この神人合一論を持ち込んだところの国体宗教論は、国民一人一人が直に天皇につながることをいうものであって、家族国家論―忠孝一本論に拠った天皇尊崇論とは一線を画すことになる。天皇への忠義心の実践に必ずしもイエ意識を介在させる必要はなく、各人に元来備わっている宗教的本性に直にもとづき「現人神」を信仰するのであるとするこの忠君宗教論は、日本人に馴染みの少なかったキリスト教を含む諸宗教の比較学的知見や洞察を下敷きにしてこのころ持ち上がってきたものであった。

忠君宗教論における君民直結の教義は、明治の国民道徳論にまさる情操喚起力をもって実行力を発揮した。大正一〇年に朝日平吾という都会の一青年が起こした安田善次郎刺殺事件はその先駆けであった。この事件がムラ的意識・イエ道徳の延長（家族国家の規範意識）によって引き起こされたものではなかったことはその生涯や遺書より明らかで、遺書に述べられたのは天皇の赤子、「陛下ノ分身」たるの名誉と幸福とを等しく享受すべき国民の間にじっさいは存在する不平等・不条理に対する激しい怒りであり、天皇と国民との間の障壁となっている諸勢力の排除という事件の動機であった。(1) これと同一の心理機制が、信仰を増しつつ、上杉門弟らによる血盟団事件・神兵隊事件から二・二六事件の将校らにまで見られることになるのはこれまでに述べたとおりである。至尊との直接的合一という教義と実践こそが、おおよそ大正期以降に現れ始める国体宗教の信者心理を構成したものであった。(2)

冒頭第1章で村上重良の国家神道論にかかわって述べたのは、「実体のない」「形式」のみの国家神道がどのようにして国家宗教として機能したのかという疑問であった。国家神道の内容的欠乏を埋めるものとして村上は、神仏キ三教の協力による国家神道体制の枠組に言及したのだったが、以上によってみれば、それにとどまらず、この君民直結の宗教的国体論が国家宗教としての魅力を放って影響力をもった点を強調しておかねばならないだろう。加えて第1章では、教育史や政治思想史においても、国体の教義、教化イデオロギーのとくに宗教的とか信仰的と性格づけられる様相の解明がいまだ不十分であると述べておいた。天皇制下の国家主義教育をめぐって従来の研究では国民道徳論に偏りがちであったり、「宗教的」国体観念に言及するものでも皇位主義的なそれを中心にしがちであったが、これに対して本研究が拾いあげようとしたのは異なる趣をそこに加えていったところの大正・昭和期におけるこの敬虔主義的な宗教的国体論の相貌であった。

2　国体論と宗教推進運動の帰趨（課題③——視点2・3）

第Ⅱ部では、宗教学思想とその応用実践を求める動きに対し、それが社会にどう受けとめられ、またどこまでそれが国家の意向に接近することになったのかを探るべく試みた（課題③）。ただし国家の意向といっても時代によりそれが変じていくこと、それとの関係によって宗教学思想にもとづく実践的提言の取り扱いの諸条件が変わってくるというダイナミズムにおいて対象を捉える必要があった。

そこでここでの考察の前提としてまずは、画期となる時代の前後で国家に支配的な国体観や教育観が変遷していくさまを独自に分析する必要があった。その動きに影響され、部分的には影響しつつ宗教学思想とそれにもとづく宗教推進運動（三教会同路線の推進拡大、宗教的情操教育の導入運動など）が、また加藤や大川の説いたような国家宗教論がどのような帰趨をたどったのかをその上で明らかにした。

宗教学者と同志らによる天皇制下の公教育や国体論への関わりは示唆されることはあっても、国家機関での政策議論の場で実際それがどう持ち込まれ、どう評価されたのかを公文書等資料にもとづき明らかにするこの種の試みはこれまでほとんどなかった。また第Ⅱ部後半では、国民道徳論の、国家的神道論の、あるいは日本精神論の堂々たるイデオローグと目されてきた学者らについて見落とされがちな、それぞれに抱える内的葛藤や国体主義に対する思想的矛盾が、以下にいう第二期から第三期にかけてあぶり出されていく過程にも光を当てた。

第二期――普遍的国体論と国家―宗教の「親」なる関係

宗教的なるものを軸とする宗教学思想が世人に宣布されていくのは明治半ば以降、その一展開として宗教的修養の運動が台頭するのは日露戦争後から第一次大戦後にかけてであり、そうした現象に後押しされて、既成諸宗教が国家と親密な関係を築き始めるのは明治末年の三教会同とそれ以降であったとできる。大正時代は、諸宗教が国民教育への協力姿勢を鮮明にし、宗教教育論の声が巷間にも聞こえ始めて、宗教学の国民教育に関する提言・思想が顧みられるようになった。こうした動きが盛んになったのが大正時代を中心とするこの時期、第1章に述べた小山常実の時代区分に照らしていえば、その第二期にあたっていることは偶然ではない。

この時代は、国体と政体、教育と学問、臣民教育と公民教育、特殊と普遍、国体主義と愛国主義、国体主義と帝国主義、国粋と国際協調、修身と倫理学、といった二項対立的な諸価値が同時に存在した時期として特徴づけられる。それゆえこの期には、いっぽうにおける「万世一系の天皇による統治」の観念の防衛強化がなされるとともに、他方では政党内閣が慣習化するという、一見両立しがたい二つの事象が同時に起きた。大逆事件や南北朝正閏問題によって大正前期は前者優位に導かれたが、第一次世界大戦後の西洋思想の流入と大正デモクラシーの隆盛によって大正中後期は後者優位に推移し、憲法・教育勅語における各論部分（政体論・一般的徳目部分）が体制思想でも教育思想でももっとも強

調された。(3)

中間層が勢力をひろげ、大正デモクラシーを謳歌したこの時代には、国体論は普遍的国際的な解釈を付されて、同じ「国体」の語を掲げてはいても、国民統合という意味でも特殊的国体論の規範力という意味でもじつはいちばん緩んだ時期であった。このことを背景に、国家と宗教とを結ぼうとする動きが、第一次大戦後の国際協調や人道主義と日露戦後以来の宗教的風潮の浸透が合したところに台頭していた。この期における宗教（学）的教養層の典型、キリスト教の成瀬仁蔵は臨時教育会議にて、宗教の国民教育への導入を普遍的信念論を軸に主張したのであったが、それが前提としていたのは、五箇条の御誓文を布告し、立憲政体に則り、中外に施して悖らぬ教育勅語を垂れた開明的民主的君主としての天皇およびこれによって統治される立憲主義的日本国家であった。この期の教育思想は、教育勅語を普遍道徳的に捉える解釈に傾き、この時期特有の帝国主義的かつ世界的国際協調的な国家観、天皇を王道民本の実践者として捉える立憲君主的国体観とそれが重なり合ったところに、普遍的宗教を国民道徳の基礎として用いよとの主張が成り立ち得ていたわけである。

また同会議におこなわれた建議（二号）では国体観念の強化と敬神崇祖の育成が重視されたが、それは仏教儒教の「宗教諸家ヲシテ各其ノ宗風ヲ宣揚シ大ニ布教伝道ニ努メ人心ヲ教化シ国家ノ治教ニ貢献」させることを「最モ必要ナル方策」とする多元的ないし習合的な国家宗教観に基づいていた。(4) ここに表われた「宗教諸家」への教化役割期待はその後も、神社非宗教論および憲法の信教自由規定に関する認識の高まりが、国体の天皇主義的宗教化を阻んでいく状況下に続行する。(5) 前後の時期と異なって、宗教的な天皇崇拝や神道的儀式をはばからずに全国民一律に強制することの難しかった国体思想の弛緩期、つまりは地上的一神教というべき排他的天皇教の本格的始動前にあってこそ可能であったことだった。

普遍的宗教信念論や多元的宗教利用（宗教の社会的拡張の容認）論がおこなわれ、国家―宗教関係史においてその「親」なる協力的関係が期待された期間――その始まりを三教会同の開催にみ、終わりを宗教的情操の涵養に関わる文部次官通牒の発令にみる——は、ちょうど体制思想上の二元構造が相対的に安定的に運用された第二期に重なっていた。仏教キリスト教による宗教教育が国体観念を強化するものとして主張され得る、すなわち世界的宗教による普遍的信念論が国体観念の枠内で主張されるという一見不可解な事態も、国体なるものの外延がこの期には拡張ないし曖昧化する傾向にあったためであった。(6) のちの推移をみるときには楽観的にすぎたと言わざるを得ないような国家—宗教関係における調和的協力観、国体観念と既成宗教との齟齬衝突に関するある種の認識の甘さが人々にみられたのは、この期における特殊主義的国体観の緩み、二元構造における一般的普遍的諸価値への信頼を前提にしてそれが構想されたものであったことによっていた。(7)

第三期——台頭する天皇本尊教と宗教論の不振

かく二元価値的構造に支えられていた憲法・教育勅語体制はやがて、昭和五、六年以降とりわけ昭和一〇年以降に崩壊期を迎える(第三期)。関東大震災や世界恐慌を経て、政府は昭和五、六年頃より急速に統制的抑圧的姿勢を強め、憲法・教育勅語解釈における国体論的一元化の進行により軍人勅諭の思想との同質化がこの期には進んで、宗教がその権利主張の土台としてきた政体論およびその実力発揮の対象と見定めてきた普遍的道徳論が国体論の前に屈し、宗教的教育・教化論はそのままでは立ちゆかなくなった。

昭和の初め、第二期の終わり頃にはすでに、宗教側に求められる内容と宗教側が期した内容との間には微妙なズレが生じ始めていたが、第三期の国体論が天皇を本尊とする国体宗教を全面化するに及んで諸宗教は劣勢を決定づけられ、抑圧ないしは国体宗教中に吸収されていくことになった。宗教性を公然化した国体論の前に、宗教的情操による教化力を「宗教」の専売特許とする売り込みかたは失効し、三教のほとんどは国体宗教に順応してその枠内で貢献する道を歩む。国家と宗教の関係は継続するが、その性格は、一度は明治末頃までとその後において、またここで再び昭和一〇年前後を境に大きく様相を変えていった。

この第三期には同じ変化の波を井上、加藤、大川の国体論・国家宗教論も受けた。人格主義—修養(教養)的な宗教思想・運動は、第二期を中心に自律と個性を重んじる人間中心主義を足場として行われたのであったが、個人主義や自由主義が「反国体」視されていく第三期には、彼らの国家宗教論もこれを逃れることはできなかった。それまでは正統イデオローグの位置を占めてきたはずの井上や、説得力ある語り口で国民中に人気を博していた大川の国体論・日本精神論もさえ不敬罪の告発を受け、譲歩を余儀なくされた。天皇主義という意味ではそれをもっとも高調した一人であったはずの加藤も持論を修正する必要に迫られた。これらは第二期において唱えられ始め、起点において倫理的宗教の普遍理想や英雄論的人格主義を汲んでいたのだったが、それが国体主義としては不徹底さを免れ得ないものとして第三期には批判の対象となったのである。

宗教学の規範理想に牽引された宗教教育推進論、宗教的国家論・教化論は、憲法・教育勅語体制の運用期から崩壊期において、その体制的国体観の推移するにしたがって扱いを異にされていったという大きな流れを以上につかむことができた。

なおこの間、宗教学者—宗教者らが主張する宗教性の概念や宗教的教育論の意味内容が、時期によって異なっていったさまをも本書では明らかにしてきた。第二期には人道的自律的な宗教性・宗教的人格論が振るったが、第三期には特殊化した国体観念が宗派宗教や国民に強要されるにつれて、宗教的情操の内容は没人格化した解釈に、宗教教育論は凡愚的他力化した信仰を主にする解釈にとって代わられた。国体論の破邪顕正が進行する第三期を生き延びるには、西洋の個人主義を排斥して集団主義に埋没する臣民道の主張に合していく必要があった。

つまり宗教（学）関係者らには、国家—宗教関係を前進させるためには、そうした時代適応性を発揮することに厚顔な一面がたしかにあったと言わねばならない。第二期から第三期への転換期に矢吹慶輝が宗教教育協議会で示した宗教的情操論の説明内容を、臨時教育会議において成瀬が展開したものと比べてみれば、その内容には大きな開きがある。宗教性（通宗教性、宗教心、信念、宗教的情操）の概念や宗教的人格主義の考え方がもっていたその振り幅の大きさは、宗教なるものがもともと有しているところのものであってそれ自体に問題があるわけではない(8)。成瀬が背景としていたのがキリスト教で矢吹が浄土宗であったこと、宗教学の新理論が間接的に影響した可能性があることなどは興味を引くが、ここでみるべきは宗教的なものの両義性や曖昧さとか宗教学の理論的傾向というもの以上に、むしろそれを用いて国家―宗教関係ないしは宗教的教育の進展を図ろうとする彼らの政治的企図のほうであろう。

宗教性をめぐる宗教学的言説、その「宗教性非宗教」論は、「神社非宗教」論や「修身非宗教」論と合一する意図を最初からもっていたわけではなかった。だが近代日本の教育・教化論上、それを望む宗教学的教養層の働きもあって、宗派「宗教」を忌避するルートにおいて両者はある時期ある場合において重ねられることがあった。その試金石となったのは第三期であったが、このとき天皇本尊教に反作用する可能性と、時局迎合的な応用性を志向する場合との両方がみとめられた。前者についていえば、井上や加藤や大川にみたように、国家との関わりを所与の価値とし、これをめざして学問思想を調和させながらも歪みや不協和を免れず、国体主義的修正を加えても譲れない点は堅持する部分があったことなどに、宗教学思想の自立性がわずかではあるが示されているといえるかもしれない。これと右に述べたこととをあわせてみると、宗教学思想の振る舞いは一様ではなかったとすべきだが、それでも国家に向かうという企図には彼らのほとんどが不変忠実であったこと、最後期にあってもその企図を捨てるという決断をなすことはむしろ例外的であったといってよいように思われるのである。

3　抽象的宗教性の脆弱さ――超宗教性が没超越性にむかうとき

近代日本の宗教学思想は、宗教的普遍性や人格主義による批判精神の働くときには、絶対的日本主義の台頭や埋没主義への躊躇を育むこともあったものの、とはいえそれを十全に展開させることができたかといえばそうでなかったと言わねばならない。この点を次に、課題の①―③の全体に通じる考察として、宗教性なるもの――ここでは sincerity を中心に――の概念特質、その超越性と脆弱性とをめぐってもうすこし踏み込んで述べてみたい。

「反骨」から「調和」の至誠へ

大川の国家主義が、国体や家国制度的秩序に対するある種の距離間をもちえたのは、特殊主義的国家を超越する「敬天」の普遍主義とこれを信奉する自律的個人を思想基準としていたことによる。超越思想の供給源は必ずしも宗派的なものでなくともよい。大川がそうしたように、忠孝教を一宗派宗教とみなして普遍的宗教性の下位におくことができればそれは、批判的相対的視点を持した愛国主義となることができる。だがそれは言うほど簡単ではない。一般的にいって同心の組織集団、宗派的教団への帰属なしに独りそれを保持しつづけることは強靭な精神の持ち主のみ、国体宗教の強制下にあってはその中のさらに一握りのみがなし得ることであったろう。教団組織を離れて、しかも具体性を欠いたひ弱な宗教性の観念のみで、個人がそうしたスタンスを維持すること――これが新時代における敬虔主義的宗教の理想形として宗教学が推奨したものであったわけだが――はきわめて困難であった。もともと一部を除いては、超越的宗教はひろく日本に根づいていたとはいえず、現世内的宗教のほうが日本人の感性により近しいものであったから、なおさらであった。

抽象的で元来貧弱であった宗教性の概念が、じっさい明治後半期にはすでに、その超越的性格を脱落させていったことを跡づけることができる。sincerity の倫理を軸にして、普遍的な通宗教性なる概念の形成に大きく寄与したのはヨーロッパ・ロマン主義の宗教論であり、日本ではトマス・カーライルらの英雄崇拝論の流行がその流布浸透に一役買った。そのエッセンスは平易な史的人物論の語りを通じて、また明治三〇年代には多数刊行され始める通俗的修養書を介して一般に広まったのだが、そうした通俗的英雄論ではほとんどの場合に国家や社会との調和がその前提となっている。sincerity（至誠）の人たるべく勧められたのは人格の陶冶＝「修養」であったが、たとえばよく読まれた新渡戸稲造の修養論では、内面的な人格の完成、才能よりも品性、理智よりも霊性、“to do”よりも“to be”を尊ぶ人格主義を指針として、艱難は天が我が力を試すために与えたもので修養のよい機会であること、英雄聖人をまたなくとも「心のもち方一つで、憂を転じて楽とし、禍を変じて福とする」(9) ことができること、「己の居る場所、就ける職業、周囲の要求する義務を、如何に小さくとも、如何につまらなくとも、全く之を尽し、此人ならでは出来ぬ、此人がなくては困る」[10]といわれるようになれと説いている。新渡戸は修養にはソシアリチー（sociality）も必要だとしたが、それは「大学」にいう儒教倫理的[11]ないし日本的な「和」――「他と調和し団合し」、団体と個人の利益の衝突するときには後者を譲る義務あること[12]――を意味して、世人の「不平不満の念を排除」するために団体の価値や置かれた環境への従順を説くというのがその内容になっていた[13]。

だがその初め、明治初期当初の英雄の概念はそうではなかった。若きキリスト者たちがカーライルに熱狂し始めた明治一〇年代から二〇年代において、彼らを大いにひきつけたのは、社会に対する英雄論の現状批判的な側面であったという。当時カーライルが評される際のキーワードは、英雄の特質を示す「至誠」と、現社会に対する「不平」とであった[14]。内村鑑三の非戦運動の協力者として知られる『英雄崇拝論』の翻訳者住谷天来も、英雄思想の批判精神、反権威主義に動かされて傾倒した一人であった。彼らに浸透した反骨精神のもとに、明治期日本におけるキリスト教徒は、保守固陋の明治の官僚と迷妄の世間に対する啓蒙の光を掲げて、自由主義、非戦論、婦人解放といった運動には必ず一枚噛んできたのである[15]。だがそののち明治期後半にさしかかる頃にはカーライル評価の転換、ないしはその国家迎合的な再解釈がすすめられていった。英雄は時代に左右されるとする英雄時代創造論を否定して儒家流偉人論に対抗したはずの明治初期の精神[16]はこの過程で失われ、のみならず儒家的修養論への逆行――新渡戸修養論にみるように――が起こっていったのである。

明治後期からの日本人における宗教的なるものの実践が、人格修養（のちには教養とも）なる標語と思想をもって行われ、それが現象的には国家とつよく結びつくところがあったことは本書中にも幾度か述べておいた（国家的人格主義）。だがここにはっきりさせておかねばならないのは、英雄の精神とされる sincerity（至誠、敬虔性、心霊的深み、霊性）は、それ自体では自己外部（社会）に非関与的な価値であることである。非関与的とは、「不平」という反骨的対抗的精神であれ、それとは逆の国家主義であれ、単独ではいずれとも調和していくことができるということである。

だがカーライルが描き出した「英雄」は、自己の内的権威によって社会への洞察力をもち、率直にこれを語りあるいは行動することで旧習や虚偽を撃つという特質によって定義づけられていた。そしてこれを入れた日本では最初期を除いてそうはならなかった。この違いは何であろうか。

向井清[17]によれば、カーライル英雄論の sincerity はつぎのような思想史的含意を帯びていた。sincerity とは義務や良心などの内的強制力（internal sanction）の発露であって、カルヴィン派の僧侶が自己の内的権威を経験によって築き上げ、その宗教的確信を自伝文学として記録にとどめたことに端を発している。やがて、旧習と虚偽のただ中にあって「事物の荘厳な真実」を見抜く洞察力の持ち主を英雄的偉人として模範の対象とする英雄崇拝がもちあがり、カーライルの時代、一九世紀半ばにはイギリス文化の主要素となった。彼らにとっての「英雄」は自己内部の権威によって、ダンテやシェイクスピアのように旧来の価値理念に挑む人々、ルターやナポレオンのように新しい秩序を構築する人々をさしたのである。

対して日本では英雄論はほどなく儒教的偉人論に変わらないものになっていった。これはまずは、為政者らの思惑とも合する、日本の倫理思想の伝統が介在したためであるといってよい。カーライル思想の訳述にあたって採用された「至誠」の語からしてそもそも、神道や儒教などで用いられてきた日本の倫理的伝統――私欲を排除した純心による自他人倫の和合道徳[18]――を久しく担ってきた語であった。カーライルでも、誠実さ（sincerity）の美徳にとって重要なのは宗教的信仰ないし神秘世界との感応であって、英雄の行動は「自我を極度に制限し、無私の状態で神に身をささげる」克己と無私の行為として定義される。これだけをみれば日本の「誠」の伝統もほとんどこれに重なり[19]、その倫理的主観主義、客観的規範の欠如[20]において両者は共通しているところを、しかしカーライルの sincerity の場合はカルヴィン派に発する先に述べた思想史的伝統がそれに方向を与えて、客観的規範の欠如＝慣習への没頭倫理となることを防いでいた。他方の日本の至誠における現状批判的機能の弱さは、日本のそれが、sincerity の伴走者としてのこの意味でのプロテスタンティズムに相当する力のある伝統をもたず、したがって超越性の軸を提供する境位において脆弱であったことに関わっていたといえよう。

明治初期において、社会への不従順をいう「不平」が、それ単独では指向性を有しない「至誠」を方向づけることが一時でもあったというのは、こうしてみると例外的な事象であったかもしれない。明治政府に登用されなかった不平士族の出身者にクリスチャンが出やすく、最初期の英雄論受容者の中心が彼らキリスト教青年層であったことを想起すれば、だがこの点は合点がいこう。英雄論がキリスト者の手を離れて大衆化され、彼らの「不平」と分離してひろく国民的に説かれるようになったこののち明治後半以降の「至誠」は、国家の価値を組み入れることを妨げないばかりか、じっさい多くの場合には反骨的英雄崇拝論を国家的偉人崇敬思想へと転化していくことになるのである。

ヨーロッパ近代の人格主義を日本に輸入した倫理学アカデミズムがそれを偏向的に受容し、批判精神を骨抜きにしたのも、これに符節を合わせるところがある。東京大学倫理学教授・中島力造は、新カント派の理想主義を介したそれ、主にT・H・グリーンをベースにした人格実現説によって日本に「人格」の概念を入れるが、彼はグリーン思想を、社会思想を含むその全体として受容するのでなく、道徳哲学・倫理学に偏って受け取った上に、self-realization の原動力をなしているのは人の中にある devine principle であると述べたグリーン倫理説中のキリスト教的超越原理を落として受容した。(21) 社会思想と神的要素を欠いてのこうしたグリーン思想の受容は、英雄観の日本的変質、sincerity のプロテスト的側面の脱落といった問題とおなじ本質をもっている。グリーンの道徳哲学・倫理学は、self-realization（自我実現、自己実現）と common good（公共善）を説くものであったが、日本ではこの結果、グリーンにとって平等を意味した common good はヘーゲルのそれと混同され、カントと功利主義の中間とみなされたり、抵抗権が十分に理解されないことになった。(22) そうして self-realization の目的が日本の国民道徳が説くような忠孝の徳にあるとする解釈、common good とは日本の国家的発展を意味するというような解釈をもってグリーン倫理説は定着し、日本でグリーンの理想主義はついには国家主義の倫理、保守的な哲学として捉えられるようになったのである。(23)

霊性的修養主義——体制内勉励と自罰精神の宗教化

近代日本の人格修養思想は至誠の実践を超越性の軸より切断し、その上で体制内的接続を図る。まずはこの修養思想が、それがいったい何に向けての克己努力なのかは二の次ないしは不問としたまま、「心のもち方」の運用管理自体に焦点をおいていたことをみるべきである。[24] 先の引用で新渡戸は、己れのいる場所を所与としてその枠内でどれだけ精励することができるかを追求する忍従道徳を勧めていた。与えられた艱難の解決を外部に探索するのでなくして心法の工夫に委ねようとする内向性、何らかの目標を達成する手段としてでなく、止むことのない克己と鍛錬のプロセス自体が目的化されているという点にその特徴がある。

このような修養のための修養、コンサマトリー化した修養を修養主義と呼んでおくが、誰でもに当てはめることができ、どのような体制規範にもなじむことができるこの修養主義は、国家に好都合の現状追従の道徳にほどなく転ずる。病気になっても地位を失っても就職できずともじかに逆境とすべきでない、[25] これに「耐へ忍び、終には逆境そのものより……修業を求める」ように「修養の資」として「善用」するのだ。[26] かく「順逆の標準を外に置かずに、内に求めることを力めたならば、世に失望する人も、不平を訴える人もなくなり、人生の憂苦なるものは、七八分通り消えてしまひはせぬかと思はれる」。[27]

修養がその目標ないし対象としてのあるべき社会とか人間関係についての考究を欠く——「善用の善とは何か」を決せず、「実際的道理の判断に任せて過なき」とするような[28]——ところに、sociality を無視してはならないなどと説かれれば、いまある社会への積極参与、現行秩序の保存にまわることになるのは当然である。自律性主体性をいいながら、修養が、従来的規範や環境に随順するという一見矛盾とみえる傾向が出てくるのは、修養が内容や方向性たる what を指示規定しないまま、態度や心構えをいう how = プロセスのみに縮減された結果に他ならない。

修養主義にも超越的なものへの言及はある。キリスト教の神でも釈迦でも阿弥陀でも八百万の神でも構わないが、「人間以上のあるもの……と関係を結」んで「ヴァーチカル」の空気を吸うことは修養に有益であると新渡戸はいう。[29]

しかしそれは、どんな仕事でも、また「如何なる災難を受け、如何なる逆境に陥っても、末は必らず極楽浄土に至るもの」だと信じて励め、[30]という教説としてである。キリスト教的プロテスト精神をもって説かれた初期英雄論では、超越存在の信仰に裏打ちされた自律的行為は社会相対的行為でありえたが、ここでは宗教的超越性は所与の境遇内にかぎって働くものになっている。現世的価値を突破するはずの超越的意識は、与えられた逆境を客観的に評価する視点を有しないまま、日常に閉じ込められてそれを突き抜けて働くものにはなっていない。[31]

それればかりではない。牙を抜かれた宗教的至誠—修養の倫理は、困難の元凶を外部に探って改革変革のエネルギーとなす回路を閉じた上に、外に向かうはずであった疑念や不満のエネルギーを内向させ、結果の不都合や不首尾の責任を内に帰する自罰精神を規範化する[32]——社会も天も「決して人を虐待せぬ。自分が虐待さるゝに値するのである」[33]、これが分らぬのは修養が足りないのであると——。そこに相対化機能を欠く超越的なもの（体制内超越もしくは体制的超越の宗教性）を投入することは、自罰化のストレスを鎮静させる心理的補償として働くことになるから、これを内面化する者においてはそれは輪をかけて強力な現状追従的心理装置となる。道に達した人は「順境も逆境も之を同一視し、喜も憂も、両ながら忘れて、それ以上に超越し、天を楽み、命に安じて居る」ことができる、「心を天に措け」ば「無頓着」になれる。[34]体制内超越の思想は、体制的日常への従順を道徳的修身論が説く以上に絶対化し、それにほとんど純奉仕する精神態度を固着させることになる。「自分がかくかくの仕事をするは、上［人間以上のあるもの］からの命である、上への義務である、上なる者と共に働き、共に結果を楽しむ」[35]のであるとするこの霊性的修養こそ国家にとって最良の体制温存的教化思想ということになろう。

近代の修養論は封建的修養から脱し、「人格」の普遍主義と自由平等的な近代原理に従っていったんリセットされたけれども、体制内修養としての性格はとどめた。そうして敬虔主義の至誠（sincerity）や人格（to be）の標語は内的プロセスに修養を閉じ込める傾向を増さしめ、かつての修養より以上に主観主義をきわめたところの近代の新心学を誕生させることになったといえる。

修養思想の大正期以降の展開の一端を教養主義と呼び、教養主義は修養とちがって非社会的に貫かれたとの見方があるが、両者の間にそうした明確な一線を引くことはできない。大正期には教養主義の体制的親和性が露呈する機会がなかっただけであって、昭和に入っては教養は国家との癒着を明らかにして、体制保存の役割を任じていっている。新渡戸門下であった教養の思想家・河合栄治郎は、治安維持法下に社会主義への弾圧が強化されるなか、青年たちをマルクス主義から守る思想善導の任務を担う中心人物の一人となった。河合は学生に向けたその『学生と教養』（昭和一一年）の序で新渡戸の"to do"から"to be"へという文句を引用しながら、後者がもっとも価値あるものすなわち人格だと説くのだが、この人格主義＝教養思想の本質は、変革的な社会とのかかわりでなく、倫理的で審美的で情操的なものであることが言われて、実践的社会運動から個人的文化的教養への道を青年たちに示そうとするものであった(36)。人格主義の一変形であったところのマルクス主義に流入しようとする青年たちに対して、「人格」の主観主義に立ち返らせることをもって社会対抗的精神を封じ込め、国家内につなぎとめようとする役割をやはり教養思想もかく担っていた。

「戦に依て益す」る人格信仰——宗教学者の戦闘論

sincerityをもって説かれた人格主義信仰が体制奉仕を結局は説くことになる、その分かりやすい例は有事下の主戦論においてであろう。人格主義の信仰を鼓吹した宗教学の姉崎正治の言葉でもってこのことを確認しておきたい。

すでに述べたように、姉崎の宗教的倫理に関する基本的発想は、「人格の内容を豊富にし、性格の発動をして時代社会の必要に適応せしめ、従て社会的個人的活動の増進進歩を促す」べきとする社会—個人調和的人格観をもとにしていた。英雄論を述べるときにも、英雄とは「俊傑なる人格の最も能く自個を発現し時代を帮助したる者」であって、その「性格の尊崇を喚起する英雄崇拝の人情は道徳的教化の大要具」であることは説明をまたないとして、体制内的＝「時代帮助」的英雄論を表明していた。こうした考えの上に姉崎は、国家に離反せんとする青年・学生に対しては思想善導策を進言する側に立ったし、国家—宗教の協調路線を平時より推進し、非常時ないし戦時においては宗教的審美的な国家主義を鼓吹していった。

もっともはやく姉崎が、日露戦争時に展開した戦闘論を引いてみよう。日露開戦は、翌明治三八年に帝国大学初の宗教学講座開設をひかえた前年にあたっているが、前途有望の宗教学者であった姉崎はこの年、宗教界挙げての戦時決起大会における趣意書作成に当たった他、開戦前より『太陽』や『時代思潮』で健筆をふるっていた。そのなかに論じられたのが、戦闘行為を「心霊信仰の問題」として捉える征戦論である。[37] 姉崎が「戦闘の目的」としてここに言うのは、いっさいの怯懦と利害打算をすて、戦いによって「自己人格の価値を発揮」することである。「人格信仰」に基づきつつ、真面目とか忠実とか至誠無私といった戦う態度を熱く語って戦闘行為を理想化するものだが、国家大事の戦争を宗教的人格の至誠（sincerity）発揮の場、霊性修養向上の手段としているのが特徴である（霊性的征戦論と呼んでおこう）。

このころ姉崎は『復活の曙光』を上梓し、新時代の信仰を鼓吹しようとしていたのだが、その理想主義には遠くおよばぬ現実への幻滅を感じていたところであった。利害や競争はあっても自信人格がない（至誠ある人格が少ない）、だから帰敬すべき偉人の人格があってもこれに帰向できない（英雄崇拝の行い得ない）人々に、「現代の病弊」を姉崎は見出していた。このままでは「新主義新信仰の名は虚名に終」ってしまうとの焦燥感を抱いていたところに、しかし国を挙げての大戦争という好機が、「大に雨を降ら」してのち地を固めるがごとく、「怯懦を打破するの好利器」として目前に必然をもって迫ったと彼はみたのであった。かくして姉崎は、惰眠を貪る人々に「大に健闘勇奮の征戦」を要求し、「戦へ、大に戦へ」と叫ぶことになる。[38] 彼にとってそれは、日本に心霊的英雄の出来する将来を「待ち設ける為に……自らの赴く所に従て喜で偉人を迎へ、之に帰依せしむるの方《ママ》」[39]として「大獅子吼の征戦」が必要なのだとする、「新主義新信仰」の推進すなわち新宗教運動の目的成就の行程中に日露開戦の「利」を説くものであった。

前段に述べたこととも関わるが、人格信仰そのものに主戦反戦の是非基準や要件があるわけではない。「心霊信仰の問題」は元来は、客観的な戦争賛否の是非や論議とは離れて、きわめて主観的なものであったはずである。自分の主張が、理想と信仰の必要を「形式輪郭の方から唱導したもの」にすぎず、信仰そのものの「内容実質の欠乏しておる」と姉崎が述べているのは、そうした心霊信仰の主観主義をみとめたものである。[40] にもかかわらずそれは非戦論ではなく開戦論であった。彼の論はそうしてみると、純粋な心霊的見地のみから引き出されたものではないということにならないか。その主張は国家的見地に客観的には与しているにもかかわらず、非客観主義（利害打算や世俗からの超脱をいうのみで戦争の是非論議は非本質的問題として退ける）を装う詭弁といわれても仕方がない。

そうしていざ実践に関与する段になれば、その精神態度として勧められる「人格信仰」は世人の功利主義に逆らって、無私の自己供与を促すものであるゆえに、その自信と内的自覚においてより強力な戦闘論となる。姉崎は国家主義に阿附する国内の仏教やキリスト教を批判するが、それは国家主義を否定しているからなのではなく、彼らのそれが真の信仰による「生命ある」国家主義になっていないことへの批判である。そうして「利害の人」たることを止めて、敵に対して「真面目（sincerity）に戦」うことをいうのだ(41)。戦闘を一人一人の内的信仰的課題に転化せしめることで戦争行為自身の是非吟味を退けつつ、戦闘的態度を美化することで客観的には無私の精神と克己努力による国家奉仕（戦闘的行為）をより強力に説くことになる。当時嘲風の号で著名な姉崎の「人格向上の戦い」たる征戦論に石川啄木は感銘を受けたというが、これを読んで「無邪気なる好戦国民」となった読者は彼ひとりにとどまらなかったであろう。

この霊性的征戦論はその後も基本的には変わらない。太平洋戦争も終盤をむかえた一九四五年一月、姉崎が相当の覚悟で臨んだという貴族院での政府所信に対する「天祐天譴ニツイテ」の質疑も、この意味で真の政府批判にはなりえなかった。その内容は、「厳粛ノ信念ハ人ノ心ノ誠ガ神明ニ通ズルニアリ［。］コノ誠アツテコソ、天祐ガ降」り、誠が欠ければ天譴が下るのだから、天祐は「棚カラボタ餅デ」ないと心して、形式や楽観を斥け、「マジメデ」なければならないというものであった。「聖戦ノ目的［ノ］貫徹」をうったえつつ、やはりsincerityの心情倫理、「真面目に戦」う情操的戦争論にとどまるばかりで、戦闘行為の結果責任を問う倫理でも戦争続行への躊躇をいうものでもなかった(42)。開戦以来一貫して陸海軍に対する感謝状決議案に名前を連ねた、そのこととけっして矛盾するものではない(43)。宗教学―姉崎のスタンスは反国家至上主義（信仰を欠いた国家主義批判）ではあっても、反国家主義ではなかった。

戦後Ａ級戦犯にあげられた大川周明は、そのアジア主義、日本精神論と武力容認の東西対抗史観をもって、太平洋戦争下にもっとも影響力をもつイデオローグの一人となっていた。本書中に大川思想をとりあげてわかったのは、それが天皇本尊教に反する契機をもちながら同時に、体制内的貢献を妨げない自我実現教をも説いていたことであった。戦争の大義を世界統一なる外的客観的目標をもって示したところは姉崎と異なるが、至誠の日本精神論に導かれた彼とその追随者にとってこの戦争が、おのおのの自我実現の一環・手段として認識されるものでもあった点は、師の霊性的征戦論に通じている。超越的「敬天」の視点をもつのみでは不足であること、それと愛国行動との間の齟齬矛盾が歪みや躊躇として意識されないのは、この主観主義の宗教性が妨げとなるためである。主観的 sincerity の実践に発奮して客観世界の目に映ぜず、他に盲目の無責任倫理が発揮される、新渡戸の宗教的修養主義や姉崎の霊性的征戦論に指摘したのと同じ問題がそこにはあった。

4　宗教学の思想と国家

宗教学思想がバックアップしてきたところの霊性的至誠論は、人格主義とその実践思想たる修養・教養論に交わりつつ、国家・国民教育の諸課題に対して規範的に用いられてきた。「通宗教」性の価値から同様に導かれた総合的宗教論も、早くより民族主義と結びつき、アジア・太平洋戦争期には東西対抗史観やアジアに対する日本盟主論の浸透に寄与していった。宗教学の思想はほとんどの場合において、国家のそれとは異なる独自の観点を人々に供与するという役割においてではなく、既成宗教に対しても個々国民に対しても彼らを国家に水路づける方向において関わった。たしかにこの中には普遍宗教の理想をもって、個人と国家との関係につき特殊より普遍を上位させる超然的態度が構成される場合もあったものの、それが批判的支柱として熟成されることはなく、国家の存在圧力が高まるときにはその枠内に自らを限るほうを選んでいった。

宗教性論は観念的で空虚で、学校で教員が使えるような実際的方法を提供するものでないと述べたのは吉田熊次であったが、学校教育では吉田が例示したごとくの各種行事・儀式や「行的修養」による国体的情操涵養策が採用され、人格修養は反復鍛錬的な錬成に姿を変えた。人格宗教の信仰者に対国家的な反省を迫るような理論や枠組を宗教学の思想はもたず、また宗教的修養を学校儀式や錬成による国民教化の代替的なものに育て上げる力も志向性ももたなかった。成立宗教を離れて単なる心情倫理と化していた抽象的宗教性の無内容、「包容」されて実体をなくした総合的宗教の空洞は、国家的価値（あるいはこれを中心とする習合的国体信仰）によって埋められることになったが、これを受認した。

宗教学の思想は宗派宗教に対して単に批判的であったのではなく、否定的であった。宗教学の方法論的枠組であったはずのメタ宗教的超宗派性の論理が、方法論にとどまらずに規範化されたときに反宗派となったものだが、ここまで述べてきた問題については、日本の宗教学的教養層の多くが社会ないし国家（市民社会の未成熟な日本において社会は往々にして国家と同一視された）との調和理想を持していたことに加え、宗派宗教観においてそうした偏向あったことをみておく必要がある。

「通宗教」の理念は、諸宗教の個別性特殊性を脱していこうとする志向において党派的独善性排他性を退けると同時に、本来は、国家との関係においてもそれが特殊的一宗教に化したとみるときにはこれを相対化する論理であったはずである。だがこの論理は国家に対しては働かず、成立宗教に対してのみ厳しく働いた。そしてそれが親国家へと結果していくことになる。規範的宗教性の理念は、「通宗教」を合言葉に諸宗教の協力を国家の求心力によって引き出すか、それでなければ教団に属さない人々を既成諸宗教から切り離したままに留め置くよう機能した。天皇宗教を掲げ始めた時局の圧力に対してもっとも脆かったのはそのような、宗派教団外にいて個人宗教を喫していた人々である。彼らの存在は、為政者側から言えばあとはその器に国家内容を盛り込むだけのために整えられ、差し出されたようなものであった。学問の社会的貢献を志して、宗教界の改善をもともとは期すものであった成立宗教への厳しい視線は、めぐっては国家宗教の台頭に資することになった。宗派教団批判に徹底する一方、社会批判の具体的な錨を下ろす足場をもたなかった宗教性の理念は、ただその無内容、脆弱性に身を任せて国家に合してしまったのだというのではなく、こうしてみれば国家に都合を通じる道具概念としてむしろ積極的に働いた面があったというべきである。

宗教学思想がその旗標とした普遍性とは、諸宗教の個々に対して言われる普遍（すなわち「通宗教」性）であって、国家宗教に対して主張される普遍ではなかった。この概念を操った人々は成立宗教にも国家にも同一化しない態度を表明していたものの、多くの場合において実際はそうではなかった。教育勅語の陥穽を見抜いてその絶対視に非を唱え、明治二〇年代後半に新宗教運動が国家主義運動となる傾きに警鐘を鳴らしていた大西祝(44)ら最初期の学者や一部の人々を除き、明治三〇年代以降は新宗教運動につらなる人々はその後の国家的過程から自らを根本的に引き離すことはできなかった。

国家と宗教の幸福な結婚を夢想しえた第二期のあと、第三期に、巨大ではあるが一つの党派的宗教と化した国家宗教に対して、これと諸宗教との関係をどう考えるべきかについての自由討究を彼らはなすことができなかった。「国家の大学」の学問たることを求められた帝大宗教学はこの間、国家（国体）―宗教間の矛盾相克に関する積極的考究を欠き、宗教者信仰者らに資するような何らの有効な思考軸を提供することができなかった。本書に述べた以外にも、たとえば反国体的宗教として社会的に断罪された「新興宗教」教団をそれとして正面より研究対象とすることは少なかったし、キリスト教の非国家主義的側面についてはそれを非難するけれども信教自由や普遍信仰の価値に関わる側面からの考察は公平にはなされなかった。(45)引き継がれたという自由討究の精神はその対象から国家を外し、そうしてこれに正面より対することを避け、国家に合しながら国家自体を普遍化すること（普遍的総合宗教の日本出現を論じ、日本精神を世界指導的な普遍精神とする理想主義を論じてこれにしがみつく）でその矛盾に目をつぶることの方を選んだのである。たしかに国家との関係は一義的ではなかったものの、彼らが支えることになったのは体制内的宗教性であり、体制的普遍の幻想であった。宗教学的教養を身につけた人々の多数もそれに疑念を挟むことはできなかったのである。

以上によって、近代日本の国家・社会と宗教学の思想との関係を探ろうとする本書の課題については終えた。ここに、宗教学の思想はその素朴な形において一般に流布し、今日にも続いていることを一言くわえたい。現代社会に宗教の復興が指摘されるなか、宗教的なるものの探求と霊性的修養論の実践とは形をかえつつ依然力をもっている。宗教的教養層とりわけ宗教者の一部に潜在する、宗教（的なもの）と社会との融和を求める傾向（日本における宗教の権威の相対的弱さを背景に、宗教（的なもの）と同一化した自己の保存と社会に向かっての認知要求とがからんでの）も本書にみた時代をさいごに消え失せたわけではない。

本書の考究のあとには、ここで宗教学的宗教思想と呼んできたものがこれらの残存するものとともに、今後の時代や社会とどう化学反応を起こしながら、どのような現象とむすびついていくのかという問いが控えている。宗教性の融通無碍さに関してここまで述べてきたことのなかには、それが国家に合するのは必然ではなく、プロテスト的精神ともむすびつくし、総合宗教論は国際協調や民族間対話を促進するきっかけとなる言説にもなりうるということを含んでいた。〝宗教性〟論の思想運動は、本研究が対象とした時代社会とは異なる環境に身をおいたときどのような姿をとるのか。これは冒頭に設定した課題を超える事柄だが、本書に明らかにしたことはそうした今後の探究の手掛かりとなろうし、同時にそれらの研究は本書に論じた内容の妥当性を検証するものとなるはずである。

（1）朝日は、「陛下ト臣民トヲ隔離スルノ甚ダシキ……君民一体ノ聖慮ヲ冒涜シ奉ル」現下の社会組織を不本意とし、元老・政治家・華族・顕官・大富豪ら「君側ノ奸」を糾弾し、青年志士と盟友にむけては自分につづき「奸富征伐」を決死の暗殺をもって行うよう求めた（朝日平吾「死ノ叫声」高橋正衛編『現代史資料』四、みすず書房、一九六三年、に収録、四八〇―四八二頁）。本事件に刺激されてその一カ月後には一九歳の少年中岡艮一が原敬を暗殺した。

（2）ただしこのような共同体やイエ組織から遊離する国体宗教は、まずは人格主義の洗礼を青年期に受けた知的エリートを中心にするものであって、国民大衆のなかに深く根を下ろしたとまではいえない。一般国民の日常の生活やそこに生じる感情は多くの場合に依然家族国家的秩序観に近かった。だがこれらが同時に存在したからといってこの二つの異質性が消滅するわけではない。大正一〇年、国民道徳論を批判した菊池謙二郎（水戸中学校長、責任を問われて辞職）が述べたように、家族制度に根拠をおく「博士達の説」に対して、国民一人ひとりが自立的に天皇に直結していくべきとの主張が存在したことは、この二つの違いが明瞭に意識されていたからに他ならない

（久木幸男ほか編『日本教育論争史録』一、第一法規、一九八〇年、二五九頁）。

（3）小山常実『天皇機関説と国民教育』（アカデミア出版会、一九八九年）二六〇―二六一頁。

（4）現人神天皇への信仰を説き、勅語を聖書や経典のように扱うべきだと主張する「国体」の宗教的解釈はまだここにはない。道徳的「報本反始」による「敬神崇祖」を中心に、天孫降臨の勅への言及は定型句的にとどまり、「神勅」という表現もとられなかった。

（5）一九二〇年代後半から一九三〇年代初めころまでを中心として、この時期の立憲主義は、仏教やキリスト教による「神社問題」の追及を盛んならしめた。だが誤解してならないのは、彼らの信教自由の主張とその権利享受は反国家主義や反国体主義を意味するわけではなかったことである。国家主義の枠組における「信教の自由」の維持が最も問題の少ないやり方であった。宗教的権利を主張しながら、しかも国家との「親」なる関係構築に向かうということがあり得たのは、立憲政体への基本的信頼のもと、体制枠内における権利意識にそれがとどまっていたからに他ならない。

（6）第二期は、村上重良による時期区分では国家神道の「制度的完成期」にあたるが、それは皇室神道・神社神道を中心にみる狭義の「国家神道」に限定した場合であって、国家神道を広義の国家宗教（国体の教義を中心にした）としてみる場合には修正されるべき部分が出てくるだろう。

（7）臨時教育会議の設置された頃は、為政者らがうちだす宗教利用策に対し、「宗教家が之に迎合阿附するは絶対に不可なるも、此の傾向を善用して為政者を指導し、社会風教の向上に資すべきは宗教家の重要なる責務なり」との為政者善導論を唱えるほどの余裕が宗教者側にはあった（『禅』一九一八年六月号、鈴木美南子「天皇制下の国民教育と宗教」伊藤彌彦編『日本近代教育史再考』昭和堂、一九八六年、二二七頁）。

（8）第二期の人道的宗教論にあっても、そこに説かれる道徳は単なる自己向上主義にとどまるのでなく、神人接触の敬虔性を軸に個我の否定と肯定の両義性往還性に特徴づけられる宗教的な深みを背後において有するところの宗教的道徳であった。第三期には単純な自己肯定・個性尊重をうたう人格主義倫理は反国体の烙印を押されるようになるなかに、宗教的情操論はこんどは宗教的両極性のもういっぽう、自己無化・絶対服従の情操や態度を強調する局面に軸足を移すことになったのである。

（9）新渡戸稲造『修養』（実業之日本社、一九一一年、『新渡戸稲造全集』七、教文館、一九七〇年、に収録）二九二、三九六頁。引用は同書による。

（10）新渡戸稲造『世渡りの道』（実業之日本社、一九一二年、同右、八、同右、一九七〇年に収録）三八四頁。引用は同書による。

（11）新渡戸『修養』二一頁。

（12）新渡戸『世渡りの道』一八二、一七九頁。

（13）同右、二三二頁。新渡戸は教育程度が全体にあがって民主主義が行われる今日では、人の思想が圧伏されぬようになって「不平家」の増えてきたことを嘆き（同、二二九、二三一頁）、危険思想に走るのは本人の努力の足らぬのに世人に責任を転嫁するためと考え、謙虚と修養の必要を説いた。理想とされたのは「自分の位置に対し不平を懐き、上を見ては羨み、下を見ては傲慢の心を起したり［せず、］

……其地位は如何に卑くとも、己の仕事を完うするに努むる人、徒に古の栄華を夢みたり、或は将来の昇進を想像したりして、あてにもならぬ将来を見越して、今日の勤を怠る様なことのなき人」である（同、二三四頁）。その内容は、本書にもいくどか触れてきた尊徳道徳に変わらない。

（14）川戸道昭「トマス・カーライルと明治の知識人」（『英語英米文学』三五、一九九五年）四〇三頁。

（15）池田哲郎「住谷天来とカーライル『英雄崇拝論』」（『学苑』四七二、一九七九年）八四頁。

（16）大久保利謙『大久保利謙歴史著作集』七（吉川弘文館、一九八八年）四一一―四三〇頁。

（17）向井清『トマス・カーライル研究』（大阪教育図書、二〇〇二年）二六九―二七二頁。

（18）相良亨『誠実と日本人』増補版（ぺりかん社、一九九八年）七二頁。

（19）「純粋な心情」は、究極は無限定であるとする形而上的な宇宙と直接的に一体化しようとする心情でもあった（同右、一三八頁）。

（20）日本の倫理的伝統では心情の純粋は人倫との関係で求められた。にもかかわらず、純粋、誠実であればよいという傾向のために、その場あるいはその他者に対する積極的な関心を生まず、あえて「人間とは何か」と問うたり、あるいは従っている慣習について吟味する必要に強く迫られることがなかった。ただ〝和〟がのぞましいとされるだけで、その場の慣習にほとんど無意識に従うことになるのである（同右、七四、一三九頁）。

（21）行安茂「日本におけるT・H・グリーンの受容」（『哲学』三二、一九八〇年）。

（22）渡辺かよ子「一九三〇年代の教養論に関する基礎的考察」（『名古屋大学教育学部紀要　教育学科』三七、一九九〇年）三三三頁。

（23）グリーン思想の移入者・中島の著作『教育者の人格修養』（目黒書店、一九一一年）の「結論」は、「毎早朝教育に関する勅語を念じ奉るべし」「我国体の尊厳」「国民自覚に立って教育の職を尽すべし」という訓戒で締めくくられている。

（24）これについて参考になるのは、見田宗介『現代日本の心情と論理』（筑摩書房、一九七一年）による、いわゆる金次郎主義についての分析である。

（25）新渡戸『修養』二五四頁。

（26）同右、二三五、二七一頁。

（27）同右、三〇七頁。

（28）同右、三二一頁。

（29）同右、五七―五八頁。

（30）同右、二五八頁。

（31）「社会党、共産党の人々」の考えを斥けつつ、病身で労働できず生活費もないような「実際世間には、非常の逆境の人がある」が、そのような「極端な不幸や逆境にあ」る人に対しても、逆境の客観的克服の手立てや原因を探ろうとするのでなしに、「何等か……光明」を与えるために「心がけ一ツ」による逆境の善用をやはり説くのである（同右、二七九頁）。

(32) 見田『現代日本の心情と論理』一九四頁。
(33) 新渡戸『修養』二三三頁。
(34) 同右、二三五、二五四頁。
(35) 同右、五八頁。
(36) 堀尾輝久『天皇制国家と教育』（青木書店、一九八七年）二七五頁。
(37) 姉崎正治『国運と信仰』（弘道館、一九〇六年）一頁。本書には一九〇三年初出の「戦へ、大に戦へ」ほかこの時期の姉崎の戦闘論が収録されている。引用は同書による。
(38) 同右、二七六—二八〇頁。
(39) 同右、二七二—二七三頁。
(40) 同右、二頁。「真面目」かどうか、sincerityが行われるかどうか（すなわち「形式輪郭」）が大事であって、開戦か非開戦かの是非吟味を含む、「真面目」を向ける客観的対象や目的（「内容実質」）は二の次である。両陣営への批判をするが、自分はどちらかに決するのではなく、「内容」を置き去りにしたまま、ただ「根底の覚悟」「自信」がない、「利害打算の怯懦」たることを両陣営に対して責めるだけの「形式」の論議に終始する（同、二七〇—二七一頁）。勝つも負けるも各自潔白の満足と喜悦とをもってせんことを望むのだとか、敵に自己より大なる人格をみたなら喜んでその元に馳せ参じ、その人の主義信仰によりいっそう自己を大にできるなど現実感を欠く発言も（同、二八〇頁）、戦争の「内容実質」を問わないこの態度に関わっていた。
(41) 同右、二六六—二六八頁。
(42) 姉崎正治「天祐天譴ニツイテ政府ノ所信並ニ人心ノ嚮導ニ関スル質問主意書」（『官報号外』一九四五年一月二七日）二八—二九頁。「天譴ト云フノハ……責メ正シデアル、警告デア［ル］」、「天譴ニ対スル畏レ慎ム心、反省ノ心……自ラ改メル心」を欠けば、「人間ニ対シテモ責任ト云フコトヲ重ンジナイ」ことになる、と述べた箇所では政府批判を読み取りたくなるが、霊性宗教の語彙枠組をもってしてはそこに届き得ない。その反省は、「天譴ガ……苦難ノ形デ現レテ来ルナラバ、其ノ苦難ニ耐エ忍ンデ、ソレニ依ツテ自ラヲ改メ清クシ、ソレニ依ツテ誠ノ心ヲ磨キ……心ヲ直ウスル」べきという主観主義に結局帰するからである。
(43) 本主意書に関する従来の見解、たとえば磯前順一・深澤英隆編『近代日本における知識人と宗教』（東京堂出版、二〇〇二年）一〇七頁、とはこの意味で異なる解釈が成立する。
(44) 大西祝「宗教の社会的傾向」（『六合雑誌』一七七、一八九五年九月）三九頁、姉崎正治「大西祝君を追懐す」（『哲学雑誌』一六一—一七一、一九〇一年五月一〇日）四一三頁。
(45) 本書に扱った人物中では井上哲次郎によるキリスト教非国家主義批判のほか、信教自由の条件「安寧秩序ヲ妨ケス及臣民タルノ義務ニ背カサル限」を当然として国体信仰に反する既成宗教を斥けた加藤玄智の場合がわかりやすい。姉崎には信教自由権の意識の高まった大正時代に、ローマ時代のキリスト教を例に一般的考察を含む「迫害の心理」の一文があるが（姉崎正治『改訂切支丹宗門の迫害と潜伏』

養徳社、一九四九年)、日本の問題としては天皇と国体への信奉は動じがたく、反国体的だが至誠著しい信仰があった場合にこれをどう評価すべきかについて思案しようとした跡はない。切支丹の迫害殉教を研究対象とした際、彼らの信仰の純粋さ(sincerity)を余念なく描き出す一方、これを信教と社会の摩擦問題として、その後の日本社会の現状に敷衍して論じようとされることもなかった。この時代を生きるには仕方のないことではあろうが、他の宗教学者においてもそれは同様であった。

あとがき

本書のもとになったのは、二〇一三年に東京大学に提出した博士学位請求論文「近代日本の宗教学思想と国家――『新宗教』理想と国民教育の交錯」である。これを出版するにあたってタイトルを改め、図版を加え、加筆・修正をした。本文内容に大きな変更はない。学位論文はその一〇年ほど前より書き溜めた論考をまとめたものであるが、そのうち本書の一部と内容が重なる以下の論文を発表したことがある。

・「近代の生命主義――自然主義への応答と宗教」池上良正ほか編『岩波講座宗教7 生命――生老病死の宇宙』岩波書店、二〇〇四年（この一部を本書第3章第4節第1項の内容に加えた）
・「加藤玄智の神道論――宗教学の理想と天皇教のあいだで（1）」・「同（2）」『人文学研究所報』第四六号・第四七号、二〇一一年・二〇一二年（本書第4章第1節と重なる内容）

私が戦前期の宗教学に関わる大学人や知識人を対象とする研究を始めたのは、博士課程に在籍時、宗教学宗教史学研究室で行われていた旧東京帝国大学神道研究室の蔵書整理を手伝わせていただいたことをきっかけにしている。当時、人文社会系の諸分野を中心に、歴史的検証をつうじて自らの学問の思想性政治性を浮き彫りにする学問批判の動向が宗教学にもおよび、「宗教」概念の批判的検討をはじめとする近代以降の宗教学史を反省的に顧みる研究が現れ始めていた。旧神道研究室の蔵書整理もこの流れの中にあったと思う。また戦前期の宗教学者の著作集シリーズが刊行され始め、これにも関わる中で、幾人かの宗教学者の人物研究を進めるようになった。学者たちの講壇外での活動や、当時の日本社会の宗教思潮・宗教動向との関係にも関心があったため、研究対象は次第に広がった。狭い意味での宗教学者だけでなく、彼らに教えを受けてその後民間で活躍したような人物（宗教学研究室の出身者たち）にも興味は向いた。

まだ手付かずであった史資料を集め、整理検討していくうちに、彼らが宗教学的知見をもって当時の社会や国家に実践的に関与しようとする動きが、いくつかのうねりとなって、かなり後まで続いていたことが見えてくるようになった。本書に宗教学的教養層と呼んだような狭義の宗教学者を超える担い手たちによる、一種の思想運動というべき諸動向としてそれは展開した。この研究が本書の第Ⅰ部の下地になった。同時に、彼らが思い描く理想宗教や宗教的国家像を実現すべく働きかけようとした社会や国家の側がそれにどう応じたかを知りたいと思うようになった。この中で第Ⅱ部の第5章・第6章ができあがってきた。

書き上げてみると、近代日本の宗教学的知見や思想が国家思想や国民教育と交錯する歴史の、明治半ばから昭和一〇年代前半頃までを中心とする通史的な論文となった。類似の研究が少なく、新しい知見も示せたと思っているが、残された課題も多い。たとえばアジア・太平洋戦争下の昭和一〇年代後半期については本格的に扱えなかったこと。宗教学や倫理運動・修養運動を中心にした本研究での考察に、今後は仏教キリスト教など諸宗派の個別的動向をくみ込み、宗教的知識層の思想運動の直接間接の影響下に台頭してくる大衆的な新宗教運動との関係にも視野を広げるべきこと。宗教学思想と交差する英雄崇拝、通宗教性、霊性、修養・教養・人格主義、東西精神文明の総合といった思想テーマは、宗教学を超えて諸領域に横溢した時代思潮の大きなムーブメントであり、また一九世紀から二〇世紀のヨーロッパでも政治的なものとの関わりを見出した現象であったが、これをふまえて本研究での考察を地域横断的な主題として組み直していくことも考えられる。いずれも本書の課題設定を超える内容だが、今後の課題ないし展望としてここに記したい。

学位論文を書き上げ、またこれを一冊の本として出版することができたのは、多数の方のご指導とご援助、励ましを賜った結果である。

このなかからお世話になったすべての方のお名前を挙げることは難しいが、大学院での指導教官を引き受けて下さり、以来ずっとお世話になっている島薗進先生には最大の感謝を捧げたい。研究の守備範囲の広さ、狭義の「宗教」に囚われない多様な対象に目を向けることを先生から学んだ。多忙な中で濃やかなサポートを惜しみなく与えて下さった。二〇一〇年には私学研修員として受け入れていただいたが、博論を書き上げる目途が立つところまで執筆を進めることができたのはこの一年間をいただいたお蔭である。

その博士論文は、島薗先生が退官される年に提出したが、審査は翌年度にまたがったため、藤原聖子先生が主査を務めて下さった。学位論文の審査委員を務めて下さったのは、両先生のほかに、林淳先生、深澤英隆先生、吉永進一先生である。日頃より尊敬するこれらの先生方が審査を引き受けて下さったことはとりわけ幸せなことであった。審査時に頂いた鋭いご指摘やご批判のいくつかは答えの見つからないまま、本書を出版することになったが、それは私の力不足ゆえである。頂戴した貴重なご批判やご意見は今後に活かしていきたい。これらの先生方には心からの感謝を申し上げたい。

博士論文にかぎらず、それ以前を含めるなら、お礼を申し上げるべき方の数は倍増する。大小の研究会で知り合った先生方や諸先輩方をはじめ、学者を名乗らない大学外の方々からも、宗教研究のイロハのみならず対象に取り組む姿勢や言葉の端々から有形無形の多くを学ばせてもらい、その後の研究の支えになった。あまりに多数でお名前を挙げることはできないが、様々な機会を頂戴し、学ばせてもらった、これらの方々にも厚くお礼の気持ちを申し上げたい。

東京大学附属図書館や明治新聞雑誌文庫をはじめとする史資料の閲覧を許された多くの図書館に、また日頃利用させていただいている神奈川大学図書館の方々に感謝申し上げる。神奈川大学からは二〇一〇年に、国内研究員制度をつうじて一年間研究に専念できる機会をいただいた。同僚の先生方にはこの間、ご迷惑をおかけしたと思うが、この一年がなかったら論文はいまだ完成していなかっただろう。大変有難く思っている。

本書は神奈川大学人文学研究所から助成を受け、神奈川大学人文学研究叢書として出版させていただくことになった。ボリュームがあるため、このままの形での出版は難しいと考えていた私への、大きな後押しとなった。同研究所、研究員とスタッフの方々に心よりお礼を申し上げたい。

東京大学出版会の宗司光治氏には大変感謝している。短いスケジュールでお願いし、ご迷惑をおかけしたが、寛大に対応くださり、細かな作業とたびたびの相談にも快く応じて下さった。ご尽力に厚くお礼申し上げる。

最後に私事にわたるが、心からの援助と激励をいつも与えてくれる両親と、論文の生みの苦しみの間、寄り添ってくれた夫に、記して感謝する。

二〇一五年三月三日

前川　理子

著者略歴
1993年　東京外国語大学外国語学部フランス語学科卒業
2002年　東京大学大学院人文社会系研究科基礎文化研究専攻宗教学宗教史学専門分野博士課程単位取得満期退学
現　在　神奈川大学外国語学部准教授
博士（文学）

主要著作
「気――野口晴哉と『全生』思想」（田邉信太郎・島薗進・弓山達也編『癒しを生きた人々』専修大学出版局，1999年）
"The Dilemma of 'Authentic Self' Ideology in Contemporary Japan,"（*International Journal of Japanese Sociology*, 10, 2001）
"When Prophecy Fails,"（Mark R. Mullins and Robert Kisala, eds., *Religion and Social Crisis in Japan*, Palgrave Publishers, 2001）
「近代の生命主義」（池上良正ほか編『岩波講座宗教7　生命』岩波書店，2004年）
"Syncretism in Japanese New Religion,"（『人文研究』154号，2004年）

近代日本の宗教論と国家
宗教学の思想と国民教育の交錯

2015年4月23日　初　版

［検印廃止］

著　者　前川理子《まえかわみちこ》

発行所　一般財団法人　東京大学出版会
代表者　古田元夫
153-0041　東京都目黒区駒場 4-5-29
http://www.utp.or.jp/
電話 03-6407-1069　Fax 03-6407-1991
振替 00160-6-59964
印刷所　株式会社平文社
製本所　誠製本株式会社

ISBN 978-4-13-016034-6　Printed in Japan

人名索引

マ

ヤ

ラ・ワ

事項索引

ハ

マ

ヤ

ラ・ワ

文　献

赤澤史朗『近代日本の思想動員と宗教統制』校倉書房，1985年
秋山悟庵編『巽軒博士倫理的宗教論批評集』『巽軒博士倫理的宗教論批評集（続）』金港堂書籍，1902年
浅野和生「上杉慎吉の国体論の陸軍将校への影響」『中部女子短期大学紀要』17，1987年
朝日平吾「死ノ叫声」（高橋正衛編『現代史資料』4，みすず書房，1963年に収録）
葦津珍彦『国家神道とは何だったのか』神社新報社，1990年
飛鳥井雅道「近代天皇像の展開」朝尾直弘ほか編『岩波講座日本通史17（近代２）』岩波書店，1994年
姉崎正治「宗教家懇談会所見」『太陽』2-21，1896年10月20日
――――「所謂新宗教」『太陽』3-18，1897年９月５日
――――『比較宗教学』東京専門学校出版部，1898年
――――「宗教信仰の大義」『太陽』4-4，1898年２月20日
――――「新宗教の天職」『太陽』4-8，1898年４月20日
――――「倫理修養運動の勃興」『太陽』4-8，1898年４月20日
――――「第七編宗教」『太陽』4-9，1898年４月25日
――――「英雄出現の信仰と其勢力」1899年７月（『復活の曙光』有朋館，1904年，に収録）
――――「我邦の英雄崇拝と倫理修養」『六合雑誌』228，1899年12月（『復活の曙光』有明館，1904年，に再録）
――――『宗教学概論』東京専門学校出版部，1900年
――――「開会の詞」『丁酉倫理会倫理講演集』１，1900年５月13日
――――「大西祝君を追懐す」『哲学雑誌』16-171，1901年５月10日
――――『復活の曙光』有朋館，1904年
――――『現身仏と法身仏』有朋館，1904年（同改訂版，1956年，を『嘲風選集』１，養徳社，に収録，『姉崎正治著作集』７，国書刊行会，1982年，に再録）
――――『国運と信仰』弘道館，1906年
――――『根本仏教』博文館，1910年
――――『宗教と教育』博文館，1912年
――――『法華経の行者日蓮』博文館，1916年
――――『新時代の宗教』博文館，1918年
――――「教祖の人格に関する観念」『宗教研究』1-1，1924年９月
――――『切支丹迫害史中の人物事蹟』同文舘，1930年
――――「宗教学講座二十五年の想出」東京帝国大学宗教学講座創設二十五年記念会編『宗教学紀要』同文舘，1931年９月
――――「丁酉会の始」『丁酉倫理会倫理講演集』400，1936年２月
――――「天祐天譴ニツイテ政府ノ所信並ニ人心ノ嚮動ニ関スル質問主意書」『官報号外』1945年１月27日（第八十六回帝国議会貴族院議事速記録第五号）
――――『改訂切支丹宗門の迫害と潜伏』養徳社，1949年
――――『新版　わが生涯』姉崎正治先生生誕百年記念会，1974年

阿部次郎『三太郎の日記』岩波書店，1914年
池田哲郎「住谷天来とカーライル『英雄崇拝論』」『学苑』472，1979年
石川晃司「大川周明における思想と政治」『湘南工科大学紀要』27-1，1993年
磯前順一・深澤英隆編『近代日本における知識人と宗教』東京堂出版，2002年
井上円了「余が所謂宗教」『哲学雑誌』6-173，1901年7月
————「余が所謂宗教」『哲学雑誌』6-175，1901年9月
井上哲次郎『倫理新説』文盛堂，1883年
————『内地雑居論』哲学書院，1889年
————『勅語衍義』井上蘇吉ほか，1891年（国民精神文化研究所『教育勅語渙発関係資料集』3，国民精神文化研究所，1939年，に収録）
————『教育ト宗教ノ衝突』敬業社，1893年
————「将来の宗教に関する意見」『哲学雑誌』154，1899年12月（『倫理と宗教との関係』冨山房，1902年，に収録）
————『倫理と宗教との関係』冨山房，1902年
————『巽軒講話集』初篇，博文館，1902年
————「余が宗教論に関する批評を読む（承前）」『哲学雑誌』17-182，1902年4月
————「教育の過去及び将来」（『巽軒講話集』初篇，博文館，1902年，に収録）
————『巽軒講話集』第二篇，博文館，1903年
————「教育宗教上の雑感」（『巽軒講話集』第二篇，博文館，1903年，に収録）
————「近時の倫理問題に対する意見」（『巽軒講話集』第二篇，博文館，1903年，に収録）
————「我祖国本来の主義を忘るる勿れ」『六合雑誌』295，1905年7月
————「倫理と宗教」『丁酉倫理会倫理講演集』52，1907年1月
————『倫理と教育』弘道館，1908年
————「日本現今の地位と境遇」（『倫理と教育』弘道館，1908年，に収録）
————『国民道徳概論』三省堂，1912年
————「神道と世界宗教」『東亜之光』10-8，1915年8月
————「国運の発展と戦後の宗教問題に関する疑義」『東亜之光』12-1，1917年1月
————「国民道徳に就いて」『丁酉倫理会倫理講演集』190，1918年6月
————「教育と宗教との交渉問題について」『倫理講演集』391，1921年5月
————『我が国体と国民道徳』広文堂書店，1925年
————『神道の特長に就いて』大倉精神文化研究所，1933年
————「中島力造博士を追憶す」『丁酉倫理会倫理講演集』436，1939年2月
井上順考ほか編『新宗教事典』弘文堂，1990年
入澤宗寿「宗教々育答申案に就いて」『明治聖徳記念学会紀要』46，1936年
岩田光子「松村介石」昭和女子大学近代文学研究室『近代文学研究叢書』45，1977年
上杉慎吉『帝国憲法』日本大学，1905年
————「官僚政治」1909年9月（『議会政党及政府』有斐閣書房，1916年，に収録）
————『国民教育　帝国憲法講義』有斐閣，1911年
————「中間ノ勢力」1911年8月（『議会政党及政府』有斐閣書房，1916年，に収録）
————「皇道概説＝古神道大義ヲ読ム」『国家学会雑誌』27-1，1913年1月
————「国体ト憲法ノ運用」1913年6月（『国体憲法及憲政』有斐閣書房，1916年，に収録）
————『帝国憲法述義』有斐閣書房，1914年
————『国体憲法及憲政』有斐閣書房，1916年

――――『議会政党及政府』有斐閣書房，1916年
――――『訂正増補　帝国憲法述義』有斐閣書房，1916年
――――「我憲政ノ根本義」1916年３月（『国体憲法及憲政』有斐閣書房，1916年，に収録）
――――「小引」上杉慎吉編『憲政大意――故法学博士穂積八束遺稿』憲政大意発行所，1917年
――――『国体精華乃発揚』洛陽堂，1919年
――――『国家新論』敬文館，1921年
――――『新稿帝国憲法』有斐閣，1922年
――――『新稿憲法述義』有斐閣，1924年
――――『普通選挙の精神』敬文館，1925年
――――「全国軍人諸君に告ぐ」1925年（『政治上の国民総動員』日本学術普及会，1927年，に収録）
――――「少壮憂国の同志に示す」1925年（『政治上の国民総動員』日本学術普及会，1927年，に収録）
――――『億兆一心の普通選挙』中央報徳会，1926年
――――『政治上の国民総動員』日本学術普及会，1927年
――――「日本は何処へ行く」1928年１月（『日の本』（上杉正一郎編）上杉正一郎，1930年，に収録）
――――「恐怖時代の製造」『中央公論』1928年８月号（『日の本』上杉正一郎，1930年，に収録）
――――「ムッソリニ論」1928年（『日の本』上杉正一郎，1930年，に収録）
――――「恐怖時代の製造」1928年（『日の本』上杉正一郎，1930年，に収録）
――――『日の本』（上杉正一郎編）上杉正一郎，1930年
――――「諸君願はくは自重せよ」七生社編『上杉先生を憶ふ』七生社，1930年
――――編『穂積八束博士論文集』上杉慎吾，1913年
浮田和民「方今倫理界の二大急務」『丁酉倫理会倫理講演集』１，1900年５月13日
宇佐見英太郎編『見神論評』金尾文淵堂，1907年
内村鑑三「宗旨ちがい」『東京独立雑誌』1898年11月（『内村鑑三信仰著作全集』14，教文館，1963年，に収録）
※『内村鑑三信仰著作全集』は以下『内村全集』と略す．
――――「無教会論」『無教会』1901年３月（『内村全集』18，1962年，に収録）
――――「新教会」『聖書之研究』1906年４月（『内村全集』８，1964年，に収録）
――――「教会を要せざる信仰」『聖書之研究』1909年３月（『内村全集』７，1963年，に収録）
――――「近代における科学的思想の変遷」『聖書之研究』1910年１月（『内村全集』22，1963年，に収録）
――――「教会と信仰（三）」『聖書之研究』1911年５月（『内村全集』８，1964年，に収録）
――――「われらの礼拝」『聖書之研究』1915年12月（『内村全集』８，1964年，収録）
――――「宗教は個人的である」『聖書之研究』1922年１月（『内村全集』14，1963年，に収録）
――――「普遍的真理」『聖書之研究』1928年10月（『内村全集』22，1963年，に収録）
――――『内村鑑三信仰著作全集』全25巻（山本泰次郎編）教文館，1961-1966年
栄沢幸二『日本のファシズム』教育社，1981年

大内三郎「松村介石研究序説」『日本文化研究所研究報告』12，1976年
――――「松村介石」『内村鑑三研究』 8，1977年
大川周明「不浄の真金を如何す可き乎」『龍南会雑誌』116，1906年 5 月（大川周明関係文書刊行会編『大川周明関係文書』芙蓉書房出版，1998年，に収録）
※『大川周明関係文書』は以下『文書』と略す.
――――「吾個人主義者也故に社会主義者也」『新紀元』 8，1906年 6 月（『文書』に収録）
――――「羅馬の名将レギュラス」（『文書』に収録）
――――「宗教的生活」（白川龍太郎名）『道』23，1910年 3 月
――――「神秘的マホメット教」（白川龍太郎名）『道』25，1910年 5 月
――――「日本教会とは何ぞ」『道』43，1911年11月（『文書』に収録）
――――「日本文明の意義及び価値」『大陸』 3，1913年 9 月（『文書』に収録）
――――『印度に於ける国民的運動の現状及び其の由来』私家版，1916年（『大川周明全集』 2，（大川周明全集刊行会編）岩崎学術出版社，1962年，に収録）
※『大川周明全集』は以下『大川全集』と略す.
――――『宗教原理講話』東京刊行社，1920年（『大川全集』 3，1962年，に収録）
――――『日本文明史』大鐙閣，1921年（『大川全集』 4，1962年，に収録）
――――『復興亜細亜の諸問題』大鐙閣，1922年（『大川全集』 2，1962年，に収録）
――――「ガンディ出現」『復興印度の精神的根拠』東洋協会出版部，1924年（『亜細亜建設者』第一書房，1940年，に収録，『大川全集』 2，1962年，に再録）
――――『亜細亜，欧羅巴，日本』大東文化協会，1925年（『大東亜秩序建設』第一書房，1943年，に収録，『大川全集』 2，1962年，に再録）
――――『人格的生活の原則』東京宝文館，1926年（『道――大川周明道徳哲学講話集』書肆心水，2008年，に収録）
――――『日本及日本人の道』行地社，1926年（『大川全集』 1，1961年，に収録）
――――「蓑田氏の批評を読む」『月刊日本』15，1926年 6 月（『大川全集』 4，1962年，に収録）
――――『日本精神研究』行地社，1927年（『大川周明集』筑摩書房，1975年，に収録）
――――『中庸新註』大阪屋号書店，1927年（『道――大川周明道徳哲学講話集』書肆心水，2008年，に収録）
――――「維新日本の建設」1927年（『大川全集』 4，1962年，に収録）
――――『国史概論』行地社，1929年（『大川全集』 1，1961年，に収録）
――――『日本的言行』行地社，1930年（『大川全集』 1，1961年，に収録）
――――「国史による日本精神の把握」『日本的言行』行地社，1930年（『大川全集』 1，1961年，に収録）
――――「吾等の志」『月刊日本』86，1932年 5 月 1 日（『大川全集』 4，1962年，に収録）
――――『日本二千六百年史』第一書房，1939年（『大川全集』 1，1961年，に収録）
――――『亜細亜建設者』第一書房，1940年（『大川全集』 2，1962年，に収録）
――――「東南協同圏確立の原理」1940年12月（『新亜細亜小論』日本評論社，1944年，『大川全集』 2，1962年，に収録）
――――『米英東亜侵略史』第一書房，1941年（『大川全集』 2，1962年，に収録）
――――「亜細亜の組織と統一」1941年 2 月（『新亜細亜小論』日本評論社，1944年，『大川全集』 2，1962年，に収録）
――――『回教概論』慶応書房，1942年（『大川全集』 7，1974年，に収録）

―――――「大東亜新秩序」1942年5月（『新亜細亜小論』日本評論社，1944年，『大川全集』2，1962年，に収録）
―――――「大東亜戦争の原理」1942年8月（『新亜細亜小論』日本評論社，1944年，『大川全集』2，1962年，に収録）
―――――『大東亜秩序建設』第一書房，1943年（『大川全集』2，1962年，に収録）
―――――「亜細亜的言行」1943年9月（『新亜細亜小論』日本評論社，1944年，『大川全集』2，1962年，に収録）
―――――「指導能力と指導権」1943年10月（『新亜細亜小論』日本評論社，1944年，『大川全集』2，1962年，に収録）
―――――『新亜細亜小論』日本評論社，1944年（『大川全集』2，1962年，に収録）
―――――「アジア及びアジア人の道」（『新東洋精神』（附））『復興アジア論叢』国際日本協会，1944年（『新東洋精神』新京出版株式会社，1945年『大川全集』2，1962年，に収録）
―――――『新東洋精神』新京出版株式会社，1945年（『大川全集』2，1962年，に収録）
―――――『安楽の門』出雲書房，1951年（『大川周明集』筑摩書房，1975年，に収録）
―――――『宗教論』遺稿（『大川全集』3，1962年，に収録）
―――――『大川周明全集』全7巻（大川周明全集刊行会編）岩崎学術出版社，1961-1974年
―――――『大川周明集』筑摩書房，1975年
―――――『大川周明日記』岩崎学術出版社，1986年
―――――『大川周明関係文書』（大川周明関係文書刊行会編）芙蓉書房出版，1998年
―――――『道――大川周明道徳哲学講話集』書肆心水，2008年
大久保利謙『大久保利謙歴史著作集』7（日本近代史学の成立）吉川弘文館，1988年
大久保利謙・海後宗臣監修『教育審議会諮問第一号特別委員会会議録』1-4，宣文堂書店，1970年
―――――・―――――監修『教育審議会諮問第一号特別委員会整理委員会会議録』5-14，宣文堂書店，1970-1971年
大塚健洋『大川周明　ある復古革新主義者の思想』中公新書，1995年
大西祝「宗教の社会的傾向」『六合雑誌』177，1895年9月
岡倉天心『東洋の理想　日本の覚醒　東洋の覚醒』平凡社，1983年
小川原正道『近代日本の戦争と宗教』講談社，2010年
沖田行司「国際化の論理と伝統主義」『日本近代教育の思想史研究』日本図書センター，1992年
小口偉一「宗教学五十年の歩み」『宗教研究』147，1956年
尾崎ムゲン「臨時教育会議と社会的教育要求」「講座日本教育史」編集委員会編『講座日本教育史』3，第一法規，1984年
小沢熹「教育審議会による国家総動員体制下の教育改革」「講座日本教育史」編集委員会編『講座日本教育史』4，第一法規，1984年
海後宗臣編『臨時教育会議の研究』東京大学出版会，1960年
筧克彦『古神道大義』清水書店，1912年
掛川トミ子編『現代史資料』42（思想統制）みすず書房，1976年
片山杜秀「写生・随順・拝誦――三井甲之の思想圏」竹内洋・佐藤卓巳編『日本主義的教養の時代』柏書房，2006年
―――――「右翼と身体」『近代日本の右翼思想』講談社，2007年
加藤玄智『宗教新論』博文館，1900年

―――― 『宗教の将来』法蔵館，1901年
―――― 「宗教的対象の人格非人格問題」『哲学雑誌』17-188，1902年10月
―――― 『通俗東西比較宗教史』有明館，1903年
―――― 「宗教を求むる青年の為めに」『実験教授指針』3-5，1904年3月
―――― 「天之御中主神に関する思想発達の一班」『東亜之光』3-4，1908年4月
―――― 「国民道徳に関する所見」『小学校』5-4，1908年5月
―――― 「原始神道に於ける神観の特性に就いて」『東亜之光』3-12，1908年12月
―――― 「宗教学と仏教史」『仏教史学』1・2・3，1911年5・6月
―――― 『宗教学』博文館，1912年
―――― 『我建国思想の本義』目黒書店，1912年
―――― 『神人乃木将軍』菊池屋書店，1912年
―――― 「国民道徳と世界的宗教――基仏二教」『六合雑誌』32-5，1912年5月
―――― 「斯の神々しさを仰げ」『中学世界』15-15，1912年11月
―――― 「宗教の将来」『東亜之光』8-1，1913年1月
―――― 「本会設立の急務」『会報』2，1913年10月
―――― 「我が国民の同化力」『小学校』16-3，1913年11月
―――― 「神の観念を論じて神道の神観に及ぶ」『東亜之光』9-9・10，1914年9・10月
―――― 『真修養と新活動』広文堂，1915年
―――― 『修養第一』弘学館書店，1917年
―――― 「浄因師の一実神道説を読む」『宗教界』13-1，1917年1月
―――― 「国運の発展と戦後の宗教問題に関する疑義」『東亜之光』12-1，1917年1月
―――― 『我が国体と神道』弘道館，1919年
―――― 「国民的宗教としての神道の特色」『幽顕』1-1，1919年11月
―――― 「国民的宗教としての神道の特色を論じて我が国体の性質に及ぶ」『東亜之光』15-1，1920年1月
―――― 「井上博士の漢字の『神』の字と日本の『カミ』の語の関係に就きて」『明治聖徳記念学会紀要』13，1920年4月
―――― 「本邦精神文明の研究と其世界的発表の急務」『会報』1921年3月
―――― 「我が祖先崇拝の二方面」『東亜之光』16-8，1921年8月
―――― 「神道の研究に就て」『明治聖徳記念学会紀要』16，1921年9月
―――― 『神道の宗教学的新研究』大鐙閣，1922年
―――― 「我が神代巻に使用せられたる神の字の意義に就きて」『中央史壇』5-4，1922年10月
―――― 『東西思想比較研究』京文社，1924年
―――― 『我が国体の特色と敬神の真意義』愛国社，1924年
―――― 「我固有信仰と外来宗教との調和と睽離――神仏両者の一離一合」『東亜之光』19-2，1924年2月
―――― 「世界宗教史上に於ける神道の位置」『神道講座（2）神道篇』四海書房，1929-31年
―――― 『本邦生祠の研究』明治聖徳記念学会，1931年
―――― 『つむじ曲の寝言』中文館書店，1933年
―――― 『日本人の国体信念』文録社，1933年
―――― 『神社問題の再検討』雄山閣，1933年
―――― 「教育勅語と日本人の国民的宗教情操」『教育研究』413，1934年1月
―――― 『神道の宗教発達史的研究』中文館書店，1935年

――――「既成宗教を超越せる日本独自の宗教教育」『神道学雑誌』17，1935年1月
――――「神道の新研究より見たる仏教」『歴史公論』4-11，1935年11月
――――「大社教に表はれたる日本人の国体信念」『幽顕』19-1，1937年1月
――――『神道精義』大日本図書，1938年
――――『神道書籍目録』明治聖徳記念学会，1938年
――――『日本精神と死の問題――乃木将軍の死を中心として』大東出版，1939年
―――― "A Glimpse of the Shinto Pistology of the Nogi Shrine" Nogi Shrine, 1951
――――「乃木信典の撰作を了って」『宗教時報』51，1952年5月
――――『学校教育と成層圏の宗教』幽顕社，1954年
――――『知性と宗教』錦正社，1956年
――――『我が行く神の道――乃木神社信仰要説』乃木神社社務所，1959年
――――「神道私見」上・下『神道学』23・24，1959・1960年
加藤正夫『宗教改革者・松村介石の思想』近代文芸社，1996年
カーライル，トマス『英雄崇拝論』丸善，1893年
――――『英雄論』春陽堂，1898年
――――『英雄崇拝論』警醒社，1900年
――――『改訂 英雄論』岡崎屋書店，1909年
唐木順三『現代史への試み』筑摩書房，1949年
刈田徹「道会機関誌『道』の『解題』ならびに『総目次』――大川周明に関する基礎的研究の一環として（その1）」『拓殖大学論集』158，1985年
――――「五高時代における大川周明の思想と行動に関する一考察」『拓殖大学論集』161，1986年
――――「大正期猶存社系国家主義運動に関する一考察」『拓殖大学論集』170，1987年
――――『大川周明と国家改造運動』人間の科学社，2001年
河合栄治郎『河合栄治郎全集』2，社会思想社，1968年
川合清丸『川合清丸全集』（全10巻）川合清丸全集刊行委員會，1931-1933年
川戸道昭「トマス・カーライルと明治の知識人――『英雄崇拝論』の受容をめぐって」『英語英米文学』35，1995年
官田光史「国体明徴運動と政友会」『日本歴史』672，2004年
岸本能武太『宗教の比較的研究』東京専門学校，1985年
――――『宗教研究』警醒社，1899年
――――『倫理宗教時論』警醒社，1900年
――――『比較宗教一斑』警醒社，1902年
岸本芳雄「神道と国民道徳」神道文化会編『明治維新神道百年史』3，神道文化会，1967年
希声子「昨今宗教界の二極潮流」『日本宗教』1-9，1896年3月
木下尚江『自然主義と神』1908年（『木下尚江全集』20，教文館，2001年，に収録）
近代日本教育制度史料編纂会編『近代日本教育制度史料』2，大日本雄弁会講談社，1956年
――――編『近代日本教育制度史料』7，大日本雄弁会講談社，1956年
――――編『近代日本教育制度史料』11，大日本雄弁会講談社，1956年
――――編『近代日本教育制度史料』14，大日本雄弁会講談社，1957年
――――編『近代日本教育制度史料』15，大日本雄弁会講談社，1957年
国木田独歩「欺かざるの記　前篇」『定本　国木田独歩全集』（増補改訂）6，学習研究社，1978年

久野収・鶴見俊輔『現代日本の思想』岩波書店，1956年
久保義三『日本ファシズム教育政策史』明治図書，1969年
――――『天皇制国家の教育政策』勁草書房，1979年
――――「国民学校教育における矛盾の諸相」「講座日本教育史」編集委員会編『講座日本教育史』4，第一法規，1984年
――――『昭和教育史』上，三一書房，1994年
倉田百三『出家とその弟子』岩波書店，1917年
――――「『出家とその弟子』の上演について」1919年（『愛と認識との出発』白凰社，1970年，に収録）
桑木厳翼「丁酉倫理会の想出話」『丁酉倫理会倫理講演集』400，1936年２月
呉懐中『大川周明と近代中国』日本僑報社，2007年
國學院大學日本文化研究所編『宗教と教育――日本の宗教教育の歴史と現状』弘文堂，1997年
国立教育研究所編『日本近代教育百年史』１（教育政策１）教育研究振興会，1973年
――――編『日本近代教育百年史』７（社会教育１）教育研究振興会，1974年
小林健三「加藤玄智博士の学績」『神道研究紀要』１，1976年
子安宣邦「近代『倫理』概念の成立とその行方」『思想』912，2000年
小山常実『天皇機関説と国民教育』アカデミア出版会，1989年
相良亨『誠実と日本人』増補版，ぺりかん社，1998年
櫻井匡『明治宗教史研究』春秋社，1971年
佐藤秀夫編『続・現代史資料』８・９（教育１・教育２）みすず書房，1994・1996年
塩出環「三井甲之と原理日本社の大衆組織――『しきしまのみち会』の場合」『古家実三日記研究』５，2005年
篠田一人「明治以降の日本における宗教の学問的研究の推移」『キリスト教社会問題研究』８，1964年
司法省刑事局編『右翼思想犯罪事件の総合的研究』（『思想研究資料』53）司法省刑事局，1939年（高橋正衛編『現代史資料』４，みすず書房，1963年，に収録）
島薗進「加藤玄智の宗教学的神道学の形成」『明治聖徳記念学会紀要』（復刊）16，1995年
――――「日本における『宗教』概念の形成――井上哲次郎のキリスト教批判をめぐって」山折哲雄・長田俊樹編『日本人はキリスト教をどのように受容したか』（日文研叢書17）国際日本文化研究センター，1998年
――――「国民的アイデンティティと宗教理論――井上哲次郎の宗教論と『日本宗教』論」アンヌ・ブッシイ／脇田晴子編『アイデンティティ・周縁・境界』吉川弘文館，2000年
島薗進・高橋原・前川理子「解説」加藤玄智『加藤玄智集』９，クレス出版，2004年
島薗進・鶴岡賀雄編『〈宗教〉再考』ぺりかん社，2004年
下田正弘「近代仏教学の展開とアジア認識」『岩波講座「帝国」日本の学知３』岩波書店，2006年
下村寿一『社会教化運動』（現代教育学体系原論篇24）成美堂，1936年
釈宗演「序言」『万国宗教大会一覧』（非売品）1893年
鈴木範久『明治宗教思潮の研究――宗教学事始』東京大学出版会，1979年
――――「宗教学研究者の社会的発言」『宗教研究』343，2005年
鈴木正節「道会と大川周明」『武蔵大学人文学会雑誌』17-1，1985年
鈴木正幸「国体思想」『世界大百科事典』平凡社，1988年
――――『皇室制度』岩波書店，1993年

――――『国民国家と天皇制』校倉書房，2000年
鈴木美南子「近代日本における宗教と教育の関係（上）」『フェリス女学院大学紀要』14，1979年
――――「近代日本の教育における宗教の意義に関する覚え書き」『フェリス女学院大学紀要』15，1980年
――――「天皇制下の国民教育と宗教」伊藤彌彦編『日本近代教育史再考』昭和堂，1986年
清家基良『戦前昭和ナショナリズムの諸問題』錦正社，1995年
「戦時教学」研究会編『戦時教学と真宗』２，永田文昌堂，1991年
大日本宗教家大会事務所編『宗教家大会彙報』金港堂，1904年
高橋正衛編『現代史資料』４・５・23（国家主義運動１・２・３）みすず書房，1963・1964・1974年
――――『昭和の軍閥』講談社，2003年
高橋穣「倫理運動」『教育学辞典』４，岩波書店，1939年
高橋陽一「宗教的情操の涵養に関する文部次官通牒をめぐって」『武蔵野美術大学研究紀要』29，1998年
高山樗牛「宗教の真精神と新宗教」『太陽』4-11，1898年５月20日
高山林次郎「日本主義を賛す」『太陽』3-13，1897年６月20日（『明治文学全集』40，筑摩書房，1970年，に収録）
竹内楠三「『日本主義』発刊の主意」『日本主義』１，1897年５月
竹内洋『学歴貴族の栄光と挫折』中央公論新社，1999年
――――『教養主義の没落』中央公論新社，2003年
――――「蓑田胸喜伝序説」竹内洋ほか編『蓑田胸喜全集』１，柏書房，2004年
――――「帝大粛清運動の誕生・猛攻・蹉跌」竹内洋・佐藤卓己編『日本主義的教養の時代』柏書房，2006年
竹内好「大川周明のアジア研究」『近代日本思想大系21　大川周明集』筑摩書房，1975年
武田清子「キリスト教受容の方法とその課題――新渡戸稲造の思想をめぐって」武田清子編『思想史の方法と対象』創文社，1961年
――――『日本リベラリズムの稜線』岩波書店，1987年
竹中信常「特集・日本宗教学の人々」『大正大学宗教学年報』21，1979年
――――「日本宗教学の軌跡」『宗教研究』259，1984年
田辺勇「外篇　学田拾穂」加藤玄智『学校教育と成層圏の宗教』幽顕社，1954年
田邊信太郎・島薗進・弓山達也編『癒しを生きた人々』専修大学出版局，1999年
田丸徳善「日本における宗教学説の展開」坪井俊映博士頌寿記念会編『仏教文化論攷』佛教大学，1984年
――――「加藤玄智論試稿」『明治聖徳記念学会紀要』14，1995年
――――編『日本の宗教学説』・『日本の宗教学説Ⅱ』東京大学宗教学研究室，1982・1985年
津城寛文「加藤玄智――穏健中庸なる天皇教徒」田丸徳善編『日本の宗教学説Ⅱ』東京大学宗教学研究室，1985年
土屋詮教編『御大典記念日本宗教大会紀要』日本宗教懇話会，1928年
土屋忠雄「『国体の本義』の編纂過程」『関東社会学会紀要』５，1978年11月
筒井清忠『日本型「教養」の運命』岩波書店，1995年
――――編『解明・昭和史』朝日新聞出版，2010年
綱島梁川「予が見神の実験」（『明治文学全集』46，筑摩書房，1977年，に収録）

――――「予は見神の実験によりて何を学びたる乎」(『明治文学全集』46, 筑摩書房, 1977年, に収録)
――――「如是我証」(『明治文学全集』46, 筑摩書房, 1977年, に収録)
――――「神子の自覚を宣す」(『明治文学全集』46, 筑摩書房, 1977年, に収録)
寺崎昌男「概説」「講座日本教育史」編集委員会編『講座日本教育史』4, 第一法規, 1984年
道会本部編『道会の栞』道会本部, 1917年
同志社大学人文科学研究所編『近代天皇制とキリスト教』人文書院, 1996年
床次竹二郎「序」川合清丸『川合清丸全集』川合清丸全集刊行會, 1931-1933年
土肥昭夫「三教会同――政治, 教育, 宗教との関連において」(一)(二)『キリスト教社会問題研究』11・14=15合併号, 1967・1969年
富坂キリスト教センター編『近代天皇制の形成とキリスト教』新教出版社, 1996年
――――編『大正デモクラシー・天皇制・キリスト教』新教出版社, 2001年
――――編『十五年戦争期の天皇制とキリスト教』新教出版社, 2007年
友枝高彦「欧米における倫理運動」『岩波講座教育科学20』岩波書店, 1933年
長尾龍一「穂積八束」潮見俊隆・利谷信義編『日本の法学者』日本評論社, 1974年
――――『日本法思想史研究』創文社, 1981年
――――『日本国家思想史研究』創文社, 1982年
――――『日本憲法思想史』講談社, 1996年
中嶌邦「帰一協会小考(一)――その成立を中心に」『日本女子大学紀要』36, 1986年
――――「帰一協会小考(二)――その初期の活動を中心に」『日本女子大学紀要』37, 1987年
中島力造『教育者の人格修養』目黒書店, 1911年
中濃教篤編『講座日本近代と仏教6　戦時下の仏教』国書刊行会, 1977年
中村紀久二『複刻国定歴史教科書解説』大空社, 1987年
――――『復刻国定修身教科書解説』大空社, 1990年
――――編『復刻版国定教科書編纂趣意書』6, 国書刊行会, 2008年
新田均『近代政教関係の基礎的研究』大明堂, 1997年
Nitobe, Inazo "Bushido: the Soul of Japan" Shokwabo, 1899
新渡戸稲造『修養』実業之日本社, 1911年(『新渡戸稲造全集』7, 教文館, 1970年, に収録)
――――『世渡りの道』実業之日本社, 1912年(『新渡戸稲造全集』8, 教文館, 1970年, に収録)
日本思想史懇話会「特集・近代日本と宗教学」『季刊日本思想史』72, 2008年
日本宗教学会「公開シンポジウム・日本の宗教研究の百年」『宗教研究』343, 2005年
日本宗教学会「宗教と教育」に関する委員会編『宗教教育の理論と実際』鈴木出版, 1985年
野口武彦『江戸の歴史家』筑摩書房, 1979年
野田義夫「丁酉倫理会の思ひ出」『丁酉倫理会倫理講演集』400, 1936年2月
芳賀矢一『国民性十論』冨山房, 1907年
橋川文三編『現代日本思想体系31　超国家主義』筑摩書房, 1964年
――――「解説」『近代日本思想大系21　大川周明集』筑摩書房, 1975年
長谷川正安「上杉慎吉」潮見俊隆・利谷信義編『日本の法学者』日本評論社, 1974年
秦郁彦『軍ファシズム運動史』復刻新版, 河出書房新社, 2012年
林淳「宗教系大学と宗教学」『季刊日本思想史』72, 2008年
久木幸男ほか編『日本教育論争史録』1・近代編(上), 第一法規, 1980年

比屋根安定『日本宗教史』三共出版社，1925年
────『宗教史』現代日本文明史第16巻，東洋経済新報社，1941年
────『日本宗教全史』第５巻（明治維新より大東亜開戦まで）教文館，1942年
平泉澄「国史学の骨髄」1927年（『国史学の骨髄』至文堂，1932年，に収録）
────「日本精神」1930年（『国史学の骨髄』至文堂，1932年，に収録）
────『国史学の骨髄』至文堂，1932年
平田諭治「吉田熊次の道徳教育論形成における留学体験の意味」『広島大学教育学部紀要　第一部』40，1991年
平山洋『大西祝とその時代』日本図書センター，1989年
蛭田道春『わが国における社会教化の研究』日常出版，2005年
深作安文『国民道徳要義』弘道館，1916年
深澤英隆「宗教学史の中の波多野精一」田丸徳善編『日本の宗教学説』東京大学宗教学研究室，1982年
────「宗教学における心理主義・心理学主義の問題」田丸徳善編『日本の宗教学説Ⅱ』東京大学宗教学研究室，1985年
藤井健志「東京大学宗教学科年譜資料（明治時代）」田丸徳善編『日本の宗教学説』東京大学宗教学研究室，1982年
────「東京大学宗教学科年譜資料（大正時代）」田丸徳善編『日本の宗教学説Ⅱ』東京大学宗教学研究室，1985年
船山信一「新宗教論争」『明治哲学史研究』ミネルヴァ書房，1959年
────「日本的観念論の確立」『明治哲学史研究』ミネルヴァ書房，1959年
────『大正哲学史研究』法律文化社，1965年
帆足理一郎『宗教と人生』洛陽堂，1916年
穂積八束『国民教育　愛国心』八尾発行，1897年
────『修正増補憲法提要』有斐閣，1935年
堀尾輝久『天皇制国家と教育』青木書店，1987年
マイニア，リチャード『西洋法思想の継受――穂積八束の思想史的考察』東京大学出版会，1971年
マイネッケ，F.『歴史主義の成立』上下，筑摩書房，1967・1968年
松村介石『基督の心』警醒社，1891年
────『回顧二十年』警醒社，1909年
────『道会の主張』天心社，1912年
────「皇室と道会」『道』54，1912年10月
────「宗教界の大発見」『道』90，1915年10月（『新宗教』道会事務所，1925年，に収録）
────『新宗教』道会事務所，1925年
────『信仰五十年』道会事務所，1926年
────『諸教の批判』道会事務所，1929年
────『道会の信仰』東方書院，1934年
────『諸教の将来』道会事務所，1935年
松村介石伝編集委員会『松村介石』道会，1989年
松本健一『大川周明』岩波書店，2004年
松本三之介『天皇制国家と政治思想』未來社，1969年
丸山真男『日本の思想』岩波書店，1961年

――――『丸山眞男講義録』５，東京大学出版会，1999年
見田宗介『現代日本の心情と論理』筑摩書房，1971年
三井甲之『手のひら療治』アルス，1930年（三井甲之『手のひら療治』（復刻版）ヴォルテックス，2003年）
三井須美子「家族国家観による『国民道徳』の形成過程（その１）」『都留文科大学研究紀要』32，1990年
南茂『宗教大観』３，読売新聞社，1932年
蓑田胸喜「諸家の思想論策剖検」『原理日本』4-10，1928年10月１日
――――『学術維新原理日本』原理日本社，1933年（『蓑田胸喜全集』３（竹内洋ほか編）柏書房，2004年，に収録）
※『蓑田胸喜全集』は以下『蓑田全集』と略す。
――――「大川周明氏の『日本及日本人の道』を評す」『学術維新原理日本』原理日本社，1933年（『蓑田全集』３，2004年，に収録）
――――『大川周明氏の学的良心に愬ふ――『日本二六百年史』に就て』原理日本社，1940年（『蓑田全集』６，2004年，に収録）
――――『学術維新』原理日本社，1941年（『蓑田全集』４，2004年，に収録）
――――『蓑田胸喜全集』全７巻（竹内洋ほか編）柏書房，2004年
宮川透「日本思想史における《修養》思想――清沢満之の『精神主義』を中心に」『日本精神史の課題』紀伊國屋書店，1974年
三宅雪嶺「超人」『宇宙』政教社，1909年
三宅雄二郎「丁酉倫理会に関して」『丁酉倫理会倫理講演集』400，1936年２月
宮田登『生き神信仰――人を神に祀る習俗』塙書房，1970年
宮地正人『宗教と国家』（日本近代思想体系５）岩波書店，1988年
向井清『トマス・カーライル研究』大阪教育図書，2002年
武者小路実篤「生長」『新編生長』武者小路実篤『武者小路実篤全集』１，小学館，1987年
――――『人類の意志に就て』武者小路実篤『武者小路実篤全集』10，小学館，1989年
村上重良『国家神道』岩波書店，1970年
村上専精「未来二十世紀間に於ける宗教観」『哲学雑誌』15-157，1900年３月
森川輝紀『近代天皇制と教育』梓出版社，1987年
――――「解説」『修身科講義録』大空社，1991年
――――『国民道徳論の道』三元社，2003年
文部省『小学国語読本巻11尋常科用』東京書籍，1938年
――――「聖訓ノ述義ニ関スル協議会報告」文部省，1940年（佐藤秀夫編『続・現代史資料』９，みすず書房，1996年，に収録）
――――『資料臨時教育会議』1-5，文部省，1979年
――――『復刻国定歴史教科書』大空社，1987年
――――編『国体の本義』文部省，1937年（近代日本教育制度史料編纂会編『近代日本教育制度史料』７，大日本雄弁会講談社，1956年，に収録）
文部省普通学務局『宗教教育協議会議事要項』文部省，1937年
安津素彦「『明治・大正・昭和神道書籍目録』と『欧文神道書籍目録』」『神道学』１，1954年
安丸良夫『神々の明治維新』岩波書店，1979年
――――『近代天皇像の形成』岩波書店，1992年
柳田泉「はしがき」カーライル『英雄及び英雄崇拝』春秋社，1949年

────『哲人三宅雪嶺先生』実業之世界社，1956年
柳田國男「神道私見」『丁酉倫理会倫理講演集』185・186，1918年1・2月（『柳田國男全集』13，筑摩書房，1990年，に収録）
────「人を神に祀る風習」『民族』2-1，1926年11月（『定本柳田國男集』10，筑摩書房，1962年，に収録）
────『明治大正史世相篇』1931年（『柳田國男全集』5，筑摩書房，1998年，に収録）
山口和孝「文部省訓令第十二号（1899年）と『宗教的情操教育ノ涵養ニ関スル』文部次官通牒（1935年）の歴史的意義について」『国際基督教大学学報I-A，教育研究』22，1979年
────「『宗教的情操』教育の概念と史的展開」『季刊科学と思想』35，1980年
山田洸「井上哲次郎と国民道徳論」『近代日本道徳思想史研究』未來社，1972年
行安茂「日本におけるT．H．グリーンの受容」『哲学』32，1980年
横井時雄『我邦之基督教問題』警醒社，1894年
吉田熊次『教育的倫理学』弘道館，1910年
────『訓練論』弘道館，1910年
────「修身科及国定修身教科書ニ就テ」東京府内務部学務課編『修身科講義録』東京府内務部学務課，1911年
────『我が国民道徳と宗教との関係』敬文館書房，1912年
────『国体と倫理』冨山房，1925年
────「教育勅語と宗教及び哲学」『国民精神文化』6-10，1940年10月
吉田久一「新仏教運動と二十世紀初頭社会の諸問題」『日本近代仏教史研究』吉川弘文館，1959年
吉田博司『近代日本の政治精神』芦書房，1993年
米田利昭「抒情的ナショナリズムの成立──三井甲之（1）-（3）」『文学』28-11・29-2・29-3，1960-1961年
リシャール，ポール「黎明の亜細亜」『第十一時』大鐙閣，1921年（『大川全集』1，1961年，に収録）
龍山学人「仏耶両派新思想派の由来及び将来」『太陽』7-2，1901年2月
老田三郎「あとがき」カーライル『英雄崇拝論』岩波書店，1949年
我妻栄編『日本政治裁判史録　昭和・前』第一法規，1970年
────編『日本政治裁判史録　昭和・後』第一法規，1970年
和歌森民男「国民科の中の国史教育」加藤章ほか編『講座歴史教育』1，弘文堂，1982年
脇本平也「明治の新仏教と宗教学」竹中信常博士頌寿記念論文集刊行会編『宗教文化の諸相』山喜房仏書林，1984年
────「日本における比較宗教の伝統」『宗教研究』259，1984年
────「今岡信一良における比較宗教の実験」『大倉山文化会議研究年報』1，1989年
────「今岡信一良における自由宗教と帰一の思想」『大倉山文化会議研究年報』2，1990年
────「今岡信一良の宗教教育論と国際自由宗教運動」『大倉山文化会議研究年報』3，1991年
────「今岡信一良における比較宗教の研究と宗教帰一の思想」『大倉山文化会議研究年報』4，1994年
────「今岡信一良における比較宗教の研究と宗教帰一の思想（続）」『大倉山文化会議研究年報』7，1995年

――――「比較宗教学と応用宗教学」『大倉山文化会議研究年報』9，1998年
渡辺治「天皇制国家秩序の歴史的研究序説」『社会科学研究』30-5，1979年
渡辺かよ子「1930年代の教養論に関する基礎的考察」『名古屋大学教育学部紀要　教育学科』37，1990年
渡部清「日本主義的形而上学としての『現象即実在論』」『哲学論集』28，1999年

「井上哲次郎不敬事件」佐藤秀夫編『続・現代史資料』8，みすず書房，1994年
「教育方法」『日本近代教育史事典』平凡社，1971年
『教学刷新評議会資料』上下，芙蓉書房出版，2006年
「丁酉倫理会の略史」『丁酉倫理会倫理講演集』1，1900年5月13日
「内外彙報」『反省雑誌』94，1896年8月
「仏耶両教の接近」『曹洞教報』23，1896年3月5日
「明治二十九年の仏教界」『反省雑誌』87，1896年1月20日
「余論」『太陽』3-20，1897年10月5日